Philosophische Sphären des Rechts

Reinhard Merkel

Philosophische Sphären des Rechts

Rechtsethische Aufsätze zu Krieg und Frieden, Freiheit und Schuld, Leben und Tod

BRILL | MENTIS

Umschlagabbildung: Wassily Kandinsky, Composition with Circles and Lines 1926,
https://www.wassilykandinsky.net/work-719.php

Bibliografische Information der Deutschen Nationalbibliothek

Die Deutsche Nationalbibliothek verzeichnet diese Publikation in der Deutschen Nationalbibliografie; detaillierte bibliografische Daten sind im Internet über http://dnb.d-nb.de abrufbar.

www.brill.com

Einbandgestaltung: Anna Braungart, Tübingen
Herstellung: Brill Deutschland GmbH, Paderborn

ISBN 978-3-95743-267-4 (hardback)
ISBN 978-3-96975-267-8 (e-book)

Inhalt

III.
Leben und Tod

Vorwort

Der Titel dieses Buchs, das sei vorweg eingeräumt, hat die Anmutung einer gewissen Dreistigkeit. Zum einen enthält er eine offene Anspielung auf Michael Walzers „Spheres of Justice", und das mag gegenüber einem so bedeutenden, in den vier Jahrzehnten seiner Existenz bereits klassisch gewordenen Werk vielleicht unzulässig erscheinen. Zum andern verknüpft er mit „Recht" und „Philosophie" umstandslos zwei Sphären, deren theoretische Interaktion komplex und schwierig, unklar und umstritten ist und gelegentlich auch der schieren Belanglosigkeit verdächtigt wird. Was die Anleihe bei Walzers großem Werk angeht, so mag es hier bei dem schlichten Geständnis sein Bewenden haben. Zu dem Verhältnis von Recht und Philosophie dagegen, und zu dessen Rolle in diesem Buch sind einige Erläuterungen nötig.

Dieses Verhältnis lässt sich in verschiedene Ebenen untergliedern, auf denen nicht „das Recht", sondern die einzelnen Bereiche seiner Verwirklichung in eine Verbindung mit philosophischen Lehren gebracht werden. Knapp und etwas grob: (1.) die Gesetzgebung, (2.) die rechtliche Normenordnung, (3.) deren praktische Anwendung in Exekutive und Judikative, (4.) die Rechtsdogmatik (als die Lehre dieser Anwendung), (5.) die Rechtsgeschichte, (6.) die Rechtstheorie mit der juristischen Methodenlehre (als Frage nach Strukturen und begrifflichen Grundlagen des gesetzlichen Rechts), und schließlich (7.) die Rechtsphilosophie, die freilich zur Philosophie gehört und keine Abteilung des Rechts ist und deren Zuständigkeit sich mit der der Rechtstheorie vielfach überschneidet. In ähnlicher Weise lassen sich philosophische Subdisziplinen unterscheiden und auf jeder der genannten Ebenen in Verbindung mit dem Recht bringen: (1.) die Metaphysik, (2.) die Normenlogik, (3.) die Hermeneutik, (4.) die Philosophie des Geistes und vor allem (5.) das weite Spektrum der praktischen Philosophie mit den für eine solche Interaktion wichtigsten Bereichen der politischen Philosophie und der Ethik.

In all diesen disziplinären Verbindungen schärft es den vergleichenden Blick, wenn man innerhalb ihres jeweils rechtlichen Teils die gängigen juristischen Fachgebiete unterscheidet: Völkerrecht, Staats- und Verwaltungsrecht, Zivilrecht und Strafrecht. Analoge Differenzierungen legen sich auf der philosophischen Seite nahe. In der Metaphysik etwa käme dann die Philosophie der Willensfreiheit in den Blick, oder die der Kausalität oder der Handlungstheorie; und in der praktischen Philosophie die Anthropologie oder die sogenannten Bereichsethiken, von der politischen bis zur Bioethik. Dass sich zwischen den so unterschiedenen Subsphären auf beiden Seiten, der rechtlichen wie der philosophischen, wechselnde Kreuz-und-Querverbindungen mit der jeweils anderen ziehen lassen, versteht sich. In jeder dieser Kombinationen stellen sich zahllose Einzelfragen, für deren Klärung das Zusammenspiel von Jurisprudenz und Philosophie sich als sinnvoll erweisen kann.

Das ist nur eine grobe Skizze der Komplexität des weiten wissenschaftlichen Hinterlands, dessen Exploration der Titel dieses Buchs womöglich verspricht. Aber das soll er nicht. Die systematische Ordnung und Durchdringung einer so umfangreichen und labyrinthischen Theorielandschaft wäre Aufgabe eines (ziemlich voluminösen) Lehrbuchs der Rechtsphilosophie. Dass eine Sammlung von Aufsätzen zu ganz verschiedenen Themen so etwas nicht beabsichtigt, versteht sich vermutlich von selbst, sei aber ausdrücklich klargestellt.

Worum es mir geht, ist etwas anderes. Die Überschriften der drei Hauptkapitel des Buchs indizieren augenfällig, dass die damit bezeichneten Themen sowohl in die rechtliche Zuständigkeit als auch in die der Philosophie fallen. Die Grundfragen von Krieg und Frieden, Freiheit und Schuld, Leben und Tod gehören seit buchstäblich unvordenklichen Zeiten in beiden Sphären zum Fundament des Interesses und der jeweils einschlägigen Lehren. Gemeinsames Anliegen der hier versammelten Aufsätze ist es, die wesentlichen Argumente beider Seiten zu den behandelten Themen zu klären, sie aneinander zu prüfen und in einen erhellenden Zusammenhang zu bringen. Dass dieser Zusammenhang da und dort für die eine oder die andere Seite weniger förderlich als destruktiv ausfällt, liegt in der Natur der Sache. Die regulative Idee ist gleichwohl die eines wechselseitigen Gewinns. Meine Hoffnung ist es, den Philosophen die juristischen und den Juristen die philosophischen Argumente zu den Problemen, die beide Seiten umtreiben, deutlicher zu machen, als es ihre wissenschaftliche Routine tut. Auf der juristischen Seite liegt ein Schwerpunkt dabei im Strafrecht, dessen begriffliche wie normative Grundfragen zahlreiche offene Flanken zur Philosophie aufweisen. Staats- und völkerrechtlich spielen Fragen der Machtlegitimation eine besondere Rolle, die in der politischen Philosophie meist in gleicher Form artikuliert werden, aber nicht selten andere Antworten erhalten als in der Rechtsdogmatik. Dies alles verspricht die Möglichkeit eines produktiven Verkehrs der Ideen, der Argumente und der Vorschläge zur Lösung – eines der Grundmotive für die folgenden Aufsätze.

Die Ebene des Rechts, die ein solches Unterfangen in den Blick nimmt, ist nicht die der rechtlichen Praxis, sondern ausschließlich die der Theorie. Dass zu ihr auch die Argumente gehören, die von der Judikatur beigesteuert werden, versteht sich allerdings. Der Blick auf die Philosophie, die im Unterschied zur Jurisprudenz aus nichts anderem als Theorie besteht, hat keinen spezifischen Gegenstand. In dem weiten Spektrum philosophischer Argumente, die hier zur Sprache kommen, bilden die der praktischen Philosophie aber naturgemäß einen Schwerpunkt. Die Perspektive, in der diese Argumente erwogen werden, ist dabei primär die des Juristen.

Sie ist, wie man leicht sieht, mit einem gewissen Risiko verbunden: dem des Verdachts eines unzuständigen Dilettantismus in fremden Sphären. Vor dreißig Jahren hat der amerikanische Philosoph (und Jurist) Brian Leiter im *Yale Journal of Law and the Humanities* eine entsprechende Kritik unter der plastischen Überschrift *Intellectual Voyeurism in Legal Scholarship* veröffentlicht. Sie richtete sich gegen eine verbreitete Unart des Blütenlesens auf philosophischem Terrain, die sich unter Juristen nicht nur damals einer gewissen Beliebtheit erfreute und es wohl immer noch tut. Nun steht es freilich dem Autor eines Buchs mit dem Titel des vorliegenden nicht zu, in der Vorrede irgendwelche Zeugnisse seiner philosophischen Beschlagenheit auszubreiten. Entweder gelingt das dem Inhalt des Buchs oder niemandem.

Die Aufsätze sind in einem Zeitraum von über 25 Jahren entstanden. Dass sich in einer solchen Zeit nicht nur die Ansichten, sondern auch die sprachlichen Neigungen und Abneigungen des Autors entwickeln, liegt auf der Hand. Manche Stellen würde ich heute anders oder gar nicht mehr formulieren. Gleichwohl habe ich die Texte nur geringfügig überarbeitet. Sachlich halte ich die vorgetragenen Argumente nach wie vor für richtig, sprachlich habe ich manches redigiert, bei dem es mir heute unbehaglich wäre. Die in den älteren Arbeiten verwendete Literatur ist nur insofern aktualisiert, als ich Zitate aus juristischen Kommentaren und Lehrbüchern im Wesentlichen an die jeweiligen Neuauflagen angepasst habe. Eine gewisse Ausnahme von dieser Regel des unveränderten Belassens ist der erste Aufsatz, der den berühmten Nürnberger Prozess gegen die Hauptkriegsverbrecher des nationalsozialistischen Regimes behandelt. Die völkerstrafrechtliche Situation hat sich seit der Entstehung dieses Aufsatzes radikal verändert. Weder existierte damals (1996) das Völkerstrafgesetzbuch des sogenannten *Römischen Statuts*, noch der Internationale Strafgerichtshof, für den es gilt. Erst 2002 trat das Statut in Kraft und der IStGH ins Leben. Beide haben sich seither nicht unerheblich fortentwickelt. Zu dem Aufsatz über den historischen Ursprung dieses Vorgangs, eben jenes Nürnberger Verfahren von 1945/46, wurde damit ein Postskriptum notwendig, in dem ich den Gang dieser Dinge knapp skizziere.

Ein letztes Wort in eigener Sache. Dass der Verfasser der folgenden Aufsätze für die neueren Maximen einer vermeintlichen Sprachgerechtigkeit keine Sympathie hat und daher keine Neigung, ihnen seine Vorstellungen von Stil und Form des eigenen Schreibens unterzuordnen, wird der Leser (der unter diesem Begriff wie eh und je auch eine Leserin sein kann), rasch bemerken. Zur Begründung mag es genügen und erlaubt sein, die erste Fußnote aus einem

Aufsatz meiner verehrten Bonner Kollegin Ingeborg Puppe zu zitieren, der vor zwei Jahren erschienen ist:

> „Auf die ständige Erwähnung, sowohl der männlichen als auch der weiblichen Substantivform bei der Bezeichnung von Personen, sowie auf künstliche Partizipialkonstruktionen habe ich um der Flüssigkeit und Lesbarkeit der Sprache willen verzichtet. Ich benutze die männliche Form nur deshalb, weil mit ihr im Gegensatz zur weiblichen nicht unbedingt auch die Assoziation des männlichen Geschlechts verbunden ist. Es zeugt von Mangel an Selbstbewusstsein, wenn wir Frauen glauben, ständig daran erinnern zu müssen, dass wir auch da sind, statt dies als Selbstverständlichkeit vorauszusetzen."

Was dürfte man als Mann dem noch hinzufügen?

Hamburg, im April 2023
Reinhard Merkel

1.

Krieg und Frieden

KAPITEL 1

Nürnberg 1945, Militärtribunal

Grundlagen, Probleme, Folgen

Blickt man heute aus dem Abstand eines halben Jahrhunderts und der Perspektive einer gänzlich veränderten Welt auf das Verfahren des Nürnberger Militärtribunals zurück, so ist der beherrschende Eindruck der einer durchgängigen Zweideutigkeit. Das ist keine neue Einsicht. Schon für die Zeitgenossen, und nicht nur für die deutschen, sind die Probleme des Prozesses ein schwieriges Vexierspiel gewesen und schließlich ungelöst geblieben. Fünfzig Jahre Distanz und eine dramatische Abfolge weltpolitischer Szenenwechsel haben die Konturen dieses Bildes nicht verwischt, sondern schärfer hervortreten lassen. Bis heute ist die Geschichte der Idee, deren Verwirklichung Nürnberg sein sollte, an ihrem Ziel nicht angekommen.[1]

1.1 Nürnberger Prinzipien: Erosion und Wiederkehr

Fast auf den Tag genau eineinhalb Jahrhunderte vor der Eröffnungssitzung des Militärtribunals am 18. Oktober 1945 war Immanuel Kants Schrift „Zum ewigen Frieden" erschienen, und darin dies:

> „Bei der Bösartigkeit der menschlichen Natur, die sich im freien Verhältnis der Völker unverhohlen blicken läßt [...], ist es doch zu verwundern, daß das Wort *Recht* aus der Kriegspolitik noch nicht als pedantisch ganz hat verwiesen werden können, und sich noch kein Staat erkühnt hat, sich für die letztere Meinung öffentlich zu erklären; denn noch werden *Hugo Grotius, Pufendorf, Vattel* u.a.m. (lauter leidige Tröster), obgleich ihr Codex, philosophisch oder diplomatisch abgefaßt, nicht die mindeste *gesetzliche* Kraft hat, oder auch nur haben kann (weil Staaten als solche nicht unter einem gemeinschaftlichen äußeren Zwange stehen), immer treuherzig zur *Rechtfertigung* eines Kriegsangriffs angeführt, ohne dass es ein Beispiel gibt, daß jemals ein Staat durch mit Zeugnissen so wichtiger Männer bewaffnete Argumente wäre bewogen worden, von seinem Vorhaben abzustehen."[2]

1 Zur notwendigen Modifikation dieses Satzes (von 1995) aus heutiger Sicht s.u. *Postskriptum 2022*.

2 Kant (1912), 355.

 | DOI:10.30965/9783969752678_002

Das ist kein optimistischer Ausblick, und er wird noch finsterer durch seinen Kontrast zu dem Hintergrund, vor dem er stattfindet: einer der großen Visionen der neuzeitlichen Staatsphilosophie vom besseren Zustand der künftigen Welt. Das Völkerrecht als ausgestorbene Kulisse für die Machtkämpfe der Politik, seine Lehrer als leidige Tröster, ihre Ideen vom gerechten Krieg als Vorwand für jeden ungerechten. Denn „die Art", schreibt Kant, „wie Staaten ihr Recht verfolgen, [kann] nie wie bei einem äußeren Gerichtshofe der Prozeß, sondern nur der Krieg sein, durch diesen aber und seinen günstigen Ausgang, den Sieg, [wird] das Recht nicht entschieden".[3]

Vor aller Kritik an Nürnberg steht eine fraglose Feststellung: Neben allem, was es noch war und nicht war, war das Verfahren der weltgeschichtlich erste und insofern von jedem Zweifel unberührte Versuch, in einem Prozess, der dem säkularen Ausmaß seines Anlasses gewachsen wäre, die Kantische Skepsis ad acta zu legen. Dieses Motiv legitimiert das Pathos, mit dem der amerikanische Chefankläger Jackson am 21. November 1945 neben dem trostlosen Gegenstand des Prozesses auch dessen besseres Fernziel umrissen hat:

> „[...] wir dürfen niemals vergessen, dass nach dem gleichen Maß, mit dem wir die Angeklagten heute messen, auch wir morgen von der Geschichte gemessen werden. Den Angeklagten einen Giftbecher reichen, heißt, ihn auch an unsere eigenen Lippen setzen. Wir müssen an unsere Aufgabe mit so viel innerer Überlegenheit und geistiger Unbestechlichkeit herantreten, dass dieser Prozeß einmal der Nachwelt als die Erfüllung menschlichen Sehnens nach Gerechtigkeit erscheinen möge."[4]

Es gehört wenig historischer Scharfblick zu der Einsicht, dass diese Hoffnung gescheitert ist. Die Gründe dafür sind benennbar, und ich komme auf sie zurück. Aber die Bedeutung des Nürnberger Verfahrens reicht weit über dieses Scheitern hinaus. Lange Zeit ist um die Frage gestritten worden, was Nürnberg dem Völkerrecht hinterlassen hat. Irgendwann galt sie, und damit auch die Idee einer solchen Erbschaft selbst, als erledigt. Die Usancen der internationalen Politik hatten sie nicht beglaubigt. In den *Frankfurter Heften* vom April 1949 schildert eine Besucherin des Films „Nürnberg und seine Lehren" ihre Wahrnehmungen während der Aufführung. Bemerkenswert ist diese:

> „Die teueren Plätze waren etwa halb besetzt. Hier erhob sich später eine ganze Reihe und verließ geschlossen den Film: als die KZ-Greuel gezeigt wurden. Ob aus physischer Übelkeit oder aus Protest (und wogegen), blieb offen."[5]

---

3 Kant, aaO.
4 Jackson (1946), 10.
5 von Baeyer (1949), 360.

Was für ein Sinnbild! Es zeigt die Nachwelt, die sich Robert Jackson 1945 anders vorgestellt hat. Gespielt wird „Nürnberg und kein Ende". Aufgestanden und gegangen sind die Völkerrechtler, nicht aus schäbigen Motiven, sondern weil ihre Zwischenrufe von den politischen Akteuren auf der Bühne beharrlich ignoriert worden sind.

Heute, fünfzig Jahre später, heißt es, sei alles anders: seit dem 22. Februar 1993. An diesem Tag beschloss der Sicherheitsrat der Vereinten Nationen in seiner Resolution 808, ein internationales Straftribunal zur Verfolgung schwerer Kriegsverbrechen im ehemaligen Jugoslawien zu schaffen. Drei Monate später richtete die Resolution 827 das Statut des Tribunals mit rechtlicher Wirkung ein.[6] Sofort zurückgekehrt sind die Völkerrechtler. Im Hintergrund der weltpolitischen Bühne wurde überlebensgroß das Tableau „Nürnberg 1945" aufgezogen.

Gewiss sind die Unterschiede zwischen damals und heute nicht zu übersehen. Auch ist unklar, ob der Sicherheitsrat mit der Einrichtung des Jugoslawien-Tribunals die Probleme des Nürnberger Verfahrens endlich gelöst oder bloß als nach wie vor unerledigte auf die Bühne der internationalen Politik zurückbeschworen hat. Nur eines ist nicht zweifelhaft: Die Fragen von Nürnberg, vor Jahren im Völkerrecht für tot erklärt, sind lebendiger als jemals, seit sie ihre erste juristische Antwort erhalten haben.

1.2 Historische Hintergründe

Der zugrundeliegende Gedanke ist alt. Mindestens ins sechste vorchristliche Jahrhundert und sachlich bis zum ersten Auftauchen der Idee einer legitimen Kriegskunst reichen seine Wurzeln zurück. Xenophon berichtet im 2. Buch seiner *Hellenika* von einer Art Tribunal des spartanischen Admirals Lysander über die gefangenen Seeleute der bei Aigospotamoi im Jahre 405 vor Christus geschlagenen athenischen Flotte. Bis auf einen Offizier seien sie alle, fast 3000 Mann, der grausamen Verletzung von Regeln einer ehrenhaften Kriegführung für schuldig befunden und hingerichtet worden. Im 109. Kapitel seines *Bellum Jugurthinum* spricht Sallust von der römischen Forderung nach Auslieferung des besiegten Jugurtha, damit ihm wegen seiner im Krieg begangenen Verbrechen der Prozess gemacht werden könne. Diese und ähnliche Begebenheiten haben in Hugo Grotius' monumentalem Werk *De Jure Belli ac Pacis* von 1625 und damit im theoretischen Völkerrecht der frühen Neuzeit Spuren

6 Abgedr. in *International Legal Materials* 32 (1993), 1203 ff.; s. dazu auch den Bericht des Generalsekretärs Boutros-Ghali, ebda. S. 1163.

hinterlassen. Gleichwohl darf man zweifeln, ob sie tatsächlich Indizien eines schon in der Antike beginnenden Rechtsbewusstseins im Kriege waren. Näher liegt der Verdacht, sie hätten als Maskerade für die blutige Rache der Sieger gedient.

Als echter Präzedenzfall für Nürnberg wird manchmal das Tribunal über den Landvogt Peter von Hagenbach 1474 in Breisach erwähnt. Im Namen seines Herzogs, Karl von Burgund, hatte er die Stadt jahrelang mit einer mörderischen Schreckensherrschaft überzogen. Die gegen Karl verbündeten Mächte – Österreich, Frankreich, Bern und die unabhängigen oberrheinischen Städte – bildeten nach Hagenbachs Festnahme ein Tribunal aus 28 Richtern, das den Landvogt zum Tode verurteilte und hinrichten ließ.[7] Allerdings fehlte hier jede Beziehung der abgeurteilten Taten zu einem kriegerischen Konflikt. Und gerade sie sollte fast ein halbes Jahrtausend später in Nürnberg zum durchgängigen Merkmal der angeklagten Verbrechen gemacht werden. Immerhin lässt „die Verletzung der Gesetze Gottes und der Menschheit", auf die sich das Todesurteil stützte, bereits einen fernen Ton jenes völkerrechtlichen Tatbestands der *crimes against humanity* anklingen, der in Nürnberg eine entscheidende Rolle spielen sollte. Undeutlich, aber erkennbar war auf einen fernen Horizont der Politik das flüchtige Streiflicht einer überstaatlichen Autorität des Rechts gefallen.

Neuzeit: Naturrecht der Staaten; Rousseau

Es folgten zweieinhalb Jahrhunderte einer Blüte der völkerrechtlichen Lehre. Die Spanier de Vitoria und Suarez, der Italiener Gentili, der Niederländer Grotius, der Deutsche Pufendorf und der Schweizer de Vattel, im maliziösen Blick Kants „lauter leidige Tröster", sie sind es gewesen, die einer alten christlichen Doktrin des Augustinus und Thomas von Aquins, der Lehre vom „gerechten Krieg", nach und nach den Boden des weltlichen Rechts unterschoben.[8] Um das damit problematisch gewordene *ius ad bellum* zog zur gleichen Zeit (wenigstens in der Theorie) ein humanitäres *ius in bello* engere Schranken. Der Dreißigjährige Krieg hatte die Frage nach einem rechtlichen Schutz der Zivilbevölkerung in trostloser Schärfe gestellt und ohne Antwort gelassen. Gegeben wurde sie mehr als hundert Jahre später: Im 1. Buch seines *Contrat Social* begründet Rousseau die These, dass der Krieg ein rechtliches Verhältnis ausschließlich zwischen den beteiligten souveränen Staaten schaffe, während

7 Schwarzenberger (1968), 462 ff.
8 Zu dieser Entwicklung Elbe (1939), 665 ff.

er deren zivile Bevölkerung nicht erfasse. Feind könne nur der Soldat, nicht der Bürger des gegnerischen Staates sein.[9]

Rousseaus Lehre wurde im 19. Jahrhundert von der Völkerrechtsdoktrin der kontinentaleuropäischen Staaten widerspruchslos aufgenommen. Sie ist eine der gedanklichen Voraussetzungen aller Versuche des 20. Jahrhunderts, der Barbarisierung des Kriegsgeschehens eine Humanisierung wenigstens seiner rechtlichen Regeln entgegenzusetzen. Im englischen und amerikanischen Völkerrecht blieb Rousseaus Stimme freilich ohne Echo. Wer nach den mentalen Hintergründen für die verheerende Bombardierung Dresdens oder die atomare Verwüstung Hiroshimas und Nagasakis am Ende des 2. Weltkriegs fragt, sollte auch dies nicht vergessen.

1872, ein Jahr nach Beendigung des deutsch-französischen Krieges, der eine Ahnung von den Schrecken künftiger Kriege hinterlassen hatte, veröffentlichte der Präsident des Roten Kreuzes, der Schweizer Moynier, einen Plan zur Bildung eines internationalen Gerichtshofs, vor dem sich Kriegsverbrecher zu verantworten hätten. Die ersten Kodifikationen des Landkriegsrechts wurden entworfen. 1864 trat die erste Genfer Konvention zum Schutz der im Krieg Verwundeten in Kraft.[10] Ein Jahr zuvor war in Amerika der sogenannte *Lieber Code* veröffentlicht worden, eine Instruktion für das US-amerikanische Heer, ausgearbeitet von dem deutschstämmigen Juristen Francis Lieber. Art. 59 dieser Regelung enthielt eine Strafdrohung gegen Kriegsverbrecher. Auf ihrer Grundlage verurteilte ein nordamerikanisches Militärgericht nach dem Ende des Sezessionskrieges den Kommandanten des berüchtigten südstaatlichen Kriegsgefangenenlagers Andersonville, Henry Wirz, zum Tod und ließ ihn aufhängen. Die Verteidigung des Angeklagten, der sich auf höheren Befehl und seine militärische Gehorsamspflicht berufen hatte, wurde verworfen.[11]

20. Jahrhundert: Haager Landkriegsordnung

Diese Bemühungen um eine rechtliche Domestizierung der Kriegführung mündeten 1899 in der *Haager Landkriegsordnung*, die dem 2. Abkommen der Haager Friedenskonferenz vom gleichen Jahr als Anlage beigefügt war. Sie wurde auf der Nachfolgekonferenz im Haag 1907 überarbeitet und gilt in wesentlichen Teilen noch heute. Bemerkenswert ist ein Monitum des deutschen Verhandlungsführers bei dieser Konferenz, Baron Marschall von Biebersteins: Neben den nun kodifizierten völkerrechtlichen Normen hätten für alle militärischen Operationen zusätzlich die ungeschriebenen Prinzipien der

9 Rousseau (1762/1977), 12 f.
10 Abgedruckt in Schindler/Toman (1988), 279 ff.
11 Dazu Root (1913), 453 ff; der Text des *Lieber Code* bei Schindler/Toman (Fn. 10), 3 ff.

Humanität zu gelten. Zwölf Jahre später hat die internationale Kommission zur Untersuchung der strafrechtlichen Verantwortlichkeit der Weltkriegsurheber in bitterem Ton an dieses deutsche Votum von 1907 erinnert.[12]

Zu Beginn des 20. Jahrhunderts war damit das Kriegsrecht des *ius in bello* das am besten geregelte Gebiet des Allgemeinen Völkerrechts. Ganz anders verhielt es sich mit dem *ius ad bellum*. Dessen klassische Schranken, nämlich die Kriterien seiner Gerechtigkeit, waren von der politischen Entwicklung des 19. Jahrhunderts vollständig aufgerieben worden. Der blutig durchgesetzte Aufstieg des nationalstaatliehen Ideals, der flankierende Absolutismus des Souveränitätsdogmas und das beginnende Fieber des Imperialismus – sie bildeten den atmosphärischen Hintergrund, vor dem sich die Staaten selbst und wechselseitig ein freies Recht zur Kriegführung zubilligten. Bismarck, der es wahrhaftig wissen musste, schreibt im 3. Band seiner *Gedanken und Erinnerungen*: „Friedliebende, civilistische Volksbeglückung wirkt auf die christlichen Nationen Europas in der Regel nicht so werbend, so begeisternd wie die Bereitwilligkeit, Blut und Vermögen der Unterthanen auf dem Schlachtfelde siegreich zu verwenden."[13] Als Sicherung und Ergänzung des *ius ad bellum* wurden umfassende Amnestieklauseln zum stehenden Requisit der Friedensverträge oder unterblieben sogar wegen der schieren Selbstverständlichkeit ihrer Regelungen. Immerhin zeigte sich noch im bloßen Faktum solcher Klauseln ein letztes moralisches Bedenken: Amnestiebedürftig kann nur erscheinen, was eigentlich und im Prinzip auch verfolgbar wäre. Vielleicht war es eine letzte, zum Reflex erstarrte Verbeugung vor den klassischen Lehren des Völkerrechts; und ob sie bloß als Zynismus, als gänzlich ausgestorbene Schablone oder doch als ein Anruf des Gewissens zu deuten wäre, braucht nicht mehr entschieden zu werden.

Dies jedenfalls war zu Beginn des 20. Jahrhunderts die Praxis der Staaten. Die völkerrechtliche Theorie, der freilich wenig anderes übrigblieb, akklamierte sie ohne Widerspruch. Gentili, Grotius, Pufendorf: verjährte leidige Tröster. So seltsam das philosophiegeschichtlich anmutet: es war dieser späte weltgeschichtliche Triumph Machiavellis, was an der Schwelle zum 1. Weltkrieg die Kantische Grimasse von 1795 bitter beglaubigte.

1918 sah plötzlich alles anders aus. Mit dem Ende des 1. Weltkriegs begann eine neue Entwicklung. Sie wurde zur unmittelbaren Vorgeschichte der Rechtsidee von Nürnberg.

12 S. Commission on the Responsibility of the Authors of the War (1920), 96 ff., 118, Fn. 65.
13 Bismarck (1921), 3. Bd., 123.

1.3 Erster Weltkrieg: Versailles und die Folgen

Art. 227 des Versailler Friedensvertrags vom 28. Juni 1919 hatte folgenden Wortlaut:

> „Die alliierten und assoziierten Mächte stellen Wilhelm II. von Hohenzollern, vormaligen Kaiser von Deutschland, wegen schwerster Verletzung des internationalen Sittengesetzes und der Heiligkeit der Verträge unter öffentliche Anklage.
>
> Ein besonderer Gerichtshof wird eingesetzt, um über den Angeklagten unter Wahrung der wesentlichen Bürgschaften des Rechts auf Verteidigung zu Gericht zu sitzen. [...]
>
> Der Gerichtshof urteilt auf der Grundlage der erhabensten Grundsätze der internationalen Politik. Richtschnur ist für ihn, den feierlichen Verpflichtungen und internationalen Verbindlichkeiten ebenso wie dem internationalen Sittengesetz Achtung zu verschaffen. Es steht ihm zu, die Strafe zu bestimmen, die er für angemessen erachtet.
>
> Die alliierten und assoziierten Mächte werden an die Regierung der Niederlande das Ersuchen richten, den vormaligen Kaiser zum Zwecke seiner Aburteilung auszuliefern."[14]

Das ist sub specie des Völkerrechts ein merkwürdiges Dokument: ein Zwitter aus Recht und Moral, dessen Mangel an Begründung offenbar mit einem Überschuss an Pathos behoben werden sollte und dem alle Tonfälle der Verlegenheit abzuhören sind, aus einer unklaren Verbindung beider Sphären deduzieren zu müssen, was als einzelne keine von ihnen hergeben konnte. Das Unternehmen scheiterte an der Weigerung Hollands, den ehemaligen Kaiser auszuliefern. Holland sei nicht Vertragspartner des Versailler Abkommens; die Beschuldigungen seien primär politischer Natur, eine strafrechtliche Verantwortlichkeit Wilhelms sei nicht erkennbar. Daher habe Holland die Asylverpflichtung seiner eigenen Gesetze zu beachten; es werde sich aber gerne einem zukünftigen Völkerstrafrecht und einer echten internationalen Gerichtsbarkeit anschließen.[15]

Die Alliierten nahmen die Weigerung ohne Gegendruck, ja offenbar mit einer gewissen Erleichterung hin. Noch im Jahr davor hatte Lloyd George mit der Parole „Hang the Kaiser!" Wahlpropaganda in England betrieben. Aber schon in ihrer Note vom 16. Juni 1919 an Deutschland hatten die Regierungen der Entente erkennen lassen, dass die gewählte Form eines Strafverfahrens gegen Wilhelm II. nur die Fassade für einen „Akt der hohen internationalen Politik" sein sollte. Nicht was 25 Jahre später in Nürnberg geschah, sondern was

---

14 *Vertrag von Versailles* (1926), 207.

15 UN War Crimes Commission (1948), 239 ff.

über 100 Jahre früher, am 25. März 1815, die Sieger von Waterloo über Napoleon Bonaparte beschlossen hatten, gibt eine Vorstellung von dem Plan der Alliierten des 1. Weltkriegs mit dem Kaiser: keine Hinrichtung, auch keine echte Strafhaft, sondern eine Art Sicherungsverwahrung in lebenslanger Verbannung.[16]

Völkerstrafrecht gegen Regierungskriminalität ist in Versailles also weder gefordert noch geschaffen worden. Dass auch die Aburteilung der sozusagen gewöhnlichen Kriegsverbrecher nach dem etablierten *ius in bello* der Haager Landkriegsordnung und des Strafrechts der Siegermächte fast vollständig scheiterte, ist bekannt. Im Februar 1920 war der deutschen Delegation bei der Friedenskonferenz eine Auslieferungsliste mit 900 Namen deutscher Staats- und Armeeangehöriger übergeben worden, die vor alliierten Militärgerichten wegen Kriegsverbrechen abgeurteilt werden sollten, darunter Hindenburg, Ludendorff, Tirpitz, Bethmann Hollweg und die Söhne Wilhelms II. Der kategorischen Weigerung Deutschlands und seinem Kompromissangebot, stattdessen vor dem Reichsgericht in Leipzig Strafprozesse nach deutschem Recht durchzuführen, gaben die Alliierten schließlich nach. Von den 900 ursprünglich Angeschuldigten wurden 1921 und 1922 zwölf angeklagt und sechs zu Haftstrafen zwischen zwei Monaten und vier Jahren verurteilt. Die übrigen Verfahren stellte der Oberreichsanwalt ein.[17] Gewiss kein Präzedenzfall für Nürnberg. Wohl war die Notwendigkeit eines internationalen Strafgerichtshofs und eines echten Völkerstrafrechts fühlbar geworden wie nie zuvor. Verwirklicht worden war nichts davon. Und doch, so richtig das ist: die Feststellung trifft nur die halbe Wahrheit.

Denn wichtiger vielleicht als das, was auf der weltpolitischen Bühne *coram publico* misslang, war, was hinter ihren Kulissen Gestalt annahm. Am 25. Januar 1919 hatte die Friedenskonferenz in Paris eine Sonderkommission gebildet, bestehend aus 15 Delegierten der Entente-Mächte sowie Belgiens, Griechenlands, Polens, Rumäniens und Serbiens: die *Commission on the Responsibility of the Authors of the War and on Enforcement of Penalties*. Ende März 1919 legte diese ihren Bericht vor.[18] Die Lektüre des knapp 60-seitigen Dokuments samt den beigefügten abweichenden Voten Amerikas und Japans entrollt ein Szenario nahezu aller Probleme, Argumente und Einwände, die ein Vierteljahrhundert später in Nürnberg auferstanden. Gewiss waren die Dimensionen des Grauens da und dort bei weitem verschieden. Aber die rechtlichen Erwägungen glichen einander bis aufs Haar der Logik und auf die gespaltene

16 Vgl. Jescheck, *Verantwortlichkeit* (1952), 51 ff.
17 S. Mullins (1921); Hankel (2003).
18 Commission (Fn. 12).

Zunge der Macht. Die Pariser Kommission des Jahres 1919 ebnete den gedanklichen Weg für das Tribunal von Nürnberg.

Die rechtlichen Probleme

Vier grundsätzliche Fragen waren zu klären:

(1) Welche Handlungen im Zusammenhang mit dem Krieg sind völkerrechtswidrig?
(2) Welche sind darüber hinaus und zugleich für strafbar zu erklären?
(3) In welchen Fällen trifft die Verantwortlichkeit nicht oder nicht nur das feindliche Deutschland als Staat, sondern als strafrechtliche Schuld einzelne Personen; und spielt hierbei die Frage, ob diese mit oder ohne staatliche Deckung handelten, eine Rolle?
(4) Und schließlich: Wem steht über solche Taten – und auf welcher Rechtsgrundlage – die Jurisdiktionsgewalt zu?

Im 1. Punkt trennte man die „klassischen" Kriegsverbrechen nach der Haager Landkriegsordnung, deren Völkerrechtswidrigkeit außer Zweifel stand, von Handlungen, die den Krieg provoziert oder unmittelbar eröffnet hatten. Die Doktrin des unbeschränkten staatlichen Rechts zum Krieg war noch am Ende des ersten Vernichtungskriegs der Menschheit stark genug, diese Trennung zu erzwingen. Dass Deutschland den Krieg gewollt, betrieben und begonnen und dass Österreich-Ungarn dabei mitgespielt hatte, war der Kommission nicht zweifelhaft. Doch dann folgt dies:

> „Die vorsätzliche Eröffnung eines Aggressionskriegs [...] ist ein Verhalten, das die Weltmeinung verwirft und das die Geschichte verdammen wird; aber wegen des rein freiwilligen Charakters der Haager Institutionen zur Erhaltung des Friedens [...] kann ein Aggressionskrieg nicht als Verstoß gegen geltendes Recht angesehen werden [...]."[19]

Anders verhalte es sich mit dem Bruch der Neutralität Belgiens und Luxemburgs durch den deutschen Einmarsch im August 1914. Beiden Staaten gegenüber sei Deutschland durch völkerrechtliche Verträge von 1839 und 1867 zur Wahrung der Neutralität verpflichtet gewesen. Deren Bruch sei daher eine besonders gravierende Völkerrechtsverletzung. Doch auch sie unterliege – und damit wechseln die Erwägungen der Kommission zur 2. Grundsatzfrage – keiner internationalen Strafdrohung. Man müsse sich auf „special measures" anderer Art gegen die Kriegsurheber beschränken (und dieser Hinweis markiert,

---

19 AaO, 118 (*meine Übersetzung, R.M.*).

ohne dass der Name fiele, unmissverständlich die Erinnerung an Napoleon Bonaparte). Es sei jedoch „dringend zu fordern, dass solche empörenden Verletzungen elementarer Prinzipien des Völkerrechts künftig strafrechtlichen Sanktionen unterworfen“ würden.[20]

Fraglos strafbar nach Völkerrecht und etablierter Staatenpraxis seien dagegen die schweren Verbrechen *in bello*, die in riesiger Zahl und in allen Varianten der Grausamkeit von der deutschen Armee und deren Verbündeten zu Land, zu Wasser und in der Luft begangen worden seien. Dieser Feststellung folgt eine Liste mit 32 Verbrechenstypen, vom Massenmord an der Zivilbevölkerung bis zur „Brunnenvergiftung“, wobei die letztgenannte wohl eher einem propagandistischen Schlagwort als der Kriegsrealität von 1914 entstammen dürfte. Für solche Verbrechen – und dies ist die Antwort der Kommission auf die dritte Grundsatzfrage – sei jeder, der sie begangen, befohlen oder in verantwortlicher Position nicht verhindert habe, persönlich strafbar. Keine Ranghöhe in der Hierarchie der Macht, auch nicht die völkerrechtliche Immunität eines Staatsoberhaupts, und keine Berufung auf höheren Befehl oder eine andere staatliche Lizenz könne die Täter solcher „Verbrechen gegen die Gesetze des Krieges und die Rechte der Menschheit“ vor ihrer individuellen Bestrafung schützen.[21]

Für die Frage nach der zuständigen Jurisdiktion schließlich sei zu unterscheiden: Bei gewöhnlichen Kriegsverbrechen sei die Strafgewalt des jeweils verletzten Staates völkerrechtlich anerkannt; sie sollten daher vor einzelstaatlichen Militärgerichten der Siegermächte nach deren jeweiligen nationalen Strafgesetzen abgeurteilt werden. Anders verhalte sich das bei Taten, die aus Gründen ihrer sachlichen und moralischen (nämlich unmoralischen) Dimensionen für eine einzelstaatliche Justiz nicht erreichbar seien: vor allem Regierungsakte und solche Taten, die „ihrem Charakter nach“ vor ein internationales Tribunal gehörten. Für sie sei ein „High Tribunal“ der Alliierten mit einer eigenen Anklagebehörde zu schaffen. Das Strafrecht des Tribunals könne nicht das einer einzelstaatlichen Rechtsordnung sein; vielmehr sei es „den Prinzipien des Völkerrechts“ zu entnehmen, „wie sie sich ergeben aus den Gebräuchen zivilisierter Nationen, aus den Gesetzen der Menschlichkeit und den Forderungen des öffentlichen Gewissens“.[22]

Das liest sich in schon prägnanten Umrissen (und mit der Lücke des Aggressionskriegs) wie ein vorläufiger Konstruktionsplan jener Londoner Charta vom 8. August 1945, in der die Siegermächte des 2. Weltkriegs das

20 AaO, 120.
21 AaO, 112 ff.
22 AaO, 121 ff.

materielle und das Verfahrensrecht für Nürnberg festlegten. Neben der Reklamation einer überstaatlichen Strafgewalt und eines universalen Völkerrechts ist bereits dessen Ausdehnung auf jene Tatbestände erkennbar, die später in Nürnberg *crimes against humanity* heißen sollten.

Scheitern der Lösung

Dies alles war nichts Geringeres als der Vorschlag einer völkerrechtlichen Revolution. Das obige Zitat über die in Anspruch genommene Rechtsgrundlage stand auch im Bericht der Pariser Kommission in Anführungszeichen: Es entstammt wörtlich der Präambel der Haager Landkriegsordnung von 1907. Das war gewiss eine hohe Autorität, aber keine, an der überstaatlich-universale Strafnormen zu beglaubigen gewesen wären, die sie selbst nicht kannte und denen 1907 kein Vertragsstaat zugestimmt hätte.

Der Kommissionsentwurf scheiterte, und nicht erst an der hohen Politik. Ihm beigefügt wurde neben einem japanischen ein abweichendes Votum der amerikanischen Delegierten Lansing und Scott, das in seiner Argumentation *de lege lata* des geltenden Völkerrechts für den Kommissionsvorschlag vernichtend war.[23] Eine überstaatliche Strafgewalt gebe es nicht; sie nun mit einem internationalen Tribunal ad hoc einzuführen, verletze das fundamentale Prinzip des Rückwirkungsverbots. Regierungshandlungen, *acts of state*, könnten niemals von ausländischen Gerichten bestraft werden, weil dies das Grundprinzip des Völkerrechts: die Unabhängigkeit und Souveränität der Staaten, zerstören müsse. Einen Begriff des „Verbrechens gegen die Menschlichkeit" kenne das Völkerrecht nicht und könne ihn auch nicht brauchen; denn die „Prinzipien der Menschlichkeit" seien historisch und geographisch bis zur Gestaltlosigkeit wandelbar; sie gehörten in den Bereich der Moral, nicht in den eines säkularen Rechts. „Holland", schrieb später der Delegierte Lansing, „hat sich die ganze Welt zum Schuldner gemacht, indem es die Auslieferung des Kaisers wegen einer politischen Tat verweigerte. [...] Dieses kleine Land hatte zu viel Ehre, um daran auch nur zu denken."[24]

Es ist schwer, dies nicht als eine sinistre Ironie der Geschichte zu lesen. Ausgerechnet das amerikanische Gutachten zur Kommission von 1919 buchstabiert jene grundlegenden Argumente aus, die 26 Jahre später von den Verteidigern der Hauptkriegsverbrecher in Nürnberg vorgebracht und dort vor allem auf Betreiben der Amerikaner ausnahmslos abgewiesen worden sind.

23 AaO, 127 ff.

24 Zit. nach Jescheck (1952), 63.

1.4 Zwischen den Kriegen: der Briand-Kellogg-Pakt und seine Grenzen

Die Voraussetzungen waren allerdings 1945 andere als ein Vierteljahrhundert zuvor: sowohl die rechtlichen der anwendbaren Normen, als auch die tatsächlichen der abzuurteilenden Taten und die politischen zwischen Siegern und Besiegten. 1919 war der Pakt zum Völkerbund geschlossen worden. Dessen Satzung nahm in Art. 12 die alte, im 19. Jahrhundert verlorengegangene Unterscheidung zwischen erlaubtem und verbotenem Krieg wieder auf. Das geschah zurückhaltend genug und mit Wirkung nur zwischen den Signatarstaaten; aber es bot den nachfolgenden Diskussionen der Wissenschaft einen Kristallisationspunkt für weiterdrängende Entwürfe. Eine Rechtsfolge „Strafe" für verbotene Kriege sah der Pakt nicht vor. In den folgenden Jahren gab es im Völkerbund und in der Vertragspraxis der Staaten eine Reihe von Versuchen, den Krieg mit rechtlicher Wirkung zu ächten. Am 27. August 1928 besiegelte der Briand-Kellogg-Pakt in Paris das Ende des alten *ius ad bellum*. Erlaubt bleiben sollten Verteidigungs- und vom Völkerbund genehmigte Sanktionskriege. Jede andere militärische Gewalt wurde verboten. Nachdem den ursprünglich 15 Signatarstaaten des Pakts in kurzer Zeit ein halbes Hundert weitere gefolgt waren, konnte eine weltweit verbindliche Wirkung dieses Verbots mit Gründen behauptet werden. Das bedeutete zugleich, dass sich kein Staat durch Kündigung des Vertrags der darin statuierten Pflicht entledigen konnte.

Deutschland gehörte zu den Unterzeichnern.[25] Das sollte in Nürnberg eine entscheidende Rolle spielen. Die Satzung des Völkerbunds, aus dem das Deutsche Reich 1933 ausgetreten war, konnte dies nicht mehr. Wichtig ist allerdings, dass auch der Briand-Kellogg-Pakt für seine Verletzung keine Strafsanktion bereithielt. Als ebenso dürftige wie selbstverständliche Konsequenz einer kriegerischen Aggression sah die Präambel lediglich vor, dass sich der Angreifer seinerseits nicht mehr auf die im Pakt geregelte Friedenspflicht der anderen Staaten berufen konnte.

Der Pakt gab dem angestrebten Kriegsverbot eine noch vielfach schwankende Grundlage. Seine Sanktionslosigkeit, ein geläufiges Phänomen des Völkerrechts, war dabei das geringste Problem. Die prinzipielle Schwäche des Pakts hat im Juni 1946 vor dem Militärtribunal in Nürnberg der Verteidiger des später zum Tod verurteilten Alfred Jodl, der Völkerrechtsprofessor Hermann Jahrreiß, deutlich profiliert[26]: Der Vertrag unternimmt keinen Versuch, den verbotenen Angriffs- vom erlaubten Verteidigungskrieg abzugrenzen. Er

25 S. Abdruck des Pakts in *League of Nations* (1929), 57 ff., sowie die gesetzliche Verkündung in Deutschland in RGBl II (1929), 97.

26 Jahrreiß, in: *Prozeß gegen die Hauptkriegsverbrecher*, Bd. XVII (1947), 499 ff.

bestimmt auch keine überstaatliche Autorität, die im Konfliktfall für eine solche Abgrenzung zuständig wäre. Die Folge dieses Mangels lag auf der Hand: Die kriegführenden Staaten selbst beanspruchten die entsprechende Definitionsmacht und damit zugleich die über Recht und Unrecht ihrer eigenen Kriegsentschlüsse. Nicht frei von beinahe tragischer Komik ist die Bemerkung eines der Urheber des Paktes, des amerikanischen Außenministers Kellogg, in einer Note vom Juni 1928, also noch vor dem Vertragsschluss, an die künftigen Signatare: „Jede Nation ist zu jeder Zeit und unbeschadet aller Vertragsbestimmungen berechtigt zur Verteidigung ihres Territoriums gegen Invasion und Angriff, und sie alleine ist zuständig für die Entscheidung, ob die jeweiligen Umstände einen Verteidigungskrieg erforderlich machen."[27]

Es gehört keine besondere Skepsis zu der Vermutung, dass der Briand-Kellogg-Pakt in der Sphäre der Realpolitik nicht einen einzigen Kriegsentschluss verhindert hat. Eher zeigen die 30er Jahre eine Zunahme jener rabiaten Bedenkenlosigkeit, mit der jedenfalls die nichtdemokratischen Großmächte auf die Kriegsoption zur Fortsetzung ihrer Politik zurückgriffen. Vor allem in Amerika ist deswegen die Gültigkeit des Pakts insgesamt bezweifelt worden. Dennoch ist dessen nachwirkende Bedeutung auch mit solchen Feststellungen nicht zu widerlegen. Das 20. Jahrhundert hat erstmals die vorher unbekannte Möglichkeit eines völkerrechtlichen Normenwandels demonstriert, der sozusagen hinter dem Rücken der klassischen Rechtsquelle „Staatenpraxis" stattfindet, manchmal gegen deren machtgestützte Orientierungen: im Modus eines atmosphärisch wirksamen, zersetzenden Zugriffs des Rechts- und Moralbewusstseins der Völker (nicht notwendig ihrer Regierungen) auf den freien Machiavellismus der Macht. Der Inhalt des Briand-Kellogg-Paktes war im angebrochenen Zeitalter der Vernichtungskriege moralisch ohne Alternative. Die stillschweigenden oder ausdrücklichen Vorbehalte der Staaten waren nicht verallgemeinerungsfähig, sondern stets dann ein Ärgernis, wenn sie der andere auch erhob. Und schließlich war das internationale Verdikt über die Aggressoren des 1. Weltkriegs unter den Bedingungen einer schon funktionierenden Massenkommunikation nicht zu haben ohne eine bleibende Spur im Gedächtnis der Welt.

Das alles heißt: Wie immer man die faktische Wirksamkeit des Briand-Kellogg-Paktes beurteilen mag – als Deutschland am 1. September 1939 mit dem Einmarsch in Polen den Weltkrieg auslöste, gab es eine allgemeine Norm des Völkerrechts, die eben dies verbot. Hinzu kam, dass Deutschland durch Nichtangriffsverträge gerade gegenüber den später Überfallenen, nämlich Polen, Belgien, Dänemark und der Sowjetunion, speziellen Kriegsverboten

27 Abgedruckt in *American Journal of International Law* 22 (1929), Suppl., 109.

unterlag. Ob mit diesen Erwägungen allerdings eine persönliche Strafbarkeit der Kriegsurheber zu begründen war, ist eine andere und weitaus schwierigere Frage.

1.5 Das Verfahren in Nürnberg

Trias der Verbrechenstatbestände

Knapp sechs Jahre und einen Weltuntergang später, am 8. August 1945, legte das Londoner Abkommen der vier alliierten Siegermächte die Rechts- und Verfahrensgrundlagen für das Nürnberger Militärtribunal über die Hauptkriegsverbrecher fest. In Art. 6 des Statuts heißt es:

> „Die folgenden Handlungen, oder jede einzelne von ihnen, stellen Verbrechen dar, für deren Aburteilung der Gerichtshof zuständig ist. Der Täter solcher Verbrechen ist persönlich verantwortlich:
> a) VERBRECHEN GEGEN DEN FRIEDEN: Nämlich: Planen, Vorbereitung, Einleitung oder Durchführung eines Angriffskrieges oder eines Krieges unter Verletzung internationaler Verträge, Abkommen oder Zusicherungen oder Beteiligung an einem gemeinsamen Plan oder an einer Verschwörung zur Ausführung einer der vorgenannten Handlungen.
> b) KRIEGSVERBRECHEN: Nämlich: Verletzung der Kriegsgesetze oder -gebräuche. [...]
> c) VERBRECHEN GEGEN DIE MENSCHLICHKEIT: Nämlich: Mord, Ausrottung, Versklavung, Deportation oder andere unmenschliche Handlungen, begangen an irgendeiner Zivilbevölkerung vor oder während des Krieges, Verfolgung aus politischen, rassischen oder religiösen Gründen, begangen in Ausführung eines Verbrechens oder in Verbindung mit einem Verbrechen, für das der Gerichtshof zuständig ist, und zwar unabhängig davon, ob die Handlung gegen das Recht des Landes verstieß, in dem sie begangen wurde, oder nicht. [...].“[28]

Das ist die berühmt gewordene Trias völkerrechtlicher Schwerverbrechen, an deren Schema – rechtswirksam oder nicht – sich jede staatliche Makrokriminalität seither messen lassen muss. Eine Untersuchung ihrer Probleme kann zunächst die klassischen Kriegsverbrechen unter b) und den am Ende von Punkt a) formulierten Verschwörungstatbestand streichen, ebenso übrigens wie die in Art. 9 und 10 des Statuts geregelten Organisationsverbrechen: die Kriegsverbrechen, weil ihre Strafbarkeit nach internationalem Recht längst vor Nürnberg unbestritten gewesen ist; die beiden letztgenannten, weil sie weder im Urteil des Militärtribunals noch im Völkerrecht der Nachwelt eine

28 Statut, in: *Prozeß gegen die Hauptkriegsverbrecher*, Bd. I (1947), 11 f.

wesentliche Rolle gespielt haben. Sie waren in das Londoner Abkommen vor allem auf Druck des amerikanischen Chefanklägers Jackson geschrieben worden. Ihre Funktion sollte es sein, die individuell schwer fassbaren Mitglieder der nazistischen Gesamtmaschinerie in einer Art tatbestandlichen Schleppnetzes zu fangen, die Anführer mit dem Verschwörungs-, die unteren Chargen mit dem Organisationstatbestand. Das war eine primitive und rechtlich dubiose Konstruktion, eine „Catch-all"- Schlinge weit unterhalb des Gerechtigkeitsniveaus, das die Teilnahmelehren in den kontinentaleuropäischen Rechtsordnungen aufwiesen. Sie hätte, wäre ihr das Tribunal als Präzedenzgericht im Schema der Anklage gefolgt, in den Nachfolgeprozessen unter dem Kontrollratsgesetz Nr. 10 vermutlich Hunderttausende subalterner Mitläufer in die Reichweite einer gefährlichen und kaum angemessenen Strafdrohung gezogen.[29] Der Gerichtshof fing dieses Risiko ab, indem er die Verschwörungsthese als überflüssig behandelte und die Strafbarkeit wegen Mitgliedschaft in einer Organisation an die jeweils individuelle Kenntnis und Billigung der dort begangenen Verbrechen band. Im Übrigen wurden im Urteil aus der Liste der sechs Organisationen, die Jackson für verbrecherisch erklärt haben wollte, drei gestrichen. Auf dem kriminellen Index blieben die Gestapo, die SS und das Führerkorps der NSDAP.

Diese Konzentration der rechtlichen Perspektive hinterließ dem Gericht und der Nachwelt drei grundsätzliche Probleme: War der Aggressionskrieg 1939 nicht nur völkerrechtswidrig, sondern als „Verbrechen gegen den Frieden" an seinen Urhebern persönlich strafbar? Waren es die „Verbrechen gegen die Menschlichkeit", wie immer man ihre Kriterien nach Art. 6c der Charta genauer bestimmen mochte? Und schließlich: konnte ein internationaler Gerichtshof Jurisdiktionsgewalt über die angeklagten Taten und deren Täter beanspruchen?

Es ist leicht zu sehen, dass dies genau die Fragen waren, die bereits 1919 die Kriegsverbrechens-Kommission in Paris beschäftigt hatten und die sowohl im Versailler Friedensvertrag als auch in der nachfolgenden Völkerrechtsentwicklung keine überzeugende Antwort gefunden hatten.

Jurisdiktion

Der Knoten des Jurisdiktionsproblems hätte sich leicht und im Modus einer alexanderlichen Lösung erledigen lassen. Die bedingungslose Kapitulation

29 Nach Quaritsch, *Nachwort* (1994), 154, hat eine solche Strafverfolgung tatsächlich in erheblichem Ausmaß stattgefunden – nicht in Nürnberg, aber danach vor deutschen Gerichten, die in den drei westlichen Besatzungszonen „schätzungsweise 50.000 Deutsche" wegen Organisationszugehörigkeit verurteilt hätten.

Deutschlands am 8. Mai 1945 hatte den Alliierten, die das deutsche Staatsgebiet *de facto* vollständig kontrollierten, auch *de iure* die Möglichkeit zugespielt, die staatliche Souveränität und nicht nur eine militärische Besatzungsgewalt über Deutschland anzunehmen. Wirksam geschehen war das mit der *Berliner Erklärung* der vier Siegermächte am 5. Juni 1945 zur Übernahme der Regierungsgewalt in Deutschland. Damit waren sie auch die allein legitimierten Gesetzgeber geworden.[30] Das Londoner Statut für den Militärgerichtshof konnte daher völkerrechtlich als innerdeutscher Legislativakt aufgefasst werden. Dessen Rechtsgrundlage, die deutsche Hoheitsgewalt, unterlag keinem Zweifel. Die Strafkompetenz des Tribunals war mit dieser gesetzlichen Deckung dann kein Problem mehr.

Die Konstruktion hatte eine empfindliche Schwäche. Als Gesetz eines deutschen Hoheitsträgers wäre die Londoner Charta deutsches Recht gewesen. Eine Zuständigkeit zur Schaffung (oder auch nur Präzisierung) völkerrechtlicher Straftatbestände konnte so nicht begründet werden. Damit wären Statut und Gerichtshof mit einem offenkundigen und schwerwiegenden Problem des strafrechtlichen Rückwirkungsverbots konfrontiert worden, das man vermeiden wollte. Denn das deutsche Recht der zwölf Jahre zuvor hatte die angeklagten Verbrechen straflos gemacht, und wäre das im Einzelfall auch nur in Gestalt des ominösen, aber wirksamen „Führerbefehls" geschehen. Auch wären so die Präambel und Art. 1 des Statuts unverständlich geworden, die dem Gerichtshof Jurisdiktion „im Interesse aller Nationen" und über die „Hauptkriegsverbrecher der europäischen Achse", also auch über nichtdeutsche Täter zuschrieb, eine Möglichkeit, die deutscher Hoheitsgewalt nicht zugänglich war.

Dies alles hätte dem Sinn des Tribunals widersprochen. Man wollte die angeklagten Taten als das kennzeichnen, was sie waren: schwerste, beispiellose Verletzungen internationalen Rechts. Ein „deutscher" Gerichtshof, bestehend im Übrigen aus nichtdeutschen Richtern, mit innerdeutscher Jurisdiktion wäre dafür selbst als eine Art Treuhänder der Welt politisch, rechtlich und – mit Blick auf den angestrebten Präzedenzcharakter für die Zukunft des Völkerrechts – auch symbolisch das falsche Instrument gewesen. Der Gerichtshof ist diesen Problemen nicht ausgewichen, etwa mit einem immerhin möglichen argumentlosen Rückverweis auf das Londoner Statut. Dass er sie angemessen

30 So die scharfsinnige, völkerrechtlich allerdings weithin bestrittene Auffassung Hans Kelsens, *Legal Status* (1945), 518 ff. – Von der *Möglichkeit* der Alliierten, deutsche Hoheitsgewalt auszuüben, ist die Frage zu unterscheiden, ob sie dies mit dem Londoner Statut (und dem Nürnberger Prozess) tatsächlich auch getan haben. Das ist zu verneinen; dazu gleich im Text.

geklärt hätte, kann man nicht behaupten. Er hat seine Jurisdiktionsgewalt und die der Londoner Charta schließlich mit einer undeutlichen Mischung aus Souveränitäts- und Weltrechtselementen gestützt, aber keinen Zweifel daran gelassen, dass er als internationales Tribunal internationales Recht anwende.[31] Dem Ergebnis wird man zustimmen können, seiner verworrenen Begründung kaum.

Siegerjustiz?

Doch gab es gewichtigere Einwände. Hans Kelsen, der bedeutendste Rechtsphilosoph deutscher Sprache im 20. Jahrhundert, als Jude selbst vor den Nazis nach Amerika geflohen, hat 1947 in einer scharfsinnigen Kritik des Nürnberger Verfahrens das Londoner Statut ein *„Privilegium odiosum“* der Siegermächte genannt: Sie hätten unter Missachtung eines Fundamentalprinzips der Gerechtigkeit ausschließlich sich selbst zu Gesetzgebern und Richtern in eigener Sache gemacht und dabei weder Vertreter der besiegten noch solche neutraler Staaten hinzugezogen. Genau dieser Einwand war auch während des Prozesses von Otto Stahmer, dem Verteidiger Görings, im Namen aller seiner Kollegen erhoben und vom Gericht ignoriert worden. Kelsens Abhandlung schließt mit den Sätzen:

> „Sollten die Nürnberger Prinzipien eine nicht nur judizielle, sondern auch legislative Präzedenzwirkung erhalten, dann werden nach dem nächsten Krieg die Regierungen der Sieger die der besiegten Staaten wegen solcher Verbrechen aburteilen, die von den ersteren einseitig und mit rückwirkender Kraft definiert worden sind. Lasst uns hoffen, dass es eine solche Präzedenzwirkung nicht geben wird.“[32]

Rückwirkungsverbot

Der am schwersten wiegende Einwand blieb bis heute als Dissonanz dem Nachklang des Nürnberger Urteils beigemischt: das Verbot einer rückwirkenden Bestrafung für Taten, die zur Zeit ihrer Begehung nicht strafbar waren. Das konnte die völkerrechtlich schon lange etablierte Strafbarkeit der klassischen Kriegsverbrechen nicht treffen, wohl aber die beiden anderen angeklagten Tatbestände: den des Angriffskriegs und den der *crimes against humanity*.

Es traf sie auch. Die Verfasser des Londoner Statuts hatten das Problem gesehen und gefürchtet. Noch am 23. April 1945 forderte deswegen eine Denkschrift der englischen Regierung, den Plan eines Gerichtsverfahrens fallenzulassen und stattdessen die politische und militärische Führung der Deutschen

31 Urteil des IMT (im Folgenden „IMT-Urteil“), in: *Hauptkriegsverbrecher* (wie Fn. 28), 244 ff.

32 Kelsen (1947), 153 ff., 171 (meine Übersetzung).

nach der Ergreifung „summarisch zu exekutieren".[33] Für die Verbrechen gegen die Menschlichkeit fand man in der Charta schließlich einen taktisch wohl klugen, aber in der Sache eher beklemmenden Ausweg. Sie wurden in Art. 6c nur insoweit für strafbar erklärt, als ihre Begehung mit den beiden anderen, den kriegsbezogenen Verbrechen des Statuts in direktem Zusammenhang stand. Der Gerichtshof handhabte dieses Kriterium als grobes Schema der zeitlichen Koinzidenz. Alle Handlungen, die zwar dem Tatbild der *crimes against humanity* entsprachen, aber vor Beginn des Krieges im September 1939 von Deutschen gegen Deutsche begangen worden waren, fielen durch dieses Raster und blieben straflos. Man scheute einen zu deutlichen Eingriff in das Dogma der absolutistischen Staatssouveränität. Trostlos mutet eine Bemerkung Robert Jacksons während der Londoner Beratungen im Juli 1945 an, und bei aller sachlichen Abwegigkeit ist sie doch nichts anderes als eine genau informierte Konzession an das damals geltende Völkerrecht:

> „Wie Deutschland seine eigenen Bürger behandelt [...], geht uns nicht mehr an als andere Regierungen unsere Angelegenheiten. [...] Der Grund, warum dieses Vernichtungsprogramm gegen die Juden und die Zerstörung der Rechte von Minderheiten eine internationale Bedeutung erhalten, ist dieser: Sie waren Teil des Planes für einen illegalen Krieg."[34]

„So empörend und entsetzlich viele dieser Verbrechen waren", heißt es später im Urteil des Tribunals, könne doch nicht angenommen werden, „daß die vor 1939 ausgeführten Handlungen Verbrechen gegen die Menschlichkeit im Sinne des Statuts waren".[35]

Das war ein schmerzhafter Misston, aber schwerlich den Nürnberger Richtern anzulasten, und auch bei seinen eigentlichen Urhebern, den Verfassern der Londoner Charta, Teil einer wohl halb ins Unbewusste abgeschobenen Doppelzüngigkeit und im Übrigen in seinen Motiven durchaus ehrenwert. Man achtete das Rückwirkungsverbot als grundlegendes Prinzip der Gerechtigkeit. Verbrechen einer souveränen Staatsführung gegen ihre eigenen Bürger waren damals eben ausschließlich „innere Angelegenheiten", also nach internationalem Recht keineswegs strafbar, und schon gar nicht an ihren individuellen Tätern (wobei auch die im Völkerrecht gegen diese Art staatlicher Makrokriminalität in engen Grenzen akzeptierte „Humanitäre Intervention" keinen Straf-, sondern einen quasi-polizeilichen Unterbindungscharakter hatte

33 Zit. bei Jescheck (1952), 140 f.

34 Department of State, *Report Jackson* (1947), 331 f.

35 IMT-Urteil (wie Fn. 31), 285 f.

und hat). Andererseits saßen auf der Anklagebank in Nürnberg Verantwortliche für die schwersten Verbrechen der Menschheitsgeschichte. Man wollte sie dafür, und wahrhaftig ebenfalls mit gutem Grund, nicht straflos lassen. So zwang man diese Taten *de iure* in eine kaum einleuchtende funktionale Verbindung mit den Kriegsverbrechen, deren Strafbarkeit nach internationalem Recht feststand, reduzierte diesen Zusammenhang dann im Wesentlichen auf den der bloßen Gleichzeitigkeit und hoffte offenbar trotzdem, mit einer solchen Reflexstrafbarkeit das Rückwirkungsverbot umgehen zu können, nein, beachtet zu haben. Schlüssig begründbar war das nicht. Beides zusammen, Rückwirkungsverbot und völkerrechtliche Strafbarkeit der *crimes against humanity*, war nicht zu haben.

Richtig war dennoch die Bestrafung der Täter; falsch war die Konstruktion, die man ihr unterschob. Eine mutigere und ehrlichere Begründung hätte den Bruch des Rückwirkungsverbots eingestanden – und gerechtfertigt. Denn dafür gab es schlagende Argumente. Wie alle Rechtsprinzipien kann auch das des Rückwirkungsverbots nicht absolut gelten. Im Fall eines Konflikts mit anderen, gleichgewichtigen Grundsätzen müssen im Weg der Abwägung Vor- und Nachrang der kollidierenden Normen für die konkrete Entscheidung geklärt werden. Das Prinzip, dass Taten abgründiger Verwerflichkeit nicht straflos bleiben dürfen, soll das Normbewusstsein der zusehenden Öffentlichkeit nicht mit schwer abschätzbaren Folgen erschüttert werden, erhielt vor den Dimensionen der Verbrechen, auf die es in Nürnberg zu beziehen war, ein solches Gewicht, dass es stärker sein musste als das Rückwirkungsverbot, stärker als die machtgestützte Legaldeckung, die sich die Täter selbst verschafft hatten. Der Gerichtshof stand in Nürnberg angesichts dieser Prinzipienkollision vor einem normativen Notstandsproblem nachgerade säkularen Ausmaßes und globaler Reichweite. Es ist wenig zweifelhaft, dass die Lösung des Konflikts zugunsten der Bestrafung richtig war. Nur hätte man eben dies sagen müssen. Die schielende Begründung des Urteils hat seine moralische und rechtliche Kraft beschädigt.

Angriffskrieg

Das Problem wiederholte sich im Rahmen von Art. 6a der Charta bei der Frage nach der Strafbarkeit des Angriffskriegs. Auch dort wurde es mit einer falschen Begründung richtig gelöst. Im Urteil liest sich das so:

> „Die Nationen, die den [Briand-Kellogg-Pakt] unterschrieben oder ihm beitraten, ächteten für die Zukunft den Krieg bedingungslos als Werkzeug der Politik und verzichteten ausdrücklich auf ihn [...]. Der Gerichtshof ist der Ansicht, daß der feierliche Verzicht auf den Krieg als Werkzeug nationaler Politik es

> notwendigerweise einbeschließt, daß solch ein Krieg völkerrechtswidrig ist und daß diejenigen, die einen solchen Krieg mit all seinen unvermeidbaren und schrecklichen Folgen planen und führen, ein Verbrechen begehen."[36]

Die Feststellung der Völkerrechtswidrigkeit des Krieges war richtig, die seines Charakters als Verbrechen ein *non sequitur* und falsch. Keine Völkerrechtsquelle, weder Verträge noch Staatenpraxis, auch nicht die ohnehin schwer fassbaren „Rechtsprinzipien aller zivilisierten Völker", auf die sich die Anklageschrift unter anderem berufen hatte[37], gaben bis 1939 ein solches Verbrechensverdikt über den Angriffskrieg her – wiederum ganz zu schweigen von der individuellen Strafbarkeit seiner Urheber. Das haben die Verteidiger in Nürnberg schlüssig vorgetragen. Der Gerichtshof hat den Einwand mit einem offenkundig falschen Argument verworfen: mit einer Analogie zwischen Briand-Kellogg-Pakt und Haager Landkriegsordnung. Auch diese spreche nicht ausdrücklich von einer Strafbarkeit der klassischen Kriegsverbrechen; deren Bestrafung sei aber unbestrittene völkerrechtliche Praxis.[38] Das ist wahr, nur war sie das längst vor dem Haager Abkommen. Sie war von der Landkriegsordnung vorausgesetzt und anderswoher bezogen worden; geregelt wurde sie darin nicht – so wenig wie im Briand-Kellogg-Pakt die Strafbarkeit des Angriffskriegs.

Auch in diesem Fall hat die Londoner Charta das Rückwirkungsverbot gebrochen, und der Gerichtshof, dem die Durchsetzung oblag, hat große Anstrengungen zum Nachweis des Gegenteils unternommen. Gelingen konnte das nicht. Manches spricht dafür, dass sich ein tieferes Bewusstsein dieses Umstands, um nicht zu sagen ein schlechtes Gewissen, schließlich in der Strafzumessung Geltung verschafft hat. Der Angriffskrieg, heißt es am Anfang des Urteils, „ist nicht bloß ein internationales Verbrechen, er ist das schwerste internationale Verbrechen, das sich von den anderen Kriegsverbrechen nur dadurch unterscheidet, daß es in sich alle Schrecken der anderen Verbrechen einschließt und anhäuft".[39] Damit ist freilich nicht zu vereinbaren, dass diejenigen der Nürnberger Angeklagten, die ausschließlich wegen „Verbrechens gegen den Frieden" oder sogar zusätzlich noch wegen Kriegsverbrechen verurteilt wurden – wie Rudolf Heß oder die Großadmirale Dönitz

36 IMT-Urteil (wie Fn. 31), 246.

37 *Anklageschrift* (wie Fn. 28), 47. – Art 38 Abs. 1c des *Statuts des Ständigen Internationalen Gerichtshofs* vom 13.12.1920 nannte übrigens (wie heute Art. 38 Abs. 1c des IGH-Statuts) ausdrücklich die „von den Kulturvölkern anerkannten allgemeinen Rechtsgrundsätze" als Völkerrechtsquelle.

38 IMT-Urteil (wie Fn. 31), 246 f.

39 IMT-Urteil (wie Fn. 31), 207.

und Raeder – nur Haftstrafen erhielten, während etwa Julius Streicher allein für seine Verbrechen gegen die Menschlichkeit zum Tod verurteilt oder Ernst Kaltenbrunner für Menschlichkeits- und Kriegsverbrechen ebenfalls hingerichtet wurde.

Logisch zu glätten ist dieser Widerspruch nicht. Er dürfte aber zeigen, dass das Gericht weder von der völkerrechtlichen Strafbarkeit des Angriffskriegs noch von seinem Höchstrang auf der Skala makrokrimineller Verwerflichkeit wirklich überzeugt war. Doch hätte auch hier das offene Eingeständnis eines Bruchs des Rückwirkungsverbots das gewünschte Ergebnis der Strafbarkeit begründen können. Am Ende des furchtbarsten Krieges der Menschheitsgeschichte war die Zeit reif für die Feststellung, dass es zur Kriminalisierung seiner Urheber (und der aller künftigen Kriege) keine moralische, keine rechtliche und keine politische Alternative mehr gab. Auch in diesem Fall wäre eine notstandsähnliche Abwägung zwischen den Prinzipien des Rückwirkungsverbots einerseits und des strafrechtlichen Schutzes für die Fundamente der Zivilisation andererseits notwendig und entscheidbar gewesen: zugunsten des letzteren. Denn die rechtliche Basis für das Vertrauen der Kriegsurheber auf die fortdauernde Straflosigkeit ihres Handelns – und dies ist der Schutzgedanke des Rückwirkungsverbots – war 1939 durch die Strafbarkeitsforderung bereits der Pariser Kommission von 1919, durch die völkerrechtliche Kriegsächtung im Briand-Kellogg-Pakt und durch andere Bemühungen und Vereinbarungen der Zwischenkriegszeit hauchdünn geworden.[40] Der letzte Schritt zur Bestrafung war 1946 klein genug, um vor dem Übermaß seines Anlasses den noch immer damit verbundenen Bruch des Rückwirkungsverbots zu rechtfertigen.[41]

Vielleicht hat die Brüchigkeit der Nürnberger Begründung das nach 1950 wieder schamlos reklamierte *ius ad bellum* der Staaten, auch der in Nürnberg zu Gericht gesessenen, begünstigt. Wenn irgendein Teil der Nürnberger Entscheidung, dann ist wohl der über die Strafbarkeit des Angriffskriegs in Politik und Völkerrecht toter Buchstabe geblieben.[42]

Fair Trial und „tu quoque“

Stärker noch als die Mängel seiner Begründungen trübt der durchgängige Verstoß gegen einen Grundsatz des *fair trial* das Bild des Nürnberger Verfahrens: der Ausschluss aller *„tu quoque“* (*„du auch“*)-Argumente der Verteidigung.

40 Dazu Jescheck (1952), 68 ff.

41 Das verkennt Quaritsch (1994), 125 ff., 153 ff., in seinem das Urteil des IMT ablehnenden Nachwort.

42 So auch Murphy (1990), 141 ff., 153. – Nach der sog. Kampala-Konferenz (2010) zur Strafbarkeit des Angriffskriegs beginnt sich dieser Befund langsam zu wandeln (s.u. *VII. Postskriptum 2022*).

Exemplarisch deutlich wird dies in einer Bemerkung des englischen Gerichtsvorsitzenden, die das Protokoll vom 14. Mai 1946 festhält. Den Versuch der Verteidigung, Kriegsverbrechen wie sie den Angeklagten vorgeworfen wurden, auch aufseiten der Alliierten nachzuweisen, schnitt der Vorsitzende, Lord-Richter Lawrence, mit den Worten ab: „Und übrigens sitzen wir hier nicht darüber zu Gericht, ob andere Mächte Völkerrechtsbrüche begangen haben oder Verbrechen gegen die Menschlichkeit oder Kriegsverbrechen. Wir verhandeln hier darüber, ob diese Angeklagten solche Dinge begangen haben."[43]

Die dürre und etwas zynisch instrumentierte Logik dieses Satzes verschweigt den Umstand, dass in zahlreichen Fällen auch die Taten der Angeklagten ohne eine Klärung des *tu quoque*-Vorwurfs gegen den ehemaligen Kriegsfeind nicht angemessenen zu beurteilen waren. Verletzungen der Haager Landkriegsordnung etwa konnten einfach Kriegsverbrechen, sie konnten aber auch Reaktionen auf gleichartige Handlungen der feindlichen Streitkräfte und damit als Repressalien gerechtfertigt sein. Zur Illustration: Als im 1. Weltkrieg die deutsche Armee mit dem barbarischen und völkerrechtswidrigen Einsatz von Giftgas begann, reagierten die englischen Streitkräfte mit dem gleichen Mittel. Das Verdikt des Kriegsverbrechens konnte nur den deutschen, nicht den als Repressalie und über das *tu quoque*-Argument gerechtfertigten englischen Gaseinsatz treffen.[44]

Es mischt den Verfahrensprotokollen von Nürnberg mehr als einmal den Tonfall einer schäbigen Politik bei, dass praktisch alle Beweisanträge der Verteidigung zu Völkerrechtsbrüchen der Alliierten als unerheblich abgewiesen wurden. Eine Ausnahme immerhin gab es: den Vorwurf des Kriegsverbrechens gegen Dönitz und Raeder wegen der Torpedierung englischer Handelsschiffe durch deutsche U-Boote ließ das Urteil ausdrücklich fallen. Die Verteidigung hatte nachgewiesen, dass die Handelsschiffe bewaffnet waren und Befehl hatten, deutsche U-Boote nach Möglichkeit zu rammen. Auch die warnungslose Torpedierung japanischer Handelsschiffe durch die amerikanische U-Boot-Flotte im Pazifik war von der Verteidigung vorgetragen und ausnahmsweise gehört worden.[45]

43 In: *Hauptkriegsverbrecher* (wie F. 28), Bd. XIII, 575.

44 Dieses ehedem schrankenlose Prinzip der Gegenseitigkeit gilt heute im Bereich des sog. *ius cogens* des Völkerrechts (und dazu gehört vor allem das humanitäre Kriegsvölkerrecht) nicht mehr. Die vier Genfer Konventionen von 1949 etwa reklamieren in ihrem gemeinsamen Art. 1 die Einhaltung ihrer Regeln „unter allen Umständen", also auch für den Fall ihrer Verletzung durch den Kriegsgegner.

45 Vgl. IMT-Urteil (wie F. 31), 353 f., 358; dazu auch die Verhandlungsprotokolle (wie Fn. 28), Bd. XIII, 258 ff.

Die *Chicago Tribune* schrieb am 2. Oktober 1946, einen Tag nach der Urteilsverkündung in Nürnberg, in ihrem Leitartikel: „Die Wahrheit ist, dass keiner der Sieger von der Schuld, die ihre Richter an den Besiegten bestraft haben, frei gewesen ist."[46] Eine solche Feststellung auch im Prozess zuzulassen, hätte die Unterschiede zwischen Deutschland und den Alliierten in diesem Punkt nicht verwischt. Es hätte aber die moralischen Konturen des Verfahrens schärfer gezogen. Dass etwa die verheerenden Flächenbombardierungen offener deutscher Städte gegen Ende des Krieges schwere Verbrechen gewesen sind, ist kaum zu bestreiten. Die Anklage in Nürnberg hat ebenso wie das Urteil des IMT jede Erwähnung der Städtebombardierungen auf beiden Seiten peinlich bedacht vermieden. Das mag ein Akt kluger Politik gewesen sein. Das Bild des Prozesses in den Augen der Nachwelt dürfte es stärker beschädigt haben, als durch solche politischen Profilretuschen zu rechtfertigen war.[47]

Gänzlich sinister wird der Umgang des Gerichts mit dem *tu quoque*-Argument dort, wo es im Zusammenhang mit den Verbrechen gegen den Frieden berührt wird. Die Sowjetunion hatte am 30. November 1939 Finnland überfallen, im Juni 1940 das Baltikum und Teile Rumäniens besetzt, also ihrerseits Aggressionskriege geführt. Die größte Verlegenheit bereitete dem Gerichtshof allerdings der Umstand, dass der deutsche Überfall auf Polen und damit der Beginn des Weltkriegs unter vorsätzlicher und konspirativer Rückendeckung durch die Sowjetunion erfolgt, nämlich im „Geheimen Zusatzprotokoll" des Hitler-Stalin-Pakts vom 23. August 1939 ausgehandelt worden war. Es war nicht zweifelhaft, dass dies den Tatbestand des Verbrechens gegen den Frieden im Modus der „Beteiligung" nach Art. 6a der *Londoner Charta* erfüllte – und zwar der Beteiligung an eben dem Aggressionskrieg, über dessen Urheber auch die Sowjetunion in Nürnberg zu Gericht saß. Die Frage, ob die Unterzeichnung des Pakts durch Stalin erwähnt werden müsse, ist bei den Urteilsberatungen des Gerichts Gegenstand von Kontroversen gewesen und am Ende durch vollständiges Stillschweigen erledigt worden.[48]

In den Nachfolgeprozessen unter dem Kontrollratsgesetz Nr. 10 wurden zahlreiche *tu quoque*-Hinweise der Verteidiger auf die Angriffskriege der Sowjetunion mit dem stereotypen Argument blockiert, darüber werde man schon deswegen nicht reden, weil es die deutsche Aggression nicht rechtfertigen könne.[49] So richtig das ist: es bedeutet einen geradezu rabiaten Anschlag auf die Fundamente eines gerechten Verfahrens, wenn einer der Richter an der zu

46 Zit. bei Wright (1947), 38 ff., 45, Fn. 22.

47 Vgl. auch die entsprechende Kritik bei Jochnik/Normand (1994), 49 ff., 89.

48 Aufschlussreich dazu Smith (1977), 121 f.

49 Dazu Jescheck (1952), 411 f.

bestrafenden Tat beteiligt war. Wenn irgendwoher, dann hat das nach Nürnberg jahrelang durch die Zähne gezischte Wort von der „Siegerjustiz“ aus diesem Umstand eine gewisse Plausibilität bezogen. Hans Kelsen, der vielleicht genauer als irgendeiner der Zeitgenossen begriff, was auf dem Spiel stand, forderte schon 1944 ein unabhängiges, unparteiisches und wirklich internationales Strafgericht, das durch einen völkerrechtlichen Vertrag zwischen allen Beteiligten, auch den besiegten, eingerichtet werden sollte:

> „Nur wenn sich die Sieger demselben Recht unterwerfen, das sie auf die Besiegten anwenden wollen, wird die Idee der Gerechtigkeit unversehrt bleiben.“[50]

Es blieb, im zweifachen Wortsinn, eine unerhörte Mahnung.

1.6 Die Folgen

Und doch lassen alle diese Einwände die geschichtliche, die völkerrechtliche, ja selbst die moralische Wirkung des Nürnberger Verfahrens unberührt. Nürnberg hat jene Revolution im Völkerrecht, die 1919 noch gescheitert war, in einem exemplarischen Akt vollzogen. Keine gegenläufige, spurenverwischende Praxis der Staaten in der nachfolgenden Ära des Kalten Krieges hat die Grundidee des Prozesses zerstören können: dass die Selbstlegitimation staatlicher Macht ihre Grenze findet in einem Recht der Menschheit. Und dass der Täter, der diese Grenze missachtet, als einzelner zur Verantwortung gezogen wird, vor der ihn keine staatliche Deckung seiner Taten schützen kann. Nürnberg war der Versuch, auf beispiellose Exzesse der Macht gleichwohl in den Formen des Rechts zu antworten. Dass dieser Versuch nicht vollständig gelungen ist, erscheint nicht erstaunlich, weniger jedenfalls, als dass er sich überhaupt gegen die Forderungen ganz anderer Reaktionen durchsetzen konnte. Churchill zitiert in seinem Buch *Closing the Ring* eine davon: Stalins Vorschlag auf der Teheraner Konferenz der Alliierten im November 1943, nach Kriegsende 50.000 deutsche Offiziere, Ingenieure und Techniker umstandslos erschießen zu lassen. Der Vorschlag wurde von den Anwesenden als Witz behandelt, aber Churchill schreibt noch 1951, er sei nicht überzeugt, dass dahinter nicht eine ernsthafte Absicht gestanden habe.[51]

---

50 Kelsen (1944), 114 f.

51 Churchill (1951), 330. Auf der Konferenz von Jalta wenig später (im Februar 1945) forderte Churchill freilich selbst statt eines Gerichtsverfahrens die „summarische Exekution“ führender Nazis; s. Bjorge/Miles (2017), 195.

Wichtiger als was in Nürnberg erreicht und nicht erreicht worden ist, sind die Folgen des Prozesses. Sowohl in der Frage völkerrechtlicher Straftatbestände als auch in der einer universalen Jurisdiktion war entgegen der Behauptung des Gerichtshofs neues Recht geschaffen worden. Es hat sich in beiden Bereichen unterschiedlich, jedenfalls getrennt voneinander entwickelt, und in manchen Hinsichten gar nicht.

Die Tatbestände

Am 11. Dezember 1946 bestätigte die Generalversammlung der Vereinten Nationen die „Prinzipien des internationalen Rechts gemäß der Charta des Nürnberger Tribunals“[52], ohne dass über Inhalt, Reichweite, ja selbst das „Ob“ der Geltung dieser Prinzipien Klarheit bestanden hätte. Im Juli 1950 legte die eigens dafür eingesetzte „International Law Commission“ der UNO den Entwurf einer Kodifikation der Nürnberger Prinzipien vor.[53] Ein Jahr zuvor waren in Genf die vier großen Konventionen des Roten Kreuzes zur Fortentwicklung des Rechts im Krieg – über die Behandlung Verwundeter, Schiffbrüchiger, Kriegsgefangener und der Zivilbevölkerung – unterzeichnet und war den Signatarstaaten in einer gemeinsamen Regelung sogenannter „grave breaches“ der Vereinbarungen eine Pflicht zur Bestrafung der Täter auferlegt worden. Die Genfer Konventionen wurden 1977 um zwei Zusatzprotokolle erweitert und sind in dieser Gestalt von nahezu allen Mitgliedern der internationalen Staatengemeinschaft angenommen worden. Schon im Dezember 1948 hatte die UN-Generalversammlung die Genozid-Konvention vorgelegt und damit die Überführung eines bestimmten Bereichs der *crimes against humanity* in den Geltungsmodus des Völkervertragsrechts eröffnet. 1954 schließlich legte die „International Law Commission“ den ersten Gesamtentwurf einer umfassenden völkerrechtlichen Kodifikation von „Verbrechen gegen den Frieden und die Sicherheit der Menschheit“ vor. Er wurde seither mehrfach überarbeitet und 1996 in seiner Schlussfassung von der ILC angenommen.[54]

Dies alles waren, *cum grano salis*, Versuche, die Prinzipien von Nürnberg fester zu verankern, weiter zu verbreiten und klarer zu bestimmen, als es das Urteil des Militärgerichtshofs qua Präzedenzwirkung vermocht hätte. Aber der weltpolitische Horizont hatte sich zu Beginn der fünfziger Jahre längst verfinstert. Das eisige Klima des Kalten Krieges ließ bei aller Betriebsamkeit der äußeren Normproduktion aus Konventionen und Resolutionen den inneren Motor für eine Weiterentwicklung des Völkerstrafrechts, nämlich den Willen

---

52 Abgedruckt bei Schindler/Toman (1988), 921.

53 Abgedruckt in Yearbook Intern. Law Comm. II (1950), 374 ff.

54 Dazu Ferenc (1992), 375 ff., 379 ff.

der Staaten dazu, bis zur Bewegungslosigkeit erstarren. Deutlicher als an der Entwicklung der Straftatbestände ist das am Umgang der Staaten mit dem Jurisdiktionsproblem abzulesen.

Universale Jurisdiktion

Die Autorität zur Aburteilung von Straftaten, die in unmittelbarer Verbindung mit dem Territorium, den Interessen oder den Bürgern eines Staates begangen wurden, gehört zu den konstituierenden Merkmalen staatlicher Hoheitsgewalt. Daher erschien die Idee einer universalen Jurisdiktion, unter deren Regime bei bestimmten Delikten fremdstaatliche justizielle Eingriffe in diesen Bereich ursprünglicher Souveränität möglich sein sollten, im Völkerrecht zunächst als sperriger Fremdkörper. Aber schon der Begriff eines „Verbrechens gegen die gesamte Menschheit" drängte die Konzeption einer ihm zugeordneten Rechtsprechungskompetenz über deren klassische Sphären – Gebiet, Interessen, Bürger eines Staates – hinaus. Spätestens seit dem frühen 17. Jahrhundert, seit Gentili und Grotius, kannte das Völkerrecht den besonderen Verbrechertypus des *hostis humani generis*, des Feindes der ganzen Menschheit: in der Figur des Piraten auf hoher See. An ihm war der Gedanke einer universalen Jurisdiktion jedes einzelnen Staates entwickelt worden und ins Völkergewohnheitsrecht übergegangen.[55] Die Menschheitsfeinde des 20. Jahrhunderts waren dies freilich nicht deshalb, weil sie sich außerhalb der territorialen Kontrolle aller Staaten bewegten, sondern weil sie als einer von ihnen auftraten: gleichberechtigt und souverän. Ein solcher *hostis humani generis* war ungleich schwerer zu bewältigen, nicht nur de facto, sondern auch de iure. Aber da seine Bedrohung für die Welt, seine Menschenfeindschaft, in ganz anderem Maße gefährlich und offenkundig war als die der Seeräuber vergangener Jahrhunderte, musste sie bewältigt werden, und ebenfalls faktisch wie rechtlich.

Nürnberg war der Versuch, nach dem gewonnenen Krieg den zweiten Teil dieser Konsequenz zu ziehen: zögernd und mit erheblichen Mängeln, aber mit der deutlichen Markierung einer universalen Jurisdiktion im Namen der Menschheit. Die Staaten sind dem Gerichtshof in diesem Punkt nur widerstrebend oder gar nicht gefolgt. Die Genozid-Konvention der UNO von 1948 verneint in ihrem Art. VI implizit, aber unmissverständlich eine universale Jurisdiktion. Die vier Genfer Konventionen des folgenden Jahres akzeptieren sie immerhin für den Fall von Kriegsverbrechen.[56] Von da an verliert sich die Vertragspraxis der Staaten in einem Labyrinth von Mehrdeutigkeiten. Gänzlich

55 Auch heute gilt im Seevölkerrecht für Piraterie eine universale Jurisdiktion; s. Art 105 der *UN Convention on the Law of the Sea.*

56 Vgl. die gleichlautenden Art. 49, 50, 129 und 146 der Genfer Abkommen I bis IV.

verschwunden war unterdessen die Idee eines echten internationalen Strafgerichtshofs, sieht man von vereinzelten Diskussionen in der Wissenschaft ab.[57] Bert Röling, Völkerrechtler aus Holland und 1948 Mitglied des Internationalen Militärtribunals für den Fernen Osten in Tokio, warf neun Jahre später in der UNO-Generalversammlung der Staatengemeinschaft einen Betrug an den Ideen und den Richtern von Nürnberg und Tokio vor.[58]

Was gleichwohl blieb war der normative Druck der Nürnberger Prinzipien als Mahnung an die Staaten der Welt. Im Bereich des materiellen Rechts war durch zahlreiche Verträge und Konventionen ein Netz völkerrechtlicher Straftatbestände geschaffen worden. Und auch in der Jurisdiktionsfrage zeichnete sich zunehmend die Tendenz ab, eine Art sekundärer Auffang-Zuständigkeit aller Vertragsstaaten für solche Fälle zu vereinbaren, in denen die primär zuständige nationale Justiz die Strafverfolgung nicht betreiben kann oder will.[59] Zwar binden solche Abkommen unmittelbar nur ihre Unterzeichner; aber um die Vielzahl sich überschneidender, häufig wiederkehrender oder in einer Art normativer Familienähnlichkeit verbundener Regelungen kristallisierte sich allmählich ein Kernbestand von Völkergewohnheitsrecht: ein weltweit zwingendes Strafrecht der Völkergemeinschaft gegen die *hostes humani generis*.[60]

Einhellig akzeptiert wurde dieser Befund naturgemäß nicht, und bei der irritierenden Unklarheit der völkerrechtlichen Rechtsquellenlehre war das wenig verwunderlich. Er war im Übrigen, verglichen jedenfalls mit Nürnberg, ohnehin nicht frei von schmerzhaften Mängeln. Deren wichtigster war das Verschwinden des Angriffskriegs, in Nürnberg noch „das schwerste internationale Verbrechen" genannt, aus dem Völkerstrafrecht. Mehr als 20 Jahre hat die Staatengemeinschaft gebraucht, bis sie sich 1974 in der UNO-Resolution 3314 zu einer Definition der „Aggressionshandlung" durchzuringen wusste.[61] Die geläufige Erklärung, das habe an der kaum lösbaren Schwierigkeit dieser Definition gelegen, ist wenig überzeugend. Schwieriger als die Bestimmung des Begriffs dürfte vielmehr die Klärung der Frage gewesen sein, welche

---

57 S. etwa Pella (1950), 37 ff.

58 Vgl. Röling (1961), 355, Fn. 1. Anlass war die offizielle Verschiebung aller weiteren Bemühungen um das Völkerstrafrecht bis zu einem internationalen Konsens in der Frage einer Definition des „Angriffskriegs".

59 Dazu Clark (1988), 49 ff., 58 ff.

60 Dazu umfassend Bassiouni (1985), Vols. I und III; s. auch Randall (1988), 785 ff.

61 Nicht zu einer des *Aggressionskriegs*! Art.1 definiert lediglich den Begriff „Aggression"; Art. 3 a) bis g) normiert eine (nicht abschließende) Liste einzelner Aggressionshandlungen. Zu Entstehung und Inhalt umfassend Ferenc (1975); zu Unklarheiten und Problemen der Auslegung Bruha (2017), 142–177.

Art aggressiver Intervention sich die Großmächte einfach nicht verbieten, geschweige denn verbieten lassen wollten. Rechtstheoretisch ist das freilich ein Problem der Rechtfertigung, nicht der Definition einer Tat. Aber die Feststellung, ein bestimmtes völkerrechtliches Verbrechen sei nicht definierbar, schadet dem eigenen Ruf vor der Weltöffentlichkeit eben weniger als die, man müsse sich vorbehalten, es unter bestimmten Voraussetzungen selbst zu begehen. Und so merkwürdig das anmuten mag: noch in dieser flunkernden Verschiebung des Problems ist der Imperativ von Nürnberg spürbar. Denn ein offener Vorschlag, Aggressionshandlungen auch de iure wieder zu akklamieren, verbot sich seit 1946 selbst für solche Staaten, die de facto dabei wenig Hemmungen zeigten.

1.7 Postskriptum 2022

Das war Anfang der 1990er Jahre der Status quo des Nürnberger Vermächtnisses. Stillstand, politische Erstarrung, Signum eines Friedens zwischen den Weltmächten, der nicht auf Gründen der Rechtsvernunft, sondern auf dem Schrecken wechselseitig angedrohter Vernichtung beruhte. Einmal mehr bedurfte es eines Krieges mit allen Erscheinungen des Abscheulichen, um die Idee eines Völkerstrafrechts, das diesen Namen verdiente, wiederzubeleben.

Nach dem staatlichen Zerfall Jugoslawiens begann 1992 in der neu entstandenen und (allzu rasch) von der EU und den USA anerkannten Republik Bosnien und Herzegowina ein Bürgerkrieg zwischen Serben, Bosniaken und Kroaten. Alsbald griffen Serbien und Kroatien, jeweils aufseiten der per Nationalgefühl assoziierten Konfliktpartei, in den Krieg ein. Im Verlauf seiner dreijährigen Dauer forderte er 100.000 Menschenleben. Mit Resolution 808 vom Februar 1993 beschloss der UN-Sicherheitsrat unter Berufung auf seine Aufgabe als Garant der globalen Friedenssicherung nach Kapitel VII der UN-Charta die Errichtung eines Internationalen Strafgerichtshofs für das ehemalige Jugoslawien (ICTY) zur Verfolgung der schweren Verbrechen, die während des Krieges begangen worden waren und immer noch wurden. Der daraufhin vom UN-Generalsekretär erarbeitete Bericht mitsamt dem beigefügten Entwurf eines Statuts für den Gerichtshof wurde vom Sicherheitsrat im Mai 1993 angenommen, das Tribunal als Nebenorgan des Rats (Art. 29 UN-Charta) auf zunächst unbestimmte Dauer errichtet.[62]

62 Nachweise (wie Fn. 6); Überblick bei Ambos (2018), § 6 Rn. 15–18. Die letzten Verfahren wurden 2017 abgeschlossen, die Tätigkeit des ICTY damit beendet.

Dieser Modus der Entstehung des ICTY war ungewöhnlich und warf völkerrechtliche Zweifel auf. Weder hat der Sicherheitsrat eine genuine Kompetenz zur Errichtung Internationaler Gerichtshöfe, noch hat er sie zur Setzung neuer völkerrechtlicher Normen. Die Art, in der man solche Zuständigkeitsmängel mit der Maske „globaler Friedenssicherung“ deckte, war nicht frei von sophistischer Rabulistik. Gleichwohl durfte das Verfahren, notgeboren im dringlichsten Wortsinn, zumindest rechtsmoralische Legitimität beanspruchen. Die nachfolgende Billigung des Gerichts durch die große Mehrzahl der Staaten beglaubigte seinen rechtlichen Status. In den Folgejahren beschleunigte sich die Entwicklung in ungeahnter Dynamik. 1994 empfahl eine UN-Expertenkommission die Schaffung eines weiteren internationalen Strafgerichts nach dem Vorbild des ICTY zur Verfolgung der Völkermordverbrechen in Ruanda. Errichtet wurde es als „Ad-hoc-Tribunal“ mit Resolution 955 des Sicherheitsrats im November 1994. Nach Erledigung seiner letzten Rechtsmittelverfahren kam es im Dezember 2015 an sein vorgesehenes Ende.

Das entscheidende letzte Stück des Wegs zu dem heute amtierenden Internationalen Strafgerichtshof (IStGH) als dauerhafter Institution des internationalen Rechts öffnete die Resolution 52/160 der UN-Generalversammlung vom 15.12.1997.[63] Beschlossen wurde, im Folgejahr eine Staatenkonferenz in Rom einzuberufen, offen für alle interessierten Länder, aber auch für zwischen- und nichtstaatliche Organisationen, und sie mit der Aufgabe zu betrauen, das Statut eines solchen Gerichtshofs zu erarbeiten und zu verabschieden. Das geschah zwischen dem 15. Juni und dem 17. Juli 1998. Die abenteuerliche Erfolgsgeschichte der Konferenz, vor und noch während ihres Verlaufs kaum für möglich gehalten, ist inzwischen oft erzählt worden.[64] In einer dramatischen Nachtsitzung vom 17. auf den 18. Juli votierten 120 Delegierte für die hart umkämpfte Endfassung des Statuts. 21 Delegationen enthielten sich, sieben stimmten dagegen, darunter die USA und Israel, deren Aversion gegen die Idee eines global zuständigen Strafgerichts selbst so befremdliche Streitgenossen wie China, Libyen, Katar und Irak nicht scheute. Vier Jahre später, nachdem die erforderliche 60. Ratifikationsurkunde hinterlegt worden war, trat das Statut in Kraft. Derzeit sind 123 Länder, darunter alle Staaten der EU, Mitglieder der Versammlung der Vertragsstaaten; 27 weitere haben das Statut unterzeichnet, aber bislang nicht ratifiziert. Der IStGH hat den Status einer eigenen Völkerrechtspersönlichkeit (Art. 4). Er ist kein Organ der UNO, mit dieser jedoch durch ein besonderes *relationship agreement* verbunden (Art. 2).

---

63 VN Res. & Beschl. I (1998), A/52/49, 404 f.

64 Guter Überblick bei Ambos (2018), § 6 Rn. 23; eingehend Bassiouni/Schabas (2016), 45–131.

Die 129 Artikel des IStGH-Statuts unterlegten dem Völkerstrafrecht erstmals ein umfassendes Fundament materiell- wie verfahrensrechtlicher Normen.[65] Seither verlief die Entwicklung bedächtiger und nicht ohne begleitende Misshelligkeiten politischer wie juristischer Provenienz.[66] Das bis heute bedeutendste Ereignis des weiteren Wegs war die Definition des „Verbrechens der Aggression" auf der ersten *Review Conference* der Vertragsstaaten im Juni 2010 in Kampala, mitsamt dem dazu gefassten Beschluss, die Jurisdiktion des Gerichts über das tatbestandlich nun weitläufig ausdifferenzierte Aggressionsverbrechen so bald wie möglich zu aktivieren.[67]

Verbrechen der Aggression

Art 8bis Abs. 2 definiert Angriffshandlungen in Übereinstimmung mit der Resolution 3314 der UN-Generalversammlung vom Dezember 1974. Absatz 1 erhöht die normative Schwelle, mit deren Überschreiten solche Handlungen zu völkerrechtlichen Verbrechen werden, beträchtlich: auf in Art, Schwere und Umfang *offenkundige* Verletzungen der UN-Charta. Die individuelle Verantwortlichkeit wird plausibel beschränkt auf Personen, die in politischen oder militärischen Führungsfunktionen an der Aggression beteiligt waren. Ein komplexes Zusammenspiel der neu in Art. 15 eingefügten Absätze verschob den möglichen Beginn einer tatsächlichen Ausübung der Gerichtsbarkeit über das Aggressionsverbrechen zunächst auf frühestens Januar 2017. Im Dezember 2017 bestimmte dann die Versammlung der Vertragsstaaten als Zeitpunkt dieses Beginns den 17. Juli 2018. Seither unterliegt das Verbrechen des Angriffskriegs einer völkerstrafrechtlichen Jurisdiktion.

Die Formulierung verspricht freilich weitaus mehr, als ihre rechtlichen Grundlagen halten können. Zahlreiche materielle und prozessuale Einschränkungen für den Tatbestand wie für die Verfolgbarkeit des Verbrechens, die im Statut selbst angeordnet werden, begrenzen die denkbaren Fälle einer solchen Jurisdiktion bereits erheblich. Hinzu kommt, dass weder Kriegsverantwortliche von Nichtvertragsstaaten noch solche von Mitgliedstaaten, die den Vertragsänderungen von Kampala nicht zugestimmt oder sie nicht

65 Mit den 2010 neu eingefügten Art. 8bis, 15bis und 15ter zum Aggressionsverbrechen sind es nun 131 Artikel. Die vier Grundtypen völkerrechtlicher Verbrechen (Art. 5) werden in den Art. 6–8bis in Dutzenden einzelner Tatbestände ausbuchstabiert.

66 Dazu Zimmermann (2022), der für die bisherige Bilanz des Gerichts „Licht und Schatten" konstatiert. Zwei Austritte von Vertragsstaaten (Burundi 2016; Philippinen 2018) sowie zwei entsprechende, aber später widerrufene Ankündigungen (Südafrika; Gambia) gab es bislang.

67 Vgl. Ambos (2018), § 7 Rn. 263–274. Umfassend zum Aggressionsverbrechen Kreß/Barriga (2017).

ratifiziert haben (und das sind noch immer zwei Drittel der Vertragsstaaten), vor dem IStGH angeklagt werden könnten.[68] Zwar gilt diese Einschränkung nicht, wenn dem Gerichtshof die Klärung eines möglichen Aggressionsverbrechens vom UN-Sicherheitsrat zuwiesen wird (Art. 13 lit. b i.V.m. Art. 15ter Abs. 1). Doch ist eine solche Überweisung jedenfalls für geopolitisch bedeutsame Angriffskriege auf absehbare Zeit höchst unwahrscheinlich; für jedes der fünf ständigen Mitglieder des Sicherheitsrats ist sie wegen deren Vetorechts de facto ausgeschlossen. Auch in Zukunft, heißt das, werden die meisten Angriffskriege sanktionslos geführt werden, und zwar umso sicherer jenseits der Strafdrohung, je größer das Unheil ist, das sie anrichten.[69]

Was bleibt?

Gleichwohl soll man die symbolische Wirkung nicht unterschätzen, die mit der Errichtung eines permanenten Völkerstrafgerichts und der immerhin im Grundsatz normierten Ausdehnung seiner Jurisdiktion auf den Angriffskrieg verbunden ist. Sie bezeugt die Präsenz der Nürnberger Maximen im Bewusstsein der Welt. Das Ziel der endgültigen Verwirklichung dieser Maßgaben mag unerreichbar sein, so unerreichbar wie eine globale Politik, die es erlaubte, der Menschheit das Zeugnis umfassender Vernunft auszustellen. Was aber bleiben wird, ist das normative Vermächtnis von Nürnberg. Und damit für einen Strafprozess, der die finstersten Verbrechen der Geschichte zum Gegenstand hatte, die Aura seiner Unsterblichkeit.

Literatur

Ambos, Kai (2018): *Internationales Strafrecht*, 5. Auflage. München: C.H.Beck

Baeyer, von, Wanda (1949): „Das Publikum im Film ‚Nürnberg und seine Lehren'", *Frankfurter Hefte* 4, S. 360–363.

Bassiouni, Cherif M. (Hg.) (1985): *International Criminal Law*, Vol. I (Crimes), III (Enforcement). Leiden, NL: Brill/Nijhoff.

68 Zu dem Streit, ob Art. 15bis Abs. 4 den Vertragsstaaten lediglich eine *opt-out*-Möglichkeit einräumt oder ob die bloße Nicht-Annahme der *Kampala amendments* genügt, s. Dinstein (2017), 140 f.

69 Mit bitterem Bezug zur Gegenwart: Das gilt auch für die Verantwortlichen des Aggressionskriegs, den Russland im Moment, da diese Zeilen geschrieben werden, gegen die Ukraine führt. (Um jeden Anschein normativer Doppelzüngigkeit zu vermeiden: Die meisten völkerrechtswidrigen Angriffskriege der vergangenen Jahrzehnte sind von den USA, nicht ganz selten zusammen mit westlichen Verbündeten, geführt worden.)

Bassiouni, Cherif M./Schabas, William M. (2016): *The Legislative History of the International Criminal Court* (Vol. I), 2nd. Edition. Leiden. NL: Brill/Nijhoff

Bismarck, von, Otto (1919): *Gedanken und Erinnerungen.* 3 Bde. Stuttgart/Berlin: Cotta'sche Buchhandlung.

Bjorge, Eirik/Miles, Cameron (Hg.) (2017): *Landmark Cases in Public International Law.* Oxford and Portland (Oregon): Hart Publishing.

Briand-Kellogg-Pakt (1928/1929): *League of Nations-Treaty Series* 94, S. 57–64; dt.: *Reichsgesetzblatt, Teil II*, 1929 Nr.9, S. 97–106.

Churchill, Winston (1951): *Closing the Ring*. Bd. 5 von: *The Second World War.* Boston: Houghton Mifflin Company.

Cicero, Marcus Tullius (1950): *De Officiis Libri III*, hg. von Olof Gigon. Zürich: Orell Füssli.

Clark, Roger S. (1988): „Offenses of International Concern: Multilateral State Treaty Practice in the Forty Years Since Nuremberg", *Nordic Journal of International Law* 57(1), S. 49–118.

Commission on the Responsibility of the Authors of the War and on Enforcement of Penalties (1920): „Report Presented to the Preliminary Peace Conference", *American Journal International Law* 14, S. 95–154.

Dinstein, Yoram (2017): *War, Aggression and Self Defence.* Sixth Edition. Cambridge: Cambridge University Press

Elbe, von, Joachim (1939): „The Evolution of the Concept of the Just War in International Law", *American Journal of International Law* 33, S. 665–688.

Ferencz, Benjamin B. (1979): *Defining International Aggression. The Search for World Peace.* New York: Oceana Publications.

Ferencz, Benjamin B. (1992): „An International Criminal Code and Court: Where They Stand and Where They're Going", *Columbia Journal of Transnational Law* 30(2), S. 375–400.

Ghali, Boutros/United Nations Security Council (1993): „Secretary-General's Report on Aspects of Establishing an International Tribunal for the Prosecution of Persons Responsible for Serious Violations of International Humanitarian Law Committed in the Territory of the Former Yugoslavia", *International Legal Materials* vol. 32(4), S. 1159–1202.

Graefrath, Bernhard (1993): „Jugoslawientribunal – Präzedenzfall trotz fragwürdiger Rechtsgrundlage?" *Neue Justiz* 10, S. 433–437.

Harvard Research (1939): „Draft Convention on Aggression", *American Journal of International Law* 33(4), S. 819–822.

IMT Nürnberg, Hg., (1947): *Der Prozeß gegen die Hauptkriegsverbrecher vor dem Internationalen Militärgerichtshof. Amtliche deutsche Protokolle.* Nürnberg: IMT.

IMT Statut (1947): *Der Prozeß gegen die Hauptkriegsverbrecher vor dem Internationalen Militärgerichtshof. Amtliche deutsche Protokolle* Bd. I, S. 11–19.

IMT Urteil (1947): *Der Prozeß gegen die Hauptkriegsverbrecher vor dem Internationalen Militärgerichtshof. Amtliche deutsche Protokolle* Bd. I.

Jackson, Robert H. (1946): *The People vs Nazism – Opening Statement for the U.S.A.*, Stadtarchiv Nürnberg, E 33/IV Nr. 50. Dt.: Grundlegende Rede, vorgetragen im Namen der Vereinigten Staaten von Amerika.

Jackson, Robert H./Department of State (1949): *Publication 3080. Report of Robert H. Jackson, United States Representative to the International Conference on Military Trials London 1945*. Washington, D. C.: U.S.G.P.O.

Jahrreiß, Hermann (1947): „Der Bruch des zwischenstaatlichen Friedens und seine Strafbarkeit", in: *Der Prozeß gegen die Hauptkriegsverbrecher vor dem Internationalen Militärgerichtshof. Amtliche deutsche Protokolle* Bd. XVII, S. 499–559.

Jescheck, Hans-Heinrich (1952): *Die Verantwortlichkeit der Staatsorgane nach Völkerstrafrecht: Eine Studie zu den Nürnberger Prozessen*. Bonn: Röhrscheid.

Jochnick, Chris/Normand, Roger (1994): „The Legitimation of Violence: A Critical History of the Laws of War", *Harvard International Law Journal* 35(1), S. 49–95.

Kadelbach, Stefan (1992): „Zwingende Normen des humanitären Völkerrechts", *Humanitäres Völkerrecht* 5, S. 198–222.

Kant, Immanuel (1912): *Zum ewigen Frieden*. In: *Kants Werke*, hgg. von der Königl. Preuß. Akademie der Wissenschaften (Akademie-Ausgabe/AA), Bd. VIII. Berlin: Georg Reimer. S. 341–386.

Kellogg, Frank B./Department of State (1928): „Multilateral Treaty for Renunciation of War", *Supplement to the American Journal of International Law* 22(3), S.109–115.

Kelsen, Hans (1944): *Peace Through Law*. Chapel Hill: The University of North Carolina Press.

Kelsen, Hans (1945): „The Legal Status of Germany According to the Declaration of Berlin", *American Journal of International Law* 39(3), S. 518–526.

Kelsen, Hans (1947): „Will the Judgement in the Nuremberg Trial Constitute a Precedent in International Law?" *International Law Quarterly* 1(2), S. 153–171.

Kreß, Claus/Barriga, Stefan (Hg.) (2017): *Crime of Aggression*, 2 Vols. Cambridge: Cambridge University Press.

Mullins, Claud (1921): The Leipzig Trials: *An Account of the War Criminals' Trials and a Study of German Mentality*. London: H. F. & G. Witherby.

Murphy, John F. (1990): „Crimes Against Peace at the Nuremberg Trial", in: George Ginsburg/Vladimir N. Kudriavtsev (Hg.), *The Nuremberg Trial and International Law*. Dordrecht: Martinus Nijhoff Publishers.

Nahlik, Stanislaw-Edward (1991): „From Reprisals to Individual Penal Responsibility", in: Astrid J. M. Delissen/Gerard J. Tanja (Hg.), *Humanitarian Law of Armed Conflict. Challenges Ahead. Festschrift für Frits Kalshoven*. The Hague: Martinus Nijhoff Publishers.

O'Brien, James C. (1993): „The International Tribunal for Violations of International Humanitarian Law in the Former Yugoslavia", *American Journal of International Law* 87, S. 639–659.

Pella, Vespasian V. (1950): „Towards an International Criminal Court", *American Journal of International Law* 44(1), S. 37–68.

Quaritsch, Helmut (1994): „Nachwort", in: Carl Schmitt, *Das Internationale Verbrechen des Angriffskrieges und der Grundsatz ‚Nullum Crimen, Nulla Poena Sine Lege'"*, hg. von Helmut Quaritsch. Berlin: Duncker&Humblot.

Randall, Kenneth C. (1988): „Universal Jurisdiction Under International Law", *Texas Law Review* 66(4), S. 783–839.

Reichstag/Deutsches Reich (1924): „Leipziger Urteile", *Verhandlungen des Deutschen Reichstages. Stenographische Berichte. 1. Wahlperiode 1920/24*. Bd. 368, Aktenstück 2584. Berlin: Verl. der Buchdr. der Norddeutschen Allgemeinen Zeitung.

Röling Bernard V. A. (1960): „The Law of War and the International Jurisdiction Since 1945", *Académie de Droit International/ Collected Courses of The Hague Academy of International Law* 100, S. 323–456. The Hague: Brill Publishers.

Root, Elihu (1913): „Francis Lieber", *American Journal of International Law* 7, S. 453–469.

Rousseau, Jean-Jacques (1762/1964): *Du Contrat Social*, in: Bernard Gagnebin/ Marcel Raymond, Hg., (1959–1995): *Oeuvres Complétes*, vol. 3 von 5. Paris: Gallimard. Dt. (1977): *Vom Gesellschaftsvertrag*, übers. von Hans Brockard/Eva Pietzcker. Stuttgart: Reclam.

Schindler, Dietrich/Toman, Jirí, Hg., (1988): *The Laws of Armed Conflict*. 3. Auflage. Leiden, NL: Brill.

Schwarzenberger, Georg (1968): *International Law as Applied by International Courts and Tribunals. The Law of Armed Conflict*, Vol. II. London: Stevens and Sons Ltd.

Smith, Bradley (1977): *Der Jahrhundertprozeß. Die Motive der Richter von Nürnberg. Anatomie einer Urteilfindung*. Frankfurt a. M.: S. Fischer Verlag.

UN Convention (1948): „Convention on the Prevention and Punishment of the Crime of Genocide", *United Nations Treaty Series* vol. 78, S. 277. Deutsch: „Konvention über die Verhütung und Bestrafung des Völkermordes", *Bundesgesetzblatt* 1954, Teil II, S. 729.

UN Convention (1982): „United Nations Convention on the Law of the Sea", *International Legal Materials* 21(6), S. 1261–1354.

UN International Law Commission (1950): *Yearbook of the International Law Commission*, Bd. II. S. 374–386.

UN International Law Commission/McCaffrey, Stephen (1991): „International Law Commission Report on the Draft Articles Adopted at its Forty-Third Session", *International Legal Materials* 30(6), S. 1554–1593.

UN Security Council (1993): „Res. 827: On Establishing an International Tribunal for the Prosecution of Persons Responsible for Serious Violations of International

Humanitarian Law Committed in the Territory of the Former Yugoslavia", *International Legal Materials* Vol. 32(4), S. 1203–1205.

UN War Crimes Commission (1948): *History of the United Nations War Crimes Commission and the Development of the Laws of War*. London: HMSO.

Vereinte Nationen (1998): Resolutionen und Beschlüsse der zweiundfünfzigsten Tagung der Generalversammlung 1997, Bd. I, Beilage 49 (A/52/49). New York: Vereinte Nationen

Versailles (1926): *Der Vertrag von Versailles. Die amtlichen Texte*. 2. Auflage. Berlin: Hobbing.

Woetzel, Robert K., Hg., (1962): *The Nuremberg Trials in International Law*. London: Stevens & Sons Ltd.

Wright, Quincy (1947): „The Law of the Nuremberg Trial", *American Journal of International Law* 41(1), S. 38–72.

Zimmermann, Andreas (2022): „Internationaler Strafgerichtshof am Scheideweg", *Juristenzeitung* 6/2022, S. 261–266.

KAPITEL 2

Demokratischer Interventionismus?

2.1 Drei Modelle

Die Grundfrage meines Themas ist einfach: Kann ein militärisches Eingreifen legitimierbar sein – etwa als „Humanitäre Intervention“ oder unter dem jüngeren völkerrechtlichen Titel der „Schutzverantwortung“ bzw. „Responsibility to Protect“ (RtoP) –, das allein oder vorrangig den Zweck eines demokratischen Regimewechsels in einem fremden Staat verfolgt? Ein Krieg also mit dem Ziel, ein autoritäres Regime zu entmachten und der Bevölkerung im Zielstaat die Segnungen einer demokratischen Regierungsform zu bringen?

Drei Formen einer solchen Intervention lassen sich unterscheiden. Jede von ihnen ist seit der Jahrtausendwende von demokratisch regierten Staaten unternommen und in ihren jeweiligen Besonderheiten exemplarisch verdeutlicht worden.

1. *Modell Irak* (2003): direkte, nicht erbetene Intervention ausschließlich mit eigenen militärischen Mitteln des oder der Intervenierenden.
2. *Modell Libyen* (2011): direktes militärisches Eingreifen per Luftunterstützung aufseiten bewaffneter Aufständischer, also Parteinahme in einem fremdstaatlichen Bürgerkrieg, sei es zum alleinigen Zweck eines Regimewechsels oder, wie in Libyen, mit dem doppelten Ziel des Regimewechsels einerseits und eines genuinen RtoP-Anspruchs andererseits: Schutz der Bevölkerung im Zielstaat gegen ihre eigene Regierung.
3. *Modell Syrien* (seit 2011): indirekte Intervention durch Unterstützung eines bewaffneten Aufstands ohne unmittelbar eigenes militärisches Engagement.

Das *Modell Irak* lasse ich im Folgenden beiseite. Zur Reminiszenz, und wenn man will ad acta, nur eine knappe Bemerkung: Der Angriff, nicht autorisiert vom UN-Sicherheitsrat, wurde zunächst gestützt auf ein vermeintliches Recht der Intervenienten[1] zur präventiven Selbstverteidigung gegen eine angebliche Bedrohung durch „weapons of mass destruction“ in den Händen des irakischen Machthabers. Das war schon normativ die Beschwörung einer haltlosen

1 Der U.S.A und Großbritanniens. Die militärisch unbedeutenden Unterstützer („coalition of the willing“) darf man hier ignorieren.

 | DOI:10.30965/9783969752678_003

Schimäre. Nachdem sich auch deren faktische Prämissen als gegenstandslos erwiesen hatten, tauschte man umstandslos die Legitimationsgrundlage aus. Jedenfalls, so hieß es nun, befreie man ein gepeinigtes Volk von einer brutalen Diktatur und bringe ihm die Segnungen einer demokratischen Regierungsform; auch das rechtfertige den Angriff.[2] Mit der ausdrücklichen Reklamation dieser Rechtfertigung ordnet sich die Intervention von 2003 in die Reihe der Modelle des demokratischen Interventionismus ein. Dass sie im Übrigen ein völkerrechtswidriger, politisch wie ethisch verwerflicher Angriffskrieg war, ist schwerlich bestreitbar. Das dürfte die große Mehrheit der Völkerrechtler heute genauso sehen.[3]

2.2 Zur Intervention der NATO in Libyen

Die Frage der formellen Legalität dieser Intervention lasse ich unerörtert. Im Grundsatz wurde die Gewaltanwendung durch die Resolution 1973 des UN-Sicherheitsrats (SR) vom 17. März 2011 trotz der Enthaltung zweier ständiger Mitglieder, Chinas und Russlands, autorisiert.[4] Die Legalitätsfrage stellt sich daher nur mit Blick auf Umfang und Ziel der Gewaltanwendung. In beiden Hinsichten haben die Intervenienten die ihnen von der Resolution 1973 gezogenen Grenzen deutlich überschritten. Mehr als dies. Sie haben das legalisierte Ziel des Schutzes von Zivilisten hinter dem nicht autorisierten des von Anfang an intendierten *regime change* nicht nur verschwinden lassen, sie haben es diesem geopfert.[5] Das wurde bei vielen Gelegenheiten deutlich, etwa an der Ablehnung jedes der diversen Waffenstillstandsangebote Gaddafis (oder eines

2 Die in Washington und London ebenfalls bemühte Begründung, der Angriff sei zur erneuten Durchsetzung der mehr als zehn Jahre alten Resolution 678 des Sicherheitsrats, die 1990 die Gewaltanwendung zur Befreiung Kuweits autorisiert hatte, gerechtfertigt, war offensichtlich unhaltbar; vgl. *Bothe* (2019), Kap. 8 Rn. 24.

3 2003 war das noch keineswegs ausgemacht. Man lese nur die unter „Agora“ versammelten Beiträge im *American Journal of International Law* 97/3 (2003), 553–642; deren Mehrzahl erklärt die Intervention für materiell legitim. – Zutreffend dagegen *Simpson* (2005) sowie umfassend *Weller* (2010).

4 Entgegen dem Wortlaut des Art. 27 Abs. 3 der UN-Charta, der für die Annahme von materiell bedeutsamen Beschlüssen des SR die „Zustimmung“ sämtlicher ständigen Mitglieder verlangt, reicht deren Stimmenthaltung dafür aus. Das Vetorecht kann nur im Modus eines ausdrücklichen „Neins“ ausgeübt werden (ständige Praxis des Sicherheitsrats, bestätigt vom IGH 1971 im „Namibia-Gutachten“; s. ICJ 1971, 16, 22).

5 Das Ziel des *regime change* wurde in einem von Barack Obama, David Cameron und Nicolas Sarkozy verfassten Artikel, der wenige Tage nach Beginn der Operation in renommierten Zeitungen westlicher Staaten erschien, unmissverständlich bekräftigt („Gaddafi muss ein für allemal abtreten“); s. nur New York Times (2011).

für ihn sprechenden Vermittlers), das nicht zugleich einen bedingungslosen Verzicht auf die Macht enthielt.

Der Einwand, den Angeboten eines Schurken wie Gaddafi habe man nicht trauen können und daher auch nicht müssen, liegt neben der Sache. Einen Waffenstillstand im Verlauf dieses Krieges für erreichbar zu halten, setzte kein Vertrauen in Charaktereigenschaften Gaddafis voraus, sondern nur den realpolitischen Blick auf die objektive Interessenslage eines Mannes, der sich nach dem Eingreifen der stärksten Militärallianz der Welt mit dem Rücken an der Wand seines eigenen Überlebens fand. Vor dem Hintergrund des SR-Mandats in Resolution 1973, libysche Zivilisten zu schützen, und zwar vor allem gegen den Verlust ihres Lebens, war die NATO verpflichtet, die durchaus realistische Chance solcher Waffenstillstandsangebote wahrzunehmen. Das hat man nicht getan. Im Gegenteil. Man hat den Boykott jedes Versuchs einer Verhandlungslösung durch die Rebellen nachdrücklich unterstützt und weiter bombardiert. Mit der Resolution 1973 war das ebenso unvereinbar wie die Fortsetzung der Bombenangriffe, nachdem der Sieg der Rebellen mit deren Übernahme der Kontrolle in Tripolis feststand. Allein diese Verlängerung der Gewaltanwendung nach der offenkundigen Entmachtung Gaddafis dürfte Tausende Libyer eben jenes Leben gekostet haben, das zu schützen der Auftrag der NATO gewesen ist.[6]

Das mag im Weiteren auf sich beruhen. Genauer untersuchen will ich aber das Problem der Legitimität des Angriffs: das seiner materiellen Rechtfertigung nach Prinzipien des internationalen Rechts.

Responsibility to Protect?

Die Resolution 1973 stützt sich allein auf Kap. VII der UN-Charta (künftig „UN-Ch."), nicht dagegen auf eine jüngere Norm, die seit etwa zwei Jahrzehnten in der völkerrechtlichen Diskussion eine steile Karriere macht und das klassische Konzept der Humanitären Intervention allmählich zu verdrängen scheint – die sog. RtoP. Entstanden und völkerrechtlich als potentielles Prinzip wahrnehmbar geworden ist ihr Grundgedanke bereits in den Neunziger Jahren des vergangenen Jahrhunderts. Ausdrücklich formuliert wurde der Begriff zuerst im *Report of the International Commission on Intervention and State Sovereignty*, dem Schlussbericht einer von der kanadischen Regierung eingesetzten internationalen Kommission.[7] Drei Jahre später akklamierte ihn ein

6 Dazu Merkel (2011). Die heute wohl h.M. in der völkerrechtlichen Literatur nimmt eine klare Mandatsüberschreitung der Intervenienten an; s. etwa Corten/Koutroulis (2013), 59–93; Rijke (2014).

7 ICISS (2001).

von Kofi Annan berufenes „High-Level Panel“ und 2005 übernahm ihn, leicht verändert, das Schlussdokument eines „UN World Summit“.[8] Ein Jahr später tauchte er zum ersten Mal in einer Resolution des Sicherheitsrats auf (SR Res. 1674).

Auch in der Resolution 1973 zu Libyen erwähnt der Rat die RtoP – mehr allerdings nicht. Der Beschluss hat nicht, wie in der Presse oft zu lesen war, einem „neuen Recht“ zum Durchbruch verholfen, sondern das alte zur Anwendung gebracht. Die Situation in Libyen vor der Intervention wurde, wie es Art. 39 UN-Ch. verlangt, als Bedrohung des Weltfriedens definiert, und die Autorisierung der Gewaltanwendung nach Art. 42 als Mittel zu seiner Stabilisierung. In der Form war nichts daran neu. Die Definition schwerer interner Menschenrechtsverletzungen als externe Sicherheitsbedrohung entsprach der längst etablierten Praxis des Rats.[9] Freilich ist nicht zu übersehen, dass der Wortlaut des Art. 39 von dieser Praxis bis an seine Grenzen strapaziert und manchmal überschritten wird. Es war in der Vergangenheit auch nicht etwa die schiere Vindikation einer solchen Auslegung durch den SR, was seinen entsprechenden Präzedenzentscheidungen völkerrechtliche Geltung verschaffte, sondern deren nachträgliche Anerkennung durch die Staatengemeinschaft.

Das Etikett RtoP deutet auf einen plausibleren Rechtsgrund als die apodiktische Behauptung, interne Gräueltaten seien externe Friedensbedrohungen.[10] Was es klarstellt, ist zweierlei: erstens, dass es nicht nur um ein Recht, sondern auch um eine Pflicht geht, und zwar eine positive Pflicht der internationalen Gemeinschaft zur Hilfe; und zweitens, dass diese Hilfspflicht eine sekundäre, eine Art Auffangpflicht ist. Denn dass zum Schutz einer Bevölkerung vor schweren Verbrechen zunächst ihr Heimatstaat selbst zuständig ist, liegt auf der Hand. Die Autoren des Reports „RtoP“ von 2001 konstatieren dies; entdecken mussten sie es nicht. Seit *Thomas Hobbes* gehört es zu den Selbstverständlichkeiten der legitimationstheoretischen Fundamente des Staates als einer Ordnung rechtlich organisierten Zwangs.

8 High-Level Panel (2004), §§ 199–203; UN GA, Res. 60/1 (2005) §§ 138–140.

9 Vgl. nur Frowein/Krisch, in: Simma (2002), Art. 39 Rn 18–21.

10 Kläglich muten frühere Versuche des SR und der Völkerrechtslehre an, solche externen Friedensbedrohungen mit den Flüchtlingsströmen in Nachbarländer zu begründen, die von systematischen Völkerrechtsverbrechen regelmäßig ausgelöst würden. Als ob der Krieg gegen den Schurkenstaat deshalb erlaubt wäre, weil dieser für seine Nachbarn Belästigungen schafft, und nicht etwa deshalb, weil er seine Bürger massakriert. Diese Begründung implizierte im Übrigen den Zynismus, eine Humanitäre Intervention stets verneinen zu müssen, wenn die Nachbarstaaten ihrerseits zynisch genug waren, ihre Grenzen gegen verfolgte Flüchtlinge hinreichend abzudichten.

Solche positiven Pflichten sind aber, anders als negative, inhaltlich unbestimmt. Sie können, heißt das, regelmäßig in unterschiedlichen Formen erfüllt werden. Welche davon zulässig, erforderlich und angemessen ist, hängt von den konkreten Umständen des Einzelfalles, von den faktischen Möglichkeiten des Verpflichteten und von deren rechtlichen Grenzen ab. Daher wirft das Prinzip der RtoP die Frage nach einer Kriegslegitimation im Einzelfall, die sog. *threshold question*, erst auf – und kann sie ersichtlich nicht selbst beantworten.

Positives internationales Recht?

Die RtoP ist keine geltende Norm des Völkerrechts; sie ist ein sich langsam entwickelndes Prinzip. Auch in Zukunft kann sie Art. 42 UN-Ch. als Grundlage völkerrechtlicher Gewaltbefugnisse nicht einfach verdrängen oder ersetzen. Es wäre aber ein Gewinn an Ehrlichkeit und Transparenz, würde sie vom SR künftig in die Kriterien der Friedensgefährdung nach Art. 39 UN-Ch. eingeschlossen. Damit käme zum Ausdruck, dass es neben den klassischen Formen einen weiteren Modus des Bedrohens der internationalen Sicherheit gibt: die flächendeckende systematische Zerstörung der *inneren* Sicherheit eines Staates durch diesen selbst. Zugleich würde so auch die Begründungsaufgabe für die Völkerrechtsdoktrin deutlich, nämlich zu klären, in welchem Sinne ein solcher innerer Friedensbruch zugleich ein äußerer sein kann. Die in der Völkerrechtslehre gängige Auskunft lautet, das entspreche dem vorherrschenden „positiven“ Friedensbegriff. Er umfasse, anders als der negative einer bloßen „Abwesenheit organisierter Gewaltanwendung zwischen Staaten“, auch die Achtung fundamentaler Menschenrechte *im* Staat.[11] Aber das ist keine Begründung; es formuliert bloß den begründungsbedürftigen Sachverhalt. Eine materielle Begründung ist aber möglich; man vermisst sie lediglich in der gängigen Lehre. Sie ist im Übrigen nicht primär Sache des positiven Völkerrechts, sondern eine Frage fundamentaler Prinzipien, und damit vor allem der Rechtsphilosophie.

Rechtsprinzipielle Grundlagen: Gewaltverbot

Hier ist ihre Prämisse: Rechtsförmige und gewaltförmige Konfliktlösungen schließen sich gegenseitig aus, schon begrifflich, erst recht normativ. Es war wohl Kant, der als erster diese Einsicht festgehalten hat. Der Grund, warum es „kategorische Pflicht“ sei, aus dem Naturzustand in einen rechtlichen Zustand zu treten, lasse sich „analytisch aus dem Begriffe des Rechts im Gegensatz der

11 Bothe (2020), 8. Abschn., Rn 44.

Gewalt (violentia) entwickeln".[12] Alles Recht, heißt das, beginnt erst mit der Statuierung eines grundsätzlichen Gewaltverbots. Das gilt als begrifflicher Zusammenhang auch für das Völkerrecht; auch hier hat das Gewaltverbot einen singulären normativen Status. Seine gesetzesförmige Fixierung in Art. 2 Abs. 4 der UN-Ch. ist deshalb nicht einfach nur eine Norm neben zahllosen anderen des positiven Völkerrechts. Vielmehr ist das in ihm fixierte Verbot die Bedingung der Möglichkeit jeder Weltordnung als einer des Rechts, und nicht bloß, wie John Rawls einmal plastisch formuliert hat, als eines „*modus vivendi*, a stable balance of forces only for the time being".[13]

Selbstverständlich muss es Ausnahmen vom Gewaltverbot geben, im Recht zwischen den Staaten nicht anders als im innerstaatlichen zwischen ihren Bürgern. Aber diese Ausnahmen müssen ebenfalls solche des Rechts sein, also zuletzt selber der Garantie des rechtlichen Grundprinzips dienen: dem Gewaltverbot. Exemplarisch deutlich wird das in den Prinzipien der Notwehr. Was die von ihnen statuierte Ausnahme vom Gewaltverbot verhindern soll, ist eine Verletzung eben dieses Verbots durch den rechtswidrig Angreifenden.

An konstitutive Rechtsprinzipien ist auch der SR in seinen Entscheidungen über die Autorisierung von Gewalt gebunden, wenn anders diese Entscheidungen solche des Rechts und nicht der schieren politischen Macht sein sollen. Verletzt er sie, ist seine Entscheidung auch dann kein Recht, sondern allenfalls Ausdruck eines *modus vivendi*, wenn die Mehrheit der Staaten sie anschließend akzeptiert. Die in der Völkerrechtslehre oft stillschweigend vorausgesetzte Annahme, Resolutionen des SR zur Autorisierung militärischer Interventionen seien selbst die genuine Quelle der Gewaltrechtfertigung, ist daher nicht richtig. Entweder lässt sich die jeweils konkrete Ausnahme vom Gewaltverbot in Übereinstimmung mit den skizzierten Prinzipien und in den begrifflichen wie normativen Grenzen der Art. 39 ff. UN-Ch. legitimieren oder die sie autorisierende Resolution des SRs bricht selbst die Grundnorm des Völkerrechts und kann nicht zu dessen Bestandteil werden.

Ausnahmen

Der Staat ist als rechtliche Zwangsordnung primär dadurch legitimiert, dass er seinen Bürgern die Grundbedingungen des inneren Friedens gewährleistet: die Sicherheit von Leib, Leben, elementarer Freiheit und Heimat. Deshalb verliert er seine Legitimität, wenn er deren notwendige Bedingungen nicht mehr erfüllt, und erst recht, wenn er sie systematisch zerstört. Zugleich verletzt er damit mehr als die unabdingbaren Minimalrechte seiner eigenen Bürger. Er

12 Kant (1907), 307.

13 Rawls (1999), 45.

tastet eine universale Grundnorm an, die weltweit auch jedem anderen Staat das legitimatorische Fundament gibt: die konstitutive Voraussetzung des rechtlichen Verhältnisses aller Staaten zu allen ihren Bürgern, eine Grundnorm der in Staaten verfassten Weltordnung.

Beispielhaft: Wenn der ferne Staat X eine große Gruppe seiner eigenen Bürger systematisch verfolgen, foltern, ermorden lässt, dann verletzt er eine Norm, die nicht nur seinen Bürgern, sondern auch mir in meinem und jedem anderen Bürger in seinem Heimatstaat ein elementares Recht auf Sicherheit garantiert. Bliebe ein solcher Normbruch weltweit ohne Reaktion, dann zöge er den Beginn einer Erosion der Normgeltung nach sich. Eine solche Erosion müsste die Sicherheit aller Menschen im Verhältnis zu ihren Staaten bedrohen, und damit diese Staaten in ihrer legitimen Verfasstheit selbst. Das ist der Grund, warum für schwere Völkerrechtsverbrechen in *einem* Staat normativ die Gemeinschaft aller Staaten zuständig ist, der tiefere Sinn jener berühmten Bemerkung Kants in seiner „Friedensschrift", wonach „die Rechtsverletzung an *einem* Platz der Erde an *allen* gefühlt" werde. Deshalb sei, sagt Kant, „die Idee eines Weltbürgerrechts keine phantastische und überspannte Vorstellungsart des Rechts, sondern eine nothwendige Ergänzung des ungeschriebenen Codex sowohl des Staats- als Völkerrechts zum öffentlichen Menschenrechte überhaupt".[14]

Damit sind die rechtsphilosophischen Prämissen für das Völkerrecht von Krieg und Frieden im Wesentlichen benannt. Neben ihrer legitimatorischen Funktion statuieren sie auch Kriterien der Begrenzung für die Anwendung zwischenstaatlicher Gewalt. Diese Funktionen gehören zu den begrifflichen Grundelementen jedes Rechtsverhältnisses. Daher sind sie für die Beurteilung der Entscheidungen des SR nach Art 42 UN-Ch. ebenfalls verbindlich.

Zum zweifachen Legitimationsbedarf zwischenstaatlicher Gewalt

In zweierlei Hinsicht bedarf die militärische Gewaltanwendung zur Hilfe für drangsalierte Bürger eines fremden Staates der Rechtfertigung: erstens mit Blick auf die Souveränität (die Autonomie) des angegriffenen Staates, und zweitens mit Blick auf die von der Gewaltanwendung der Intervenienten bedrohten Menschen. In der politischen, aber auch in der völkerrechtlichen Diskussion taucht meist nur der erste Gesichtspunkt auf, wenn nicht überhaupt nur auf eine etwa gegebene Autorisierung durch den UN-SR verwiesen und die Legitimationsfrage damit für erledigt gehalten wird. Eine solche Gläubigkeit an den SR ist, wie oben angedeutet, trotz ihrer Verbreitung unter Politikern und sogar unter Völkerrechtlern irrig. Auch der SR kann rechtlich falsch

14 Kant, AA VIII (1912), 356 f., 360 (Hervorhebungen ebda.).

handeln und damit die Grenzen seiner legitimen Zuständigkeit überschreiten. Eine Intervention, die sich auf eine entsprechende Resolution stützt, ist und bleibt illegitim. In einem formellen Sinn mag sie „legal" genannt werden; für die relevante Frage ihrer Rechtmäßigkeit verschlägt das nichts.

Im innerstaatlichen Recht einer rechtlich verfassten und legitimen Ordnung mag man das anders beurteilen. Dort partizipiert eine formell korrekt erzeugte Legalität staatlichen Zwangs stets auch an der Legitimität der Gesamtordnung. Das davon gedeckte Handeln ist daher grundsätzlich auch dann rechtmäßig, wenn es materiell falsch ist.[15] Das ist ein jedem Bürger eines Rechtsstaats unvermeidlich zugemutetes und zumutbares, also ein erlaubtes Risiko. Er erhält dafür die Gegenleistung eines machtgarantierten, im Großen und Ganzen legitimen Gesamtsystems, das alle seine (sonstigen) rechtlichen Belange unter dem Schirm eines ständigen Schutzes gewährleistet. Im Völkerrecht verhält sich das anders. Es kennt keinen solchen vertikal garantierten Schirm der Gesamtrechtsordnung, sondern nur das koordinierte Handeln der Staaten als gleichrangiger Rechtssubjekte. Daher kann das illegitime, wenngleich formal legale Handeln anderer Völkerrechtssubjekte gerade nicht an einer höheren rechtlichen Dignität partizipieren, wie sie innerstaatlich legalem Verletzungshandeln als Teil eines legitimen Ganzen zukommt. Und damit bleibt es, was es materiell ist: rechtswidrig.

Nur wenn der SR dies in seinen Resolutionen beachtet, können sie rechtmäßig sein. Man mag ihm, wie das im Völkerrecht geläufig ist, für friedenssichernde Maßnahmen nach Kap. VII der UN-Ch. einen weiten Spielraum der Konkretisierung und Dezision zubilligen.[16] Dass es aber Grenzen dieses Spielraums geben muss, ist nicht zweifelhaft. Übersehen wird freilich oft, dass sich diese Grenzen nicht nur aus dem schwer durchschaubaren Spiel umstrittener Interpretationen zum Text der einschlägigen Artikel, aus vorhandenen Präzedenzentscheidungen des SR und etwa noch der Anerkennung durch die Staaten ableiten lassen. Vielmehr gründen sie als Grenzen, die der Rechtsbegriff selbst verlangt, zuletzt in dessen Prinzipien. Von dorther beziehen sie deshalb auch ihre Konturen.

Betrachtet man die beiden Aspekte der Legitimationsbedürftigkeit, den Souveränitäts- und den Menschenschutz, genauer, dann kommen für die jeweils erforderliche Rechtfertigung zwei sehr verschiedene Prinzipien in den Blick: das der Notwehr und das des aggressiven Notstands. Wer im Sinne einer

15 Der Satz gilt nur für im Großen und Ganzen legitime Ordnungen. Die „Legalität" eines Terrorregimes (etwa die der Massenmorde der Nazis kraft „Führerbefehls"), ist rechtlich gegenstandslos, ein darauf gestütztes Handeln in jeder denkbaren Hinsicht Unrecht.

16 Statt aller Frowein/Krisch, in: Simma (2002), Vor Chap. VII, Rn 26.

RtoP anderen Menschen, die bedroht sind, mit militärischer Gewalt zu Hilfe kommt, reklamiert eine Rechtfertigung qua Notwehr (Nothilfe). Der Anspruch des dabei attackierten Staates auf Souveränität mag einer solchen Nothilfe entgegenstehen, er mag ihr aber auch weichen müssen. Das ist im Einzelfall zu klären. Soweit nun aber diese Nothilfe auch zulasten unbeteiligter Dritter geht, wie es bei jedem militärischen Konflikt im Hinblick auf die vielfach in Mitleidenschaft gezogene Zivilbevölkerung des angegriffenen Staates unvermeidlich ist, kommen zur Rechtfertigung der Lebens- und Leidenskosten dieser Dritten nur die Prinzipien des aggressiven Notstands in Frage.[17] Sie mögen den militärischen Schlag auch dann verbieten, wenn seine notwehrrechtlichen Legitimationsbedingungen ohne weiteres gegeben sind. Beide Prinzipien seien im folgenden genauer betrachtet.

Notwehr

Staatliche Souveränität bedeutet Selbstbestimmung: einerseits ein Gestaltungsrecht und andererseits ein Abwehrrecht gegen externe, etwa kolonialistische Eingriffe. Das sind überragend wichtige Güter für jedes Land und jedes Volk. Als Abwehrrecht konstituiert die Souveränität maßgeblich das *legal standing* eines Staates und damit eine Bedingung seines Rechtsverhältnisses zu anderen: die ihrer Gleichheit als Rechtssubjekte. Anders als die Autonomie des Individuums ist staatliche Souveränität aber kein sich selbst begründender Endzweck. Sie ist abgeleitet aus einer permanenten Legitimation des Staates durch seine Bürger. Nur ein Staat, der in diesem Sinne zumindest im Großen und Ganzen legitim ist, kann mit Gründen seine Souveränität behaupten und anderen Staaten entgegenhalten.[18]

Unterscheiden muss man allerdings die Legitimität eines Staates nach außen gegenüber anderen Staaten von der nach innen gegenüber seinen eigenen Bürgern. Die letztere stellt erheblich höhere normative Anforderungen. Sie kann nach allen Kriterien des Rechts und der politischen Ethik sogar gänzlich fehlen, ohne dass die Legitimität nach außen berührt wäre. Die späte DDR kurz vor ihrem Untergang ist ein plausibles Beispiel.[19] Nach innen war die Staatsmacht radikal entlegitimiert; Millionen Menschen haben das in ihren „Montagsdemonstrationen“ zu sinnfälliger Anschauung gebracht. Das

17 Um Missverständnisse zu vermeiden: Das ist nicht etwa ein (naiver) Export innerstaatlicher Strafrechtsnormen ins Völkerrecht. Notwehr und Notstand sind universale Rechtsprinzipien, die auch im Völkerrecht gelten.

18 Zur Grundkonzeption des legitimen Staates Copp (1999).

19 Man könnte zahlreiche andere nennen – etwa Nordkorea, aber auch den Iran, Weißrussland, Saudi-Arabien, Kuba oder eben auch Libyen, jedenfalls vor Beginn der Unruhen im Februar 2011.

berührte die äußere Legitimität der DDR, ihren Souveränitätsanspruch gegenüber anderen Staaten, jedoch nicht. Die Annahme etwa, der UN-SR hätte rechtens eine humanitäre Intervention in der DDR zur Hilfe für deren Bürger gegen die Diktatur ihrer Machthaber autorisieren können, wäre (auch jenseits ihrer politischen Undenkbarkeit) ersichtlich abwegig.

Den Anspruch auf Beachtung seiner Souveränität verliert ein Staat, wenn er nicht nur intern, sondern auch nach außen illegitim geworden ist. Dann kann er einer Intervention Dritter, die unter dem Gesichtspunkt der RtoP erfolgt, seine Autonomie nicht mehr entgegenhalten. Jeder andere Staat, auch der nur intern illegitime, kann das sehr wohl. Diese Grenze hat auch der SR in seinen Resolutionen nach Art. 42 UN-Ch. zu beachten. Extern illegitim wird ein Staat erst dann, wenn sein Regime die Bedingungen des inneren Friedens, also ein hinreichendes Maß an Sicherheit für Leib, Leben und elementare Freiheit sowie des Rechts auf Heimat seiner eigenen Bürger nicht (mehr) gewährleistet, und zwar auf eine Weise, die ihm selbst als Handeln oder Unterlassen zurechenbar ist.[20] Kurz, und mit einer verjährten, aber anschaulichen Formel des klassischen Völkerrechts: der Staat, der auf eigenem Gebiet zum *hostis populi* geworden ist, wird damit zum grundsätzlich legitimen Ziel eines militärischen Zwangs zur Unterbindung dieses Zustands.

Zur Konkretisierung dieser Grenzkriterien einer humanitären Intervention hat bereits der Report der ICISS von 2001 unter dem Zwischentitel „Extreme Cases Only“ die systematische und massenhafte Begehung der vier Grundtatbestände schwerer völkerrechtlicher Verbrechen genannt, wie sie das Statut des IStGH in den Art. 5–8 fixiert.[21] Der Report der UN Generalversammlung zum *World Summit Outcome* von 2005 ist dem Vorschlag gefolgt.[22] Seither haben sich diese Kriterien in völkerrechtlichen Diskussionen zur RtoP durchgesetzt.[23] Das ist nachdrücklich zu begrüßen. Wohl mag man abstrakt darüber diskutieren, warum gerade diese Verbrechenskriterien die Schwelle markieren sollen, jenseits deren ein Staat auch nach außen illegitim und zum potentiellen Ziel einer militärischen Intervention wird. Aber erstens bezeichnen die völkerrechtlichen Verbrechen diese Schwelle als die des gänzlichen Verlusts staatlicher Legitimität in der Sache richtig. Und zweitens

---

20 Interventionen in sog „failed states“ folgen daher allein der Logik des Schutzes; ein staatlicher Anspruch auf Souveränität steht ihnen grds. nicht entgegen, weil ein in diesem Sinne autonomer Staat nicht mehr existiert.

21 ICISS (Fn. 7), Abschn. 4.19. – „Ethnic cleansing“, das im Report dazu gezählt wird, kommt im IStGH-Statut nicht wörtlich vor, dürfte aber regelmäßig den Tatbestand des Art. 7 Abs. 1 lit. d erfüllen („deportation or forcible transfer“).

22 UN GA, Res. 60/1 (Fn. 8), §§ 138–140.

23 Zum heutigen Stand Pattison (ed.) (2010); O'Bannon (ed.) (2016).

müssen Kriterien für so weitreichende Entscheidungen wie die zum Krieg auch pragmatisch vernünftig sein, nämlich plastisch, präzise, geläufig und in verwandten Zusammenhängen anerkannt – kurz: handhabbar und konsensfähig. Das ist bei den ausdifferenzierten Katalogen der Tatbestandsmerkmale in den Art. 6–8 des IStGH-Statuts der Fall, in weit höherem Grad jedenfalls als bei der vom SR (freilich wortlautgemäß nach Art. 39 UN-Ch.) verwendeten Formel einer „Bedrohung der internationalen Sicherheit".

Notstand

Gegen einen völkerrechtlich illegitim gewordenen Staat haben andere Staaten keine Pflicht mehr zur Respektierung seiner Souveränität. Das gewaltsame Vorgehen gegen die Mitglieder und Helfer des illegitimen Regimes ist vom Nothilferecht zugunsten der misshandelten Bevölkerung gedeckt. Was aber gleichwohl unverändert fortbesteht, sind rechtliche und rechtsethische Pflichten gegenüber allen (anderen) Mitgliedern dieser Bevölkerung, und damit auch solchen gegenüber, die eine gewaltsame Intervention ablehnen, aus welchen Gründen immer.[24] Sie werden gegen ihren Willen zu Zwangsleidtragenden der gewaltsamen Hilfe für andere gemacht. Irgendwo in den aufgezwungenen Lebens- und Leidenskosten Dritter muss aber die Gewaltanwendung zum Schutz jener anderen ihre Grenze finden. Das Prinzip zur Legitimation solcher Kosten Dritter ist das des rechtfertigenden (Aggressiv-)Notstands.

Das positive humanitäre Völkerrecht weicht in diesem Punkt ab von den geläufigen Notstandskriterien des innerstaatlichen Rechts, vor allem insofern, als es in einem militärischen Konflikt die „kollaterale" Tötung unbeteiligter Dritter über das Legitimationskriterium der „militärischen Notwendigkeit" grundsätzlich akzeptiert. Das ist hier nicht genauer zu erörtern.[25] Was aber jedenfalls, und zwar auch nach dem Völkerrecht der Genfer Konventionen und ihres 1. Zusatzprotokolls, notwendig ist, sind Kriterien der Abwägung für den konkreten Einzelfall. Als ganze markieren sie, was in der völkerrechtlichen Diskussion zur RtoP „Schwellenkriterien" („threshold criteria"[26]) heißt. Sie benennen die neben den Voraussetzungen der objektiven Rechtfertigungslage des Notstands außerdem erforderlichen Legitimitätsbedingungen für die Gewaltanwendung der Intervenienten. Auch in einer Notwehr-/Notstandslage im Sinne des Art. 42 UN-Ch. bzw. der völkerrechtlichen RtoP kann nicht jede

24 Ersichtlich haben nicht alle denkbaren Gründe die gleiche Dignität. Soweit sich in ihnen aber nicht eine Beteiligung an der Terrorherrschaft ausdrückt, müssen sie von Dritten, auch von potentiellen Intervenienten, respektiert werden.

25 Dazu Merkel, *Kollaterale Tötung* (in diesem Band Kap. 3); zum Kriegsvölkerrecht Bothe (2020), Rn. 66 ff.

26 ICISS (Fn. 7) Abschn. 4.18 ff., S. 32 f.

beliebige Form der Gewaltanwendung erlaubt sein. Das „High Level Panel“ hat diese *threshold criteria* in seinem Report von 2004 plausibel formuliert. Militärische Gewalt ist danach im Einzelfall nur legitimierbar,

(1.) bei einer hinreichenden Bedrohung der betroffenen Bevölkerung mit schweren, flächendeckend begangenen völkerrechtlichen Verbrechen (*seriousness of threat*),
(2.) zu einem angemessenen Zweck, nämlich dem der Hilfe für die bedrohten Menschen (*proper purpose*),
(3.) als dafür unbedingt erforderliches Mittel (*last resort*),
(4.) das im Hinblick auf Ausmaß, Dauer und Intensität der Kriegshandlungen angemessen (verhältnismäßig) ist (*proportional means*)
(5.) sowie in einer umfassenden Abwägung mit den Kriegsfolgen einen klaren Vorteil der Gewaltanwendung im Vergleich zum Untätigbleiben für die betroffene Bevölkerung hinreichend wahrscheinlich macht (*reasonable balance of consequences*).

Diese *threshold*-Kriterien entsprechen allgemeinen Prinzipien. Sie tragen dem Ausnahmecharakter völkerrechtlicher Gewalterlaubnisse angemessen Rechnung. Sie konkretisieren den Minimalgehalt der allgemeinen Prinzipien von Notwehr und Notstand für deren Anwendung auf den Einzelfall und gründen somit im Rechtsbegriff selbst, wie ihn Kant als „Gegensatz der Gewalt“ bestimmt hat. Deshalb sollten sie immerhin den SR bei seinen Resolutionen zu Art. 39 und 42 UN Ch. anleiten und verpflichten. Wer das bei einem politischen Organ wie dem SR für einen frommen Wunsch hält, hat wohl recht. Dennoch, scheint mir, haben Völkerrechtswissenschaft und Rechtsphilosophie die Pflicht, solche Postulate auch dann zu klären und zu verteidigen, wenn deren politische Resonanz ausbleibt.

Zur Anwendung der threshold-Kriterien auf die Situation in Libyen

Für die Lage in Libyen vor Interventionsbeginn erweist sich wohl nur das zweite dieser Kriterien als erfüllt, das des „proper purpose“ zur Verhinderung völkerrechtlicher Verbrechen gegen die Menschlichkeit (Art. 7 Abs. 2 lit. c und e IStGH-Statut). Das haben die Intervenienten als Zweck ihres Eingreifens genannt, gewiss ein „proper purpose“. Dass sie daneben stets auch den nicht autorisierten des Regimewechsels verfolgt haben, ändert an der Legitimität des autorisierten Zwecks nichts. Aber schon, ob die befürchteten Menschlichkeitsverbrechen wirklich mit hinreichender Wahrscheinlichkeit drohten, ob also das obige 1. Kriterium des „serious threat“ erfüllt war, ist alles andere als klar. Die Intervenienten haben diese Befürchtung bezogen auf die bevorstehende

Eroberung der belagerten Stadt Bengasi durch die Truppen Gaddafis am 18. und 19. März 2011. Man muss sich nun freilich, so wenig angenehm das ist, eine genaue Inspektion dessen zumuten, was Gaddafi vor dem geplanten Sturm auf Bengasi tatsächlich angekündigt hat, nämlich: Man werde „Straße für Straße, Haus für Haus durchkämmen"; wer den Soldaten „mit der Waffe in der Hand" entgegentrete, für den gebe es „keine Gnade"; wer die Waffen niederlege, dem werde nichts geschehen.

Zwei Bedenken drängen sich auf: Erstens der Verdacht, einem Schurken wie Gaddafi, der viele Menschenleben auf dem Gewissen hatte, sei bei einer solchen Bekundung nicht zu trauen. Und zweitens, selbst wenn man ihm glaube, sei die Ankündigung, bewaffneten Widerständlern gegenüber „keine Gnade" walten zu lassen, noch immer ein Aviso massenhafter völkerrechtlicher Verbrechen.[27]

Zum ersten Bedenken

Auch hier war für eine rationale Beurteilung weniger der Charakter Gaddafis als die objektive Lage seiner Interessen bedeutsam. Er war bereits umzingelt von Teilen der stärksten Militärmacht der Welt. Sein eigentliches Ziel war die Niederschlagung eines bewaffneten Aufstands.[28] Sich nach dem Erreichen dieses Zieles die weit überlegene militärische Macht der NATO auf den Hals zu ziehen und damit seine eigene Lage definitiv aussichtslos zu machen, nur um ein Rachebedürfnis zu befriedigen, hätte eine Art klinischen Irreseins erfordert, wie es selbst bei einem bizarren Exzentriker wie Gaddafi nicht angenommen werden kann. Man muss diese Überlegung überdies mit dem 3. der oben genannten *threshold*-Kriterien koppeln, dem des unbedingt erforderlichen, nämlich „mildesten" Mittels. Vor dem Hintergrund von Gaddafis Interessenlage erschien es höchst aussichtsreich, ihn auf dem Weg der Geheimdiplomatie für den Fall eines Beginns völkerrechtlicher Verbrechen durch seine Truppen nach der Einnahme Bengasis mit einer sofortigen und massiven Intervention zu bedrohen. Und hier mit der weiteren Ankündigung, er werde die Intervention nicht überleben, als einer kriegsverhütenden Nötigung zu operieren, wäre so sinnvoll wie gerechtfertigt gewesen. Im Übrigen kam es in keiner der libyschen Städte, deren Kontrolle während des Bürgerkriegs zwischen Regierungstruppen und Rebellen mehrfach wechselte, zu irgendwelchen Rachemassakern seitens der Soldaten Gaddafis.

---

27 Nämlich (Bürger-)Kriegsverbrechen nach Art. 8 Abs. 2 lit. e (x) IStGH-Statut.

28 Und *das* freilich darf gegenüber keinem Staat der Welt, der im oben dargelegten Sinn immerhin nach außen legitim ist, wie es Libyen vor Beginn des Bürgerkriegs ohne Zweifel war, mit externer Militärgewalt unterbunden werden.

Kurz: es spricht alles dafür, dass es statt der Intervention ein milderes Mittel zum Schutz der Zivilbevölkerung Bengasis gab. Die verbleibende Gefahr, nach etwa gleichwohl begonnenen Mordtaten der Gaddafi-Truppen die Intervention erst wenige Stunden später zu eröffnen, war das, was juristisch „erlaubtes Risiko" heißt. Selbst wenn man so das Töten möglicherweise Dutzender, ja Hunderter von Rebellen nicht mehr hätte verhindern können, war dies angesichts der vielen zehntausend Toten, die dieser Krieg dann (und vorher absehbar) gefordert hat, ganz gewiss die ethisch wie rechtlich gebotene Alternative.

Zum zweiten Bedenken

Bewaffnete Rebellen sind keine Zivilisten, und wären sie's Stunden vor der Aufnahme ihres Kampfes noch gewesen. Gleichwohl dürfen auch sie nicht „ohne Gnade" behandelt und etwa als bereits Wehrlose ermordet werden. Doch auch dies zu verhindern, wäre angesichts Gaddafis objektiver Interessen mittels einer ihm auf Geheimwegen zugespielten massiven Drohung wohl ohne weiteres möglich gewesen. Und für das verbleibende Restrisiko eines solchen milderen Mittels gilt ebenfalls, dass es erlaubt, nämlich weitaus weniger destruktiv gewesen wäre als der anschließende Krieg. Freilich hätte man dann nach der absehbaren Niederschlagung der Rebellion den vorläufigen Verbleib Gaddafis an der Macht hinnehmen müssen. Aber wie immer dessen Chancen zum weiteren Machterhalt zu beurteilen gewesen wären: *diesen* zu verhindern darf man keinen Krieg führen.

Abwägung der Folgen

Betrachtet man schließlich das letzte der genannten *threshold*-Kriterien, die Abwägung der absehbaren Folgen einer Gewaltanwendung mit denen des Untätigbleibens, dann bietet sich eine trostlose Bilanz. Schon am 31. August 2011 berichteten Zeitungen von einer offiziellen Verlautbarung der libyschen Rebellen, der Krieg habe seit Interventionsbeginn 50.000 Menschenleben gefordert.[29] Zwei Jahre später berichtete die Wissenschaftszeitschrift *The Scientist* von einer „search mission" libyscher Wissenschaftler mit dem Ziel, das Schicksal von „as many as tens of thousands" vermisster Kriegsopfer aufzuklären.[30] Wie hoch immer die genaue Zahl gewesen sein mag: die Bilanz

29 FAZ-online, 31. August 2001 (Kurz-Link: www.faz.net/-023tcf). Die Überschrift des Artikels lautete zunächst: „Rebellen: 50.000 Tote in Libyen"; wenige Stunden später wurde sie durch „Nato richtet sich auf weitere Präsenz in Libyen ein" ersetzt; die Meldung in dem Text, es habe 50.000 Toten gegeben, blieb aber. Der Link im Internet existiert nicht mehr; ein *screen shot* der Zeitungsseite ist in meinem Besitz.

30 Akst (2013).

ist verheerend. Es hilft ersichtlich nicht, bei diesen Opfern zwischen Soldaten, bewaffneten Rebellen und Zivilisten zu differenzieren, sowenig wie es hilft, nach den Tätern dieser Tötungen, also zwischen der NATO, den Rebellen und Gaddafis Truppen, zu unterscheiden. Denn die allermeisten Opfer, welcher Zugehörigkeit immer und von wem immer getötet, wären ohne die Intervention einfach nicht ums Leben gekommen, weil Gaddafis Soldaten beim ersten Eingreifen Frankreichs und Englands unmittelbar vor der Niederschlagung der Rebellion, also der Beendigung der Gewalt in Libyen standen. Alle Opfer, die es nach dieser Niederschlagung nicht mehr gegeben hätte, sind daher auch, wenngleich selbstverständlich nicht nur, den Intervenienten zuzurechnen. Freilich und erneut: Hätte man den Eingriff unterlassen, so hätte man die vorläufige Fortdauer der Herrschaft Gaddafis hinnehmen müssen. So unerfreulich das gewesen wäre: dies zu verhindern legitimiert keine externe militärische Gewalt, die Zehntausende von Menschen mit dem Leben bezahlen.

Und was das zweite Ziel der Intervenienten betrifft, den *regime change*, so ist die Bilanz ersichtlich noch verheerender.[31] Millionen Libyer, die diese Art von demokratischer Beglückung überlebt haben, werden unter deren Folgen noch lange leiden. Nicht trotz, sondern wegen der Intervention ist Libyen heute ein *failing state* mit einem auf unabsehbare Zeit tief in die Gesellschaft eingebrannten Hass verfeindeter ethnischer und sonstiger Interessensgruppen und dem davon garantierten Fortbestand eines internen bewaffneten Konflikts, der zwischen bürgerkriegsähnlichen Ausbrüchen und der entsprechenden latenten Bedrohung changiert. So wurden die schon unmittelbar nach ihrem Ende beklemmenden Folgen der Intervention politisch, rechtlich und menschlich zur Katastrophe. Das war vorher ohne weiteres absehbar. Zahlreiche politikwissenschaftliche und soziologische Studien der vergangenen Jahre haben eindringlich das gravierende Risiko aufgezeigt, dass extern erzwungene Regimewechsel keineswegs demokratische Entwicklungen befördern, sondern nachgerade das Gegenteil: einen langfristigen *low-level* Bürgerkrieg, gegebenenfalls im Modus des organisierten Terrorismus.[32] Der Eintritt genau dieser Folgen nach der Intervention in Libyen bezeichnet daher nicht bloß einen praktischen Misserfolg, sondern einen essentiellen Mangel an Legitimation. Die formelle Autorisierung der Intervention durch den Sicherheitsrat ändert daran nichts. Sie ist bloß das beklagenswerte Zeugnis eines grob fahrlässigen Versagens. Vor solchen unerforschlichen Ratschlüssen der höchsten

31 S. dazu auch die nachgerade vernichtende Analyse von Kuperman (2013), der zahlreiche weitere Belege für die oben skizzierten Überlegungen zur Vermeidbarkeit der Intervention darlegt.

32 S. etwa Wickham (2004); Pickering/Peceny (2006); Downes (2009); Peic/Reiter (2011).

Autorität in Sachen Krieg und Frieden sollte die Wissenschaft des Völkerrechts nicht achselzuckend kapitulieren, sondern sie als das kennzeichnen, was sie sind: nicht nur politisch verheerend, sondern rechtlich verfehlt und illegitim.[33]

2.3 Das Modell Syrien

Zur Erinnerung: Hierbei geht es um die indirekte Parteinahme gegen den Despoten in einem fremdstaatlichen Bürgerkrieg durch externe Unterstützung bewaffneter Aufständischer. Zwei generelle Bedingungen für die Rechtfertigung einer solchen Intervention liegen auf der Hand: Erstens muss der gewaltsame Aufstand selbst legitimierbar sein, und zweitens die externe Hilfe, die ihn militärisch fördert. Zwischen beiden Bedingungen besteht ein Verhältnis asymmetrischer Abhängigkeit: Nur wenn der Aufstand selbst gerechtfertigt ist, kann dies auch die Hilfe dazu sein. Das gilt jedenfalls insofern, als das Auslösen einer gewaltsamen Revolte, also das *ius ad bellum*, in Frage steht. Soweit dann in ihrem Verlauf seitens der Rebellen massive Verletzungen des *ius in bello* geschehen und den Modus der Kriegführung unzulässig machen, berührt das zwar die Legitimität einer zunächst gerechtfertigten externen Unterstützung ebenfalls, hebt sie aber nicht notwendig auf.[34] Eine dritte und weitere Frage ist schließlich, ob sich nach einer indirekten Intervention durch Unterstützung eines Aufstands ein Dauerzustand katastrophaler Gewalt etabliert, der gegebenenfalls eine eigene humanitäre Intervention seitens der vorher nur Unterstützenden rechtfertigen könnte. Solche Erwägungen lagen im Fall Syrien nahe; doch gehören sie nicht mehr zu meinem Thema.

Rechtfertigung des bewaffneten Aufstands?

Es geht, jedenfalls idealiter, um die Legitimität des bewaffneten Widerstands zum Zweck der Durchsetzung demokratischer Institutionen gegen ein bestehendes autoritäres Regime. Voraussetzung einer solchen Rechtfertigung wäre zunächst, dass das Ziel selbst, und dann, dass die Gewaltmittel, mit denen es verfolgt wird, gerechtfertigt sind. Gibt es ein Recht der Bürger eines (jeden) Staats auf demokratische Herrschaft, das gegen despotische Machthaber notfalls auch gewaltsam erzwungen werden dürfte?

---

33 Zu einem weiteren Argument, warum SR-Resolution 1973 materiell illegitim war, s. Merkel (2011), 781 ff.: wegen der Verletzung des Prinzips der „Collective Security" nach der UN-Ch. durch das vollständige Aus-der-Hand-Geben jeder Kontrolle der Gewaltanwendung und deren Dauer durch den SR.

34 Vgl. Pattison (2015), 465 f.; Buchanan (2013), 314 ff.

Eine Anmerkung zur Terminologie: Im Völkerrecht hat sich seit langem die Unterscheidung dreier Grundtypen bewaffneten Widerstands durchgesetzt: rebellion, insurgency, belligerency. „Rebellion" bezeichnet den Beginn von Gewaltakten bewaffneten Aufruhrs (der oft bereits in diesem Stadium niedergeschlagen wird), „insurgency" den längerdauernden, organisierten Aufstand und „belligerency" schließlich den Zustand eines auch von anderen Staaten anerkannten, nicht-internationalen bewaffneten Konflikts, das also, was klassisch „Bürgerkrieg" heißt. Normativ ist diese Differenzierung ebenfalls bedeutsam. Nur „insurgency" und „belligerency", nicht dagegen die bloße „rebellion", rufen die Geltung des Humanitären Völkerrechts auf den Plan.[35] Für die Zwecke meiner Analyse hängt von der Wortwahl nichts ab. Daher verwende ich die Begriffe „Aufstand/Aufständische" und „Rebellion/Rebellen" im Folgenden synonym. Gemeint sind aber grundsätzlich nur solche internen bewaffneten Konflikte, die den Normen des Humanitären Völkerrechts unterliegen und die im skizzierten Schema „insurgency" oder „belligerency" heißen.

Recht auf demokratische Herrschaft?

Die Frage stellt sich als allgemeine sowohl aus dem Blickwinkel der Rechtsethik als auch aus dem des positiven Völkerrechts. In der ersteren Perspektive lautet sie: Gibt es einen universell gültigen Anspruch darauf, keinem anderen Regierungssystem bzw. dem damit verbundenen Rechtszwang unterworfen zu sein als einem demokratisch legitimierten? Und wäre ein solcher Anspruch Gegenstand eines individuellen oder eines kollektiven moralischen Rechts? Und in der Perspektive des Völkerrechts: Gibt es nach dessen allgemeiner Rechtsquellenlehre hinreichende Belege für die positivrechtliche Existenz eines solchen Anspruchs auf eine demokratische Regierungsform im eigenen Heimatstaat?[36]

In beiderlei Hinsicht sind es zwei grundsätzliche Probleme, die eine Antwort schwierig machen. Das erste ist die Unklarheit und Vieldeutigkeit des Begriffs „Demokratie", das zweite die umstrittene Frage nach dem Verhältnis zwischen Demokratie und dem Recht auf Selbstbestimmung politischer Gemeinschaften. Beide Probleme gehören zu den meistdiskutierten der politischen Philosophie. Eingehend erörtert werden können sie hier nicht, müssen

---

35 Zum Ganzen Cullen (2010), 8–23. Das Konzept der formellen „belligerency" spielt – ähnlich wie im internationalen bewaffneten Konflikt das der „Kriegserklärung" – faktisch keine bedeutende Rolle mehr. Nicht von Erklärungen, sondern vom tatsächlichen Charakter des Konflikts hängt seine völkerrechtliche Klassifizierung ab.

36 Zur völkerrechtlichen Rechtsquellenlehre Graf Vitzthum (2020), 1. Abschn. Rn 113 ff.

das für unsere Zwecke aber auch nicht. Bei einer knappen Skizze mag es sein Bewenden haben.

Zur Bedeutung des Begriffs „Demokratie“ gibt es zwei grundsätzliche Auffassungen. Die erste, meist „prozeduralistisch“ genannt, verlangt dafür lediglich die Gewährleistung freier und gleicher Teilhabe aller Bürger am Prozess kollektiven Handelns und Entscheidens einer Gemeinschaft, und das heißt im Wesentlichen: die Garantie freier, gleicher, fairer und regelmäßiger Wahlen sowie flankierender Verfahrensformen zu ihrer Sicherung. Eine zusätzliche Garantie bestimmter menschenrechtlicher Standards sei keine notwendige Bedingung des demokratischen Charakters einer politischen Herrschaftsstruktur. Im Unterschied dazu postuliert die zweite, „substanzielle“, Grundkonzeption über prozedurale Garantien hinaus auch materiell-normative Voraussetzungen, vor allem die rechtsstaatliche Kontrolle der Macht und die Garantie eines Katalogs individueller Grund- und Menschenrechte. Ohne diese Elemente einer wirksamen *rule of law* seien auch die prozeduralen Elemente einer demokratischen Staatsverfassung nicht zu gewährleisten.[37]

Die Argumente für und gegen diese beiden Grundkonzeptionen bedürfen hier keiner Diskussion.[38] Auch wenn man sich auf die Minimalvoraussetzungen der prozeduralistischen Konzeptionen beschränkt, sind die Grundprobleme eines moralischen „Rechts auf Demokratie“ nicht gelöst. Fasst man es, wie dies sein universalistisch-menschenrechtlicher Charakter nahelegt, als individuelle Berechtigung auf, dann kollidiert es jedenfalls potentiell mit dem Selbstbestimmungsrecht der Völker.[39] Denn dieses ersichtlich kollektive Recht, mag sehr wohl auch zur legitimen Annahme einer nicht-demokratischen Regierungsform durch eine politische Gemeinschaft führen, etwa aus Gründen einer gemeinsamen religiösen Überzeugung, einer kulturellen Prägung oder der tradierten Bindung an ein angestammtes Herrscherhaus. Dann liefe ein individuelles Recht auf eine hiervon abweichende Regierungsform dem kollektiven Recht der Gemeinschaft auf Selbstbestimmung zuwider.[40]

---

37 Zu beiden Konzeptionen Fox (2008). Für eine „substanzielle“ Konzeption UNCHR (1999); für eine prozeduralistische Konzeption aber ebenfalls UNCHR (1996).

38 In der Sache erscheint mir ein „substanzieller“ Demokratiebegriff überzeugender; dazu Gutmann, (2012), 521–531, die fünf verschiedene Typen substanzieller Demokratie unterscheidet.

39 Jedenfalls wenn (wie hier) diesem Recht sowohl ein *äußerer*, gegen andere Staaten, als auch ein *innerer*, auf die Gestaltung des eigenen Gemeinwesens gerichteter Anspruch zugeordnet wird.

40 Als eine solche potentielle Kollision wird das Problem üblicherweise in der politischen Theorie verhandelt; vgl. Peter (2015), 481; Miller (2015). Es gibt aber auch Stimmen, die ein Recht auf Demokratie genau umgekehrt als Prämisse des Selbstbestimmungsrechts von Gemeinschaften auffassen; s. Christiano (2015) 459–480.

Gewiss schließt das Selbstbestimmungsrecht ein kollektives „Recht auf Demokratie" ein. Gibt es dieses aber nur als gemeinschaftliches und nicht auch als individuellen Anspruch, so geschieht niemandem Unrecht, wenn die Gemeinschaft mehrheitlich und gegen die Forderung einer Minderheit eine nicht-demokratische Regierungsform bevorzugt.

Das alles ist kompliziert genug. Für unsere Zwecke reicht es aus, unserer Grundfrage einen nur ungefähren, intuitiv konsensfähigen Begriff von Demokratie, der Elemente prozeduralistischer und substanzieller Konzeptionen umfasst, zugrunde zu legen. Dann stellt sich die Frage nach den normativen Grundlagen für das Postulat eines entsprechenden Rechts. Sie könnten in der moralischen Überlegenheit demokratischer Systeme über nicht-demokratische Formen staatlicher Machtausübung liegen. Geläufig werden hier zwei Perspektiven unterschieden. Die erste ist konsequentialistisch. Sie fragt nach dem instrumentellen Wert demokratischer Regierungsformen für Ziele der Wohlfahrt der Bürger eines Gemeinwesens. Die zweite kann man „deontologisch orientiert" nennen. Sie fragt nach intrinsischen Werten der Demokratie, aus denen sich auch ohne weitere positive Folgen eine normative Überlegenheit über andere Regierungsformen ableiten lässt.[41]

Die klassische Variante der „instrumentellen" Konzeption stammt von John Stuart Mill.[42] Mit Blick auf die Wohlfahrtsinteressen der Bürger gründe die Überlegenheit einer repräsentativen Demokratie vor allem in drei Vorzügen: einem strategischen, einem epistemischen und einem subjektiv-charakterbezogenen. Erstens müssten Regierende in Demokratien die Interessen der Bürger stärker beachten, um wiedergewählt zu werden. Zweitens gewährleiste die Beteiligung der Bürger an der politischen Willensbildung eine bessere Einsicht in deren Belange und damit eine bessere Wahrung ihrer Interessen seitens der Regierenden. Und drittens verbessere eine solche Beteiligung den Gemeinsinn, das Bewusstsein eigener Verantwortlichkeit und damit schließlich auch die Autonomie der Bürger. Für die „substanziellen" Konzeptionen stellt sich die Überlegenheit der Demokratie als intrinsischer Wert dar: als deren inhärente Verpflichtung auf Prinzipien der Fairness und damit der Gerechtigkeit. In ihnen manifestiere sich ein grundsätzlicher Respekt vor Gleichheit, Freiheit und Menschenrechten aller Bürger.

Das ließe sich weiter ausbuchstabieren, aber darauf kommt es hier nicht an. Bei aller Unschärfe zentraler Begriffe und allem Streit über einzelne Argumente macht schon das bisher Dargelegte die Annahme jedenfalls eines

---

41 Dazu Christiano (2011); ders. (2013).

42 Mill (2010), insbes. Chap. 3; aus der heutigen Literatur neben Christiano (vorige Fn.) insbes. Halperin/Siegle/Weinstein (2005).

kollektiven moralischen Anspruchs auf demokratische Regierungsformen im eigenen Heimatstaat plausibel. Lehnt man ein entsprechendes individuelles Recht ab, so gewährt das Gruppenrecht doch einen Anspruch des Einzelnen, gemeinschaftlich mit gleichgesinnten anderen das kollektive Ziel zu verfolgen.

Im positiven Völkerrecht fällt der Befund skeptischer aus. Zwar sind beide Grundelemente demokratischer Herrschaft, das prozedurale wie das substantiell-materielle, in zahlreichen internationalen Konventionen geschützt; und in zahlreichen anderen Dokumenten von völkerrechtlichem Gewicht werden sie vorausgesetzt oder in Bezug genommen. Gleichwohl lässt sich ein umfassendes subjektives Recht, sei es individueller oder kollektiver Art, nach den Kriterien der völkerrechtlichen Rechtsquellenlehre nicht ausmachen.

Bis Anfang der 1990er Jahre, also bis zum Ende des Kalten Kriegs, war „Demokratie" ein Begriff, der im Völkerrecht keine erhebliche Rolle spielte. Das hat sich seither nachdrücklich geändert. Der Beginn dieser Veränderung lässt sich markieren mit dem Erscheinen von Thomas Francks berühmtem Aufsatz *The emerging right to democratic governance*.[43] Inzwischen ist die völkerrechtliche Literatur zu dem Thema ins Unüberschaubare angewachsen. Sie halbwegs repräsentativ nachzuweisen, ist hier nicht möglich, aber auch nicht nötig. Denn zu unserer Frage lässt sich an ihr ein weitreichender Konsens ablesen: Ein subjektives Recht auf demokratische Herrschaftsformen im eigenen Gemeinwesen gibt es im positiven Bestand des geltenden Völkerrechts weder als individuellen noch als kollektiven Anspruch. „The elasticity of the concept of democracy", schreiben die Autoren einer einschlägigen Analyse, „has robbed it of all normative value in international law".[44] Unverkennbar ist andererseits eine konstante systemische Entwicklung in Richtung dieses Ziels. Die gesamte Organisation der Vereinten Nationen ist in zahlreichen Zusammenhängen inzwischen der globalen Förderung von Formen der *democratic governance* verpflichtet.[45]

Formen des Widerstands: ein Eskalationsmodell

Bezieht man diese Überlegungen auf die Situation in Syrien, dann machen sie die folgende Feststellung plausibel: Zu Beginn des gewaltsamen Konflikts im Jahr 2011 hatten die Bürger Syriens (jedenfalls soweit sie sich zu ihrem gemeinsamen Zweck zu organisieren vermochten) ein Recht zum

43 Franck (1992).
44 So Wouters/De Meester/Ryngaert (2004), 7; s. auch Fox (2008); Marks (2011).
45 Auch hierzu nur exemplarisch Petersen (2009).

demokratisch motivierten Widerstand gegen das autoritäre Herrschaftssystem Baschar Al Assads.

Was genau besagt das? Zu welcher Art von Widerstand? Und ab welchem Grad von Despotismus lässt sich ein solches Recht als allgemeine Norm begründen? Ausgangspunkt aller Überlegungen ist zunächst das Gegenteil eines Widerstandsrechts: die Feststellung einer grundsätzlichen Pflicht zum Rechtsgehorsam in einem rechtlich verfassten Gemeinwesen. Diese Pflicht ist keine des positiven Rechts, sondern eine der Ethik.[46] Ihre Grundlage ist – jedenfalls für den typischen Fall einer „wohlgeordneten Gesellschaft"[47] – das Moralprinzip der Fairness, also ein Gebot der Gerechtigkeit. Wer von der Geltung einer schützenden Normenordnung profitiert, soll auch die dafür erforderlichen Belastungen mittragen. Zu diesen gehört vor allem ein grundsätzlicher Rechtsgehorsam der Rechtsunterworfenen. Die individuelle Selbstausnahme von dieser Pflicht bei gleichzeitiger Inanspruchnahme der Wohltat eines Schutzes, der im Rechtsgehorsam der anderen gründet, liefe auf ein normatives *free riding* hinaus: einen offensichtlichen Verstoß gegen das Fairnessprinzip.[48]

Das ist die Prämisse. Auf ihrem Grund lässt sich ein Eskalationsmodell verschiedener Stufen eines möglichen Rechts auf Widerstand skizzieren. Abgewichen werden mag von der grundsätzlichen Pflicht zum Rechtsgehorsam (1.) im Modus des zivilen Ungehorsams: einer Form individuellen gewaltfreien Ungehorsams aus Gewissensgründen gegen vereinzeltes Unrecht einer insgesamt legitimen Rechtsordnung, und zwar unter Anerkennung der Verbindlichkeit ihrer sonstigen Normen und unter freiwilliger Hinnahme der für den Rechtsbruch vorgesehenen Sanktion.[49] Bedeutsamer ist der Widerstand (2.) gegen ein ganzes politisches bzw. verfassungsrechtliches System. Er ist als individueller denkbar, und zwar entweder passiv als Gehorsamsverweigerung gegenüber Handlungsgeboten des Staates[50] oder aktiv als Sabotage, in zugespitzter Form mit gezielter Gewaltanwendung gegen staatliche

46 Zwar statuieren offensichtlich sehr viele Rechtsnormen Pflichten des Einzelnen und erzwingen dessen Gehorsam mit der Androhung von Sanktionen. Aber das beantwortet die Frage nicht, ob man solchen Rechtsnormen *unbeschadet ihrer Sanktionsdrohungen* (und nicht nur aus Klugheit) gehorchen *soll*. Das Recht selbst kann sie nicht beantworten; es geriete dabei in einen infiniten Regress: Eine Rechtsnorm, die statuierte, dass man allen Rechtsnormen gehorchen soll, wäre ihrerseits der Frage ausgesetzt, ob man *ihr* gehorchen soll (usw.).

47 Zu diesem Begriff Rawls (1993), 35 ff.

48 S. Koller (1997), 290 ff.

49 Dazu Rawls (1971), 363–368.

50 Regelmäßig dagegen nicht gegenüber *Verboten*, soweit diese dem legitimen Schutz Anderer dienen.

Institutionen oder Personen.[51] Er kann naturgemäß auch kollektiv praktiziert werden. Gewaltfreie Modelle dafür sind etwa der von Mahatma Gandhi organisierte Widerstand der Unabhängigkeitsbewegung Indiens gegen die britische Kolonialmacht oder die Revolution in der DDR Ende der achtziger Jahre des vorigen Jahrhunderts. Greifen die Beteiligten an einem solchen kollektiven Widerstand schließlich (3.) zur Gewalt und organisieren ihn als bewaffneten Aufstand, dann erreichen sie die letzte Stufe der Eskalation: den innerstaatlichen bewaffneten Konflikt, den Bürgerkrieg.

Zu dieser letzten, gravierendsten Phase kam es in Syrien sehr schnell.[52] Unsere Frage nach der Rechtfertigung des dortigen Widerstands und seiner externen Unterstützung bezieht sich deshalb im Folgenden nur noch auf diese oberste Stufe der organisierten militärischen Gewaltanwendung.

Recht auf bewaffneten Aufstand?

Auch diese Frage kann in der Perspektive der politischen Ethik bzw. der Rechtsphilosophie und in der des Völkerrechts gestellt werden. Eines der frühen einschlägigen Dokumente mit freilich geringer völkerrechtlicher Resonanz ist die *Erklärung der Menschen- und Bürgerrechte* vom 26. August 1789 durch die Französische Nationalversammlung. In Art. 2 heißt es: „Der Zweck jeder politischen Vereinigung ist die Erhaltung der natürlichen und unantastbaren Menschenrechte. Diese sind das Recht auf Freiheit, das Recht auf Eigentum, das Recht auf Sicherheit und das Recht auf Widerstand gegen Unterdrückung." Das ist ersichtlich das Postulat eines echten subjektiven Rechts, sei es einzelner Personen, sei es organisierter Kollektive. In den frühen Wirren der Französischen Revolution war das plausibel. Hinreichend konkrete Konsequenzen hatte es im Völkerrecht bis in die Gegenwart aber nicht.

Eine immerhin mag man in der Präambel der „Allgemeinen Erklärung der Menschenrechte" (AEMR) von 1948 finden. Deren Absatz 3 postuliert den Schutz der Menschenrechte durch die Herrschaft des Rechts, „damit der Mensch nicht zum Aufstand gegen Tyrannei und Unterdrückung als letztem

51 Aus der Sicht der attackierten Macht: Terrorismus; das entspricht etwa der von Nelson Mandela in Südafrika in den 50er und 60er Jahren und vor seiner Abkehr von jeder Gewaltpolitik praktizierten Form.

52 Der Begriff „Bürgerkrieg" ist für den Syrienkonflikt problematisch, und zwar schon für die Zeit vor dem manifesten Eingreifen dritter Staaten. Sofort nach Beginn der innersyrischen Unruhen und der harten Reaktion des Regimes begann der Zustrom irregulärer ausländischer Kämpfer in das Land und damit die schnelle Eskalation zum bewaffneten Konflikt mit Beteiligung internationaler *non-state actors*. Für meine Überlegungen ist die genaue Etikettierung der jeweiligen Konfliktform im Verlauf der syrischen Begebenheiten ohne Belang; s. dazu Arimatsu/Choudhury (2014), S. 7–19.

Mittel gezwungen wird". Doch lässt sich diese Wendung schwerlich als Beleg für die Akzeptanz eines Rechts auf „Aufstand gegen Tyrannei" lesen. Eher projiziert sie das Aufstandsszenario als Schreckgespenst, als Menetekel. Sinn der gesamten AEMR ist es, ein solches Schreckensszenario zu vermeiden. Und eben dies bekräftigt die zitierte Passage der Präambel. Ihr ein Recht zum gewaltsamen Widerstand zu entnehmen hieße, ihren Sinn zu missdeuten.[53]

In der Völkerrechtslehre gibt es abweichende Stimmen.[54] Freilich lassen die Autoren die Natur des behaupteten Rechts regelmäßig im Unklaren. Ist es ein individuelles oder ein kollektives Recht? Gilt es als allgemeines Rechtsprinzip gegen alle Herrschaftssysteme ohne hinreichende Legitimation oder nur bei gravierenden Formen der Unterdrückung? Ist es bereits verbindliches Recht oder im Modus des „soft law" allenfalls erst im Entstehen? Klare Antworten vermisst man. Darüber hinaus vermeiden die Befürworter eines Widerstandsrechts meist die Frage (oder deuten sie nur unter dem konturlosen Titel „Verhältnismäßigkeit" an), ob und ggf. wann ein solches Recht auch gewaltsam, insbesondere mittels eines flächendeckenden bewaffneten Aufstands, also im Weg eines Bürgerkriegs durchgesetzt werden darf.

Plausibler sind zurückhaltende Stimmen im Völkerrecht, die jedenfalls ein allgemeines Recht auf Widerstand gegen undemokratische Herrschaftsformen verneinen.[55] Indirekt wird ihre Skepsis bestätigt von zahlreichen menschenrechtlichen Verdikten über (exemplarisch) „all acts, methods and practices of terrorism, regardless of their motivation, in all their forms and manifestations, wherever and by whomever committed".[56] Das schließt in bestimmten Einzelfällen eine notstandsähnliche Rechtfertigung gewaltsamer Aufstände gegen Unrechtsregimes nicht aus. Aber ein allgemeines „Recht auf Widerstand" lässt sich aus einer solchen Legitimation, die auf abstrakten Rechtfertigungskriterien des Notstands beruht, schwerlich ableiten, und ein „Recht auf Bürgerkrieg" schon gar nicht. Das verhält sich in der Sache nicht anders als im Modell innerstaatlicher Rechtfertigungsgründe zwischen Einzelpersonen. Der Umstand, dass in Notstandslagen Eingriffe in Freiheit oder Eigentum Anderer zulässig sein können, könnte die Redeweise von einem „allgemeinen Recht auf Nötigung und Sachbeschädigung in Notlagen" nicht plausibel machen.

---

53 A.A. Marsavelski (2013), 275, der die zitierte Passage als Beleg für „acceptance of the right of revolution as a general principle of law" sieht. Überzeugend ist das nicht.

54 Neben Marsavelski (aaO) etwa Kopel/Gallant/Eisen (2005), 1326 f.; Tomuschat (1984), 13–33; ders. (2012).

55 Exemplarisch Dunér (2005); Keenan (2011.

56 UNHCR Resolution *Human Rights and Terrorism* (1998), para. 3.

Philosophiegeschichtlich: Locke und Kant

Wenden wir den Blick vom positiven Völkerrecht zu den philosophischen Grundlagen einer möglichen Rechtfertigung kollektiver Gewalt. Hier lasse sich, meinen manche, eine eindeutige Antwort ausmachen. „A right of resistance“, schreibt Christian Tomuschat, „belongs to the core achievements of political philosophy in the modern world where no other remedy is reasonably available“.[57] Das ist bei aller Vagheit des Begriffs „Widerstand“ eine kühne These. Sehen wir genauer zu.

Zu den berühmtesten klassischen Stimmen für ein generelles Widerstandsrecht gehört John Lockes *Second Treatise of Government*. Dort wird es entwickelt aus dem Grundgedanken des Social Contract. In Section 155 des *Treatise* heißt es: „In all States and Conditions the true remedy of Force without Authority, is to oppose Force to it. The use of force without Authority, always puts him that uses it into a State of War, as the Aggressor and renders him liable to be treated accordingly.“ Locke fundiert dieses Recht ersichtlich in den Prinzipien der Notwehr. Das bestätigt er einige Seiten später in Section 202: „Where-ever Law ends, Tyranny begins [...]. [The tyrant] ceases in that to be a Magistrate, and acting without Authority may be opposed, as any other Man, who by force invades the right of another.“ Im Übrigen hält er Widerstand nicht nur gegen die Exekutive, sondern auch gegen den Gesetzgeber selbst für zulässig, wenn dieser den „Original Contract“ durch Willkürgesetze verletze, nämlich durch solche, die gänzlich außerhalb des Staatszwecks liegen. Dann stehe ein Widerstandsrecht sowohl dem Volk als ganzem als auch jedem Einzelnen zu.[58]

Das ist nur eine der Stimmen in der politischen Philosophie der Neuzeit, die Tomuschat pauschal für seine Behauptung reklamiert.[59] Die berühmteste Gegenposition ist die Immanuel Kants. Freilich werfen die einschlägigen Grundsätze seiner „Rechtslehre“ ein vielerörtertes Konsistenzproblem auf. Knapp zusammengefasst lauten sie: (1.) Die einzige Regierungsart, die mit dem vernunftrechtlichen Begriff legitimer Herrschaft übereinstimmt, ist die „republikanische“. (Jede andere ist „Despotismus“.) Das bedeutet (2.): Der Status des Souveräns, nämlich die gesetzgebende Gewalt, kommt nur „dem vereinigten

57 Tomuschat (2012); der Autor verweist (wenig plausibel) auch auf § 3 der Präambel *der* AEMR; Beschränkungen der Gewaltmittel eines solchen Widerstands erwägt er allein unter dem konturlosen Titel „Verhältnismäßigkeit“.

58 Locke (1988), Sect. 155, 202, 222, 208 (Reihenfolge der obigen Zitate); die Orthographie ist die des Originals.

59 Manche, namentlich Grotius und Pufendorf, erkennen zwar ein Recht auf Gehorsamsverweigerung gegenüber despotischer Herrschaft an, verwerfen aber ein Recht auf gewaltsame Rebellion. Dagegen bejaht Suárez ein solches Recht unter bestimmten Voraussetzungen; dazu *Penner*, in: IEP (*online*).

Willen des Volkes" zu. Der Herrscher muss (3.) diesen Willen repräsentieren; das ist für ihn eine unmittelbare Pflicht gegenüber den Beherrschten (wenngleich keine „Zwangspflicht"!). Und schließlich (4.) gilt als unbedingtes Gebot das Prinzip der Gewaltenteilung.[60]

Obwohl Kant also jeden Despotismus nicht nur als objektiv unrechtlich, sondern auch als Pflichtverletzung gegenüber den Beherrschten kennzeichnet, verneint er nachdrücklich ein Recht auf Widerstand. Dabei unterscheidet er drei Stufen bürgerlicher Renitenz: (1.) die wenig belangvollen und stets erlaubten „Beschwerden („gravamina") einzelner Bürger gegen staatliche Maßnahmen; (2.), eher versteckt und ohne genauere Klärung, die individuelle Widersetzlichkeit gegen einen obrigkeitlichen Befehl; sie hält er jedenfalls im passiven Modus für möglicherweise gerechtfertigt, sofern der Befehl „dem inneren Moralischen widerstreitet"; und schließlich (3.) ein Recht des Volkes auf kollektiven Widerstand gegen den Souverän („das gesetzgebende Oberhaupt"). Dieses, das eigentliche Recht auf Widerstand verwirft er schlechterdings, und zwar selbst bei einem „für unerträglich ausgegebenen Mißbrauch der obersten Gewalt".[61]

Hauptsächliches Argument Kants ist nicht, wie etwa bei Thomas Hobbes, eine Furcht vor den *Gefahren* des Naturzustands, wiewohl das Argument des Naturzustands als eines Zustands prinzipieller Rechtlosigkeit bei Kant ebenfalls eine zentrale Rolle spielt. Es ist vielmehr ein legitimationstheoretisch-logisches Argument und gründet in der rechtlichen Konstruktion der Staatsverfassung. Ein formelles (juridisches) Widerstandsrecht ist danach nicht bloß missbilligenswert, sondern sachlich unmöglich. Denn wenn es eine höchste Gewalt im Staat geben muss, ist ein Widerstandsrecht gegen sie deshalb ausgeschlossen, weil der davon Berechtigte sonst ein Normenkontrollrecht hätte und somit befugt wäre, die Bedingungen seines Rechtsgehorsams im Zweifel selbst zu bestimmen. Wiewohl Rechtsunterworfener und „Unterthan", wäre er damit gleichwohl Herr über den Widerstandsfall gegen eben dieses Recht, stünde somit über diesem und wäre zugleich Souverän – „welches", so Kant, „sich widerspricht, und wovon der Widerspruch durch die Frage alsbald in die Augen fällt: wer denn in diesem Streit zwischen Volk und Souverän

---

60 Die wesentlichen Ausführungen Kants dazu im Staatsrechts-Abschnitt der „Rechtslehre" (1907), 311–342.

61 Zu (1.) s. Kant, aaO, 319; zu (2.) aaO, 371 („Beschluß"); zu (3.) aaO, 320. Daneben erkennt Kant selbstverständlich das Recht der gewählten Repräsentanten des Volkes an, im Parlament (sofern die Staatsverfassung eines vorsieht), und im Rahmen ihrer gesetzlichen Befugnisse den Ministern als Repräsentanten der „ausübenden Gewalt" zu „widerstehen", also die Zustimmung zu verweigern.

Richter sein sollte […]; wo sich dann zeigt, dass das erstere es in seiner eigenen Sache sein will".[62]

Ein solches Recht müsste zur permanenten Drohung eines Wiedereintritts des Naturzustands und so zu dessen latenter Verewigung führen: zur dauernden Möglichkeit des Rechtsunterworfenen, den bürgerlichen Rechtszustand zu verlassen und als Rebell Gewalt zu üben. Das widerspräche dem grundlegenden „Postulat des öffentlichen Rechts": der unbedingten Pflicht, aus dem Naturzustand in den rechtlichen Zustand überzugehen. Dieses Fundament allen Rechts aber, „die Idee einer Staatsverfassung überhaupt, […] ist heilig und unwiderstehlich".[63]

Kritik

Weder Lockes freihändige Legitimation eines allgemeinen Widerstandsrechts noch dessen radikale und allzu formalistische Verweigerung bei Kant können überzeugen. Im Übrigen liegt die Annahme nahe, dass sich Locke schwerlich einen so verheerenden Bürgerkrieg wie den syrischen mit Hunderttausenden von Opfern und Kant sich wohl kaum eine Tyrannei mit organisiertem Genozid à la Hitler hätte vorstellen können. Aber wir heute kennen beides und müssen deshalb solche Möglichkeiten erwägen.

Betrachtet man die Positionen der beiden Philosophen genauer, so wird bei aller Gegensätzlichkeit eine bezeichnende Gemeinsamkeit deutlich. Beide nehmen für die Rechtfertigungsfrage nur, oder doch ganz vorrangig, das Verhältnis zwischen einem despotischen Herrscher und seinem unterdrückten Volk in den Blick. Ungeklärt bleibt daher bei beiden, wie ein gewaltsamer und bewaffneter Aufstand zugleich das Rechtsverhältnis der Rebellierenden zu den Mitbürgern berührt.[64] Eben darin liegt aber der eigentliche Schlüssel zur Lösung der Legitimationsfrage.

2.4 Normative Grundlagen eines Rechts zum Bürgerkrieg

Geläufig werden fünf abstrakte Voraussetzungen eines allgemeinen, nicht spezifisch auf den Extremfall des Bürgerkriegs abhebenden Widerstandsrechts

62 Kant, aaO, 320.

63 Kant, aaO, 307 (§ 42); 372.

64 Bei Kant ist das zwar im Gedanken der rechtslogischen Destruktivität jeder organisierten Rebellion für die Staatsverfassung implizit mitgedacht; genauer analysiert wird es jedoch nicht. Für Kants Verwerfung jedes Widerstandsrechts ist eine solche Analyse freilich auch nicht notwendig; doch ist diese Totalverwerfung nicht überzeugend. (Dazu sogleich im Text.)

genannt: (1.) Ein besonders krasser Missbrauch der Staatsgewalt; (2.) die Subsidiarität des Widerstands, der allenfalls nach dem erfolglosen Ausschöpfen aller friedlichen Mittel in Betracht komme; (3.) die Beachtung des Grundsatzes der Verhältnismäßigkeit; (4.) eine realistische Chance auf Erfolg; und schließlich (5.) als subjektives Element der Rechtfertigung die Absicht des Widerstandleistenden, zum Wohl der Allgemeinheit zu handeln und nicht lediglich seine eigenen Interessen zu verfolgen.[65]

Das leuchtet prima facie ein. Aber zugleich ist es in hohem Maß unbestimmt. Vor allem macht die abstrakte Allgemeinheit dieser Kriterien die zwei spezifischen Hinsichten nicht deutlich, in denen jedenfalls der organisierte, kollektive und gewaltsame Widerstand einer Rechtfertigung bedarf, nämlich (1.) im Hinblick auf das unterdrückerische Regime als den direkten attackierten Gegner; und (2.) mit Blick auf die eigenen Mitbürger, vor allem auf solche, die den Aufstand ablehnen. Tun sie dies, weil sie Parteigänger des Despoten sind, dann mögen sie selbst dem Regime zuzurechnen und entsprechend zu behandeln sein. Doch könnten sie durchaus gute moralische Gründe für ihr Nein haben, die sie nicht zu solchen Parteigängern machen. Vielleicht haben sie Familien und deshalb eine moralische Pflicht, den Bürgerkrieg als tödliches Risiko für ihre Angehörigen, insbesondere ihre Kinder, zu verwerfen und wenn möglich zu verhindern.

Die Unterscheidung dieser beiden Perspektiven ist wichtig, weil in ihnen unterschiedliche Prinzipien der Rechtfertigung zur Geltung kommen. Das Verwischen dieser Unterscheidung in dem konturlosen Begriff der „Verhältnismäßigkeit", macht (von krassen und eindeutigen Fällen abgesehen) eine konsensfähige Analyse des Einzelfalles schwierig und deren Ergebnis – je nach Empfinden des Beurteilers – nahezu beliebig. Wie viele tote Frauen und Kinder als erwartbare Opfer eines landesweiten bewaffneten Aufstands sind gemessen an dem Ziel der Beseitigung eines autoritären Regimes noch „verhältnismäßig"? Tausend? Zehntausend? Hunderttausend? Und hängt das von der Gesamtzahl der Einwohner des Bürgerkriegslandes ab? Jenseits unmittelbarer und ganz gewiss divergierender Intuitionen sind auch nur halbwegs rational begründbare Antworten nahezu unmöglich.[66] Nur wenn man die beiden Adressaten der erforderlichen Rechtfertigung deutlich unterscheidet, und damit gewissermaßen die Instanzen, vor denen sie begründet werden muss,

65 Exemplarisch Kaufmann (1991), 42 f.

66 Schon deshalb ist die Unbefangenheit, mit der *Tomuschat*, Arabellion (Fn. 56), 460, die Legitimität auch eines flächendeckenden bewaffneten Aufstands für selbstverständlich erklärt, sofern dieser dem Maßstab der „Verhältnismäßigkeit" („the general yardstick of proportionality") genüge, nicht überzeugend.

kommen auch die unterschiedlichen normativen Prinzipien in den Blick, die eine solche Rechtfertigung tragen könnten.

Notwehr?

Die erste Perspektive ist die des Blicks auf das despotische Regime. Sie deutet ersichtlich auf die Möglichkeit einer Legitimation der rebellierenden Gewalt kraft kollektiver Notwehr. Jedenfalls gegen extreme Formen tyrannischer Herrschaft mag sich eine solche Rechtfertigung ohne weiteres begründen lassen.[67] Ob und ggf. wann diese Bedingung in der Entwicklung des syrischen Konflikts wegen der Gewaltanwendung seitens des staatlichen Machtapparats zu bejahen gewesen wäre, ist freilich zweifelhaft.[68] Die entsprechenden Umstände und die darauf gestützten Voraussetzungen der Rechtfertigung hier klären zu wollen, wäre aussichtslos. Es ist aber für die Zwecke meiner Argumentation auch nicht notwendig. Denn eine Analyse der zweiten legitimatorischen Perspektive zeigt, dass die Frage, ob der Aufstand zu rechtfertigen war, verneint werden muss.

Notstand?

Diese zweite Perspektive ist (sozusagen) der Blick auf den Nachbarn: auf alle Mitbürger, die den bewaffneten Aufstand ablehnen und dies nicht als Parteigänger des Despoten, sondern auf dem Fundament gewichtiger moralischer Gründe tun. Wie wäre ihnen gegenüber die Entfesselung der flächendeckenden militärischen Gewalt zu rechtfertigen?

Wer einen Bürgerkrieg beginnt, reklamiert eine Art Zwangssolidarität mit seinen eigenen politischen wie militärischen Zielen von Dritten, denen er die Gefahren seiner Zielverfolgung zumutet, die aber keine Pflicht haben, diese Ziele zu teilen. Genauer: Er zwingt ihnen nicht nur eine solidarische Haltung gegenüber seinen Absichten auf, sondern vor allem die damit verbundenen Kosten an Leid: das Risiko, im Bürgerkrieg das eigene Leben zu verlieren, schwer verletzt zu werden oder den Verlust des Lebens oder der Gesundheit Angehöriger hinnehmen zu müssen Das Prinzip, das eine solche leidvolle Zwangssolidarität möglicherweise rechtfertigen könnte, ist offensichtlich

67 Zu den Bedingungen einer solchen Notwehrrechtfertigung des „Tyrannenmordes" Brincat (2009), 75–93.

68 Das hat vor allem mit der undurchschaubaren tatsächlichen Lage dort zu tun. Die Propagandamaschinerien aller Beteiligten an dem Konflikt machten und machen eine verlässliche Bestandsaufnahme unmöglich. Das betrifft auch die Frage nach der Urheberschaft der Giftgaseinsätze. Zu den entsprechenden Zweifeln (hier: an der oft behaupteten Urheberschaft des Assad-Regimes) im Fall des verheerenden Sarin-Einsatzes in Ghouta im August 2013 Hersh (2014), 21–24; Lloyd/Postol (2013)

nicht das der Notwehr. In Frage kommt allenfalls ein Prinzip des (aggressiven) Notstands. Es zieht dem Anspruch auf Zwangssolidarität mit den Zielen der Rebellion enge Grenzen. Was es, jedenfalls prima facie, schon grundsätzlich nicht rechtfertigen kann, ist das aufgezwungene Opfer des eigenen Lebens.

Hier liegt ein prinzipieller Einwand nahe. Tötungen unschuldiger Zivilisten sind in einem modernen militärischen Konflikt niemals vermeidbar. Wenn aber der bewaffnete Aufstand gegenüber dem Despoten selbst gerechtfertigt wäre, dann muss, so könnte man sagen, auch die damit unvermeidlich einhergehende Tötung unbeteiligter Zivilisten, Frauen und Kinder eingeschlossen, ohne Vorwurf gegen die Aufständischen hingenommen werden.

Auf welcher moralischen Grundlage? Konkret: Warum sollten das zweijährige syrische Kind, seine 30-jährige Mutter oder deren 60-jährige Eltern, von denen niemand (wollen wir annehmen) jemals mit dem Despotenregime paktiert oder auch nur sympathisiert hat, eine moralische oder gar zwangsrechtliche Pflicht haben, in einem Bürgerkrieg zur Beseitigung dieses Regimes ihr Leben opfern zu lassen? Wie das zu begründen wäre, ist nicht zu sehen.[69] Geläufig ist der Hinweis, solche Normprinzipien, die im Näheverhältnis von Personen ihren Sinn hätten, taugten a limine nicht für Fragen der großen Politik. Aber wenn man für *diese* Behauptung keinen normativen Grund angeben kann, ist sie nichts weiter als eine maskierte *petitio principii*: Nur wenn und weil das Ergebnis – die Rechtfertigungsfähigkeit des Aufstands trotz des damit verbundenen Lebensopfers Unschuldiger – schon vorausgesetzt wird, erscheinen Normprinzipien, die diesem Ergebnis widersprechen, ungeeignet.[70] Und wollte man für die Sphäre der Kriegspolitik und der dafür einschlägigen Normenordnungen des Völkerrechts und der politischen Ethik die Gültigkeit eines sozusagen rüden Utilitarismus behaupten, verschöbe man nur das Begründungsproblem. Aus welchen Gründen genau (wenn nicht aus dem der genannten *petitio*) sollten Normen, die wir im individuellen Nahraum für fraglos halten, hier nicht mehr gelten – also etwa das Verbot, um der eigenen Ziele willen das Leben unbeteiligter Dritter zu vernichten oder der absehbaren Vernichtung durch andere preiszugeben? Der Umstand, dass auf all diese Frage weit und breit keine plausiblen Antworten ersichtlich sind, dürfte der Grund dafür sein, warum sich Theoretiker der politischen Philosophie

---

69 Die Rede ist von einer Art „Pflicht zur klaglosen Hinnahme". Das bedeutet nicht, dass es kein Recht gäbe, sich der Tötung nach Möglichkeit zu entziehen; selbstverständlich gibt es das. Es heißt nur, dass jemandem, der unter den skizzierten Bedingungen getötet wird, kein Unrecht geschähe, dass also niemand deshalb einen moralischen Grund zur Beschwerde hätte.

70 Zu dem damit meist verbundenen Postulat einer rollenbezogenen Sonderethik für die Politik („*role morality*") Coady (1993), 373–383.

und des Völkerrechts auf das bequeme Refugium des Verhältnismäßigkeitsprinzips zurückziehen, das einem breiten Spektrum vage-intuitiver, keiner Überprüfung zugänglicher Urteile Raum lässt.[71] So löst man aber das Problem nicht, sondern umgeht es, ohne wenigstens seine genauen Konturen geklärt zu haben.

Erst das Notstandsprinzip macht die wirkliche Begründungslast deutlich, die tragen muss, wer einen bewaffneten Aufstand betreibt, unterstützt oder auch nur befürwortet. Zehntausende von Frauen und Kindern sind im syrischen Bürgerkrieg ums Leben gekommen. Was genau legitimiert dessen Protagonisten, den Getöteten und deren Angehörigen ein solches Opfer zuzumuten? Hier bietet der Rekurs auf das Verhältnismäßigkeitsprinzip eine zweite wohlfeile Deckung: Diesen furchtbaren Blutzoll habe zu Beginn des Konflikts niemand voraussehen können. Aber das liegt erstens neben der Sache. Denn offensichtlich kann in keinem einzigen dieser Fälle die Rechtfertigung einfach in dem schlichten Hinweis auf *andere* Getötete bestehen, nämlich darauf, dass deren Zahl relativ gering und daher „verhältnismäßig" sein werde. Wie sollte der Umstand, dass noch andere getötet werden (aber nicht allzu viele), jedem einzelnen der Opfer eine überzeugende Rechtfertigung bieten? Ihm gegenüber muss aber seine Tötung rechtfertigungsfähig sein. Mit der Zahl weiterer Getöteter hat das a limine nichts zu tun. Jedem Getöteten selbst müsste die moralische Pflicht, sein Leben für die Ziele Dritter opfern zu lassen, plausibel gemacht werden können. Mit dem Hinweis, es würden noch weitere Leben geopfert, kann das schon prinzipiell nicht gelingen. Und zweitens ist die Behauptung, das katastrophale Ausmaß des Krieges sei zu dessen Beginn nicht vorauszusehen gewesen, einfach falsch. Die genaue Zahl der Opfer ist dafür irrelevant. Dass es jedenfalls sehr viele sein würden, war ohne weiteres absehbar; es wurde ja von vielen auch prognostiziert. Kurz: das gesamte Ausmaß dieser Katastrophe ist allen ihren Verursachern, auch und gerade den Rebellen, zuzurechnen. Wie sie es rechtfertigen könnten, ist nicht ersichtlich.

Realistische Erfolgschance?

Selbst wenn man die Notstandsanalyse als ungeeignet für machtpolitische Zusammenhänge zurückweisen und sich stattdessen auf ein vages Verhältnismäßigkeitsurteil berufen wollte, begründete das weitere Rechtfertigungserfordernis der „vernünftigen Erfolgschance" ebenfalls ein Verdikt über den

71 Vgl. neben Tomuschat (1984) (für das Völkerrecht) nur Buchanan (2013), 296 (für die politische Philosophie). – Zur Untauglichkeit des Verhältnismäßigkeitsprinzips als Grundlage einer Rechtfertigung der Tötung Unbeteiligter s. Merkel (2007), (in diesem Band Kap. 4).

syrischen Aufstand.[72] Für den Kampf gegen ein Despotenregime gehört zum „realistisch" angestrebten Erfolg nicht nur die Aussicht auf Beseitigung, sondern auch auf Ersetzung des Regimes durch ein wenigstens *grosso modo* demokratisches. Eine solche Chance gab es in Syrien niemals. Um das festzustellen, muss man nicht die umstrittene These bemühen, islamisch dominierte Staaten seien mit demokratischen Entwicklungen generell „negativ assoziiert".[73] Syrien war vor dem Ausbruch der Gewalt kein eindeutig islamisch dominierter Staat. Auch kennzeichnete eine zwar autokratisch erzwungene, aber im Großen und Ganzen zumindest äußerlich friedliche Koexistenz der Religionen die dortige Gesellschaft.

Es sind andere Bedingungen einer demokratischen Entwicklung, an denen es schon zu Beginn des Bürgerkriegs fehlte. Die entscheidenden Indikatoren eines entsprechenden Erfolgs sind, wie Studien über Interventionen zum Zweck des Regime-Change zeigen, weder die Macht der Intervenienten noch das Maß des von ihnen investierten Aufwands. Vielmehr sind es bestimmte Voraussetzungen im Zielstaat selbst: relative Homogenität seiner Bevölkerung, keine tiefen ethnischen oder religiösen Konflikte, Grad der Urbanisierung, hinreichend funktionierende Institutionen der Verwaltung, historische Erfahrung mit demokratischen Formen, ökonomischer Wohlstand der Gesellschaftsmehrheit – kurz, so ziemlich alles, woran es in Syrien fehlte.[74] Das Land war und ist ein Musterfall des programmierten Scheiterns jeder Form eines demokratischen Interventionismus. Das schnelle und so gut wie durchgängige Abgleiten der Rebellion in diverse Formen der islamistischen Radikalisierung war nichts anderes als die absehbare Bestätigung dieses Umstands.

Damit ist zugleich das zweite Element des Verdikts über den Aufstand selbst bezeichnet. Die halbwegs vernünftige Erfolgsaussicht eines solchen Unternehmens ist mehr als ein bloß pragmatischer Gesichtspunkt. Sie ist eine genuine Bedingung seiner Legitimität. Nach allem, was sich derzeit sagen lässt, gibt und gab es sie für Syrien niemals. Hunderttausende von Toten sind ein viel zu hoher Preis für eine erfolgreiche demokratische Revolution. Für eine erfolglose sind sie eine politische, ethische, menschliche Katastrophe.

---

72 In der Sache ist diese Bedingung ebenfalls ein Legitimationskriterium des Notstands: das der Eignung der eingesetzten Gewaltmittel. Sie wird aber regelmäßig auch von den Anhängern des Kriteriums der Verhältnismäßigkeit verlangt.

73 Diese These bejahen z.B. Lipset (1994), 6; Clague/Gleason/Knack (2001), 24, 36; Borooah/Paldam (2007); Potrafke (2012).

74 S. zu diesen Bedingungen Lipset (1994); Downes (2009), 29 ff.

Resümee

Das Assad-Regime war und ist ein Despotenregime, dem gravierende Menschenrechtsverletzungen vorzuwerfen sind, wiewohl es, beiläufig, nie vergleichbar finster war wie die Regime Saudi-Arabiens oder Katars, die plötzlich ihre Liebe zur Demokratie entdeckt haben (nur zu der in Syrien, versteht sich). Dieser Umstand berechtigte die Syrer zu jeder Art zivilen Ungehorsams gegen ihre Regierung. Er mag nach Beginn der Gewalthandlungen durch das Regime auch die direkte Gewalt gegen dessen Unterdrückungsapparat im Modus individuell terroristischer Akte legitimiert haben (obwohl ich insofern Zweifel hege). Weit entfernt von jeder Rechtfertigung war und ist aber das Entfesseln eines flächendeckenden Bürgerkriegs, der bisher – und vorher absehbar – über 500.000 Menschenleben gefordert hat.

Gewiss, gewaltsame Aufstände entwickeln sich im Modus der Eskalation, regelmäßig als Folge schwerer Verbrechen auf beiden Seiten. So war das auch in Syrien, wo offensichtlich zuerst das Regime massiv und unverhältnismäßig Gewalt angewendet hat. Gleichwohl war der sofortige Griff zu den Waffen seitens der Rebellen ebenfalls ein schweres moralisches Unrecht. Despotenregime wie das Assads sind eine Geißel ihrer Völker. Aber Bürgerkriege sind eine schlimmere. Die Vorstellung, es gebe ein fragloses Recht, mit diesen jene zu beseitigen, ist eine merkwürdige moralische Verirrung. Dass sie von manchen Völkerrechtlern geteilt wird, ändert daran nichts. Man wird ohne allzu große Respektlosigkeit darin wohl einen Ausdruck des Umstands sehen dürfen, dass die normative Beurteilung des Problems in Wahrheit jenseits (oder, je nachdem, diesseits) der genuinen Zuständigkeit des Völkerrechts liegt.

2.5 Die Unterstützung des Aufstands

Aus dem Dargelegten folgt unmittelbar, dass die drei westlichen Vormächte, die USA, Großbritannien und Frankreich, die diesen Bürgerkrieg durch die Unterstützung des blutigen Aufstands in vielerlei Weise angeheizt haben, ebenfalls schwere moralische Schuld auf sich geladen haben. Das Völkerrecht bestätigt diesen Vorwurf. Es verbietet jede Parteinahme aufseiten bewaffneter Rebellen in einem fremdstaatlichen Bürgerkrieg als mittelbare Aggression im Sinne des Art. 2 Abs. 4 der UN-Ch.

Zweifel am faktischen Hintergrund

Aber hat es eine solche Parteinahme seitens demokratischer Staaten des Westens überhaupt gegeben? Wer die Entwicklung des bewaffneten Konflikts in Syrien nur in den Nachrichten der deutschen Medien verfolgt hat, mag zweifeln. Ein dort oft erhobener Vorwurf tadelte eher das Gegenteil: Statt den syrischen Aufständischen militärisch zu helfen, so hieß es, lasse man sie in ihrem Kampf gegen einen blutigen Diktator allein. Dieser Vorhalt ist, sofern man für Waffenlieferungen an Parteien eines Bürgerkriegs überhaupt den Euphemismus der „Hilfe" verwenden will, eindeutig falsch.

Am 24. März 2013 erschien in der New York Times unter der Überschrift *Arms Airlift to Syria Rebels Expands, With Aid From C.I.A.* ein Artikel, der so beginnt: „With help from the C.I.A., Arab governments and Turkey have sharply increased their military aid to Syria's opposition fighters in recent months, expanding a secret airlift of arms and equipment for the uprising against President Bashar al-Assad […]." Der Bericht weist mehr als 160 Frachtflüge mit Kriegswaffen nach, die seit Anfang 2012 aus Saudi-Arabien, Katar und Jordanien regelmäßig am türkischen Flughafen Esenboga entladen und von dort über die Grenze nach Syrien geschafft worden waren – alle mit logistischer und vielfacher sonstiger Hilfe der CIA. Das zeige, konstatiert die Zeitung nüchtern, dass die Vereinigten Staaten entgegen regierungsamtlichen Bekundungen ihren arabischen Verbündeten nicht nur mit „nonlethal aid", sondern sehr wohl „auch bei der Förderung der tödlichen Seite des Bürgerkriegs" zur Hand gingen.[75]

Schon ein Jahr vor dem Artikel der New York Times hatte „Human Rights Watch" einen Report veröffentlicht, der „schwere Menschenrechtsverletzungen" auf seiten der Rebellen nachwies: Kidnapping, Folter, willkürliche Hinrichtungen von Soldaten der syrischen Armee und Kämpfern der mit ihr verbündeten Milizen, aber auch von Zivilisten.[76] Etwa zur selben Zeit arbeitete die britische Regierung an einem Geheimplan zur Ausstattung und Ausbildung einer 100.000 Mann starken Rebellenarmee, die Assads Regime in einem ähnlichen Modus wie dem des „shock and awe"-Schlags von 2003 gegen den Irak beseitigen sollte.[77] Zu dieser Zeit war es für die zuständigen US-Nachrichtendienste freilich längst kein Geheimnis mehr, dass die offiziell stets gelobte, als Adressat „humanitär gebotener" Hilfe bezeichnete „moderate Opposition" gegen das Assad-Regime zur Chimäre geworden war, wenn sie je etwas anderes gewesen ist. Am 12. August 2012 ging ein Bericht des Pentagon-Geheimdienstes *Defense Intelligence Agency* (DIA) an das Verteidigungsministerium und von dort an das Außenministerium.[78] Auf S. 2 heißt es nüchtern: „A. Internally, events are taking a clear sectarian direction. /

75 Chivers/Schmitt, NYT (2013).

76 HRW (2012). Zu dieser Zeit gab es längst zahlreiche Berichte über ähnliche Verbrechen auch aufseiten der syrischen Armee. Die Quantifizierung des Unrechts beider Seiten gehört aber nicht zu meinem Thema.

77 Hopkins (2014), hier zit. nach Pattison (2015), 455

78 Das als streng geheim klassifizierte Papier wurde im Mai 2015 von der amerikanischen Stiftung „Judicial Watch" veröffentlicht, die seine Herausgabe zuvor gerichtlich von der DIA erzwungen hatte.

B. The Salafist, the Muslim Brotherhood, and AQI [= Al Qaida] are the major forces driving the insurgency in Syria. / C. The West, Gulf countries, and Turkey support the opposition; while Russia, China, and Iran support the regime." Und auf S. 5:

> „C. If the situation unravels there is the possibility of establishing a declared or undeclared Salafist Principality in Eastern Syria (Hasaka and Der Zor), and this is exactly what the supporting powers to the opposition want, in order to isolate the Syrian regime [...] / D. The deterioration of the situation has dire consequences on the Iraqi situation and are as follows: 1. This creates the ideal atmosphere for AQI [Al Qaida] to return to its old pockets in Mossul and Ramadi, and will provide a renewed momentum under the presumption of unifying the Jihad among Sunni Iraq and Syria, and the rest of the Sunnis in the Arab world [...]. ISI could also declare an Islamic state through its union with other terrorist organizations in Iraq and Syria, which will create grave danger in regards to unifying Iraq and the protection of its territory."[79]

Zur normativen Beurteilung

Von dem bemerkenswerten Umstand abgesehen, dass die hier zum Ausdruck kommende Besorgnis offenbar nur dem amerikanischen Großprojekt der Stabilisierung des Irak und weniger der drohenden Katastrophe für die syrische Bevölkerung galt, ist das eine nüchterne Prognose des verheerenden Verlaufs, den die weiteren Begebenheiten im syrischen Krieg genommen haben. Implizit enthält es zugleich die Grundlage für ein hartes Verdikt über die gleichwohl fortgesetzte Politik der USA, einen mörderischen Bürgerkrieg weiterhin zu unterstützen, dessen ursprünglich deklariertes Ziel einer Demokratisierung des Landes ersichtlich hinter manifesten Machtinteressen ganz anderer Art und Provenienz im Aussichtslosen verschwunden war. Über die wirklichen Motive Washingtons, aber auch Londons und Paris' für die anhaltende Unterstützung von Rebellen, die hartnäckig und wider besseres Wissen „moderat" genannt wurden, will ich nicht räsonieren. Dass sie etwas mit der geostrategischen Lage zu tun haben, mit dem Charakter des syrischen Konflikts als eines Stellvertreterkriegs gegen die Expansion des iranischen Einflusses in der Region und mit der strategischen Allianz mit Saudi Arabien, einem Staat, der es im „Schurken"-Charakter mit dem syrischen Regime vor dem Ausbruch der Gewalt ohne weiteres aufnehmen kann und konnte, ist ohnehin offensichtlich. Ebenfalls nicht räsoniert werden soll hier über die Rolle der anderen Hintergrundakteure, vor allem Russlands, das dem Regime in Damaskus auf eine Weise beisprang, die zumindest unter dem Gesichtspunkt der politischen

79 Judicial Watch (2015)

Ethik und in manchen Hinsichten auch unter dem des Völkerrechts, ebenfalls problematisch war und ist.[80]

2.6 Gegen den demokratischen Interventionismus

Weder für die direkte Intervention in Libyen noch für die indirekte in Syrien lieferte das Ziel, ein despotisches Regime durch ein demokratisches zu ersetzen, einen legitimierenden Grund. Aus jeder normativen Perspektive, der des Rechts wie der der politischen Ethik, sind Idee und Praxis des demokratischen Interventionismus verfehlt und verwerflich.[81] Bekräftigt wird das von der praktischen Aussichtslosigkeit solcher Interventionen, noch immer exemplarisch und verheerend zu sehen im Irak. Den Intervenienten dort dürfte das historische Urteil sowohl des Völkerrechts als auch der politischen Ethik über das Verwerfliche ihres Tuns sicher sein. Ich glaube nicht, dass den Beteiligten an der mittelbaren Intervention in Syrien ein analoges Urteil erspart bleibt.

Literatur

Akst, Jeff (2013): „ID-ing War Victims“, *The Scientist*, http://www.the-scientist.com/?articles.view/articleNo/35246/title/IDing-War-Victims/

Arimatsu, Louise/Choudhury, Mohbuba (2014): „The Legal Classification of the Armed Conflicts in Syria, Yemen and Libya“, *Chatham House International Law*. S. 7–19.

Borooah, Vani K./Paldam, Martin (2007): „Why is the World Short of Democracy? A Cross-Country Analysis of Barriers to Representative Government“, *European Journal of Political Economy* 23, S. 582–604.

Bothe, Michael (2019): „Friedenssicherung und Kriegsrecht“, in: Wolfgang Graf Vitzthum/Alexander Proelß (Hg.), *Völkerrecht*, 8. Auflage. Berlin: De Gruyter.

Brincat, Shannon K. (2009): „‚Death to Tyrants‘: Self-Defence, Human Rights and Tyrannicide – Part II“, *Journal of International Political Theory* 5/1, S. 75–93.

80 Zu den intrikaten völkerrechtlichen Fragen einer „Intervention by Invitation“, die zwar grundsätzlich zulässig ist, aber zweifelhaft wird in Fällen, in denen (wie in Syrien) der „einladende“ Staat systematisch gegen Humanitäres Völkerrecht verstößt, s. Fox (2015), 816–840; monographisch *Nolte* (1999).

81 Ebenso Stilz (2015); s. auch Wippman (2015), der allerdings vom Sicherheitsrat autorisierte „demokratische Interventionen“ für völkerrechtsgemäß erklärt. Dieser verbreitete Glaube an eine Art genuin rechtserzeugender Macht des Sicherheitsrats kann aber, wie oben dargelegt, nicht überzeugen.

Buchanan, Allen (2013): „The Ethics of Revolution and Its Implications for the Ethics of Intervention“, *Philosophy and Public Affairs* 41/4. S. 291–323.

Christiano, Thomas (2011): „An Instrumental Argument for a Human Right to Democracy“, *Philosophy and Public Affairs* 39/2, S. 142–176.

Christiano, Thomas (2013): „An Egalitarian Argument for a Human Right to Democracy“, in: Cindy Holder, und David Reidy (Hg.), *Human Rights: The Hard Questions*. Cambridge, UK: Cambridge University Press. S. 301–325.

Christiano, Thomas (2015): „Self-Determination and the Human Right to Democracy“, in: Rowan Cruft, Matthew S. Liao und Massimo Renzo (Hg.), *Philosophical Foundations of Human Rights*. Oxford, UK: Oxford University Press. S. 459–480.

Clague, Christopher, Gleason, Suzanne und Knack, Steven (2001): „Determinants of Lasting Democracy in Poor Countries: Culture, Development, and Institutions“, *Annals of the American Academy of Political and Social Sciences* 573, S. 16–41.

Coady, Cecil A. J. (1993): „Politics and the Problem of Dirty Hands“, in: Peter Singer (Hg.), *A Companion to Ethics*. Hoboken, NJ: Wiley-Blackwell. S. 373–383.

Copp, David (1999): „The Idea of a Legitimate State“, *Philosophy and Public Affairs* 28/1, S. 3–45.

Corten, Olivier/Koutroulis, Vaios (2013): „The Illegality of Military Support to Rebels in the Libyan War: Aspects of Jus Contra Bellum and Jus in Bello“, *Journal of Conflict and Security Law* 18/1, S. 59–93.

Cullen, Anthony (2010): *The Concept of Non-International Armed Conflict in International Law*. Cambridge, UK: Cambridge University Press.

Damrosh, Lori und Oxman Bernard H. (2003): „Agora: Future Implications of the Iraq Conflict“, *American Journal of International Law* 97/3, S. 553–642.

Downes, Alexander B. (2009): „Catastrophic Success? Assessing the Effectiveness of Foreign-Imposed Regime Change“. Toronto: American Political Science Association Annual Meeting. S. 1–47.

Dunér, Bertil (2005): „Rebellion: The Ultimate Human Right?“ *International Journal of Human Rights* 9, S. 247–269.

Fox, Gregory H. (2008): „Right to Democracy“; „International Protection“, *Max Planck Encyclopedia of Public International Law* [MPEPIL].

Fox, Gregory H. (2015): „Intervention by Invitation“, in: Marc Weller (Hg.), *The Oxford Handbook on the Use of Force in International Law*. Oxford, UK: Oxford University Press. S. 816–840.

Franck, Thomas (1992): „The Emerging Right to Democratic Governance“, *American Journal of International Law* 86, S. 46–91.

Frowein, Jochen A./Krisch, Nico (2002): „Introduction to Chapter VII, Articles 39–43“, in: Bruno Simma (Hg.), *The Charter of the United Nations. A Commentary*. Bd. I, 2. Auflage. Oxford, UK: Oxford University Press. S. 701–763.

Gutmann, Amy (2012): „Democracy“, in: Robert E. Goodin, Philip Pettit und Thomas W. Pogge (Hg.), *A Companion to Contemporary Political Philosophy*. 2. Auflage. Oxford, UK: Blackwell Publishing. S. 521–531.

Halperin, Morton H./Siegle, Joseph T./Weinstein, Michael M. (2005): *The Democracy Advantage*. London, UK: Routledge.

Hersh, Seymour M. (2014): „The Red Line and the Rat Line“, *London Review of Books* 36/8, S. 21–24.

Hopkins, Nick (2014): „Syria Conflict: UK Planned to Train and Equip 100,000 Rebels“, *BBC Newsnight July 3, 2014*, zitiert nach Pattison 2015, S. 455.

Human Rights Watch (2012): „Syria Armed Opposition Groups Committing Abuses – End Kidnappings, Forced Confessions, and Executions“, http://www.hrw.org/news/2012/03/20/syria-armed-opposition-groups-committing-abuses (zuletzt überprüft am 15.04.2022).

International Commission of Jurists (2003): „ICJ Deplores Moves Toward a War of Aggression on Iraq“, http://www.icj.org/icj-deplores-moves-toward-a-war-of-aggression-on-iraq/ (zuletzt überprüft am 15.04.2022).

International Commission on Intervention and State Sovereignty, ICIISS (2001): *The Responsibility to Protect – Report of the International Commission on Intervention and State Sovereignty*. Ottawa, Canada: IDRC Books.

International Court of Justice (1971): „Legal Consequences for States of the Continued Presence of South Africa in Namibia (South West Africa) Notwithstanding Security Council Resolution 276 (1970) – Advisory Opinion“, *ICJ Reports of Judgements* 1971, S. 16–66.

Judicial Watch (2015): „DIA-report August 12, 2012“, https://www.judicialwatch.org/wp-content/uploads/2015/05/Pg.-291-Pgs.-287-293-JW-v-DOD-and-State-14-812-DOD-Release-2015-04-10-final-version11.pdf (zuletzt überprüft am 15.04.2022).

Kant, Immanuel (1907): *Metaphysik der Sitten – Rechtslehre*. In: *Kants Werke*, hgg. von der Königl. Preuß. Akademie der Wissenschaften (Akademie-Ausgabe/AA), Bd. VI. Berlin: Georg Reimer. S. 203–372.

Kant, Immanuel (1912): *Zum ewigen Frieden*. In: *Kants Werke*, hgg. von der Königl. Preuß. Akademie der Wissenschaften (Akademie-Ausgabe/AA) Bd. VIII. Berlin: Georg Reimer. S. 341–386.

Kaufmann, Arthur (1991): *Vom Ungehorsam gegen die Obrigkeit*. Heidelberg: Decker und Müller.

Keenan, Thomas W. (2011): „The Libyan Uprising and the Right of Revolution in International Law“, *International and Comparative Law Review* 11/1, S. 5–29.

Koller, Peter (1997): *Theorie des Rechts*. 2. Auflage. Wien: Böhlau Studienbücher.

Kopel, David B./Gallant, Paul/Eisen Joanne D. (2005–6): „Is Resisting Genocide a Human Right?“ *Notre Dame Law Review* 81, S. 1275–1346.

Kuperman, Alan (2013): „A Model Humanitarian Intervention? Reassessing NATO's Libya Campaign", *International Security* 38, S. 105–136.

Lehman, Julian M. (2012): „All Necessary Means to Protect Civilians: What the Intervention in Libya Says About the Relationship Between the Jus in Bello and the Jus ad Bellum", *Journal of Conflict and Security Law* 17/1, S. 117–146.

Lipset, Seymour M. (1994): „The Social Requisites of Democracy Revisited", *American Sociological Review* 59, S. 1–22.

Lloyd, Richard/Postol, Theodore A. (2014): *Possible Implications of Faulty US Technical Intelligence in the Damascus Nerve Agent Attack of August 21, 2013*, https://www.voltairenet.org/IMG/pdf/possible-implications-of-bad-intelligence.pdf (zuletzt überprüft am 15.04.2022).

Locke, John (1689–90/1960): „Second Treatise of Government", in: Peter Laslett (Hg.), *Locke's Two Treatises of Government*. Cambridge, UK: Cambridge University Press.

Marks, Susan (2011): „What Has Become of the Emerging Right of Democratic Governance?" *European Journal of International Law* 22/2, S. 507–524.

Marsavelski, Aleksandar A. A. (2013): „The Crime of Terrorism and the Right of Revolution", *Connecticut Journal of International Law* 28, S. 241–295.

Merkel, Reinhard (2007): „§14 Abs. 3 Luftsicherheitsgesetz: Wann und warum darf der Staat töten?" *Juristenzeitung* 62, S. 373–385.

Merkel, Reinhard (2011): „Die Intervention der NATO in Libyen. Völkerrechtliche und rechtsphilosophische Anmerkungen zu einem weltpolitischen Trauerspiel", *Zeitschrift für Internationale Strafrechtsdogmatik* 10, S. 771–783.

Merkel, Reinhard (2012): „Die ‚kollaterale' Tötung von Zivilisten im Krieg", *Juristenzeitung* 67, S. 1137–1144.

Mill, John Stuart (1861/2010): *Considerations on Representative Government*. Cambridge, UK: VCambridge University Press.

Miller, David (2015): „Is There a Human Right to Democracy?" *CSSJ Working Paper SJ032*. http://www.politics.ox.ac.uk/materials/publications/13731/sj032is-there-a-human-right-to-democracy-final-version.pdf (zuletzt überprüft am 15.04.2022).

New York Times (2012): „Arms Airlift to Syria Rebels Expands, With Aid From C.I.A.", http://www.nytimes.com/2012/03/25/world/middleeast/arms-airlift-to-syrian-rebels-expands-with-cia-aid.html (zuletzt überprüft am 15.04.2022).

Nolte, Georg (1999): *Eingreifen auf Einladung: Zur völkerrechtlichen Zulässigkeit des Einsatzes fremder Truppen im internen Konflikt auf Einladung der Regierung*. Heidelberg: Springer Verlag.

O'Bannon, Brett R., Hg. (2016): *Reassessing the Responsibility to Protect*. London, UK: Routledge.

Obama, Barack, Cameron, David und Sarkozy, Nicolas (14.04.2011): „Libya's Pathway to Peace", *New York Times*. http://www.nytimes.com/2011/04/15/opinion/15iht-edlibya15.html (zuletzt überprüft am 15.04.2022).

Pattison, James S. (2015): „The Ethics of Arming Rebels“, *Ethics and International Affairs* 29/4. S. 455–471.

Pattison, James, Hg. (2010): *Humanitarian Intervention and the Responsibility to Protect.* Oxford, UK: Oxford University Press.

Peic, Goran/Reiter, Dan (2011): „Foreign-Imposed Regime Change – State Power and Civil War Onset, 1920–2004“, *British Journal of Political Science 41*, S. 453–475.

Penner, Sydney (2016, abgerufen): „Suárez, Francisco (1548–1617)“, in: *Internet Encyclopedia of Philosophy*, http://www.iep.utm.edu.suarez/ (zuletzt überprüft am 15.04.2022).

Peter, Fabienne (2015): „A Human Right to Democracy?“ In: Rowan Cruft, Matthew S. Liao und Massimo Renzo (Hg.), *Philosophical Foundations of Human Rights.* Oxford, UK: Oxford University Press. S. 481–490.

Petersen, Niels (2009): „The Principle of DemocraticTeleology in International Law“, *Brooklyn Journal of International Law 34/1*, S. 33–84.

Pickering, Jeffrey/Peceny, Mark (2006): „Forging Democracy at Gunpoint“, *International Studies Quaterly 50*, S. 539–559.

Potrafke, Niklas (2012): „Islam and Democracy“, *Public Choice 151*, 185–192.

Rawls, John (1971): *A Theory of Justice.* Cambridge, MA: Belknap Press/Harvard University Press.

Rawls, John (1993): *Political Liberalism.* New York: Columbia University Press.

Rawls, John (1999): *The Law of Peoples.* Cambridge, MA: Harvard University Press.

Rijke, Niels (2014): „Intervention in Libya: A Crime of Aggression?“ *International Crimes Database* Brief 4 (March), S. 1–9.

Simpson, Gerry (2005): „The War in Iraq and International Law“, *Melbourne Journal of International Law* 6, S. 166–188.

Stilz, Anna (2015): „Against Democratic Interventionism“, *Ethics and International Affairs 29*, S. 259–268.

Tomuschat, Christian (1983): „The Right of Resistance and Human Rights“, in: UNESCO (Hg.), *Violations of Human Rights: Possible Rights of Recourse and Forms of Resistance.* Paris: UNESCO Publishing. S. 13–34.

Tomuschat, Christian (2012): „The Arabellion – Legal Features“, *Zeitschrift für ausländisches öffentliches Recht und Völkerrecht 72*, S. 447–467.

UN Human Rights Committee [UNHRC] (1996): *CCPR General Comment No. 25, The Right to Participate in Public Affairs, Voting Rights and the Right of Equal Access to Public Service* . https://www.refworld.org/docid/453883fc22.html (zuletzt überprüft am 15.04.2022).

UN Commission on Human Rights [UNCHR] (1998): *Human Rights and Terrorism.* Resolution 47, ESCOR Supp. No 3, 158. U.N. Doc. E/CN.4/1998/47, 3.

UN Commission on Human Rights [UNCHR] (1999): *Promotion of the Right to Democracy*. http://www.refworld.org/docid/3b00f02e8.html (zuletzt überprüft am 15.04.2022).

United Nations, Hg., (2004): *A More Secure World: Our Shared Responsibilities – Report of the Secretary-General's High Level Panel on Threats, Challenges and Change*. https://www.un.org/peacebuilding/sites/www.un.org.peacebuilding/files/documents/hlp_more_secure_world.pdf (zuletzt abgerufen am 15.04.2022).

UN General Assembly (2005): *Resolution 60/1, World Summit Outcome*. §§138–140.

Weller, Marc (2010): *Iraq and the Use of Force in International Law*. Oxford, UK: Oxford University Press.

Wickham, Carrie (2004): „The Problem with Coercive Democratization", *Muslim Journal of Human Rights 1*, S. 1–9.

Wippman, David (2010): „Pro-Democratic Intervention", in: Marc Weller (Hg.), S. 797–815.

Wouters, Jan/De Meester, Bart/Ryngaert, Cedric (2004): *Democracy and International Law*. Working Paper No 5 der Leuven Interdisciplinary Research Group on International Agreements and Development. *Netherlands Yearbook of International Law XXXIV*, S. 137–198.

KAPITEL 3

Die „kollaterale" Tötung von Zivilisten im Krieg

Rechtsethische Grundlagen und Grenzen einer prekären Erlaubnis des humanitären Völkerrechts

3.1 Das Problem

In seiner Studie über „Vertrauen und Gewalt" streift Jan Philipp Reemtsma immer wieder, wie könnte es anders sein, die Makroform organisierter Gewalt, den Krieg. Dabei gilt die Analyse weniger dessen normativen Problemen, weder denen *in bello* noch denen, die seit der Antike als dunkler Schatten der Vergeblichkeit alle Versuche begleiten, den politischen Griff *ad bellum* unter verbindliche Kriterien der Legitimation zu zwingen. Vielmehr schärft der Autor den Blick des Lesers für die vielfältigen Formen, in denen sich die moderne Kollektivseele auf dem unvollendeten Weg ihrer Zivilisierung seit eh und je mit einer normfeindlichen Sphäre so gewaltigen Ausmaßes wie der des Krieges zu arrangieren weiß. Das alles ist erhellend und oft genug überraschend – als aufgestecktes Licht von Einsichten, die einen nach der Lektüre anmuten wie etwas zuvor Geahntes, dessen man sich niemals deutlich bewusst war und ohne die Lektüre nicht geworden wäre. An einer Stelle dann, wie beiläufig, doch ein Seitenblick ins Normative:

> „Wird ein Land mit Raketen angegriffen und zerstört seine Luftwaffe den Stützpunkt, von dem aus die Raketen abgeschossen wurden, und dabei wird auch ein Krankenhaus getroffen, so wird zwar die Tötung Unbeteiligter nie zu rechtfertigen sein, aber dennoch wird man daraus nicht folgern, die gesamte Aktion sei nichts weiter als ein Verbrechen gewesen."[1]

Der lakonische Satz wirft ein Streiflicht auf eine Aporie im Fundament des heutigen Humanitären Völkerrechts.[2] Reemtsma formuliert das Problem illusionslos und apodiktisch, und lässt es ungelöst zurück: als Kollision zweier Grundnormen, nämlich des fraglosen Verdikts über das Unrechtmäßige

1 Reemtsma (2008), 341.

2 Wie es v.a. in den vier Genfer Konventionen (1949) und ihren beiden Zusatzprotokollen (1977) kodifiziert worden und zu großen Teilen inzwischen auch gewohnheitsrechtlich als *ius cogens*, anerkannt ist. Zum euphemistischen Ton des Titels „humanitäres Recht" (das neben den Tötungsbegrenzungen ja eo ipso auch die komplementären Tötungserlaubnisse normiert) und zum historischen Ursprung des Etiketts Hankel (2011), 59, 63.

 | DOI:10.30965/9783969752678_004

solcher „kollateralen" Tötungen einerseits und des diffusen Widerscheins von Legitimität andererseits, der ihnen aus dem Kontext „ordnungsgemäßer" Kriegführung zuzufallen und den Charakter des Verbrecherischen zu nehmen scheint.

Kann das nebeneinander bestehen? Das humanitäre Völkerrecht verneint dies zwar nicht explizit, aber doch in der Sache. Es streicht das Verdikt des ausnahmslosen Unrechts und bejaht die Möglichkeit einer Legitimation. Überraschend ist das nicht. Denn das Ziel des Völkerrechts *in bello* ist eine wirkliche und wirksame Begrenzung der Maßlosigkeiten militärischer Gewalt, nicht dagegen primär die konsistente Idealität einer Normenordnung, die in der unreinen Sphäre ihrer Anwendung doch nur hoffnungslos lebensfern erschiene. Deshalb setzt es den Krieg voraus, als Faktum der Politik wie der Menschheitsgeschichte, ohne schon ihm selbst ein negatives Präjudiz für einzelne Gewaltakte zu entnehmen, die mit ihm verbunden sind. Dass es vor diesem Hintergrund jedenfalls nicht alle tödlichen Folgen kriegerischer Gewalt als Unrecht brandmarken kann, liegt auf der Hand. Im Hinblick auf die wechselseitige Tötung der unmittelbar gewaltbeteiligten Akteure wird das allgemein für evident gehalten; sie gehört zum Sinn, ja nachgerade zur Definition militärischer Gewalt. Ihre Legitimität gilt denn auch, wenn ich recht sehe, im Völkerrecht als so selbstverständlich, dass sie so gut wie unerörtert bleibt.[3]

An dieser Rechtfertigung scheinen nun aber kollaterale Tötungen Unbeteiligter zu partizipieren, soweit sie mit jenen genuin kriegsgemäßen Tötungen in einem de facto unlösbaren Zusammenhang stehen.[4] Denn unvermeidbare Folgen rechtmäßiger Gewalt können, so scheint es, bei Strafe der normativen Inkonsistenz nicht ihrerseits als Unrecht qualifiziert werden. Und so sieht dies auch das humanitäre Völkerrecht. Die zentrale (keineswegs einzige) Norm, in der sich das spiegelt, ist Art. 51 Absatz 5 lit. b des 1. Zusatzprotokolls zu den Genfer Konventionen vom Juni 1977 (künftig „ZP I"). Dessen Absatz 1 statuiert für „die Zivilbevölkerung und einzelne Zivilpersonen" einen „allgemeinen Schutz vor den von Kriegshandlungen ausgehenden Gefahren". Zu dessen Gewährleistung verbietet Abs. 4 „unterschiedslose Angriffe". Deren wichtigste Formen benennt dann Abs. 5 exemplarisch. Zu ihnen gehört jeder „Angriff, bei dem damit zu rechnen ist, dass er auch Verluste an Menschenleben unter

3 Dass dies keineswegs fraglos sein sollte, zeigt Eser (2010), 461 ff., der das Fehlen einer entsprechenden Debatte aufweist und die Berechtigung dieser Diskussionslücke bezweifelt.

4 Der Ausdruck „kollaterale Tötungen" bezeichnet hier im gängigen Sinn die Tötung von Zivilisten die an der militärischen Gewaltanwendung nicht unmittelbar beteiligt sind und deren Tod die unbeabsichtigte und unvermeidbare, aber ggf. vorhergesehene Nebenfolge von Angriffen gegen legitime militärische Ziele ist. Nur in diesem Sinn ist übrigens das Epitheton „unschuldig" plausibel, das man solchen Zivilisten oft zuschreibt.

der Zivilbevölkerung [...] verursacht, die in keinem Verhältnis zum erwarteten konkreten und unmittelbaren militärischen Vorteil stehen" (lit b).

Daraus ergibt sich ohne weiteres, dass Angriffe, bei denen zwar mit „Verlusten an Menschenleben unter der Zivilbevölkerung" zu rechnen ist, aber nur mit solchen, die sich in einem (wie immer zu bestimmenden) Rahmen der Verhältnismäßigkeit halten, nicht „verboten", also rechtmäßig sind.[5] Sind dies aber die Handlungen selbst, dann müssen es auch die mit ihnen erkennbar verbundenen Folgen sein. So scheint es jedenfalls, und so wird es in der Doktrin des humanitären Völkerrechts allgemein für zweifelsfrei gehalten. Unstreitig ist dort weiterhin die Prämisse, dass diese Rechtfertigung nicht abhängt von einem vorgängigen *ius ad bellum* der kriegführenden Partei, der die fragliche militärische Handlung mitsamt deren tödlichen Folgen zuzurechnen ist.[6] Auch der Soldat einer Armee (zum Beispiel der Adolf Hitlers), die einen völkerrechtswidrigen Angriffskrieg führt, tötet kollaterale zivile Opfer rechtens, wenn nur deren Zahl im Verhältnis zum intendierten „militärischen Vorteil" seines Handelns in der Perspektive eines rationalen Ex-ante-Kalküls nicht exzessiv erscheint. Und daran ändert sich nach der wohl einhelligen Auffassung im Völkerrecht auch dann nichts, wenn die Zahl kollateraler Opfer am Ende weit größer ist als zuvor vernünftigerweise zu erwarten war, sich also ex post durchaus als objektiv exzessiv erweist – eine Ausdehnung der objektiven Rechtfertigungswirkung übrigens, die das innerstaatliche Strafrecht (jedenfalls das deutsche) nicht akzeptiert, und zwar mit guten Gründen.[7]

Das ist der normative Status quo des humanitären Völkerrechts.[8] Vor diesem Hintergrund erscheint der oben zitierte Satz Reemtsmas einfach als falsch.

---

5 Man mag streiten, ob der Dualismus „entweder verboten oder erlaubt", der im innerstaatlichen Recht richtig (wiewohl nicht unbestritten) ist, im Kriegsvölkerrecht gelten kann. Manche postulieren für an sich unzulässige Folgen erlaubten militärischen Handelns, v.a. für kollaterale Tötungen, eine Art rechtsfreien Raum; sie seien weder verboten noch erlaubt. Mir erscheint das als Kapitulation vor dem Problem, nicht als dessen Lösung.

6 Statt aller Bothe (2020), 8. Abschn. Rn. 27. Bestritten wird dies mit gewichtigen, allerdings moralphilosophischen, nicht völkerrechtlichen Gründen von McMahan (2009).

7 In solchen Fällen würden die ex ante nicht vorhersehbaren Folgen (z.B. einer gerechtfertigten Notwehrhandlung) dem Handelnden zwar nicht zugerechnet, aber gleichwohl nicht als objektiv rechtens beurteilt. Konsequenzen hat das für Gegenrechte der exzessiv betroffenen Opfer: sie (und Dritte *für* sie) behalten ein Notwehrrecht gegen den Angreifer. Waren die tödlichen Folgen vorhersehbar, wurden aber vom Handelnden nicht erkannt, so werden sie ihm als fahrlässig verursachte zugerechnet. Das deutsche Völkerstrafgesetzbuch verlangt für die Strafbarkeit exzessiver Kollateraltötungen zu Recht direkten Vorsatz (§ 11 Abs. 1 Nr. 3 VStGB); fahrlässige Kriegsverbrechen gibt es nicht.

8 Statt aller Zimmermann/Geiß 2007. Was „verhältnismäßig" bzw. „exzessiv" im Sinn des Art. 55 ZP I genau bedeutet, ist allerdings gänzlich unklar; s. dazu Watkins (2005); umfassend Kreß/Lawless (2021).

Und doch hat er, sieht man genauer hin, die besseren rechtsprinzipiellen Argumente für sich als das geltende positive Recht. Für dessen „Unreinheit" gibt es freilich Gründe, die eine spezifische und problematische Form seiner Legitimität ermöglichen. Beides will ich im Folgenden zeigen.

3.2 Grundlagen der Rechtfertigung

Hier ist das Grundproblem: Sind (gewisse) kollaterale Tötungen im Krieg erlaubt, so hat der solcherart Tötende gegenüber seinen zivilen Opfern ein Recht, sie um seines militärischen Zieles willen zu töten, jedenfalls ein Recht zur Vornahme der tödlichen Handlung, deren Folgen er absieht. Ein solches Recht impliziert aufseiten der Getöteten eine korrespondierende Pflicht, ihre Tötung zu dulden.[9] Eine solche Pflicht zur Hinnahme des Geopfertwerdens durch andere, die man nicht bedroht, zugunsten von Zielen, mit denen man nichts zu schaffen hat, ist aber jedenfalls in individuellen Rechts- und Moralverhältnissen nicht zu begründen.[10] Hartgesottene Konsequentialisten mögen das bestreiten. Doch abgesehen davon, dass ihre Position schon als ethische nicht überzeugt (und nirgends wird die moralische Überforderung der Pflichtsubjekte so deutlich wie in konsequentialistischen Kalkülen einer transpersonalen Verrechnung von Menschenleben), ist sie zur Begründung *rechtlicher* Prinzipien a limine ungeeignet. Die Legitimität der rechtlichen Ordnung gründet zuletzt im Schutz subjektiver Grundrechte der Individuen. Sie widerstreiten einem Folgenkalkül des „größtmöglichen Nutzens der größtmöglichen Zahl" als einer Legitimationsgrundlage für Verletzungen rechtlich geschützter Dritter. Auch im Völkerrecht ist das im Grundsatz anerkannt. Und schon vor dessen Öffnung zur Aufnahme allgemeiner Menschenrechte um die Mitte des vorigen Jahrhunderts war dies dem schärferen Blick nicht zweifelhaft. Zum Fundament der politischen Philosophie des Abendlands gehört seit Thomas Hobbes die Überzeugung, dass der Staat seine Organisation als zwangsrechtliche Ordnung vor denen zu legitimieren hat, die er zwingt: den

---

9 Eine solche Duldungspflicht – besser vielleicht: Pflicht zur klaglosen Hinnahme – bedeutet nicht, dass die von ihr Betroffenen nicht versuchen dürften, ihre Tötung zu vermeiden – etwa durch Flucht oder auf sonstigen Wegen des Sichentziehens. Es bedeutet (1.), dass ihnen jedenfalls aus der drohenden tödlichen Handlung selbst kein Gegenrecht auf Notwehr erwächst; und (2.), dass nach ihrer Tötung dem Tötenden nichts vorzuhalten ist.

10 Man denke nur an den ehemaligen § 14 Abs. 3 LuftsicherheitsG, der die Tötung Unbeteiligter zugunsten der Lebensrettung einer weit größeren Zahl anderer Unbeteiligter legitimieren wollte und vom BVerfG als grundrechts- und menschenwürdewidrig verworfen wurde. Dazu Merkel (2007), (in diesem Band Kap. 4)

Individuen, und nicht umgekehrt diese ihr Dasein als Rechtspersonen vor ihm. Ist das aber so, dann war schon in einem Völkerrecht, das ausschließlich Staaten als Subjekte seiner Normenordnung kannte, die Frage unumgänglich, wie sich der Zwang zum individuellen Lebensopfer, das der eigene Staat nicht fordern durfte, zugunsten eines fremden Staates rechtfertigen ließ. Und so leicht sich das Kriegsvölkerrecht ehedem die Antwort darauf machte, indem es die Frage ignorierte, so schwer hätte in Wahrheit schon ihm eine Begründung dafür fallen müssen.

Verhältnismäßigkeit?

Fragt man sich heute nach einer Begründung, so fällt der Blick naturgemäß zunächst auf die einschlägigen Normen, vor allem auf Art. 51 Abs. 5 lit. b ZP I und die von ihm gezogene Grenzlinie zwischen erlaubten und verbotenen kollateralen Tötungen: das Kriterium der Verhältnismäßigkeit. Damit ist ein fundamentales rechtliches Maßprinzip benannt. Es gilt für jedes innerstaatliche Zwangshandeln, liegt aber nach allgemeiner Überzeugung auch der zwischenstaatlichen Ordnung und damit dem Völkerrecht zugrunde. Es ist freilich, sieht man genauer hin, nur ein sekundäres Prinzip der Begrenzung, kein primäres der Begründung von Handlungsbefugnissen. Verhältnismäßig ist ein Zwangseingriff dann, wenn sein *anderweitig* legitimiertes Ziel mit seinen „Kosten“, also mit den Belastungen aller von ihm Betroffenen durch seine Mittel und seine absehbaren Nebenfolgen, „ins richtige Verhältnis gesetzt“, nämlich einem Prozess komplexer Abwägungen unterzogen wird, die seine Folgen empirisch wie normativ als vorteilhaft erweisen.

Wie aber wird man verhältnismäßig getötet?[11] Die Frage mutet schon auf den ersten Blick seltsam an, und sie ist es auch. Verlangt man für die Legitimität eines Zwangseingriffs, dass er verhältnismäßig sei, so fordert man den Nachweis eines rationalen Zweck-Mittel-Folgen-Kalküls im angedeuteten Sinn: eines vernünftig begründeten Vorteils, den die Verfolgung des Zwecks im Verhältnis zu seinen Kosten und seinen Konsequenzen mit sich bringen müsse. Vernünftig heißt: objektiv begründbar, also gegenüber jedermann, auch und vor allem dem Eingriffsadressaten. Selbst vollkommen sichere tödliche Eingriffe lassen sich so unter mancherlei Voraussetzungen als zulässig dartun – aber unter keinen Umständen deshalb, weil sich aus dem abwägenden Vergleich positiver und negativer Effekte der Tötungshandlung ein relativer Vorteil ergibt. Der Grund ist leicht zu sehen: Was immer aus einem tödlichen Eingriff als Vorteil erwachsen mag, kann sich trivialerweise nur zugunsten der Überlebenden ergeben. Dem Getöteten gegenüber taugt es nicht zur

11 Zum Folgenden bereits Merkel (2007).

Rechtfertigung. Denn er hat nichts davon. Allein in einer solchen relationalen Vernünftigkeit des Gesamtresultats besteht jedoch die legitimatorische Logik des Verhältnismäßigkeitsprinzips. Wie sollte aber ein Abwägungssaldo, der ausschließlich den Nutzen für Dritte berücksichtigt, die tödliche Handlung gerade dem Getöteten gegenüber rechtfertigen können?

Die Antwort lautet: überhaupt nicht. Weder inner- noch zwischenstaatlich gibt es auch nur eine einzige Form legitimen Tötens von Staats wegen, die ihre genuine Rechtfertigung gerade aus ihrer Verhältnismäßigkeit bezöge. Die Doktrin des humanitären Völkerrechts ignoriert das für Kollateraltötungen im Krieg freilich weitgehend. Wie selbstverständlich setzt man voraus, dass solche Tötungen, sofern sie verhältnismäßig sind, auch legitim seien. So wird aus ihrer Verhältnismäßigkeit unter der Hand eine nicht nur notwendige, sondern hinreichende Bedingung ihrer Rechtmäßigkeit. Das ist aber, wie wir gesehen haben, nicht richtig.[12] Wer auf die Frage, warum man denn verhältnismäßig töten dürfe, die Antwort gibt, weil das verhältnismäßig sei, antwortet in Wahrheit nicht, sondern wiederholt die Prämisse der Frage. Wenn zur Veranschaulichung ein triviales Bild gestattet ist: Wer als Chirurg einen invasiven Eingriff vornimmt, braucht für dessen Rechtfertigung erstens eine Indikation und zweitens eine „aufgeklärte" Einwilligung. Operieren darf er freilich auch dann nur, wenn er sterile Instrumente verwendet. Es wäre aber abwegig zu sagen, was die Operation genuin legitimiere, sei die Sauberkeit der dabei verwendeten Instrumente. In einem ähnlichen Modus irrig ist die Vorstellung, was die Tötung von Zivilisten im Krieg genuin legitimiere, sei die Verhältnismäßigkeit ihrer Zahl zum angestrebten militärischen Ziel.

Kurz: das Prinzip der Verhältnismäßigkeit begrenzt die Reichweite der Rechtfertigung eines Eingriffs, der anderweitig legitimiert sein muss. Es ist rein konsequentialistischer Natur und schon deshalb als primäre Legitimationsquelle für Tötungen rechtsethisch ungeeignet. Die vorherrschende Doktrin des Völkerrechts scheint das, wenngleich stillschweigend, anders zu sehen oder doch zu ignorieren. Deshalb erörtert sie die vorrangige Frage einer genuinen Rechtfertigung kollateraler Kriegstötungen diesseits des Verhältnismäßigkeitskriteriums, so weit ich sehe, kaum. Vermutlich würden die meisten Völkerrechtler, abstrakt danach gefragt, den lediglich sekundären Charakter des Verhältnismäßigkeitsprinzips nicht bestreiten, sondern bestätigen. Aber

---

12 Der gleiche Irrtum begegnet einem übrigens auch in der Doktrin des deutschen Verfassungsrechts und in der Judikatur des BVerfG. Für die Rechtfertigung von staatlichen Eingriffen in das Lebensgrundrecht, heißt es, habe „vor allem der Grundsatz der Verhältnismäßigkeit […] übergreifende Bedeutung"; Sachs (2017), Kap. 14 Rn. 94. Das ist irreführend; s. Merkel (2007; im vorliegenden Band Kap. 4).

damit allein entkommt man der hier skizzierten Kritik nicht, solange man neben dem Sekundärprinzip kein primäres angibt, das eine Rechtfertigung zu tragen imstande wäre. Und eben dieser Mangel kennzeichnet, wenn ich recht sehe, die völkerrechtliche Diskussion über kollaterale Tötungen im Krieg. Nennt man aber außer dem Maßprinzip der Verhältnismäßigkeit keine weitere Norm, dann macht man es schon deshalb zur primären Quelle der Rechtfertigung, weil es die einzige bleibt, die man anbietet. Eben dafür ist es aber prinzipiell untauglich. Was käme statt seiner in Frage?

Positives Recht: Argumentum e contrario aus Art. 51 Abs. 5 ZP I?

Eine schlichte Antwort des positiven Völkerrechts wäre diese: Art. 51 Abs. 5 (b) des ZP I setzt die Legitimität „verhältnismäßiger Kollateraltötungen“ ersichtlich voraus. Das ergibt sich aus einem einfachen e-contrario-Schluss. Denn wenn Voraussetzung des Verbotenseins solcher Tötungen die Unverhältnismäßigkeit (Exzessivität) ihrer Opferzahlen ist, dann sind Handlungen, deren tödliche Folgen noch im Rahmen des Verhältnismäßigen bleiben, eben erlaubt. Das ZP I ist eine völkerrechtliche Konvention, ratifiziert von den meisten Staaten der Welt. Nach allgemeiner Überzeugung gelten seine wesentlichen Schutznormen – und unter ihnen vor allem Art. 51 – zudem als zwingender Bestandteil (*ius cogens*) des Völkergewohnheitsrechts.[13] Also gilt sein Art. 51 Abs. 5 lit. b genau deshalb, weil er von den dafür zuständigen Parteien vereinbart und als zwischenstaatliches Recht gültig gesetzt worden ist.

Das ist ein fraglos korrekter Schluss. Sein Problem ist aber dies: Wohl keine einzige der Vertragsparteien der Genfer Konventionen und des ZP I und vermutlich auch kein anderer der an ihrer gewohnheitsrechtlichen Akzeptanz beteiligten Staaten dürfte im innerstaatlichen Recht ein vergleichbares Prinzip anerkennen, wonach Personen eine Rechtspflicht treffen könne, sich zum Wohle anderer töten zu lassen.[14] Das legt die Vermutung nahe, eine solche Pflicht sei aus dem normativen Nichts deduziert und kollidiere mit grundlegenden Prinzipien des Rechts. Wir werden weiter unten sehen, dass dies tatsächlich der Fall ist. Was sollte sie dann aber im Rechtsverhältnis *zwischen* den Staaten legitimieren können?

Dieser kritischen Frage entgeht man nicht mit dem (mir von Völkerrechtlern gesprächsweise vorgehaltenen) Hinweis, hier müsse genauer differenziert

---

13 Umfassend Henckaers/Doswald-Beck (2005); s. auch Gardam (2004), 93, 108, 110, 112. – Das gilt unbeschadet des Umstands, dass es keinerlei konsensfähigen Maßstab dafür gibt, wie die Verhältnismäßigkeit kollateraler Tötungen in concreto zu bestimmen sei; s. Watkins (2005), passim).

14 S.o. (sub II.) die Erwägungen zur Untauglichkeit konsequentialistischer Legitimationsprinzipien im Recht.

werden zwischen „erlaubt" und „unverboten". Zwar kenne das positive Völkerrecht keine ausdrückliche Erlaubnisnorm zur Rechtfertigung kollateraler Tötungen, wohl aber lasse es diese unverboten (sofern sie verhältnismäßig seien); das zeige e contrario Art. 51 Abs. 5 lit. b des ZP I. Und darin eben liege ihr legitimierender Grund. Das Argument ist so wenig plausibel wie die Differenzierung, auf die es sich stützt. Ist eine Handlung rechtlich unverboten, dann darf sie vorgenommen werden, ist also erlaubt. Alles andere wäre nicht nur seltsam, sondern unrechtlich. Man denke an die unendliche Menge möglicher Handlungen, die in keiner rechtlichen Norm erwähnt werden, vom Spazierengehen bis zum Nasenbohren. Sie alle sind erlaubt, weil sie unverboten sind, nicht weil sie erlaubt worden wären. Art. 2 Abs. 1 GG *erzeugt* die allgemeine Handlungsfreiheit (z.B. zum Nasenbohren) nicht, sondern bekräftigt (wenn man will: *bezeugt*) sie und regelt ihre notwendigen Beschränkungen.[15]

Unverbotene Handlungen sind rechtlich freigestellt; man darf sie vornehmen (oder unterlassen), wenn und weil man dies will. Nun liegt es freilich auf der Hand, dass sich in diesem Modus der schlicht freiheitsrechtlichen Erlaubnis nur Handlungen legitimieren lassen, die im Wortsinne harmlos sind; nicht aber verletzende Eingriffe in rechtlich geschützte Sphären Dritter. Die Auskunft, A habe B allein deshalb verletzen dürfen, weil er dies wollte, wäre offenbar abwegig. Eben dies behauptet aber, wer (sogar) die Tötung anderer damit legitimieren möchte, dass sie unverboten sei.[16] Alle Versuche, gerade daraus die Zulässigkeit kollateraler Kriegstötungen abzuleiten, sind aussichtslos.

Erlaubtes Risiko?

Jede entwickelte Rechtsordnung kennt, offen oder verdeckt, Regeln der objektiven Zurechnung. Zu ihnen gehören vor allem Kriterien, nach denen sich beurteilt, ob bestimmte Handlungsfolgen ihren Verursachern als deren Werk zuzurechnen sind oder nicht.[17] Denn längst nicht alle an sich verbotenen Kon-

---

15 Hinge die schiere Existenz dieser allgemeinen Freiheit von einer positiv gesetzten Rechtsnorm ab, so wäre das ein Attest für die Unrechtlichkeit, nicht für die Legitimität der fraglichen Rechtsordnung.

16 Das ist, beiläufig, der Urgrund des Recht überhaupt: das Verbot von Verletzungshandlungen aus der schlichten Willkür des Handelnden; rechtstheoretisch: die Ersetzung einer naturzuständlichen Freiheit „jedermanns auf alles" (Hobbes [1651/1999], 99) durch eine normative Ordnung des wechselseitigen Tausches von Freiheit und Sicherheit. Deshalb schließen rechtsförmige und gewaltförmige Konfliktlösungen einander *begrifflich* aus. Das hat bereits Kant scharf gesehen: Die „kategorische Pflicht", in einen „rechtlichen Zustand" einzutreten, folge „analytisch aus dem Begriffe des *Rechts* im Gegensatz der *Gewalt* (violentia)"; Kant (1907), 307.

17 Auch die Ethik kennt solche Regeln, macht sie (sich) aber seltener transparent, und kaum je in der gleichen Konturenschärfe wie eine entwickelte rechtliche Dogmatik, etwa die des deutschen Strafrechts.

sequenzen einer Handlung können plausibel als Teil dessen gelten, was der Handelnde unerlaubt angerichtet hat. Verursachung ist keine hinreichende Bedingung normativer Zurechnung. Zu den bedeutsamsten Prinzipien einer solchen Nichtzurechnung gehört das des erlaubten Risikos. Was es besagt, ist (grob) dies: In einer liberalen Gesellschaft gibt es zahllose Handlungsfreiheiten, die ohne Blick auf ihre möglichen Folgen gewährt werden, wiewohl unerwünschte und für sich genommen unerlaubte Folgen solchen Handelns sehr wohl bekannt und für bestimmte Typen massenhaften sozialen Handelns sogar statistisch sicher sind. Beispielhaft: Man darf sorgfaltsgemäß autofahren, seinem zehnjährigen Kind ein Fahrrad schenken, es zum Besuch des Onkels ins Flugzeug nach Amerika setzen, Küchenmesser oder Gartenäxte produzieren und verkaufen, und Unzähliges mehr – wiewohl auch sorgfältig Fahrende manchmal und ohne das vermeiden zu können andere Menschen überfahren (kleine Kinder etwa, die unvorhersehbar auf die Straße laufen); und wiewohl Zehnjährige mit ihrem Fahrrad manchmal in tödliche Unfälle geraten, manche Flugzeuge abstürzen und mit Äxten oder Küchenmessern gelegentlich Morde begangen werden.

Die Möglichkeit, das abstrakte Risiko solcher unerwünschten Handlungsfolgen ist gänzlich geläufig. Aber um der Freiheit des Handelns zu legitimen Zwecken willen ist es erlaubt. Tritt ein derartiger Verletzungserfolg tatsächlich ein, so trennt ihn die Rechtsordnung normativ von seinem Verursacher ab; schon objektiv wird er diesem nicht zugerechnet. Erlaubt wird er damit aber keineswegs. Risikoerlaubnisse sind keine Verletzungserlaubnisse. Von dem sorgfältigen Autofahrer, der das unvorhersehbar hinter einem geparkten Wagen hervorspringende Kind tödlich überfährt, kann man daher sehr wohl sagen, er habe erlaubt gehandelt und dadurch getötet, nicht aber, er habe erlaubt getötet. Denn das setzte eine Tötungserlaubnis gegenüber dem Kind voraus, und die hatte der Fahrer selbstverständlich nicht.

Passt dieses Prinzip der Zurechnungsverneinung nicht auch auf die kollaterale Tötung von Zivilisten im Krieg? Weist diese nicht dieselbe Struktur auf wie unsere obigen Beispiele alltäglich erlaubten Risikos? Auch bei kollateralen Tötungen, so könnte man sagen, ist ja die Handlung selbst erlaubt: der militärische Angriff auf ein legitimes Ziel. Die unerwünschte tödliche Nebenfolge mag dann für sich so unerlaubt bleiben wie der Tod des Kindes, das unters Auto gerät, wiewohl dessen Lenker sorgfaltsgemäß gefahren ist. Aber wie dieser Tod dem Autofahrer, so wird eben auch jene Nebenfolge des militärischen Gewaltakts ihrem Urheber nicht zugerechnet und a fortiori nicht vorgeworfen.

Stimmt die Parallele? Nein. Betrachtet man die normativen Fundamente des erlaubten Risikos und der auf ihm beruhenden Zurechnungsblockade genauer, so werden zwei (und nur zwei) Typen entsprechenden Handelns sichtbar – und mit ihnen zwei Arten von Nebenfolgen, die den jeweiligen

Grund ihrer Nichtzurechenbarkeit ohne weiteres erkennen lassen und plausibel machen. Zu keinem dieser Handlungs- und Folgentypen gehören kollaterale Tötungen im Krieg.

Hier der erste: Er betrifft Handlungen, deren (abstrakt unerlaubte) Nebenfolgen extrem unwahrscheinlich und deren entsprechende Risiken daher minimal sind. Sie bleiben, bildlich gesprochen, unterhalb der Bagatellschwelle, ab der sich die Rechtsordnung für Risiken erst zu interessieren beginnt. Zu ihnen gehört der Fall des Fahrrads, das man der eigenen Tochter schenkt, oder des Flugzeugs, in das man sie setzt. Materiell gründet die Erlaubtheit solcher Risiken in einer Art stillschweigender Abwägung vonseiten des Normgebers[18]: Die allgemeinen Vorteile einer Inklusion solchen Tuns in die Freiheitsrechte der Person erscheinen ungleich gewichtiger als die Nachteile der mit jedem einzelnen Fall verbundenen, aber eben vernachlässigbar geringen Gefahren.[19] Der zweite Typus hängt eben damit zusammen. Er wird erkennbar, wenn man den Blick dreht: vom individuellen zum sozialen Handeln einer ganzen Gesellschaft. Für diese Gesamtmenge erlaubt riskanten Tuns kennt man die statistische Gewissheit schädlicher (in jedem Einzelfall unerlaubter) Nebenfolgen sehr genau. Was man aber nicht kennt, ist die persönliche Identität ihrer künftigen individuellen Opfer. Gerade und nur wegen dieses Nichtwissens ex ante bleibt jeder einzelne Akt aus der sozialen Gesamtmenge solcher Handlungen trotz deren statistisch sicherer Schadensfolgen individuell erlaubt. Zur Veranschaulichung: Vor jedem Wochenende während der Sommerferienzeit kennt man die Zahl der am folgenden Montag zu beklagenden Todesopfer auf deutschen Autobahnen statistisch ziemlich genau. Wäre nur eines dieser Opfer vorher mit *face and name* bekannt, müsste für das betreffende Wochenende der Autoverkehr untersagt werden.

Der langen Herleitung kurzer Sinn: das Kriterium des „erlaubten Risikos" definiert soziale Normalität. Kollateraltötungen im Krieg sind so nicht

---

18 Der sich ihrer freilich nicht einmal bewusst zu sein braucht. Oft entstehen solche Risiken als Nebenfolgen unserer Lebensform und werden als solche hingenommen. Hätte vor 150 Jahren ein genialer Ingenieur nicht nur das Automobil erfunden, sondern zugleich das akkurate Kalkül aller Folgen des heutigen Straßenverkehrs, von den Verkehrstoten bis zu den Umweltschäden, mitgeliefert, so hätte man ihn mit seiner Erfindung wohl zum Teufel gejagt; sie wäre als indiskutabel verworfen worden.

19 Deshalb endet die Handlungsfreiheit auch sofort, wenn sich das zuvor extrem geringe Risiko ausnahmsweise zu einem drohenden Verletzungserfolg zuspitzt: Der sorgfältig Fahrende muss bremsen, wenn er erkennt (oder erkennen könnte), dass sich ein Kind anschickt, ihm vor den Wagen zu laufen; der Vater darf seinen Sohn nicht ins Flugzeug setzen, wenn er erfährt, dass dieses zum Ziel einer Bombe werden soll, usw. Risikoerlaubnisse sind (noch einmal) trotz der Nichtzurechnung ihrer Verletzungsfolgen keine Verletzungserlaubnisse.

legitimierbar. Um es an Reemtsmas Beispiel vom Anfang dieser Abhandlung zu zeigen: Der Pilot, der die feindliche Raketenstellung bombardiert, oder sein Kommandeur, der ihm dies befiehlt, kennt dabei die konkrete Gefahr der todbringenden Zerstörung des nahegelegenen Krankenhauses genau.[20] Solche vorher gekannten und keineswegs minimalen (bagatellarischen) Risiken für konkret individuierte Ziele schließen es aber schon begrifflich und a fortiori normativ aus, das entsprechende Handeln mit dem Etikett „Risikoerlaubnis“ zu versehen und ohne Blick auf seine absehbaren Folgen freizugeben. Eben wegen dieser konkret vorhersehbaren Folgen muss es nun per Verletzungs-, also Tötungserlaubnis legitimierbar sein – oder ist dies überhaupt nicht.

Doktrin der Doppelwirkung?

Ist es? Das behauptet die scholastische Doktrin der Doppelwirkung, deren Ursprung meist in den Schriften des Thomas von Aquin ausgemacht wird. Bis heute übt sie einen profunden und neuerdings wieder zunehmenden Einfluss in der allgemeinen wie in der politischen Ethik aus, und zwar gerade als Legitimationsfigur zur Rechtfertigung kollateralen Tötens im Krieg.[21] Solche Tötungen seien als Neben- oder „Doppel“-Wirkung eines Handelns zulässig, wenn eine Reihe bestimmter Voraussetzungen vorlägen, nämlich im Wesentlichen (und durch alle Formvarianten der Doktrin hindurch) die folgenden:

- Die Handlung verfolgt als Primärziel einen „guten“ (legitimen) Zweck;
- ihre tödliche Folge ist nicht das Mittel zur Realisierung dieses Zwecks, sondern lediglich deren Nebenwirkung;
- die Absicht des Handelnden richtet sich allein auf den „guten“ Zweck; die als möglich erkannte „Doppelwirkung“ nimmt er lediglich in Kauf;
- das Gesamtergebnis des Handelns erscheint in einer vernünftigen objektiven Wertung als verhältnismäßig.

Unbeschadet ihrer bemerkenswerten Konjunktur in der Moralphilosophie ist die Doktrin zur Legitimation kollateraler Tötungen nicht geeignet. Sie bezieht eine für die Rechtfertigung zweifach irrelevante Perspektive: erstens

20 Nur wenn er es nicht kennt, weil es von außen und oben objektiv unerkennbar ist, handelt es sich tatsächlich um einen Fall des erlaubten Risikos – und eben deshalb, genau genommen, nicht um einen Fall kollateralen Tötens im Sinn des Art. 51 ZP I. Was sich aus der Sicht des Handelnden verwirklicht hat, ist ein böses Schicksal, nicht aber sein eigenes Tun als ein Tötungsakt; die tödlichen Folgen können ihm nicht zugerechnet werden.

21 Locus classicus bei Thomas: Summa theologica, II–II, Questio 64, Art.7; zur heutigen moralphilosophischen Diskussion statt vieler McIntyre (2011); s. auch Kamm (2007), 91–129.

auf die „gute Gesinnung“, nämlich die normkonforme Absicht des Handelnden, und zweitens auf das „verhältnismäßige“ Ergebnis der Handlung für die von ihr Betroffenen. Von beidem hat der Getötete jedoch nicht das mindeste. Gerade ihm gegenüber muss aber die tödliche Handlung ethisch wie rechtlich legitimierbar sein.

Zur erstgenannten Perspektive: Der Verweis auf die lautere Gesinnung des Handelnden vermag zu einer solchen Rechtfertigung gegenüber dem Opfer ersichtlich nichts beizutragen. Warum jemand eine Duldungspflicht haben oder doch *eher* haben sollte, sich töten zu lassen, weil und wenn der ihn Tötende dabei gute Absichten für Dritte hegt, ist unerfindlich. Man versteht zwar (halbwegs), was Ethiker in der Not ihrer Suche nach einer prekären Rechtfertigung auf eine für sich betrachtet so seltsame Idee bringen mag. Denn anders als im Recht hängt in der Ethik die Ratifizierung des Erlaubtseins einer Handlung immer auch von der Moralität oder doch Adäquatheit der Gesinnung, der Motive, der weiteren Absichten des Handelnden ab. Daher mag es verständlich sein, dass man jedenfalls diesen subjektiven Teil der ethischen Rechtfertigung sozusagen vorab unter Dach und Fach bringen möchte (wohin er ja mit dem Monitum, nur ja keine andere als die gute Absicht zu hegen, auch unschwer zu bringen ist), um sich dann freilich der Selbsttäuschung hinzugeben, damit sei sozusagen die Hälfte der Legitimationsarbeit geleistet, weswegen für die anschließende objektive Rechtfertigung nur noch die restliche Hälfte übrig bleibe.

Das ist aber irrig. Wohl mag man sagen, eine objektiv gerechtfertigte Handlung (etwa die Notwehr gegen einen Angriff auf das Eigentum) aus einem subjektiv verwerflichen Motiv (etwa der Freude daran, endlich den gehassten Angreifer verletzen zu können) sei ethisch nicht zu rechtfertigen (rechtlich ist sie's ohne weiteres). Aber der umgekehrte Weg, nämlich vor einer objektiven Rechtfertigung zunächst den subjektiven Teil zu sichern und damit die Hälfte der Aufgabe schon für erledigt zu erklären, ist vollständig versperrt und nicht etwa mit dieser subjektiven Rechtfertigung schon halb bewältigt. Auch in der Ethik muss die Handlung zuerst objektiv legitim sein, bevor sich die sekundäre Frage der Gesinnung des Handelnden überhaupt stellen kann. Dabei mag die objektive Rechtfertigung durchaus gewisse Mängel der Gesinnung kompensieren; umgekehrt gilt das jedoch nicht. Fehlt auch nur ein Minimum an objektiver Rechtfertigung, so verhilft die edelste Gesinnung nicht zu dessen Kompensation. Für unser Problem heißt das: Erst wenn wir wissen, dass der Bomberpilot in Reemtsmas Beispiel die Zivilisten objektiv töten durfte, dass man also auch ihnen selbst eine überzeugende Begründung für ihre Tötung hätte geben können, wird die nachrangige Frage sinnvoll, ob er dabei die richtige Gesinnung hatte.

Versuchen wir's. Das Kriterium, das die Doktrin der Doppelwirkung zur objektiven Rechtfertigung des Tötens anbietet, ist die Verhältnismäßigkeit der kollateralen Opferzahlen in Relation zu dem angestrebten legitimen Zweck des Angriffs. Und damit sind wir zurück bei unserer bereits erörterten Frage: Wie wird man verhältnismäßig – und gerade deshalb rechtens – getötet? Die Antwort lautete: überhaupt nicht. Und dafür darf nun auf sämtliche Argumente verwiesen werden, die wir oben formuliert und der Illusion entgegengehalten haben, das Prinzip der Verhältnismäßigkeit sei eine normative Ressource für genuine Handlungserlaubnisse. Das ist es nicht.

Aber halten wir einen Moment inne. Gibt es nicht doch Fälle, in denen die überragende Wichtigkeit des beabsichtigten guten Zwecks so viel gravierender erscheint als die in Kauf genommenen tödlichen Nebenfolgen, dass sich eine Rechtfertigung kaum verneinen lässt? Hätte ein Hitler-Attentäter, der den Diktator bei dessen Besuch in einem Kindergarten mit einer versteckten Bombe in die Luft gesprengt und mit ihm zehn Kinder getötet hätte, nicht doch ethisch wie rechtlich umfassend legitim gehandelt?

Vielleicht.[22] Aber eine solche Rechtfertigung hätte mit den Kriterien der Doppelwirkungslehre nichts zu tun. Wer die kollaterale Tötung der Kinder vor diesen selbst rechtfertigen will, muss dafür Gründe nennen, denen sie selbst (oder ein advokatorischer Fürsprecher) in einem imaginären Diskurs vernünftigerweise zustimmen müssten. Ein solcher Grund kann, wie wir gesehen haben, weder in den „verhältnismäßig“ austarierten Interessen Dritter noch und schon gar nicht in den Motiven des Handelnden liegen, denn beides hat mit den eigenen Belangen der Getöteten keinen Zusammenhang. Vielmehr muss er und kann er nur in einer unmittelbaren Pflicht der Getöteten liegen.[23] Und deren normativer, also spezifisch verpflichtender Urgrund kann (erneut) nicht die schiere Existenz der Interessen Anderer und die Verhältnismäßigkeit ihres Arrangements, es muss ein genuin sie, die Getöteten, treffender und belastender Normbefehl sein. Da dieser, falls es ihn gibt, die Verpflichteten ausschließlich zugunsten fremder Belange und ohne jeden Bezug zu ihren eigenen

22 Ich glaube das nicht; s. Merkel (2000), 89 ff.; aber darüber kann man streiten. Zur Gegenauffassung mit gewichtigen Argumenten Steinvorth (2020).

23 Das würden auch Utilitaristen (jederlei Provenienz) nicht bestreiten. Ihr Fehler scheint mir aber darin zu liegen, dass sie diese Pflicht einfach deshalb annehmen, weil das aggregierte Gewicht der Interessen, die durch die fragliche Handlung geschützt werden, das aggregierte Gewicht der geopferten (angeblich) weit überwiege. So etwas wie ein aggregiertes Kollektivinteresse mehrerer gibt es aber nicht, weil es kein Kollektivsubjekt gibt, das Wohl und Wehe aller seiner Einzelsubjekte aggregiert erleiden könnte. Das reale Wohl und Weh der Einzelnen ist aber genuiner Gegenstand der Ethik, nicht dagegen sind es fiktive Integrale über subjektive Zustände vieler Einzelner und damit über Personengrenzen hinweg und ohne reales Substrat.

trifft, kann er nicht anders begriffen werden denn als Pflicht zur Solidarität. Und da er im Fall kollateraler Tötungen im Krieg ohne die Zustimmung der Getöteten von Dritten durchgesetzt wird, muss er außerdem eine Zwangspflicht, nicht ein bloßes Gebot zur Hilfeleistung („Mildtätigkeit") begründen können.

Damit erst sind wir bei der wirklichen *sedes materiae*. Von der Doktrin der Doppelwirkung ist sie weit entfernt. Mag es eine genuine Zwangspflicht zur Solidarität mit gänzlich fremden Interessen geben oder nicht, und mögen ihre Grenzen dann verlaufen, wo immer man sie ziehen möchte: mit „Verhältnismäßigkeit" und erst recht mit „guten Absichten" Dritter hat beides nichts zu tun.

3.3 Notstand?

Eine solche Pflicht kennen wir: die des rechtfertigenden Notstands. Und allein um sie und um diesen, also um Zwangssolidarität, geht es in der Sache, wenn nach der Rechtfertigung kollateraler Tötungen im Krieg gefragt wird. Notstandspflichten nötigen zur Duldung der Folgen von Handlungen anderer, die sich oder Dritte aus einer akuten Gefahrenlage auf Kosten der Verpflichteten zu befreien suchen. Dabei können zu der Gefahr, die ein im Krieg kollateral Tötender mit seinem konkreten Gewaltakt mag abwenden wollen, alle drohenden Risiken für Leib, Leben, Freiheit und Eigentum gezählt werden, die eine Niederlage im militärischen Konflikt, ja auch nur das Unterbleiben der fraglichen Gewalthandlung mit sich brächte, und zwar für den Handelnden selbst und für beliebig viele Dritte, die vom Ausgang des Konflikts betroffen wären. Was freilich in diesem Kalkül der Interessen, die geschützt werden sollen, keinen Platz hat, sind die Belange der dafür Getöteten.

Zwangssolidarische Notstandspflichten sind für bestimmte Sachlagen ohne weiteres plausibel. Gewicht und Maß der Güter, deren Aufopferung zugunsten Dritter dann hinzunehmen wäre, müssen sich aber in engen Grenzen halten: eben in den Grenzen legitim erzwingbarer Solidarität. An gängigen Beispielen aus den Lehren zum Allgemeinen Teil des Strafrechts lässt sich das illustrieren. Der im Hochgebirge wegen eines Unwetters in Lebensgefahr geratene Wanderer W darf sich retten, indem er die verschlossene Berghütte des Eigentümers E aufbricht, dort eindringt, mit den Holzvorräten Feuer macht und gegebenenfalls seine lebensbedrohliche Erschöpfung mit vorgefundenen Lebensmitteln des E behebt (Sachbeschädigung, Hausfriedensbruch, Diebstahl). Die grundsätzlich verbotenen Taten sind hier durch die gravierende Notlage ausnahmsweise gerechtfertigt. Soviel an Solidarität, diese Taten und ihre Konsequenzen hinzunehmen, gebietet dem E nicht nur die Ethik, sondern nötigt ihm die Rechtsordnung auf, und dies gegebenenfalls auch, wenn er in der Hütte gerade selber anwesend ist.[24] Andererseits: der Transplantationsmediziner, der vier todkranke Patienten nur durch die alsbaldige Implantation (jeweils) eines Herzens, einer Niere, einer Leber und einer Bauspeicheldrüse retten könnte, darf selbstverständlich nicht einen gesunden Menschen töten, um dann mit dessen Organen die vierfache Überzahl an Menschenleben zu retten. Oder lebensnäher: Das Gesetz, das den Abschuss eines entführten, gegen ein Ziel am Boden gesteuerten Flugzeugs und damit die kollaterale Opferung der „unschuldigen" Passagiere zugunsten der Rettung einer vielfach höheren Zahl unschuldiger Bedrohter am Zielort erlauben wollte, ist vom Bundesverfassungsgericht umstandslos für verfassungswidrig erklärt worden.[25] Gilt für Zivilisten im Krieg, deren Zwangsopferung auch in Relationen weit weniger klarer Verhältnismäßigkeit erlaubt („unverboten") sein soll, ein so fundamentaler Rechtsgrundsatz nicht mehr?

Für das innerstaatliche Recht mag das normative Prinzip, das eine solche Zwangspflicht zur Solidarität tragen kann, in einer Art staatsbürgerlicher Verbundenheit und für das humanitäre Völkerrecht in einem (freilich schon dubiosen) gattungsspezifischen Band der Menschheit und Menschlichkeit gesucht werden. Das kann hier unerörtert bleiben. Mir kommt es allein auf die Grenzen an, die eine solche Pflicht offensichtlich haben muss – und damit auch das korrespondierende Recht Dritter, sie zu erzwingen. Diese Grenzen folgen freilich nicht aus dem in der Sache verfehlten Dogma, das dazu in der deutschen Straf- und Verfassungsrechtsdogmatik nicht selten bemüht wird: dass nämlich zu Zwecken einer Rechtfertigung niemals „Leben gegen Leben" gehalten, geschweige denn „verrechnet" werden dürfe.[26] Sie folgen vielmehr, wo immer sie im Übrigen verlaufen mögen, im Hinblick auf das Zwangsopfer des Lebens Unbeteiligter aus dem Umstand, dass schlechterdings kein vernünftiges Argument dafür erkennbar ist, der Einzelne müsse solidarisch genug zur Hergabe seines Lebens für die Ziele und Zwecke Dritter sein, denen er nichts getan hat, die er nicht bedroht, ja nicht einmal kennt.[27] *„His is the only*

---

24 Dass selbst eine so bagatellhafte Solidaritätspflicht, die als moralische außer Zweifel steht, als *zwangsrechtliche* nicht legitim sei, behauptet Kant in einer berühmten Passage seiner *Rechtslehre*, weil es „keine Noth geben kann, welche, was unrecht ist, gesetzmäßig machte"; Kant (1907), 236. Überzeugend ist das nicht.

25 Ausführliche Analyse bei Merkel (wie Fn. 10; in diesem Band Kap. 4).

26 Zur Fehlerhaftigkeit und zur Verbreitung dieses Dogmas Merkel (Fn. 10).

27 Das lässt sich jenseits der oben im Text mobilisierten intuitiven Evidenz ohne weiteres auch mit Kant aus dem „Recht der Menschheit" in jeder Person begründen. Hier, für

life he has", heißt es (in einem anderen Zusammenhang) bei Robert Nozick[28] – und eben dies schließt, von anderen Schranken abgesehen, eine solche Pflicht aus.

Damit sind wir, einmal mehr, am Ende und am Anfang: am Ende der Reichweite einer möglichen Rechtfertigung und wieder am Anfang unseres Problems. Wie dann, wenn nicht so? Sucht man die Antwort, wie wir es bisher getan haben, in einer idealen Sphäre normativer Theorie, so lautet sie: überhaupt nicht. Und in eben diesem Sinn hat Reemtsma mit seiner anfangs zitierten Bemerkung recht – und das geltende humanitäre Völkerrecht nicht.[29]

3.4 Ideal vs. Nonideal Theory

Daraus kann man die Konsequenz ziehen, jede Möglichkeit einer Rechtfertigung kollateraler Kriegstötungen rundum zu verneinen. Und in einer idealen Theorie ist dies auch der unvermeidliche Schluss. Man zöge ihn freilich um einen hohen Preis: den einer esoterischen Lebensferne und vor allem der Aussichtslosigkeit, mit den daraus abzuleitenden Postulaten auf die politische und militärische Sphäre, in der sie gelten sollen, irgendeinen Einfluss ausüben zu können.[30] Denn da kollaterale Tötungen in jedem modernen Krieg schlechterdings unvermeidbar sind, liefe ihr absolutes Verbot auf nichts Geringeres hinaus als das Verbot jedes Krieges selbst. Das ist gewiss eine honorige Forderung und übrigens für zahlreiche (freilich nicht für alle) Formen und Motive heutiger militärischer Konflikte wohlbegründet.[31] Aber dass sie als allgemein gültige in der politischen Sphäre, in der Entscheidungen über Krieg und Frieden fallen, bestenfalls auf die Reaktion des Achselzuckens und anschließend der gänzlichen Nichtbeachtung stieße, ist wenig zweifelhaft. Eine normative Theorie darf sich aber die Vergewisserung der zumindest minimalen Chance ihrer Anwendbarkeit nicht gleichgültig sein lassen. Wohl verweist dies auf ein Dilemma. Der alte Philosophenwitz „If theory doesn't fit the facts, too bad for the facts" trifft eigentlich nur lebensblinde Konzeptionen der theoretischen

das Lebensopfer, stimmt Kants Kennzeichnung des Notstands als „Zwang ohne Recht"; s. Kant (1907), 234.

28 Nozick (1974), 33.

29 Vgl. auch Eser (2010), 479: Die Rechtfertigung der Tötung unbeteiligter Zivilisten im Krieg harre „nach Grund und Grenzen noch einer wirklich befriedigenden Lösung".

30 Diesen drohenden hohen Preis zwar nicht zu übersehen, aber nicht hinreichend ernst zu nehmen, ist der einzige Vorhalt, der dem klug argumentierenden Buch von Hankel (2011) zu machen ist.

31 Vgl. nur Huyghe (2009), 21–34.

Philosophie. In der praktischen Philosophie dagegen ist der Satz grundsätzlich und buchstäblich wahr: Kollidieren Zustände der Welt mit begründeten Normen, dann wirklich „too bad for the facts“. Aber ein Postulat, das in *keinem* seiner intendierten Anwendungsfälle eine Chance auf Wirksamkeit hätte, verfehlt die fundamentale praktische Aufgabe jeder normativen Theorie.

Und vor diesem Hintergrund kann man auch eine andere Konsequenz ziehen als die im Modus der Reinheit einer idealen Theorie. John Rawls skizziert in *A Theory of Justice* eine Konzeption dessen, was er „nonideal theory“ nennt: eine moderierende Projektion der Gerechtigkeitsprinzipien, die er zuvor in der normativ reinen Sphäre seines Gedankenexperiments der „original position“ und für eine „well-ordered society“ entwickelt, auf die unreine Wirklichkeit ihrer Anwendungsbedingungen „under less happy conditions“.[32] Der Gedanke hat in der Ethik wie in der politischen Philosophie vielfachen Widerhall gefunden.[33] Rawls selbst nimmt ihn in „The Law of Peoples“ erneut auf und entwickelt ihn für seine Philosophie des Völkerrechts weiter, vor allem für die Probleme von Krieg und Frieden:

> „Nonideal theory asks how this long-term goal might be achieved, or worked toward, usually in gradual steps. It looks for policies and courses of action that are morally permissible and politically possible as well as likely to be effective. So conceived, nonideal theory presupposes that ideal theory is already on hand. [...] Though the specific conditions of our world at any time – the status quo – do not determine the ideal conception of [that long term goal], those conditions do affect the specific answers to questions of nonideal theory. For these are questions of transition.“[34]

Das ist eine prägnante Formulierung der prinzipiellen Perspektive, in der ich den nun folgenden Vorschlag skizzieren möchte. Sein Anliegen ist es, für die Misere der normativen *tabula rasa*, die unsere Analyse der Rechtfertigungsprobleme kollateraler Tötungen als Resultat hinterlassen hat, Abhilfe zu schaffen – so gut es eben geht. Und das heißt hier zweierlei. Ein solcher Ausweg muss nicht nur empirisch-praktisch möglich sein, sondern auch und vor allem – und rebus sic stantibus – normativ begründbar. Denn die Konzeption einer *nonideal theory* darf nicht als billige Strategie zur Entsorgung eines Problems missbraucht werden, dem man anders nicht gewachsen ist. Deshalb

32 Rawls (1971), 244–248.

33 Statt vieler Feinberg (1973), 263 ff.; Murphy (2003).

34 Rawls (1999), 89 f. Rawls' *„long term goal“* ist hier das einer internationalen Gerechtigkeit nur noch zwischen *„well-ordered peoples“*; die Konzeption des Wegs dorthin dürfe aber die gegenwärtige *nonideal reality* zahlreicher undemokratischer, ja „Schurken“-Staaten nicht einfach ignorieren.

muss sie deutlich machen, dass die Kollision des negativen Ergebnisses der *ideal theory* mit dem rechtsethischen Gebot, gleichwohl *questions of transition* für die im höchsten Grade „nichtideale" Sphäre des Krieges zu lösen, selber eine Art Notstandslage konstituiert: eine im Raum unserer fundamentalen Normen.

3.5 Ein „nichtidealer" Vorschlag zur Abhilfe: globaler und transtemporaler normativer Notstand

Das ist schon sprachlich keine erfreuliche Figur, und in der Sache, wie alle Notstandslagen, naturgemäß auch nicht. Gemeint ist folgendes: Der völkerrechtliche Status quo einer weitgehenden Regellosigkeit des Kriegsgrauens war nach 1945 für alle Staaten der Welt unerträglich geworden. Die Genfer Konventionen und die beiden Zusatzprotokolle waren ein substantieller normativer Fortschritt zum Besseren. Denn sie waren immerhin Ausdruck und Motor einer inzwischen weltweiten Überzeugung, dass auch im Krieg ein Freiheitsrecht zum Töten Unbeteiligter begrifflich wie normativ ein Unding ist und dass ein solches Töten (wie wir gesehen haben) allenfalls den unreinen Erlaubnistitel einer zwangssolidarischen Pflicht zur Lebensopferung reklamieren kann. 1949 und 1977 waren dies die ersten Schritte auf dem Weg zu einem besseren Ziel. Ihn weiter zu gehen so gut man das vermag, und wäre es nur Schritt für Schritt, ist eine kategorische Rechtspflicht der internationalen Gemeinschaft. Ein optimaler Rechtszustand zwischen den Staaten der Welt als *„long-term goal"* im Rawlsschen Sinn kann aber allenfalls Produkt einer langen Entwicklung sein.[35] Bis dahin – und vielleicht ad infinitum – ist er eine verbindliche regulative Idee. Aus dieser ergibt sich der Zwang zur Lösung einer normativen Notstandslage: der Kollision zwischen einem idealiter absoluten Verbot (Zivilisten zu töten) mit dem unbedingten Gebot, vor dem Hintergrund der Aussichtslosigkeit jenes Verbots in der nichtidealen Tristesse des Krieges gleichwohl Prinzipien durchzusetzen, die der *„transition"* zu einer besseren Zukunft verpflichtet sind. Damit rechtfertigt sie, wenngleich mit allen Defiziten einer *„nonideal justification"*, den jeweils bestmöglichen normativen Zustand auf dem Weg dorthin. Und als ein solcher Ausdruck des derzeit Möglichen mag Art. 51 des ZP I nun gelesen werden. Selbst mit der unklaren Verpflichtung auf ein so schwankendes Begrenzungsprinzip wie das der Verhältnismäßigkeit mag er deshalb für die Gegenwart hinnehmbar sein. Denn die einzige Alternative wäre bei weitem prekärer. Zwar würde mit ihr

35 Ähnlich K. Ipsen (2008), 162 f.

ein ideales Verdikt konzessionslos verteidigt, aber um den Preis seiner realen Bedeutungslosigkeit in der Sphäre seiner Anwendung. Das wäre ein Rückzug jedes Anspruchs des einschlägigen Normbefehls auf Wirksamkeit und damit auf eine Bedingung seiner Geltung als Recht.[36]

Zwei Dinge sind an dieser Konstruktion entscheidend. Zum einen macht sie deutlich, dass der Legitimationstitel zum Töten, den sie gewährt, allenfalls der eines sehr spezifischen Notstands sein kann. Denn seinen Opfern wird die zwangssolidarische Lebensopferung abverlangt zugunsten *künftiger* Menschen in einer dann hoffentlich besseren Welt. Und eben damit wird, zum anderen, das Maß des Unreinen, der „Nichtidealität" einer solchen Rechtfertigung ohne Illusionen offengelegt, statt es mit suggestiven Pseudorechtfertigungen wie Verhältnismäßigkeit, Doppelwirkung oder Unverbotensein unkenntlich zu machen und ad acta zu legen. Eine vollständige Legitimation aus der idealen Sphäre abstrakter Normen gibt es überhaupt nicht. Wenn wir hinnehmen, dass „unschuldige Menschen" in einem Krieg zuletzt um einer besseren Zukunft der Welt willen getötet werden dürfen, dann exkludieren wir diese Opfer in der Gegenwart ihres eigenen Lebens aus dem Schutzraum des Rechts. Wir sollten uns keine Illusionen darüber machen, dass dies ein dunkles, schlechterdings nicht aufhellbares Defizit an Legitimation zurücklässt, mit Goethe zu sprechen, einen „Erdenrest / zu tragen peinlich, / und wär er von Asbest / er ist nicht reinlich". Völkerrechtler und Rechtsethiker, Militärs und Politiker sollten ihn anerkennen. Er markiert die Dringlichkeit der Aufgabe mit dem gebührenden Nachdruck: als Mahnung eines quälenden Mangels.

3.6 Ausblick

Sie dürfte schon heute, als positiven kollateralen Effekt sozusagen, eine Reihe manifester Konsequenzen im humanitären Völkerrecht fordern. Deren wichtigste sei zum Schluss angedeutet. Dass der Begriff der Verhältnismäßigkeit in Art. 51 Abs. 5 lit. b des ZP I zwischen den Konfliktparteien, die sich jeweils auf ihn berufen, meist zum Spielball weit divergierender Deutungen wird, liegt in seiner Natur als offenes Wertungsprädikat. Jedenfalls bemüht werden muss er immerhin; und Schmerzgrenzen der evidenten Abwegigkeit seiner Auslegung dürften sich wenigstens in einigen Fällen mehrheitsfähig ziehen lassen. Aber wie immer seine genaueren Konturen aussehen mögen und sich in Zukunft

36 Zum rechtstheoretischen Erfordernis einer wenigstens minimalen Wirksamkeit als Bedingung rechtlicher Normgeltung grundlegend Kelsen (1960), 215 ff.; *ders.* (1979), 112f.); s. auch Alexy (2020), 147 ff.

werden präzisieren lassen, für *einen* bestimmten Typus bewaffneter Konflikte müssen sie grundsätzlich anders, nämlich enger gezogen werden als für andere Formen des Krieges: für die sog. humanitäre Intervention, den gewaltsamen militärischen Eingriff in fremdstaatliche Souveränität zur Verhinderung oder Beendigung schwerer völkerrechtlicher Verbrechen.[37] Solche Interventionen sind Kriege zur Not(wehr)hilfe für bedrohte, in ihren fundamentalen Menschrechten vom eigenen Staat missachtete Menschen. Ihre materielle Rechtfertigung beziehen sie vornehmlich daraus, dass der jeweilige Zielstaat des Eingriffs den Anspruch auf die Achtung seiner Souveränität verloren hat. Denn mit der systematischen Begehung schwerer Völkerrechtsverbrechen wird er zum *hostis populi*, zum Feind seines eigenen Volkes, und verkehrt damit die fundamentale Staatsaufgabe, die ihn als zwangsrechtliche Ordnung erst legitimieren kann, in ihr Gegenteil: die Pflicht zum Schutz des inneren Friedens.[38]

Freilich fordern auch und gerade humanitäre Interventionen eine hohe Zahl kollateraler Opfer. Und deren Tötung ist offensichtlich nicht aus einer Notwehrbefugnis zu rechtfertigen (denn sie greifen niemanden an), sondern allenfalls im prekären Modus jener Notstandspflicht, die unsere obige Analyse dargelegt hat: als aufgezwungene Solidarität mit den legitimen Zwecken der militärischen Gewaltanwendung. Bestehen diese, wie im Fall der humanitären Intervention, in nichts anderem als dem intendierten Schutz von Leib und Leben bedrohter Dritter, dann ergibt sich aus der Rechtfertigung qua Notstand eine manifeste normative Paradoxie: Die „Kosten" an Leid und Leben jener Hilfe für Unschuldige werden auf andere Unschuldige abgewälzt. Wer aber jemandem anderen helfen will, indem er zur Behebung von dessen Not unbeteiligte Dritte tötet, folgt einer schäbigen Maxime, und er tut dies umso mehr, wenn er diese Kosten zumindest in Teilen auf sich selbst nehmen könnte.

Das diskreditiert zunächst den üblichen Modus des Führens solcher Hilfskriege seitens interventionsgeneigter westlicher Staaten als verwerflich: die Bombardierung ihrer Ziele aus hinreichend großen Höhen, um jedes eigene Opfer zu vermeiden und am Boden des attackierten Staates die (meist blutige) Machtübernahme durch jene zu ermöglichen, denen die Hilfe gilt. Denn eben diese Form des Vermeidens eigener Schäden wird wegen der notwendig erhöhten Ungenauigkeit des *„targeting"* solcher Bombardements regelmäßig mit einer gesteigerten Zahl kollateraler Opfer unter der fremden Zivilbevölkerung erkauft. Darüber hinaus nötigt die angedeutete Paradoxie dazu,

---

37 Aus der nicht mehr überschaubaren Literatur nur Pattison (2010).

38 Zu diesen materiellen Legitimationsbedingungen der humanitären Intervention (und ihrem Verhältnis zu den formellen Voraussetzungen nach Kap. VII der UN-Charta) Merkel (2011).

die im Rahmen des Art. 51 ZP I gerade noch tolerierbare „Verhältnismäßigkeit" kollateraler Tötungen für humanitäre Interventionen substantiell anders, nämlich erheblich enger zuzuschneiden als etwa für den „klassischen" Verteidigungskrieg. Die normativen Einzelheiten der beiden damit angedeuteten Problemkreise gehören nicht mehr zu unserem Thema.

Aber eine Mahnung, die sich ihnen ohne weiteres entnehmen lässt, mag diese Abhandlung nun beschließen: Ein wenig zurückhaltender sollten sie uns jedenfalls machen in der um sich greifenden Bereitschaft, Kriege für „gute Zwecke" zu führen. Und, beiläufig, einen so schamlosen Missbrauch dieses Titels, wie ihn 2011 die Nato-Intervention in Libyen demonstriert hat, definitiv ausschließen.[39]

Literatur

Alexy, Robert (2020): *Begriff und Geltung des Rechts*. Erweiterte Neuausgabe. Freiburg: Karl Alber Verlag.

Eser, Albin (2010): „Rechtmäßige Tötungen im Krieg: Zur Fragwürdigkeit eines Tabus", in: *Verbrechen – Strafe – Resozialisierung. Festschrift für Heinz Schöch zum 70. Geburtstag*. Berlin: De Gruyter. S: 461–480.

Feinberg, Joel (1973): „Duty and Obligation in the Non-Ideal World", *Journal of Philosophy* 70(9). S. 263–275.

Gardam, Judith (2004): *Necessity, Proportionality and the Use of Force by States*. Cambridge, UK: Cambridge University Press.

Genfer Konventionen (1949): *Genfer Abkommen über die Behandlung der Kriegsgefangenen, I–IV*. AS 1951 BBl 1949 II 1181. Genf: Bundesblatt. Deutschland: BGBl 1954 II S. 781–783.

Hankel, Gerd (2011): *Das Tötungsverbot im Krieg. Ein Interventionsversuch*. Hamburg: Hamburger Edition.

Henckaerts, Jean-Marie/Doswald-Beck, Louise (2005): *Customary International Humanitarian Law. Volume 1: Rules*. Cambridge, UK: Cambridge University Press.

Hobbes, Thomas, (1651/1999): *Leviathan or the Matter, Form, and Power of a Commonwealth Ecclesiastical and Civil*. London: Andrew Crooke. Dt. Ausg. hgg. von Iring Fetscher, übers. von Walter Euchner: *Leviathan*, 9. Aufl. Frankfurt: Suhrkamp.

Huyge, Francoise-Bernard (2009): „The Impurity of War", *International Review of the Red Cross* 91(873), S. 21–34.

Ipsen, Knut (2008): „Menschenwürde und Waffeneinsatz mit Kollateralwirkung auf Zivilpersonen", *Neue Zeitschrift für Wehrrecht* (*NZ Wehrr*) 50, S. 156–163.

39 Dazu Merkel (2011).

Kamm, Frances M. (2007): *Intricate Ethics: Rights, Responsibilities, and Permissible Harm*. Oxford, UK: Oxford University Press.

Kant, Immanuel (1912): *Zum ewigen Frieden*. In: *Kants Werke*, hgg. von der Königl. Preuß. Akademie der Wissenschaften (Akademie-Ausgabe/AA), Bd. VIII. Berlin: Georg Reimer.

Kant, Immanuel (1907): *Metaphysik der Sitten – Rechtslehre*. In: *Kants Werke*, hgg. von der Königl. Preuß. Akademie der Wissenschaften (Akademie-Ausgabe/AA), Bd. VI. Berlin: Georg Reimer.

Kelsen, Hans (1960): *Reine Rechtslehre*. 2. Aufl. Wien: Verlag Franz Deuticke.

Kelsen, Hans (1979): *Allgemeine Theorie der Normen*. Wien: Manz.

McIntyre, Alison (2011): „Doctrine of Double Effect", *Stanford Encyclopedia of Philosophy* (http://plato.stanford.edu/entries/double-effect/).

McMahan, Jeff (2009): *Killing in War*. Oxford, UK: Oxford University Press.

Merkel, Reinhard (2000): „Das Elend der Beschützten. In: Reinhard Merkel (Hg.), *Der Kosovo-Krieg und das Völkerrecht*. Frankfurt a. M.: Suhrkamp. S: 66–75 und 76–98 (Postskript).

Merkel, Reinhard (2001): *Früheuthanasie. Rechtsethische und strafrechtliche Grundlagen ärztlicher Entscheidungen über Leben und Tod in der Neonatalmedizin*. Baden-Baden: Nomos-Verlag.

Merkel, Reinhard (2007): „§ 14 Abs. 3 Luftsicherheitsgesetz: Wann und warum darf der Staat töten?", *Juristenzeitung* 62(8), S. 373–385.

Merkel, Reinhard (2011): „Die Intervention der NATO in Libyen. Völkerrechtliche und rechtsphilosophische Anmerkungen zu einem weltpolitischen Trauerspiel", *Zeitschrift für Internationale Strafrechtsdogmatik 10/2011*, S. 771–783.

Murphy, Liam B. (2003): *Moral Demands in Nonideal Theory*. Oxford, UK: Oxford University Press.

Nozick, Robert (1974): *Anarchy, State, and Utopia*. New York: Basic Books.

Pattison, James, Hg. (2010): *Humanitarian Intervention and the Responsibility to Protect*. Oxford, UK: Oxford University Press.

Rawls, John (1971): *A Theory of Justice*. Cambridge, MA: Belknap Press.

Rawls, John (1999): *The Law of Peoples*. Cambridge, MA: Harvard University Press.

Reemtsma, Jan-Philipp (2008): *Vertrauen und Gewalt. Versuch über eine besondere Konstellation der Moderne*. Hamburg: Hamburger Edition.

Sachs, Michael (2017): *Verfassungsrecht II – Grundrechte*. 3. Auflage. Berlin: Springer.

St. Thomas Aquinatis (1952–1962): *Summa Theologiae*. Turin: Marietti.

Stein, Torsten (2005): „Proportionality Revisited – Überlegungen zum Grundsatz der Verhältnismäßigkeit im internationalen Recht", in: Dicke, Klaus u.a. (Hg.), *Weltinnenrecht – Liber Amicorum Jost Delbrück*. Berlin: Duncker & Humblot. S. 727–738.

Watkin, Kenneth (2005): „Assessing Proportionality: Moral Complexity and Legal Rules", *Yearbook of International Humanitarian Law* 8, S. 3–53.

Zimmermann, Andreas/Geiß, Robin (2007): „Die Tötung unbeteiligter Zivilisten: Menschenunwürdig im Frieden – menschenwürdig im Krieg?", *Der Staat* 46(3), S. 377–393.

Zusatzprotokoll I (1977): *Zusatzprotokoll zu den Genfer Abkommen vom 12. August 1949 über den Schutz der Opfer internationaler bewaffneter Konflikte (Protokoll I) vom 8. Juni 1977*. AS 1982 1362 BBl 1981 I 953. Genf: Bundesblatt. Deutschland: BGBl. 1990 II S. 1551.

Zusatzprotokoll II (1977): *Zusatzprotokoll zu den Genfer Abkommen vom 12. August 1949 über den Schutz der Opfer nicht internationaler bewaffneter Konflikte (Protokoll II) vom 8. Juni 1977*. AS 1982 1432 BBl 1981 I 953. Genf: Bundesblatt. Deutschland: BGBl. 1990 II S. 1637.

KAPITEL 4

§ 14 Abs. 3 Luftsicherheitsgesetz: Wann und warum darf der Staat töten?

Über taugliche und untaugliche Prinzipien zur Lösung eines Grundproblems des Rechts

4.1 Die Entscheidung des BVerfG und das Analyseschema der Verfassungsdogmatik

Am 15. Februar 2006 hat das Bundesverfassungsgericht § 14 Abs. 3 des Luftsicherheitsgesetzes (LuftSiG vom 11. Januar 2005) für verfassungswidrig und nichtig erklärt. Die Vorschrift räumte den Streitkräften die Befugnis ein, nach einer entsprechenden Anordnung des Verteidigungsministers Flugzeuge jederlei Funktion und Provenienz abzuschießen, wenn diese erkennbar als Waffe gegen das Leben von Menschen am Boden eingesetzt zu werden drohten. Das Gefahrenszenario, das dem Gesetzgeber vor Augen stand, war deutlich: Anschläge vom Typus der New Yorker Terrorattacken vom 9. September 2001.[1] Der Paragraph hatte den folgenden Wortlaut:

> „Die unmittelbare Einwirkung mit Waffengewalt ist nur zulässig, wenn nach den Umständen davon auszugehen ist, dass das Luftfahrzeug gegen das Leben von Menschen eingesetzt werden soll, und sie das einzige Mittel zur Abwehr dieser gegenwärtigen Gefahr ist."

Das war die im Rechtsleben der Bundesrepublik erste gesetzliche Erlaubnis für den Staat, unter bestimmten Umständen gezielt und massenhaft unschuldige Bürger zu töten, um andere unschuldige Bürger zu retten. Unbeschadet der Frage, ob eine Legitimation denkbar wäre, durfte man das ohne Übertreibung

---

1 Eine gewisse Rolle spielte außerdem der sog. Frankfurter Luftzwischenfall vom 5.1.2003: Ein geistig verwirrter junger Mann, der in einem einmotorigen Flugzeug über Frankfurt kreiste, hatte per Funk gedroht, er werde die Maschine in ein Hochhaus steuern, wenn ihm nicht ein Telefonat in die USA ermöglicht werde. Dieser Zwischenfall wurde von zuständigen Politikern zusammen mit dem Terrorakt des 11. September als Anlass für § 14 Abs. 3 LuftSiG genannt. Normativ haben die beiden Fälle nichts miteinander zu tun – nicht etwa wegen des krass unterschiedlichen Gewichts der Schäden, die angerichtet wurden bzw. worden wären, sondern allein im Hinblick auf die Frage der rechtlichen Legitimation eines möglichen Abschusses der Maschinen.

 | DOI:10.30965/9783969752678_005

einen „beispiellosen Tabubruch" nennen.[2] Die Entscheidung des BVerfG beanstandet zunächst, der Gesetzgeber habe mit der Vorschrift seine sachliche Regelungsbefugnis im Rahmen der grundgesetzlichen Wehrverfassung überschritten.[3] Vor allem die damit zusammenhängenden Fragen der formellen Verfassungsmäßigkeit sind während des Gesetzgebungsprozesses von zuständigen Experten kontrovers erörtert worden.[4] Im Folgenden bleiben sie außer Betracht. Genauer untersuchen möchte ich dagegen die grundrechtliche Analyse des BVerfG. Sie mündet bekanntlich in dem Verdikt, § 14 Abs. 3 LuftSiG verstoße gegen Art. 1 Abs. 1 und Art. 2 Abs. 2 GG. In ungewöhnlicher Schärfe, manchmal geradezu im Tonfall der Zurechtweisung attestiert das Gericht dem Gesetzgeber, der – neben anderem – von § 14 Abs. 3 erlaubte Abschuss entführter Verkehrsmaschinen und also die direkte Tötung der darin sitzenden Passagiere verletze unter allen Umständen deren Menschenwürde und ihr Recht auf Leben.

Das Ergebnis der Entscheidung erscheint mir grundsätzlich richtig: Innerhalb der geltenden Verfassungsordnung ist die Vorschrift nicht legitimierbar.[5] Die Begründung des Gerichts bleibt freilich, bei aller Entschiedenheit des kritischen Tons, begrifflich ohne klare Konturen und normativ ohne überzeugende Kraft. Daran ändert die nachdrückliche Berufung auf Art. 1 Abs. 1 und 2 Abs. 2 GG nichts. Den Leser lassen die vorgetragenen Argumente unzufrieden zurück, und zwar gerade dann, wenn ihm ihr Ergebnis schon vorher wenig zweifelhaft war.

---

2 So meine eigene Formulierung kurz nach Verabschiedung des Gesetzes; Merkel (2004), 33 f.

3 BVerfG 1 BvR 357/05, hier und weiterhin zitiert nach dem Abdruck in NJW 2006, 751 ff.

4 S. v.a. die Anhörung im Innenausschuss des Bundestags mit den Stellungnahmen der Sachverständigen (A-Drs. 15 (4), 102 A–102 F); außerdem Hochhuth (2002); Schenke (2006); Pieroth/Hartmann (2005).

5 So bereits Merkel (2004). Die Frage, ob der von der Vorschrift erlaubte Flugzeugabschuss zur Verhinderung eines echten Staatsnotstands legitimierbar wäre und ggf. auf welchem (verfassungsändernden!) rechtlichen Weg, lasse ich hier außer Betracht. Doch erscheint mir die knapp abweisende Bemerkung des Senats, eine solche Staatsnotstandsgefahr drohe von den in § 14 Abs. 3 LuftSiG erfassten Fällen nicht (NJW 2006, 759 [Rn. 135]), unzulänglich. Selbstverständlich ist auch ein Verbrechen der Dimension des 11. September 2001, das *nicht verhindert werden kann*, nicht staatsgefährdend. Aber § 14 Abs. 3 setzte gerade die de-facto-Möglichkeit einer Verhinderung – eben durch den Abschuss – voraus. Vorzustellen hat man sich also nicht ein Szenario wie das des 11. September, sondern etwa dies: Eine entführte Maschine wird bereits von zwei Jagdbombern eskortiert, deren Piloten unmittelbar vor dem Zielort, sagen wir einem vollbesetzten Fußballstadion, abdrehen und der Katastrophe zusehen (müssen), weil das BVerfG einen solchen Abschuss strikt verboten hat. Und nun erwäge man, welche Wirkung *dies* für die Autorität des Staates als Garant der rechtlichen Friedensordnung haben müsste. Die Frage erscheint mir weitaus ernster und schwieriger, als die Bemerkung des Senats erkennen lässt.

Woran genau liegt das? Die Frage führt schnell auf das analytische Schema, an dem das BVerfG die problematische Norm überprüft. Sein Inhalt sind die geläufigen Kriterien des öffentlichen Rechts zur Prüfung hoheitlicher Eingriffe in rechtlich geschützte Sphären des Bürgers. Betreffen solche Eingriffe das Grundrecht auf Leben, so ist Prämisse und positivrechtlicher Ausgangspunkt ihrer Überprüfung zunächst der einfache Gesetzesvorbehalt in Art. 2 Abs. 2 S. 3 GG. Er zieht Gesetzen, die auf seiner Grundlage in den Schutzbereich des Lebensrechts eingreifen, freilich keine materiellen Grenzen. Solche Grenzen, die sog. Schranken-Schranken, werden vielmehr nach den Maßgaben allgemeiner Grundsätze entwickelt. Abstrakt: Ein Eingriff in den Schutzbereich bzw. (wie hier) die eingriffsgestattende Norm muss (1.) einen legitimen Zweck verfolgen, (2.) zur Erreichung dieses Zwecks geeignet, (3.) erforderlich sowie (4.) „im engeren Sinn" verhältnismäßig („angemessen") sein, und darf schließlich (5.), soweit er in den Schutzbereich eines Grundrechts eingreift, dessen „Wesensgehalt" nicht antasten (Art. 19 Abs. 2 GG).[6] Die Plausibilität dieses Prüfungsschemas beruht wie die aller anderen im anerkannten Bestand der Rechtsdogmatik auf seiner Eignung zur sachlichen Durchdringung und schlüssigen Ordnung der normativen Materie, auf die es sich bezieht. Dass diese Eignung grundsätzlich seit langem wohlbeglaubigt ist, muss nicht hervorgehoben werden.

Doch gilt das, wie ich im Folgenden zu zeigen versuchen möchte, im Wesentlichen nur für den Normaltypus der alltäglichen Eingriffsverwaltung. Genauer: für Eingriffe in solche grundrechtlich geschützten Sphären, die jeweils in bestimmten einzelnen Hinsichten, d.h. partiell, beschränkbar sind und deren lediglich begrenzte Einbuße daher für den Betroffenen grundsätzlich kompensierbar, ersetzbar, kurz, für seine weitere Existenz irgendwie verschmerzbar ist. Nicht (mehr) dagegen gilt es für den Extremfall im Grenzbereich der Existenzbedingungen einerseits des Bürgers und andererseits der staatlichen Normenordnung: für Eingriffe in das Recht auf Leben und in den Schutzbereich der Menschenwürde. Hier verliert das obige analytische Schema seine Plausibilität und Leistungsfähigkeit. Weder ermöglicht es dem Rechtsanwender die deutliche Identifikation und Artikulation der nun auftauchenden Probleme, noch gibt es ihm die richtigen kritischen Maßbegriffe an die Hand, um die Legitimität eines lebenszerstörenden hoheitlichen Eingriffs zu klären.

---

6 Eine vollständige Rechtmäßigkeitsprüfung hoheitlicher Eingriffe umfasst bekanntlich eine Reihe weiterer, vor allem formaler Legitimitätskriterien. Mir kommt es hier nur auf die im Text skizzierten Bedingungen materieller Rechtmäßigkeit an.

Das liegt nicht etwa an der Abstraktheit des Schemas. Sie ließe sich im geläufigen Modus der Rechtsdogmatik durch die weitere Ausdifferenzierung seiner Prüfungskriterien in trennschärfere Unterpunkte ja ohne weiteres beheben. Vielmehr lenken diese Prüfungskriterien den Blick des Rechtsanwenders in die Irre. Die wirklichen Probleme sind dort nur noch schwer erkennbar. Feinere Unterkriterien zur Ausdifferenzierung des Schemas beheben diesen Mangel nicht. Im Gegenteil: sie haben teil an der Suggestivwirkung seiner grundsätzlich falschen Orientierung. Daher sind sie weniger geeignet, deren irreführenden Effekt zu korrigieren, als ihn allenfalls noch zu verstärken.

So weit, so abstrakt. Im Folgenden möchte ich an den Entscheidungsgründen des BVerfG einige konkrete Spuren argumentativen Unheils aufzeigen, die jenen Risiken einer irreführenden Dogmatik geschuldet sein dürften. Hier liegt, so meine ich, der Grund für das Unbefriedigende, in Teilen Unrichtige der Entscheidung. Auch einige der wissenschaftlichen Beiträge, die vor dem BVerfG-Urteil erschienen sind, scheinen mir jenes Risiko zu belegen, jedenfalls insofern, als sie die grundrechtlichen Probleme des Paragraphen ausschließlich im obigen Schema der geläufigen Eingriffsdogmatik abhandeln. Irgendetwas an diesem Schema und seinen gängigen Konkretisierungen kann für Grundrechtseingriffe, wie sie § 14 Abs. 3 LuftSiG erlauben sollte, nicht stimmen. Aber was genau?

4.2 Staatliche Tötungen und das Prinzip der Verhältnismäßigkeit

Die wesentliche irreführende Weiche stellt der in unserem Schema zentrale Begriff der Verhältnismäßigkeit. Nicht zweifelhaft ist dabei die generelle Gültigkeit des materiellen Prinzips, das er bezeichnet. Selbstverständlich müssen staatliche Eingriffe in grundrechtliche Schutzbereiche des Bürgers neben anderen Rechtmäßigkeitsbedingungen grundsätzlich vor allem die ihrer Verhältnismäßigkeit erfüllen. Auch über Bedeutung und konstitutive Elemente des Begriffs ist man sich mit einleuchtenden Gründen weitgehend einig.[7] Das bedeutet, vorerst noch ganz allgemein, ungefähr dies: In zahlreiche verfassungsgeschützte einzelne Freiheiten, in die körperliche Integrität, in Gleichheit und Eigentum oder in die relative Stabilität und Sicherheit der sozialen oder natürlichen Umwelt mag unter mancherlei Umständen rechtens eingegriffen werden – sofern dies jeweils verhältnismäßig geschieht. Und das

7 Sie müssen daher hier nicht weiter erörtert werden; Überblick bei Kingreen/Poscher (2022), Rn. 405–413.

ist regelmäßig dann der Fall, wenn das (legitime) Ziel des Eingriffs mit dessen „Kosten", mit den Belastungen durch seine Mittel und seine erwartbaren Nebenfolgen, „ins richtige Verhältnis gesetzt", nämlich einem Prozess komplexer Abwägungen unterzogen wird, die es empirisch wie normativ als vorteilhaft erweisen.

Wie aber wird man verhältnismäßig getötet? Die Frage mutet schon auf den ersten Blick seltsam an. Dabei insinuiert sie keineswegs eine semantische Unverträglichkeit der beiden Begriffe. Vielmehr geht es um eine fundamentale Prämisse des rechtlichen Verhältnisses zwischen Staat und Bürger: um eine Legitimationsbedingung der Zwangsordnung des Rechts. Alle maßgeblichen Staatskonzeptionen der neuzeitlichen Rechtsphilosophie seit Thomas Hobbes stellen an den Anfang ihrer Bedingungen der Legitimität staatlicher Zwangsgewalt die Gewährleistung des Schutzes von Leib und Leben für die Rechtsunterworfenen. Souveränität und Gewaltmonopol des Staates sind legitimationstheoretisch bloß Derivate der *volonté générale* seiner Bürger. Um derentwillen, nämlich zur Sicherung ihrer Rechte, gibt es den Staat. Einen genuin eigenen legitimen Daseinszweck hat er nicht. Daher ist er nur soweit, wie er seinen Bürgern diesen Schutz gewährt, auch berechtigt, ihren Gehorsam gegenüber seinen Normen zu erzwingen.[8]

Das ist bis zur Trivialität geläufig. Man muss es aber in Erinnerung rufen, weil es für unser Thema etwas Wesentliches klarstellt. Verlangt man für die Legitimität eines Grundrechtseingriffs, dass er verhältnismäßig sei, so fordert man den Nachweis eines rationalen Zweck-Mittel-Folgen-Kalküls, eines vernünftig begründeten Vorteils, den die Verfolgung des Zwecks im Verhältnis zu seinen Kosten und seinen Konsequenzen mit sich bringen müsse. Vernünftig heißt: objektiv, also gegenüber jedermann, begründbar, den Eingriffsadressaten eingeschlossen. Grundrechtseingriffe in das individuelle Leben sind aber immer, nämlich per definitionem, tödlich. Sie beenden daher mit dem individuellen Leben stets zugleich und irreversibel das legitimitätskonstitutive Verhältnis zwischen dem Staat und dem Einzelnen. Auch das kann selbstverständlich zulässig sein. Aber unter keinen Umständen deshalb, weil sich aus dem abwägenden Vergleich positiver und negativer Effekte der Tötungshandlung ein relativer Vorteil ergibt; denn dieser kann sich trivialerweise nur für die Überlebenden ergeben. Was auch immer aus einem tödlichen Eingriff als Vorteil für andere erwachsen mag: dem Getöteten selbst gegenüber

8 Dafür spielt es keine Rolle, wie man das normative Fundament dieses legitimatorischen Zusammenhangs genauer rekonstruiert – etwa im Modus eines kontraktualistischen Arguments à la Hobbes (als Verfolgen einer Maxime des aufgeklärten Selbstinteresses) oder, profunder, mit Kant als „kategorischen Rechtsimperativ" der reinen praktischen Vernunft.

taugt es nicht zur Legitimation. Denn er hat nichts davon. Ausschließlich in einer solchen relationalen Vernünftigkeit des Gesamtresultats besteht jedoch die legitimatorische Logik des Verhältnismäßigkeitsprinzips.[9] Wie sollte aber allein der Umstand, dass sich für die tödliche Handlung ein fremdnütziger Abwägungssaldo ergibt, ein Überschuss aus dem rationalen Insverhältnissetzen ihres Zwecks und ihrer „Kosten" zugunsten Dritter, jene Kosten gerade dem Getöteten gegenüber rechtfertigen können?

Die Antwort lautet: überhaupt nicht.[10] Es gibt nicht eine einzige Form der legitimen Tötung – sie werde von Staats wegen vorgenommen, veranlasst oder als rechtmäßige Privathandlung *de lege* akzeptiert –, die ihre Rechtfertigung gerade aus ihrer Verhältnismäßigkeit bezöge. Weder stimmt dies für die Notwehr, noch für möglicherweise tötungslegitimierende Formen des Notstands oder der Einwilligung des Getöteten. Allenfalls die Legitimation sog. kollateraler Tötungen im Krieg mag sich prima facie als reines Ergebnis einer Verhältnismäßigkeitserwägung darstellen. Aber auch dort täuscht der erste Eindruck. Ich komme auf diese Fragen zurück.

4.3 Tödliche Notwehrhilfe als verhältnismäßiger Eingriff?

Studiert man die verfassungsrechtliche Literatur zum Gesetzesvorbehalt des Art 2 Abs. 2 S. 3 GG und zu den Bedingungen seiner legitimen Konkretisierung, so erhält man einen anderen Eindruck. Auch für Eingriffe in das Lebensgrundrecht, heißt es dort, gelte (1.) als die „in der Rspr. des BVerfG bedeutsamste Schranken-Schranke der Grundsatz der Verhältnismäßigkeit"; materiell seien (2.) „Beschränkungen nicht zur Wahrung beliebiger Gemeinschaftsinteressen, sondern nur nach sorgfältiger Abwägung zum Schutz gleichrangiger Rechtsgüter und unter strikter Beachtung des Übermaßverbots zulässig"; „übergreifende Bedeutung" habe (3.) auch für Eingriffe in das Lebensgrundrecht „vor allem der Grundsatz der Verhältnismäßigkeit"; (4.) solche Eingriffe könnten

9 Zur Verhältnismäßigkeit werden außerdem die Bedingungen „Geeignetheit" und „Erforderlichkeit" gezählt (vgl. oben zu Fn. 6); beide Kriterien gehören allerdings auch zu anderen Legitimationsprinzipien (etwa dem der Notwehr); zur legitimatorischen Kraft der Verhältnismäßigkeit tragen sie daher nichts *dafür* Spezifisches bei.

10 Vorausgesetzt ist dabei eine legitime, hinreichend rechtsstaatliche Verfassungsordnung. Staaten, die ein abstrakt definiertes Gemeinwohl in jedem Fall über selbst die fundamentalen Schutzbelange des Einzelnen stellen („... dein Volk ist alles"), folgen einer anderen Legitimationslogik. Dass sich damit das Problem ihrer Rechtfertigung bloß verschiebt: von der einzelnen Tötungshandlung zur gesamten staatlichen Ordnung, liegt auf der Hand, und ebenso, dass es auch dort nicht akzeptabel zu lösen ist.

„unter strikter Wahrung des Verhältnismäßigkeitsgrundsatzes […] gerechtfertigt sein"; deshalb führe (5.) die Rechtmäßigkeitsprüfung auch von Eingriffen ins Lebensrecht „praktisch zu einer Güterabwägung, die für Art. 5 Abs. 1 und 2 GG grundlegend im Lüth-Urteil entwickelt worden" sei.[11] Das BVerfG schließlich führt zu § 14 Abs. 3 LuftSiG aus, er sei, soweit er den Abschuss eines „nur mit Angreifern besetzten Flugzeugs" erlaube, „verhältnismäßig im engeren Sinne" und deshalb *insofern* verfassungsmäßig.[12]

Alle diese Formulierungen sind, so meine ich, irreführend. Augenfällig zeigt sich das, wenn sie konkreter ausbuchstabiert und auf einzelne Falltypen unstreitig legitimer Tötungen zugeschnitten werden. Bei Starck liest man, exemplarisch für viele, über den erlaubten tödlichen Schusswaffengebrauch („finalen Rettungsschuss") der Polizei zur „Abwehr einer gegenwärtigen Lebensgefahr oder einer schwer wiegenden Verletzung der körperlichen Unversehrtheit": „Das Leben des Angegriffenen oder die Verhinderung eines massiven Angriffs auf dessen körperliche Unversehrtheit wird höher eingestuft als das Leben des Angreifers."[13] Das ist wohl eine schlüssige Anwendung des Verhältnismäßigkeitsgrundsatzes auf die tödliche polizeiliche Nothilfe. Aber richtig ist es nicht. Vor dem Hintergrund der unbestrittenen allgemeinen Bekenntnisse zum Wert jedes Menschenlebens, der auf der Würde des Menschen beruhe, mutet es schon prinzipiell seltsam an, dass es Leben von rechtlich minderem Wert geben soll. Das BVerfG hält in ständiger Rechtsprechung und unter Zustimmung der Literatur daran fest, dass „jeder Mensch als Person diese Würde ohne Rücksicht auf seine Eigenschaften, seinen körperlichen oder geistigen Zustand, seine Leistungen und seinen sozialen Status" besitzt.[14] Und es hält außerdem genauso unverrückbar daran fest, dass die Zuschreibung eines rechtlich minderen Lebenswertes – im Extremfall: „Lebensunwerts" – gegen die Menschenwürde verstoße.[15] Mit diesen beiden allseits anerkannten Elementen der Menschenwürde ist es nicht vereinbar, die Rechtmäßigkeit einer staatlich veranlassten oder geduldeten Tötung damit zu begründen, der Lebenswert des Getöteten sei in der konkreten Situation rechtlich „niedriger eingestuft" gewesen.

---

11 Die Zitate in Kingreen/Poscher (2022) Rn. 405; Lorenz (2001), § 128 Rn. 38; Sachs (2017), Kap. 14 Rn. 94; Di Fabio (2004), Art. 2 Abs. 2 Rn. 37; Schulze-Fielitz (2018), Art. 2 Abs. 2 Rn. 58 (alle m.w.N.).

12 BVerfG, NJW 2006, 761 (Rn. 153); ähnlich schon vorher (Rn. 144).

13 Starck (2005), Art. 1 Rn. 78 (m.w. N.).

14 Erneut betont im Urteil zu § 14 Abs. 3 LuftSiG, NJW 2006, 757 (Rn. 119), m.w.N. – „Ohne Rücksicht auf seine Leistungen" schließt ersichtlich auch Negativleistungen ein, also etwa Straftaten.

15 So auch im Urteil zum LuftSiG, aaO, 758 (Rn. 228), m.w.N.

Doch ganz unabhängig von solchen Inkonsistenzen mit Grundsatzformeln ist es aus rechtsprinzipiellen Gründen verfehlt, die Legitimität staatlich veranlasster Notwehrtötungen als Funktion ihrer Verhältnismäßigkeit aufzufassen. Eine solche Sicht verwechselt Handlungsverantwortung mit Folgenabwägung. Beide haben nichts miteinander zu tun. Wer sie identifiziert, dürfte sich außerdem in zahlreichen Situationen zweifelsfrei rechtmäßiger Notwehr- oder Nothilfetötungen unversehens zu allerlei begrifflichen Kraftakten gedrängt fühlen, deren sachliche Unplausibilität bei näherem Hinsehen auf der Hand liegt. Im Folgenden seien einige solche Situationen skizziert. Sie betreffen vornehmlich Handlungen privater, nicht polizeilicher Notwehr (Nothilfe); doch ist das für unser Problem ohne wesentlichen Belang. Wohl werden die Voraussetzungen polizeilicher „Rettungsschüsse" in den einschlägigen Befugnisnormen generell enger formuliert als die Kriterien der Notwehr-bzw. Nothilferechtfertigung für Private nach § 32 StGB.[16] Wegen der überragenden Bedeutung des Rechtsguts Leben und seines Status als „Alles-oder-nichts-Grundrecht" gegenüber jedem Eingriff[17] dürfte der Staat jedoch aus Gründen seiner verfassungsrechtlichen Schutzpflicht Tötungshandlungen Privater, die *prinzipiell* nicht legitimierbar sind, als rechtmäßige so wenig zulassen wie selber begehen. Denn die Billigung solcher Tötungen durch das Recht ist allein Sache des Staates; ausschließlich ihm wäre sie daher als Eingriff zuzurechnen.[18]

Beispiele

Zur Veranschaulichung: Dass eine Frau (oder ein Dritter für sie) eine ihr drohende Vergewaltigung mittels tödlicher Notwehr gegen den Angreifer abwehren

---

16 Diese Beschränkung ist zwar positivrechtlich (Art. 2 EMRK), aber keineswegs rechtsprinzipiell geboten. Daran ändert sich nichts, wenn man polizeiliche Rettungsschüsse formell ganz aus der Sphäre der Notrechte herausnimmt und allein als Gefahrenabwehr definiert (so Jakobs [1993], 12/41 ff.), die eben verhältnismäßig sein müsse. Denn *materiell* geht es um Nothilfehandlungen; in den dafür geltenden Prinzipien muss ihre Legitimation gründen. Das gilt auch, wenn man den Zweck der engeren hoheitlichen Sondernormen nicht primär im Schutz des Angegriffenen, sondern im Schutz des Rechtsstaats sehen will (Jakobs, aaO, 12/44). Denn der Rechtsstaat legitimiert sich seinerseits nur aus der Gewährleistung der (vorrangigen) Rechte der Individuen. Auch hier trägt daher die Einschränkung per Verhältnismäßigkeit zur Legitimation des tödlichen Schusses nichts bei.

17 Formulierung bei Hartleb (2005), 1397.

18 Dem steht nicht entgegen, dass die (positive) Schutzpflicht des Staates gegenüber Eingriffen Dritter auch beim Lebensrecht weniger gewichtig ist als das ihn unmittelbar treffende (negative) Verbot, selbst zu töten. Prinzipiell illegitime Tötungshandlungen Privater (etwa die „vorbeugende" Tötung potentieller Angreifer), dürfte er dennoch keinesfalls zulassen.

darf, wenn keine mildere Art der Verteidigung möglich ist, bestreitet niemand.[19] Schon hier strapaziert aber die Behauptung, das Leben des Angreifers sei während seines Angriffs rechtlich „weniger wert" als die physische Integrität der Bedrohten, den halbwegs geschulten Sinn für rechts- und allgemeinsprachliche Bedeutungen, von den Grundsatzformeln zur Menschenwürde nicht zu reden. Darüber hinaus ist es aber keineswegs so, dass nur zur Abwehr derart gravierender Angriffe oder nur solcher gegen die körperliche Unversehrtheit getötet werden dürfte. Niemand, der einem anderen physisch hoffnungslos unterlegen ist, muss sich von diesem auch nur fünf Minuten lang ohrfeigen lassen, wenn er die Behandlung nur mit einem tödlichen Messerstich unterbinden kann. Niemand muss sich von einem Angreifer gegen seine Bewegungsfreiheit auch nur einen Tag lang rechtswidrig einsperren lassen, wenn seine einzige Chance zur Befreiung die Tötung des Angreifers erfordert. Und hier reichen Wertvergleiche, die etwa die Bewegungsfreiheit „höher einstufen" wollten als das Leben des Angreifers, schon ins Abwegige. Definitiv dorthin kippen sie, wenn man mit der durchaus herrschenden Auffassung zur strafrechtlichen Notwehr deren tödliche Ausübung auch zum Schutz erheblicher Sachwerte, sagen wir eines Diamantrings, akzeptieren und das Minderwertigkeitsverdikt über das Leben des Getöteten gleichwohl durchhalten wollte.[20] Das physische Unbehelligtsein von Ohrfeigen, die Freiheit zur Fortbewegung während *eines* Tages, der Besitz eines Diamantrings: sie alle sind einfach unter keinen Umständen „rechtlich wertvoller" als das Leben eines Menschen, auch nicht dessen, der sie rechtswidrig bedroht. Dennoch dürfen sie gegebenen- und äußerstenfalls mit Billigung der staatlichen Rechtsordnung mittels tödlicher Notwehr verteidigt werden. Ganz genauso darf dies übrigens auch ein Rechtsgut, das sein Inhaber selbst zur Vernichtung bestimmt und in diesem Sinne *de facto* bereits radikal „entwertet" hat. Beispiel: Der Suizident A (Nichtschwimmer) steht schon am Rand einer Brücke über ein Gewässer, um sich von dort in den Tod zu stürzen. Da bemerkt er seinen Feind B, der mit gezücktem Messer und erkennbarem Tötungsvorsatz auf ihn, A, zuläuft. A wehrt zuerst B mit einem tödlichen Messerstich ab und springt sofort danach von der Brücke, um sich selbst zu töten, wird aber gerettet. An seiner Rechtfertigung durch Notwehr besteht kein Zweifel, selbst wenn er alsbald erneut einen Suizidversuch unternähme, und

---

19 Ersichtlich ist die „Erforderlichkeit" der gewählten Verteidigungsart („kein milderes Mittel") aus prinzipiellen Gründen auch hier, nicht nur bei Verhältnismäßigkeitsprüfungen, Voraussetzung einer Legitimation; das macht sie freilich nicht zum Bestandteil einer Abwägung.

20 Manche Strafrechtler verneinen unter Berufung auf Art. 2 EMRK allerdings die Rechtfertigung einer tödlichen Sachwehr; s. dazu MüKo/Erb (2020), § 32 Rn. 13. Für meine Argumentation ist die Frage nicht entscheidend.

nun ggf. erfolgreich. Ganz genauso rechtmäßig wäre in diesem Szenario aber auch der „finale Rettungsschuss“ eines Polizisten, der in Kenntnis sämtlicher Umstände, einschließlich des Suizidplanes des A, den Angriff des B mit tödlicher Wirkung blockierte.[21]

In keinem dieser Fälle beruht die Rechtmäßigkeit der Tötung auf einem höheren Wert des geschützten Guts gegenüber dem Leben des Angreifers, in keinem Fall daher auch auf der Verhältnismäßigkeit des angestrebten guten Zwecks zu der mit ihm verbundenen tödlichen Folge. Das gilt für den Staat, der eine solche Notwehr (Nothilfe) selbst ausübt, nicht weniger als für den Privaten, dem er sie (in weiterem Umfang) erlaubt. Was die Tötung in Notwehr legitimiert, ist etwas anderes: die herausgehobene Zuständigkeit des Angreifers für sein rechtswidriges Handeln und damit auch für die zu dessen Blockade erforderlichen Maßnahmen. Diese Zuständigkeit führt aber keineswegs zu einer Veränderung des rechtlichen Wertes der involvierten Güter. (Wie sollte sie?) Eben deshalb hat sie auch mit irgendeiner (neuen) Verhältnismäßigkeit zwischen ihnen nichts zu tun. Vielmehr bedeutet sie, dass dem Angreifer nicht bloß die unmittelbaren Folgen seines Handelns, z.B. Verletzungen des Angegriffenen, sondern auch und gerade die wegen des Angriffs erforderlichen Verteidigungshandlungen des Angegriffenen sowie *deren* Folgen genauso zugerechnet werden, als hätte er sie selber aus- bzw. herbeigeführt. Zu diesen Folgen gehört in unseren Beispielsfällen aber jeweils sein eigener Tod.

Notwehr: Zurechnungslogik als Grundlage der Rechtfertigung

Was heißt das? Knapp und pointiert: normativ betrachtet bringt sich der Angreifer mit der tödlichen Verteidigung, die er zur Blockade seines rechtswidrigen Tuns erforderlich macht, selbst um. Anders (und strafrechtlich) formuliert: Wird er in Notwehr getötet, so hat er einen Suizid in mittelbarer Täterschaft begangen. Er nötigt durch seinen Angriff dem Verteidiger die erforderliche Verteidigungshandlung auf. Damit macht er sie mitsamt ihrer Folge – seinem eigenen Tod – zu etwas, das rechtlich ihm, nicht dem Genötigten zugerechnet wird.[22]

---

21 Vgl. § 41 Abs. 2 ME PolG (Musterentwurf eines einheitlichen Polizeigesetzes).

22 Drei strafrechtliche Klarstellungen: (1.) der rechtsdogmatische Begriff der mittelbaren Täterschaft bezieht sich natürlich nur auf straftatbestandliches Handeln, während der Suizid tatbestandslos ist. Das ändert aber nichts an der logischen Struktur der Notwehrkonstellation, die der einer mittelbaren Täterschaft (des Angreifers im Hinblick auf die Verteidigungshandlung) entspricht. – (2.) Dem eine tödliche Notwehr auslösenden Angreifer fehlt natürlich regelmäßig der (für eine mittelbare Täterschaft erforderliche) Vorsatz, selbst getötet zu werden; an der objektiven Zurechnung der Abwehr und ihres Erfolges ändert das jedoch nichts. – (3.) Zur „Nötigung“: den Tatbestand des § 240 StGB

Wer dem nicht zustimmen mag, erwäge den folgenden Fall: A will seinen geisteskranken Bruder B loswerden. Daher stiftet er ihn zu einer gefährlichen Messerattacke auf X an, indem er ihm suggeriert, X sei der Teufel und B habe von Gott den Auftrag erhalten, X zu beseitigen. Der zwar geisteskranke, aber fromme und kräftige B stürzt sich mit Tötungsvorsatz auf X. Dieser kann sich nur retten, indem er den B erschießt. – Es ist nicht zweifelhaft, dass A wegen Totschlags (ggf. Mordes) an B haftet, wiewohl die unmittelbar tödliche Handlung von X vollzogen worden ist. Die Ableitung sieht so aus: X hat in Notwehr gehandelt; daher wird sein Tun mitsamt dessen Folgen dem Angreifer zugerechnet. Der unmittelbar Angreifende war B; da dieser aber geisteskrank, also rechtlich nicht verantwortlich war, wird sein Angriff dem Hintermann, der ihn veranlasst („gesteuert") hat, zugerechnet: dem A. Dieser ist daher – in mittelbarer Täterschaft – der wirkliche Angreifer. Somit ist er es auch, dem die Abwehr zugerechnet wird. Er hat also – in zweifacher mittelbarer Täterschaft – sowohl einen versuchten Totschlag an X (durch B) als auch einen vollendeten Totschlag an B (durch X) begangen.[23] Das alles steht strafrechtlich außer Zweifel. Dieselbe normative Logik der Zurechnung gilt aber auch dann, wenn jemand nicht „durch einen anderen" (§ 25 Abs. 1, 2. Alt. StGB), also in mittelbarer Täterschaft, sondern unmittelbar selbst angreift. Auch dann ist die erforderliche Abwehr *seine* Tat. Trifft sie ihn mit tödlicher Wirkung selbst, so hat er, rechtlich betrachtet, einen Suizid begangen.[24]

Damit erst ist der Grund für die Rechtfertigung von Notwehrtötungen richtig identifiziert. Und nun lohnt sich freilich ein genaueres Hinsehen: Eine solche Tötung, auch die staatlich veranlasste tödliche Nothilfe, berührt das Grundrecht auf Leben in Wahrheit gar nicht. So wenig wie der *de-facto*-Suizident sein eigenes Recht auf Leben verletzen kann (weil sein subjektives

erfüllt sie nicht, weil der Angreifer nicht „zu dem Zweck" (§ 240 Abs. 2) handelt, getötet zu werden. Eine nötigende (unfrei machende) Handlung ist sie gleichwohl.

23 Genauer: Der Mordversuch an X setzt voraus, dass A auch einen für X tödlichen Ausgang immerhin für möglich gehalten hat. Auf der Ebene der Konkurrenzen muss dann freilich dieser tatbestandlich begangene Mordversuch zurücktreten; denn jedenfalls hatte A nur hinsichtlich *einer* Tötung Vorsatz, wie auch immer die Aktion ausgegangen wäre. Er kann also nicht für zwei vorsätzliche Tötungsdelikte bestraft werden.

24 Dass dies in der Strafrechtslehre bei der Erörterung der Notwehr regelmäßig unerwähnt bleibt, hat seinen Grund wohl nur in dem Umstand, dass der Suizid keine Straftat und daher (erstens) nicht weiter erwähnenswert und (zweitens) nichts ist, was im *technischen* Sinne des § 25 Abs. 1 Alt. 2 StGB in mittelbarer Täterschaft begangen werden könnte. Bei Dreieckskonstelallationen wie der unseres Falles zwischen A, B und X wird aber die dargelegte Struktur der (mittelbaren) Zurechnung offensichtlich; und hier zweifelt auch niemand an ihr.

Recht ausschließlich andere, niemals ihn selbst verpflichtet[25]), so wenig kann dies der *de-iure*-Suizident, also derjenige, dem als Angreifendem nach den dargelegten normativen Prinzipien die erforderliche Verteidigungshandlung als von ihm begangene zugerechnet wird.

Deshalb ist auch, so meine ich, die geläufige Auffassung nicht richtig, wonach die Zulässigkeit der tödlichen Notwehr einschließlich des Todesschusses nach den Polizeigesetzen den Musterfall dessen vorstelle, was vom Gesetzesvorbehalt in Art. 2 Abs. 2 S. 3 GG gemeint und erfasst sei. Möglicherweise haben das ja die sog. Väter (Mütter) des Grundgesetzes bei ihren Beratungen selbst so gesehen. Vielleicht ist es auch eingängiger und deshalb vorzugswürdig, zur Legitimation der polizeilichen Befugnis zum „finalen Rettungsschuss" (oder auch des § 32 StGB) einfach auf Art. 2 Abs. 2 zu verweisen anstatt auf die hier dargelegten, ein wenig verwickelteren Analysen. An deren Ergebnis und seiner Bedeutung für die Klärung des Legitimationsgrundes ändert das aber nichts: Die Zulässigkeit (das Unverbotensein) des Suizids und deshalb auch der Notwehrtötung bedeutet keinen Eingriff in das Grundrecht auf Leben. Daher stünde ihr auch ohne den Gesetzesvorbehalt in Art. 2 Abs. 2 S. 3 nichts entgegen. Der übliche Rekurs darauf ist als eine Art deklaratorischer Klarstellung gewiss sinnvoll. Worauf es aber ankommt ist, sich die wirklichen normativen Fundamente der Rechtfertigung deutlich zu machen. Sowenig zwar die tödliche Notwehr Rechtsordnung und Rechtspraxis noch nachhaltig irritieren könnte, so gänzlich anders verhält sich das mit den Grenzfällen rechtlicher Erlaubnisse zum staatlichen Töten. Die Debatten um § 14 Abs. 3 LuftSiG belegen das anschaulich. Hat man aber über die prinzipiellen Normfundamente staatlicher Tötungserlaubnisse schon in deren eindeutigen Fällen keine Klarheit, so wird man diese in den Grenzfällen erst recht nicht erreichen.

Fassen wir das bisher Erörterte in eine knappe Formel. Für den exemplarischen Fall legitimer Tötung, die Notwehr, gilt: Getötet werden darf jemand, weil und sofern ihm diese Tötung als adäquate Folge eigenen Handelns und daher wie eine Selbsttötung zugerechnet wird, nicht aber deshalb, weil diese Folge verhältnismäßig wäre. Zurechnung heißt, salopp gesprochen: „Das ist *in toto* deine Sache!" – von Abwägung und Verhältnismäßigkeit keine Spur.[26]

---

25 Manchmal wird das verkannt und deshalb angenommen, ein Suizident taste sein eigenes Grundrecht auf Leben an (so VG Karlsruhe, JZ 1988, 209; *Knemeyer* [1977], 256, Fn. 114. Das ist aber nicht richtig; ein solches „Antasten" eigener subjektiver Rechte ist begrifflich ausgeschlossen; dazu Merkel (2001), 397 ff.

26 Nach h.M. im Strafrecht endet die Befugnis zur Notwehr (ihr „Gebotensein" iSv. § 32 Abs. 1 StGB) an der normativen Grenze einer *krassen Unverhältnismäßigkeit* (Tötung zur Abwehr einer Beleidigung u.ä.). Das macht aber die *erlaubte* Notwehr nicht zu einer Frage der Verhältnismäßigkeit. Die „grobe Unverhältnismäßigkeit" ist auch keineswegs

Tötung Unbeteiligter?

Nun gibt uns dies alles freilich für § 14 Abs. 3 LuftSiG noch keine Antwort. Denn das unter Grundrechtsgesichtspunkten Problematische an der Norm war unstreitig nicht die Tötung der potentiellen Angreifer, also der terroristischen Entführer einer Verkehrsmaschine, sondern die der unbeteiligten Passagiere. Diese sind keine Angreifer. Für sie steht deshalb von vornherein fest, dass ihre Tötung keinesfalls nach Notwehrprinzipien zu rechtfertigen wäre. Doch verhilft uns die bisherige Klärung zu zwei grundsätzlichen Orientierungen für die weitere Analyse. Erstens: was (staatliche) Tötungen allenfalls legitimieren kann, sind Prinzipien der Zurechnung, nicht der Verhältnismäßigkeit. Und zweitens: Möglicher Gegenstand einer legitimen Zurechnung ist nicht nur das, was sich jemand durch sein verantwortliches Handeln, z.B. als Angreifer, selbst zugezogen hat; vielmehr kennt das Recht noch weitere fundamentale Zurechnungsprinzipien, die an andere Umstände anknüpfen als an das verantwortliche Handeln von Personen. Beide Einsichten könnte man so zusammenfassen: In einer Verfassungsordnung, die auf individuellen Grundrechten beruht, darf die primäre Perspektive, in der die Legitimität einer staatlichen Tötung gesucht wird, nicht die des tötenden Staates sein – etwa mit der Frage: Was ist, gewissermaßen von außen und oben betrachtet, das beste Gesamtresultat des Geschehens? Vielmehr muss es die des ggf. zu tötenden Bürgers sein – nämlich die Frage: Unter welchen Voraussetzungen kann ihn eine rechtliche Pflicht treffen, seine eigene Tötung zu dulden?

Wenn uns also etwas zur Klärung unseres Problems verhelfen kann, dann sind es jene weiteren Zurechnungsprinzipien jenseits der Notwehr; nicht dagegen ist es das gängige Analyseschema des öffentlichen Rechts zur Prüfung von Grundrechtseingriffen. Spätestens hier liegt nun ein Einwand nahe, der in der Diskussion um das Luftsicherheitsgesetz auch erhoben worden ist.

4.4 Strafrecht – oder Grundprinzipien rechtlicher Zurechnung?

Nämlich dieser: Sind wir nicht unversehens einfach bei den Prinzipien strafrechtlicher Zurechnung gelandet? Geht es aber dort nicht lediglich und ausschließlich um die Frage der individuellen Verantwortlichkeit einzelner

der materielle Grund für die Begrenzung der Notwehr; vielmehr ist sie nur ein Maßbegriff zur formellen Markierung der Schwelle, ab der die Wirkung jenes materiellen Grundes beginnt. Dieser selbst liegt in der Auferlegung einer rechtlichen Pflicht zur Mindestsolidarität aller Staatsbürger untereinander; sie kommt daher in engen Grenzen auch und sogar dem rechtswidrig Angreifenden zugute.

Personen? Und ist diese Frage nicht etwas ganz anderes als die nach der Legitimität eines staatlichen Eingriffs in Grundrechte durch ein Gesetz? Das BVerfG deutet diesen Einwand beiläufig an: Es habe „hier nicht zu entscheiden, wie ein […] Abschuss und eine auf ihn bezogene Anordnung strafrechtlich zu beurteilen wären".[27] Höfling und Augsberg formulieren das deutlicher: „Die strafrechtlich-rechtsphilosophischen Stellungnahmen zum LuftSiG fokussieren naturgemäß die notwendig individualbezogene Schuldfrage, nicht das hiervon zu unterscheidende verfassungsrechtliche Legitimationsproblem."[28] Aber das ist teils irrig, teils beruht es auf einem Missverständnis: Kein einziger der Strafrechtler, die sich zum LuftSiG haben vernehmen lassen, hat die Frage individueller Schuld oder Strafbarkeit „fokussiert"; vielmehr haben alle die Legitimität der Norm erörtert, die einen solchen Abschuss erlauben sollte.[29] Und wichtiger: Die Prinzipien, auf denen die Grundformen der strafrechtlichen Rechtfertigung beruhen, die der Notwehr, des Aggressiv- und Defensivnotstands, der Einwilligung und der mutmaßlichen Einwilligung, sind nicht einfach strafrechtsinterne Normen. Es sind fundamentale Prinzipien des Rechts. Seinem abstraktesten Grundsatz nach ist das Recht die verbindliche Ordnung der Bedingungen, Formen und Grenzen gleicher und größtmöglicher äußerer Handlungsfreiheit aller, die seinen Normen unterworfen sind.[30] Erlaubnisse zum *Eingriff* in diese äußere Rechtssphäre anderer sind deshalb ersichtlich nur die Kehrseite des rechtlichen Primärprinzips: dass ein solcher Eingriff grundsätzlich Unrecht sei. Als Ausnahmen haben sie teil an der Bedeutung des Prinzips. Wie dieses selbst gehören sie daher zum Fundament allen Rechts.[31]

Es geht also überhaupt nicht um Strafrecht. Es geht um grundlegende Prinzipien jeder freiheitsrechtlichen Ordnung überhaupt: die der Notwehr, des Notstands, der Einwilligung. Nun ist es gewiss eine Binsenweisheit, dass sich der Staat für die Normalfunktionen seiner alltäglichen Verwaltung auf eine Vielzahl anderer, banalerer Eingriffserlaubnisse stützen kann. Im Fall des LuftSiG steht aber die Tötung seiner Bürger zur Diskussion, und das heißt: die

---

27 BVerfG, NJW 2006, 759, Rn. 130.

28 Höfling/Augsberg (2005), 1080.

29 Die Rede ist von Merkel (2004); Pawlik (2004); Sinn (2004); Mitsch (2005). Nach Höflings/Augsbergs Aufsatz sind erschienen M. Köhler (2006), sowie Gropp (2006). Letzterer bildet insofern eine gewisse Ausnahme, als er einen (fiktiven) Fall mit einer dem Flugzeugabschuss nach § 14 Abs. 3 analogen Struktur erörtert, und tatsächlich sub specie individueller strafrechtlicher Verantwortlichkeit; er sagt aber ausdrücklich dazu, dass es ihm nicht auf eine Analyse des verblichenen § 14 Abs. 3 LuftSiG ankomme.

30 Unschwer als „freiheitsrechtlicher" Grundbegriff erkennbar, wie er historisch und sachlich vor allem in der Rechtsphilosophie Kants entwickelt worden ist.

31 Deshalb sind sie auch im Völkerrecht vielfach nachweisbar, in Verträgen und Konventionen ebenso wie im Völkergewohnheitsrecht.

irreversible Beendigung des jeweils individuellen Rechtsverhältnisses im ganzen. Für einen solchen Akt der Totalauflösung dessen, woraus sich die staatliche Zwangsgewalt gegenüber dem Einzelnen grundsätzlich erst legitimiert, könnte keine staatliche Erlaubnis ihre Rechtfertigung außerhalb eben jener Grundprinzipien finden. Nur diese, nicht der abwägende Blick auf „das große Ganze", verweisen auf die richtige Frage. Nicht: Was ist das verhältnismäßig Beste für alle Beteiligten? Sondern: Kann jeder einzelne Getötete verpflichtet werden, seine Tötung zu dulden? Das kann er nur, wenn er *selbst* und *in toto* für eine solche Liquidation seines Rechtsverhältnisses zum Staat zuständig zu machen ist, nicht aber, wenn sie im Blick auf das Ganze, also allein auf die Belange anderer, rational (verhältnismäßig) erscheint.[32]

Gewiss mag man alle diese Überlegungen in der Sache anstellen und ihr Ergebnis am Ende einfach unter das Etikett „Verhältnismäßigkeit" ziehen. Was jene Rechtfertigungsprinzipien erlauben, erhält dann den Stempel des Verhältnismäßigen, was sie verbieten, den des Gegenteils. Verfassungsdogmatische Argumente scheinen nicht selten nach dieser Logik zu verfahren. Damit wird freilich das Kriterium selber zur funktionslosen Schablone: zum *ex-post*-Siegel für Lösungen, die aus anderen materiellen Quellen stammen. An dieser legitimatorischen Irrelevanz ändert sich wenig, wenn man das Verhältnismäßigkeitsprinzip nicht als den primären Grund der Rechtfertigung, sondern nur als deren einschränkendes (negatives) Korrektiv auffasst. Eingriffe, so könnte man dann sagen, deren Legitimation aus anderen Normquellen stammt, werden in einem zweiten Schritt zusätzlich der begrenzenden Kontrolle auf ihre Verhältnismäßigkeit unterworfen. Das mag man so sehen und sagen. Aber eine so verstandene Verhältnismäßigkeit gehört nicht selbst zur positiven Quelle der Rechtfertigung. Sie stellt sozusagen nur das formelle Kanalsystem bereit, in dem die aus jener Quelle fließende materielle Befugnis die äußere Form ihrer legitimen Verwirklichung findet. Das macht sie möglicherweise zu einer notwendigen, aber weder zu einer hinreichenden noch auch nur zu einer genuinen (positiven) Bedingung der Legitimation.[33] Anders

32 Es mag immerhin aufschlussreich sein, dass *nach* Erscheinen der ersten strafrechtlich-rechtsphilosophischen Abhandlungen zu § 14 Abs. 3 LuftSiG auch in den Grundrechtsanalysen der meisten verfassungsrechtlichen Untersuchungen, jedenfalls der Sache nach, die Zurechnungsprinzipien von Notwehr, Notstand und mutmaßlicher Einwilligung erörtert wurden; vgl. nur Höfling/Augsberg (2005), 1083 ff.; Klein (2005), 295 ff.; Baumann, (2004), 858; Kersten (2005), 661; Dreier (2007), 261 ff., 317 ff.

33 In Wahrheit enthalten freilich die materiellen Legitimationsgründe für tödliche Eingriffe (auch des Staates) selber schon die gebotene Einschränkung: die ihrer unbedingten Erforderlichkeit. Ihr fügt das Prinzip der Verhältnismäßigkeit entweder nichts von Belang hinzu oder aber, sofern es echte zusätzliche Einschränkungen fordert, nichts, was

gewendet: Es bedarf zunächst einer vollständigen Legitimation, bevor man deren Reichweite einschränken kann. Zu dieser positiven Rechtfertigung trägt die Einschränkung nichts bei. Beispielhaft: Wenn ein Arzt eine Blinddarmoperation durchführt, so braucht er dafür die Einwilligung des Patienten und eine medizinische Indikation. Operieren darf er freilich auch dann nur, wenn er dabei sterile Instrumente verwendet. Es wäre aber abwegig zu sagen, was den Eingriff vor allem legitimiere, sei die Sauberkeit der Instrumente, mit denen er durchgeführt wird. Ähnlich verfehlt ist die Behauptung, was tödliche staatliche Eingriffe primär legitimiere, sei die Verhältnismäßigkeit, mit der sie durchgeführt würden.

Nun mag man das ex-post-Siegel „Verhältnismäßigkeit" für Rechtfertigungen ganz anderer Provenienz für unschädlich, eine harmlose *falsa demonstratio* halten. Es ist aber nicht unschädlich, sondern wegen seiner prinzipiell falschen Perspektive irreführend. Ist es verhältnismäßig, 300 Unschuldige zu töten, um 3000 Unschuldige zu retten? 30.000? 300.000 (etc. – ad infinitum)? Schwer zu sagen. Manche halten es für evident, weil die Abwägungsbilanz eine so riesige Überzahl an geretteten gegenüber den geopferten Menschenleben aufweise.[34] Andere halten das Gegenteil für evident; denn „Leben gegen Leben" dürfe nicht aufgerechnet werden; der Abschuss sei somit unverhältnismäßig, weil eine solche „Verrechnung" die Betroffenen „zum bloßen Objekt" mache[35]; oder auch: weil sie den „Wesensgehalt" (Art. 19 Abs. 2 GG) bzw. den „Menschenwürdekern" des Lebensgrundrechts antaste.[36]

Alle diese Begründungen liegen in Wahrheit neben der Sache, und die Sachfragen außerhalb solcher Kategorien. Die Notwehrrechtfertigung des „finalen Rettungsschusses" zeigt das nur exemplarisch. Es gilt für andere mögliche Legitimationsgrundlagen staatlicher Tötungshandlungen genauso. Nicht richtig ist auch, dass niemals „Leben gegen Leben" gehalten, niemals gerade aus einer solchen quantitativen „Verrechnung" eine Entscheidung mit tödlichen Folgen abgeleitet werden dürfte. Und ebensowenig stimmt es, dass jemand dadurch „zum bloßen Objekt" gemacht und seine Menschenwürde gerade deshalb verletzt würde. Damit sind wir zurück bei den unterschiedlichen Formeln,

---

normativ geboten wäre, ja möglicherweise sogar etwas von zweifelhafter Legitimität (zB substanzielle Beschränkungen der Nothilfe).

34 Z. B. Baldus (2004), 1285, der das „Utilitaristische" seines Ergebnisses betont und gerade darin dessen Verhältnismäßigkeit gewährleistet sieht; profunder Isensee (2007), 230 f., mit Erwägungen zum Staatsnotstand (s. dazu meine eigene Überlegung oben, Fn. 5).

35 So die Presseerklärung von Bundespräsident Köhler (12.1.2005) zum LuftSiG, der das Gesetz zunächst nicht unterschrieb; s. auch Pieroth/Hartmann (2005), 731; Kersten (2005), 663; ähnlich das BVerfG (NJW 2006, 757, Rn. 121 ff.).

36 Baumann (2004), 859 f.

auf die das abstrakte Verhältnismäßigkeitsprinzip als Schranken-Schranke des Lebensgrundrechts geläufig zugeschnitten wird: bei seinem „engeren Sinn". Auch und gerade die BVerfG-Entscheidung bedient sich solcher Formeln. Deshalb sollen sie auf dem Hintergrund unserer bisherigen Analyse nun etwas genauer betrachtet werden.

4.5 Verfassungsdogmatische Kriterien der Menschenwürdeverletzung

Die sog. Objektformel

Mit Recht weist das BVerfG zunächst die in der Literatur vorgeschlagene Annahme zurück, die Passagiere einer nach § 14 Abs. 3 LuftSiG ggf. abzuschießenden Maschine würden angesichts ihres ohnehin sicher verlorenen Lebens in ihre sofortige Tötung durch den Abschuss „mutmaßlich einwilligen".[37] Unbeschadet der Frage, ob gerade dies die Tötung legitimieren könnte, ist „eine solche Annahme ohne jeden realistischen Hintergrund und nicht mehr als eine lebensfremde Fiktion".[38] Im weiteren stützt das Gericht seine verwerfende Entscheidung vor allem auf die berühmte Dürigsche „Objektformel" zu 1 Abs. 1 GG: „Der Staat, der in einer solchen Situation zur Abwehrmaßnahme des § 14 Abs. 3 LuftSiG greift, behandelt [die durch den Abschuss getöteten Passagiere] als bloße Objekte seiner Rettungsaktion zum Schutze anderer. [...] Sie werden dadurch, dass ihre Tötung als Mittel zur Rettung anderer benutzt wird, verdinglicht und zugleich entrechtlicht."[39]

Aber das ist unbeschadet des zutreffenden Ergebnisses der Entscheidung nicht einzusehen. Es ist irrig, nicht gewollte (unbeabsichtigte) Nebenfolgen einer Handlung als „Mittel" zur Erreichung des beabsichtigten Zwecks (der Hauptfolge) zu bezeichnen, selbst wenn sie aus der Sicht des Handelnden empirisch sicher mit seiner Handlung verbunden sind, er sie also, strafrechtlich gesprochen, mit dolus directus „2. Grades" herbeiführt.[40] Für den

---

37 Der Vorschlag bei Hochhuth (2002), 166 Fn. 44.

38 BVerfG, NJW 2005, 759 (Rn. 131). – Die Konstruktion versagt im Übrigen sofort gegenüber an Bord ggf. befindlichen Kleinkindern, die in gar nichts einwilligen können (auch nicht mutmaßlich), und in deren Tötung (mutmaßlich) einzuwilligen selbstverständlich auch ihre Eltern nicht berechtigt wären.

39 BVerfG, NJW 2005, 758 (Rn. 124); ebenso Höfling/Augsberg (2005), 1083; Schlink (2005), 34.

40 Dass die Tötung der Passagiere nicht selbst der beabsichtigte Zweck des Abschusses ist, liegt auf der Hand. Was jemand beabsichtigt, ist definiert durch diejenigen seiner Überzeugungen von den Folgen seines Handelns, die dieses Handeln erklären (dazu Merkel, [2001], 178 ff.). Auch die sichere Voraussicht, dass die unschuldigen Passagiere nach dem Abschuss der Maschine tot sein werden, ist aber offensichtlich nicht die Erklärung für den Abschuss; diese liegt vielmehr in der Erwartung, dass andere gerettet werden.

Zweck eines Abschusses nach § 14 Abs. 3 LuftSiG – das Unschädlichmachen des Flugzeugs und die Rettung der bedrohten Menschen am Boden – wäre die Tötung der Passagiere und wären damit diese selbst nur dann ein Mittel, wenn ihr Tod aus der Sicht des Staates, der den Abschuss anordnet, ein empirisch notwendiges Glied in der Kausalkette zwischen Handlung (Abschuss) und intendiertem Zweck (Rettung) wäre. Dass dieser Tod seinerseits nicht gewünscht, sondern beklagt würde, stünde seiner Funktion als notwendig (mit)beabsichtigtes Mittel dann nicht entgegen. Wer sein Haus anzündet, um seine Brandversicherung zu betrügen, mag dabei die Zerstörung des Hauses lebhaft bedauern. Da sie aber für ihn ein notwendiges Zwischenglied in der Kausalkette zwischen Anzünden und dem beabsichtigten Kassieren ist (ohne sie kein Geld), beabsichtigt er sie zwingend mit.

Eine solche Struktur weisen Geschehensabläufe, in denen ungewollte, wenngleich sichere Folgen einer Handlung keine Kausalfunktion für den beabsichtigten Endzweck haben, jedoch nicht auf. Zu diesem Falltypus gehört aber der Flugzeugabschuss nach § 14 Abs. 3 LuftSiG. Nicht *indem* (oder dadurch dass) die Passagiere sterben, werden die Bedrohten am Boden gerettet, sondern dadurch, dass das Flugzeug abstürzt. Aber auch das Flugzeug stürzt nicht dadurch ab, dass die Passagiere sterben, sondern weil es abgeschossen wird. Und eben dadurch sterben auch die Passagiere. Ihr Tod steht also kausal unverbunden neben dem Rettungsmittel „Absturz der Maschine"; er wird zusammen mit diesem durch eine und dieselbe Handlung, den Abschuss, herbeigeführt. Deshalb ist es schon logisch falsch, von einem „Benutzen" des Todes der Passagiere und damit ihrer selbst „als Mittel zur Rettung anderer" zu sprechen. Man verzeihe eine triviale Veranschaulichung: Wenn sich jemand auf einer Party hemmungslos betrinkt, um als Stimmungskanone zu reüssieren, und dabei sicher weiß, dass er seine Begleiterin damit verärgert, dann ist es verfehlt zu behaupten, er benütze den Ärger seiner Begleiterin als Mittel für seinen Erfolg als Stimmungskanone. In exakt demselben Sinne unrichtig ist aber die „Mittel"-Behauptung des BVerfG zum LuftSiG. Nicht weil die Passagiere dadurch „zum Mittel degradiert" würden, darf das Flugzeug nicht abgeschossen werden. Sondern weil sie – Mittel oder nicht – keine Rechtspflicht haben, sich in einer Rettungsaktion töten zu lassen, die anderen dient. Das dürfte der Senat in der Sache ja durchaus so ähnlich gemeint haben. Man fragt sich aber, warum er dann die ohnehin kaum brauchbare Objekt-Formel bemüht, und wenn schon, warum auf eine so unschlüssige Weise.[41]

41 Zu Recht kritisch insofern auch Schenke (2006), 738. – Schon prinzipiell nicht überzeugend ist die Formel deshalb, weil sie das Augenmerk allein auf den *äußeren Modus* des Umgangs mit einem (anderen) Menschen lenkt, und die dabei involvierten vorgängigen

Abwägung „Leben gegen Leben"

Eine weitere gängige Formel, die in der Debatte um das LuftSiG oft bemüht wurde, ist die der (angeblich) von Art 1 Abs. 1 GG verbotenen „Abwägung Leben gegen Leben". Genau eine solche Abwägung setze § 14 Abs. 3 voraus: die des Lebens der zu Rettenden mit dem Leben der dafür zu Tötenden.[42] Trotz ihrer Beliebtheit ist die Formel aber bestenfalls irreführend, genau besehen falsch. Wörtlich gemeint sein kann sie ohnehin nicht: Was sollte denn am *Abwägen* verboten sein? *Töten* darf man nicht! Was die Formel besagen soll, kann also nur dies sein: Eine Tötung könne niemals damit gerechtfertigt werden, dass sich ein Handelnder in einer sonst ausweglosen Entweder-oder-Situation nach einem quantifizierenden Vergleich für die Rettung der größeren Zahl auf Kosten des Lebens der geringeren Zahl von Menschen entschieden habe. Denn damit würden Menschen zu „Zählposten einer Abwägung", zu einer „bloßen Rechengröße" gemacht, und das sei ein Verstoß gegen ihre Menschenwürde.[43]

Aber das ist einerseits falsch und verzeichnet andererseits etwas Richtiges, das es ersichtlich vor allem meint, mit einer schiefen Formulierung. Selbstverständlich kann es in bestimmten Situationen zulässig, ja geboten sein, eine Entweder-oder-Entscheidung zur Lebensrettung ausschließlich von einem „abzählenden" Kalkül zur Rettung der größeren Zahl abhängig zu machen. Und selbstverständlich gilt das auch für staatliches Handeln. Man nehme nur einen Fall, in dem zwei positive, also zwei Hilfspflichten kollidieren. Beispielhaft: Der Führer F des einzigen Feuerlöschwagens in einer abgelegenen Provinzgegend sieht sich mit der Frage konfrontiert, ob er von dem in den Untergeschossen schon lichterloh brennenden Bau eines Kindergartens den Westflügel mit (im Obergeschoss) derzeit fünfzig oder aber den Ostflügel mit fünf Kindern zu löschen versuchen soll. Nach rascher Vergewisserung über diese Zahlen und in klarer Einschätzung des alternativlosen Entweder-Oder der Lage entscheidet er sich für die mögliche Rettung der fünfzig, und zwar allein deshalb, weil sie mehr sind als die fünf anderen. Zweifellos handelt F sowohl objektiv richtig als auch aus dem moralisch richtigen Grund. (Man erwäge, wie man

---

Rechte und Pflichten der Beteiligten ignoriert. Das ist aber verfehlt. Jede im Notstand einem anderen aufgezwungene Handlung macht den Genötigten „ausschließlich zum Mittel" für fremde Zwecke. Wer einen widerstrebenden Autofahrer mit vorgehaltener Pistole nötigt, ein schwer verletztes Kind zur Lebensrettung in die Klinik zu fahren, „benützt" den Autofahrer genau in diesem Sinn. Er ist aber nach § 34 StGB dafür gerechtfertigt. Soll das Dulden dieser Rechtfertigung durch den Staat angesichts seiner in Art. 1 Abs. 1 unzweideutig betonten Schutzpflicht als Menschenwürdeverletzung gelten?

42 Am prominentesten vertreten von Bundespräsident Köhler (Fn. 34); ebenso Pieroth/Hartmann (2005), 729 f.; in der Sache ebenso Baumann (2004), 858 f.;

43 Die erste Formulierung bei Pieroth/Hartmann (2005), 730; die zweite bei Baumann (2004), 858.

wohl die umgekehrte Entscheidung beurteilen würde. Nach deutschem Strafrecht dürfte sie sogar strafbar sein.[44]) Sicher ist jedenfalls, dass F trotz seines „abzählenden" Kalküls nicht die Menschenwürde der umkommenden fünf Opfer verletzt hat. Und dennoch hat er diese allein deshalb umkommen lassen, weil sie in der Minderzahl waren. Mehr noch: allein wegen dieses Kalküls ist seine Handlung die richtige gewesen. *Solche* abzählenden Entscheidungen könnte der Staat seinen Bediensteten in einer allgemein verbindlichen Norm auch vorschreiben.

Man wird einwenden, so sei die Formel „Leben gegen Leben" nicht gemeint, und das ist ohne weiteres glaubhaft. Aber so ist sie formuliert. „Zählposten einer Abwägung" werden die Kinder in unserem Beispiel um nichts weniger als die Menschen, die bei einem Flugzeugabschuss zugunsten der Rettung vieler anderer geopfert werden. Und dennoch ist diese „abzählende" Opferung verboten, während jene (ganz genauso abzählende) Rettung erlaubt, ja geboten ist. Daher kann die normative Differenz nichts mit dem Abzählen zu tun haben, nichts mit dem Vergleich der Quantitäten der zu rettenden und der dem Verderben preiszugebenden Menschen und nichts auch mit dem gänzlich unstrittigen Umstand, dass der Wert jedes Menschenlebens dem jedes anderen Menschenlebens rechtlich gleich ist.[45]

Sie erklärt sich vielmehr aus einem normativen Unterschied, den die obige Formulierung beiläufig im Kontrast der Begriffe „Opferung" und „Rettung" andeutet. Der Täter eines Flugzeugabschusses missachtet eine negative Pflicht: das Tötungsverbot; er „opfert" aktiv die Getöteten. Der Feuermann beim Kindergartenbrand ignoriert dagegen eine positive Pflicht: das Hilfsgebot; er rettet die fünf Opfer nicht. Man mag lange darüber räsonieren, warum Verletzungsverbote regelmäßig gewichtiger sind als Hilfsgebote.[46] Manche Moralphilosophen utilitaristischer Provenienz bestreiten diese normative Asymmetrie sogar prinzipiell, jedenfalls für die Ethik. Aber das ist schon dort nicht überzeugend. Rechtlich ist es jedenfalls falsch, und dafür gibt es gute Gründe. Der wichtigste liegt in der Grundfunktion des Rechts: Es soll nicht (wie die Ethik) primär „das gute Handeln" der Bürger gewährleisten, sondern die

---

44 § 323 c StGB (sofern man keine Garantenpflichten annehmen will) – die hinreichende Beweisbarkeit der jeweiligen Rettungschancen und deren Kenntnis (Vorsatz) beim Handelnden natürlich vorausgesetzt.

45 Das letztere hält Hartleb (2005), 1398, für den Grund des „totalen" (nämlich jede Quantifizierung nach Zahlen untersagenden) „Gewichtungsverbots" gegenüber menschlichem Leben. Es gibt aber, wie unser Beispiel deutlich macht, kein solches „totales Gewichtungsverbot".

46 In sog. Garantenverhältnissen und unter besonderen Umständen mag der Unterschied bis zur Unerkennbarkeit verschwinden.

wechselseitige Sicherung ihrer persönlichen Freiheit garantieren. Paul Johann Anselm von Feuerbach hat das zu Beginn des 19. Jahrhunderts knapp und klassisch in den Satz gefasst, „die ursprüngliche Verbindlichkeit" des Staatsbürgers gehe „nur auf Unterlassungen".[47] Seiner vorrangigen Aufgabe nach stiftet das Recht daher „keine Solidargemeinschaft der Bedürftigen, sondern eine Schutzgemeinschaft der Handlungsmächtigen".[48]

Das deutet zunächst ersichtlich nur auf die Rechtsbeziehungen zwischen Privatpersonen, nicht auf deren Rechtsbeziehungen zum Staat. Doch ist es dessen primäre Aufgabe, eben eine solche Rechtsordnung zwischen seinen Bürgern zu garantieren, eine Aufgabe, die für ihn eine *positive* Pflicht ist. Verfassungsrechtlich ist sie geläufig unter dem Titel „grundrechtliche Schutzpflicht", die ihm gegenüber seinen Bürgern obliegt.[49] Aber deren eigene „erste Pflicht", die „auf Unterlassungen geht", also die zwischen ihnen geltenden Verletzungsverbote, spiegelt sich selbstverständlich auch in *seiner* Primärpflicht wider. Denn das eben ist seine Hauptfunktion: Garant dieser freiheitsrechtlichen Ordnung zwischen seinen Bürgern zu sein. So wie er zwischen den Rechtsunterworfenen in erster Linie die wechselseitigen Verletzungsverbote zu sichern hat, so hat er sein eigenes Verhalten gegenüber den Bürgern vorrangig in den Grenzen jener Verletzungsverbote zu halten, die ihm von den subjektiven Rechten seiner Bürger gegen ihn selbst auferlegt werden: von deren Grundrechten. Dem entspricht die liberal-rechtsstaatliche Konzeption des Grundgesetzes vollständig.[50]

Damit ist zugleich eine fundamentale Konkurrenzregel formuliert und begründet: Die negativen (Unterlassungs-) Pflichten des Staates, denen aufseiten der Bürgers die „abwehrrechtlichen" Funktionen ihrer Grundrechte entsprechen, gehen den positiven, den Schutzpflichten in jeder direkten Kollision zwischen beiden ausnahmslos vor.[51] Das ist im Verfassungsrecht, soweit

---

47 Feuerbach (1801), § 24.

48 So prägnant Kersting (2000), 318, zum Grundgedanken der Rechtsphilosophie Kants, des philosophischen Gewährsmannes dieser freiheitsrechtlichen Konzeption.

49 Deren Bereich umfasst bekanntlich mehr als nur die Sicherung grundrechtsgeschützter Freiheitssphären zwischen den Bürgern, z.B. die Gewährleistung institutioneller und anderer Rahmenbedingungen individueller Freiheit und Sicherheit. In unserem Zusammenhang ist das ohne Belang.

50 Bekanntlich fügt ihr Art 20 Abs. 1 GG eine sozialstaatliche Komponente bei, wie sie Kants und Feuerbachs Rechtsdenken weitgehend fremd war. In ihren vielfachen Grenzen macht sie den Staat des Grundgesetzes auch zu einer „Solidargemeinschaft der Bedürftigen".

51 In Situationen der Kollision zweier Schutzpflichten hat der Staat einen Ermessensspielraum (BVerfGE 46, 160, 164 f. [Fall Schleyer]). Wegen der prinzipiellen Unbestimmtheit des Inhalts positiver Pflichten (bei Kant deshalb „unvollkommene Pflichten") muss das schon normtheoretisch so sein (Alexy [1986], 420 ff.). Eine echte Kollision zweier

ich sehe, in der Sache unbestritten. Im Bereich des Lebensgrundrechts ergibt sich daraus ein absolutes Verbot: Niemand kann rechtlich allein deshalb verpflichtet sein, sein Leben zu opfern, weil nur so das Leben anderer, denen er nichts tun will und für die er keine Bedrohung darstellt, zu retten ist. Genauso wenig kann er deshalb verpflichtet sein, die Opferung seines Leben zur Rettung anderer *durch den Staat* zu dulden.[52] Denn eben jene rechtliche Grundordnung, die seine Rechtspflicht zur Lebensopferung ausschließt, hat der Staat zu garantieren. Das ist dessen Primäraufgabe und der erste Legitimationstitel seiner Zwangsgewalt und also seiner Existenz als Rechtsstaat. Mit der zwangsrechtlichen Opferung des einen zugunsten der (noch so vielen) anderen liquidiert er daher sein Rechtsverhältnis zu jenem Geopferten *in toto*: Er schließt ihn aus der Rechtsordnung aus. Gegenüber jedem, den er auf diese Weise tötet, wird er als Staat damit vollständig und endgültig illegitim. Führt er eine so beschaffene Tötungserlaubnis per Gesetz ein, so wird er das (in diesem einen Punkt) gegenüber allen seinen Bürgern.

Und nun sieht man deutlich, welches Risiko der Irreführung das Primärkriterium „Verhältnismäßigkeit" für alle diese Fragen mit sich führt. Es zwingt den Blick des Rechtsanwenders geradezu auf die Folgen der staatlichen Tötungshandlung: das abgewogene „Beste für das große Ganze".[53] Da aber die Getöteten nichts mehr von diesem „Besten" haben, sind es allein die Vorteile anderer, um derentwillen ihr Leben zwangsweise geopfert wird. Das ist im ursprünglichsten Sinne Unrecht. Töten darf der Staat nur, wenn er dem Getöteten sagen kann: „Das ist nach Rechtsprinzipien allein deine Sache!" Nicht aber, wenn und weil er sagen kann: „Das ist eine Sache zum Vorteil vieler anderer" – und wären es alle anderen und ihr Vorteil groß.

---

negativer Pflichten ist (jedenfalls für den Staat) de facto kaum vorstellbar (wiewohl logisch möglich).

52 Zur Erinnerung: „Opferung zur Rettung anderer" heißt nicht, dass der Getötete zum „Mittel" dieser Rettung gemacht werden müsste; es steht lediglich abkürzend dafür, dass sein Tod mit der Rettungshandlung empirisch sicher verbunden ist (s.o. sub *„Die sog. Objektformel"*).

53 Es ist daher nicht überraschend, dass nicht wenige verfassungsrechtliche Stellungnahmen zum LuftSiG unter eben diesem Kriterium die irrige Behauptung aufstellen, es gehe um einen Konflikt staatlicher Schutzpflichten für beide Gruppen von Bedrohten (Flugzeugpassagiere und Menschen am Zielort), der „nach pflichtgemäßem Ermessen" zugunsten der am Zielort Bedrohten gelöst werden dürfe (so Robbers, BT-Innenausschuss [wie Fn. 4], 102 A, S. 9; Epping, BT-Innenausschuss [wie Fn. 4], 102 B, S. 8; Baldus (2004), 1285; Sittard/Ulbrich [2005], 435 f.

„Verdinglichung“

Dies ist die letzte der geläufigen Konkretisierungen der Objektformel, die in der Debatte um das LuftSiG herangezogen wurden. Das BVerfG sieht einen Verstoß gegen die Menschenwürde in dem folgenden Argument für § 14 Abs. 3: „Wer an Bord eines Luftfahrzeugs in der Gewalt von Personen festgehalten werde, die das Luftfahrzeug [...] als Tatwaffe gegen das Leben anderer Menschen einsetzen wollen, sei selbst Teil dieser Waffe und müsse sich als solcher behandeln lassen.“[54] Der Senat weist diese Auffassung scharf zurück: Sie bringe „geradezu unverhohlen zum Ausdruck, dass die Opfer eines solchen Vorgangs nicht mehr als Menschen wahrgenommen, sondern als Teil einer Sache gesehen und damit selbst verdinglicht werden. Mit dem Menschenbild des Grundgesetzes und der Vorstellung vom Menschen als einem Wesen, das darauf angelegt ist, in Freiheit sich selbst zu bestimmen [...], und das deshalb nicht zum reinen Objekt staatlichen Handelns gemacht werden darf, lässt sich dies nicht vereinbaren.“

Aber das ist – unbeschadet des Umstands, dass die vom Senat zurückgewiesene Argumentation tatsächlich falsch ist – ebenfalls nicht einzusehen. Die beanstandete Formulierung, die Passagiere seien „Teil der Waffe“, ist nichts anderes als eine abkürzende metaphorische Wendung für die Aussage, sie stünden im konkreten Fall in unlösbarer physischer Verbindung mit einer Gefahrenquelle und trügen dadurch mit ihren Körpern zum Gefahrenpotential bei. Gewiss ist dies und ist daher die Folgerung, also würden sie zu Recht mit der gesamten Gefahrenquelle vernichtet, nicht überzeugend.[55] Aber doch ganz gewiss nicht deshalb, weil die Passagiere durch diese Art der Beschreibung einer Gefahrenlage in irgendeinem fassbaren Sinne buchstäblich „verdinglicht“, zum „Bestandteil einer Sache“ gemacht würden. In welchem Sinne wird denn jemand, der mit einer gefährlichen ansteckenden Krankheit infiziert ist und deshalb als „Zustandsstörer“ zwangsweise in Quarantäne genommen wird, „verdinglicht“, wenn man von ihm sagt, er sei „Bestandteil einer gefährlichen Infektionsquelle“, nein, mehr noch: er sei diese selbst geworden? Das vom Senat verworfene Argument sagt doch ganz offensichtlich nicht, die Passagiere an Bord der Maschine dürften genau deshalb vernichtet werden, weil sie nicht mehr lebende Menschen aus Fleisch und Blut, sondern Gegenstände aus Kunststoff und Metall geworden seien. Es sagt (metaphorisch) und meint (buchstäblich): Die Flugzeuginsassen befänden sich inmitten einer Gefahrenquelle, einer riesigen „Waffe“; deshalb trügen sie mit ihrer schieren körperlichen

54 BVerfG, NJW 2006, 759. Diese Auffassung hat z.B. der Sachverständige *Robbers* vor dem BT-Innenausschuss vertreten (*ders.*, wie Fn. 4, 102 A, S. 10).

55 Dazu genauer unten sub *„Schlussfolgerung (etc.)“*.

Anwesenheit zu der Gefahrenquelle bei; also gehörten sie selber physisch zu dieser, seien ihr Bestandteil (so wie der Körper des Infizierten sogar im ganzen eine Gefahrenquelle geworden ist).

Was wäre an dieser Redeweise menschenwürdewidrig? Das BVerfG konstruiert, *sit venia verbo*, ein fremdes Scheinargument und weist es mit einem eigenen Scheinargument zurück. Zu prüfen wäre aber etwas anderes gewesen als eine angebliche „Verdinglichung" durch Beschreibung: Erstens, ob die in dieser Beschreibung aufgestellte tatsächliche Behauptung zutrifft; und zweitens, ob sie die daraus gezogene normative Konsequenz beglaubigen könnte: die staatliche Erlaubnis zum tödlichen Abschuss. Man mag dem BVerfG-Argument mit einer wohlwollenden Auslegung zugutehalten, es ziele ja genau auf diese beiden Fragen und verneine sie eben knapp mit einer Metapher („Verdinglichung"). Also etwa so: Nehme der Staat jemanden (unter welcher metaphorischen Beschreibung immer) allein als Gefahrenquelle oder als Bestandteil einer solchen wahr und behandle ihn ausschließlich danach, so verletze er stets dessen Menschenwürde. Aber das wäre sachlich höchst unplausibel. Schon der obige Quarantäne-Fall zeigt das deutlich. Dem Infizierten wird seine Bewegungsfreiheit ausschließlich deshalb genommen, weil er als Gefahrenquelle behandelt wird, und ganz gewiss zu Recht.

Vielleicht verhält sich das ja beim „Nehmen" des Lebens anders. Wird jemand allein deshalb getötet, weil er – ohne Angreifer zu sein oder sonst etwas dafür zu können – eine Gefahrenquelle geworden ist, so wird er buchstäblich endgültig als eine solche behandelt, also in *seinem* Leben nie mehr anders. Dennoch leuchtet auch hier die Behauptung nicht ein, das mache ihn zum „bloßen Objekt" staatlichen Handelns und sei deshalb eine Menschenwürdeverletzung. Erneut zur Veranschaulichung: Terroristen ziehen einem fünfjährigen Kind vor dem Betreten des Kindergartens unter dem Vorwand, es handle sich um ein Spiel zur Geburtstagsüberraschung, eine Bombenweste an und instruieren es, in der Runde mit den anderen Kindern kräftig an der Reißleine zu ziehen, die dann Luftballons freisetzen werde (während sie in Wahrheit die Explosion auslösen soll). Ein anwesender Polizist beobachtet aus größerer Distanz, wie sich das Kind anschickt, an der Leine zu ziehen, begreift mit einem entsetzten Blick auf die Weste schlagartig die Gefahr und sieht (zutreffend) keinen anderen Weg sie zu beseitigen als einen sofortigen Schuss, der das Kind tötet.

Nach positivem Recht, jedenfalls nach dem Wortlaut der Befugnisnormen zum „finalen Rettungsschuss" in den Polizeigesetzen der Länder, wäre dieser Schuss zulässig.[56] Mehr als zweifelhaft erscheint schon deshalb die in der

56 Vgl. § 41 Abs. 2 S. 2 ME PolG, wonach ein Schuss, der mit an Sicherheit grenzender Wahrscheinlichkeit tödlich wirkt, als „das einzige Mittel zur Abwehr einer gegenwärtigen

verfassungsrechtlichen Literatur (auch zum LuftSiG) gelegentlich zu lesende Behauptung, „die Rechtfertigung der gezielten Tötung von Menschen aufgrund von Zwecken, die nicht in der Abwehr eines von diesen ausgehenden rechtswidrigen Angriffs liegen" sei „verfassungsrechtlich ausgeschlossen".[57] Wirklich? Was hieße das für unseren Fall? Ist das Kind ein Angreifer? Und wenn: ist sein Angriff rechtswidrig? Für die Frage der strafrechtlichen Notwehr ist beides höchst umstritten.[58] Aber es können ja ohnehin nicht die haarspalterischen Finessen der Strafrechtsdogmatik sein, was über die verfassungsrechtliche Zulässigkeit eines solchen Schusswaffengebrauchs entscheidet. Gerade die Autoren des eben zitierten Satzes bestehen darauf mit Nachdruck.[59] Und zu Recht: Es geht nicht um Strafrecht. Es geht um fundamentale Zurechnungsprinzipien des Rechts.[60] Aber selbst wer zur verfassungsrechtlichen Klärung das tötungslegitimierende Kriterium „rechtswidriger Angriff" allein von der Strafrechtsdogmatik (sozusagen als theoretischer Erfüllungsgehilfin) bestimmen lassen wollte, geriete in unlösbare Wertungswidersprüche, vom ebenfalls unlösbaren Streit der Strafrechtler ganz abgesehen. Warum nur rechtswidrige Angriffe? Warum nicht tödliche Gefahren, die von nicht-angreifenden Menschen ausgehen?

Man vergleiche den Fall des zynisch zur Bombe gemachten Kindes mit diesem: Ein Dreizentner-Mann betrinkt sich zum Karneval schon früh am Tage schwer, kommt auf seinem schwankenden Heimweg an einem Rodelhang vorbei, auf dem es von Kindern wimmelt, sieht oben am Hang einen leeren Doppelschlitten aus Plastik stehen, gibt einem plötzlich bleiernen Sog zum Hinlegen nach, sinkt in den Schlitten und fällt augenblicklich in Tiefschlaf. Zwei Scherzbolde sehen ihn dort und schieben den Schlitten auf den Hang. Dort rauscht er mit wachsendem Tempo zu Tal – genau auf ein fünfjähriges Kind zu, das unten mit dem Rücken zum Hang an seinem Schneemann baut.

Lebensgefahr oder der gegenwärtigen Gefahr einer schwerwiegenden Verletzung der körperlichen Unversehrtheit" zulässig ist.

57 Höfling/Augsberg (2005), 1082; ebenso Rixen, in: Sachs (2021), Art. 2, Rn. 171.

58 An einem „Angriff" (des *Kindes* – der der Terroristen steht außer Zweifel, ist aber für den Fall irrelevant) mag es fehlen, weil das Kind weder „verletzungsfinal" noch schuldhaft handelt; an der „Rechtswidrigkeit" iSd. § 32 StGB deshalb, weil das kindliche Tun zwar einen objektiv rechtswidrigen „Erfolgsunwert" (den Tod vieler anderer) herbeizuführen droht, aber möglicherweise keinen „Handlungsunwert" aufweist, wie ihn die h.M. im Strafrecht verlangt. (Handelt das Kind „pflichtwidrig", also zumindest fahrlässig? Was wäre die zum Vergleich heranzuziehende abstrakte Maßstabsfigur des sorgfaltsgemäß Handelnden: ein fünfjähriges Kind oder ein vollsinniger Erwachsener? Alle diese Fragen sind wenig geklärt, alle denkbaren Antworten bestreitbar.)

59 Höfling/Augsberg (2005), 1080.

60 Die freilich in der gesamten Rechtsordnung wohl nirgendwo so differenziert ausgearbeitet sind wie in der strafrechtlichen Rechtfertigungslehre (wo sie dies sein müssen).

Dürfte der mit einer Maschinenpistole bewaffnete geistesgegenwärtige Polizist, der unten am Hang stehend das Unheil heranrasen sieht, mit einer Feuergarbe absehbar tödlicher Wirkung für den Betrunkenen den Schlitten aus der Bahn schießen? Dass der Betrunkene kein „rechtswidrig Angreifender" ist, steht außer Zweifel, und wohl nicht nur für das Strafrecht. Darf die von ihm ausgehende tödliche Gefahr gerade deshalb nicht beseitigt werden? Muss der Staat sie als unabwendbares Schicksal hinnehmen? Und muss deshalb der Fünfjährige sterben? Das Verhalten des Kindes im obigen Terroristenfall kann zur Not als rechtswidriger Angriff gewertet werden. Darf dieses also getötet werden und der Betrunkene nicht? Gäbe es jenseits der begrifflichen Finessen zwischen „Angriff" und „Gefahr" irgendeinen fassbaren normativen Grund für diese Differenz? Hat sich der Dicke, wiewohl kein Angreifer, nicht weitaus nachdrücklicher als Gefahrenquelle *zuständig* gemacht für die „Kosten" ihrer Beseitigung, als es jenes Kind getan hat?

Man sieht: die verfassungsrechtliche Auskunft, allenfalls rechtswidrig Angreifende dürfe der Staat gezielt töten, kann schwerlich richtig sein. Richtig erscheint vielmehr dreierlei: (1.) Beide tragischen Urheber der Gefahren in unseren Beispielsfällen dürften rechtens getötet werden. (2.) Für beide Falltypen ist es weitaus angemessener, als Legitimationsgrundlage das Zurechnungsprinzip des defensiven Notstands heranzuziehen, statt im ersten Fall das angeblich einzig zulässige Kriterium „rechtswidriger Angriff" schlecht und recht hinzubiegen, um vor dem zweiten dann mit leeren Händen zu stehen.[61] Und schließlich (3.): Ein Gesetz, das solche Konstellationen ausdrücklich als Eingriffsgrund für einen tödlichen Waffengebrauch der Polizei normierte, wäre schwerlich eine Verletzung der Art. 1 Abs. 1 oder 2 Abs. 2 GG. (In Wahrheit, scheint mir, erlauben die Polizeigesetze das ohnehin längst.[62])

Ganz unabhängig aber von der Frage „rechtswidriger Angriff" oder „tödliche Gefahr" macht der Fall des dicken Mannes eines noch einmal deutlich: Die Behauptung, jemand, der als Bestandteil einer Gefahrenquelle („Waffe") identifiziert und behandelt wird, werde „verdinglicht", ist verfehlt. Was wäre menschenwürdewidrig an der Feststellung: „Der Schlitten ist zu einer tödlichen Gefahr für das Leben des Kindes geworden, und zwar allein deshalb, weil der Dreizentner-Mann drin liegt. Damit ist dieser ein, ja der entscheidende Bestandteil der Gefahrenquelle geworden. Er wird deshalb mit dieser selbst auch dann rechtmäßig ‚unschädlich' gemacht, wenn das mit an Sicherheit

61 Von „Verhältnismäßigkeit" nun freilich nicht mehr zu reden.

62 § 41 II 2 ME PolG spricht von „Gefahr", nicht von „Angriff", als Voraussetzung des tödlichen Waffengebrauchs.

grenzender Wahrscheinlichkeit seinen Tod bedeutet."? Ich meine: nichts.[63] Die Feststellung ist sachlich wie rechtlich zutreffend. Was sollte sie im Bereich des Verfassungsrechts falsch machen?

Schlussfolgerung und Übergang zu anderen Prinzipien

Man sieht oder fühlt vermutlich längst die Nähe der Konfliktstruktur im „Dicker-Mann"-Fall zu der des Abschusses einer entführten Verkehrsmaschine nach § 14 Abs. 3 LuftSiG.[64] Sieht man genauer hin, so erkennt man freilich auch einen deutlichen Unterschied: Zur tödlichen Gefahr wird der Schlitten erst durch seine physische Verbindung mit dem Mann; oder doch zu einer weitaus größeren Todesgefahr als ohne diesen. Wohl wäre auch das leere Gefährt für die Gesundheit des Kindes bedrohlich. Aber lebensgefährlich wäre es nicht, oder jedenfalls nicht entfernt in dem nun gegebenen Maß der annähernden tödlichen Gewissheit (von dem Umstand abgesehen, dass es ohne den dicken Mann nicht auf seine abschüssige Bahn gekommen wäre). Das macht den Körper des Mannes ganz buchstäblich zum „Bestandteil" der Gefahrenquelle. Genau dies aber ist mit den Körpern der in einem entführten Flugzeug sitzenden Passagiere nicht der Fall. Mag die Maschine sogar vollbesetzt sein: selbst das Körpergewicht von 200 Passagieren (mitsamt Gepäck) könnte die kinetische Wucht, mit der das Flugzeug in sein Ziel am Boden rasen würde, nicht *gefahrenrelevant* erhöhen. Auch ohne einen einzigen Passagier an Bord hätten die entführten Maschinen des 11. September die „Twin Towers" in New York ganz genauso zum Einsturz gebracht. Dass Menschen an Bord die kinetische Energie der Maschine physikalisch berechenbar erhöhen, ist gewiss richtig. Aber nicht darauf kommt es an, sondern auf eine Erhöhung der Gefahr für die bedrohten Menschen am Zielort. Man mag einwenden, auch darauf komme es nicht an, sondern nur auf das physische Verbundensein der Passagiere mit einer insgesamt tödlichen Gefahrenquelle.[65] Aber das überzeugt nicht. Nach allgemeinen Prinzipien rechtlicher Zurechnung ist es daher nicht akzeptabel, die Passagiere für den Ursprung oder den tödlichen Umfang der Gefahr, mit deren Quelle sie physisch verbunden sind, zuständig zu machen und sie für

---

63 Und dass von der Frage, ob man die Gefahrenquelle außerdem sprachlich noch mit dem metaphorischen Etikett „Waffe" (etwa „des Schicksals") versieht oder nicht, verfassungsrechtlich nichts abhängen kann, bedarf keiner besonderen Betonung.

64 Daran ändert die krasse Verschiedenheit der Szenarien und ihrer politischen wie sonstigen Bedeutung natürlich nichts.

65 So ist wohl die Bemerkung von *Robbers* in seinem Gutachten für den Innenausschuss zu verstehen (wie Fn. 4, 102 A, S. 9).

deren Beseitigung mit dem Leben bezahlen zu lassen. Genau deshalb verstößt eine gesetzliche Abschusserlaubnis gegen die Verfassung.[66]

Immerhin hätte sich das BVerfG mit diesen Argumenten auseinandersetzen sollen, anstatt der metaphorischen Redeweise vom „Bestandteil einer Waffe" nur das metaphorische Verdikt der „Verdinglichung" entgegenzuhalten.

4.6 *Sedes materiae*: Prinzip des defensiven Notstands

Systematisiert man die Rechtsprinzipien, aus denen grundsätzlich (für Bürger wie für den Staat) Befugnisse zum Eingriff in die Rechte anderer ableitbar sind, so bietet sich eine Unterscheidung in drei Grundtypen an: (1.) die Autonomie des Eingriffsadressaten; (2.) die ihm rechtlich auferlegte staatsbürgerliche (Minimal-)Solidarität mit anderen; und (3.) seine Verantwortlichkeit oder wenigstens Zuständigkeit für eine Gefahrenquelle. Noch einmal sei hier der Hinweis auf die wesentliche Gemeinsamkeit dieser Prinzipien gestattet: Sie suchen den Grund der Legitimation allein mit Blick auf das Eingriffsopfer. Jedenfalls wenn es um dessen Tötung geht, kann auch nur dort, bei ihm selber, nicht aber im Grundsatz der Verhältnismäßigkeit die Rechtfertigung des Eingriffs gefunden werden. Unsere bisherigen Analysen haben schon gezeigt, dass die ersten beiden der genannten Prinzipien zur Begründung einer Abschusserlaubnis nach § 14 Abs. 3 LuftSiG nicht taugen. „Autonomie" der Betroffenen als Eingriffstitel verweist auf deren Einwilligung oder mutmaßliche Einwilligung. Mit Recht hat das BVerfG dies für ein tödliches Abgeschossenwerden als „lebensfremd" verworfen. Die „staatsbürgerliche Minimalsolidarität" – Zurechnungsprinzip des „aggressiven" Notstands[67] – kann, wie wir gesehen haben, das solidarische „Hergebenmüssen" des eigenen Lebens allein zur Rettung (noch so vieler) anderer nicht legitimieren. Aus dem Bereich des verbleibenden dritten Prinzips scheidet für unser Problem das Kriterium „Verantwortlichkeit" aus. Es wird exemplarisch in der Notwehr, also von rechtswidrig Angreifenden, auf den Plan gerufen. Das sind zwar die terroristischen Entführer des Flugzeugs, deren rechtmäßige Tötung nicht zweifelhaft ist, nicht aber die Passagiere der Maschine.

---

66 Ich meine, Art. 2 Abs. 2 GG genügt für diese Diagnose. Art. 1 Abs. 1 (Menschenwürde) ist allenfalls deshalb betroffen, weil den Getöteten ihr Recht auf Leben entzogen und ihnen so die elementare rechtliche Gleichbehandlung vorenthalten wird.

67 Staatliche Eingriffsbefugnisse, die sich im Wesentlichen auf Verdachtsmomente stützen (v.a. im Polizeirecht und in der StPO) haben hier ihr prinzipielles Fundament. Im Übrigen liegt einer Vielzahl staatlicher Eingriffsrechte eine Kombination der drei genannten Prinzipien zugrunde.

Was bleibt ist die Frage nach der Zuständigkeit für den Ursprung der Gefahr. Sie deutet auf die Grundlagen dessen, was im Individualrecht „defensiver Notstand" heißt und dem bürgerlichen Recht (§ 228 BGB) so geläufig ist wie der strafrechtlichen Rechtfertigungslehre.[68] Hätte das BVerfG in der Entscheidung zum LuftSiG den Kern seines Prüfungsgegenstands so identifiziert, dann hätte es ein differenzierteres, leistungsfähigeres und vor allem triftigeres Instrumentarium zur rechtlichen Analyse in der Hand gehalten als mit den Kategorien „Verdinglichung" und „Degradierung zum Mittel", von der dabei diffus im Hintergrund schwebenden „Verhältnismäßigkeit", die andere Autoren sogar in den Vordergrund rücken, nicht zu reden. Im Defensivnotstand wird eine Gefahr nicht auf Kosten unbeteiligter Dritter abgewehrt, sondern gewissermaßen auf ihren Ursprung zurückgewälzt. Zuständig werden für diesen Ursprung kann man freilich nicht nur durch eigenes gefahrkausales Handeln. Auch wer die Gefahrenquelle oder doch ein relevanter Teil von ihr bloß *ist*, weil ihn ein böses Schicksal dazu gemacht hat, mag als Adressat eines defensiven Notstandseingriffs in Frage kommen. Tötungshandlungen im defensiven Notstand reichen freilich hart an die Grenze des rechtlich Erträglichen. Manche Strafrechtler verneinen ihre Rechtfertigung deshalb schon im individuellen Verhältnis der Bürger untereinander.[69] Doch das überzeugt nicht. Defensivnotstandshandlungen gegen das Leben eines schuldlos Gefahrzuständigen sind stets *tragic choices*. Es ist aber ein Gebot der Fairness, also der Gerechtigkeit, mit der tragischen Beseitigung der Gefahr den zu belasten, den das Schicksal zu deren Ursprung gemacht hat. Die Autofahrerin, die wegen eines plötzlichen Schlaganfalls bewusstlos wird und deren Wagen nun führungslos auf einen belebten Kinderspielplatz zusteuert, darf von dem geistesgegenwärtigen Kranführer durch das Fallenlassen schwerer Betonplatten vor, ja notfalls auf den Wagen mit tödlicher Wirkung gestoppt werden. Warum sollten es die Spielplatzbesucher sein, bis zu deren Tod man dem Unglück der Autofahrerin seinen Lauf lassen muss? Warum nicht diese selbst?

Schwieriger werden die Fragen, wenn man für Defensivnotstandslagen vom Individualrechtsverhältnis zum staatlichen Handeln wechselt. Darf der Staat ggf. selber tun, was er als schmerzhaft tragische Konfliktlösung dem Bürger erlaubt? Oder muss er als unabänderliches Schicksal akzeptieren und ggf. mit dem Tod der Bedrohten enden lassen, was diese selber als abwendbare

68 Soweit es dabei nicht um Sacheingriffe (also um § 228 BGB) geht, sind die vorgeschlagenen dogmatischen Konstruktionen vielfältig und umstritten (§ 228 BGB analog? § 34 StGB, ggf. analog? § 34 + § 228 BGB analog? Ungeschriebene rechtsprinzipielle Rechtfertigung?) Alles das wird vertreten und kann hier offenbleiben.

69 Z. B. Perron, in: Schönke/Schröder (2019), 34 Rn. 30 (der aber zwei Ausnahmen anerkennt).

Gefahr definieren und auf deren Ursprung „zurückwälzen" dürften (wenn sie dies könnten)? Gewiss sprechen für das letztere einige gute Gründe. Das liegt nicht etwa daran, dass der Staat auch in solchen Situationen eben grundrechtliche Schutzpflichten für *alle* Beteiligten hat und der Bürger für andere Bürger nicht. Es liegt (allenfalls) an der oben skizzierten Asymmetrie zwischen negativen und positiven Pflichten, zwischen Tötungsverbot und Schutzpflicht, oder, grundrechtsdogmatisch gesprochen, zwischen Abwehrrecht und Schutzanspruch. Verfassungsrechtlich zwingend ist diese Lösung aber keineswegs. Denn es gibt eben sehr wohl ein fundamentales Prinzip der Gerechtigkeit – das des defensiven Notstands –, das noch in solchen Situationen die ggf. quälend dünne Abgrenzung zwischen Schicksal und Zuständigkeit von Personen ermöglicht und deshalb die Lösung des Konflikts durch Zurechnung gestattet.[70] Ein einfaches Gesetz, das im Extremfall des defensiven Notstands anhand deutlich formulierter Kriterien auch staatliche Tötungen erlaubte, könnte daher schwerlich als Verstoß gegen die Verfassung gelten.[71]

Und § 14 Abs. 3 LuftSiG? Wir haben im Vergleich mit dem Fall „dicker Mann" gesehen, dass eine Zuständigkeit der Flugzeugpassagiere für die Gefahrenquelle der riesigen „Waffe", mit der sie physisch verbunden sind, nicht in Betracht kommt.[72] Denn sie tragen mit ihrer schieren körperlichen Präsenz trotz dieser Verbindung nichts zur Entstehung oder wenigstens zur messbaren Erhöhung der Gefahr bei. Das erstere ist bestritten worden von Gropp: Jeder einzelne der Passagiere leiste mit seiner Flugbuchung einen („kumulativ") kausalen Beitrag zu dem Umstand, dass die Maschine überhaupt aufsteige. Würde keiner buchen, bliebe sie am Boden und könnte nicht zur „Waffe" werden. Dass jeder nur *einen* Platz buche und auch ohne diesen Platz zahlreiche andere mit ihrer Buchung den Start der Maschine sicherstellten, ändere nach

70 Zur Gerechtigkeit: Es geht, so merkwürdig das zunächst anmuten mag, um eine Frage der distributiven, der Verteilungsgerechtigkeit. Sie bezieht sich eben nicht nur auf Güter, sondern ggf. auch auf Übel. Zum Prinzip der Fairness als Verteilungskriterium v.a. Rawls (1979), Kap. 2 § 18, 130 ff. und *passim*.

71 Anzufügen ist, dass § 14 Abs. 3 LuftSiG unbeschadet der Grundsatzfrage seiner Legitimität schon deshalb inakzeptabel war, weil er das Eingriffskriterium nicht nur erheblich zu weit, sondern in einer ans Schlampige grenzenden Weise vage formuliert hat.

72 Anders aber M. Köhler (2006), 257 ff., der zwar den Begriff des Defensivnotstands zutreffend bestimmt, jedoch mit nicht überzeugenden Argumenten dessen Anwendungsbedingungen im Fall eines Abschusses nach § 14 Abs. 3 LuftSiG für gegeben hält. Richtig ist, dass man nicht bloß durch Handeln („Organisation") für Gefahrenquellen zuständig werden kann, sondern auch durch „Auswirkungen" der „personalen Existenz" auf andere (Köhler, aaO., 266). Aber diese „Auswirkungen" müssen als *Gefahrerhöhungen* fassbar sein; andernfalls können sie keine Zuständigkeit für die (tödlichen) „Kosten" gerade der Gefahrbeseitigung begründen.

allgemeinen Regeln zur Kausalität nichts daran, dass alle Buchungen sozusagen die Gesamt-*condicio sine qua non* des Losfliegens seien. Daher sei jeder einzelne Buchende Mitverursacher des Fluges und also auch dessen tödlich abirrenden Wegs. Im Sinne des Defensivnotstandsprinzips könnten deshalb alle Passagiere als zuständig für die Gefahrenquelle beurteilt und behandelt werden.[73]

Das Argument ist schon in tatsächlicher Hinsicht zweifelhaft. Fliegen Linienmaschinen nicht los, wenn niemand gebucht hat? Möglicherweise (ich habe keine Ahnung). Was ist, wenn sich Kleinkinder an Bord befinden, die nicht nur nichts gebucht, sondern auch zur Buchung ihrer Eltern nicht das mindeste beigetragen haben? Sie (mit)zutöten, könnte dann schwerlich legitim sein. Weitere Fragen liegen nahe. Aber was Gropps Argument interessant macht, ist etwas anderes. Die Rechtsdogmatik, jedenfalls die des Strafrechts, verwendet bekanntlich einen uferlosen Kausalitätsbegriff. Danach hängt, sozusagen seit dem kosmischen Urknall, fast alles mit fast allem anderen irgendwie kausal zusammen. Lässt man eine so verstandene Kausalität als Grundlage der Gefahrenzurechnung im defensiven Notstand genügen, dann muss man beim Zurückverfolgen der Kausallinien in die Vergangenheit irgendwo eine normative Grenze ziehen, bevor man sich im Labyrinth des Weltschicksals aussichtslos verläuft. Nun liegt das Buchen eines Fluges „kausal" vielleicht nicht allzu fern vom Start der entsprechenden Maschine. Aber normativ tut es das sehr wohl. Generell formuliert: Was in der Normalität unseres gesellschaftlichen Alltags vonseiten privater oder staatlicher Institutionen nicht für irgendwelche konkreten Adressaten auf deren Veranlassung bereitgestellt, sondern prinzipiell allen angeboten und als ein solches öffentliches Angebot vom Einzelnen wahrgenommen wird, was er also als etwas vorgängig Vorhandenes lediglich benutzt, für dessen Existenz und bestimmungsgemäßes Infunktionsein darf er normativ nicht zuständig gemacht werden. Andernfalls wäre in einer technisierten Gesellschaft jeder permanent für eine schwer überschaubare Menge potentieller Gefahren unserer Lebensform zuständig. Damit verlöre das Defensivnotstandsprinzip jede überzeugende Unterscheidungskraft. Ist man als jemand, der eine Bahnfahrkarte löst, für die (potentiell durchaus gefährliche) Bewegung des ganzen Zuges zuständig? Oder, und *ad absurdum*: als Käufer einer Eintrittskarte für ein Schwimmbad für Gefahren durch dessen Betrieb? (Immerhin wäre es ja ohne *jeden Besucher überhaupt und jemals* entweder nie eröffnet oder längst geschlossen worden.) Eines scheint mir sicher:

73 Gropp (2006), 284; der Autor stellt ausdrücklich klar, dass er nicht für den verblichenen § 14 Abs. 3 LuftSiG, sondern nur zugunsten einer individualrechtlichen Eingriffsbefugnis argumentieren wolle.

Derart aus dem Bodenlosen geholte Zurechnungen dürften jedenfalls nicht Grundlage staatlicher Eingriffsbefugnisse sein, und solcher zum Töten schon gar nicht.

4.7 Der Vorhang zu und alle Fragen offen

Selbstverständlich hat niemand ein Wort des BVerfG zu solchen verwickelten Exkursionen erwartet. Aber zu dem Rechtsprinzip, auf dessen Grundlage sie möglich und gerade vom Problem des § 14 Abs. 3 LuftSiG nahegelegt werden, durchaus. Diese Erwartung hat das Gericht enttäuscht. Es hat eine bedeutsame Gelegenheit versäumt, für die Antwort auf eine Grundfrage von Recht, Staat und Individuum das tragfähige verfassungsrechtliche Fundament zu klären und zu sichern. Das LuftSiG dürfte aber bei weitem nicht der letzte Versuch des Gesetzgebers gewesen sein, auf Herausforderungen durch den Terrorismus, die das Recht an die Grenze seiner Möglichkeiten drängen, zu erwidern. Der Senat hat eine dubiose Norm von jenseits dieser Grenze zurückgeholt und ad acta gelegt. Das ist erfreulich. Dass er aber den Grenzverlauf selber deutlich markiert hätte, kann man nicht behaupten.

Literatur

Alexy, Robert (1986): *Theorie der Grundrechte*. Frankfurt a. M.: Suhrkamp.

Amelung, Knut et al. (Hg.) (2003): *Strafrecht, Biorecht, Rechtsphilosophie. Festschrift für Hans-Ludwig Schreiber zum 70. Geburtstag am 10. Mai 2003*. Heidelberg: C. F. Müller Verlag.

Baldus, Manfred (2004): „Streitkräfteeinsatz zur Gefahrenabwehr im Luftraum – Sind die neuen luftsicherheitsgesetzlichen Befugnisse der Bundeswehr kompetenz- und grundrechtswidrig?", *Neue Zeitschrift für Verwaltungsrecht* 23(11), S. 1278–1285.

Baumann, Karsten (2004): „Das Grundrecht auf Leben unter Quantifizierungsvorbehalt – Zur Terrorismusbekämpfung durch ‚finalen Rettungsabschuss'", *Die öffentliche Verwaltung. Zeitschrift für Öffentliches Recht und Verwaltungswissenschaften* 57(29), S. 858–860.

Bundespräsident Pressemitteilung (12.01.2005): „Bundespräsident Horst Köhler unterzeichnet Luftsicherheitsgesetz – zugleich Zweifel an Verfassungsmäßigkeit von Einzelvorschriften", http://www.bundespraesident.de/DE/Amt-und-Aufgaben/Wirken-im-Inland/Amtliche-Funktionen/Entscheidung-Januar-2005.html

Bundestag Innenausschuss (26.04.2004): „Anhörung zum Luftsicherheitsgesetz (LuftSiG)", *Protokoll Bundestag Innenausschuss 15/35*, ab S. 31. Mit den dort beigefügten

Stellungnahmen der Experten Robbers, Epping, Tettlinger, Baldus, Scholz, Ronellenfitsch, 102 A–102 F.

BVerfGE 46 (1977): Bundesverfassungsgericht, „Verfassungsgerichtliche Kontrolle von Maßnahmen der Regierung bei Bekämpfung lebensbedrohender terroristischer Erpressungen (Entführung Dr. Schleyer)". In: *Entscheidungen des Bundesverfassungsgerichts*, Bd. 46, S. 160–165.

BVerfG (2006): Bundesverfassungsgericht, „Nichtigkeit der Abschussermächtigung im Luftsicherheitsgesetz – 1 BvR 357/05", *Neue Juristische Wochenschrift* 59 (11), S. 751–761.

Di Fabio, Udo (2004): „Art. 2 Abs. 2". In: Theodor Maunz/Günter Dürig/Roman Herzog/Rupert Scholz (Hg.): *Kommentar zum Grundgesetz*. (Lfg. 43, 2004). München: C.H. Beck.

Dreier, Horst (2007): „Grenzen des Tötungsverbots", *Juristenzeitung* 62 (6) S. 261–270 und 62 (7), S. 317–326.

Dreier, Horst (Hg.) (2004): *Grundgesetz-Kommentar*. 2. Auflage. Tübingen: Mohr Siebeck.

Feuerbach, Paul Johann Anselm von (1801): *Lehrbuch des gemeinen in Deutschland gültigen Peinlichen Rechts*. Giessen: Georg Friedrich Heyer's Verlag.

Gropp, Walter (2006): „Der Radartechniker-Fall – ein durch Menschen ausgelöster Defensivnotstand? Ein Nachruf auf § 14 III Luftsicherheitsgesetz", *Goltdammer's Archiv für Strafrecht* 153(5), S. 284–288.

Hartleb, Torsten (2005): „Der neue § 14 III LuftSiG und das Grundrecht auf Leben", *Neue Juristische Wochenschrift* 58, S. 1397–1401.

Hochhuth, Martin (2002): „Militärische Bundesintervention bei inländischem Terrorakt – Verfassungsänderungspläne aus Anlass des 11. September 2001", *Neue Zeitschrift für Wehrrecht* 44, S. 154–167.

Höfling, Wolfram/Augsberg, Steffen (2005): „Luftsicherheit, Grundrechtsregime und Ausnahmezustand", *Juristenzeitung* 60(22), S. 1080–1088.

Isensee, Josef (2007): „Leben gegen Leben. Das grundrechtliche Dilemma des Terrorangriffs mit gekapertem Passagierflugzeug", in: Michael Pawlik et al. (Hg.), *Festschrift für Günther Jakobs*. Köln: Carl Heymanns Verlag. S. 205–234.

Isensee, Josef/Kirchhof, Paul (2008): *Handbuch des Staatsrechts der Bundesrepublik Deutschland, Band VI: Bundesstaat*. Heidelberg: C.F. Müller.

Jakobs, Günther (1993): *Strafrecht: Allgemeiner Teil*, 2. Auflage. Berlin/New York: de Gruyter.

Kersten, Jens (2005): „Die Tötung von Unbeteiligten – Zum verfassungsrechtlichen Grundkonflikt des § 14 III LuftSiG", *Neue Zeitschrift für Verwaltungsrecht* 24 (6), S. 661–663.

Kersting, Wolfgang (2000): *Politik und Recht. Abhandlungen zur politischen Philosophie der Gegenwart und zur neuzeitlichen Rechtsphilosophie*. Weilerswist-Metternich: Velbrück Verlag.

Kingreen, Thorsten/Poscher, Ralf, Hg. (2022): *Grundrechte. Staatsrecht II*, 38. Auflage. München: Verlag C.H. Beck.

Klein, Eckart (2005): „Das Gesetz zur Neuregelung von Luftsicherheitsaufgaben (LuftSiG) auf dem Prüfstand", *Zeitschrift für Gesetzgebung* 20 (4), S. 289–299.

Knemeyer, Franz-Ludwig (1977): „Der Schutz der Allgemeinheit und der individuellen Rechte durch die polizei- und ordnungsrechtlichen Vollmachten der Exekutive". In: *Veröffentlichungen der Vereinigung der Deutschen Staatsrechtslehrer* 35, S. 221–288.

Köhler, Michael (2006): „Die objektive Zurechnung der Gefahr als Voraussetzung der Eingriffsbefugnis im Defensivnotstand". In: Andreas Hoyer et al. (Hg.): *Festschrift für Friedrich-Christian Schroeder zum 70. Geburtstag*. Heidelberg: C. F. Müller Verlag. S. 257–270.

Lorenz, Dieter (2001): „Das Recht auf Leben und körperliche Unversehrtheit", in: *Isensee/Kirchhof* (Hrsg.), *Handbuch des Staatsrechts der Bundesrepublik Deutschland, Bd. VI*, 2. Aufl. 2001, § 128. Heidelberg: C.F. Müller.

Merkel, Reinhard (2001): *Früheuthanasie. Rechtsethische und strafrechtliche Grundlagen ärztlicher Entscheidungen über Leben und Tod in der Neonatalmedizin*. Baden-Baden: Nomos Verlag.

Merkel, Reinhard (2004): „Wenn der Staat Unschuldige opfert", *Die Zeit*, 8.07.2004, S. 33.

Mitsch, Wolfgang (2005): „Die ‚hypothetische Einwilligung' im Arztstrafrecht", *Juristenzeitung* 60(6), S. 279–285.

MüKo/(Verf.) (2020): *Münchener Kommentar Strafgesetzbuch Bd. 1*, 4. Auflage. München: C.H. Beck.

Pawlik, Michael (2004): „§ 14 Abs. 3 des Luftsicherheitsgesetzes – ein Tabubruch?" *Juristenzeitung* 59(21), S. 1045–1055.

Pieroth, Bodo/Hartmann, Bernd (2005): „Der Abschuss eines Zivilflugzeuges auf Anordnung des Bundesministers für Verteidigung", *Jura* 27, S. 729–734.

Rawls, John (1971): *A Theory of Justice*. Cambridge, MA: Belknap Press/Harvard University Press. Dt.: *Eine Theorie der Gerechtigkeit*. Frankfurt a. M. 1979: Suhrkamp.

Rixen, Stefan (2021): „Art. 2". In: Sachs, Michael (Hg.): *Grundgesetz-Kommentar, 9. Aufl.* München: C.H. Beck.

Sachs, Michael (2017): *Verfassungsrecht II – Grundrechte*, 3. Auflage. Berlin: Springer.

Schenke, Wolf-Rüdiger (2006): „Die Verfassungswidrigkeit des § 14 III LuftSiG", *Neue Juristische Wochenschrift* 59 (11), S. 736–738.

Schlink, Bernhard (17.01.2005): „An der Grenze des Rechts", *Der Spiegel* Nr. 3, S. 34.

Schönke, Adolf/Schröder, Horst (2019): *Strafgesetzbuch. Kommentar*. 30. Auflage. München: C. H. Beck.

Schulze-Fielitz, Helmuth (2018): „Art. 2 Abs. 2". In: Horst Dreier, *Grundgesetz. Kommentar, Bd. I, 3. Aufl.* Tübingen: Mohr Siebeck.

Sinn, Arndt (2004): „Tötung Unschuldiger auf Grund §14 III Luftsicherheitsgesetz – rechtmäßig?“, *Neue Zeitschrift für Strafrecht* 24, S. 585–592.

Sittard, Ulrich/Ulbrich, Martin (2005): „Fortgeschrittenenklausur – Öffentliches Recht: Das Luftsicherheitsgesetz“, *Juristische Schulung*, S. 432–436.

Starck, Christian (2005): „Art. 1“. In: Hermann v. Mangoldt/Friedrich Klein/Christian Starck (2018): *Kommentar zum Grundgesetz, 5.* Aufl. München: C.H. Beck.

VG Karlsruhe (1988): „Zur Gefährdung der öffentlichen Sicherheit durch ‚aktive Sterbehilfe‘“, *Juristenzeitung* 43, S. 208–211.

II.

Freiheit und Schuld

KAPITEL 5

Rache – Vergeltung – Strafe

Zur Genealogie eines Grundbegriffs der Rechtslehre

Am Beginn des III. Akts von Shakespeares „Kaufmann von Venedig" richtet Salarino, ein Freund des Kaufmanns Antonio, an Shylock, den jüdischen Pfandleiher, die ratlose Frage, welchen Sinn es habe, buchstabengetreu auf der fällig gewordenen Bürgschaft Antonios zu bestehen, die sich Shylock zur Sicherung seines Darlehens ausbedungen hatte: ein „volles Pfund von Eurem Fleisch / [...], das ich schneiden dürfe / Aus welchem Teil von Eurem Leib ich will!" (I. Akt, 3. Szene). Shylocks Antwort wirft ein Licht auf die abgründige Zwiespältigkeit der Figur:

> „Sättigt es sonst niemanden, so sättigt es doch meine Rache! Er hat mich beschimpft, [...] meinen Verlust belacht, meinen Gewinn bespottet, mein Volk geschmäht, meinen Handel gekreuzt, meine Freunde verleitet, meine Feinde gehetzt. Und was hat er für Grund? Ich bin ein Jude. Hat nicht ein Jude Augen? Hat nicht ein Jude Hände, Gliedmaßen, Werkzeuge, Sinne, Neigungen, Leidenschaften? Mit derselben Speise genährt, mit denselben Waffen verletzt, denselben Krankheiten unterworfen, mit denselben Mitteln geheilt, gewärmt und gekältet von eben dem Winter und Sommer wie ein Christ?"

Und nun im Original:

> „If you prick us, do we not bleed? If you tickle us, do we not laugh? If you poison us, do we not die? And if you wrong us, shall we not revenge?"

Shall we? Die ersten drei seiner Fragen sichern dem diskriminierten Juden sofort unsere Zustimmung. Die vierte dagegen mutet befremdlich, ja unangenehm an. Dass dies mit der düsteren Aura zu tun hat, die den Begriff der Rache umgibt, liegt auf der Hand. Doch woher genau kommt dieses Zwielicht? Shylock ist eine finstere Figur. Aber er ist es auf einem tragischen Grund: verachtet, beschimpft, gedemütigt – weil er Jude ist. „Unser Abscheu", sagt Gustav Landauer in einem seiner Shakespeare-Vorträge, „ist ihm so sicher wie unser tiefstes Mitgefühl". Shylocks eigene Worte deuten auf die Lösung seines dunklen Rätsels. „Er ist", schreibt Landauer, „das Produkt niederträchtiger Behandlung; er ist niederträchtig".[1]

1 Landauer (1922), 60.

© BRILL MENTIS, 2023 | DOI:10.30965/9783969752678_006

Wohl die meisten Juristen, die sich an einer Deutung der Figur versucht haben, begreifen sie weniger als tragische denn als komische Gestalt: als Sinnbild der Absurdität einer Idee, die dem Recht Ziel und Inhalt allein nach dem Buchstaben seiner Normen zumessen will und deshalb mit der Intention, eben daran seine Majestät zu beglaubigen, bei deren Gegenteil landet, wo sie an der Paradoxie ihres eigenen Formalismus scheitert. Aber so lässt sich Shylock nicht begreifen. Rudolf von Jhering, einer der großen Zivilrechtler des 19. Jahrhunderts, insistiert in seinem berühmten Vortrag *Der Kampf ums Recht*, Shylock sei Unrecht geschehen, und noch die abstoßende Rohheit seiner Forderung sei Ausdruck eines Kampfes um sein Recht. Ein perverser Ausdruck, gewiss, aber zugleich, wie Jhering schreibt, die Manifestation einer „Empfindlichkeit der Person, die wir [...], wenn ihre Rechte getroffen sind, als die Empfindlichkeit des Rechtsgefühls bezeichnen können".[2] Freilich gerät hier die dunkle Seite Shylocks aus dem Blick. Jherings Deutung findet daher auch nachdrücklichen Widerspruch, etwa bei seinem jüngeren Zeitgenossen Josef Kohler. Shylock sei keineswegs ein Kämpfer für das Recht; er sei im Gegenteil ein Schurke, der den Schein des Buchstabens gegen den Geist des Rechts wenden wolle. Grob sittenwidrige Verträge wie der zwischen Shylock und Antonio seien im Venedig der Zeit, zu der Shakespeares Stück spielt, längst einem gewohnheitsrechtlichen Verdikt verfallen, dessen Grundidee bereits in den römisch-rechtlichen Prinzipien der *clausula bonae fidei* und der *exceptio doli* zum Ausdruck kam.[3] Kohlers Einwand hat manches für sich. Allerdings ignoriert er umgekehrt das grobe Unrecht, das Shylock am Ende durch Porzias Urteil zufügt wird, und zwar durchaus im Modus einer ohne Maß vergeltenden Gegenrache.[4] Damit ist ein Problem markiert, das nicht einfach im Sinne der einen oder der anderen Seite, Jherings oder Kohlers, zu lösen ist.

5.1 Rache

„Rache" ist ein schwieriger Begriff mit zahlreichen Bedeutungen, deren jede an ihren lexikalischen Rändern ins Unklare, Zweifelhafte, dem freihändigen

2 Jhering (1872/1992), 117.

3 Kohler (1883), 83 ff. – Dass im Übrigen eine Befassung mit der gänzlich unüberschaubaren Literatur (wohl in den meisten Sprachen der Welt) zur Figur des Shylock hier unterbleibt, versteht sich. Jede denkbare Auswahl wäre bis zum Sinnlosen beliebig.

4 Das betrifft nicht nur die (auf Anordnung des Dogen) verfügte Enteignung Shylocks, sondern vor allem die gerichtliche Nötigung des Juden zur christlichen Konversion (IV. Akt, 1. Szene); wie jeder religiöse Bekenntniszwang mutet sie den heutigen Leser ausgesprochen unangenehm an.

Zugriff des Sprachgebrauchs Verfügbare zerfasert. Rache des in seinen Rechten Getroffenen, sagt Jhering, manifestiere die Empfindlichkeit des verletzten Rechtsgefühls. Stimmt das? In § 83 seiner „Anthropologie in pragmatischer Hinsicht" erörtert Kant die „Rachbegierde" als eine der nur zwischen Menschen denkbaren Leidenschaften, „sofern diese auf miteinander zusammenstimmende oder einander widerstreitende Zwecke gerichtet, d.i. Liebe oder Haß sind".[5] Das scheint der Rachsucht einen lediglich psychologischen Grund zu unterlegen. Doch dann rückt Kant ihren Ursprung auch in die normative Sphäre des Rechtsbegriffs und damit der praktischen Vernunft. So erst lasse sich die typische Intensität von Rachemotiven begreifen. Da der Rechtsbegriff unmittelbar aus dem Begriff der äußeren Freiheit hervorgehe, sei er ein „den Willen weit stärker bewegender Antrieb" zum Handeln als etwa der des Wohlwollens. Und eben deshalb, schreibt Kant,

> „ist der Haß aus dem erlittenen Unrecht, d.i. die *Rachbegierde*, eine Leidenschaft, welche aus der Natur des Menschen unwiderstehlich hervorgeht, und, so bösartig sie auch ist, doch die Maxime der Vernunft vermöge der erlaubten *Rechtsbegierde*, deren Analogon jene ist, mit der *Neigung* verflochten und eben dadurch eine der heftigsten und am tiefsten sich einwurzelnden Leidenschaften; die, wenn sie erloschen zu sein scheint, doch immer noch insgeheim einen Haß, Groll genannt, als ein unter der Asche glimmendes Feuer überbleiben lässt."[6]

Die Begierde, mit seinen Mitmenschen in einem rechtlichen Zustand zu leben, schreibt Kant, sei selber freilich „keine Leidenschaft, sondern ein Bestimmungsgrund [...] durch reine praktische Vernunft." Und weiter:

> „Aber die Erregbarkeit derselben durch bloße Selbstliebe, d.i. nur zu seinem Vortheil, nicht zum Behuf einer Gesetzgebung für jedermann, ist sinnlicher Antrieb des Hasses, nicht der Ungerechtigkeit, sondern des gegen uns Ungerechten: welche Neigung (zu verfolgen und zu zerstören) [...] die Rechtsbegierde gegen den Beleidiger in Leidenschaft der Wiedervergeltung verwandelt, die oft bis zum Wahnsinn heftig ist, sich selbst dem Verderben auszusetzen, wenn nur der Feind demselben nicht entrinnt, und (in der Blutrache) diesen Haß gar selbst zwischen Völkerschaften erblich zu machen."[7]

5 Kant (1907a), 270 (Hervorhebungen ebda.).

6 Kant (1907a), 270. In der *Metaphysik der Sitten*, etwa zur gleichen Zeit entstanden, fasst er die Verbindung der Rachsucht mit der „Rechtsbegierde" deutlich schwächer: als bloßen „Schein des größten Rechts, ja wohl gar der Verbindlichkeit", und ordnet „die Rachbegierde" den „Lastern des Menschenhasses" zu; Kant (1907c), 458, 460.

7 Kant (1907a), 270 f.

Das alles leuchtet ein, wiewohl es dem subjektiven Ursprung der Rache neben dem Attest seiner moralischen Dignität auch anthropologische, also empirische Gründe unterlegt, für die es vielleicht näherliegende Erklärungen gäbe als die „Rechtsbegierde“ – etwa genetische, evolutionstheoretische oder solche der sozialen Zweckhaftigkeit. Interessant ist immerhin, dass der amerikanische Soziologe Jon Elster 1990 in einer Abhandlung unter dem Titel „Norms of Revenge“ zu dem Ergebnis kommt: „Die plausibelste Erklärung rächenden Handelns liegt in psychischen Neigungen, die keinerlei individuellen oder sozialen oder auch nur evolutionär sinnvollen Zwecken zu dienen scheinen.“[8] In David Hume's *Enquiry Concerning the Principles of Morals* steht: „Wer sähe nicht, dass Rache aus schierer Leidenschaft so maßlos werden kann, dass sie uns sehenden Auges jede Erwägung unseres Wohls, unserer Interessen, unserer Sicherheit ignorieren ließe.“[9]

Unterscheidungen

Was bereits an diesen Bemerkungen deutlich wird, ist die Notwendigkeit einer Reihe grundlegender Unterscheidungen. Auseinanderhalten muss man zunächst den Wunsch, sich zu rächen („Rachbegierde“), und dessen tatsächlichen Vollzug. Zweitens sind die realen Geschehnisse, also der Vorgang des sich Rächens bzw. das Faktum des Rachewunsches, von der normativen Frage zu trennen, ob es dafür jeweils gute Gründe gibt. Drittens sind Racheakte Einzelner gegen einzelne Andere zu unterscheiden von Rachehandlungen, deren Sinn nur als Anliegen eines Kollektivs (Sippe, Stamm, Volk, Staat) gegen ein anderes Kollektiv zu verstehen ist. Und viertens sind Fragen zu Motiven und Absichten von Rachesuchenden etwas anderes als Fragen nach der objektiven Funktion von Racheakten für den Einzelnen oder für die Gesellschaft, in der sie stattfinden.

Alle Begriffe dieser vier antithetischen Dualismen wären ausführlich weiter zu analysieren. Für die Zwecke unserer Untersuchung soll es bei den nachfolgenden Bemerkungen sein Bewenden haben. Sie orientieren sich an der Grundfrage unseres Themas: Finden sich, gegebenenfalls vermittelt über die Instanz der Vergeltung, begriffliche, phänomenologische oder sogar normative Spuren der Rache noch in der rechtsstaatlichen Kriminalstrafe? Ein solcher Befund träfe bei heutigen Strafrechtstheoretikern auf wenig Sympathie.[10] Die Frage ist aber, was es bedeutete, wenn er gleichwohl zuträfe.

---

8 Elster, (1990), 863.

9 Hume (1777/2006), Appendix II, 94.

10 Vgl. Roxin/Greco (2020), § 3 Rn. 9a: „Dass eine Rachetheorie es nicht einmal verdient, kritisiert zu werden, dürfte auf der Hand liegen.“ Das ist gewiss richtig, schließt aber die oben formulierte Frage nicht aus.

Rache, objektiv: Begriffliches

Die Logik des Rachebegriffs bezeichnet eine Struktur personaler Gegenseitigkeit.[11] Wer sich rächt, erwidert eine ihm wirklich oder vermeintlich angetane Verletzung durch einen anderen, indem er diesem im Wege einer Übelszufügung die Verletzung „heimzahlt" – in welchem Sinne immer er sein Tun als Heimzahlen begreifen mag. Dabei muss er den Anlass seiner Rache als etwas auffassen, womit ihm ein Unrecht, sei es moralischer, sei es rechtlicher Natur, geschehen ist. Dieses Unrecht muss er als vorsätzlich begangenes empfinden. Reaktionen auf eine fahrlässige Schädigung mögen wütend, auch destruktiv oder maßlos sein – sie „Rache" zu nennen, wäre begrifflich schief. Rache schafft ein enges Verhältnis persönlicher Interaktion; damit geht sie über das bloße expressive Missbilligen des Fehlverhaltens eines anderen weit hinaus. Die Handlung, in der das Heimzahlen besteht, setzt daher eine dreifache Intention des Rächers voraus: Erstens muss er wollen, dass die Schädigung des andern ein Erfolg seines eigenen Tuns sei. (Eine staatliche Bestrafung mag daher als Vereitelung des Rachewunsches empfunden werden, selbst wenn sie, etwa als Todesstrafe, zu eben dem Ergebnis führt, das der Rächer intendiert hat.) Sodann muss er (zweitens) das Ziel verfolgen, dem Adressaten seiner Rachehandlung sowohl die Kenntnis ihres Grundes als auch (drittens) die Einsicht zu vermitteln, wer ihr Urheber ist.

Das ist ein grobes Schema der notwendigen Bedingungen einer Rachehandlung. Sämtliche seiner Begriffe wären weiter zu differenzieren. Doch sie bereits bieten Anlass für skeptische Rückfragen. Deren Antworten sind unklar; sie verdeutlichen die Grauzonen an den Rändern des Rachebegriffs. Muss jemand, der sich rächt, den Grund für sein Handeln wirklich als ein ihm zugefügtes Unrecht auffassen? Kann ein Soldat im Krieg, der ohnmächtiger Zeuge des Sterbens seiner Kameraden wird, sein eigenes Töten feindlicher Soldaten nicht auch dann als Rache an diesen begreifen, wenn er an der Rechtmäßigkeit ihres Tuns nach den Regeln des *ius in bello* keinen Zweifel hat? Ist sein Handeln nur Ausdruck seines Zorns, seiner Erbitterung, seines Hasses, nicht aber die Verwirklichung einer Rache, wie immer er selbst es empfinden mag? Oder: Muss der Adressat einer Rachehandlung wirklich deren Sinn als den einer „Heimzahlung" für sein eigenes früheres Tun verstehen, und muss er wissen, wer ihr Urheber ist, damit sie als gelungen gelten kann? Könnte eine von ihrer Chefin stets schlecht behandelte Köchin, die eben deshalb eines Abends mehrfach in die für jene zubereiteten Speisen spuckt, dies nicht als Rache verstehen, weil es der ahnungslosen Chefin verborgen bleibt? Weiter: Übt Achill an dem

---

11 Aus der umfangreichen philosophischen, ethnologischen und psychologischen Literatur der Gegenwart zur Rache nur Bar-Elli/Heyd (1986); Griswold (2013); Turner/Schlee (2017); Bernhardt (2021).

getöteten Hektor noch Rache, wenn er dessen Leichnam an seinen Streitwagen bindet und zur Vergeltung für die Tötung des Patroklos zunächst um Trojas Festung und dann, Tage später, noch dreimal um das Grab des Freundes schleift? Oder agiert er bloß seinen Zorn aus und missdeutet dies selbst als Rache?[12] Und ist Rache wirklich nur gegen den Täter einer vorangegangenen Verletzung möglich, nicht gegen Dritte?[13] Was hieße das für die berühmten Zeilen im Pentateuch des Alten Testaments, in denen der rächende Gott als ein „Eifernder" erscheint, „der die Missetat der Väter heimsucht bis ins dritte und vierte Glied an den Kindern"?[14] Gewiss mag man eine solche „Rache" an offenbar Unschuldigen als göttlichen Akt nicht nur jedem normativen Urteil entziehen, sondern schon jedem Versuch ihrer Assimilation an den gängigen Begriff.[15] Zweifelhaft wird das Kriterium aber auch in Fällen einer Blutrache, die sich als Praxis wechselseitigen Tötens durch Generationen von Familien oder Sippschaften zieht. Dem Begriff einer „Heimzahlung" an den Täter eines Unrechts genügt sie nur, wenn man alle Taten einer solchen dauernden Gewaltspirale nicht ihren einzelnen Akteuren, sondern stets deren jeweiligem Kollektiv als ganzem zurechnet. Auch hier wird aber die Semantik der Rache unscharf.

Fragen mag man sich schließlich, ob das (uferlose) Spektrum möglicher Formen von Rache auch Handlungen einschließt, die sich jedenfalls *prima facie* nicht als Zufügung eines Übels, sondern im Gegenteil als Wohltat manifestieren. Hier ist ein Beispiel[16]:

> Kassie Neou, ein Überlebender der Folterkeller der Roten Khmer in Kambodscha, hatte sich unter der Folter geschworen, er werde, sollte er überleben, grausame Rache an seinen Peinigern nehmen. Einen von ihnen traf er nach dem Sturz des Terrorregimes wieder. Neou arbeitete als Bediensteter in einem Flüchtlingslager, als eines Tages ein Mann mit einem schwerkranken Kind im Arm und mit allen Zeichen der Angst auf ihn zutrat und flehentlich um Hilfe für sein Kind bat. Einen Moment lang sahen sich Angesprochener und Bittender in die Augen – und erkannten einander wieder: Der bittende Vater war der Folterer von

12 Homer: Ilias, XXII, 395–404; XXIV, 16–21. – Man mag Achills eifernden Schwur zu dem tödlich verwundeten Hektor, er werde dessen Leichnam den Hunden überlassen (XXII, 345–354), als den eigentlichen Rachevollzug begreifen. Auch ist zu bedenken, dass die griechische Mythologie durchaus eine postmortale Rache noch in der Unterwelt durch die Erinyen, die Rachegöttinnen, kannte. Zweifel bleiben dennoch.

13 Was natürlich auch mittelbar, etwa durch Vollzug der Rachehandlung an einer Person, die dem Täter der Anlasstat nahesteht, geschehen kann.

14 2. Mose 20, 5; 5. Mose 5, 9 (Lutherübersetzung); ähnlich 2. Mose 34, 7 und 4. Mose 14, 18.

15 Zumal die hier bedrohten „Missetaten" allein solche im vertikalen Verhältnis des Menschen zu Gott sind, also Verletzungen des ersten und zweiten Gebots.

16 Berichtet von Urban Walker (2006), 176.

> ehedem. Neou schreibt: „Im Angesicht seiner Angst und des sterbenden Kindes änderte ich meine Racheintention von damals gänzlich." Er arrangierte medizinische Hilfe für das Kind, gab dem verängstigten Vater zu essen und Geld für das weitere Fortkommen. Der ehemalige Folterer sah zu Boden, begann am ganzen Körper zu zittern und lautlos zu weinen.

„In diesem Moment", schreibt Neou, „wusste ich, dass meine Rache gelungen war." War sie das? Hatte er sie nicht konfisziert und in einem Akt des Verzeihens obsolet gemacht? Gewiss, schon das Alte Testament kennt die Allegorie von den „glühenden Kohlen", die der Verzeihende auf das Haupt seines Verletzers sammle.[17] Kassie Neous Rache lag, so könnte man sagen, in der Restitution des eigenen Ichs als eines Maßbegriffs wertvollen Menschentums neben der erbärmlichen Seele des Anderen, dem dieser Gegensatz und damit die Abscheulichkeit seines Tuns schmerzhaft wie glühende Kohlen bewusst wurde.

Vielleicht ist das so, vielleicht nicht. Jedenfalls bestätigt es unsere Diagnose: An den Rändern des Rachebegriffs werden die Beschreibungen unsicher, den Umständen und seelischen Befunden, denen sie gelten, nicht unähnlich. Im Weiteren sehe ich von solchen prinzipiellen Zweifelsfällen ab. Für meine Überlegungen genügt ein enger Rachebegriff in den oben skizzierten semantischen Grenzen: die Heimzahlung eines vorsätzlich begangenen Unrechts, intendiert als eigenes Werk des Rächers und begleitet von seiner Absicht, ihrem Adressaten zu verdeutlichen, was der Grund des Geschehens und wer dessen Urheber ist. Und nur um Formen der Rache, die zugleich gravierende Straftaten sind, soll es im Weiteren gehen.

Rache, subjektiv: Rachewünsche („Rachbegierde"); emotionale Grundlagen

Viele Rachepläne und erst recht bloße Rachewünsche bleiben unverwirklicht. In Bagatellkonflikten, in denen die anfängliche Verletzung wie auch die heimzahlende Rache im Rahmen sozialer Verkehrsformen und unter der Schwelle des Strafbaren bleibt, mag sich das anders verhalten. War aber das die Interaktion auslösende Übel eine Straftat, die allenfalls mit einer Heimzahlung gleichen Gewichts zu rächen wäre, so untersagt das Strafrecht ein entsprechendes Handeln. Die Ahndung von Straftaten ist Sache des Staates, überschießende Rachewünsche muss das Opfer mit sich selbst abmachen. Die allermeisten

17 Sprüche Salomos 25, 21–22.

Verbrechensopfer akzeptieren das, selbst wenn ihnen die strafrechtliche Reaktion unzulänglich erscheint.[18]

Rachewünsche unterliegen den gleichen begrifflichen Kriterien wie die Akte ihrer Verwirklichung. Den gleichen normativen Kriterien unterliegen sie dagegen nicht; z.B. sind sie offensichtlich keinem strafrechtlichen Verbot ausgesetzt.[19] Eng verbunden (aber nicht identisch) mit Rachewünschen sind regelmäßig starke Emotionen, und zwar meist als Motive dieser Wünsche und gegebenenfalls ihrer Realisierung. Das verweist auf einen komplexen Zusammenhang, der knapp skizziert sei.[20] Rachemotivierende Emotionen sind (in einer freihändig eskalierenden Reihung) Enttäuschung, Ärger, Empörung, Groll, Zorn, Wut und Hass. Ein typisches Merkmal solcher Emotionen ist ihre relative Instabilität. Langdauernde Rachewünsche werden daher oft von Emotionen begleitet, die mit den sie ehedem auslösenden nicht mehr identisch sind. Ein akuter („heißer") Affekt der Wut mag, wie schon Kant anmerkt[21], zu einem untergründigen Groll abkühlen und versteinern, der viel später noch als Rachemotiv wirksam wird. Emotionen, die zur Rache disponieren, werden nicht selten von zusätzlichen aversiven Affekten wie Verachtung oder Ekel begleitet, und manchmal auch von solchen, die sich nicht gegen den Verletzer, sondern gegen das eigene Ich des Rachebegehrenden richten, wie Selbstzweifel, Scham oder Lebensangst.

Solche Emotionen sind mehr als bloße Gefühle. Sie haben eine kognitive (repräsentationale) und eine evaluative Dimension.[22] Für ihren Inhaber gründen sie in (und sind durchdrungen von) der Wahrnehmung und der Bewertung eines Geschehens als eigene Verletzung und als Unrecht. Für seine „Rachbegierde" und potentiell für deren Verwirklichung haben sie eine dreifache Funktion: Sie beglaubigen ihm, wenngleich nur nach seinem persönlichen Urteil, zunächst Anlass und Ziel seines Rachewunsches, sodann die Angemessenheit

18 Ausnahmen gibt es natürlich. Berühmt ist der Fall Marianne Bachmeier, die 1981 den Vergewaltiger und Mörder ihrer Tochter im Gerichtssaal erschoss, wiewohl dessen Verurteilung zur lebenslangen Freiheitsstrafe nicht zweifelhaft war. Sie wurde zu sechs Jahren Haft verurteilt. Ihr Rachemotiv führte nicht zur Annahme eines Mordmerkmals (niedriger Beweggrund), sondern im Gegenteil zu einer relativ moderaten Totschlagsstrafe.

19 Ob sie auch moralisch schrankenlos sind, ist damit nicht ausgemacht. Hierzu unten sub *„Rache: normativ"*.

20 Eine eingehende Untersuchung müsste schwierige begriffliche, ethische und psychologische Probleme klären und entsprechend umfangreiche Diskussionen der zuständigen Wissenschaften berücksichtigen; s. dazu nur Döring (2009); Goldie (2010); Feldman Barrett et al. (2016); Hacker (2018).

21 S. oben, Fn. 6.

22 Weswegen sie oft (und etwas schief) als „moral emotions" bezeichnet werden; dazu Prinz, in Goldie (2010).

der dafür antizipierten Mittel, und sie erzeugen, drittens, in ihm ein Motiv zur Verwirklichung. Dies alles geschieht subjektiv und bleibt allein der individuellen Urteilskraft überlassen; daher läuft es vielfach Gefahr, fehlerhaft auszufallen. Das entzöge schon dem Rachewunsch und erst recht seiner Realisierung die Grundlage. Täuscht sich ein potentieller Rächer etwa über eine empfundene Verletzung oder über deren Täter oder erzeugt seine reaktive Emotion das Motiv zu einer maßlosen Rache, so ist bereits sein Rachewunsch verfehlt, auch wenn er unverwirklicht bleibt. Damit sind wir bei den normativen Fragen.

Rache, normativ (1): Rachewunsch als moralische Verpflichtung?

In ihrer funktionalen Logik zielt Rache auf die Herstellung eines reziproken Verhältnisses zwischen den beteiligten Personen. Reziprozität bezeichnet die Bedingung der Gegenseitigkeit und des Ausgleichs in Kontexten menschlicher Kooperation. Sie entspricht einem fundamentalen Prinzip der Fairness und damit der Gerechtigkeit.[23] Die Verinnerlichung dieses Prinzips in der moralischen Entwicklung von Personen gehört daher, sagt John Rawls, zu den Essentialia des menschlichen Gerechtigkeitssinns, und dieser seinerseits zu den Bedingungen der Stabilität einer „wohlgeordneten Gesellschaft". Hiernach sind auch die Grundlagen der Moralpsychologie vor allem Prinzipien der Reziprozität.[24]

Das öffnet ein weites Feld für Forschungen unterschiedlicher Provenienz.[25] Was sie, soweit der kursorische Blick des Laien dies ermessen kann, so gut wie alle bestätigen, ist der Umstand, dass individuelle wie kollektive Rache Urphänomene menschlicher Gemeinschaften (und keineswegs nur der menschlichen) sind. Eine Ausnahme hiervon, die Kennzeichen einer stabilen Lebensform wäre, kennen wir nicht. Für die Disposition zur Rachbegierde, zum Wunsch nach reziprokem Ausgleich erlittenen Unrechts, gilt das erst recht. Als Einsicht der Anthropologie in die Menschenseele aller Zeiten und Kulturen darf man das festhalten.

Sinnfällig wird es in unzähligen Werken der Kunst, vor allem der Literatur, heute auch des Films und anderer Formen künstlerischen Ausdrucks. Neben Liebe und Tod gehört die Rache zu den wohl meistbehandelten Sujets der Literatur. An deren abendländischem Anfang im 8. Jahrhundert vor Christus

---

23 S. nur Rawls (1998), 82 ff., 122; ders. (1971/1999), 13, 424, 433 und passim.

24 Rawls (1971/1999), 397; s. auch 429–434.

25 Exemplarisch nur *Anthropologie* (Tomasello, 2016); *Ethnologie* (Chagnon, 1988): *Evolutionsbiologie* (Trivers, 1971; Frey/Rusch, 2012); *Psychologie* (Gollwitzer/Sjöström, 2017); *Verhaltensbiologie* (De Waal, 1997, 191–201: „Von Rache zu Gerechtigkeit" – zur rachsüchtigen Interaktion bei Primaten).

steht mit der „Ilias“ des Homer ein Epos der Rache, und man darf es als Sinnbild nehmen, dass der erste Vers, ja das erste Wort der Ilias den „Zorn […] des Peleiaden Achilleus“ benennt: als Emotion und Motiv seines Rachewunsches gegen Agamemnon. Vier Jahrhunderte später findet in den Dramen der großen hellenischen Tragiker Aischylos, Sophokles und Euripides die Rache einen eindringlichen, in zweieinhalb Jahrtausenden ihres Nachlebens gänzlich unverblassten Ausdruck – nicht einer dramatischen Idee, sondern einer äußeren wie inneren Existenzform, ja eines göttlichen und also kosmologischen Gesetzes und damit zugleich des weltlichen Rechts.[26] Im zweiten Teil der „Orestie“ des Aischylos, nach einer Ansprache des Orest an seine Schwester Elektra über ihrer beider heilige Pflicht zur Rache an der Mutter für die Ermordung des Vaters, ruft die Chorführerin die Götter an, vor allem Dike, die Göttin der Gerechtigkeit:

> „Und ihr Lenker der Geschicke droben, // führt zu solchem Ausgang diese Sache, // daß das Recht am Ziel befriedigt stehe. // ‚Wo die Zunge schlug mit argem Worte, // räche sich mit argem Wort die Zunge‘, // laut verkündet Dike, nimm dein Recht. // Und wer Todeswunde schlug, empfahe // Todeswunde, was er that, das leid‘ er: // ‚Blut um Blut‘. Es ist ein alter Spruch.“[27]

„Bei den Griechen“, schreibt Jacob Burckhardt, bei denen „schon die Götter über alle Maßen rachsüchtig“ seien, erhalte das Phänomen der Rache besonders eindringliche Züge. Es sind die Züge einer kollektiven Denkform. „Euripides“, heißt es bei Burckhardt, „redet mit der unbedingten Rachsucht mehrerer seiner Hauptgestalten seinen Zuschauern offenbar ganz nach dem Herzen“.[28] Die unheimlichste, im literarischen Nachleben wirkungsvollste dieser maßlos rächenden Gestalten ist die Medea des Euripides. Um sich an Jason, ihrem Mann, zu rächen, der sie für eine andere Frau verlassen hat, ersticht sie die beiden gemeinsamen Kinder, die sie von Herzen liebt. Und noch die Leichen der Kinder, die Jason bestatten will, entzieht sie ihm mit einem Fluch:

---

26 Hans Kelsen zeigt mit einer beeindruckenden Fülle von Nachweisen, dass der wissenschaftliche Begriff der Kausalität als einer regulativen Konstante der Natur entstanden ist aus dem (eben dafür stehenden) Begriff der Vergeltung, damals ungeschieden von dem der Rache, in Religion, Kunst und Philosophie des hellenischen Zeitalters; s. Kelsen (1941/1982), §§ 46–71.

27 Aischylos, Orestie, 2. Teil (Coephoren), V. 306–314; Übersetzung v. Wilamowitz-Moellendorff (1922).

28 Burckhardt (1900), 345, 347. Die Rachsucht der Götter wurde von anderen Göttern, aber auch von Missetaten der Menschen untereinander ausgelöst. Dafür zuständig waren v.a. zahlreiche Rachegottheiten der Griechen.

> „Du solltest nicht, nachdem du mich verraten, // Dich deines Lebens freuen, mir zum Hohn, // Nicht Deine Braut, nicht Kreon, der sie dir // Vermählte, mich hinaus ins Elend stieß. // Nenne mich Untier, wenn du willst; vergleiche // Mich mit der Skylla des Tyrsenerlandes! // Das gilt mir gleich: mein Dolch traf dich ins Herz."[29]

Medeas „mir zum Hohn" deutet an, dass die Rache für die Seele der griechischen Antike eine Antwort nicht nur auf ein Unrecht, sondern vor allem auf eine Verletzung der persönlichen Ehre ist.[30] Daher ist Rache für das griechische Gerechtigkeitsgefühl mehr als ein Recht, nämlich eine Pflicht. Aristoteles, der begrifflich klar zwischen Rache, Rachewunsch und motivierender Emotion unterscheidet (wobei er die letztgenannte phänomenologisch allerdings mit dem Rachewunsch gleichsetzt[31]), nennt diese Pflicht ein Gebot der Vernunft. Wer sie nicht fühle, „wer nicht zürnt, wo er soll", gelte „als einfältig", ja mehr als das, er offenbare einen „sklavischen" Charakter.[32] Diese Pflicht zur „Rachbegierde" – und im aristotelischen Tugendmaß der *mesotês*, der „Mitte", auch zur rächenden Tat – bezeichnet vor allem eine moralische Pflicht des Verletzten gegen sich selbst.[33] Vor diesem Hintergrund sind neuere psychologische Forschungen aufschlussreich, die im subjektiven Untergrund von Racheplänen nach gravierenden Verletzungen ein dominantes Motiv ausmachen, das nicht darauf zielt, dem Adressaten der Rache Leid zuzufügen, sondern das beschädigte eigene Ich zu restituieren, von einer erlittenen Demütigung zu heilen, seine Selbstachtung wiederherzustellen.[34] Zweieinhalb Jahrtausende nach Aristoteles betont vor allem Jhering eine entsprechende reflexive Pflicht. Deren sekundär Berechtigte seien aber nicht, wie bei Aristoteles, „die Seinigen" des Verletzten, sondern die Rechtsgemeinschaft als ganze. Die Pflicht selbst begrenzt Jhering mit einer bedeutsamen Einschränkung – der des rechtlichen Verbots:

> „Das Preisgeben eines verletzten Rechtes ist in meinen Augen ein Act der Feigheit, der, wenn er nicht durch die Einrichtungen des Staates zur Notwendigkeit gemacht wird, der Person zur Unehre und dem Gemeinwesen zum höchsten

29 Euripides, Medea, V. 1354–1360; Übersetzung v. Arnim (1958).

30 Gehrke (1987), 134: „Dies zeigt schon das Wort für Rache: timoria: ‚Ehrenaufsicht', der Rächer ‚sieht auf seine Ehre'."

31 Aristoteles (1999), 2. Buch, 1378a, 2; der wichtigste motivierende Affekt ist nach A. der Zorn.

32 Aristoteles (1972), 4. Buch, Nr. 11 (1125 b); s. auch ebda., 5. Buch, Nr. 8 (1132 b).

33 Sekundär auch gegen Dritte, nämlich „die Seinigen" (aaO). Zur aristotelischen *mesotês*-Lehre Wolf (1995).

34 Grobbink et al. (2015); Bar-Elli/Heyd (1986). Ob dies ein Grund ist, Racheverhalten als rational zu qualifizieren, ist eine andere Frage; verneinend Elster (1990), 872 f.

> Schaden gereicht. Der Kampf für das Recht ist ein Act der ethischen Selbsterhaltung, ist eine Pflicht gegen sich und gegen die Gemeinschaft."[35]

Eine Pflicht zur Rache schließt das nicht ein; vielmehr schließt es, sofern die Rache gesetzwidrig wäre, schon das Recht dazu aus. Vorausgesetzt dabei ist die Kantische Unterscheidung zwischen der „Rachbegierde" als (immerhin) einer Rechtsbegierde und dem Vollzug der Rache, der „zum Behuf einer Gesetzgebung für jedermann" nicht taugt und daher illegitim ist.[36] In allen Fällen, in denen das Recht diese Unterscheidung fixiert, entfällt auch die Moralität des Rachewunsches. Denn in legitimen Rechtsordnungen gilt eine prinzipielle moralische Pflicht zum Rechtsgehorsam.[37] Sie schließt die moralische Rechtfertigung auch des bloßen Wunsches zum Rechtsungehorsam aus. Die moralische Pflicht eines Verbrechensopfers, *Vergeltung* zu begehren, würde Jhering jedoch, wie Aristoteles und wohl auch Kant, bejahen. Das ist, wie sich zeigen wird, nicht dasselbe wie ein Rachewunsch. Dieses Begehren kann sich aber, soweit seine private Verwirklichung verboten ist, nur an den Staat richten. Das wirft die Frage auf, ob das Strafrecht dem Verletzten für den Entzug seiner Vergeltung eine Kompensation bieten muss und ob diese zum Sinn der Strafdrohung gegen den Verletzer gehört: die Grundfrage nach den Strafzwecken. Ich komme darauf zurück.

Hier bedarf es einer Klarstellung. Das Strafgesetzbuch enthält zahlreiche Deliktstatbestände, die keine Verletzung individueller Rechtsgüter voraussetzen. Für sie ist die eben gestellte Frage obsolet. Der allgemeine Wunsch, auch Täter solcher „opferlosen" Delikte müssten bestraft werden, ist gänzlich legitim, aber *sensu stricto* kein Wunsch nach Vergeltung. Auch für viele Delikte gegen persönliche Rechtsgüter wäre die Frage, ob das Strafrecht dem Opfer eine Kompensation für das Verbot privater Vergeltung bieten müsse, wenig plausibel. Vermögensverletzungen, Hausfriedensbrüche, Sachbeschädigungen oder verbale Beleidigungen zum Beispiel sind aus guten Gründen strafbar, legen aber keineswegs nahe, in die Bestimmung der Zwecke ihrer Strafen Vergeltungswünsche der Verletzten zu integrieren. Anders mag das aber bei schweren Straftaten gegen Leib, Leben, Freiheit oder die sexuelle Selbstbestimmung sein. Sie machen die Frage nach Vergeltungsbedürfnissen ihrer Opfer unabweisbar. Der wesentliche Grund dafür liegt in dem Umstand, dass solche Delikte die konstitutiven Bedingungen der Personalität und mit ihnen

---

35 Jhering (1872/1992), 47; s. auch 79 f. Das ist näher an Kants Konzeption selbstbezogener Pflichten.

36 S.o. zu Fn. 7.

37 Dazu Koller (1997), 290 ff.

die Menschenwürde verletzen und tiefe Wunden im Ich des Opfers hinterlassen können. Ähnliche Erwägungen dürften eine Reihe jüngerer Beschlüsse des BVerfG inspiriert haben, in denen für Fälle „erheblicher Straftaten gegen das Leben, die körperliche Unversehrtheit, die sexuelle Selbstbestimmung und die Freiheit der Person" ein subjektives Recht der Opfer (in Tötungsfällen ihrer Angehörigen) auf effektive Strafverfolgung für möglich erklärt wird. Damit löst sich das Gericht partiell von seiner früheren Judikatur, wonach es für Straftatopfer „grundsätzlich keinen Anspruch auf Strafverfolgung Dritter" gebe. Dagegen, so heißt es nun, komme bei Delikten der erwähnten Art ein solcher Anspruch „in Betracht".[38]

Das leuchtet ein. Demütigung, Folter, Vergewaltigung, Entzug der Kontrolle über den eigenen Körper und das eigene Handeln, Zerstörung der Intimsphäre und andere Formen eines zumindest temporären Verlusts der eigenen Personalität, wie sie mit den genannten Verbrechen regelmäßig verbunden sind, legen die Frage, ob in den Zwecken der Strafen für die Täter Vergeltungsbedürfnisse der Opfer Berücksichtigung finden müssen, mit einer gewissen Zwangsläufigkeit nahe. Eine bejahende Antwort auf diese Frage erzwingen sie aber nicht. Auch darauf komme ich zurück.

Rache, normativ (2): Angemessenheit; Rechtfertigung?

Eine Legitimation von Racheakten, moralisch wie rechtlich, käme nur dort in Frage, wo das Recht Lücken der individuellen Freiheit lässt: für Handlungen der Willkür, die unverboten sind, aber Andere gravierend verletzen mögen. In intimen Beziehungen etwa, die einseitig gebrochen oder die zur emotionalen Ausbeutung und seelischen Misshandlung des anderen Teils missbraucht werden. Findet ein so Verletzter seinerseits Formen des „Heimzahlens", die das Recht nicht untersagt, so gibt es keinen Grund, sie oder die entsprechenden Wünsche nur deshalb moralisch zu missbilligen, weil sie „nichts anderes als Rache" seien. Warum sollten sie nicht? Auch der Fall Shylocks gehört hierher, des Pfandleihers, der gekränkt, verspottet, missachtet wegen seines Judentums einen Weg der Rache sucht, den ihm das Recht nicht verlegt. Und nicht außer- und unterhalb rechtlicher Formen sucht er ihn, sondern gerade in deren elementarster Figur: dem Vertrag. Nichts daran wäre zu tadeln, auch die boshafte Raffinesse seines Plans nicht, an der er scheitert – hätte dieser Plan vor der

38 BVerfG (2015), 890–893 (891). Das Problem des Beschlusses ist nicht das zitierte Diktum, sondern dessen unschlüssige Begründung. Sie vermeidet nachgerade geflissentlich jede Frage nach einem Vergeltungs- oder Genugtuungsbedürfnis der Verbrechensopfer als Grundlage ihres (möglichen) subjektiven Rechts auf staatliche Strafverfolgung ihrer Verletzer. Damit ignoriert sie das auf der Hand liegende primäre Thema. Genauer dazu unten sub *„Die Wiederentdeckung des Opfers"*.

Grenze zur Verwirklichung sein kalkuliertes Ende erreicht und Shylock sich mit der dort schon realisierten Demütigung Antonios zufrieden gegeben. Er wäre als moralischer Sieger aus dem argen Spiel gegangen, das man zuvor mit ihm getrieben hatte und das ihm Motiv seiner Rache war. Erst der bösartige Überschuss seiner Absicht, das blutige Finale tatsächlich zu vollziehen und damit jedes Maß eines reziproken Heimzahlens zu sprengen, macht schon seinen Wunsch verwerflich und dessen Scheitern notwendig.

Zusammenfassend: Rachewünsche und ihre Verwirklichung müssen – von der Erfüllung ihrer begrifflichen Bedingungen abgesehen – in zweierlei Hinsicht der Rachesituation (auslösende Tat, Täter, Rächer) angemessen sein[39]: Erstens muss der Rachewunsch *de facto* seinen Anlass und sein Ziel, also Tat und Täter, zutreffend erfassen; und zweitens muss er normativ den Kriterien der Moralität von Rachewünschen genügen. Letzteres ist nur dann der Fall, wenn der Rachewunsch in seiner Dauer und Intensität, und wenn die antizipierte Rachehandlung (anders als bei Shylock) in ihrem Verletzungsgewicht nach objektiv vernünftigem Urteil verhältnismäßig zu ihrem Anlass erscheint.[40] Auch begleitende Emotionen des Rächers unterliegen einer moralischen Bewertung. Das legitime Empfinden von Genugtuung darf sich nicht mit sadistischer Lust an Grausamkeiten vermischen. Und der sich Rächende sollte eine innere Bereitschaft zum allenfalls möglichen Verzeihen bewahren, sofern der Täter durch eigene Handlungen des Wiedergutmachens zeigt, dass er es verdient.[41] Der Vollzug der rächenden Handlung schließlich, selbst wenn er moralisch begründbar wäre, ist stets illegitim, wenn diese Handlung vom Recht einer legitimen Ordnung verboten wird.

Kollektive Rache

Ein letzter Seitenblick auf Erscheinungen kollektiver Rache. Zwei Grundformen kann man unterscheiden. Ihre Idealtypen sind der zu Vergeltungszwecken geführte Krieg und die sich über Generationen fortzeugende Blutrache zwischen Familien, Sippen oder Stämmen.[42] In ihren begrifflichen Kriterien wie in den normativen Bedingungen ihrer Rechtfertigung weichen beide Formen erheblich von der Individualrache ab. Die Blutrache, vor allem in Gestalt der institutionalisierten Fehde, ist zwar eine mögliche, wenn auch

39 Vgl. Griswold (2013), 103.

40 Das galt, jedenfalls für individuelle Rachehandlungen, schon in der griechischen Antike.

41 Griswold (2013), 110. Ob solche Emotionen kontrollierbar sind, ist eine andere Frage: eine der Schuld.

42 Hinzufügen, allerdings in einiger begrifflicher Distanz, ließe sich noch, was Gustav Radbruch „Volksrache“ genannt hat: „die Lynchjustiz aufgeregter Volksmassen“; s. Radbruch (2001), 371.

mangelhafte Form des Rechts, aber keine Ur- oder Vorform der Kriminalstrafe, wie man es von der Individualrache oft behauptet hat.[43] Gustav Radbruch hat das klargestellt:

> „Man hat die Entwicklung der öffentlichen Strafen von der Rache herleiten, die Rache als eine primitive Strafe, die Strafe als eine verfeinerte Rache ansehen wollen. Aber während die Strafe ein Phänomen innerhalb der Gemeinschaft ist, der sie dient, ist die Rache eine intergentile Erscheinung, ein Vorgang zwischen den damals umfassendsten Gemeinschaftsgebilden, nicht primitives Strafrecht, sondern primitives Völkerrecht – der Weg der Entwicklung von ihr in die Gegenwart führt zum Kriege zwischen den Staaten, nicht zur Strafe innerhalb des Staates."[44]

Selbst der Krieg ist heute in zahlreichen Hinsichten rechtlich eingehegt, jedenfalls nach der Idee und den Maßgaben der einschlägigen völkerrechtlichen Normen. Die Wirklichkeit dieser Normen, ihre tatsächliche globale Sicherung, bleibt freilich weit hinter ihrer Idee und das Friedensversprechen des Völkerrechts hinter dem einer rechtsstaatlichen Ordnung zurück. Mit der Charta der Vereinten Nationen haben die Staaten das hergebrachte *ius ad bellum* in ein *ius contra bellum* verwandelt. Nur die individuelle oder kollektive Selbstverteidigung und die Autorisierung zwischenstaatlicher Gewalt durch den UN-Sicherheitsrat akzeptiert das heutige Völkerrecht noch als legitime Gründe der Kriegführung, „gerechte Kriege" kennt es nicht mehr. Seit den Lehren der scholastischen Theologen und der Juristen des Kanonischen Rechts im späten Mittelalter gehörte zu den anerkannten Gründen dieser dubiosen Gerechtigkeit auch die „Bestrafung" von Rechtsbrüchen eines Feindstaats. Dass solche kriegerischen Strafen zwischen rechtlich gleichrangigen Subjekten begrifflich wie normativ ein Unding sind, hat bereits Kant gesehen.[45] In Wahrheit waren es Vergeltungskriege, im kalten Spiegel klarer Begriffe: Rachekriege.[46] Auch heute, wie eh und je, gehört das Motiv der Rache zu den wichtigsten Gründen militärischer Gewalt *in bello*, manchmal sogar, und trotz UN-Charta, *ad bellum*.[47] Was die Zustimmung der Bevölkerung angeht, so dürfte sie bei kaum einer anderen Gelegenheit so sicher sein wie im Fall einer rächenden

43 S. etwa Birkmeyer (1901), 67; Weitzel (1994), 91, 99, 125 f.,131 u.ö.

44 Radbruch (2001), 371. Dass Radbruch mit „Rache" hier nur die Blut- (Sippen-)Rache, nicht die Individualrache meint, ist offensichtlich.

45 Kant (1907b), § 57, 347.

46 S. die beklemmende Bemerkung Winston Churchills 1942 (zit. in Walzer, 1977, 256), die flächendeckende Bombardierung deutscher Städte („terror bombing") habe nicht den Sinn der Abschreckung oder unmittelbar militärische Ziele, sondern den Zweck einer (durchaus überproportionalen!) Vergeltung – vulgo: Rache.

47 Beispiele bei Löwenheim/Heimann (2008); Luban (2011), 2 f.; Bueno-Guerra (2017), 1: zu unverblümt als Rache deklarierten Fällen (Frankreich, Russland, Saudi-Arabien).

Kriegshandlung. Hier, in den Lücken des Völkerrechts und im Niemandsland fehlenden Rechtszwangs gegen mächtige Staaten, zeigt sich einmal mehr ein Zusammenhang, der im gesellschaftlichen Leben seit eh und je geläufig ist: das Wechselspiel von monopolisiertem Rechtszwang der Gemeinschaft und Verdrängung individueller Befugnisse zur Rache. Das gilt eben auch *vice versa*. Wo immer das Recht die Aufgabe unerfüllt lässt, begangenes Unrecht zu vergelten, entwickeln sich Tendenzen unter den Betroffenen, dies selbst zu übernehmen. Geschieht das, wie im Fall des Völkerrechts, in einem Rechtsraum, der keinen allgemeinen Rechtszwang über seinen Subjekten garantieren kann und daher für die mächtigen unter ihnen kein Risiko bereithält, für eigenmächtige Vergeltungsakte belangt zu werden, dann wird eine solche Vergeltung zur Rache: Die Verletzten selbst bestimmen, erstens, ob sie verletzt worden sind, und zweitens, welche Form und welches Maß sie ihrer vergeltenden Gewalt geben wollen.

Übergang

Erinnern wir uns an die These Kants, selbst im Rachetrieb manifestiere sich eine Maxime der Rechtsvernunft. Akzeptieren wir das nach unseren Analysen als *grosso modo* plausibel, dann können wir nun dreierlei festhalten:

(1.) In seinem Ursprung gehört das subjektive Prinzip der Rache, sieht man von seinem motivationalen Hintergrund der zu restituierenden Selbstachtung ab, als „Rechtsbegierde" auch oder sogar primär in die Sphäre des Rechtsbegriffs.

(2.) Das objektive Prinzip ihrer Verwirklichung ist freilich Unrecht. Denn individuelle Rache taugt, wie Kant sagt, nicht „zum Behuf einer Gesetzgebung für jedermann", also nicht zur Verallgemeinerung ihrer Maximen. Der wichtigste Grund hierfür ist, dass es niemandem zusteht, „in seiner eigenen Sache Richter zu sein und andern Menschen keine Sicherheit wegen des Ihrigen zu lassen, als bloß seine eigene Willkür".[48] Für die Festsetzung und Exekution der strafenden Folgen einer solchen Selbstjustiz gilt das erst recht. Das hat schon Francis Bacon gesehen. Rache sei eine Form von „wild justice", gefährlicher für das Recht als ihr Anlass, die vorangegangene Untat selbst. Wohl möge diese das Recht verletzt haben, aber jene schiebe es gänzlich beiseite: „putteth the law out of office".[49]

48 Kant (1907d), 97 („continuierliche Läsion der Rechte aller andern"); s. auch (1907b), § 44, 312.

49 Bacon (1625/2011), 740.

(3.) Dies alles scheint nun die Aufgabe nahezulegen, das normativ unverdächtige Element im subjektiven Ursprung der Rache zu bewahren und den Vorgang seiner Verwirklichung in ein objektives und legitimes Verfahren des Rechts zu überführen. Dieses Element ist das der Vergeltung: des reziproken Ausgleichs von Unrecht.

Vergeltung ist also nicht dasselbe wie Rache. Sie bedarf keines Richterspruchs „in eigener Sache" und kann von einer neutralen Instanz verwirklicht werden. Der empirische Befund allein, dass sie einer universalen anthropologischen Neigung entspricht, könnte ihren normativen Status als Zweck staatlichen Strafens freilich nicht legitimieren. Dafür eher in Betracht käme die offenbar ebenfalls universale Intuition, in bestimmten Fällen gravierend verletzender Eingriffe in die Personalität Anderer (und damit in deren Menschenwürde) Vergeltung als kategorisches Gebot der Gerechtigkeit zu begreifen. Leibniz streift in seiner „Theodizee" das Problem im Kontext eines Räsonnements über die Freiheit des Willens:

> „Es gibt indessen eine Art von Gerechtigkeit und von Strafen und Belohnungen, die auf jene, die aus unbedingter Notwendigkeit handelten, falls eine solche bestände, nicht recht anwendbar scheint. Das ist jene Art von Gerechtigkeit, die weder die Besserung noch das Exempel, noch die Wiedergutmachung des Übels zum Ziel hat. Diese Gerechtigkeit beruht nur auf der Angemessenheit, die eine gewisse Genugtuung als Sühne für eine böse Tat fordert. Die Socinianer, Hobbes und einige andere lassen diese strafende Gerechtigkeit, die eigentlich eine rächende ist, und die Gott in sehr vielen Fällen sich selbst vorbehält, nicht gelten. Gott überträgt sie aber auch jenen, die das Recht haben, andere zu regieren, und übt sie durch ihre Vermittlung aus, vorausgesetzt, daß diese mit Vernunft und nicht aus Leidenschaft handeln. Die Socinianer halten diese Gerechtigkeit für unbegründet, sie beruht jedoch stets auf einem Verhältnis der Angemessenheit, das nicht nur den Beleidigten zufriedenstellt, sondern auch die Wissenden ..."[50]

Auch das beweist noch nichts für die Legitimität eines Vergeltungsprinzips als Zweck staatlicher Kriminalstrafe. Aber es formuliert die ewig unerledigte Frage plastisch. In ihr mag man, grob verkürzt, den argumentationslogischen Ursprung des Strafrechts ausmachen.

---

50 Leibniz (1996), Erster Teil, Nr. 73, 311.

5.2 Vergeltung

Mit dem ersten Schritt zur Rekonstruktion eines Vergeltungsbegriffs, der sich von dem der Rache löst, müssen wir das Verhältnis persönlicher Interaktion zwischen Täter und Opfer einer Straftat, das die Rache kennzeichnet, verlassen. Unsere Kriminalstrafe ist eine öffentliche. Nicht primär deshalb übrigens, weil sie von staatlichen Gerichten verhängt und vollstreckt wird; das könnte im Prinzip auch bei Privatstrafen geschehen, so wie ja auch private Ansprüche des Zivilrechts mittels staatlicher Institutionen durchgesetzt werden. Das öffentliche Wesen der Strafe, sagt Karl Binding in seiner Leipziger Rektoratsrede vom Oktober 1908 über „Die Entstehung der öffentlichen Strafe im germanisch-deutschen Recht“,

> „[…] ruht allein darin, daß das *Recht* auf Strafe ausschließlich dem Staate zusteht und in keinem einzelnen Falle eine Privatberechtigung konkurriert.“[51]

Mit einigen Ausnahmen, aber im Großen und Ganzen gilt Bindings Satz unverändert. Keine Privatperson hat ein Recht, wegen des Bruchs einer rechtlichen Norm den Täter zu strafen, auch wenn sie selbst dessen Opfer gewesen ist. Mittels der öffentlichen Strafe, schreibt Binding, „wird das gemeine Wesen […] innerhalb seiner selbst mit der Mißtat und dem Missetäter fertig“.[52]

Normbruch und Sanktion sind damit zur öffentlichen Angelegenheit geworden. Freilich gab es in den germanischen Rechten, aber auch später noch in den Partikularrechten der deutschen Städte und Einzelstaaten bis ins 16. Jahrhundert eine Grenze für diesen Wandel zur öffentlichen Strafe: das Fehderecht des Adels und der Ritterstände, ein Selbsthilferecht aus den Zeiten beschränkter Rechtsmacht der Obrigkeiten, gebunden zwar an Formen und Regeln, aber dennoch eine exemplarische Form rächender Selbstjustiz, mit einer Tendenz zur zeitlichen wie personalen Ausdehnung ins Ungemessene.[53] Eine weitere Ausnahme im germanischen Recht, die freilich von der neueren rechtshistorischen Forschung nicht bestätigt wird, nennt Karl Binding. Auch bei den Germanen, so Binding, blieb der Verbrecher grundsätzlich Rechtsgenosse. Die Gemeinschaft unterwarf ihn *innerhalb* ihrer Normenordnung dem Rechtszwang. Hatte seine Tat die Friedensordnung jedoch so tief

---

51 Binding (1908), 21.

52 Ibid.

53 Vgl. Reinle (2008), Sp. 1515–1525; noch die *Carolina* von 1532 bedrohte in ihrem § 129 lediglich die „bößliche“, also regelverletzende, nicht die ordnungsgemäße Fehde mit Strafe. – Ein eindrucksvolles Beispiel für die Tendenz der Fehde zum Maßlosen ist, wiewohl selbst nicht fehdeberechtigt, Kleists Michael Kohlhaas.

erschüttert, dass der Friedbruch unheilbar erschien, so zerschnitt die Strafe das Band der Vergesellschaftung des Täters im Ganzen: Er wurde für friedlos erklärt, die „furchtbarste Verbrechensfolge", schreibt Binding, „die es je gegeben" habe, „Ausgeburt leidenschaftlichster Erbitterung" im Seelenleben der Germanen.[54] Eine solche Sanktion verlässt den Rahmen der Strafe. Der Täter wird ausgestoßen, zum Waldgänger, er wird zum Wolf erklärt. In dieser Schrankenlosigkeit ist die Friedloserklärung keine Strafe mehr, sondern eine Form ritueller öffentlicher Rache. „Man kann", schreibt Binding, „den Wolf scheuchen, hetzen, töten, aber nicht strafen!"[55]

Mit der Wandlung der Strafe zur Angelegenheit der Gemeinschaft wird das Opfer einer Straftat aus dem Verfahren zu deren Bewältigung weitgehend verdrängt. Das löst die Kriminalstrafe jedoch nicht aus ihrer Bindung an die vergangene Tat. Allein als Mittel einer Prävention für die Zukunft kann sie nicht verstanden werden. Da aber die Strafe zur eigenen Sache des Staates und der Gesellschaft geworden ist, kann das begriffliche Element ihrer Rückbindung an die vergangene Tat nicht mehr das der „Rache" sein. An deren Stelle tritt die Vergeltung.

Unterscheidungen

„Vergeltung" ist in seinen geläufigen Verwendungen vieldeutig. Die Umgangssprache assimiliert den Begriff weitgehend an den der Rache. Warum das nicht richtig ist, haben wir gesehen. Ich nehme ihn hier in seiner engeren, wenn man will technischen Bedeutung. Dann bezeichnet er zunächst und vor allem jene Rückbindung an ein Geschehen der Vergangenheit, auf das mit der Sanktion reagiert wird. In diesem Sinn gehört „Vergeltung" als notwendiges Element zum Begriff der Strafe selbst:

> „Die Information, dass jemand bestraft wurde, provoziert die Frage ‚Wofür?', nicht, oder jedenfalls nicht in erster Linie, die Frage ‚Wozu?' Es geht hier nicht nur um ein sprachliches Problem. Denn die Sprachregeln, nach denen der Begriff der Strafe verwendet wird, spiegeln die Strukturen der sozialen Institution. Strafe ist institutionell eine Belastung einer Person in Reaktion auf ein missbilligtes Verhalten dieser Person, also Retribution."[56]

Über Legitimität, Zweck oder Maß der Strafe besagt der Begriff „Vergeltung" dagegen nichts. Der Grundton des Finsteren, Dubiosen, der ihm oft

54 Binding (1908), 25. Die neuere Rechtsgeschichte verneint die hergebrachte Lehre von der Friedlosigkeit im germanischen Recht; s. dazu Nehlsen (1983), 3–16. Die Frage, wer recht hat, muss hier offenbleiben.

55 Ibid.

56 Hassemer/Neumann, in NK (2017; Vor § 1 Rn. 103; ähnlich Seher (2020), 496.

eingeschrieben und abgehört wird, wirft auf seine Brückenfunktion zwischen Strafe und Tat keinen Schatten. In einer Abhandlung über den freien Willen hat der amerikanische Philosoph Robert Nozick *„revenge"* und *„retribution"* einleuchtend gegeneinander abgegrenzt und für die Differenzierung fünf Kriterien formuliert:

(1.) Vergeltung antwortet dem Bruch einer Norm; Rache dagegen mag auch für das schiere Zufügen einer Verletzung geübt werden, die nicht auf einem Normbruch beruht.

(2.) Vergeltung setzt, jedenfalls ihrer Idee nach, dem Maß der Strafe eine inhärente Grenze; diese ergibt sich aus der proportionalen Bindung an das Unrecht der zu vergeltenden Tat. Rache bedarf eines solchen objektiven Maßes nicht und kennt es meistens auch nicht.

(3.) Rache ist höchstpersönlich, Manifestation einer hassenden Neigung „von Mensch zu Mensch", wie Kant sagt. Wer dagegen, etwa als Richter, die Vergeltung einer Tat mittels der Verhängung von Strafe besorgt, braucht in keiner persönlichen Beziehung zu Täter, Opfer oder der Tat zu stehen, und sollte dies auch nicht.

(4.) Der Begriff der Rache enthält einen spezifisch emotionalen Ton. In ihm findet die Befriedigung des Rächers über das Leid des Anderen Ausdruck. Nichts dieser Art klingt dagegen im Begriff der Vergeltung durch Strafe an. Der die Strafe verhängende Richter hat regelmäßig kein Interesse, Zeuge bei ihrer Vollstreckung zu sein, wohingegen die befriedigte Rache eine solche Zeugenschaft zumindest typischerweise verlangt.

(5.) In der Verwirklichung der Rache wie in ihrer Motivation bedarf es keinerlei Elements von Allgemeinheit. Das Maß und die Form der Rache zu bestimmen ist allein Sache des Rächers. Wer eine Tat mittels Strafe vergilt, ist dagegen an Normen gebunden, die zwar nicht die einer staatlichen Rechtsordnung, aber doch im Prinzip insofern öffentlich sein müssen, als sie die normative Entsprechung von Tat und vergeltender Strafe plausibel und konsensfähig zu gewährleisten haben.[57]

Vor allem die unter (2.) und (5.) formulierten Erwägungen markieren zugleich eine wesentliche Differenz für die Adressaten von Akten der Rache und der Vergeltung: die der unterschiedlichen Bedrohlichkeit. Deutlich machen lässt sich das in einer Art theologischen Gedankenexperiments. Seine Quelle ist ein berühmtes Monitum in der Bibel; freilich ignoriert gerade dieses jenen

57 Nozick (1981), 366–368. Über (1.) mag man streiten (s.o. die Erörterungen zum Rachebegriff).

Unterschied völlig: „Rächet euch selber nicht […]; denn es steht geschrieben: ‚Die Rache ist mein; ich will vergelten, spricht der HERR.'"[58] Ein Gott, der vergelten will und der im Maß der Strafe und ihrer Bindung an das der Schuld nicht irren kann, steht für die eher tröstliche Idee einer ewigen Gerechtigkeit. Ein Gott der Rache dagegen, in seiner bindungslosen Allmacht, ist eine im Wortsinn furchtbare Vorstellung. Wir sollten den Unterschied nicht aus dem Blick verlieren. Und die Gläubigen sollten ihn in der Gewissheit ihres Vertrauens bewahren.

Lex talionis?

Vor diesem begrifflichen Hintergrund stellen sich viele Fragen. Eine der wichtigsten ist die nach den Maßbegriffen, mit denen sich die Entsprechung von Tat und vergeltender Sanktion bestimmen ließe. Das Problem wurde schon immer gesehen, und die lange Reihe der Vorschläge zu seiner Bewältigung reicht zurück bis in die Antike. Zu den interessantesten und furchtbarsten darunter gehören die Versuche, im äußeren Vollzug der Strafe den Verletzungscharakter der Tat zu spiegeln. Sie werden im Recht seit eh und je unter dem Titel „ius talionis" verhandelt. Das sprichwörtliche Urbild steht im 5. Buch Mose des Alten Testaments: „Auge um Auge, Zahn um Zahn".[59] Die normative Intuition, die sich hierin ausdrückt, liegt auf der Hand: ein Prinzip vollkommener Reziprozität. Der Täter soll das gleiche Übel, das er seinem Opfer zugefügt hat, selbst erleiden. Die Ehre der philosophischen Nobilitierung erfährt das Talionsprinzip bei Kant. Der einschlägige Passus im Staatsrechtsteil seiner „Rechtslehre" lautet so:

> „Nur das Wiedervergeltungsrecht (ius talionis) aber, wohl zu verstehen, vor den Schranken des Gerichts (nicht in einem Privaturtheil), kann die Qualität und Quantität der Strafe bestimmt angeben; alle andere sind hin und her schwankend und können anderer sich einmischenden Rücksichten wegen keine Angemessenheit mit dem Spruch der reinen und strengen Gerechtigkeit enthalten."[60]

Und daher zur kategorisch gebotenen Strafe für den Mörder der vielzitierte Satz: „Hat er aber gemordet, so muss er sterben." Das erscheint uns heute wenig einleuchtend, es mag aber hier dahinstehen. Was das Prinzip der Talion selbst angeht, so ist es bei vielen verbrecherischen Taten ersichtlich nicht so einfach zu verwirklichen wie im Fall des Mörders. Wie spiegelt man ein opferloses

---

58 Römer 12:19 (Lutherübersetzung); die in Bezug genommene Stelle, an der „geschrieben steht", ist 5. Mose 32.

59 Zur Talion im Mosaischen Recht eingehend Weismann (1972).

60 Kant (1907c), 332.

Delikt in der Sanktion? Wie einen Meineid, eine Urkundenfälschung, ein Straßenverkehrsdelikt oder eine Vergewaltigung? Daher haben sich sehr verschiedene Formen der Talion entwickelt, nämlich unterschiedliche Perspektiven, in denen die Reaktion auf eine Tat als deren Spiegelung begriffen werden mag.[61] Im Mordfall spiegelt das Todesurteil den Erfolg des Verbrechens. Hier ist die Talion eine umfassende. Wird dagegen der Brandstifter zum Scheiterhaufen oder der Falschmünzer, wie im mittelalterlichen Recht, zur Exekution in siedender Flüssigkeit verurteilt, so manifestiert sich in solchen Rechtsfolgen eine Gleichheit nicht der Erfolge, sondern der Mittel von Tat und Strafe. Hier ist die Talion keine vollständige mehr. Sie realisiert sich nur in einem einzelnen Merkmal des Tat- und Strafgeschehens. Andere partielle oder analoge Talionsformen zielen auf bestimmte „sündige" Körperteile, mit denen die Tat ausgeführt wurde. Das Abhacken der Hand als Strafe für einen Diebstahl gehört hierher, oder das der Schwurhand nach einem Meineid, das Herausreißen der Zunge nach einer Verleumdung oder einer Gotteslästerung. Auch das Motiv des Delinquenten bei Begehung seiner Tat mag sich in der Strafe spiegeln lassen, etwa wenn gewinnsüchtige Taten mit dem Entzug des Vermögens oder Delikte, die mit einem Vagantenleben einhergehen mögen, mit der Einweisung in ein Arbeitslager bestraft werden. Und schließlich treten neben solche Formen der materiellen Talion auch Varianten einer ideellen, symbolischen oder sogar mythischen Widerspiegelung. Die Vierteilung des Landesverräters ist ein Beispiel für die metaphorische Anschaulichkeit solchen Strafens: Er hat seine Loyalität einander entgegengesetzten Seiten zugeteilt, daher soll sein Körper nun nach allen Seiten zerrissen werden. Selbst der barbarisch rätselhaften Strafe des Räderns „von unten auf", dem Flechten des Delinquenten auf ein Rad nach der Zerschlagung aller seiner Knochen von den Füßen an, hat man die Deutung einer symbolischen Talion unterlegt: „Wer den fahrenden mann angreift, den weg unsicher macht, den trifft sie."[62]

Mustert man die Strafkataloge der gemeinrechtlichen Gesetzbücher des späten Mittelalters und noch der beginnenden Neuzeit, etwa den der *Constitutio Criminalis Carolina* von 1532, so begegnet man einer Vielfalt ausgesuchter Leibes- und Lebensstrafen von verstörender Grausamkeit. Der trost- und

---

61 Die folgenden Überlegungen sind in vielem der Untersuchung von Ebert (1987) verpflichtet. Auch die Mehrzahl meiner illustrierenden Beispiele entnehme ich diesem erhellenden Aufsatz.

62 Zitiert nach Grimm (1922), Bd. II, 266 (Fn.), der den Satz einem dänischen Autor namens Falck zuschreibt (in der etwas marottenhaften Kleinschreibung fast aller Substantive in seinem großartigen Werk). Zum Rädern „von unten auf": Merkel (2002), 912 f. – Man vergleiche auch die vielen Talion-Erfindungen einer staunenswerten Phantasie im „Inferno" der „Göttlichen Komödie" des Dante Alighieri (etwa im 7., 21., 25. und 28. Gesang).

ratlose Leser fühlt sich an eine Bemerkung Eberhard Schmidts, eines der großen Strafrechtler des 20. Jahrhunderts, erinnert: Von Kriegen abgesehen, habe kaum etwas so viel Leid über die Menschheit gebracht wie das Strafrecht.[63] An der Raffinesse des Entsetzlichen in den Strafkatalogen des Mittelalters hat die Idee der Talion, wonach die Strafe die Gestalt des Verbrechens widerspiegeln solle, einen nicht unerheblichen Anteil.

Anders als Kant meint, spricht nichts für die Beibehaltung dieses Prinzips. Für den Begriff der Vergeltung bedarf es seiner nicht. Kern des Vergeltungsgedankens ist die Gleichwertigkeit, nicht die Gleichartigkeit von Verbrechen und Strafe. Das dürfte heute weithin Konsens sein. Daraus folgt übrigens nicht, dass im Strafrecht der Gegenwart die Spiegelungsidee überhaupt nicht mehr auftauchte. Das ist sehr wohl noch der Fall, vor allem in den erzieherischen Sanktionen des Jugendstrafrechts.[64] Doch liegt es außerhalb unseres Themas.

Festhalten können wir nun: Mit der Institution der Kriminalstrafe ist das Prinzip einer richtig verstandenen Vergeltung begrifflich verbunden. Das mischt der Strafe jedoch kein objektives Element der Rache bei. Was es bedeutet ist, dass die Strafe notwendig an das vergangene Ereignis der Tat anschließen und sich in ihrem Sinn und Maß an ihm orientieren muss – und nicht etwa allein am Präventionsziel einer besseren Zukunft, wie Platon in einem berühmten Passus des *Protagoras* behauptet.[65] Zu den mit der Strafe verbundenen Zwecken und vor allem zur Frage der Legitimität staatlichen Strafens überhaupt ist damit noch nichts gesagt. Diesen Fragen wende ich mich jetzt zu.

5.3 Strafe

Will man sich in dem Labyrinth zahlloser Probleme, die nun in den Blick kommen, nicht verirren, so bedarf es einer Reihe grundlegender Unterscheidungen. Die wichtigsten seien knapp skizziert.

---

63 Es ist mir nicht gelungen, das Zitat, das ich sinngemäß in Erinnerung habe, genau zu lokalisieren, weder in Schmidts „Geschichte der deutschen Strafrechtspflege“ noch in einem seiner zahlreichen sonstigen Werke. Vielleicht täuscht mich meine Erinnerung in der Zuschreibung des Satzes zu Schmidt.

64 Ebert (1987), 404 f.

65 Platon (1957), Kap. 13/324: Nicht um eines vergangenen Unrechts willen, das dadurch nicht ungeschehen gemacht werden könne, sei zu strafen, sondern damit der Täter oder andere es nicht wieder begingen.

Unterscheidungen

Auseinanderhalten muss man zunächst die Frage nach Zweck und Legitimation der Normen, die Strafe androhen, also vor allem des Strafgesetzbuchs, und die Frage nach Zweck und Rechtfertigung des Verhängens (und Vollstreckens) von Strafe im Einzelfall. Zum ersteren Thema will ich nichts weiter sagen. Es gibt heute wohl nur wenige ernsthafte Zweifel an der prinzipiellen Legitimität eines Systems strafrechtlicher Androhungsnormen zur Markierung der Grenzen individueller Willkür. Das Strafgesetz gewährleistet, mit Kant gesprochen, einen Teil des bürgerlichen, rechtlich geordneten Zustands. In der normativen Physiognomie der Gesellschaft markiert es eine besonders deutliche Linie. Dass verschiedene Einzelnormen unseres geltenden StGB unter Prinzipien einer liberalen Verfassungsordnung suspekt, ja illegitim sind, steht auf einem anderen Blatt.

Wendet man sich der einzelnen Strafe zu, die nach einem begangenen Verbrechen verhängt wird, so sollte man (1.) Fragen nach den institutionellen Bedingungen der Strafe von (2.) solchen ihrer prinzipiellen Rechtfertigung und schließlich (3.) von solchen nach den mit ihr verfolgten Zwecken unterscheiden.[66] Dass es zwischen den damit bezeichneten Sphären, vor allem der Frage nach den Zwecken und der nach der Legitimation von Strafe, vielerlei Zusammenhänge gibt, liegt auf der Hand. Sinn und Funktion der Differenzierung werden davon nicht berührt. Eine genaue Analyse müsste dieses abstrakte Panorama zunächst in eine Reihe konkreterer Unterscheidungen weiter zerlegen. Ich begnüge mich hier mit dem Blick auf einige wenige der angedeuteten Fragen. Mein Schema der grundsätzlichen Unterscheidungen sollte immerhin ihren logischen und normativen Ort deutlich machen.

Die institutionellen Bedingungen einer strafgerichtlichen Verurteilung im Einzelfall mögen hier dahinstehen. Zu ihnen gehören Zuständigkeiten, Kompetenzen, Prinzipien des Verfahrens und manches andere.[67] Sie sind heute in zahlreichen Regelungen, konstitutiven wie regulatorischen, im Wesentlichen durchnormiert. Hervorgehoben sei lediglich ein für die Unterscheidung von Rache und Strafe bedeutsamer Hinweis Neumanns. Mit der staatlichen Regelung und Sicherung strafrichterlicher Kompetenz ist die grundsätzliche Garantie von „Objektivität und Neutralität der Strafsanktion" verbunden. Das unterscheidet sie von der Rache, deren Maß und Form auch in Fällen ihrer reziproken Angemessenheit und damit materiellen Fairness „allein durch das

66 Diese Differenzierungen entwickelt Neumann (2007), der ihnen eine Reihe weiterer hinzufügt.

67 Einleuchtend dargelegt von Neumann (2007), 438–442, dem ich hier folge.

Vergeltungsbedürfnis des Rächers" bestimmt werden, und damit von einem Richter in eigener Sache. Das schließt ihre rechtliche Legitimität aus.[68]

Auch das weite Feld der Diskussionen über die Rechtfertigung staatlichen Strafens kann ich hier nicht wirklich betreten. Zu ihm gehört die Frage, ob neben dem tadelnden Verdikt des Schuldspruchs auch das zusätzliche Auferlegen eines Strafübels in Gestalt von Freiheitsentzug oder Vermögensverlust legitimiert werden kann.[69] Ich selbst habe keinen Zweifel, dass eine Strafe, die sich mit dem bloß verbalen Widerspruch zum Normbruch des Täters begnügte und es bei der deklaratorischen Bekräftigung beließe, die Norm gelte weiterhin, jeden ihrer wesentlichen Zwecke aussichtslos verfehlen müsste. Die Schwierigkeit der Diskussion hängt auch damit zusammen, dass viele tatsächliche Annahmen, die mit den einzelnen Positionen verbunden sind, sich nicht empirisch überprüfen lassen, etwa die der Präventionswirkung von Strafen, oder sich nur überprüfen ließen in einem Gesellschaftsexperiment abenteuerlicher Dimension. Man müsste in einzelnen Regionen das Strafrecht außer Kraft setzen, um die Folgen zu studieren – ein Gedankenspiel, dessen Verwirklichung sich verbietet.

Strafzwecke; Straftheorien

Genauer betrachten will ich aber das Problem der Strafzwecke. Mit ihm wird die Bühne aufgeschlagen für eine Reihe strafrechtlicher Ewigkeitsfragen.[70] Hier ist vor allem der Ort des Streits zwischen den sog. „absoluten" und den „relativen", nämlich folgenorientierten Straftheorien. Die ersteren werden in der deutschen Diskussion etwas reflexhaft mit den Namen Kant und Hegel verbunden und daher in ihrer theoretischen Substanz nicht selten verkürzt, gelegentlich bis zur Karikatur, etwa in Gestalt der beliebten Hegelschen Allegorie vom züchtenden Stock gegen den Hund, wozu man die Strafe nicht degradieren dürfe, und ihren Adressaten schon gar nicht.[71] Umgekehrt ergeht es den „relativen" Theorien im Blick ihrer Gegner freilich auch nicht viel besser. Ich begnüge mich hier mit einigen knappen Anmerkungen zu den beiden kontroversen Positionen.

„Absolute" Straftheorien?

Man muss zur Begründung einer Straftheorie, die sich von Folgenorientierungen löst, nicht auf metaphysische Ideen zurückgreifen, etwa die

68 Neumann (2007), 440.

69 Dazu verneinend Günther (2002); bejahend Hörnle (2017), 43 ff., m.w.N.

70 Erhellend zu der kaum noch überschaubaren Diskussion Hörnle (2017).

71 Hegel (1971), § 99, Zusatz.

einer Art kosmologischer Gerechtigkeit im Sinne Kants. Begreift man die Strafgesetze im Ganzen als wesentlichen Ausdruck der normativen Gestalt einer Gesellschaft, dann ist die Verhängung von Strafe im einzelnen Fall zunächst eine Bestätigung dieser Gestalt. Insofern verfolgt die Sanktion, wie Günther Jakobs schreibt, nicht einen weiteren Zweck, „sondern ist selbst Zweckerreichung": die Bestätigung der normativen Identität der Gesellschaft. Sie ist „nicht Folge des Verfahrens, sondern seine Bedeutung" – und damit eben auch die Bedeutung der verhängten Strafe.[72] Empirische Rückfragen zu dieser spezifischen Form einer sog. positiven Generalprävention, also dazu, ob die Strafe auch wirklich die Identität der Gesellschaft bestätige, wirken deshalb, schreibt Jakobs, stets „ein wenig deplaciert"[73] – so als wolle man, wie Neumann ergänzt, durch die Untersuchung des familiären Status möglichst vieler Junggesellen die Behauptung überprüfen, dass Junggesellen unverheiratet seien.[74] Gewiss gibt es gegen Jakobs' Lehre Einwände (die ich hier unerörtert lasse). Sie erhellt gleichwohl etwas Wesentliches am Sinn der Strafe. Daraus allein folgt deren Legitimation jedoch nicht.

Wenn aber zur Strafe, wie wir gesehen haben, begrifflich die Orientierung an der begangenen Tat und in diesem formellen Sinn deren Vergeltung gehört, dann verfolgt jede Anordnung von Strafe trivialerweise auch die Anordnung von Vergeltung, und somit diese als ihren ersten, unmittelbaren Zweck.[75] Das steht für keine Theorie zu irgendeiner auch nur möglichen Disposition. Es beantwortet aber selbstverständlich nicht die Frage, welche Zwecke mit dem Betrieb einer sozialen Institution des Bestrafens, also mittelbar über ein solches Bestrafen im Einzelfall, verfolgt werden. *Darauf* Antwort zu geben, ist Sache der Gesellschaft und damit der zuständigen Instanzen einer demokratischen Politik. Strafen, die im Einzelfall verhängt werden, partizipieren dann in ihrer konkreten Zweckorientierung typischerweise, wenngleich in unterschiedlichem Maß, auch an diesem abstrakten rechtspolitischen Zweck. Ein Teil der Wirren in unserer Strafzweckdebatte hängt offenbar mit dem Umstand zusammen, dass diese beiden Zweckebenen – nennen wir sie „unmittelbar" und „mittelbar" – nicht unterschieden werden. Ihre Unterscheidung schließt natürlich nicht aus, dass mit dem Verhängen einer Strafe neben deren unmittelbarem Vergeltungszweck auch noch andere Zwecke unmittelbar verbunden sind,

72 Jakobs (2004), 29 f.

73 Jakobs (1995), 844.

74 Neumann (2007), 443.

75 Man kann diesen mit der Strafe begrifflich verbundenen Zweck auch ihre „Funktion" nennen; das macht aber die Bezeichnung „Zweck" weder falsch noch überflüssig. Strafe *ist* stets (auch) Vergeltung – so wie Reinigung „Säubern" und Bekanntmachung „zur Kenntnis geben" ist, jeweils als Funktion *und* als unmittelbarer Zweck.

etwa der einer Übelszufügung oder eines öffentlichen Tadels oder (mit Jakobs) einer „Bestätigung der normativen Identität“ der Gesellschaft. Und ebenfalls nicht ausgeschlossen wäre es, als mittelbaren (rechtspolitischen) Zweck allein den der Vergeltung zu bestimmen – eine allerdings sachlich verfehlte Idee, die nicht legitimierbar wäre.

„Relative“ Theorien?

Folgenorientierte Straftheorien sehen den Zweck des Strafens nicht in der Vergeltung vergangener, sondern in der Prävention künftiger Verbrechen. Dieser abstrakte Zweck wird in zahlreiche konkretere Subzwecke ausdifferenziert, die seine Verwirklichung so gut wie möglich gewährleisten sollen. Seit eh und je unterscheidet man Spezial- und Generalprävention, die Hinderung des bestraften Einzelnen an weiteren Taten und die generelle Vorbeugung gegen Straftaten möglichst aller anderen. Der Begriff der Generalprävention umfasst eine negative und eine positive Variante: negativ als Strategie der allgemeinen Abschreckung, positiv als Idee einer symbolischen Restitution der gebrochenen Norm und damit der Bekräftigung ihres fortbestehenden Anspruchs auf soziale Geltung. Abschreckungstheorien verknüpfen die entsprechende Wirkung der einzelnen Strafe meist mit einer vorgängigen Abschreckung durch die gesetzliche Norm. Das ist der Grundgedanke der „psychologischen Zwangstheorie“ Feuerbachs: Aufgabe der Norm sei die Abschreckung durch die nötigende Androhung von Strafe für Zuwiderhandeln, Aufgabe der Strafe selbst dann primär die Bestätigung der Ernsthaftigkeit dieser Drohung – und damit zugleich die Bekräftigung ihrer abschreckenden Wirkung.[76]

Die Kernthese der „relativen“ Theorien, wonach Vergeltung als Strafzweck nicht zu akzeptieren sei, kann sich nach den oben skizzierten begrifflichen Unterscheidungen nur auf jene Zweckebene beziehen, die ich „mittelbare“ genannt habe, nicht aber auf den unmittelbaren, der Strafe begrifflich immanenten Vergeltungszweck. Dieser Zweck wirft andere Legitimationsfragen auf als die soziale Institution der Rechtsstrafe, aber nicht (mehr) solche der Vergeltung, die er notwendig einschließt, sondern vornehmlich solche gegenüber der Person des Täters, in der bestimmte normative Bedingungen jeder Vergeltung erfüllt sein müssen, vor allem die seiner Schuld. Schwieriger ist die Frage, ob sich Vergeltung als mittelbar verfolgter, als rechtspolitischer Zweck der Institution Strafe legitimieren lässt. Mit dieser Schwierigkeit sind beide Theorielager konfrontiert: die „Relativisten“ in dem Bemühen, die Frage zu verneinen, die „Absolutisten“ mit dem, sie zu bejahen. Erklären sie ihre Antworten zur jeweils einzigen Strafzweckbestimmung, die sich rechtfertigen lasse,

76 Feuerbach (1847), §§ 8–18, 36–40.

so geraten beide Seiten in ein Dilemma: die Relativisten wegen der „strukturbedingten Blindheit der allein zukunftsgewandten Prävention für die vergangene Tat, an die Strafe begrifflich […] anknüpft“, die Absolutisten wegen „der Abgehobenheit von Gerechtigkeitserwägungen, die jede soziale Funktion der staatlichen Strafe außen vor lassen und dadurch in Widerspruch mit den legitimen Zwecken des säkularen Staates geraten“.[77] Die Lösung des Problems wird mit einem Prinzipienmonismus daher nicht zu haben sein.

Expressive Theorien?

Ein letzter Blick schließlich auf eine Strafzwecklehre neueren Ursprungs. In der Diskussion der Straftheorien hat sie unter dem Titel „expressive Strafzwecke“ weitläufige Resonanz gefunden und verschiedene Konzeptionen hervorgebracht. Begriff und These der „*expressive functions of punishment*“ sind vor allem mit dem Namen Joel Feinbergs verbunden, der 1965 unter diesem Titel einen Aufsatz mit nachhaltiger Wirkung veröffentlicht hat.[78] Expressive Straftheorien betonen die symbolische und damit die kommunikative Funktion von Strafurteilen. Das kann im Hinblick auf die gebrochene Norm, auf den Täter, auf die Allgemeinheit und auf das Opfer eines Verbrechens geschehen. Entsprechend unterscheidet man normorientierte und personenorientierte expressive Funktionen der Strafe.[79] Zu den normorientierten Theorien gehört auch die Lehre von Günther Jakobs. Die Kommunikation eines ernsthaften öffentlichen Widerspruchs zu dem Bruch der Norm, die symbolische Bekräftigung ihres Geltungsanspruchs und damit zuletzt die Bestätigung der normativen Gestalt der Gesellschaft: sie alle drücken sich unmittelbar im strafenden Urteil aus.

Expressive Straftheorien erfassen ein wesentliches Element des Sinnes staatlicher Strafe: die gesellschaftliche Kommunikation eines Tadels für begangenes Unrecht. Diese Funktion der Kriminalstrafe ist mit ihrem Status als *öffentliche* Institution des allgemeinen Rechts schon begrifflich verbunden und gehört daher (im Sinne meiner obigen Terminologie) zu den unmittelbaren Zwecken (Funktionen) der Strafe. Expressive Theorien sind keine präventiven, da sie den Zweck der Strafe mit Blick auf die begangene Tat bestimmen, wiewohl eine gewisse Präventionswirkung mit dem öffentlichen Ausdruck des Tadels als Nebenfolge verbunden sein mag. Retributiv im strikten Sinne sind sie aber ebenfalls nicht. Zwar richten sie den Blick mit Recht auf das strafende

---

77 So bündig und treffend Mosbacher (2004), 219.

78 Feinberg (1970); zur heutigen (deutschen) Diskussion expressiver Straftheorien Günther (2002); Hörnle (2017), 31–43; Zimmermann (2012), 77–108; Seher (2020).

79 Vgl. Hörnle (2017), 31–43; Seher (2020), 498–504.

Urteil (nicht auf Androhung oder Vollstreckung) und auf die mit ihm verbundenen Botschaften an den Täter wie an das Opfer, dass er wegen seiner Tat und nicht um sozialer Zwecke willen bestraft werde. Aber das allein ist noch keine Retribution. Denn die Funktion des Strafübels, das dem Verdikt beizufügen sei (sofern dies überhaupt gefordert wird[80]) und das allein als retributiver Akt in Frage kommt, sehen expressive Theorien nicht in einer Vergeltung der Tat, sondern in einer Art Validierung des öffentlichen Tadels: Er wäre ohne Strafübel nicht glaubhaft. Nicht ein etwa vorhandenes Vergeltungsbedürfnis des Tatopfers also, sondern die Ansprüche der Allgemeinheit an einen überzeugenden Tadel liegen dem so verstandenen Strafzweck zugrunde. Damit bleibt die Frage nach der Vergeltung in den expressiven Theorien unerledigt. Sie kommt in ihnen nicht vor.

Resümee

Fassen wir diese Überlegungen zusammen. Jede im Einzelfall verhängte Strafe ist notwendig Vergeltung der rechtswidrigen Tat.[81] Vergeltung ist daher begrifflich eine Funktion der Strafe und somit (neben anderen) deren unmittelbarer Zweck. Wäre das illegitim, müsste die Strafe als rechtliche Institution abgeschafft und durch etwas anderes ersetzt werden. Dafür spricht aber nichts. Vergeltung im richtig verstandenen Maß ist offensichtlich ein universales Grundprinzip aller menschlichen (und nicht nur menschlicher) Gemeinschaften. Aus diesem Faktum folgt keine Norm, also noch keine Rechtfertigung. Aber Vergeltung heißt Reziprozität und entspricht damit auch einem Grundprinzip der Fairness. Dass dieses Prinzip zur Rechtfertigung des Verhängens von Strafe grundsätzlich tragfähig ist, entspricht wohl ebenfalls einer universalen Intuition, die sich zudem mit einer Reihe konkreterer Gründe beglaubigen lässt. Das muss hier auf sich beruhen.[82]

Die Zwecke dagegen, die mit der rechtlichen Institution der Kriminalstrafe verfolgt werden, sind rechtspolitischer Natur. Sie müssen sich einfügen in das Spektrum der Funktionen eines demokratischen, säkularen Staates; nur insoweit sind sie legitimierbar. Für das Strafrecht bestehen diese Funktionen im Wesentlichen in Zielen der Prävention, vor allem in der Bekämpfung von Kriminalität. Ob ihnen auch ein Vergeltungsprinzip beigefügt werden darf und

---

80 Nicht z.B. von Günther (2002); dagegen Hörnle (2017), 43 ff.; zu dieser Frage bereits Feinberg (1970), 114 ff.

81 Nicht, wie manchmal gesagt wird, der Schuld. Wohl setzt Strafe Schuld voraus und muss ihr angemessen sein (vgl. § 46 Abs. 1 StGB). Aber vergolten („heimgezahlt") werden kann nur die Tat, nicht die Schuld. „Was wäre denn das Äquivalent für sie?", fragt treffend Arth. Kaufmann (1976), 34.

82 Darlegung der wichtigsten Gründe bei Hörnle (2017), 47–59.

sollte, ist seit eh und je umstritten. Ich meine, dass dies der Fall ist. Im Rahmen von (und in der Konkurrenz mit) zahlreichen weiteren Staatsaufgaben unterläge es allerdings gewichtigen Einschränkungen, von denen aber hier nicht mehr zu reden ist.

Die Wiederentdeckung des Opfers

Historisch ging die Verdrängung der Privatrache durch das Strafrecht mit einer „Neutralisierung des Opfers" im materiellen wie im Verfahrensrecht einher.[83] Das war zunächst ein bedeutender Fortschritt. Die Konzentration auf den Täter, die gebrochene Norm und die Allgemeinheit half zahlreiche Unmenschlichkeiten beseitigen, die zuvor aus den Urgründen kollektiver Rachebedürfnisse Eingang in die Institution des Strafrechts gefunden hatten. In jüngster Zeit wurde der weitgehende Ausschluss des Opfers aber zunehmend als Mangel empfunden. Die personenorientierten expressiven Theorien haben mit dem kommunikativen Sinn des Strafurteils zugleich die legitimen Belange des Verbrechensopfers schärfer in den Blick gerückt. Zu diesen Belangen rechnet eine gängige Intuition das Bedürfnis der Opfer nach Vergeltung – jedenfalls in Fällen schwerer Verbrechen gegen fundamentale Rechtsgüter der Person (und andere sollen hier nicht in Betracht kommen). Damit stellt sich die Frage, ob und gegebenenfalls wie solche retributiven Bedürfnisse in den Strafzwecken sowohl des einzelnen Urteils als auch der Institution des Strafrechts Berücksichtigung finden sollten.

Das wirft bei weitem mehr Anschlussfragen auf, als hier erörtert werden können. Drei Einwände seien knapp erwogen. Der erste ist empirischer Natur. Selbst wenn Vergeltungsbedürfnisse in den genannten Fällen schwerer Verbrechen typisch wären, lägen sie auch dann nicht immer vor. Zudem dürften sie in Zielen, Umfang und Intensität weit divergieren. Das ist richtig, aber irrelevant. Denn falls solche Bedürfnisse in den Strafzwecken zu berücksichtigen wären, dann nicht in ihrer subjektiv-empirischen Realität, sondern als objektiv-normative Maßgabe ihrer Angemessenheit.[84] Der zweite Einwand verweist darauf, dass die Befriedigung von Vergeltungswünschen aus psychologischen Gründen in vielen Fällen für die Opfer keine erfolgreiche Methode der Verarbeitung traumatischer Verbrechenserfahrungen sei. Auch das mag

83 Hassemer (1990). 69 f.

84 Dass solche Bedürfnisse überhaupt in relevantem Umfang vorkommen, ist allerdings eine Annahme, die empirisch zutreffen muss. Belege dafür gibt es aber in großer Zahl; s. etwa die Nachweise einschlägiger Studien bei Walter (2011); außerdem Orth et al. (2006); Horowitz (2007); Stillwell et al. (2008); skeptisch zur Verlässlichkeit retributiver Überzeugungen Bublitz (2020).

zutreffen.[85] Es schlösse aber die Berücksichtigung normativ objektivierter Vergeltungsbedürfnisse nicht aus. Der dritte Einwand behauptet die Überflüssigkeit solcher Erwägungen. Schließlich sei Vergeltung in jeder konkreten Bestrafung begrifflich impliziert, das entsprechende Bedürfnis eines Opfers also *eo ipso* mitberücksichtigt. Aber das ist nicht richtig. Vergeltung wegen einer unrechten Tat ist nicht dasselbe wie Vergeltung für deren Opfer, selbst wenn die Ansprüche, die sich aus beiden Formen für die Bestrafung ableiten lassen, übereinstimmen sollten. Das zeigt sich schon daran, dass die Tat auch dann vergolten werden kann, wenn das Opfer sie nicht überlebt hat. Auch mögen Besonderheiten in der Person des Täters und seiner Tat, präventive Erwägungen oder andere Umstände, die für die Strafzumessung, nicht aber für Vergeltungsbedürfnisse des Opfers eine Rolle spielen, ein Zurückbleiben des (gleichwohl vergeltenden) Urteils hinter den Opferbedürfnissen rechtlich erzwingen.

Unsere Frage bleibt gleichwohl schwierig.[86] Ich selbst habe, ohne die Gründe (auch nur mir selbst) beweisen zu können, eine klare Neigung, sie zu bejahen, also in den Strafzwecken Vergeltungsbedürfnisse der Opfer für prinzipiell berücksichtigungsfähig zu halten. Der hauptsächliche Grund liegt darin, dass schwere Verbrechen gegen Leib, Leben, Freiheit und sexuelle Selbstbestimmung die Menschenwürde ihrer Opfer verletzen und für deren Persönlichkeit dauerhaft verheerende Folgen haben können. Dies dürfte auch der Grund sein, der das BVerfG bewogen hat, in seinen oben zitierten Beschlüssen ein subjektives Recht der Opfer solcher Verbrechen auf effiziente Strafverfolgung der Täter für möglich zu halten.[87] Aber die Begründungen dieser Beschlüsse überzeugen nicht. Sie erwecken den Eindruck, das Gericht habe die unpopulären Begriffe „Vergeltung" und „Vergeltungsbedürfnisse", die viele in einer kompromittierenden Nähe zum Rachebegriff wähnen, geradezu ängstlich vermieden. Was das BVerfG zur Begründung stattdessen ausführt, ist freilich schon prinzipiell nicht geeignet, ein subjektiv-öffentliches Recht der Verletzten auf Strafverfolgung plausibel zu machen: erstens die staatliche Schutzpflicht, Leben, körperliche Unversehrtheit, Freiheit und sexuelle Selbstbestimmung der Person *„vor rechtswidrigen Eingriffen von Seiten Dritter*

---

85 S. die Nachweise bei Walter (2011), 641 f., der aber mit Recht darauf hinweist, dass nach den zitierten Studienergebnissen die Berücksichtigung legitimer Vergeltungswünsche in den Strafzwecken langfristig auch präventive Vorteile erwarten lässt: eine höhere Bereitschaft der Bevölkerung zur Normbefolgung.

86 S. die profunde Erörterung bei Zimmermann (2012), 109–160, der einen Strafzweck Vergeltung (über den im Strafbegriff implizierten hinaus) am Ende ablehnt.

87 S.o. zu und in Fn. 38. Dass dies kein Recht auf *Verurteilung* der Täter bedeutet, ist selbstverständlich.

zu bewahren". Und zweitens die Erwägung, „*dass ein Verzicht auf die effektive Verfolgung solcher Taten zu einer Erschütterung des Vertrauens in das Gewaltmonopol des Staates und einem allgemeinen Klima der Rechtsunsicherheit und Gewalt führen*" könne.[88] Das erste Argument verfehlt die Sachlage. Das Verbrechen ist ja bereits geschehen, eine Pflicht zum Schutz des Opfers vor dieser Tat daher unerfüllbar und obsolet geworden. (Und eine Schutzpflicht zugunsten von Vergeltungsbedürfnissen des Opfers wäre dem BVerfG gewiss nicht in den Sinn gekommen.) Das zweite Argument formuliert offensichtlich allein Schutzbelange der Allgemeinheit. Wie sich daraus subjektive und einklagbare Rechte Einzelner ergeben könnten, ist nicht zu sehen.[89]

Der tiefere Grund für die Begründungsfehler des BVerfG liegt in einem erkennbaren Mangel an Mut, ein legitimes Vergeltungsinteresse von Opfern schwerer, menschenwürdeverletzender Straftaten für möglich zu erklären. Zu nahe scheint der Begriff an dem der „Rachbegierde" zu liegen, die freilich bei Kant nicht zu Unrecht als „Rechtsbegierde" identifiziert und damit als subjektives Prinzip der Rache für legitimierbar gehalten wird, wohingegen ihre objektive Verwirklichung im Rahmen einer geltenden Rechtsordnung stets illegitim und verboten bleibt. Vielleicht wäre „Genugtuungsinteresse" weniger suspekt gewesen. Aber dieser Begriff, der freilich nichts anderes bedeutet als „Vergeltungsbedürfnis", kommt in den Beschlüssen ebenfalls nicht vor. Man mag dem BVerfG solche sprachlichen Maskenspiele jenseits der begrifflichen Klarheit nicht ansinnen. Was es aber genauer hätte erwägen sollen, ist die normative Reichweite des Umstands, dass die fraglichen Verbrechen die Menschenwürde ihrer Opfer nicht bloß antasten, sondern temporär aufheben. Jean Améry, unter dem Naziregime Opfer der Folter, hat die womöglich dauerhaften Folgen einer solchen Würdesuspendierung als Verlust des „Weltvertrauens" ihrer Opfer beschrieben.[90] Eine staatliche Schutzpflicht, die Restitution dieses Weltvertrauens nach schweren Verbrechen so gut es geht zu gewährleisten, wäre alles andere als abwegig. Ob und in welchem Maß die Berücksichtigung von Vergeltungsinteressen der Opfer in den Strafzwecken zu dieser Restitution beitragen könnte, ist eine andere Frage. Deren Klärung sollten sich Straf- und Verfassungsrechtler und nicht zuletzt Philosophen angelegen sein lassen.

88 BVerfG (2015),

89 Zutreffende Kritik bei Hörnle (2015), die (ebenfalls zutreffend) die Folgerung des Gerichts aus seinen unzulänglichen Argumenten, es könne ein subjektives Recht der Opfer auf Strafverfolgung der Täter geben, *aus anderen Gründen* bejaht.

90 Zit. bei Bernhardt (2021), 83.

Ein Kriminalfall

Zum Abschluss ein Blick auf ein Verbrechen, das meine früheren Vorbehalte gegen jede Berücksichtigung von Vergeltungsinteressen in den Strafzwecken erstmals ins Licht skeptischen Zweifelns gezogen hat: die Entführung Jan Philipp Reemtsmas in Hamburg 1996. Ich kannte Reemtsma schon vor dieser Entführung, und habe nach seiner Rückkehr einmal ausführlich mit ihm über das Geschehen gesprochen – nicht über die vier Wochen, die er angekettet in einem Keller ohne Tageslicht verbrachte, aber über seine dadurch schmerzhaft geschärfte Wahrnehmung der Wirklichkeit von Verbrechen, Opfer, Täter und Strafe. Nach diesem Gespräch habe ich sein Buch „Im Keller" gelesen, eine der eindringlichsten Erzählungen aus der Innenwelt eines Verbrechensopfers, die ich kenne. Von sich selbst in dem Keller spricht er dabei in der dritten Person. In einem Kapitel über die Zeit nach seiner Freilassung findet sich das Folgende:

> „Nichts war vorbei. Nichts würde vorbei sein. Von einer Minute auf die andere konnte die Welt wieder einstürzen. Das ist die Wahrheit von 33 Tagen. ‚You will enjoy your life ten times as much!' hatte ihm der Engländer [d.i. der Entführer Drach] gesagt, als wolle er Dank für eine Kur gegen Mißmut und Ennui. Für diese gedankenlose Rohheit wünsche ich ihm, dass er im Keller verrotten möge. [...] Dafür werde ich ihn hassen, so lange ich Gefühle habe."

Und zwei Seiten weiter:

> „Es war wieder wie im Keller. Er las Wörter, interessierte sich für nichts. Dann legte er die Zeitung weg und fing an zu weinen. Kein verzweifeltes, konvulsivisches Weinen. Es liefen ihm nur ein paar Tränen aus den Augen. Er saß da. Konnte nichts als das. Auch das nicht richtig. Er besann sich, lenkte seine Gedanken um. Jetzt war das Terrain des Erlaubten ja größer. Er wollte sich das Bild von Drach vervielfältigen lassen und in solchen Situationen darauf schießen. Dann fiel ihm ein, wie schnell derlei schal würde. Er stellte sich vor, was er mit Drach anstellen würde, wenn der ihm in die Hände fiele, verlor sich in Phantasien. Tauchte ernüchtert wieder daraus auf. Und wenn man mir morgen seinen Kopf brächte, ich hätte nichts davon. Und wenn ich straflos tun könnte, was ich wollte, es nützte mir nichts [...]. Ich will, dass dieser Mensch vor Gericht kommt. Es gibt für mich keine Kompensation im Hass. Auch diese letzte Symmetrie hat die Zeit im Keller zerstört."[91]

In unserem Gespräch sagte er mir am Ende: „Wenn Ihnen die Gesellschaft nicht deutlich macht, dass sie verstanden hat, dass das, was Ihnen geschehen ist, nicht ein Unglück, sondern ein Unrecht war, und wenn sie dieses Verstehen

91 Reemtsma (1997), 213, 215.

nicht beglaubigt durch die Bestrafung des Täters, werden Sie in ihr nicht mehr heimisch."

Grund genug auch für Rechtstheoretiker, meine ich, die Berührungsangst vor dem Begriff „Vergeltungsinteresse" ad acta zu legen. Sein genealogischer Ursprung in der „Rachbegierde" kontaminiert ihn, versteht man beide Begriffe richtig, nicht mehr. Ein Wort Bindings mag das zum Schluss bestätigen:

> „Das Motiv zur Ausübung der Rache war die richtige Empfindung von der Unerträglichkeit des Unrechts. Ihr Ausmaß bestimmte sich im Einzelfall nach dem Maße der Leidenschaft des zur Rache Schreitenden. // Und nun sehen wir den Rächer als Anwalt des Rechtes seine große weltgeschichtliche Mission erfüllen: das ist die Entdeckung des Vergeltungsgedankens, der Kunst des Ausmaßes der Verbrechensfolge nach der Schwere der Untat."[92]

Literatur

Aischylos (1922): *Orestie*, in: *Griechische Tragödien*, Bd. II, übersetzt v. Ulrich von Wilamowitz-Moellendorff. Berlin: Weidmannsche Buchhandlung.

Aristoteles (1967): *Die Nikomachische Ethik*, hgg. und eingeleitet von Olof Gigon. Zürich: Artemis Verlag

Aristoteles (1999): *Rhetorik*, übersetzt und hgg. von Gernot Krapinger. Stuttgart: Reclam.

Bacon, Francis (1625/2011): „Of Revenge". In: ders., *The Philosophical Works*, hg. von John M. Robertson. London: Routledge. S. 740.

Bar-Elli, Gilead/Heyd, David (1986): „Can revenge be just or otherwise justified?" *Theoria 52 (1–2)*, S. 68–86.

Bernhardt, Fabian (2021): *Rache. Über einen blinden Fleck der Moderne*. Berlin: Matthes und Seitz.

Binding, Karl (1908): „Die Entstehung der öffentlichen Strafe im Germanisch-Deutschen Recht". In: *Rektorwechsel an der Universität Leipzig am 31. Oktober 1908*. Leipzig: Universitätsdruckerei, S. 19–47.

Birkmeyer, Karl: „Gedanken zur bevorstehenden Reform der Deutschen. Strafgesetzgebung". In: *Goltdammer's Archiv für Strafrecht 48*, S. 67–100.

Bublitz, Jan Christoph (2020): „Die Genealogie der Vergeltung, oder warum retributiven Überzeugungen nicht zu trauen ist". In: Jan Christoph Bublitz et al. (Hg.): *Recht – Philosophie – Literatur. Festschrift für Reinhard Merkel zum 70. Geburtstag*, S. 459–492. Berlin: Duncker & Humblot

92 Binding (1908), 28.

Bueno-Guerra, Nereida (2017): „Book Review: Why We Retaliate, Redirect Aggression, and Take Revenge“. In: *Frontiers in Psychology, Vol. 7, Article 2062*, S. 1–2.

BVerfG (2015): Bundesverfassungsgericht, Kammerbeschluss v. 19.5.2015 – 2 BvR 987/11, abgedruckt in: *Juristenzeitung 70*, 890–893.

Burckhardt, Jacob (1900): *Griechische Kulturgeschichte*, 2. Bd. Berlin und Stuttgart: Verlag W. Spemann.

Chagnon, Napoleon ((1988): „Life Histories, Blood Revenge, and Warfare in a Tribal Population“. In: *Science 239*, S. 985–992.

De Waal, Frans (1997): *Der gute Affe: Der Ursprung von Recht und Unrecht bei Menschen und anderen Tieren*. München: Carl Hanser Verlag.

Döring, Sabine, Hg. (2009): *Philosophie der Gefühle*. Frankfurt am Main: Suhrkamp.

Ebert, Udo (1987): „Talion und Spiegelung im Strafrecht“. In: Küper, Wilfried (Hg.), *Festschrift für Karl Lackner zum 70. Geburtstag*. Berlin/NewYork: de Gruyter, S. 399–422.

Elster, Jon (1990): „Norms of Revenge“. *Ethics 100* (4), S. 862–885.

Euripides (1958): *„Medea“*, übersetzt v. Hans von Arnim. In: Euripides. Die Tragödien und Fragmente, Bd. I. Bearbeitet und eingeleitet v. Franz Stoessl. Zürich: Artemis-Verlag.

Feinberg, Joel (1970): „The expressive function of punishment“. In: ders., *Doing and Deserving*. Princeton: Princeton University Press, S. 95–118.

Feldman Barrett, Lisa/Lewis, Michael/Haviland Jones, Jeanette (2017): *Handbook of Emotions*, 4th Edition. New York-London: The Guilford Press.

Feuerbach, Paul Johann Anselm von (1847): *Lehrbuch des gemeinen in Deutschland gültigen Peinlichen Rechts*, 14. Aufl., hgg. von Carl Joseph Anton Mittermaier. Giessen: Georg Friedrich Heyer's Verlag.

Frey Ulrich/Rusch, Hannes (2012): „An evolutionary perspective on the long-term efficiency of costly punishment“. In: *Biology & Philosophy 27*, S. 811–831.

Gehrke, Hans-Joachim (1987): „Die Griechen und die Rache. Ein Versuch in historischer Psychologie“. In: Saeculum 38, S. 121–148.

Gollwitzer, Mario/Sjöström, Arne: Revenge and Retaliation. A Social-Functionalist Approach. In: Bertram Turner/Güther Schlee (Eds.): *On Retaliation. Towards and Interdisciplinary Understanding of a Basic Human Condition*, S. 29–46. New York-Oxford: Berghahn.

Grimm, Jacob (1922): Deutsche Rechtsaltertümer, 4. Aufl., Neuer Abdruck, besorgt durch Andreas Heusler und Rudolf Hübner, Bd. II. Leipzig: Mayer & Müller GmbH

Griswold, Charles L. (2013): „The Nature and Ethics of Vengeful Anger“. In: *Nomos 53: Passions and Emotions*, S. 77–124.

Günther, Klaus (2002): „Die symbolisch-expressive Bedeutung der Strafe“. In. Cornelius Prittwitz et al. (Hg.): Festschrift für Klaus Lüderssen, S. 205–219. Baden-Baden: Nomos Verlagsgesellschft.

Grobink, Leonie H./Derksen, Jan J. L./van Marle, Hjalmar J. C. (2015): „Revenge: An analysis of its psychological underpinnings". *International Journal of Offender Therapy and Comparative Criminology 59* (8), S. 892–907.

Hacker, Peter M. S. (2018): *The Passions. A Study of Human Nature*. Hoboken, NJ: John Wiley & Sons.

Hassemer, Winfried/Neumann, Ulfrid (2017): „Vorbemerkungen zu § 1". In: *Nomos Kommentar zum Strafgesetzbuch*, 5. Aufl., Rn. 1–357. Baden-Baden: Nomos Verlagsgesellschaft.

Hassemer, Winfried (1990): *Einführung in die Grundlagen des Strafrechts*, 2. Aufl. München: C.H. Beck.

Hegel, Georg Wilhelm Friedrich (1971): *Grundlinien der Philosophie des Rechts*. In: ders., Werke in 20 Bden., Bd. 7. Frankfurt/M.: Suhrkamp.

Hörnle, Tatjana (2015): „Anmerkung". *Juristenzeitung 70*, S. 893–896.

Hörnle, Tatjana (2017): *Straftheorien*, 2. Aufl. Tübingen: Mohr Siebeck.

Horowitz, Mardi J. (2007): „Understanding and Ameliorating Revenge Fantasies in Psychotherapy". In: *American Journal of Psychiatry 164*, S. 24–27.

Hume, David (1777/2006): *An Enquiry Concerning the Principles of Morals*, hg. von Tom L. Beauchamp. Oxford: Oxford University Press.

Jakobs, Günther (1995): „Das Strafrecht zwischen Funktionalismus und ‚alteuropäischem' Prinzipiendenken", *Zeitschrift für die gesamte Strafrechtswissenschaft 107*, S. 843–876.

Jakobs, Günther (2004): *Staatliche Strafe: Bedeutung und Zweck*. Nordrhein-Westfälische Akademie der Wissenschaften, Vorträge, G 390. Paderborn u.a.: Ferdinand Schöningh.

Jhering, Rudolf von (1872/1992): *Der Kampf ums Recht*, hgg. von Felix Ermacora. Wien: Propyläen Verlag.

Kant, Immanuel (1907a): „Anthropologie in pragmatischer Hinsicht". In: *Kants Werke*, hgg. von der Königl. Preuß. Akademie der Wissenschaften (Akademie-Ausgabe/AA) Bd. VII. Berlin: Georg Reimer. S. 117–333.

Kant, Immanuel (1907b): „Metaphysik der Sitten. Erster Theil. Metaphysische Anfangsgründe der Rechtslehre". In: *Kants Werke*, hgg. von der Königl. Preuß. Akademie der Wissenschaften (Akademie-Ausgabe/AA), Bd. VI Berlin: Georg Reimer. S. 203–372.

Kant, Immanuel (1907c): „Metaphysik der Sitten. Zweiter Theil. Metaphysische Anfangsgründe der Tugendlehre". In: *Kants Werke*, hgg. von der Königl. Preuß. Akademie der Wissenschaften (Akademie-Ausgabe/AA), Bd. VI Berlin: Georg Reimer. S. 375–493.

Kant, Immanuel (1907d): „Die Religion innerhalb der Grenzen der bloßen Vernunft". In: *Kants Werke*, hgg. von der Königl. Preuß. Akademie der Wissenschaften (Akademie-Ausgabe/AA), Bd. VI Berlin: Georg Reimer. S. 1–202.

Kaufmann, Arthur (1976): „Schuldprinzip und Verhältnismäßigkeitsgrundsatz". In: Günter Warda et al.: *Festschrift für Richard Lange zum 70. Geburtstag*, S. 27–38.

Kelsen, Hans (1941/1982): *Vergeltung und Kausalität*. Wien/Köln/Graz: Böhlau Verlag.

Kohler, Josef (1883): *Shakespeare vor dem Forum der Jurisprudenz*. Würzburg: Stahel'sche Universitäts-Buch- & Kunsthandlung.

Koller, Peter (1997): *Theorie des Rechts. Eine Einführung*, 2. Auflage. Wien/Köln/Weimar: Böhlau Verlag.

Landauer, Gustav (1922): „Der Kaufmann von Venedig". In: ders., *Shakespeare. Dargestellt in Vorträgen, 1. Bd.*, S. 42–90. Frankfurt/M.: Rütten & Löning.

Leibniz, Gottfried W. (1996): *Die Theodizee, I.* Philosophische Schriften Band 2.1. hgg. und übersetzt v. Herbert Herring. Frankfurt am Main: Suhrkamp.

Löwenheim, Oded/Heimann, Gadi (2008): „Revenge in International Politics", *Security Studies 17*, S. 685–724.

Luban, David (2011): *War as Punishment*. Georgetown Public Law and Legal Theory Research Paper No. 11–71.

Merkel, Reinhard (2002): „Wer war Rüttgerodt?" In: Cornelius Prittwitz et al. (Hg.): *Festschrift für Klaus Lüderssen*, S. 899–918.

Mosbacher, Andreas (2004): „Kants präventive Straftheorie". In: *Archiv für Rechts- und Sozialphilosophie* 90, S. 210–225.

Nehlsen, Hermann (1983): „Entstehung des öffentlichen Strafrechts bei den germanischen Stämmen". In: Karl Kroeschel (Hg.): *Gerichtslauben-Vorträge. Freiburger Festkolloquium zum fünfundsiebzigsten Geburtstag von Hans Thieme*, S. 3–16. Sigmaringen: Jan Thorbecke Verlag.

Neumann, Ulfrid (2007): „Institution, Zweck und Funktion staatlicher Strafe". In: Michael Pawlik/Rainer Zaczyk (Hg.), *Festschrift für Günther Jakobs*. Köln u.a.: Carl Heymanns Verlag. S. 435–450.

Nozick, Robert (1981): „Free Will" (III. Retributive punishment). In: ders., *Philosophical Explanations*. S. 363–397.

Orth, Ulrich/Montada, Leo/Maercker, Andreas (2006): „Feelings of revenge, retaliation motive, and posttraumatic stress reactions in crime victims". In: *Journal of Interpersonal Violence 21*, S. 229–243.

Platon (1957): „Protagoras". In: ders., *Sämtliche Werke*, Bd. 1, hgg. von Walter Otto/Ernesto Grassi/Gert Plamböck, übersetzt von Friedrich Schleiermacher. Hamburg: Rowohlt. S. 59–96.

Prinz, Jesse J. (2010): „The Moral Emotions"- In Peter Goldie (Ed.), *Philosophy of Emotion*. Oxford: Oxford University Press, S. 519–538.

Radbruch, Gustav (2001): „Der Ursprung des Strafrechts aus dem Stande des Unfreien". In: *Gustav Radbruch–Gesamtausgabe*, hgg. v. Arthur Kaufmann, Bd. 11: Strafrechtsgeschichte, bearb. v. Ulfrid Neumann. Heidelberg: C.F. Müller Verlag. S. 368–378.

Rawls, John (1971/1999): *A Theory of Justice. Revised Edition*. Cambridge, MA: The Belknap Press of Harvard University Press.

Rawls, John (1998): *Politischer Liberalismus*, übersetzt v. Wilfried Hinsch. Frankfurt am Main: Suhrkamp

Reemtsma, Jan Philipp (1997): *Im Keller*. Hamburg: Hamburger Edition.

Reinle, Christine (2008): „Fehde“: In: Albrecht Cordes et al. (Hg.): *Handwörterbuch zur deutschen Rechtsgeschichte*, Bd. I, Sp. 1515–1525. Berlin: Erich Schmidt Verlag

Roxin, Claus/Greco, Luis (2020): *Strafrecht Allgemeiner Teil. Bd. I*. 5., vollst. neu bearb. Auflage. München: C.H. Beck Verlag.

Seher, Gerhard (2020): „Wert und Grenzen der expressiven Theorie der Strafe“. In: Jan Christoph et al. (Hg.): *Recht – Philosophie – Literatur. Festschrift für Reinhard Merkel zum 70. Geburtstag*, S. 493–509. Berlin: Duncker & Humblot.

Stillwell, Arlene M./Baumeister, Roy F./Del Priore, Regan E. (2008): „We're All Victims Here: Toward a Psychology of Revenge“. In: *Basic and Applied Psychology 30*, S. 253–263.

Trivers, Robert L. (1971): „The Evolution of Reciprocal Altruism“. In: *The Quarterly Review of Biology 46*, S. 35–57.

Urban Walker, Margaret (2006): *Moral Repair. Reconstructing Moral Relations After Wrongdoing*. Cambridge: Cambridge University Press.

Walzer, Michael (1977): *Just and Unjust Wars. A Moral Argument with Historical Illustrations*. 2. Auflage. New York: Basic Books of Harper Collins Publishers.

Weismann, Jakob (1972): „Talion und öffentliche Strafe im Mosaischen Rechte“, in: Klaus Koch (Hg.): *Um das Prinzip der Vergeltung in Religion und Recht des Alten Testaments*. Darmstadt: Wissenschaftliche Buchgesellschaft, S. 325–406.

Walter, Tonio (2011): „Vergeltung als Strafzweck“. In: Zeitschrift für Internationale Strafrechtsdogmatik 7, S. 636–647.

Weitzel, Jürgen (1994): „Strafe und Strafverfahren in der Merowingerzeit“. In: *Zeitschrift der Savigny-Stiftung für Rechtsgeschichte. Germanistische Abteilung*, S. 66–147.

Wolf, Ursula (1995): „Über den Sinn der Aristotelischen Mesoteslehre“, in: Otfried Höffe (Hg.): *Klassiker Auslegen: Aristoteles – Die Nikomachische Ethik*. Berlin: Akademie Verlag. S. 83–108.

Zimmermann, Florian (2012): *Verdienst und Vergeltung*. Tübingen: Mohr Siebeck.

KAPITEL 6

Feindstrafrecht

Zur kritischen Rekonstruktion eines produktiven Störenfrieds in der Begriffswelt des Strafrechts

6.1 Präliminarien

Der Streit um das sogenannte Feindstrafrecht hat etwas Verwirrendes, das über den gängigen Befund wissenschaftlicher Debatten, den einer Vielzahl kontroverser Argumente, hinausreicht. Die Frontlinien selbst, die das begriffliche und normative Gelände dieses Streits durchziehen, verwickeln sich auf eine schwer durchschaubare Weise. Gelegentlich verliert man darüber das Ziel der Kritik aus den Augen. Sind es die als „feindstrafrechtlich" apostrophierten Normen? Ist es ihre scharf pointierende Bezeichnung? Oder ist es deren Urheber, Günther Jakobs selbst? Und ist er's gegebenenfalls deshalb, weil er die Normen so nennt oder weil er, in welchen Grenzen immer, ihre Legitimität behauptet? Irgendwann legt sich dem Leser die irritierende Frage nahe, ob sich der oft erhobene Vorwurf der „Verfassungswidrigkeit des Feindstrafrechts" eigentlich gegen die fraglichen Rechtsnormen richtet oder auch, vielleicht sogar ausschließlich gegen das theoretische Modell, in dessen begrifflichen Rahmen sie von Jakobs eingeordnet und beurteilt werden.[1]

Nun käme, danach direkt befragt, wohl niemand auf die Idee, eine Theoriekonzeption zur Kennzeichnung rechtlicher Normen „verfassungswidrig" zu nennen. Aber manchmal hat es den Anschein, als trübte die Schärfe der Kritik an Jakobs die des Blicks für diese Unterscheidung. Bemerkenswert ist jedenfalls, dass erheblich öfter von der Verfassungswidrigkeit „des Feinstrafrechts" die Rede ist[2] als von der jener Tatbestände, die Jakobs so nennt, etwa der §§ 30 Abs. 2, 66 ff., 89a oder 129a und b StGB. Gewiss, die Wendung hat einen Doppelsinn, der sich zum einen auf die Normen, zum andern (abkürzend) auf Jakobs' Konzeption zu deren Deutung beziehen kann. Aber selbst der geneigteste Leser beginnt manchmal zu zweifeln, ob das Verdikt der Verfassungswidrigkeit die Straftatbestände oder deren theoretische Kennzeichnung rügen soll. Oder, und noch etwas irritierender: Ob etwa die §§ 30 Abs. 2 und 129a StGB in ihrer schlichten, sozusagen unmittelbar gesetzlichen Gestalt keineswegs für

1 Man überprüfe diesen Eindruck an den Ausführungen zur Frage der „Verfassungsmäßigkeit des Feindstrafrechts" bzw. seiner „Verfassungsverstöße" bei Morguet (2008), 256 ff.

2 Einschlägige Nachweise bei Morguet (2006), 257, Fn. 1295–1300.

DOI:10.30965/9783969752678_007

eindeutig verfassungswidrig erklärt werden, wohl aber dann, wenn man sie als „feindstrafrechtlich" begreifen wollte. Das kann schwerlich richtig sein. Entweder sind die Straftatbestände selbst verfassungswidrig oder sie sind es nicht. Ihre externe Deutung als Feindstrafrecht und erst recht ihre entsprechende bloße Bezeichnung könnte ihnen dieses Verdikt nicht verschaffen, und zwar auch dann nicht, wenn als Motiv zu ihrem Erlass eine Intention des Gesetzgebers auszumachen wäre, die nach Jakobs' Kriterien als „feindstrafrechtlich" gelten müsste.

Im Folgenden werde ich mich mit diesen Fragen nicht weiter befassen. Ignorieren werde ich auch die umfangreiche Diskussion zu verschiedenen weiteren Begriffen, mit denen Jakobs seine Konzeption des Feindstrafrechts zu einem kohärenten Ganzen zu verbinden sucht und die bei ihm spezifisch rechtstheoretische, manchmal wenig geläufige Bedeutungen erhalten: Personalität, Depersonalisierung, Fremdverwaltung (durch Rechtszwang), Exklusion (aus dem Bürgerstatus) und einige andere. Dazu gibt es eine kaum mehr überschaubare Fülle eingehender wissenschaftlicher Diskussionen, die, wenn ich recht sehe, nahezu alle denkbaren Möglichkeiten der kritischen Klärung ausschöpfen.[3] Und schließlich werde ich nicht versuchen, die Vielzahl der grundsätzlichen Einwände gegen Jakobs' Konzeption und die ebenfalls erhebliche Zahl seiner Antworten darauf, systematisch zu rezipieren.

Damit ist zugleich gesagt, dass ich im Weiteren den allergrößten Teil der Literatur zum Feindstrafrecht unbeschadet ihrer oft hohen Qualität ignorieren werde. Erstens ist es nicht mein Anliegen, eine wissenschaftliche Debatte zu dokumentieren und mich da und dort auf die eine oder andere Seite ihrer Kontroversen zu schlagen, also meine Überlegungen in eine etwas aussichtslose Konkurrenz zu der beachtlichen Zahl monographischer Abhandlungen zu setzen, die es zum Feindstrafrecht mittlerweile gibt. Und zweitens hat sich mir im Zuge meiner Befassung mit diesen Kontroversen die Idee ergeben, mit ihrem Urheber selbst in eine mehr oder weniger direkte Diskussion einzutreten, also die eigenen Gedanken zu denen von Günther Jakobs unmittelbar und ohne Seitenblicke auf die Abhandlungen anderer Autoren zu formulieren. Das mag gegenüber diesen anderen ungerecht und angesichts eines so ausgiebig erörterten Themas anmaßend erscheinen. Es möge, wenn dieser Wunsch gestattet ist, weder so noch so verstanden werden.

3 Eine klare Analyse der meisten oben erwähnten Begriffe bei Neumann (2006), 299 ff.

6.2 Wer und was ist ein Feind?

Im Mittelpunkt der Jakobsschen Konzeption und daher naturgemäß auch der Kritik daran steht der Begriff des Feindes. Dessen allgemeine Bedeutung belässt Jakobs im Ungefähren, und vielleicht geschieht das mit Bedacht. Eine intuitiv geläufige Bedeutung scheint er dabei allerdings vorauszusetzen, vor deren Hintergrund er dann den spezifisch strafrechtlichen Umfang des Begriffs konkretisiert. Das geschieht vornehmlich in einer Aufzählung bestimmter Typen strafbaren Handelns, dessen jeweilige Akteure in Jakobs' Konzeption eben „Feinde" heißen. Sprachtheoretisch formuliert: Er klärt nicht, oder doch nur vage, die Intension, wohl aber die von ihm behauptete strafrechtliche Extension des Begriffs.[4] „Der Feind", heißt es in einem oft zitierten Passus,

> „ist ein Individuum, das sich in einem nicht nur beiläufigen Maß in seiner Haltung [...] oder seinem Erwerbsleben [...] oder, hauptsächlich, durch seine Einbindung in eine Organisation (Terrorismus, organisierte Kriminalität [...]), also jedenfalls vermutlich dauerhaft vom Recht abgewandt hat und insoweit die kognitive Mindestsicherheit personellen Verhaltens nicht garantiert und dieses Defizit durch sein Verhalten demonstriert."[5]

Mit dieser primär extensionalen Erläuterung des Feindbegriffs[6] korrespondiert die ebenfalls extensionale Umschreibung dessen, was Jakobs unter „Feindstrafrecht" versteht. Er verweist auf bestimmte Typen strafrechtlicher Normen mit spezifischen Besonderheiten, aus denen sich ihr feindstrafrechtlicher Charakter ergebe: (1.) Tatbestände mit außergewöhnlicher Vorverlagerung der Strafdrohung, nämlich gegen ein Handeln, das im internen Privatbereich einer Person stattfindet (z.B. die §§ 30 Abs. 2, 129, 129a StGB), wobei (2.) die Strafrahmen für solche Taten keine proportionale, deren Vorfeldcharakter entsprechende Reduktion aufwiesen; dann (3.) der auch sprachlich offensive „Übergang von der Strafrechtsgesetzgebung zur Bekämpfungsgesetzgebung" in bestimmten Bereichen (etwa der organisierten oder der terroristischen, aber auch der Wirtschaftskriminalität); und schließlich (4.) der „Abbau prozessualer Garantien".

Man mag es bedauern, dass Jakobs den allgemeinen Sinn des Feindbegriffs nicht näher erläutert. Denn vor allem dessen provokanter Tonfall,

---

4 Intension eines Begriffs ist der *Sinn*, in dem er uns die von ihm bezeichneten Gegenstände (hier: „Feinde") vermittelt; Extension ist gleichbedeutend mit seinem *Umfang*, also mit einer (gedachten) Liste aller Objekte (hier Menschen bzw. Personen), die unter den Begriff fallen.

5 Jakobs in Eser et al. (2000), 51; ders. in Courakis (2001), 463; ders. in Rosenau/Kim (2010), 175 f.

6 Die Kriterien der vermutlich dauerhaften Abkehr vom Recht und die deshalb fehlende „kognitive Mindestsicherheit personellen Verhaltens" sind intensionaler Art.

sein affektiver Unterstrom, die mit ihm verbundene hart ausgrenzende Markierung „anderer“ und der damit einhergehende Anschein auch der eigenen Feindseligkeit gegenüber diesen anderen sind es wohl, was jenen Überschuss an Empörung erklärt, der viele kritische Reaktionen auf Jakobs‘ Konzeption kennzeichnet. Aber nicht nur zur Aufhellung der Gründe für die ungewöhnliche Schärfe dieser Debatte erscheint eine genauere Analyse des Feindbegriffs lohnend. Sie könnte darüber hinaus klären helfen, ob „Feindstrafrecht“ für die so benannten Normen unbeschadet der Frage ihrer Legitimität immerhin der richtige Titel ist, also an ihnen etwas kennzeichnet, was sich anders nicht oder nur schwer fassen ließe, oder ob er besser aus dem wissenschaftlichen Verkehr gezogen werden sollte. Und schließlich könnte eine solche Klärung möglicherweise auch zur Frage dieser Legitimität selbst einen, wenngleich vermutlich bescheidenen Beitrag liefern.

Carl Schmitt: öffentlicher Feind – hostis rei publicae

Jedenfalls von dem „Feind“, der in Carl Schmitts zweifelhafter Schrift „Der Begriff des Politischen“ eine maßgebliche Rolle spielt, will Jakobs seinen eigenen Feindbegriff klar unterschieden wissen. Bei Schmitt sei die Rede vom „Feind als existentiellem Gegner“, also „nicht von einem Verbrecher, sondern vom *hostis*, vom *anderen*“. Zur Konfrontation mit diesem Typus des existentiellen Feindes komme es innerhalb eines politischen Gemeinwesens nach Schmitt erst bei einem Bürgerkrieg. „Der Feind des Feindstrafrechts“, so Jakobs, „ist hingegen ein Verbrecher der vermutlich nachhaltig gefährlichen Sorte, ein *inimicus*.“[7]

An dieser Gegenüberstellung von *hostis* und *inimicus* ist manches unklar. Schmitt selbst markiert die Unterscheidung und es lohnt sich, die einschlägige Stelle im Ganzen zu zitieren:

> „Feind ist also nicht der Konkurrent oder der Gegner im allgemeinen. Feind ist auch nicht der private Gegner, den man unter Antipathiegefühlen haßt. Feind ist nur eine wenigstens eventuell, d.h. der realen Möglichkeit nach *kämpfende* Gesamtheit von Menschen, die einer ebensolchen Gesamtheit gegenübersteht. Feind ist nur der *öffentliche* Feind, weil alles, was auf eine solche Gesamtheit von Menschen, insbesondere auf ein ganzes Volk Bezug hat, dadurch *öffentlich* wird. Feind ist *hostis*, nicht *inimicus* im weiteren Sinne […].“[8]

---

7 Jakobs (2006a), 294; ders. (2006b), 844, Fn. 49; ders. in Rosenau/Kim (2010), 175, Fn. 40.

8 Schmitt (1991), 29. Schmitt weist hier auf das Fehlen der Unterscheidung im Deutschen hin, was „Mißverständnisse und Fälschungen“ begünstige. „Die viel zitierte Stelle ‚Liebet eure Feinde‘ (Matth. 5,44, Luk. 6,27) heißt ‚diligite *inimicos* vestros‘ […] und nicht ‚diligite *hostes* vestros‘.“

Schmitts „Feind", und darin liegt ein ins Auge fallender Unterschied zu dem von Jakobs verwendeten Begriff, ist ein kollektiver Singular; er bezeichnet eine „Gesamtheit von Menschen", nicht ein (verbrecherisches) Individuum.[9] Auch für die andere Seite einer Feindschaftsbeziehung, die Seite des Bedrohten, kommt für Schmitt nur eine „Gesamtheit" in Betracht. Solche Feindschaften sind stets wechselseitige. Zudem müssen sie in einem bestimmten Sinn öffentliche sein, Erscheinungen, welche ein politisches Gemeinwesen als Ganzes und in besonders gravierendem Maß betreffen (weswegen noch so rabiate Feindschaften privater Gruppen, etwa konkurrierender Verbrecherbanden, nicht hierher gehören). Kurz, in seiner exemplarischen Gestalt deutet Schmitts Feindbegriff auf potentiell kriegerische Konflikte zwischen organisierten Gemeinschaften, vor allem zwischen Staaten. Damit markiert der Begriff eine „klare Unterscheidung [...] von Feind und Verbrecher".[10] In Ausnahmesituationen kann ein solcher Konflikt aber auch allein die Öffentlichkeit eines einzelnen Staates betreffen und spalten: im Bürgerkrieg.[11] Dann wird freilich auch die Unterscheidung von Feind und Verbrecher unklar. Das gilt jedenfalls für die frühen Phasen der Entstehung eines Bürgerkriegs. Mindestens bis die Normen des humanitären Völkerrechts für nicht-internationale bewaffnete Konflikte eindeutig anwendbar werden (und meist lange darüber hinaus) werden Aufständische von der attackierten Staatsmacht regelmäßig als Verbrecher behandelt. In diesem normativen Grenzbereich sind sie im Schmittschen Sinne tatsächlich wohl beides: Verbrecher und Feinde.

In der Gesamtheit seiner Kriterien hat ein solcher Feindbegriff mit dem von Jakobs postulierten wenig gemein. Das schließt einzelne Überschneidungen nicht aus.[12] Auch in Jakobs' Konzeption müsste der Feind wohl ein „öffentlicher" sein, um eine strafrechtliche Reaktion des Staates im Modus des „Bekämpfens" gegebenenfalls rechtfertigen zu können. Aber was genau hieße hier „öffentlich"? Bei Schmitt kann erst der Konflikt zweier politisch verfasster Gemeinwesen dieses Prädikat rechtfertigen. Soviel verlangt Jakobs' Feindbegriff offensichtlich nicht. Bei ihm steht auf der einen Seite der

---

9 Zu Schmitts Feindbegriff Slomp (2009); Rae (2016).

10 Schmitt (1963), 9; die weitere dort entwickelte Unterscheidung von konventionellem (gerechtem), wirklichem und absolutem Feind ist für unsere Zwecke ohne Belang.

11 Zu der von Schmitt stets für möglich gehaltenen Rückkehr des (kollektiven) Feindes ins Innere der rechtlich verfassten Gesellschaft Böckenförde (1991), 344.

12 Eine solche ist etwa, dass beide Autoren für ihren Feindbegriff psychologische Grundlagen auf beiden Seiten der Feindschafts-Relation ablehnen; für Schmitt s. das obige Zitat („Antipathiegefühle" irrelevant); bei Jakobs ergibt es sich erstens (und für den Täter) aus seiner Ablehnung jeder Psychologisierung des Schuldbegriffs (vgl. Jakobs [2008], 111), und zweitens (für den Staat) aus seiner Ablehnung einer Subjektivierung der Straffunktionen; vgl. Jakobs (2004a).

Feindschaftsbeziehung regelmäßig ein Einzelner, der Verbrecher. Er als Individuum manifestiert nichts Öffentliches; seine Tat mag dies tun, aber allenfalls durch ihre Wirkung auf andere. Wohl ist es trivial, dass Straftaten wegen der Missachtung des Anspruchs der übertretenen Norm auf allgemeine Geltung immer auch eine öffentliche Dimension haben. Aber diese kann hier nicht ausreichen. Denn das Öffentliche am kriminellen Feind müsste die Differenz zwischen ihm und dem „normalen" Verbrecher erklären helfen, also über die triviale Implikation des Öffentlichen bei jeder Straftat hinausreichen. Denkbar erscheint das unter drei Gesichtspunkten, die eine außergewöhnliche öffentliche Bedeutung der feindstrafrechtlichen Tat plausibel machen könnten: Erstens im Hinblick auf das besondere Verletzungsgewicht der Tat oder doch ihr entsprechendes Potential; zweitens mit Blick auf den besonderen (öffentlichkeitskonstitutiven) Status der verletzten Norm; und schließlich drittens mit Blick auf das „eigentliche" Ziel der Tat, das hinter deren unmittelbarem Opfer erkennbar werden und ihr eine andere Dimension des Öffentlichen verleihen mag als die bloße Verletzung einer Privatperson. Welcher dieser Blickwinkel könnte das spezifisch Öffentliche der fraglichen Taten erklären, das deren Akteure zu Feinden macht? Die Frage fordert zunächst eine genauere Klärung des Feindbegriffs.

Thomas Hobbes: hostis oder inimicus?

Jakobs illustriert den Unterschied zwischen seinem und Schmitts Feindbegriff knapp und etwas sibyllinisch an dem Gegensatz von *hostis* und *inimicus*, den Schmitt selbst bemüht. Der kriminelle Feind sei *inimicus*, nicht *hostis*. Das ist irritierend. Die Gegenüberstellung der beiden Feindbegriffe ist nicht von Schmitt erfunden worden, sondern entspricht einer langen Tradition der Staats- und Rechtsphilosophie. In Emer de Vattels „Droit des gens" von 1758 heißt es:

> „Feind ist, wer mit der Nation im offenen Krieg steht. Die Römer hatten einen besonderen Ausdruck (*hostis*), mit dem sie einen öffentlichen Feind bezeichneten und vom privaten Feind (*inimicus*) sorgfältig unterschieden. [...] Ein privater Feind ist jemand, der uns zu verletzen trachtet und sich an dem Übel freut, das er uns aufzwingt. Ein öffentlicher Feind erhebt Ansprüche gegen uns oder weist unsere gegen ihn zurück und verfolgt sein wirkliches oder vorgebliches Recht mit Waffengewalt. Der Erstgenannte ist niemals unschuldig; er nährt Ranküne und Hass in seinem Herzen. Der öffentliche Feind hingegen mag von solch odiosen Affekten frei sein und nur sein Recht durchsetzen wollen."[13]

13 Vattel (1758), hier zitiert nach der englischen Fassung (2008), 509 (von mir, R.M., übersetzt).

Das ähnelt der Schmittschen Deutung und scheint Jakobs zu bestätigen: *Inimicus* ist der schuldhaft Handelnde, der verletzen, nicht ein von ihm vorausgesetztes eigenes Recht reklamieren will, also der Verbrecher, nicht der Kriegsgegner. Verwirrend ist aber, dass bei Vattel *inimicus* nur der „private" Feind heißt. Zu unserer obigen Annahme, wonach jedenfalls der irreguläre Verbrecher, der Feind in Jakobs' Konzeption, ein in herausgehobenem Sinne „öffentlicher" sein müsse, passt das nicht. Zur Klärung bietet sich eine Erkundigung bei dem ersten neuzeitlichen Philosophen an, der den Feindbegriff zu einer zentralen Kategorie seiner Rechts- und Staatsphilosophie gemacht hat: Thomas Hobbes. Das liegt auch deshalb nahe, weil sich Jakobs selbst zur Erläuterung des Feindbegriffs gelegentlich auf Hobbes beruft:

> „*Hobbes* unterscheidet zwischen dem bürgerlichen Delinquenten und dem Hochverräter; jener wird nach den erlassenen Gesetzen verurteilt, dieser aber als Feind bekämpft, und der Grund für diese Differenz liegt auf der Hand, da jener einen einzelnen Vorteil sucht, was zwar nicht zu dulden ist, aber das Ganze nicht in Frage stellt, während dieser, der Hochverräter, das Prinzip bekämpft, und das Prinzip ist bei *Hobbes* in der konkreten Herrschaft verkörpert."[14]

Jakobs stimmt Hobbes zu, dass der „bürgerliche Delinquent" nicht als Feind behandelt werden dürfe. Das komme nur für den in Betracht, der „das Ganze" angreift, welches heute freilich nicht mehr als konkrete Herrschaft, sondern als „freiheitlich verfasste Gesellschaft zu begreifen" sei. Für deren „prinzipiellen Gegner" sei es „nach wie vor richtig", dass er „anders [...] zu behandeln ist als ein Bürger mit eher passageren Defekten", nämlich als „Feind".[15] Das markiert deutlich die im Begriff eines solchen Feindes implizierte besondere Dimension des Öffentlichen.

Nun heißt ein solcher Feind bei Hobbes aber gerade nicht *inimicus*, sondern *hostis*, also anders als ihn Jakobs nennen würde. In den englischen Ausgaben der rechtsphilosophischen Hauptwerke von Hobbes, *De Cive* und *Leviathan*, wird das wie in deren deutschen Übersetzungen durch den Umstand verdeckt, dass dort die Unterscheidung von *hostis* und *inimicus* nicht kenntlich werden kann, weil es für sie im Englischen wie im Deutschen keine Entsprechung gibt. Deutlich wird sie aber an zahlreichen Stellen sowohl im Originaltext von *De Cive* (1642), den Hobbes auf Lateinisch verfasst hat, als auch in der lateinischen Übersetzung des zunächst (1651) auf Englisch erschienenen *Leviathan*, die ebenfalls von Hobbes selbst stammt (1668). „Aufrührer und Verräter", heißt es in *De Cive*, straft man nicht, „weil sie schlechte Bürger, sondern weil

14 Jakobs (2006a), 293.
15 Jakobs, aaO.

sie Staatsfeinde sind, und nicht nach dem Rechte der Herrschaft, sondern nach dem Kriegsrecht".[16] In der englischen Fassung heißen diese öffentlichen Feinde *enemies,* in der lateinischen aber *hostes,* nicht *inimici,* wie sie wohl in Jakobs' Sprachgebrauch heißen müssten. Die Differenzierung ließe sich bei Hobbes an zahlreichen weiteren Stellen zeigen. Stets heißt *inimicus* nur der „normale", der „private", der „bürgerliche" Kriminelle, dagegen der „das Ganze" angreifende (auch innerstaatliche) Feind durchgängig *hostis.* Im *Leviathan,* anders als noch gelegentlich in *De Cive,* hält Hobbes die Unterscheidung in bewusster Klarheit konsequent durch.[17]

Jakobs' Verwendung von *inimicus* für den „Feind" seiner Konzeption des Feindstrafrechts widerspricht also der klassischen Bedeutung des Begriffs. In seinem Bemühen um Abgrenzung zum *hostis* bei Schmitt führt Jakobs aus, der *inimicus* seiner Konzeption sei „nicht ein *anderer,* sondern er sollte sich als ein gleicher benehmen", weswegen ihm, anders als Schmitts „Feind", auch strafrechtliche Schuld zugerechnet werde. Aber zur Begründung der intendierten Abgrenzung taugt dieses Argument nicht. Denn nicht weil er („als ein gleicher") bürgerliche Pflichten *hat,* sondern weil er sie verletzt, heißt er „Feind", und diese Kennzeichnung kann ihm daher allenfalls wegen der besonderen Qualität der Missachtung seiner Pflichten, nicht aber wegen deren regulären Bestands zukommen. Kurz: wie er „sich benehmen sollte" definiert ihn immer nur als Bürger; als Feind kann ihn allenfalls definieren, dass er sich in besonders gravierender Weise anders benimmt. Dann aber ist er unter den *inimicus*-Begriff klassischer Provenienz, der nur Bürger bezeichnet, nicht mehr subsumierbar.

Gewiss ist, wie Jakobs anmerkt, „nicht zu erwarten, die vor mehr als 350 Jahren formulierten Gedanken des Hobbes ließen sich eins zu eins in die Gegenwart übertragen".[18] Im Zusammenhang der Diskussion um das Feindstrafrecht steht aber mehr in Frage als die korrekte Rezeption einer klassischen Semantik,

---

16 Hobbes (1642/1994), 233.

17 Weitere markante Stellen: *De Cive,* 14. Kap. § 19, Anm. (deutsch aaO, 230 f), wo sich Hobbes selbst einen „solchen Feind der Gottesleugner" nennt, dass er sie, fände er ein entsprechendes Gesetz, besonders hart bestraft wünschte, da sie „Feinde Gottes" seien; das erste „Feind" (er selbst) im lateinischen Original: *inimicus,* das zweite (die Gottesleugner): *hostes*; *De Cive,* 12. Kap. § 3 (deutsch aaO, 195): der Herrscher selbst dürfe, wenn er als Tyrann regiere, getötet werden – „kein Tyrannenmord, sondern Tötung eines Feindes": *hostis.* Dagegen *De Cive,* 15. Kap. § 11: kriminelle Tötung des privaten Feindes: *inimicus. Leviathan,* 19. Kap., 148, Bürger als Feind des Bürgers: *inimicus*; zumeist ist im *Leviathan* aber vom „Feind" als „Staatsfeind" oder (in Jakobs' Formulierung) „Gegner des Ganzen" die Rede: stets *hostis*; s. insbes. das 28. Kapitel („*Von Strafen und Belohnungen*"), 239. – Zum Feindbegriff bei Hobbes eingehend Jaede (2015).

18 Jakobs (2006a), 293.

nämlich dies: Müssen sich die materiellen Kriterien eines strafrechtlichen Feindbegriffs, um diesen allenfalls zu legitimieren, grundsätzlich am Modell des (klassischen) *hostis* oder an dem des *inimicus* orientieren?

Nun sind die Konturen dieser Modelle selbst nicht gänzlich klar. Jakobs weist mehrfach darauf hin, dass es sich „beim ‚Bürger' oder ‚Bürgerstrafrecht' und beim ‚Feind' oder ‚Feindstrafrecht' um Idealtypen" handle, „die in reiner Ausprägung praktisch nicht vorkommen".[19] Das leuchtet ein. Wie schnell die Konturen dieser Idealtypen diffus werden und Interferenzen bilden, lässt sich auch bei Hobbes zeigen – an einer der Figuren, die ihm als exemplarische *hostes* gelten: am Rebellen, der den Bürgerstatus aufkündigt. Einerseits weist Hobbes im Strafrechtskapitel des *Leviathan* der Strafe eine Funktion nur *innerhalb* der bürgerlichen Ordnung zu; „eine Schädigung, die einem erklärten Feinde zugefügt wird", fällt damit „nicht unter die Bezeichnung ‚Strafe'".[20] Gleichwohl fordert er an anderer Stelle, „die strengsten Strafen für die Verbrechen zu verhängen, die für die Öffentlichkeit am gefährlichsten sind". Dazu rechnet er sowohl Taten, „die einer feindlichen Gesinnung gegen die herrschende Regierung [...] entspringen", als auch solche „der Führer und Aufwiegler eines Aufstands"[21] – alles eigentlich *hostes*, gegen die nach Hobbes nicht Strafe, sondern ihre Ausschaltung, auf welche Weise immer, gefordert wäre. Es mag diese Durchlässigkeit der Grenzlinie zwischen (schon) feindlichem und (noch) bürgerlichem Straftäter gewesen sein, was Jakobs zu seiner Bedeutungsverschiebung zwischen *hostis* und *inimicus* veranlasst hat.

In der Sache spricht aber alles dafür, die Kriterien eines strafrechtlichen Feindbegriffs, der zustimmungsfähig wäre, prinzipiell am klassischen Typus des *hostis* zu orientieren. *Inimicus* ist der private, der bürgerliche, der „normal" verbrecherische „Feind" (welcher Güter oder Personen immer). Eben deshalb darf er auch und gerade in Jakobs' Konzeption als Feind weder bezeichnet noch behandelt werden. Maßbegriff des Feindstrafrechts ist der *hostis*. Er ist aber dennoch, und insofern hat Jakobs recht, nicht der „Feind" Carl Schmitts, nicht der kollektive *Adversarius* im Krieg und Bürgerkrieg[22], sondern der auf spezifische und gravierende Weise „öffentliche" Verbrecher. Dessen begriffliche und normative Konturen seien nun etwas schärfer gezogen.

---

19 Jakobs (2006a), 293; ders. (2004b), 88; ders. in Rosenau/Kim (2010), 177.

20 Hobbes (1999), 239.

21 Hobbes (1999), 265 f.

22 „Adversarius" verwendet Hobbes gelegentlich als Oberbegriff für *hostis* und *inimicus*, z.B. in De Cive (lat. Originalfassung), Kap. 13 § 7.

6.3 Normative Bedingungen eines strafrechtlichen Feindbegriffs

Vier Bedingungen einer möglichen Rechtfertigung der Rede vom Verbrecher als „Feind" halte ich für notwendig; ob sie hinreichend sind, ist damit nicht ausgemacht. Erstens seine besondere Gefährlichkeit, zweitens die dauernde, mindestens partielle und schwerwiegende Normlosigkeit seines Verhaltens, drittens dessen weitgehende oder gänzliche Unberechenbarkeit (permanente Bedrohlichkeit) und schließlich viertens, vielleicht weniger konsensfähig, aber meines Erachtens ebenfalls zwingend: die Schuldfähigkeit des Täters.

Gefährlichkeit

Dass als Feind im Sinn des Feindstrafrechts nur ein Täter in Betracht kommt, der auf besondere Weise gefährlich ist, versteht sich. Aber was heißt das? Die Erkundigung bei den gängigen Gefahr- bzw. Gefährlichkeitsbegriffen des Strafrechts führt nicht weit. Der allgemeine Gefahrbegriff des § 34 StGB für individuelles Notstandshandeln ist in unserem Zusammenhang zwar nicht falsch, aber in seiner Abstraktheit nahezu ohne Erklärungswert.[23] Ebenfalls nichts zur Klärung trägt eine Musterung der geläufigen Gefährdungstatbestände des StGB bei. Wollte man sich für unsere Frage an den Begriffen „abstrakte" und „konkrete Gefährlichkeit" orientieren, so läge der erstere näher, aber in Wahrheit passen beide nicht. Die in den Gefährdungstatbeständen vorausgesetzte Gefährlichkeit kennzeichnet allein das durch sie verbotene Verhalten.[24] Feindstrafrecht zielt dagegen auf gefährliche Täter. Deren unmittelbar strafbedrohtes Tun wird nicht wegen seiner eigenen Gefährlichkeit pönalisiert, die es, für sich betrachtet, oft auch gar nicht aufweist. Strafbedroht ist es vielmehr, weil es als Indiz für eine besondere Gefährlichkeit seiner Akteure genommen wird: für deren Disposition zu späterem schweren Verletzungshandeln.

Das wird nicht selten als „Täterstrafrecht" scharf kritisiert.[25] Der Tadel ist nicht ganz falsch, aber trotzdem schief. Zwar haben wir keine besonders klaren Kriterien für das, was geläufig „Täterstrafrecht" genannt und mit Recht abgelehnt wird.[26] Aber jedenfalls *sensu stricto* ist Feindstrafrecht kein Täterstrafrecht. Seine Tatbestände bedrohen konkret umschriebenes Verhalten und

---

23 Geläufige Definition: Gefahr als „Zustand, in dem aufgrund der Existenz besonderer Risikofaktoren die ernstzunehmende Möglichkeit eines Schadenseintritts [...] besteht"; Neumann (2017), § 34 Rn. 39.

24 Bei den konkreten Gefährdungsdelikten als Tatbestandsmerkmal, bei den abstrakten als erkennbares Motiv des Gesetzgebers, das (ohne Gefahrbegriff umschriebene) tatbestandliche Handeln zu verbieten.

25 Pars pro toto Cancio Meliá (2005), 286 f.; Ambos (2006), 16.

26 Dazu Rautenberg (2014), 107 ff.

nicht einfach Täter unmittelbar wegen deren Gefährlichkeit mit Strafe. Der Titel „Feindstrafrecht" liefert einen Modus der Erklärung, nicht der tatbestandlichen Beschreibung solcher Normen. Die Feststellung, bestimmte Täter würden als Feinde, nicht als Bürger behandelt, soll ein spezifisch erhellendes Licht auf Zweck, Motiv und besondere gesetzliche Formen ihrer strafrechtlichen Bekämpfung werfen. Gewiss mögen feindstrafrechtliche Tatbestände gerade aus diesen Gründen illegitim sein, etwa weil sie Verhalten erfassen, das ohne die vorausgesetzte Annahme, es werde nur von besonders gefährlichen („feindlichen") Akteuren praktiziert, nicht strafwürdig wäre, oder weil seine Strafwürdigkeit selbst mit dieser Annahme rechtsstaatlich nicht begründbar erscheint. Aber dass solche Tatbestände „nicht Taten, sondern (nur) Täter" mit Strafe bedrohten, ist nicht richtig.[27] Aus ähnlichem Grund irrig ist die Kritik, das Feindstrafrecht sei wegen der Unbestimmtheit des Feindbegriffs illegitim, nämlich ein Verstoß gegen Art. 103 Abs. 2 GG. Sie verwechselt den Deutungsbegriff „Feind" mit einem Tatbestandsmerkmal.[28]

Ersichtlich näher an unserem Problem einer spezifisch „feindlichen" Gefährlichkeit liegt der entsprechende Begriff des Maßregelrechts (§§ 63, 66 Abs. 1 Nr. 4 StGB). Jakobs selbst nennt die Maßregelvorschriften, die trotz ihres reinen Sicherungszwecks als „offene Verpolizeilichung" im StGB stehen, gelegentlich „feindstrafrechtliche Rechtsinstitute".[29] Das mutet allerdings wie eine Gleichsetzung von Gefährlichkeit und Feindlichkeit an und ist insofern, meine ich, kurzschlüssig. Jedenfalls schuldunfähige Täter, die wegen ihrer Gefährlichkeit psychiatrisch untergebracht werden, kann man schwerlich „Feinde" nennen. Ihr Handeln ist, in der von Jakobs selbst immer wieder prägnant markierten Diktion, „Natur", nicht strafrechtlich bedeutsamer „Sinn", der zur Desavouierung der Normgeltung taugte.[30] Wie immer diese Natur der Schuldunfähigkeit genauer zu bestimmen sein mag: sie schließt es, meine ich, aus, solche Täter im hier interessierenden Sinn als Feinde zu qualifizieren.

Aber auch wenn man zur Klärung des Gefährlichkeitselements den Blick nur auf die Sicherungsverwahrung richtet, findet sich nicht viel Erhellendes. Die üblichen Erläuterungen zur Gefährlichkeit des Täters „für die Allgemeinheit"[31], zum Unterschied wie zum Zusammenhang von „Gefahr" und „Risiko"

---

27 Formell bedroht es Täter nur wegen ihrer Taten (ohne die es im Übrigen keine Täter gäbe).

28 S. etwa Morguet (2008), 272 ff.; zutr. kritisch Jakobs in Rosenau/Kim (2010), 179 Fn. 55.

29 Das erste Zitat Jakobs in Rosenau/Kim (2010), 173 (und 177), das zweite ders. (2006a), 296; s. auch ders. (2004b), 90 (Maßregeln als Feindstrafrecht „im weiteren Sinn"); eingehend zu den Maßregeln und zur relativen Dürftigkeit der Versuche ihrer Legitimation ders. (2008), 35 ff.

30 S. nur Jakobs (1995), 863 ff.; ders. in Neumann/Schulz (2000), 69 ff.; ders. (2011), 20 ff.

31 §§ 63 S. 1, 66 Abs. 1 Nr. 4 StGB.

und schließlich zu den Schwierigkeiten einer entsprechenden empirischen Prognose sind, soweit das aus der Sicht des Strafrechtlers zu beurteilen ist, einleuchtend. Insofern liefern sie auch einen plausiblen Beitrag zur Klärung dessen, was die Gefährlichkeit strafrechtlicher Feinde ausmachen mag. Aber in besonderem Maß gefährlich zu sein, ist für die Qualifikation als „Feind" nur eine notwendige, keine hinreichende Bedingung. Das ergibt sich schon (und erneut) aus der begrifflichen Untauglichkeit des Schuldunfähigen zum Feind. Sein Handeln ist „Natur", und „Natur delinquiert nicht".[32] Das heißt nicht, dass sein Status dem des normlosen *Homo sapiens* im gedachten „Naturzustand" der kontraktualistischen Theorien à la Hobbes entspräche. Für Hobbes verkörperte neben dem innerstaatlichen Rebellen und dem außerstaatlichen Kriegsfeind auch der Mensch im Naturzustand exemplarisch den Feind als *hostis* – in der berühmten Metapher als *lupus* jedes anderen. Der Schuldunfähige passt nicht in diese Rolle. Er mag gefährlich sein, aber Feind im Sinn des Strafrechts ist er so wenig wie sonstige gefährliche Phänomene der Natur.

Eine letzte, etwas versteckte Spur der Konzeption einer möglicherweise feindstrafrechtlichen Gefährlichkeit im positiven Recht mag man in den Mordmerkmalen des § 211 StGB ausmachen. Das liegt jedenfalls dann nicht fern, wenn man der vorherrschenden Auffassung folgt, wonach es gerade die „besondere Gefährlichkeit" des Täters ist, manifestiert in der Verwirklichung dieser Merkmale, was seine Bestrafung als Mörder und daher mit lebenslanger Haft rechtfertigt. Unmittelbar bietet freilich auch diese Spur nicht viel für unser Problem. Einerseits ist das „Leitprinzip Gefährlichkeit" zur Deutung des Mordparagraphen in der Sache wenig überzeugend. Und andererseits ist nicht klar, worauf sich die angenommene Gefährlichkeit bezieht, wer oder was also bei einem Mord als besonders gefährlich gelten soll: Der Täter? Seine konkrete Tat? Ein bestimmter Typus tödlichen Handelns, den die Tat exemplarisch verwirklicht? Oder noch etwas anderes?[33]

Immerhin enthalten diese Fragen, wiewohl sie selten genauer geklärt werden, einen untergründigen Hinweis auf unser Problem. Denn sie implizieren jeweils eine Anschlussfrage, die auch und gerade für den Feindbegriff bedeutsam ist. „Gefährlich" ist ein zweistelliges Prädikat. Seine Anwendung setzt voraus, dass nicht nur eine Quelle der Gefahr, sondern auch ein davon bedrohtes Ziel identifiziert wird. Soweit Gefährlichkeit begrifflich zum Feindstatus gehört, legt sie daher auch für diesen die analoge Anschlussfrage nahe:

---

32 Jakobs (2008), 109.

33 Dazu und zu den Gründen gegen das Leitprinzip „Gefährlichkeit" für § 211 Merkel (2015), 429 ff.

Gegen wen oder was muss sich die feindlich-gefährliche Disposition eigentlich richten?

Feind – wessen?

Wenn ich recht sehe, hat diese Frage neben der hundertfach erörterten, wer (wenn überhaupt jemand) als „Feind" in Betracht kommt, bislang wenig Aufmerksamkeit erfahren. Die Antwort „feindlich gegenüber anderen Menschen" wäre zwar trivialerweise richtig, aber in rechtlichen Begriffen nicht spezifisch und daher wenig informativ.[34] Jakobs selbst hat in seiner ersten Skizze des Feindstrafrechts vom „Feind des Rechtsguts" gesprochen, verbunden freilich mit einer grundsätzlichen Kritik an diesem Begriff, dessen beliebige Fungibilität ihn, entgegen der Überzeugung seiner Verfechter, nicht zu einem plausiblen Kriterium der Begrenzung staatlicher Strafgewalt disponiere, ja nicht einmal die strafrechtliche Bekämpfung „gefährlicher Gedanken potentieller Täter" ausschließen könne.[35] Wie immer sich das verhalten mag: „Rechtsgüter" greift jede Straftat an. Für eine spezifische Markierung des Feindstrafrechts gibt der Begriff nichts her. Das Gleiche gilt trivialerweise für die Norm, die ein Lebensgut zum Rechtsgut macht und schützt.

Später spricht Jakobs von prinzipiellen Gegnern „der Rechtsordnung".[36] Das legt den Hinweis auf die oben postulierte besondere Dimension des „Öffentlichen" nahe, die ein ggf. feindliches Verbrechen haben muss und die schon für Hobbes Kennzeichen des Feindes der bürgerlichen Ordnung, des *hostis rei publicae*, gewesen ist und damit zugleich die legitimierende Grundlage eines anderen staatlichen Umgangs mit dem Verbrecher, als er Delinquenten gegenüber zu rechtfertigen wäre, deren Taten sie nicht prinzipiell zu *outlaws* der bürgerlichen Gemeinschaft machen. Diese klassische Konzeption, meine ich, weist noch immer den einzigen Weg, auf dem die Legitimation eines Feindstrafrechts zu begründen wäre. Allenfalls Verbrechen, heißt das, die sich in einem besonderen Sinn gegen die rechtlich verfasste Gemeinschaft als ganze richten, können es rechtfertigen, die Täter als Feinde dieser Gemeinschaft, als *hostes*, nicht als private *inimicos*, zu definieren und mit anderen Mitteln als denen des Bürgerstrafrechts zu bekämpfen. Aber was heißt das? Wann erreicht ein Verbrechen diese Dimension des Öffentlichen?

---

34 Von der bei Jakobs scharf gezogenen Unterscheidung zwischen „Mensch" und „Person" abgesehen.

35 Jakobs (1985), 753.

36 Jakobs (2004b), 93.

Dauernde Abwendung des Täters vom Recht

In dieser Abwendung manifestiert sich die oben erwähnte zweite Bedingung einer Rechtfertigung der Rede vom Verbrecher als Feind: die dauernde, mindestens partielle und schwerwiegende Normlosigkeit seines Verhaltens. Im Maß seiner dauerhaften Abwendung vom Recht garantiere ein solcher Täter, sagt Jakobs, „die kognitive Mindestsicherheit personellen Verhaltens nicht [...] und [demonstriere] dieses Defizit durch sein Verhalten".[37] Als Voraussetzung einer Qualifikation als Feind und in Verbindung mit unserer ersten Bedingung der besonderen, hochrangige Güter bedrohenden Gefährlichkeit erscheint mir das zwingend. Problematisch finde ich dagegen zwei zusätzliche Argumente, mit denen Jakobs dieses Postulat tiefer zu begründen unternimmt. Erstens habe der rechtsunterworfene Bürger eine „elementare Bringschuld", die kognitive „Grundlage der Vermutung zukünftigen Legalverhaltens zu pflegen". Und zweitens berühre eine prinzipielle Verletzung dieser Pflicht die Geltung der Norm, nämlich deren „Wirklichkeit". Sie verliere durch die grundsätzliche Missachtung ihre „orientierende Kraft" für andere, und das gleiche gelte für die missachtende Person selbst, „wenn sie sich ins ‚endlos Kontrafaktische' verflüchtigt", nämlich die Erwartung ihrer grundsätzlichen Rechtstreue dauerhaft enttäuscht.[38]

Zum ersten Argument. Der Rechtsgehorsam im (legitimen) bürgerlichen Staat ist selbstverständlich eine, ja *die* elementare Pflicht der Person. „Wirkliche Person ist", heißt es bei Jakobs, „wessen Verhalten normgemäß ausfällt".[39] Gleichwohl erscheint es etwas schief, diese Pflicht als „Bringschuld", als eine Art positiver Leistungspflicht zu formulieren. Der Personenstatus ist nicht etwas, das man sich verdienen müsste. Wohl aber, Jakobs' strikten Rechtsbegriff der Person vorausgesetzt, ist es etwas, das man aufs Spiel setzen und verlieren kann: durch dauernde Verletzung der Grundpflicht zum Rechtsgehorsam. Nicht um eine Leistungs-, sondern um eine Unterlassungspflicht geht es also. Das bedeutet nicht, diese Pflicht an Feuerbachs klassisches, aber in der modernen Gesellschaft problematisch gewordenes Diktum zu assimilieren, wonach „die ursprüngliche Verbindlichkeit" des Staatsbürgers „nur

37 Jakobs in Eser et al. (2000), 52; unter leicht variierten Titeln in nachfolgenden Publikationen zum Thema oft wiederholt: Fehlen der „kognitiven Untermauerung" bzw. der „kognitiven Mindestgarantie" der Normgeltung bzw. des Person-Status des Täters; exemplarisch Jakobs (2006a), 289, passim. – Ob der Ausdruck „kognitive" (für „empirische") Untermauerung wirklich treffend ist, mag offenbleiben. Das damit Gemeinte ist deutlich.

38 Jakobs (2006), 291, 292.

39 Jakobs (2008), 108.

auf Unterlassungen" gehe.[40] Was die im Gebot des Rechtsgehorsams implizierte Unterlassungspflicht verbietet, ist vielmehr einfach die Verletzung der einschlägigen Norm, sei diese positiver oder negativer Art. So wenig Rechtsgehorsam ein Verdienst (statt einer schieren Selbstverständlichkeit) ist, sowenig sollte er als Agens des Erwerbs eines Personenstatus in der bürgerlichen Gesellschaft aufgefasst werden. Person wird man nicht erst durch rechtliches Wohlverhalten; doch mag man durch extreme Formen des Gegenteils diesen Status verspielen.[41]

Zur zweiten These. Ebenfalls problematisch und zumindest missverständlich erscheint es mir, die dauernde Abwendung einzelner Täter vom Recht und die damit verbundene Zerstörung der „kognitiven Untermauerung" der Norm im Verhalten dieser Einzelnen als ein Problem der Rechtsgeltung zu formulieren. „Ohne kognitive Untermauerung", schreibt Jakobs, „gilt selbst eine optimal begründete Norm in der gesellschaftlichen Wirklichkeit nicht mehr als ein unverbindlicher Wunsch."[42] Das ist richtig, betrifft aber nur die kollektive „kognitive Untermauerung" der jeweils fraglichen Norm in der gesamten gesellschaftlichen Wirklichkeit. Nicht dagegen gilt es für die Aufkündigung dieser Untermauerung, und wäre sie radikal und dauerhaft, durch einzelne Täter. Exemplarisch und etwas plakativ: der Einzelne, der in seinem ganzen Leben schlechterdings nicht bereit ist, dem Diebstahlsverbot zu gehorchen, verweigert zwar die „kognitive Untermauerung" des *für ihn persönlich* geltenden Normbefehls. Die Geltung der dem § 242 StGB zugrundeliegenden allgemeinen Verhaltensnorm tastet er damit jedoch nicht an. Jakobs beruft sich an der zitierten Stelle (auch) auf Hans Kelsen, der eine Rechtsordnung nur dann als geltend beurteilt, „wenn ihre Normen im *großen und ganzen* wirksam sind".[43] Nun bezieht Kelsen diese Wendung auf die Rechtsordnung als ganze; für die Frage nach der Geltung einzelner Normen passt sie daher nicht. Auch diese können freilich ihre Geltung verlieren, ohne formell aufgehoben

---

40 Feuerbach (1801), § 24. „Problematisch" wegen der zahlreichen positiven Pflichten im modernen Rechtsstaat, rundum falsch aber nicht.

41 In (2005), 843, Fn. 7 erläutert Jakobs den Begriff „Bringschuld" mit der Kantischen Pflicht, „sich in einen bürgerlichen Zustand zu begeben". Aber das ist nach Kant zwar ein Imperativ für Vernunftwesen, nicht jedoch eine konkrete positive Pflicht des Einzelnen, der ja im Übrigen in diesen Zustand seiner Gesellschaft schon geboren wird. Auch die Kantische Pflicht bedeutet für das Individuum nicht mehr als diesen Zustand durch sein Tun nicht aufzukündigen und (in diesem Sinn) zu verlassen. – Jakobs hat mir hierzu (brieflich) entgegnet, dass jemand, der sich als Straftäter bereits unrechtlich verhalten *hat*, mehr tun müsse, „nämlich dartun, dass er wieder zur Anerkennung übergeht". Das leuchtet ein. Insofern ist die Rede von Bringschuld plausibel.

42 Jakobs (2006a), 291.

43 Kelsen (1960), 219 (Hervorhebung ebda.).

zu werden. Nach Kelsen ist das jedoch erst dann der Fall, wenn sie so gut wie „niemals“, nämlich von niemandem (und nicht nur von Einzelnen niemals), „befolgt oder angewendet“ werden und daher nicht einmal „ein Minimum an sozialer Wirksamkeit oder Wirksamkeitschance“ entfalten.[44] Auch das bezieht sich also nicht auf die Wirksamkeit im Handeln Einzelner, sondern auf die gesellschaftliche Wirksamkeit im Ganzen. Akzeptiert man, wie etwa ich selbst, diese Geltungsbedingung als richtig, dann kann die Zerstörung der „kognitiven Mindestgarantie“ für die Normgeltung, soweit sie sich im Handeln eines individuellen Verbrechers manifestiert, die soziale und damit auch die rechtliche Geltung der fraglichen Norm nicht beeinflussen, geschweige denn ruinieren.

Möglicherweise hätte Jakobs gegen diese Überlegungen nichts einzuwenden. Jedenfalls verweist er nach seinem oben zitierten Satz zur „kognitiven Untermauerung“ auf die „Verbindung von Geltung und *gesellschaftlicher* Wirklichkeit“.[45] Mit Blick auf deren Unterschied zur „Wirklichkeit“ des Individuums ist das aber zweideutig. Danach heißt es bei Jakobs, das „kontrafaktische Durchhalten der Norm“ könne gegen deren dauernden Bruch nicht gelingen, und im Textzusammenhang liest sich das so, als schließe es den Bruch durch einzelne Akteure ein. Das wäre aber nicht richtig. Nicht einmal der permanente Rechtsbruch Einzelner könnte die soziale wie die rechtliche Geltung der Norm erschüttern, und zwar selbst dann nicht, wenn er nie geahndet würde, wiewohl eine solche Preisgabe der Normgarantie auch im bloßen Einzelfall gewiss ein Skandal des Rechtsstaats wäre.

Es dürfte auf der Hand liegen, warum die Unterscheidung zwischen Zerstörung der (individuellen) „kognitiven Mindestgarantie“ des Normgehorsams und Zerstörung der (allgemeinen) Normgeltung für unsere Frage nach der besonderen öffentlichen Dimension bestimmter Verbrechen wichtig ist. Stünde bei diesen tatsächlich die Normgeltung auf dem Spiel, so wäre das eine so gravierende Manifestation des Öffentlichen, nämlich des kollektiv Zerstörerischen solcher Taten, dass die Überlegung, eben darauf einen Status der Täter als „Feinde“ zu gründen, naheläge. Eine solche destruktive Wirkung gegen die Normgeltung kann aber auch die dauernde Verweigerung des individuellen Rechtsgehorsams, der kognitiven Mindestgarantie Einzelner, nicht entfalten. Damit hat sie auch nicht jene Dimension des öffentlich Bedrohlichen, wie sie in der klassischen Verwendung des Begriffs von Hobbes bis Carl Schmitt stets und nur mit dem „öffentlichen Feind“ (*hostis*, nicht *inimicus*) verbunden war.

---

44 Das erste Zitat Kelsen (1960), 220, das zweite Alexy (2020), 147. Beide Autoren weisen auf den Zusammenhang dieser Form von Geltungsverlust mit dem gewohnheitsrechtlichen Prinzip der Derogation einzelner Normen hin.

45 (2006a), 291 (Hervorhebung von mir, R.M.).

Dass sich ein Täter „in seiner „Haltung [...] oder seinem Erwerbsleben [...] oder durch Einbindung in eine Organisation [...] dem Verbrechen mutmaßlich dauerhaft zugewandt hat“[46], reicht daher nicht aus, um ihn strafrechtlich als Feind der verfassten Gemeinschaft zu identifizieren und mit besonderen Mitteln zu bekämpfen. Es ist, wie die besondere Gefährlichkeit solcher Täter, eine dafür notwendige, aber ebenfalls nicht hinreichende Bedingung.

Unberechenbarkeit, dauernde Bedrohlichkeit, Erosion des sozialen Vertrauens

Was die bürgerliche Welt im Innersten zusammenhält, ist, und das meint die Wendung von der „kognitiven Untermauerung“, nicht nur ihre normative Ordnung, sondern auch ein darauf bezogenes Vertrauen aller gegenüber allen anderen. Erst dieses soziale Vertrauen in die grundsätzliche Zivilität des Mitmenschen ermöglicht individuelle Freiheit und Kooperation in der Gemeinschaft. Dass es in zahllosen Kontexten der Lebenswelt modifiziert, qualifiziert und manchmal auch konfisziert wird und werden muss, ändert nichts daran, dass es zu den Ermöglichungsbedingungen einer friedlichen Gesellschaft gehört.[47] Auch das hat schon Hobbes gesehen. Die Furcht vor einem gemeinsamen externen Feind reiche nicht aus, die für den bürgerlichen Zustand erforderliche soziale Kohäsion zu sichern.[48] Dazu gehöre vielmehr die Gewährleistung der Möglichkeit jenes Grundvertrauens („trust“); denn erst damit werde der Naturzustand des potentiellen *bellum omnium contra omnes* aufgehoben. Die Gewährleistung des Vertrauens sei daher eine Bedingung der Unterwerfung des Einzelnen unter die Herrschaft des Souveräns. Sie begründe eine Vertrauensbeziehung nicht nur zwischen den Bürgern, sondern auch zwischen Bürger und Herrscher: die Erwartung, dieser werde seine Pflicht zur Sicherung des wechselseitigen sozialen Grundvertrauens erfüllen.[49]

Im Maß der Zunahme von Delinquenz und vor allem des Ausbleibens strafender Reaktionen darauf wird dieses Vertrauen von Erosion bedroht. Begrifflich wie empirisch ist es mit der tatsächlichen Wirksamkeit der Rechtsgeltung assoziiert. Daher produziert jede Straftat – als Demonstration des Versagens der Normgeltung im konkreten Fall – einen ersten, wenngleich minimalen Effekt jener Erosion. Ihn aufzuheben ist nach Jakobs die primäre Funktion der Strafe: deren „*Bedeutung*“ als „Widerspruch gegen die Geltungsverneinung durch den Verbrecher“. Diese Funktion gehöre zur gesellschaftlichen Semantik des

46 Jakobs (2001), 457.
47 Vgl. Baier (1986), 231 ff.
48 S. etwa Hobbes (1999), 132 f.
49 S. dazu Baumgold (2013), 1 ff.

Rechts und sei daher keinen empirischen Zweifeln ausgesetzt.[50] Verbrecher, die sich dauerhaft vom Recht abgewandt haben, fördern diese (Einzelfall-)Erosion der Normgeltung nachhaltig destruktiv. Das berührt öffentliche Belange von erheblichem Gewicht.

Gleichwohl macht auch eine habituelle Delinquenz in den Bereichen „normaler" Verbrechen den Gewohnheitstäter noch nicht zum *hostis publicus*, zum Feind der gesamten verfassten Gemeinschaft. Wohl entfernt er sich selbst demonstrativ aus dem Zusammenhang jenes wechselseitigen, normativ fundierten Grundvertrauens, das die tatsächliche Praxis der Gemeinschaft konstituiert.[51] Aber das allein ist noch nicht geeignet, deren Vertrauensgrundlage für alle anderen Personen anzutasten. So wenig der habituelle Verbrecher die soziale Geltung der Norm unterminieren kann, als deren dauernder Gegner er agiert, so wenig kann er deren kognitives Pendant erschüttern: das von ihr konstituierte allgemeine Vertrauen. Alle Gesellschaften kennen habituelle Normbrecher und kannten sie, soweit der historische Blick reicht, wohl stets. Den Rahmen des Grundvertrauens, das die rechtlich verfasste Gemeinschaft *de facto* integriert, sprengen sie nicht. Gewiss beruht, wie Jakobs sagt, „praktizierte Rechtlichkeit [...] auf einer zumindest unterstellbaren Gegenseitigkeit".[52] Aber der Umstand, dass der Gewohnheitsverbrecher diese Gegenseitigkeit für sich selbst aufkündigt, untergräbt noch nicht ihre Präsenz und Wirkung für die Gesellschaft als ganze und daher auch nicht deren funktionierende Rechtlichkeit. Und als Manifestation einer immerhin entsprechenden Absicht sind seine Taten ebenfalls nicht interpretierbar. Wer aber das Vertrauensfundament der rechtlich verfassten Gemeinschaft weder angreifen kann noch will, qualifiziert sich, so meine ich, selbst dann nicht zum Feind dieser Gemeinschaft als ganzer, wenn er sich dem Verbrechen „dauerhaft zugewandt hat". Wie diese Zuwendung und ihre besondere Gefährlichkeit ist auch die damit einhergehende Zerstörung der Möglichkeit bürgerlichen Grundvertrauens in die individuelle Person des Verbrechers nur eine notwendige, nicht aber hinreichende Bedingung seiner Erklärung zum Feind.

---

50 Jakobs (2004a), 29; ders. (2008), 111 ff. Von dieser *Bedeutung* unterscheidet Jakobs den *Zweck* der Strafe: Zufügung des Strafschmerzes zur „kognitiven Sicherung der Normgeltung". Beides halte ich für überzeugend.

51 Bei Jakobs heißt es einmal, auch die dauerhaft kriminelle Person, nicht nur die von ihr gebrochene Norm, „verliert ihre orientierende Kraft" (ders. [2006a], 292). Das dürfte das gleiche meinen wie die oben skizzierte Selbstausnahme des Gewohnheitsverbrechers aus dem kollektiven Vertrauenszusammenhang.

52 Jakobs (2006a), 294.

Schuldfähigkeit

Das Handeln Schuldunfähiger, sagt Jakobs, ist „Natur“, und „Natur delinquiert nicht“.[53] Daher können, so habe ich oben ausgeführt, Schuldunfähige nicht als „Feinde“ im hier bedeutsamen Sinn bezeichnet und behandelt werden. Eine knappe weitere Erwägung mag das ergänzen. „Natur“ ist das Handeln Schuldunfähiger nicht wegen seiner physischen, sondern wegen seiner intentionalen Eigenschaften. Diese sind ihrerseits „Natur“, nämlich dem Handelnden nicht als Missachtung des Normbefehls personal zurechenbar. Nun impliziert aber der Begriff des Feindes eine Gesinnung, die selbst „feindlich“ sein, nämlich auf destruktiven Intentionen beruhen muss, welche dem feindlich Handelnden zurechenbar sind. In einem losen alltagssprachlichen Sinn mögen sich alle Widrigkeiten des Schicksals, von gefährlichen Tieren über Umweltbedingungen bis hin zu Krankheitserregern, als „feindlich“ für mehr oder weniger bedeutsame Lebensbelange bezeichnen lassen. Aber die Zuschreibung des Prädikats eines Feindes der „praktizierten Rechtlichkeit“ einer Gemeinschaft enthält jedenfalls aus deren Sicht einen schwerwiegenden Vorwurf.[54] Und dieser setzt die Zurechenbarkeit der Intentionen voraus, die das Handeln bestimmen, das als feindlich klassifiziert wird.[55]

Das fehlende Kriterium: Angriff gegen die verfasste Gemeinschaft

Unsere bisherigen Überlegungen haben den gesuchten Feindbegriff eingeengt auf kriminelle Angreifer gegen die rechtlich verfasste Gemeinschaft als ganze. Der Begriff selbst erzwänge diese Begrenzung nicht; seine schillernde Unklarheit ließe auch großzügigere Grenzlinien zu. Aber sein normativer Charakter und vor allem die mit ihm verbundenen rechtlichen Implikationen einer scharfen Missbilligung und gegebenenfalls gravierender Konsequenzen legen die skizzierte Einschränkung nahe. Die vier erörterten Kriterien erwiesen sich als notwendige, aber auch in ihrer Verbindung nicht hinreichende Bedingungen eines so verstandenen engen Feindbegriffs. Sie kennzeichnen (neben der Schuldfähigkeit der Täter) den Modus und die Wirkung kriminellen Handelns,

---

53 S.o. bei und in Fn. 31 und 33.

54 Dass man „Feinde ehrt und vernichtet“ (Roellecke [2006], 265), gilt nur und allenfalls für den Feind im Sinne Carl Schmitts, den externen, den Kriegsfeind, nicht aber für den kriminellen Täter in der eigenen Gesellschaft; dazu Pawlik (2008), 41; ebenso Jakobs in Rosenau/Kim (2010), 173 f.

55 In (2005), 844 f. streift Jakobs die Frage, ob bei „Feinden“ des Rechts, die als Terroristen „in einer der hiesigen Kultur feindlichen Kultur sozialisiert“ worden sind, von Schuld die Rede sein könne. Er analysiert die Frage nicht weiter, beantwortet sie aber grds. positiv, was ich als Indiz dafür nehme, dass er auch dem obigen Schuldfähigkeitspostulat zustimmen würde.

das als Grund einer Feind-Qualifikation seiner Akteure in Frage käme. Was bislang fehlt ist die spezifische Charakterisierung des Angriffsziels solcher Taten: deren Stoßrichtung gegen die Gemeinschaft als ganze. Ihr exemplarischer Fall sind die Verbrechen des Terrorismus.

6.4 Der Terrorist: hostis publicus

Begriffliches

Was das Besondere terroristischer Taten sei, dass sie von anderen Straftaten äußerlich ähnlicher Gestalt unterscheide, ist seit Jahrzehnten Gegenstand weltweiter kontroverser Diskussionen und bis heute nicht konsensfähig geklärt. Im Völkerrecht waren es seit eh und je insbesondere zwei Gründe, die einer Einigung schon über den Begriff des Terroristischen im Weg standen, von Fragen einer möglichen Rechtfertigung abgesehen: Zum einen der Streit darüber, ob Gewalttaten im Zusammenhang nationaler Befreiungsbewegungen im Kampf um ihr Selbstbestimmungsrecht, sei es gegen Fremdherrschaft, sei es gegen den Despotismus tyrannischer Regime, als Terror gelten könnten; und zum andern, ob nicht umgekehrt die Gewaltmethoden solcher Regime selbst als „Staatsterror" zu qualifizieren seien.[56] Dieser Dissens, zusammen mit weiteren Problemen, hat dem Bemühen um eine globale Einigung über die seit 2000 unter den Auspizien der UN verhandelte *Draft Comprehensive Convention on International Terrorism* bislang unüberwindbare Grenzen gezogen.[57]

Doch war spätestens seit den siebziger Jahren des vorigen Jahrhunderts für die Staaten der Druck fühlbar geworden, terroristische Verbrechen als besondere Form von Kriminalität zu stigmatisieren und mit besonderen Mitteln auf nationaler wie internationaler Ebene zu bekämpfen. Vor dem Hintergrund des Fehlens einer konsensfähigen Definition behalf man sich mit „sektoralen" Lösungen: globalen wie regionalen Verträgen, die Terrorismus nicht insgesamt, sondern lediglich in einzelnen seiner vielfältigen Formen bekämpfen, die für den besonderen Zweck des jeweiligen Vertrags genauer umschrieben werden.[58] Dem entspricht die im innerstaatlichen Recht der meisten Länder praktizierte Methode, terroristische Taten nicht als solche, also terrorspezifisch, sondern in den allgemein geltenden Straftatbeständen zu erfassen, gegebenenfalls mit Strafschärfungen für offen terroristische

56 Vgl. Ganor (2002); Walter (2011); Steiger (2017); philosophisch: Etzioni (2011); Primoraz (2013).

57 Dazu Saul (2015), 25 ff.; Steiger (2017), 52 ff.

58 Dazu mit Beispielen Steiger (2017), 50 f.

Motive zu qualifizieren und gesonderte Strafdrohungen für terrortypische Vorbereitungshandlungen einzuführen.[59] Keiner der Tatbestände des deutschen StGB enthält ein selbständiges Merkmal „terroristisch". Wohl taucht der Begriff in den amtlichen Überschriften der §§ 89c, 129a und b StGB auf; unter den Merkmalen dieser Tatbestände selbst kommt er neben den dort in Bezug genommenen allgemeinen Delikten jedoch nicht vor.

Im nationalen wie im Völkerrecht wird das Fehlen einer konsentierten Terrorismusdefinition gelegentlich als unschädlich bezeichnet. Typische Terrortaten seien eben regelmäßig auch schwere Allgemeindelikte, etwa Mord, Körperverletzung, Entführung oder Sprengstoffverbrechen, und sowohl im innerstaatlichen Recht kriminalisiert als auch in den sektoralen Verträgen des Völkerrechts einer Strafpflicht der Vertragsstaaten unterzogen. Einer besonderen Kennzeichnung als „terroristisch" bedürften sie nicht.[60] Diese Genügsamkeit erweist sich freilich sowohl für das nationale als auch für das internationale Recht als zunehmend dysfunktional. Terroranschläge mit schweren Fahrzeugen oder mit Handfeuerwaffen, wie sie in den letzten Jahren mehrfach mit verheerenden Folgen verübt wurden, werden von keiner der sektoralen Anti-Terror-Konventionen des Völkerrechts erfasst. Den dort geregelten spezifischen Kooperations- und Auslieferungspflichten der Vertragsstaaten sind solche Taten daher nicht unterworfen.[61] Und was das innerstaatliche Recht betrifft: Die Frage, ob im Bereich terroristischer Gefahren Strafdrohungen weit im Vorfeld einer Gefahrverwirklichung, oder ob außergewöhnliche Präventionsmaßnahmen des Sicherheitsrechts jenseits seiner regulären Schranken legitimierbar seien, kann man nicht mit Blick auf jene allgemeinen Verbrechenstatbestände beantworten, unter die sich einschlägige Taten gegebenenfalls subsumieren lassen. Im Übrigen ist den meisten Staaten der Welt der symbolische Ausdruck einer besonderen Ächtung des Terrorismus durch die zivilisierte Menschheit ersichtlich ein gewichtiges Anliegen.[62] Das ist ein Indiz für jenes spezifische „Öffentliche", von dem oben die Rede war: als der allenfalls hinreichenden Bedingung einer Rechtfertigung für die Qualifikation bestimmter Verbrechen und ihrer Täter als „feindlich".

Mustert man die unterschiedlichen Definitionen von „Terrorismus", die im Völkerrecht wie in einzelnen nationalen Rechtsordnungen vorgeschlagen oder sektoralen Regelungen unterlegt worden sind, so lassen sich bei aller

59 Zu zahlreichen einzelstaatlichen Regelungen dieser Art Saul (2015), 30 ff.

60 Für das Völkerrecht Higgins in Higgins/Flory (1997), 28; für das deutsche Strafrecht Hörnle (2006), 90.

61 Steiger (2017), 51.

62 Saul (2015), 37.

Verschiedenheit drei gemeinsame begriffliche Elemente ausmachen: Erstens mehr oder weniger umfang- und variantenreiche Listen objektiver Merkmale, die außer der Tathandlung eine Aufzählung der tauglichen Angriffsziele enthalten; und sodann zwei Absichtsmerkmale, die neben dem vorausgesetzten Vorsatz verwirklicht sein müssen. Deren erstes richtet sich auf einen mit dem Terrorakt unmittelbar intendierten Effekt: entweder die Bevölkerung des Tatortstaates einzuschüchtern oder dessen Regierung zu einem Handeln oder Unterlassen zu nötigen. Das zweite, nicht immer ausdrücklich genannte, aber stets vorausgesetzte, richtet sich auf das politische Fernziel der terroristischen Gewalt und damit auf deren eigentlichen Zweck: die Zerstörung des gegenwärtigen und die Errichtung eines neuen Herrschaftssystems, welcher säkularen oder religiösen Provenienz immer.[63] Als Beispiel einer entsprechenden Definition sei Art. 3 der EU-Richtlinie 2017/541 vom 15. März 2017 zitiert; er zählt in Absatz 1 eine lange Reihe möglicher Tathandlungen und Tatobjekte auf und nennt in Absatz 2 die folgenden terrorbegründenden Täterabsichten:

a) die Bevölkerung auf schwerwiegende Weise einzuschüchtern;
b) öffentliche Stellen oder eine internationale Organisation rechtswidrig zu einem Tun oder Unterlassen zu zwingen;
c) die politischen, verfassungsrechtlichen, wirtschaftlichen oder sozialen Grundstrukturen eines Landes oder einer internationalen Organisation ernsthaft zu destabilisieren oder zu zerstören.[64]

Ähnlich lauten die Absichtsmerkmale in Art. 2 Absatz 1 lit. b) des „Internationalen Übereinkommens zur Bekämpfung der Finanzierung des Terrorismus“ von 1999 (des bislang einzigen völkerrechtlichen Vertrags, der eine Terrorismusdefinition enthält) sowie in Art. 2 Absatz 1 der *Draft Convention on International Terrorism*.[65] In diesen Merkmalen spiegelt sich unmissverständlich der Angriff gegen die gesamte rechtlich verfasste Gemeinschaft, der solche Taten kennzeichnet. Dabei geht es, und das ist entscheidend, nicht um bloße Absichten, sondern um die dadurch bestimmte objektive Bedeutung der Taten selbst. Schwere Verbrechen erheblichen Ausmaßes, deren Täter offen ihre Absicht kommunizieren, nicht primär ihre unmittelbaren Opfer, sondern die öffentliche Sicherheit, das bürgerliche Grundvertrauen und den Staat als deren Garanten zu treffen, attackieren eben diese Ziele tatsächlich. Sie sind Angriffe auf „das Herz des Staates“.[66] Denn sie diskreditieren dessen Fähigkeit,

63 Dazu Steiger (2017), 52 f.; Zöller (2011), 698 f.
64 Richtlinie (EU) (2017), L 88/13.
65 *Anti-Finanzierungs-Konvention*: BGBl. 2003 II, 1923; zur *Draft Convention* Saul (2015), 25 ff.
66 S. Moerings et al. (1988).

seiner Primärpflicht zu genügen, auf der seine Legitimation als zwangsrechtliche Ordnung beruht: Schutz der inneren Sicherheit der gesamten Gemeinschaft. Die willkürliche Auswahl der unmittelbaren Opfer soll demonstrieren (und tut dies im Maß ihres Erfolgs), dass jedermann jederzeit an jedem Ort dem tödlichen Zugriff ausgesetzt und dem Schutz des Rechts entzogen werden kann: als bloßes Mittel im Kampf gegen den Staat.

Hostis humani generis

Das ist der exemplarische Fall eines Angriffs auf die Gemeinschaft als ganze. Wie externe Feinde oder interne des Bürgerkriegs sind solche Täter *hostes publici* im klassischen Sinn des Thomas Hobbes. Was sie von Kriegsgegnern unterscheidet ist der Umstand, dass es keinerlei Anlass gibt, sie zu „ehren", während man sie bekämpft und gegebenenfalls „vernichtet".[67] Auch Gegner im Krieg und Bürgerkrieg sind heute gebunden von einer immerhin rudimentären globalen Ordnung des Rechts. Sie schließt es aus, Personen, die als Zivilisten am gewaltsamen Konflikt nicht unmittelbar beteiligt sind, zu instrumentalisieren und um fernerer Endziele willen zu vernichten.[68] Wer sich an diese Ordnung hält, handelt selbst als tödlicher Feind rechtens. Terroristen tun dies nicht. Desinteressiert an Leben oder Tod ihrer Opfer degradieren sie diese zu verbrauchbaren Mitteln ihrer eigenen Zwecke. Sie agieren in einem Modus, der selbst im Krieg verboten, verwerflich und unter einem globalen Prinzip weltrechtlicher Zuständigkeit strafbar wäre.[69] Sie sind im radikal missbilligenden Sinn des Begriffs Feinde der verfassten Gemeinschaft, die sie als ganze attackieren. Und sie sind es darüber hinaus sogar für die globale Ordnung der Staatenwelt. Deren umfangreiches Bemühen um die weltweit verbindliche Kodifizierung des Kampfes gegen den Terror demonstriert das *ad*

---

67 S.o. Roellecke (2006) in Fn. 54.

68 Sie wird, meine ich, von Jakobs unterschätzt, wenn er annimmt, jenseits des „bürgerlichen Zustands" staatlicher Ordnung gebe es eben nur den Naturzustand und in diesem „keine rechtliche Personalität", weswegen man „Menschenrechtsverletzer" erst dann – und per ex-post-Fiktion – „zur Person im Recht" erkläre, wenn man sie in der Hand habe und vor Gericht stellen könne. Strafe diene hier nicht der Erhaltung, sondern einer künftigen Etablierung der Normgeltung (Jakobs [2004a], 47; ders. [2004b], 94 f.). Der Ausdruck „Menschenrechtsverletzer" ist mehrdeutig; aber jedenfalls Verletzer des Humanitären Völkerrechts im (externen wie internen) bewaffneten Konflikt verletzen eine sehr wohl global verbindliche rechtliche Ordnung. Sie agieren nicht im Naturzustand, sondern als verantwortliche Personen gegenüber Personen.

69 Jedenfalls, soweit sie, wie regelmäßig, unbeteiligte Zivilisten angreifen. Zur globalen Strafbarkeit der Kriegs- und Menschlichkeitsverbrechen s. Art. 5–8 des IStGH-Statuts sowie §§ 1, 6–12 des deutschen VStGB; freilich scheidet Völkermord als mögliche Form terroristischer Verbrechen grundsätzlich aus.

oculos. Warum sollte man sie in dem Rahmen, in dem auch das Strafrecht für diesen Kampf eingesetzt wird, nicht als das bezeichnen, was sie sind und was zu sein sie selbst reklamieren: Feinde?

Dass es zu Beginn der neuzeitlichen Entwicklung des Straf- wie des Völkerrechts wenig Berührungsangst vor dem Begriff gab, den man als *hostis humani generis* sogar auf Piraten anwandte (die nach den hier entwickelten Kriterien keineswegs darunter fielen[70]), mag wenig besagen. Bemerkenswerter ist schon, dass im Anschluss an das Nürnberger Militärtribunal von 1945 der Begriff auch für das Strafrecht wiederentdeckt wurde, und zwar mit Blick auf die *crimes against humanity*, die wohl besser „Verbrechen gegen die Menschheit" als geläufig „gegen die Menschlichkeit" heißen sollten. 1953 nannte der Hamburger Strafrechtslehrer Ottokar Tesar das in Nürnberg an den Horizont der Zukunft projizierte Sonderstrafrecht gegen *crimes against humanity* wie selbstverständlich „Kampfstrafrecht".[71] Auch hier ist der Bezug zu dem in herausgehobenem Maße „Öffentlichen" der Schutzgüter, die das Ziel solcher Verbrechen sind, offensichtlich, wiewohl man in Nürnberg mit Gründen zweifeln konnte, ob es damals bereits eine hinreichende rechtliche Verfasstheit der „Menschheit" gab, um deren Feinde mit dem Strafrecht zu bekämpfen. Heute gibt es sie, und ob man Täter eines Völkermordes oder eines Menschheitsverbrechens „Feinde" nennen will, verschlägt jenseits der umstrittenen Terminologie nicht viel. Denn anders als im Fall von Terroristen ist die Bekämpfung solcher Verbrechen weniger eine Sache der regulären Polizei- und Strafverfolgungsbehörden als vielmehr regelmäßig zunächst eine militärische Angelegenheit. Die Frage, ob man beide Tätertypen, die des Terrors und die des Völkerstrafrechts, unter dem Feindbegriff einander immerhin terminologisch assimilieren sollte, mag offenbleiben. Dass jedenfalls die Vorfeldtatbestände der §§ 89c (Terrorismusfinanzierung) und 129a und b StGB (Bildung terroristischer Vereinigungen) auch die völkerstrafrechtlichen Verbrechen in ihre Tatkataloge einbeziehen, sei aber erwähnt.

Rechtfertigung eines besonderen Umgangs mit dem Feind: Notstand? Exklusion?

Eine andere Frage als die der begrifflichen Kategorisierung ist die des legitimen strafrechtlichen Umgangs mit dem spezifischen „Feind", also nach den hier skizzierten Kriterien nur mit Terroristen. Ob und wie genau sie wegen

70 Wiewohl auch in der internationalen Politik gelegentlich (irrige) Versuche unternommen wurden, Piraten und Terroristen normativ in eine Reihe zu stellen; zu den relevanten (v.a. Absichts-)Unterschieden zwischen beiden Gruppen Thorup (2009), 401 ff.

71 Tesar (1953), 443.

ihrer herausgehoben öffentlichen Feindschaft anders als andere Verbrecher behandelt werden dürfen, ist mit dieser Qualifikation nicht ausgemacht. Zunächst hat Jakobs das Feindstrafrecht ein „ausnahmsweise geltendes Notstandsstrafrecht“ genannt und es allenfalls als solches für legitimierbar erklärt.[72] Später spricht er von (jedenfalls partieller) Exklusion des Feindes als Rechtsperson durch den ihn ausschaltenden sichernden Zwang.[73] Neumann hat darauf hingewiesen, dass sich damit die Legitimationsbedingungen wandeln: von der Maßgabe eines überwiegenden Interesses (Notstand) zur Minderung oder sogar zum Entzug eines rechtlichen Status – beides dem Notstandsprinzip fremd.[74] Das bedeutet nicht, mit dem feindlichen Verbrecher könne beliebig verfahren werden. Stets gehe es, sagt Jakobs, „um die Sicherung rechtlicher Verhältnisse, nicht um die Vernichtung des andern nach Willkür“; doch seien solche „Begrenzungen des Umgangs mit dem Feind nur als zweckorientierte *Selbst*bindungen des Staates“ darstellbar.[75] Das schlösse Willkür des Staates freilich nur für den einzelnen Fall aus, nicht aber bei der Festlegung der abstrakten Grenzen seiner Selbstbindung. Die schiere „Vernichtung des anderen“ dürften sie nicht einschließen, im Übrigen aber freihändig weit gezogen werden.

Soviel Bindungslosigkeit bei der Selbstbindung lässt sich domestizieren, wenn man das Prinzip des Notstands neben dem der Exklusion beibehält. Beide kollidieren ja keineswegs notwendig. Die These, sichernder Zwang gegen den Feind exkludiere diesen als Rechtsperson, soweit er eben gezwungen *wird*, ist ohne weiteres verträglich mit einer notstandsorientierten Festlegung der Grenzen, innerhalb deren gezwungen werden darf. Und geht es dabei stets „nur um die Sicherung rechtlicher Verhältnisse“, so ist damit schon *eo ipso* ein notstandsartiges Grenzkriterium fixiert: die Abwendung der Gefahr für eben diese Verhältnisse. Diesseits der so markierten Grenze mag man noch immer von Exklusion und im technisch strikten Sinn der Jakobsschen Terminologie auch von „Depersonalisierung“ sprechen.[76] Jenseits der Grenze des Sicherungszwecks beginnt gleichwohl die unzulässige Willkür. Jakobs spricht gelegentlich und zunächst vielleicht missverständlich davon, der feindliche Täter exkludiere

72 Jakobs (1985), 784.

73 Z. B. Jakobs (2004a), 44, im zustimmenden Rekurs auf Kant.

74 Neumann (2006), 303; die knappe Formel vom „überwiegenden Interesse“ vereinfacht das Problem, da ein „Notstandsstrafrecht“ dem Feind gegenüber nach Regeln des Defensivnotstands operieren würde; eine Statusminderung des Eingriffsadressaten ist damit aber ebenfalls nicht verbunden; s. Jakobs (2001), 452 f.

75 Jakobs (2004a), 44.

76 Jakobs (2004a), 43; ders. in Rosenau/Kim (2010), 176.

sich als Person selbst.[77] Das bedeutet aber nicht, und das stellt Jakobs klar, der Verbrecher habe es in seiner eigenen Hand, „sich durch Wandlung zum Feind aus der bürgerlichen Gesellschaft zu verabschieden".[78] Es ist vielmehr die Rechtsgemeinschaft, die sowohl die normativen Voraussetzungen der Feind-Definition (die Tatbestandsmerkmale terroristischen Handelns) als auch die Kriterien der daran anschließenden rechtlichen Reaktion festlegt. Der Verbrecher seinerseits entscheidet nur über sein Handeln, das ihn dann freilich in die Reichweite jener Definition bringen, zum Feind qualifizieren und der entsprechenden Reaktion des Rechts aussetzen mag.

Damit kommt ein zweites normatives Begrenzungskriterium jenseits rein zweckorientierter Selbstbindung des Staates in den Blick: das internationale Rechtsregime der Menschenrechte. Bekanntlich gilt es in vielfachen Manifestationen auch im hiesigen innerstaatlichen Recht. Seine Anwendung setzt zunächst voraus, dass es nicht von den speziellen Regelungen des humanitären (oder Kriegs-)Völkerrechts verdrängt wird, dass also der „Krieg gegen den Terror" nur eine politische Metapher ist und nicht etwa die rechtlich korrekte Bezeichnung eines internationalen bewaffneten Konflikts. Von den USA, die den Begriff als politischen Slogan propagiert haben, wurde er stets beim juristischen Wort genommen – mit allerlei manifesten Vorteilen hinsichtlich der einsetzbaren Kampfmittel, solcher nämlich, die zwar vom Kriegsvölkerrecht, nicht aber von universellen Menschenrechtsabkommen erlaubt werden. Das betrifft vor allem weltweite extrajustizielle Tötungen terrorverdächtiger Personen sowie die zeitlich unbegrenzte, nämlich bis zum (unabsehbaren) Ende des bewaffneten Konflikts zulässige Internierung ohne strafrechtliches Urteil.[79] Mit Recht haben sich weder die Staatengemeinschaft noch die Völkerrechtler dieser sinistren Doktrin der amerikanischen Politik angeschlossen.[80]

Anders wäre die Rechtslage, wenn terroristische Taten neben ihrem kriminellen Charakter auch den Status nicht-internationaler (bürgerkriegsartiger) bewaffneter Angriffe hätten. Die dann einschlägigen völkerrechtlichen Normen,

---

77 Z. B. Jakobs (2001), 461; ders. (2006a), 293.

78 Jakobs (2006a), 294.

79 Zu diesen und damit zusammenhängenden Fragen gründlich Hakimi (2008), 369–416; ebenso gründlich Kreß (2008), 323–413. – Auf eine gewisse Affinität des Feindstrafrechts zum Krieg weist Jakobs (2004a), 44, selbst hin; dazu auch Pawlik (2008), 42 ff.

80 Wiewohl der UN-Sicherheitsrat in seiner Resolution 1368 nach dem Terrorangriff auf das World Trade Center in New York das Selbstverteidigungsrecht der USA gem. Art. 51 der UN-Charta bejaht und damit diesen Anschlag als „bewaffneten Angriff" qualifiziert hat. Das impliziert aber nicht, dass der „Krieg gegen den Terror" ein globaler bewaffneter Konflikt im Sinn des humanitären Völkerrechts ist. Ob in Fällen wie dem des sog. Islamischen Staats, der ausgedehnte Territorien beherrscht hat, etwas anderes gilt, kann hier offenbleiben.

vor allem der gemeinsame Art. 3 der vier Genfer Konventionen und deren Zweites Zusatzprotokoll von 1977, regeln Formen und Grenzen der legitimen Kampfmethoden im Bürgerkrieg so sporadisch, dass daneben überwiegend auch das Regime der Menschenrechte für einschlägig gehalten wird. Freilich verneint die Mehrheit der völkerrechtlichen Stimmen mit guten Gründen auch den Charakter eines innerstaatlichen Kriegs für den Anti-Terror-Kampf.[81] Damit bleiben die limitierenden Maßgaben der Menschenrechte für diesen Kampf verbindlich. Schon deshalb sind die Befürchtungen übertrieben, die Anerkennung einer feind(straf)rechtlich begründeten Rechtfertigung für spezifische Methoden der Terrorbekämpfung könne eine Pandorabüchse schrankenloser Entrechtlichung öffnen. Das heißt nicht, dass eine freihändige Expansion feindrechtlicher Strategien nicht mit erheblichen rechtsstaatlichen Gefahren vor allem für das Strafrechtssystem verbunden wäre. Darauf hat Jakobs selbst oft genug hingewiesen.[82]

Damit sind wir an einer klassischen Frontlinie strafrechtstheoretischer und rechtspolitischer Diskussion angekommen: der Frage, ob und gegebenenfalls wie der grundsätzlich repressive Charakter des Strafrechtssystems gegen dessen allzu bedenkenlose Mobilisierung für präventive Aufgaben verteidigt werden muss, und zwar aus genuin rechtsstaatlichen Gründen. Auch und gerade in der Debatte über das Feindstrafrecht hat diese Frage eine bedeutende Rolle gespielt und einen oft wiederholten Vorwurf produziert.[83] Jakobs selbst hat das Problem vielfach thematisiert: als Wandlung des Bürgerstrafrechts, das der Garantie der Rechtsgeltung diene, in ein Recht der Gefahrenabwehr zur präventiven Gewährleistung von Sicherheit.[84]

Dieser Frage sei zum Schluss eine knappe Überlegung gewidmet – mit Blick allein auf den gefährlichen Terroristen, den wir als einzigen echten Feind im Sinne eines Strafrechts identifiziert haben, das dieses Etikett verdient, als wirklichen *hostis publicus* im Sinne der staatsphilosophischen Klassiker, vielleicht sogar, und auch in deren Sinn, als *hostis humani generis*.

Strafrecht oder Präventionsrecht?

Jakobs spricht einmal von „polizeirechtlichen Verschmutzungen des Strafrechts" und fährt fort, sie könnten „beim Umgang mit Terroristen" womöglich

81 Zu einigen Stimmen dafür und den stärkeren Argumenten dagegen Hashimi (2008), 378 f.; eingehend *Kreß* (2008), 391 ff., der die Perspektive einer „dritten Spur des Konfliktvölkerrechts" für den Anti-Terror-Kampf analysiert, aber schließlich mit überzeugenden Gründen ablehnt (396).

82 S. etwa Jakobs (2004a), 45 ff.

83 Eingehend Paeffgen (2009).

84 Pars pro toto Jakobs (2006a), 296.

„geradezu notwendig" werden.[85] Das bezieht sich einerseits auf Tatbestände des StGB wie die §§ 89c, 129a, b, deren Primärfunktion nicht, wie im Bürgerstrafrecht, die (repressiv verfahrende) Sicherung der Rechtsgeltung, sondern das langfristige „Kaltstellen" terroristischer Gefährder sei, und andererseits auf zahlreiche neuere Ermittlungsmethoden in den §§ 94 ff. der StPO. Solche Regelungen stehen ersichtlich in einer disharmonischen Beziehung zum Schuldprinzip als tragendem Fundament des Strafrechts. Das ist einer der wesentlichen Einwände gegen Jakobs' Konzeption. Jede Legitimation feindstrafrechtlicher Normen als Methode der Gefahrenabwehr untergrabe das strafrechtliche Schuldprinzip. Auch befördere sie die legislativen Kompetenzwirren zwischen Bund und Ländern und das klandestine Erschleichen von Zuständigkeiten zur Prävention, die genuin Ländersache seien, durch den Bund.[86] Das legt das Postulat einer sauberen Trennung der Funktionen nahe. Paeffgen fordert und skizziert Strategien einer dogmatischen Bewältigung dieser Probleme durch ein neu zu konzipierendes „Verbrechensvorbeugungs- und -verhütungsrecht", das vom Strafrecht zu trennen sei.[87]

Die Maxime einer solchen Scheidung materieller Aufgaben und formeller Zuständigkeiten und vor allem die intendierte Verbannung präventiver Aufgaben aus dem Strafrecht sind gewiss *prima facie* rechtsstaatlich sympathisch. Sauber durchzuführen sind beide nicht mehr. Nimmt man sowohl die Aufgabe des Schutzes der Bevölkerung, die zu den Legitimationsbedingungen des Staates gehört, als auch die des Grundrechtsschutzes Verdächtiger und Beschuldigter ernst, dann dürfte an einer breiten Grauzone der Interferenz polizeilicher und strafrechtlicher Aufgaben kein Weg mehr vorbeiführen. Die Diskussion über eine rechtsstaatlich haltbare Abgrenzung von Polizei- und Strafrecht ist alt. Die durch den modernen Terrorismus unter gänzlich veränderten Prämissen seiner Gefährlichkeit, Brutalität und technologischen Hochrüstung erzwungene steht dagegen erst am Anfang.

Hier ein Beispiel. Die Polizei, heißt es bei Jakobs, „*kann* an den Tatbestand der Bildung einer terroristischen Vereinigung keine für lange Zeit sichernden Rechtsfolgen knüpfen".[88] Aber sie kann es inzwischen, jedenfalls mancherorts, sehr wohl. Seit 1. August 2017 gelten im Bayerischen Polizeiaufgabengesetz (PAG) neue Regelungen, von denen zwei bemerkenswert sind. Erstens kann die Polizei ihre Eingriffsbefugnisse zur Gefahrenabwehr nun nicht mehr nur, wie bisher, angesichts konkreter Gefahren, sondern schon bei „drohenden

85 Jakobs (2005), 839.
86 Paeffgen (2009), 103 ff.
87 Paeffgen (2009), 117 ff.
88 Jakobs (2006a), 296.

Gefahren", nämlich dann durchführen, wenn „in absehbarer Zeit Angriffe [...] zu erwarten sind" (Art. 11 Abs. 2 Nr. 3 PAG). Der Begriff „drohende Gefahr" ist neu; er senkt die zulässige Eingriffsschwelle deutlich unter die einer konkreten Gefahr und gleicht sie der einer abstrakten Gefahr an. Zweitens wird die zulässige Höchstdauer polizeilicher Präventivhaft, bislang (in Bayern) 14 Tage, auf drei Monate ausgedehnt, die „jeweils um längstens drei Monate verlängert werden" können.[89] Dieses „jeweils" eröffnet die beklemmende Möglichkeit, die Reihe gerichtlicher Beschlüsse zur Haftfortdauer (bei lediglich abstrakt „drohender" Gefahr) beliebig oft zu iterieren und damit die polizeiliche Präventivhaft gegebenenfalls auf Jahre, ja *ad infinitum* auszudehnen. Das gilt allerdings nur, und hieran wird immerhin ein spezifischer Terrorismusbezug der Vorschriften deutlich, bei Gefahren für (1.) Bestand oder Sicherheit des Bundes oder eines Landes, (2.) Leben, Gesundheit oder Freiheit, (3.) die sexuelle Selbstbestimmung, und (4.) Sachen, deren Erhaltung im besonderen öffentlichen Interesse liegt.[90]

So sind offenbar die Zeiten und die Bedrohungen geworden, dass solche Vorschriften, die noch vor wenigen Jahren schwerlich denkbar gewesen wären und heute unweigerlich Assoziationen mit Guantanamo nahelegen, Wirklichkeit werden können. Will man sie nicht in toto für verfassungswidrig halten, was sie vielleicht (aber keineswegs sicher) sind, dann stellt sich die Frage, ob ihre Schutzintentionen wirklich im Polizeirecht besser aufgehoben sind, als sie es in moderateren Vorfeldtatbeständen des Strafrechts wären.[91] Dort müssten terrortypische Vorbereitungshandlungen halbwegs konkret erfasst werden und wären Strafdrohungen gegen ihre Akteure immerhin formell an das Schuldprinzip gebunden. Auch sind Methoden der Aufklärung und Überwachung möglicher Gefahren im Strafverfahrensrecht wohl immer noch besser als im Polizeirecht rechtsstaatlich kontrollierbar. Andererseits ermöglichen strafprozessuale (anders als polizeiliche) Vorfeldbefugnisse „keine strategischen Überwachungen, die sich vom Einzelfall lösen und eine kriminelle Struktur längerfristig ausleuchten".[92]

89 Art. 20 Nr. 3 iVm Art 17, selbstverständlich nur durch Gerichtsbeschluss, Art. 18 PAG.

90 Art. 17 Abs. 1 Nr. 3 iVm Art. 11 Abs. 3 Satz 2 Nr. 1 bis 3, Nr. 5 PAG. Von den geschützten Gütern hat die „sexuelle Selbstbestimmung" ersichtlich gar nichts und haben die „Sachen im öffentlichen Interesse" keineswegs alle etwas mit Terrorismus zu tun. Nach meinem Dafürhalten ist ihr pauschaler Einbezug verfassungswidrig.

91 Von der sexuellen Selbstbestimmung und den Sachen im öffentlichen Interesse abgesehen, die nicht hierher gehören.

92 Bäcker (2016), 388. – Der Autor plädiert im Übrigen mit bedenkenswerten Argumenten für eine differenzierte Zuordnung unterschiedlicher Präventionsaufgaben und zeigt, dass für einige davon das Straf- und Strafverfahrensrecht gerade aus rechtsstaatlichen

Wie immer das Recht in Zukunft mit dem Problem der Terrorbekämpfung umgehen wird – und dass es damit umgehen muss, ist sicher: soweit die Mitwirkung des Strafrechts geboten erscheint, wird sie in einer Weise erfolgen, die dem Adressaten der gesetzlichen Absichten den Status des Bürgers jedenfalls partiell vorenthält und ihn als potentiellen Feind behandelt. Das kann man mit Gründen bedauern. Ändern lassen wird es sich auf wohl unabsehbare Zeit nicht mehr. Die Forderung muss eher lauten, für jenen Graubereich der Interferenz von Polizei-und Strafrecht eine kohärente Dogmatik zu entwickeln, als das aussichtslose Postulat ihrer sauberen Scheidung auf die ewige Agenda eines *ceterum censeo* zu setzen. Ein abstrakt „perfekter Rechtsstaat", heißt es bei Jakobs, der solche feindstrafrechtlichen Sicherungselemente schlechterdings vermiede, liefe am Ende wohl darauf hinaus, „das Recht des Bürgers auf Sicherheit auszuhöhlen, und dieses Recht auf Sicherheit ist nur ein anderer Name für ein Recht auf den Zustand wirklicher Rechtsgeltung".[93] Das ist gewiss richtig, und es mag nun am Ende das Stichwort für einen knappen Epilog sein.

6.5 Feindstrafrecht: eine nichtideale Anerkennung

John Rawls skizziert in „A Theory of Justice" eine Konzeption dessen, was er „nonideal theory" nennt: eine moderierende Projektion der Gerechtigkeitsprinzipien, die er zuvor in der normativ reinen Sphäre seines berühmten Gedankenexperiments der „Original position" entwickelt, auf die unreine Wirklichkeit ihrer Anwendungsbedingungen „under less happy conditions".[94] In „The Law of Peoples" entwickelt er die Konzeption zu dem Postulat, angesichts der Unmöglichkeit der Verwirklichung idealer Lösungen nichtideale Möglichkeiten zu schaffen, „die moralisch zulässig, politisch realisierbar und voraussichtlich wirksam sind" und die sich in ihrer Differenz zur Ideallösung zu legitimieren, ihre bestmögliche Fortentwicklung zu gewährleisten und sich dabei stets an jenem Ideal zu orientieren haben.[95] In genau diesem Sinn hat Jakobs mehr als einmal den Unterschied zwischen dem „Ideal allseits perfekter Personalität und [dem] Optimum des praktisch Erreichbaren" betont, und die „normativistische Präpotenz" einer lediglich idealtheoretisch

Gründen besser prädestiniert ist als das Polizeirecht. Zu verschiedenen Gründen für eine gegenteilige Zuordnung Hakimi (2008), 408 ff.

93 Jakobs (2006a), 297.

94 Rawls (1971), 244–248, bes. 245 f.; dt. (1979), 276–280.

95 Rawls (1999), 89 ff.

argumentierenden Jurisprudenz getadelt, die dazu disponiere, „die Bedingungen der Wirklichkeit des Rechts zu vernachlässigen".[96]

Dass man sie nicht vernachlässigen darf und im Zeitalter des neuen Terrorismus nicht nur mit „less happy conditions", sondern mit einer hässlichen, bedrohlichen, manchmal verheerenden Wirklichkeit zu rechnen hat, daran erinnert die Konzeption des Feindstrafrechts im Modus einer Provokation, die nichts anderes ist als eine dauernde Reminiszenz an Rawls' Postulat. In den reinen Sphären idealer Strafrechtstheorie ist sie, und ich meine, das sollte man ihr danken, ein produktiver Störenfried.

Literatur

Alexy, Robert (2020): *Begriff und Geltung des Rechts.* Erweiterte Neuausgabe. Freiburg: Karl Alber Verlag.

Ambos, Kai (2006): „Feindstrafrecht", *Schweizerische Zeitschrift für Strafrecht* 124(1), S. 1–30.

Anti-Finanzierungs-Konvention (1999/2003): „Gesetz zu dem internationalen Übereinkommen der Vereinten Nationen vom 9. Dezember 1999 zur Bekämpfung der Finanzierung des Terrorismus", *BGBl* 2003 Teil II (37), S. 1923.

Bäcker, Matthias (2016): *Kriminalpräventionsrecht. Eine rechtsetzungsorientierte Studie zum Polizeirecht, zum Strafrecht und zum Strafverfahrensrecht.* Tübingen: Mohr Siebeck

Baier, Annette (1986): „Trust and Antitrust", *Ethics* 96(2), S. 231–260.

Baumgold, Deborah (2013): „‚Trust' in Hobbes's Political Thought", *Political Theory* 41(6), S. 838–855.

Böckenförde, Ernst-Wolfgang (1991): „Der Begriff des Politischen als Schlüssel zum staatsrechtlichen Werk Carl Schmitts", in: ders., *Recht, Staat, Freiheit.* Frankfurt/M: Suhrkamp. S. 344–366.

Canco Meliá, Manuel (2005): „Feindstrafrecht?", *Zeitschrift für die gesamte Strafrechtswissenschaft* 117(2), S.267–289.

Etzioni, Amitai (2011): „Terrorists: A Distinct Species", *Terrorism and Political Violence* 23(1), S. 1–12.

Feuerbach, Paul Ludwig Anselm von (1801): *Lehrbuch des gemeinen in Deutschland gültigen Peinlichen Rechts.* Giessen: Georg Friedrich Heyer's Verlag.

Ganor, Boaz (2002): „Defining Terrorism: Is One Man's Terrorist Another Man's Freedom Fighter?", *Police Practice and Research* 3(4), S. 287–304.

96 Das erste Zitat Jakobs (2008), 83 f., das zweite Zitat ders. (2005), 843 Fn. 9.

Hakimi, Monica (2008): „International Standards for Detaining Terrorism Suspects: Moving Beyond the Armed Conflict-Criminal Divide“, *Yale Journal of International Law* 33(2), S. 369–416.

Higgins, Rosalyn (1997): „The General International Law of Terrorism“, in: Rosalyn Higgins/Maurice Flory (Hg.), *Terrorism and International Law*. London, UK: Routledge. S. 13–29.

Hobbes, Thomas (1642/1994): *De Cive. Elementorum Philosophiae: Sectio Tertiae*. Paris: Privatdruck. Deutsche Ausgabe: Günter Gawlick (Hg.), *Vom Menschen – Vom Bürger*. Hamburg: Meiner.

Hobbes, Thomas, (1651/1999): *Leviathan or the Matter, Form, and Power of a Commonwealth Ecclesiastical and Civil*. London: Andrew Crooke. Deutsche Ausgabe hgg. von Iring Fetscher, übers. von Walter Euchner (Übers.): *Leviathan*. Frankfurt/M.: Suhrkamp.

Hörnle, Tatjana (2006): „Deskriptive und normative Dimensionen des Begriffs ‚Feindstrafrecht'“, *Goltdammer's Archiv für Strafrecht* 153(2), S. 80–95.

Jakobs, Günther (1985): „Kriminalisierung im Vorfeld einer Rechtsgutverletzung“, *Zeitschrift für die gesamten Strafrechtswissenschaften* 97(4), S. 751–785.

Jakobs, Günther (1995): „Das Strafrecht zwischen Funktionalismus und ‚alteuropäischem' Prinzipiendenken“, *Zeitschrift für die gesamte Strafrechtswissenschaft* 107(4), S. 843–876.

Jakobs, Günther (2000): „Das Selbstverständnis der Strafrechtswissenschaft vor den Herausforderungen der Gegenwart“, in: Albin Eser/Winfried Hassemer/Björn Burkhardt (Hg.), *Die deutsche Strafrechtswissenschaft vor der Jahrtausendwende*. München: C. H. Beck Verlag. S. 47–56.

Jakobs, Günther (2000b): „Strafrechtliche Zurechnung und die Bedingungen der Normgeltung“, in: Ulfrid Neumann/Lorenz Schulz (Hg.), *Verantwortung in Recht und Moral*. Stuttgart: Franz Steiner Verlag. S. 57–73.

Jakobs, Günther (2001): „Personalität und Exklusion im Strafrecht“, in: Nestor Courakis (Hg.), *Die Strafrechtswissenschaft im 21. Jahrhundert. Festschrift für Dionysios Spinellis*. Athen: Sakkoulas Verlag. S. 447–467.

Jakobs, Günther (2004a): *Staatliche Strafe: Bedeutung und Zweck*. Paderborn: Ferdinand Schöningh.

Jakobs, Günther (2004b): „Bürgerstrafrecht und Feindstrafrecht“, *Onlinezeitschrift für Höchstrichterliche Rechtsprechung im Strafrecht/HRRS* 5(3), S. 88–95.

Jakobs, Günther (2006a): „Feindstrafrecht? Eine Untersuchung zu den Bedingungen von Rechtlichkeit“, *Onlinezeitschrift für Höchstrichterliche Rechtsprechung im Strafrecht/HRRS* 7(8–9), S. 289–296.

Jakobs, Günther (2006b): „Terroristen als Personen im Recht?“, *Zeitschrift für die gesamte Strafrechtswissenschaft* 117(4), S. 839–851.

Jakobs, Günther (2007): „Die Schuld der Fremden“, *Zeitschrift für die gesamte Strafrechtswissenschaft* 118(4), S. 831–854.

Jakobs, Günther (2008a): *Norm, Person, Gesellschaft Vorüberlegungen zu einer Rechtsphilosophie*, 3. Auflage. Berlin: Duncker & Humblot.

Jakobs, Günther (2008b): *Rechtszwang und Personalität*. Paderborn: Ferdinand Schöningh.

Jakobs, Günther (2010): „Zur Theorie des Feindstrafrechts", in: Rosenau/Kim (Hg.) (2010), S. 167–182.

Jakobs, Günther (2011): *System der strafrechtlichen Zurechnung*. Schriftenreihe des Käthe-Hamburger-Kollegs „Recht als Kultur". Frankfurt/M.: Vittorio Klostermann Verlag.

Kelsen, Hans (1960): *Reine Rechtslehre*. 2. Auflage. Wien: Franz Deuticke Verlag.

Kreß, Claus (2008): „Völkerstrafrecht der dritten Generation gegen transnationale Gewalt Privater?"; in: Gerd Hankel (Hg.), *Die Macht und das Recht. Beiträge zum Völkerrecht und Völkerstrafrecht am Beginn des 21. Jahrhunderts*. Hamburg: Hamburger Edition. S. 323–413.

Merkel, Reinhard (2015): „Grundlagenprobleme der ‚Leitprinzipien' und der ‚Motivgeneralklausel' des Mordtatbestands. Ein Beitrag zur aktuellen Reformdiskussion", *Zeitschrift für Internationale Strafrechtsdogmatik* 10(9), S. 429–444.

Moerings, Martin/Paas, Dieter/Scheerer, Sebastian (1988): *Angriff auf das Herz des Staates. Soziale Entwicklung und Terrorismusbekämpfung*. Frankfurt a. M.: Suhrkamp.

Morguet, Geraldine L. (2008): *Feindstrafrecht – Eine kritische Analyse*. Berlin: Duncker & Humblot.

Neumann, Ulfrid (2006): „Feindstrafrecht", in: Thomas Uwer (Hg.), *Bitte bewahren Sie Ruhe: Leben im Feindrechtsstaat*. Berlin: Verlag der Vereinigung Berliner Strafverteidiger. S. 299–314.

Neumann, Ulfrid/Kindhäuser, Urs/Paeffgen, Hans-Ullrich (2017): *Strafgesetzbuch. Kommentar*, 5. Auflage. Baden-Baden: Nomos.

Paeffgen, Hans-Ullrich (2009): „Bürgerstrafrecht, Vorbeugungsrecht, Feindstrafrecht?", in: Martin Böse/ Detlev Sternberg-Lieben (Hg.), *Grundlagen des Straf- und Strafverfahrensrechts. Festschrift für Knut Amelung*. Berlin: Duncker & Humblot. S. 81–124.

Pawlik, Michael (2008): *Der Terrorist und sein Recht*. München: C. H. Beck Verlag.

Primoratz, Igor (2013): *Terrorism. A Philosophical Investigation*. Cambridge, UK: Polity Press.

Rae, Gavin (2016): „The Real Enmity of Carl Schmitt's Concept of the Political", *Journal of International Political Theory* 12(3), S. 258–275.

Rautenberg, Florian (2014): *Rechtsstaatswidriges Feindstrafrecht oder notwendige Maßnahmen zur* Terrorismusbekämpfung? Zur Verfassungsmäßigkeit der §§ 89a, 89b und 91 StGB. Baden-Baden: Nomos.

Rawls, John (1971): *A Theory of Justice*. Cambridge, MA: Belknap Press/Harvard University Press. Deutsch: *Eine Theorie der Gerechtigkeit*. Frankfurt/M. 1979: Suhrkamp. 1979

Rawls, John (1999): *The Law of Peoples*. Cambridge, MA: Harvard University Press.

Richtlinie EU (2017/541): „Richtlinie (EU) 2017/541 des Europäischen Parlaments und des Rates vom 15. März 2017 zur Terrorismusbekämpfung und zur Ersetzung des Rahmenbeschlusses 2002/475/JI des Rates und zur Änderung des Beschlusses 2005/671/JI des Rates“, *Amtsblatt der Europäischen Union* (31.03.2017), L 88, S. 6.

Roellecke, Gerd (2006): „Der Rechtsstaat im Kampf gegen den Terror“, *Juristenzeitung* 61(6), S. 265–270.

Rosenau, Henning/Kim, Sangyun (2010): *Straftheorie und Strafgerechtigkeit. Augsburger Studien zum internationalen Recht Bd. 7.* Frankfurt a. M./Bern: Peter Lang Verlag.

Saul, Ben (2015): „Terrorism as a Legal Concept“, in: Genenieve Lennon/Clive Walker (Hg.), *Routledge Handbook of Law and Terrorism.* London, UK: Routledge. S. 19–37.

Schmitt, Carl (1963): *Theorie des Partisanen.* Berlin: Duncker&Humblot.

Schmitt, Carl (1963/1991): *Der Begriff des Politischen.* 3. Nachdruck der Neuausgabe von 1963 (entspricht 5. Auflage der Ausgabe von 1932). Berlin: Duncker&Humblot.

Slomp, Gabriella (2009): *Carl Schmitt and the Politics of Hostility, Violence and Terror.* London, UK: Palgrave Macmillan.

Steiger, Dominik. (2017): „Das Ringen um eine rechtliche Definition des Begriffs ‚Terrorismus‘ auf internationaler Ebene“, in: Kerstin Odendahl (Hg.), *Die Bekämpfung des Terrorismus mit Mitteln des Völker- und Europarechts.* Berlin: Duncker & Humblot. S. 45–86.

Tesar, Ottokar (1953): „Die naturrechtlichen Grundlagen der ‚Crimes against Humanity‘“, in: Dimitri S. Constantopoulos/Hans Wehberg (Hg.), *Gegenwartsprobleme des internationalen Rechtes und der Rechtsphilosophie. Festschrift für Rudolf Laun.* Hamburg: Girardet & Co. S. 423–443.

Thorup, Mikkel (2009): „Enemy of Humanity: The Anti-Piracy Discourse in Present-Day Anti-Terrorism“, *Terrorism and Political Violence* 21(3), S. 401–411.

Vattel, Emerich de (1758/2008): *Le Droit des Gens, ou Principes de la Loi Naturelle Appliqués à la Conduíte et aux Affaires des Nations et des Souverains.* London. Englische Ausgabe *The Law of Nations or Principles of the Law of Nature, Applied to the Conduct and Affairs of Nations and Sovereigns,* übers. von Béla Kapossy/Richard Whatmore. Indianapolis: Liberty Fund.

Walter, Christian (2011): „Terrorism“, in: Anne Peters/Rüdiger Wolfrum (Hg.), *Max Planck Encyclopedia of Public International Law.* Online-Ausgabe: mpepil.com (zuletzt abgerufen Mai 2022).

Zöller, Mark A. (2009): *Terrorismusstrafrecht.* Heidelberg: C. F. Müller.

KAPITEL 7

Willensfreiheit und strafrechtliche Schuld

7.1 Grundlagen; Begriffliches

Haben Menschen einen „freien Willen", grundsätzlich jedenfalls oder immerhin manchmal? Das hängt auch davon ab, wie man den Begriff versteht. Wie man ihn verstehen sollte, ist umstritten, und ich komme darauf zurück. Einige grundlegende Differenzierungen sind aber für jede Klärung des Freiheitsproblems erforderlich. Zu unterscheiden ist zunächst das System der institutionalisierten bürgerlichen Freiheiten einer Gesellschaft[1] von der individuellen Freiheit der Person. Für die letztere wiederum sind Handlungsfreiheit und Willensfreiheit auseinanderzuhalten. Beide hängen auf eine in mancherlei Hinsicht unklare Weise zusammen, doch kann das in unserem Zusammenhang dahinstehen. Hier soll die Rede vom freien Willen sein und deshalb nur von freien Handlungen, die auf einem solchen Willen beruhen. Unterscheiden lassen sich schließlich „negative" und „positive Freiheit": jene als die Freiheit des Handelnden von externen, diese als die von internen Hindernissen.[2] Solche Hindernisse können ihrerseits als unmittelbarer Zwang (*vis absoluta*) oder als bloße Nötigung (*vis compulsiva*) auftreten. Externe Zwänge können physischer oder normativer, interne dagegen psychischer oder normativer Art sein.[3] Auch diese Unterscheidungen sind sowohl mit Blick auf die Handlungs- wie auf die Willensfreiheit sinnvoll.

Positive Freiheit, die Abwesenheit interner Zwänge, kann man auch als „personale Autonomie" des Handelnden verstehen. Freilich ist der Begriff der Autonomie ähnlich vielgestaltig und umstritten wie der der Freiheit. Bei Kant etwa heißt „Autonomie" allein die Selbstgesetzgebung des praktischen Vernunftsubjekts: die Subordination der Maximen eigenen Handelns unter den Kategorischen Imperativ. Damit wird Autonomie einerseits entindividualisiert

1 Kurz: die Rechtsordnung; in Kants berühmter Definition „der Inbegriff der Bedingungen, unter denen die Willkür des einen mit der Willkür des anderen nach einem allgemeinen Gesetze der Freiheit zusammen vereinigt werden kann"; Kant (1907), 230. „Willkür" heißt bei Kant die tatsächliche Entscheidung, auf bestimmte Weise zu handeln; ihre Freiheit ist lediglich die äußere Handlungsfreiheit (s. ibd., 226); vom „freien Willen", der nach Kant nur „noumenal", nie empirisch-phänomenal sein kann, ist dabei nicht die Rede.

2 Die Unterscheidung kann schwierig, die Abgrenzung im Einzelfall unklar und zuletzt Gegenstand einer bloßen Dezision begrifflicher Zweckmäßigkeit sein.

3 In Anlehnung an von Wright (1985), 117.

 | DOI:10.30965/9783969752678_008

(universalisiert), andererseits moralisiert – mit der bemerkenswerten Konsequenz, dass verwerfliche, mit dem Sittengesetz kollidierende Handlungen nicht autonom sein können.[4] Die heute vorherrschenden Begriffe personaler Autonomie weichen hiervon ab. Sie verstehen Autonomie überwiegend als tatsächliche Fähigkeit zur „Selbstbestimmung", als faktische, nicht notwendig moralische Herrschaft über das eigene Handeln bzw. als entsprechende Eigenschaft des eigenen Charakters. Auch der habituelle Schurke kann danach autonom handeln.

Freiheit als Möglichkeit alternativen Handelns

In einem ersten Zugriff und im Einklang mit geläufigen Intuitionen lässt sich der Begriff „freien Handelns" so explizieren: Frei ist eine Handlung dann und nur dann, wenn der Handelnde auch anders handeln bzw. jedes Handeln unterlassen könnte. Diese Explikation wird meist „Prinzip der alternativen Möglichkeiten" genannt, im Folgenden kurz „PAM".[5] PAM gilt, wenn es gilt, auch für den Begriff des freien Willens. Danach ist, wer sich zu einem bestimmten Handeln entscheidet, darin frei, wenn er sich auch anders hätte entscheiden können.

PAM scheint eine notwendige Bedingung für willensfreie Handlungen zu sein. Freilich ist, wie wir sehen werden, nicht klar, was „Andershandeln-können" genau bedeutet. Eine hinreichende Freiheitsbedingung ist PAM jedenfalls nicht. Dafür wäre außerdem erforderlich, dass sowohl die tatsächlich vorgenommene Handlung X als auch die alternativ mögliche (freiheitsverbürgende) Handlung Y für den Handelnden selbst generischer Art sind, Handlungen also, deren Typus (Genus) er beherrscht, so dass er sie im Prinzip wiederholen könnte. Denn eine Handlung des Typus X, kann einem Handelnden durchaus auch dann gelingen und in diesem Sinne möglich sein, wenn er die Fähigkeit zu X-Handlungen gar nicht hat. Ein schlechter Schütze mag aus großer Entfernung ausnahmsweise ins Schwarze der Zielscheibe treffen, wiewohl seine Schießfähigkeit hinter der für einen solchen Treffer erforderlichen weit zurückbleibt. Der Treffer wäre nicht das verwirklichte Ziel freien Handelns, sondern ein Zufallsprodukt des Glücks. Das Wort „können" in dem Ausdruck „frei handeln können" muss also für die tatsächliche wie für die hypothetisch-alternative Handlung ein generisches Können bezeichnen. Das

4 Zur Lösung des daraus resultierenden Problems der Zurechnung verwerflicher Handlungen zur Verantwortlichkeit des Handelnden unterscheidet Kant Zurechnungsfähigkeit und Autonomie; jene kann gegeben sein, wiewohl diese bei der einzelnen verwerflichen Handlung fehlt.

5 Per Übersetzung des in der internationalen Diskussion geläufigen „PAP" für „Principle of Alternative Possibilities".

gleiche gilt für „freie“ Unterlassungen im Sinne von PAM. Wer eine Handlung *nicht* vornimmt – etwa der schlechte Schütze das Ins-Schwarze-Schießen – die er generisch nicht beherrscht, unterlässt sie nicht etwa, und ggf. frei, sondern beugt sich den Grenzen seines Vermögens.[6]

Diese Unterscheidungen werden in der gegenwärtigen Diskussion um die Willensfreiheit nach meinem Eindruck zu oft vernachlässigt. Manche der Freiheitskriterien, die vorgeschlagen werden, erweisen sich bereits hieran als zu optimistisch. Sie mögen der einen oder anderen Kategorie aus dem skizzierten begrifflichen Schema genügen, scheitern aber schon an der nächsten, die übersehen oder ignoriert worden ist.

Auch normativ sind die Unterscheidungen bedeutsam. Möglich ist nicht nur, dass jemandem, der keine Fähigkeit zum X-Handeln hat, gleichwohl zum Zeitpunkt t eine X-Handlung gelingt, sondern auch der umgekehrte Fall: Jemand, der zu t außerstande ist, eine X-Handlung vorzunehmen, mag dennoch auch zu t die Fähigkeit zum X-Handeln haben. Entsprechendes gilt für Unterlassungen: Wer zu t außerstande ist, eine X-Handlung zu unterlassen, also deren Vornahme zu vermeiden, mag gleichwohl genau zu t die Fähigkeit zur Unterlassung von X-Handlungen haben. Ist dies aber richtig, dann kann die für PAM konstitutive Wendung „anders handeln können“ ganz Unterschiedliches bedeuten. Ich komme darauf zurück.

Freiheit als Handelnkönnen „aus Gründen“

Vor allem in der deutschen Diskussion spielt noch eine weitere Explikation des Begriffs der Freiheit des Wollens (Handelns) eine prominente Rolle. Einen zwingenden begrifflichen Zusammenhang mit PAM hat sie nicht; „Libertarier“ bejahen allerdings nicht selten beide Freiheitskriterien.[7] Sie besagt, dass eine Handlung dann (willens-)frei sei, wenn der Handelnde sie „aus Gründen“ vornimmt, und zwar aus solchen, die ihm als seine eigenen zugeschrieben werden können. Auch das hat etwas intuitiv Einleuchtendes. Bei näherem Hinsehen erweist sich das Freiheitskriterium des Handelnkönnens „aus Gründen“ aber als ebenso unklar wie PAM. Präzisiert man es, so verliert es den Anschein der Plausibilität gänzlich. Auch darauf komme ich zurück.

---

6 Dieses generische Element in „frei“ wird man plausiblerweise schon zum *Begriff* des Unterlassens rechnen. Der Freizeitsportler, der soeben 100 m in seiner neuen Bestzeit von 12 Sekunden gelaufen ist, hat es nicht etwa „unterlassen“, die Strecke in 10 Sekunden zu laufen.

7 S. etwa J. Nida-Rümelin (2005), 49–51; anders aber ders. (2007a), 229–245, 242 (Andershandelnkönnen sei „unerheblich“, Handelnkönnen nach Gründen allein entscheidend). Den „Raum der Gründe“ als konstitutive Quelle freien Handelns betont Habermas (2006), 669–707; ähnlich Sturma (2015), 19–41.

Beide genannten Kriterien lassen sich kombinieren. Dann erhält man einen starken Freiheitsbegriff – nicht nur mit Vorzügen freilich, sondern auch mit bestimmten Nachteilen, wie sie starke Behauptungen mit sich bringen. Einerseits mag das so verstandene Prädikat „frei“ erheblich weniger Handlungen zukommen, als wir gemeinhin anzunehmen geneigt sind. Andererseits mag aber ein derart starker Begriff, sofern er sich als plausibel erweist, den Streit um „Willensfreiheit oder Determinismus“ definitiv zugunsten der ersteren entscheiden. Auszusehen hätte er nach dem bisher Gesagten etwa so: „Frei“ ist eine Handlung X (oder ihr Unterlassen) dann und nur dann,

(1.) wenn der Handelnde dabei die Fähigkeit hat, generell Handlungen des Typs X auszuführen bzw. zu unterlassen;
(2.) wenn er dabei auch anders handeln oder jedes Handeln unterlassen könnte;
(3.) wenn er die konkrete Handlung X aus (mindestens) einem Grund ausführt, der sein eigener ist,
(4.) wenn also der Entschluss zu handeln durch nichts anderes bestimmt ist als seinen eigenen, auf Gründen beruhenden Willen.

Eine Handlung, die diesen Kriterien genügte, wäre in einem starken, nämlich zweifachen Sinn frei: negativ, weil der Handelnde auch anders hätte handeln können, positiv, weil er autonom, nämlich aus eigenen Gründen und nicht aus inneren Zwängen gehandelt hat.

Verantwortlichkeit und Schuld: Präliminarien

Von hier aus lässt sich eine erste Brücke zu einem intuitiv einleuchtenden Begriff der Verantwortlichkeit oder (strafrechtlich) der Schuld schlagen. Ihm scheint die skizzierte Freiheitskonzeption ein stabiles Fundament zu geben. Die Schuld eines Handelnden, der Unrecht getan hat[8], scheint danach vorauszusetzen:

(1.) eine auf dessen Willensfreiheit gegründete Handlungsfreiheit, die ihrerseits verlangt,
(2.) dass er aus eigenen Gründen entschieden und gehandelt hat, wiewohl er
(3.) anders hätte entscheiden/handeln können, und zwar ebenfalls aus eigenen Gründen.

---

8 „Unrecht“ drückt ein objektiv-normatives Urteil aus, „Schuld“ dagegen eine subjektiv-individuelle Beziehung des Handelnden zu seiner Tat. Beides kann moralisch wie rechtlich verstanden werden.

Die Bedingung (3.) – PAM – scheint nun ihrerseits zu fordern, dass die Ereignisse der Welt zumindest teilweise nicht naturgesetzlich festgelegt, nicht „determiniert“ sind – nämlich jedenfalls menschliche Handlungen nicht, sofern sie den dargelegten Kriterien genügen.[9]

7.2 Der prinzipielle Einwand

Grob formuliert lautet er in der Abfolge seiner tragenden Argumente so:

(1.) Was immer die Begriffe „Wille“ oder „Entscheidung“[10] genau bedeuten mögen: das von ihnen Bezeichnete gehört zur Sphäre des Mentalen.

(2.) Nach dem heutigen Stand der Wissenschaft erscheint es schwer bestreitbar, dass alle mentalen („geistigen“) Phänomene im Bewusstsein eines Menschen auf Aktivitäten seines Gehirns beruhen.[11] Diese Korrelation ist asymmetrisch: Mentale Ereignisse werden – auf welche Weise immer – von Ereignissen im Gehirn hervorgebracht, nicht umgekehrt. Anders gewendet: Indem neuronale Aktivität stattfindet, entstehen mentale Ereignisse; nicht dagegen: indem mentale Ereignisse stattfinden, entsteht Gehirnaktivität.

(3.) Gehirne sind physikalische Systeme. Ihre internen Veränderungen folgen daher Regularien der Natur, die von Menschen nicht geändert oder umgangen werden können. Ob diese Regularien strikt deterministisch sind oder nicht, ist dafür ohne Belang.

(4.) Äußere Körperbewegungen als das physische Substrat von Handlungen werden über Aktivitätsmuster im Gehirn und davon verursachte

9 Den unklaren und vieldeutigen Ausdruck „determiniert“ verwende ich hier und im Folgenden nicht in irgendeinem strikt technischen, sondern in dem einfachen und intuitiven Sinn, wonach ein Phänomen determiniert ist, wenn seine Zukunft von seiner Vergangenheit eindeutig festgelegt wird. Sensu stricto determiniert ist der Weltverlauf vermutlich nicht (sagt jedenfalls die theoretische Physik). Dass etwas „naturgesetzlich“ bzw. „determiniert“ verläuft, soll nicht mehr besagen, als dass es naturgegebenen Regularien folgt, die – wie unvollkommen auch immer verstanden oder benannt – jedenfalls nicht von Menschen gemacht und unserer Einflussnahme entzogen sind.

10 Für die Zwecke unserer Überlegungen ist es vorteilhaft, den unklaren Begriff des Willens auf den engeren und deutlicheren der „Entscheidung“, nämlich der zu einer Handlung, zu reduzieren; s. Merkel (2014), 15 f. „Freier Wille“ meint also im Folgenden vornehmlich den mentalen Akt einer freien Entscheidung.

11 Ob man zur Klasse der „mentalen Phänomene“ nur bewusste oder auch unbewusste Ereignisse (Vorkommnisse) rechnen will, ist für meine Zwecke ohne Belang. Jedenfalls die bewussten gehören dazu, und damit auch ggf. freie Entscheidungen zum Handeln.

Prozesse der Innervation jeweils relevanter Körperregionen ausgelöst und realisiert, also ebenfalls im Modus einer kausalen Abfolge physischer Vorgänge, die Regularien der Natur unterliegen. Die (prinzipiell denkbare) vollständige Beschreibung jener Abfolge erklärt die fraglichen Bewegungen vollständig.

(5.) Als „frei" im Sinne von PAM oder gemäß dem Kriterium des Handelns aus Gründen kann der Wille nur dann begriffen werden,
  a) wenn *er*, nicht naturregulierte physische Vorgänge, die fraglichen Handlungen genuin auslöst und steuert; möglich ist das nur dann, wenn er auch jene Körperbewegungen steuert, die das äußere Geschehen der Handlung ausmachen und damit deren *condicio sine qua non* sind;
  b) und wenn er dabei seinerseits von jenen Naturregularien weder ausgelöst noch gesteuert wird.

(6.) Die Bedingung (5. a) kollidiert ersichtlich mit Prämisse (4.). Die Kollision wäre zu beheben, wenn der in (4.) skizzierten naturalistischen Erklärung des Auslösens der Bewegung eine weitere, mentalistische, beigestellt werden könnte, die den Bewegungsvorgang als *zugleich* vom Willen ausgelöst erklärte – und damit als überdeterminiert. Schon für eine einzelne Handlung ist das schwer vorstellbar. Denn es setzt eine kausale Interaktion zwischen mentalen und körperlichen Vorgängen voraus, die mit Grundgesetzen der Physik zu kollidieren scheint.[12] Da die Bedingung (5. a) alle willensfreien Handlungen beträfe, statuiert sie darüber hinaus eine *systematische* Überdetermination solcher Handlungen – eine metaphysisch wenig aussichtsreiche These.

(7.) Schließlich kollidiert Bedingung (5. b) mit Prämisse (2.). Kann der Wille selbst nur in asymmetrischer Abhängigkeit von (neuro-)physiologischen Vorgängen, die Naturregularien unterliegen, manifest werden, dann ist schwer zu sehen, wie er bzw. sein Inhalt sich den Maßgaben dieser Regularien entziehen und – im Sinne von PAM oder einer Genese allein aus „Gründen" – frei sein könnte.

Alle Aussagen in (1.) bis (7.) sind nach meiner Überzeugung richtig. Sie enthalten aber eine Reihe mehrdeutiger und umstrittener Begriffe, die metaphysische Rätsel und ungelöste empirische Fragen aufwerfen. Unklar und in zentralen Aspekten unverstanden ist vor allem die unter (2.) formulierte These, wonach

---

12 Ersichtlich eine Variante des cartesischen interaktionistischen Dualismus, der heute, soweit ich sehe, keine offen bekennenden Anhänger mehr hat. Sehr wohl gibt es aber andere, philosophisch ernstzunehmende dualistische Konzeptionen.

alles Mentale, also auch der Wille, in seiner Entstehung wie in seinem Inhalt, auf neurophysiologischen Grundlagen beruht.[13] Damit kann Verschiedenes gemeint sein: ein kausaler Zusammenhang, ein nicht-kausales Konstitutionsverhältnis, eine epiphänomenale Relation bloßen „Begleitens", „Emergenz" des Mentalen, dessen „Realisierung" durch das Physische, seine Identität mit diesem oder seine „Reduzierbarkeit" darauf, und schließlich jener Zusammenhang, der in der neueren philosophischen Diskussion „Supervenienz" heißt.[14] Keiner dieser Begriffe ist sonderlich klar, alle sind als philosophische *terms of art* mehrdeutig, was Missverständnisse fördert, und für keinen gibt es notwendige oder hinreichende Bedingungen seiner empirischen Verifikation.

Damit ist zweierlei angedeutet. Zum einen gehört zum Kern des Freiheitsproblems das klassische Leib-Seele- (oder Geist-Gehirn-) Problem: die Frage, wie Bewusstsein möglich ist, und damit das wohl rätselhafteste Mysterium der *philosophy of mind*.[15] Zum anderen, und hiermit zusammenhängend: die unter (2.) festgehaltene Prämisse und vor allem ihre möglichen Konkretisierungen von „Kausalität" bis „Supervenienz" formulieren keine empirische, sondern eine metaphysische These. Einer genauen naturwissenschaftlichen Aufklärung ist die asymmetrische Relation von Geist und Gehirn (jedenfalls derzeit) nicht zugänglich.[16]

---

13 Dass diese Grundlagen ihrerseits nicht einfach nur gehirnintern entstehen, sondern auch aus zahllosen physiologischen Interaktionen mit dem Rest des Körpers und über diesen mit der Umwelt, versteht sich. Alle diese Interaktionen sind ausschließlich und (im Prinzip) vollständig naturalistisch erklärbar.

14 Zu diesen Begriffen: Ein kausaler Zusammenhang zwischen Geist und Gehirn ist schon begrifflich unplausibel. „Konstitution" wird gedacht in (grober) Analogie zu dem Zusammenhang, in dem mikrophysikalische Elemente (Atome etc.) eines Gegenstands mit dessen makrophysikalischen Eigenschaften (Maße, Gewicht, Härte etc.) stehen. Zum Ursprung des Epiphänomenalismus s. Huxley (1874) 199–250. Zu der oft übertriebenen Katastrophenbeschwörung für den Fall der Wahrheit des Epiphänomenalismus, s. Fodor (1990), 137–159, 156 („it's the end of the world"); wohltuend gelassen dagegen Bieri (1992), 283–309. Zu „Emergenz, Realisierung, Supervenienz" Kim (1993). „Reduzierbarkeit" verstehe ich nicht als ontologische, sondern als epistemologische These: als Behauptung einer explanatorischen „Rückführbarkeit" höherstufiger mentaler Beschreibungen auf Beschreibungen fundamentaler physikalischer (atomarer und subatomarer) Vorgänge.

15 Manche dürften hier widersprechen, etwa unter Rekurs auf logisch-behavioristische Konzeptionen wie die Gilbert Ryle's, (1949). Mit der Ryleschen Reduktion mentaler Prädikate auf Verhaltensdispositionen wird das Problem freilich nicht gelöst, sondern eskamotiert.

16 Das dürfte dem Freiheitsproblem auf unabsehbare Zeit ein vitales Überleben sichern; manche Philosophen halten es für das meisterörterte der abendländischen Philosophie; s. Mackie (1983), 311 (Anm. zu Kap. 9); Matson (1987), 158.

Das heißt freilich nicht, dass die These selbst unplausibel wäre.[17] Im Gegenteil ist sie als metaphysische allen Konkurrenten überlegen, die „dem Willen" bzw. einzelnen mentalen Akten oder Vorgängen (wie Intentionen, Entscheidungen, Abwägungen) eine genuin selbständige, vom naturalistischen Funktionieren des Gehirns unabhängige Rolle bei der Einleitung und Ausführung menschlicher Handlungen zuschreiben. Auch passen ihre Konsequenzen in zahlreichen Kontexten besser zu den empirischen Befunden der modernen Naturwissenschaften als die jener anderen Theorien. Denn keine von diesen kann am Ende den stillschweigenden Rekurs auf eine Spielart des interaktionistischen Dualismus vermeiden, und das bedeutet: eine Kollision mit der Physik.

Damit ist von den zahlreichen Frontlinien im Streit um die Willensfreiheit die grundsätzlichste markiert. Auf der einen Seite stehen sämtliche Spielarten eines Naturalismus oder Physikalismus, der alle mentalen Phänomene als abhängig von oder identisch mit neurophysiologischen Vorgängen begreift und ihr Entstehen daher als einen Prozess, der naturgesetzlichen Regularien unterliegt. Auf der anderen ein im weitesten Sinne verstandener Mentalismus, der zwar den systematischen Zusammenhang von „Geist" und Gehirn keineswegs zu leugnen braucht, aber jedenfalls diejenigen Handlungsentschlüsse, deren Freiheit er annimmt, als in irgendeinem Sinn emanzipiert vom „deterministischen" System des Gehirns dartun muss.[18] Anhänger der ersteren Gruppe tendieren, soweit sie die Freiheit menschlichen Handelns bejahen, naturgemäß zu kompatibilistischen Konzeptionen. Anhänger der letzteren sind dagegen „libertäre" Inkompatibilisten. Ihr Ziel ist es, den nomischen Zwangsverbund von Geist und Gehirn als soweit gelockert zu erweisen, dass er dem Mentalen irgendeinen indeterminierten Spielraum der Freiheit erlaubt, sei es im Sinne von PAM, sei es für ein Handeln nach Gründen.[19]

Im Folgenden will ich jeweils eines der zentralen Argumente beider Lager erörtern: das „Gründe versus Ursachen"-Argument der libertären Inkomptabilisten; und das Argument gegen die Richtigkeit von PAM, das von Harry

---

17 „Asymmetrisch abhängig" wird hier hinreichend weit verstanden, um auch Identitätsthesen verschiedener Provenienz einzuschließen. Ich selbst neige im Hinblick auf das für diese Theorien schwer lösbare „Qualia"-Problem nicht zu einer solchen; s. Merkel (2014), 87–91, lasse das aber hier unerörtert; im Übrigen dazu Kim (2005), 22–29.

18 Zu der hier untechnischen, nur abkürzenden Verwendung von „Determinismus" s. Fn. 9; zur Unerheblichkeit des subatomaren Indeterminismus der Quantenmechanik für die Willensfreiheitsdiskussion Merkel (2014), 26 ff.

19 Kompatibilisten halten eine gegebenenfalls deterministische Welt und einen (vernünftig verstandenen) freien Willen für vereinbar, Inkompatibilisten tun dies nicht. Inkompatibilist kann man ersichtlich auch als Freiheitsverneiner sein; dann hängt man einem *„hard determinism"* an (Ausdruck von William James (1896), 145 ff.)

Frankfurt entwickelt worden ist und von vielen Kompatibilisten vertreten wird. Beide Argumente haben prinzipielle Mängel.

7.3 Gründe vs. (naturalistische) Ursachen?

Hier ist der Ausgangspunkt: Handlungen sind in rein kausalen Begriffen regelmäßig nicht verständlich zu machen. Wir brauchen für ihre Erklärung mentalistische Begriffe: Motive, Wünsche, Zwecke, Absichten, Überzeugungen, Neigungen etc. Die so beschriebenen mentalen Zustände, so das Argument, haben aber Eigenschaften, die es ausschließen, sie als unmittelbare, naturalistische Ursachen aufzufassen. Vielmehr handle es sich um Gründe. Weder in ihrer Entstehung noch in ihrer Wirkung seien sie vollständig naturgesetzlich (deterministisch) erklärbar. Sie seien „naturalistisch unterbestimmt"[20]: weder ihrerseits verursacht noch Ursachen *sensu stricto* für unser Handeln. Wohl bestimmten sie dieses, und durchaus in einem Modus, den man „ursächlich" nennen könne, wenn nur klargestellt sei, dass es nicht der einer naturalistisch verstandenen Kausalität bzw. eines deterministischen Mechanismus sei[21], sondern der des Ermöglichens einer freien Wahl zwischen Handlungsoptionen. Dieses Zusammenspiel von „naturalistischer Unterbestimmtheit" der Gründe und deren nichtnaturalistischer Bestimmung unseres Handelns *sei* unsere Freiheit.[22]

Die *prima-facie*-Plausibilität dieses „Gründe vs. Ursachen"-Arguments (im Folgenden „GvU-Argument") lebt in hohem Maße von der Unklarheit seiner zentralen Begriffe. Was genau sind „Gründe"? Wie verhalten sie sich semantisch zu anderen mentalistischen Ausdrücken, die ebenfalls handlungsbezogen sind, etwa „Ziele, Zwecke, Motive" etc.? Auch die erforderlichen Folgefragen werden regelmäßig nicht gestellt, geschweige denn beantwortet. Inwiefern genau sind Gründe „naturalistisch unterbestimmt"? Wie genau hat man sich ihre ebenfalls naturalistisch unterbestimmte, aber gleichwohl handlungsauslösende Wirkung vorzustellen? Und wie ließe sich das alles ggf. plausibel machen? Sehen wir genauer zu.

Handlungsgründe – motivational (innere) und normativ (äußere)

Was genau sind Handlungsgründe? Und was heißt es, dass eine Handlung „aus Gründen" geschieht? Zu beiden Fragen gibt es eine labyrinthische Vielfalt an

---

20 So v.a. J. Nida-Rümelin (2007a), 229–245.

21 J. Nida-Rümelin (2007b), S. 275.

22 J. Nida-Rümelin (2007a), 243.

Theorien und Argumenten. Sie müssen hier im Wesentlichen unerörtert bleiben. Zweierlei erscheint mir aber für das Folgende wichtig.

Erstens: Seit langem geläufig, wiewohl in der deutschen Diskussion des GvU-Arguments oft abwesend, ist die Unterscheidung zwischen motivationalen bzw. explanatorischen und normativen bzw. rechtfertigenden Gründen.[23] Gründe der ersteren Art erklären, warum ein Handelnder *de facto* so handelt bzw. gehandelt hat, wie er es tut (getan hat) – im Englischen: *„reasons for which we act*". Dagegen zielen Gründe der letzteren Art darauf, ein bestimmtes Handeln oder Unterlassen zu rechtfertigen, also darzulegen, warum ein Akteur eine bestimmte Handlung vornehmen bzw. unterlassen sollte bzw. hätte sollen – Englisch: *„reasons that there are for us to act*". Die Unterscheidungslinie lässt sich begrifflich auch anders ziehen[24]. Auch können beide Typen von Gründen in weitere Untergruppen ausdifferenziert werden. Darauf kommt es hier nicht an. Wichtig für unser Thema ist vielmehr die Frage, ob die behauptete „naturalistische Unterbestimmtheit" für „normative" oder für „motivationale" oder für beide Typen von Gründen gelten soll und kann.

Zur Illustration: A sieht ein in einen Teich gefallenes Kind, das am Ertrinken ist; er springt ins Wasser und rettet das Kind. Warum hat er das getan? Hier die wesentlichen „äußeren", normativen Gründe: (1.) die Tatsache der für das Kind lebensbedrohlichen Umstände, (2.) die Tatsache, dass A davon Kenntnis erhielt (über zahllose physikalische Vorgänge außerhalb und physiologische innerhalb seines Körpers), (3.) die Existenz bestimmter Normen, die Hilfsgebote statuieren, (4.) und ggf. einige weitere. Nun können jedenfalls die Normelemente eines solchen äußeren Grundes offensichtlich nicht direkt kausal für A's Handeln sein. Ob sie außerdem selber naturalistisch unterbestimmt sind, ist dafür belanglos und kann offen bleiben.[25] Jedenfalls bestimmen sie A's Handeln nicht unmittelbar naturalistisch.

Aber das ist im Hinblick auf äußere Handlungsgründe trivial. Auch deren *physische* (naturalistische) Elemente – in meinem Beispiel etwa die Umstände „Kind im Wasser, drohendes Ertrinken, A's Fähigkeit zu schwimmen" – können

23 S. etwa Nagel (1970), 15 ff.; Smith (1994), 130 ff.

24 von Wright (1980), 28, unterscheidet sinngemäß ähnlich zwischen „internal reasons" („determinants"), die er zur mentalen Sphäre der handelnden Person rechnet, und „external reasons", die zur (auch normativen!) Umwelt der Person gehören.

25 Plausibel ist die Unterbestimmtheitsbehauptung hier nur als epistemologische; als ontologische liefe sie auf eine wenig überzeugende metaphysische Hypothese hinaus. Solche Normen können ja schwerlich aus einem platonischen Ideenhimmel gefallen sein. Woher sonst sollten sie stammen, wenn nicht aus dem zwar undurchschaubar komplexen, aber wohl gänzlich naturalistisch bestimmten Zusammenspiel unzähliger Vorgänge der biologischen und sozialen Evolution der Menschheit?

Handlungen nicht im Modus einer unmittelbar naturalistischen Kausalität auslösen. (Ein hinreichend zynischer Beobachter könnte das Kind auch ertrinken lassen.) Vielmehr müssen solche Gründe, um handlungswirksam zu werden, übersetzt werden in den physiologischen „Rohstoff" von Handlungen: die innerkörperlichen Vorgänge, die schließlich in körperliche Bewegungen münden. Allenfalls, wenn *dieser* Übersetzungsvorgang „naturalistisch unterbestimmt" wäre, hätte das GvU-Argument eine Chance, gerade das Handelnkönnen „aus Gründen" als Kriterium einer indeterministisch verstandenen Willensfreiheit plausibel zu machen. Die Frage der Unterbestimmtheit der äußeren, normativen Gründe selbst ist für die Freiheitsfrage irrelevant. Wenn der „naturalistisch unterbestimmte" Grund g die Handlung h des A auf eine Weise auslöst, die naturalistisch vollständig bestimmt, also deterministisch ist, dann handelt A ganz genauso unfrei wie wenn außerdem auch g selbst naturalistisch bestimmt wäre.[26]

Zweitens: Damit sind wir bei den motivationalen (explanatorischen, „inneren") Gründen, den *reasons for which we act.* Auf sie allein scheint es anzukommen. Nun gibt es freilich auch insofern „Internalisten" und „Externalisten". Die ersteren nehmen an, dass motivationale Gründe psychische Zustände sind, nämlich propositionale Einstellungen des Handelnden. Externalisten dagegen verstehen solche Gründe als objektive Zustände der externen Welt, auf die sich der Handelnde (irgendwie) bezieht.[27]

Internalisten scheinen also motivationale Gründe mit handlungsbestimmenden Motiven gleichzusetzen. Damit scheint der oben angedeutete Transmissionsvorgang, der äußere Gründe in innere handlungsauslösende Motive übersetzt, nicht mehr erforderlich bzw. bereits erledigt. Freilich bleibt mindestens eine weitere Transmission auch dann noch erklärungsbedürftig: die Brücke vom Motiv des Handelnden zum Ingangsetzen der neuralen Innervation seines Körpers und damit der Bewegungen, mit denen er die Handlung ausführt. Bei Externalisten verhält sich die Sache anders. Sie müssen *sub specie* Transmission motivationale Gründe genauso behandeln wie normative. Denn beide sind externe (objektive) Quellen handlungsbestimmender Elemente

26 Anders aber offenbar Nida-Rümelin (2007a), 233; er unterscheidet zutreffend die Frage einer Unterbestimmtheit von *Gründen* von der einer Unterbestimmtheit der *Handlungen*, die aus diesen Gründen erfolgen, ignoriert aber dann die letztere Frage und widmet sich ausschließlich der ersteren. Diese ist aber für das Freiheitsproblem irrelevant (s.o.); allein entscheidend ist die zweite, die leider unerörtert bleibt.

27 Triviales Beispiel: A sieht, dass es draußen regnet; deshalb nimmt er seinen Regenschirm mit. Ist der Grund dafür A's *Überzeugung*, dass es regnet (so der Internalist) oder ist es die *Tatsache*, dass es regnet (so der Externalist)? S. exemplarisch nur Bittner (2001) und Alvarez (2010): pro Externalismus; dagegen Davis (2005), 51–101: pro Internalismus.

und bedürfen deshalb in gleichem Maß eines Vorgangs der Übersetzung ins mentale wie physiologische Innere des Handelnden, um dessen Handlungen auslösen zu können.

Noch genauer betrachtet gibt es bei motivationalen Gründen für Externalisten vier und für Internalisten drei solche Übersetzungsvorgänge, die ggf. naturalistisch unterbestimmt wären:

(1.) (und nur für Externalisten) die Transmission des Grundes in ein Motiv zu handeln;
(2.) (und nun für beide Gruppen) die Transmission des Motivs in einen Handlungsentschluss;
(3.) die Transmission des Handlungsentschlusses in eine Kaskade neuronaler und muskulärer Vorgänge, von denen die Körperbewegung als physisches Substrat der Handlung ausgelöst wird;
(4.) und für zeitlich ausgedehnte Handlungen schließlich die Brücke vom Auslösen der Handlung zu ihrer Fortsetzung und zu der sie begleitenden körperlichen Kontrolle, Steuerung und ggf. Korrektur.[28]

Die für das GvU-Argument entscheidende Frage lautet nun: Ist irgendeiner dieser Übersetzungsschritte „naturalistisch unterbestimmt"? Dafür spricht nichts. Für die Schritte (2.) bis (4.) liegt das auf der Hand, jedenfalls wenn man die oben sub II (2.) dargelegte Prämisse anerkennt, dass alle mentalen Vorgänge oder Zustände einer neuronalen Grundlage bedürfen. Motiv und Handlungsentschluss müssen neuronal „realisiert" sein, um zu existieren.[29] Alle Vorgänge spielen sich dann als physiologische im Körperinneren des Handelnden ab und unterliegen daher unbeschadet der zugehörigen (dadurch „realisierten") mentalen Ereignisse gesetzesartigen Regularien der Natur, die vollständig naturalistisch bestimmt sind.

Das würden wohl auch viele Vertreter des GvU-Arguments nicht bestreiten. Der entscheidende Schritt aber, so könnten sie sagen, ist der vom externen Grund zum internen Handlungsmotiv. Und dieser sei naturalistisch unterbestimmt. Genau deshalb *zwinge* der Grund nicht zum Handlungsentschluss; also erfolge dieser frei. Auch das ist freilich nicht plausibel. Betrachten wir diesen ersten Transmissionsschritt genauer[30]: Dass der äußere Grund zum

28 Dass mit Blick auf „normative Gründe" für *beide* Theorien alle vier Transmissionsvorgänge erklärungsbedürftig sind, liegt auf der Hand.

29 Oder über dem Neuronalen „supervenieren", aus ihm „emergieren", auf es „reduzierbar" sein, etc.; vgl oben sub. II.

30 Von der für die zuständigen Wissenschaften laienhaft untechnischen Terminologie des Folgenden hängt nichts ab.

Motiv des Handelnden (bzw. und für Internalisten: zu seinem „motivationalen Grund“) werden muss, ist unstreitig; und dass hierfür irgendeine neuronale Realisierung dessen, was wir „Motiv“ nennen, erforderlich ist, sollte eigentlich ebenfalls unstreitig sein.[31] Dieser Vorgang geschieht durch (1.) Wahrnehmung und Bewusstwerdung des Sachverhalts, der den äußeren Grund ausmacht (etwa: „Kind im Wasser, Ertrinkungsgefahr, Hilfspflicht“); Wahrnehmung wie Bewusstwerdung erfolgen über zahllose physikalische (v.a. optische) und physiologische Prozesse außerhalb und innerhalb des Körpers des Handelnden. (2.) Der Vorgang setzt sich fort in einem bestimmten dynamischen Zustand des Gehirns, der aus der neuronalen Verarbeitung der sensorischen Inputs entsteht und der (3.) maßgeblich mitgeprägt wird von der gehirninternen Aktivierung zahlreicher Persönlichkeitsmerkmale, Erinnerungen, aktueller Emotionen (etc.) des Handelnden, die alle ebenfalls neuronal realisiert sein müssen, um vorhanden und wirksam zu sein.[32] Nichts davon lässt eine „naturalistische“ Lücke.

Nur so erklärt sich der Wirkungszusammenhang zwischen den äußeren und inneren Elementen eines Handlungsgrundes und der aus eben diesem Grund vorgenommenen Handlung selbst. Und er ist nun ersichtlich einer zwischen Ursachen und Wirkungen: naturalistisch vollständig bestimmt. Die beiläufige Bemerkung, Gründe müssten vom Handelnden „akzeptiert“ werden, um handlungswirksam zu sein, reicht zur Kennzeichnung dieses Vorgangs nicht aus.[33] Gerade an ihm müsste die These der naturalistischen Unterbestimmtheit des Handelns (und nicht die irrelevante des externen Grundes) ihre Plausibilität erweisen, um ihren Vertretern eine Chance zu eröffnen, ihr Begründungsziel zu erreichen. Nach den obigen Erörterungen scheint mir wenig für eine solche Chance zu sprechen.

Kausalität von Gründen: nicht-naturalistisch?

Man gewinnt für das GvU-Argument nichts, wenn man den dargelegten Transmissionszusammenhang ignoriert oder überspringt, indem man die Kausalität zwischen Grund und Handlung einfach als „nicht-naturalistische“ ausgibt und hierfür auf nicht-physikalistische Kausalitätstheorien verweist, etwa auf

31 Ist es für interaktionistische (cartesianische) Dualisten aber nicht; für deren Standpunkt spricht freilich nichts.

32 Die Notwendigkeit, den externen *außerphysikalischen Grund* und das interne, nur neurophysiologisch realisierbare *Sich-zu-eigen-Machen* dieses Grundes genau zu unterscheiden, betont auch Pothast (2011), 69.

33 So Nida-Rümelin (2005), S. 54; manche anderen Vertreter des GvU-Arguments thematisieren diesen Übersetzungsschritt vom Grund zu dessen Akzeptiertwerden durch den Handelnden überhaupt nicht.

David Lewis' kontrafaktische Konzeption[34] oder auf John Mackie's INUS-Bedingung.[35] Da der physikalistisch-kausale Zusammenhang zwischen der neuronalen Realisierung eines Motivs bzw. Handlungsentschlusses und der von ihm ausgelösten Körperbewegung nicht ernstlich zweifelhaft und bis in die atomaren Grundlagen der involvierten biologischen Materie hinein bekannt ist, muss die Frage, wie dieser Handlungsentschluss selbst „durch Gründe" erzeugt wird, bei Strafe eines sonstigen Verstoßes gegen Grundsätze der Physik *physikalistisch* beantwortet werden – oder wird es überhaupt nicht. Dafür bedarf es einer Konzeption der „produktiven", „generativen" oder „Prozess"-Kausalität, durchaus im Sinne der aristotelischen „causa efficiens". Kausale Relata werden danach verknüpft durch den Transfer einer physikalischen Erhaltungsgröße wie Energie, Impuls oder Spin.[36] Reine Regularitätsversionen der Kausalität (einschließlich der *Mackieschen*) oder kontrafaktische Theorien, die in anderen Zusammenhängen sinnvoll sein mögen, helfen für unsere Frage der *mentalen* Verursachung nicht weiter. Denn eben das, worum es in diesem Zusammenhang geht, erklären sie nicht: Wie gerade diejenigen (energieverbrauchenden!) Veränderungen bestimmter physischer Zustände, nämlich derjenigen neuronalen Zustände, welche erst das Handlungsmotiv und dann den Handlungsentschluss realisieren sowie schließlich dessen physische Folgen auslösen, in die physikalische Welt des Gehirns kommen, in der sie stattfinden.[37] Wer hierfür – nach welcher Kausalitätskonzeption immer – rein nicht-materielle Ursachen genügen lässt, vertritt nolens volens einen cartesischen interaktionistischen Dualismus.[38] Zudem nimmt er eine Kollision mit Grundgesetzen der Physik in Kauf. Diese markieren freilich auch für metaphysische Argumente eine verbindliche Grenze.[39]

---

34 D. Lewis (1973), 159–172; ders. (1973).

35 Das tut Nida-Rümelin (2007b), 278, mit der ebenfalls irrigen Behauptung, die Konzeption der INUS-Bedingung sei „weithin unbestritten"; sie ist eine von mehreren grundsätzlich rivalisierenden Kausalitätskonzeptionen. Im Übrigen bezieht sie sich gar nicht auf den ontologischen Vorgang des Kausierens, sondern auf das logische Zusammenspiel mehrerer Ursachen (kausale Felder) für ein und dasselbe Ereignis.

36 Aus der umfangreichen Literatur hierzu nur Dowe (2009), 213–233; ders. (2000); Ehring (1997); Fair (1979), 219–250; Kistler (2006); Salmon (1998); Woodward (2003); zu einigen guten Gründen für solche Konzeptionen Esfeld (2002), 96.

37 Dazu erhellend Kim (2010), 243–262, insbes. 255 ff.

38 Das betont auch Pauen (2007), 247–272, 256 Fn. 3.

39 Nicht überzeugend erscheint mir Nida-Rümelins Hinweis, es gebe auch in der Naturwissenschaft anerkannte Ursachen, die „nicht die Form einer Energieübertragung" hätten: Ein sich reibungsfrei bewegendes Teilchen „verliert nicht an Geschwindigkeit (Bewegungsenergie), wenn lediglich Transversalkräfte einwirken"; diese seien aber ursächlich für dessen Ortsveränderung. Das Beispiel trifft unser Problem nicht. Es beschreibt einen Interaktionsvorgang, in dem der kausal bewirkte Zustand *keine*

Weitere Einwände

Damit scheitert, meine ich, das GvU-Argument *a limine*. Auf eine Reihe weiterer Einwände kommt es deshalb gar nicht an. Einer der wichtigsten sei immerhin erwähnt. „Aus Gründen handeln" können auch hochgradig Geisteskranke, z.B. paranoid Schizophrene. Sollen solche Gründe freiheitsverbürgend sein? Gerade in ihnen, die im Ganzen ein durchaus kohärentes System der phantasmagorischen Weltdeutung widerspiegeln mögen, manifestiert sich regelmäßig die mentale Störung der Handelnden. Schon deswegen kann die These nicht richtig sein, Handlungsentscheidungen seien dann und deswegen frei, wenn und weil sie „aus Gründen" getroffen werden. Der paranoid Schizophrene, der den eigenen Vater für das Haupt einer weltumspannenden, die Menschheit bedrohenden Verschwörung hält und ihn deshalb umbringt, handelt ganz gewiss aus Gründen, und zwar durchaus aus solchen, die sich seinem System der Weltdeutung schlüssig einfügen und für die er zahlreiche „bestätigende" Indizien finden mag – kurz, die für ihn höchstpersönlich ohne weiteres gute Gründe sein mögen.[40] Wollen wir diesen Totschlag „frei" nennen, und just *wegen* seiner objektiv absurden „Gründe"?

Nun mag man zur Rettung der These „Freiheit qua Gründe" ein Rationalitätspostulat einführen, das motivationale Gründe, die auf ein wahnhaftes äußeres Bezugssystem rekurrieren, ausschließt. Aber dann muss man erklären, warum Gründe, die nicht einem wahnhaften epistemischen, sondern einem wahnhaften moralischen System zugehören, nicht ausgeschlossen sein sollen. Einen Menschen aus Rassenhass zu töten, ist nicht weniger irrational, als dies zur Rettung der vermeintlich bedrohten Menschheit zu tun. Schlösse man freilich auch Gründe praktischer Irrationalität aus, dann müssten die meisten schweren Verbrechen als „unfrei" gelten und damit prima facie als schuldlos – ein widersinniges Ergebnis.[41]

Energieveränderung aufweisen soll. Beim Problem der mentalen Verursachung geht es aber um Fälle, in denen die bewirkten Zustände – nämlich die Gehirnvorgänge, die einen Handlungsentschluss realisieren – bei ihrem Eintritt und während ihrer Dauer *ganz zweifelsfrei Energie verbrauchen;* vgl. Wilson (1999), 185–200; ebenfalls Burns (1999), 27–47. Eine per definitionem nicht-physische Ursache, der „motivationale Grund", für einen solchen energieverbrauchenden physischen Vorgang würde nach allem, was mir als Nichtphysiker einsehbar ist, auf eine Verletzung des 1. Hauptsatzes der Thermodynamik hinauslaufen.

40 Geschichte des Philosophiestudenten Mathias Illigen, dessen Studium eine Disposition zur manischen Schizophrenie manifest werden ließ, in deren Verlauf er seinen Vater als den vermeintlichen Anführer der Weltverschwörung tötete; s. *Illigen* (2011).

41 Dieser Einwand auch bei Pauen (2007), S. 268. – Im Übrigen sind beide Wahnsysteme in den „guten Gründen", die sie liefern, nicht selten untrennbar verbunden. Jemanden als

Schließlich: handlungsbestimmende Gründe reiben sich am zweiten libertären Freiheitskriterium, dem des Andershandelnkönnens (PAM). Je zwingender ein normativer und/oder motivationaler Grund ist, desto sicherer schließt er ein Andershandelnkönnen aus und diskreditiert damit das Kriterium PAM. Wenn A im konkreten Kontext für die Handlung h, sagen wir, zur eigenen Lebensrettung, einen derart zwingenden Grund hat, dass jedes andere Handeln extrem unvernünftig, nämlich tödlich wäre und deshalb für A psychisch ausgeschlossen ist, dann deckt sich die stärkste Form der Freiheit seines Handelns aus Gründen offenbar mit seiner stärksten Unfreiheit im Sinne von PAM. Und weiter: Bestimmt ein *Dritter* die für ein solches Handeln konkreten Umstände, so ändert selbst der objektiv allerbeste Grund nichts an der Unfreiheit der Entscheidung und der sie verwirklichenden Handlung. Das sprichwörtliche „Geld oder Leben" des Räubers macht das anschaulich. Für den Bedrohten, der nicht sterben will, liefert es ganz gewiss einen ausgezeichneten Grund, sein Geld dafür wegzugeben. Unfrei ist sein Entschluss dazu dennoch. Zwingt ihn dagegen ein naturgegebener Umstand zu einer analogen Handlung – er wendet sein ganzes Geld für die Bezahlung einer lebensrettenden Operation auf –, so ist sein entsprechender Entschluss gleichwohl nicht unfrei. Die Gründe freilich sind in beiden Fällen exakt die gleichen: der Wunsch, das eigene Leben zu retten. Mit der Freiheit der jeweiligen Entscheidung, die einmal zu bejahen, das andere Mal zu verneinen ist, haben sie nichts zu tun.

Die dargelegte Notwendigkeit, die Erklärung von Handlungen jedenfalls im Hinblick auf deren körperliches Substrat einschließlich der motivationalen Gründe zu naturalisieren, scheint freilich nicht nur das GvU-Argument, sondern auch PAM auszuschalten. Geht es in der Welt physischer Ereignisse wie der von Körperbewegungen und neuronalen Vorgängen nach unbeeinflussbaren Naturregularien zu, dann scheint für jeden Handelnden im Moment seines Ansetzens zur Tat und unter identischen Weltbedingungen, die Zustände seines Gehirns eingeschlossen, ein Andershandeln ausgeschlossen zu sein. Darin eben liegt das Motiv des libertären Inkompatibilismus, eine solche Naturalisierung von Handlungserklärungen abzulehnen. An ihr gänzlich vorbeizukommen, erscheint aber unmöglich. Hieran scheitern, meine ich, sämtliche Spielarten des Inkompatibilismus. Alles Determinierte lässt keine Alternative und alles Indeterminierte lässt keine Kontrolle zu. Der Inkompatibilist braucht für die Annahme einer freien Handlung im Sinne von PAM aber unabdingbar beides. Das dürfte nicht zu haben sein.

Sklaven zu behandeln, weil man ihn für einen „Untermenschen" hält, ist moralisch so absurd wie kognitiv.

7.4 Andershandelnkönnen? Harry Frankfurts Angriff auf PAM

Aber kommt man nicht vielleicht an PAM vorbei? Handelt wirklich nur frei, wer beim Ansetzen zu seiner Handlung diese auch vermeiden könnte? Das bestreiten die meisten Kompatibilisten, und nicht wenige unter Berufung auf Harry Frankfurts berühmtes Argument.[42] Dessen Essenz besteht in Folgendem: Die Frage der Freiheit einer Handlung hänge allein von der Sequenz der tatsächlich verwirklichten Vorgänge ab, die zur Handlung führen, nicht aber von einer hypothetischen Alternative, wie sie in PAM gefordert werde. Das Gedankenexperiment, mit dem Frankfurt sein Argument veranschaulicht, sei hier durch ein eigenes Beispiel ersetzt, das ein wenig plastischer ist:

> A fährt mit seinem PKW eine abschüssige Straße hinab, als ihm betrunken sein Feind B vors Auto läuft. A nutzt die Gelegenheit: Er bleibt ohne jeden Versuch zu bremsen mit seinem Fuß auf dem Gas, hält das Lenkrad unverändert ruhig und überfährt, wie beabsichtigt, B tödlich. Was A nicht weiß: X, der jedenfalls sicherstellen will, dass A den B überfährt, beobachtet das ganze Geschehen über einen Monitor und hält sich bereit, per Fernsteuerung Bremsen und Lenkung im PKW des A sofort zu blockieren, sollte dieser sich anschicken, zu bremsen oder um B herum zu lenken. Freilich kommt A keine Sekunde lang auf diese Idee. Er will B töten und tut dies auch.

Bildlich gesprochen: der nicht eingreifende X legt um die Abfolge dieser Ereignisse – von A's Tötungsentschluss bis zu dessen Verwirklichung – einen imaginären Tunnel der Kontrolle, der den Ablauf des Geschehens garantiert. In keiner Richtung könnte A aus diesem Tunnel ausbrechen, sein konkretes Tötungshandeln also nicht vermeiden, falls er dies versuchte. Aber er versucht es gar nicht. Daher, sagt Frankfurt, stehe außer Frage, dass A für sein Handeln genauso verantwortlich sei, wie er es ohne Überwachung durch X wäre; schließlich habe X nicht in das Geschehen eingegriffen und nichts dazu beigetragen. Der Umstand des Überwachtwerdens sei zwar eine hinreichende, aber keine notwendige Bedingung dafür, dass A den B überfuhr. Oder, wie Frankfurt anderswo sagt: „Making an action unavoidable is *not the same thing* as bringing it about that the action is performed."[43] In einer vollständigen Erklärung, warum A so gehandelt hat, käme die Kontrolle des Geschehens durch X nicht vor. Dass A nicht anders hätte handeln können, sei somit irrelevant für die Erklärung seines Tuns. Auch wenn er anders hätte handeln können, hätte er nicht anders gehandelt. Also müsse PAM aufgegeben werden.

---

42 Frankfurt (1969), 829–839.

43 Frankfurt (2003), 339–345 (340).

Grenzen des Arguments

Beispiel und Erläuterung haben eine hohe Suggestivität. Sieht man schärfer hin, stellen sich Zweifel ein. Die Frage, ob A anders hätte handeln können, hängt davon ab, wie man sein Handeln beschreibt. Tut man es so: „A hat B bewusst tödlich überfahren", dann hätte A nicht anders handeln können. Lehnt man diese Beschreibung aber als unvollständig ab und erweitert sie um ein voluntatives Handlungselement, dann sieht die Sache anders aus: „A hat B bewusst und willentlich tödlich überfahren". *Dazu* hatte A offensichtlich eine Alternative, nämlich die, den B (nach Intervention des X) zwar bewusst zu überfahren, aber ohne das selbst zu wollen.

Nun mag man bestreiten, dass dies für das Handeln des A einen Unterschied ausmache, sei es, weil man die intentionale Seite überhaupt nicht zur Handlung rechnen will, sei es, weil man dafür beim Handelnden schon die bloße Kenntnis dessen, was er tut, ausreichen lässt und ein begleitendes voluntatives Element für entbehrlich hält. Doch muss die abstrakte Frage, ob die Differenz eines, und ggf. welches subjektiven Elements aus zwei exakt gleichen äußeren Verhaltensweisen zwei verschiedene Handlungen macht, hier nicht entschieden werden. Denn ein genauerer Blick zeigt, dass sie in unserem Fall sogar einen Unterschied ums Ganze bedeutet: den zwischen Handeln und Nichthandeln. Hätte A pflichtgemäß versucht zu bremsen oder auszuweichen, so hätte er festgestellt, dass ihm das unmöglich war. Zwar hätte er B dann auf genau dieselbe äußere Weise tödlich überfahren, doch wäre ihm dieses Weiterfahren nicht einmal mehr als Handlung, sein Nichtbremsen etc. nicht als Unterlassen zuzurechnen gewesen. Es wäre aus seiner Sicht ein böses Schicksal, aus objektiver Sicht allein die Tat eines anderen, des X, gewesen. A hätte also durch sein Anderswollen und den Versuch, dieses handelnd umzusetzen, sich im Hinblick auf die Tötung des B zu einem Nichthandelnden gemacht. Ein Nichthandeln ist aber im Vergleich zum Handeln ein Andershandeln, und zwar auch dann, wenn beide äußerlich identisch sind. Das zeigt unser Fall.

Frankfurts These, ein Andershandelnkönnen sei für die Zurechnung von Verantwortlichkeit nicht erforderlich, wird also von der bislang erörterten Variante seines Beispiels nicht plausibel gemacht. Denn hier kann A eben anders handeln, und das unterscheidende Kriterium ist sein Wille. Aber das ist zugleich der Grund, warum *dieses* Frankfurt-Szenario unser eigentliches Problem noch gar nicht berührt: Hätte A denn auch anders wollen können?

Nun lässt sich die Kontrollinstanz in Frankfurts Gedankenexperiment unschwer sozusagen bis ins Gehirn des handelnden A zurückverlegen. Dann geriete nicht nur A's Handeln, sondern schon sein Wille unter fremde Kontrolle. X würde etwa über feinste, von ihm kontrollierte Sensoren im Schädel des A die Vorgänge in dessen Gehirn genau beobachten, im Falle des Aufbaus eines sog. „Bereitschaftspotentials“ zum Bremsen oder Herumlenken sofort korrigierend eingreifen und ein gegenläufiges Bereitschaftspotential (eines zum Überfahren) erzeugen. Und dies geschähe, bevor A selbst auch nur das mindeste von dem bewusst werden könnte, was die beginnenden neuronalen Vorgänge in seinem Kopf (Bereitschaftspotential zum Bremsen) soeben an Wollen und Handeln bei ihm auszulösen im Begriff wären, wenn X nicht intervenieren würde. Erneut soll aber gelten: X muss gar nicht intervenieren. A baut sozusagen von Anfang an das gewünschte bösartige Bereitschaftspotential selber auf.

Damit erst erhält Frankfurts Beispiel die erforderliche Schärfe.[44] Denn jetzt hätte A buchstäblich auch nicht anders „wollen“, sich nicht anders entscheiden können. Und dennoch würden wir ihn ohne weiteres für verantwortlich halten, strafrechtlich gesprochen: zumindest als Versuchstäter. Er hätte, so könnte man sagen, eben mit dem Aufbau eines anderen („guten“) Bereitschaftspotentials beginnen sollen – wiewohl ihm das, hätte er's getan, wegen der dann unvermeidlichen Intervention des X nicht einmal hätte bewusst werden können.[45] Da er sich aber von Anfang für das Böse entschieden hat, werde er mit Recht getadelt und bestraft. Belegt dies Frankfurts These, dass ein Andershandelnkönnen, ja sogar ein Anderswollenkönnen keine Voraussetzung für Verantwortlichkeit ist?

Das hängt davon ab, aus welchem Grund ein Anderswollen unmöglich ist. Liegt der Grund darin, dass jeder potentielle andere Wille von einer externen Kontrollinstanz *verhindert* würde, sollte er sich denn sozusagen anschicken zu entstehen, so schließt dies Freiheit und Verantwortlichkeit so wenig aus wie bei einem Handeln ohne eine solche externe Kontrolle – wenn nur der tatsächliche Wille des Handelnden genuin aus ihm selbst stammt. Und das gilt selbst dann, wenn das hypothetische Entstehen eines anderen Willens schon im Keim, nämlich noch unterhalb der Bewusstseinsschwelle erstickt würde. Ist dagegen ein Anderswollen deshalb unmöglich, weil eine externe Instanz genau diesen tatsächlichen Willen im Handelnden genuin *erzeugt*, etwa durch Hypnose oder durch direkte Gehirnmanipulation, und deshalb kein anderer (autonomer) Wille des Handelnden entstehen kann, so würde niemand einen solchen fremderzeugten Willen frei nennen. Knapp: Frankfurts Gedankenexperiment macht deutlich, dass jede *negative* Freiheit (zum Andershandeln

---

44 Frankfurt (1969), 835, Fn. 3, erwähnt (etwas undeutlich) diese Möglichkeit der Erstreckung seines Gedankenexperiments auf die Kontrolle des Gehirns des Handelnden. Beide Versionen deutlich unterschieden bei Widerker (2000), 181–201.

45 Daher sind die gängigen „flicker of freedom“-Versuche, hier noch ein Minimum an Freiheit im Sinne von PAM zu retten, wenig plausibel; ein solcher Versuch etwa bei van Inwagen (1983), 161–182.

und sogar zum Anderswollen) fehlen kann, ohne dass gerade deshalb die Verantwortlichkeit zweifelhaft würde – sofern nur die *positive* Freiheit zur genuin eigenen Willenserzeugung gegeben war. Das reicht, wenn es überhaupt verantwortliches Handeln gibt, als Grundlage für Verantwortlichkeit aus.

Die Zuspitzung des Frankfurtschen Gedankenexperiments macht aber die Grenzen seiner Beweiskraft deutlich. Denn zu der Frage, ob ein alternativer Wille immerhin positiv hätte initiiert werden können, sagt das Beispiel nichts. Es stellt nur zutreffend fest, dass die potentielle externe Blockade einer Willensalternative Verantwortlichkeit nicht ausschließt, sofern sich der Handelnde schon intern und ganz von selbst gegen jede solche Alternative entschieden hat. Damit sind wir aber zurück bei unserer Ausgangsfrage: Hätte ein Handelnder positiv einen anderen Willen bilden oder doch mit dieser alternativen Willensbildung beginnen können? *Dieses* Anderswollenkönnen scheint unser Begriff von Freiheit und Verantwortlichkeit weiterhin zu fordern. Denn wenn der Handlungswille, durch externe Kontrolle garantiert oder nicht, schon in seinem genuinen Ursprung nur in den Bahnen einer naturgesetzlichen Notwendigkeit entstehen kann, dann wirft er das Grundproblem der Frage nach der Willensfreiheit erneut auf. Dazu aber sagt Frankfurts Szenario nichts. Es fragt nicht danach. Damit sind wir zurück bei unserem Ausgangspunkt – mit allen ungelösten Problemen.

7.5 Knappes Resümee der philosophischen Diskussion

Inkompatibilistisch-libertarische Lehren kollidieren mit den ontologischen Grenzen, die uns die Naturwissenschaften für unsere Freiheitskonzeptionen auferlegen. Das macht sie auch philosophisch unattraktiv. Gewiss fällt die Lösung der Freiheitsfrage aus vielerlei Gründen nicht in die Zuständigkeit der empirischen Wissenschaften. Gleichwohl ziehen diese, insbesondere die Physik, den Lösungsvorschlägen der Metaphysik bestimmte Grenzen. Philosophische Lehren, deren ontologische Implikationen mit den konsentierten Grundannahmen unseres physikalischen Weltbildes kollidieren, sind nicht überzeugend. Wohl alle inkompatibilistischen Freiheitskonzeptionen müssen an irgendeiner Stelle offen oder verdeckt eine starke dualistische Voraussetzung in Anspruch nehmen. Denn wenn die originäre Quelle unseres Handelns nicht die Natur unserer Gehirne sein kann, die eben naturalistisch funktioniert, dann muss es wohl, auf welche Weise immer, „der Geist" sein. Damit wird aber, nach allem, was sich derzeit dazu sagen lässt, das Problem der mentalen Verursachung auf eine Weise gelöst, die mit Prinzipien unseres Naturverständnisses nicht vereinbar ist.

Kompatibilistische Lehren vermeiden dieses Problem. Sie akzeptieren, dass der handlungssteuernde Wille zuletzt bestimmt wird durch den dynamischen Gesamtzustand des Gehirns: durch sämtliche neuronalen Determinanten, die zusammen genau die handelnde Person in ihrer Besonderheit ausmachen und denen selbstverständlich ein ungeheuer komplexes Bedingungsgeflecht aus biographischen und situationsspezifischen Umständen zugrunde liegt. Aber an dieser Form des kausalen Determiniertseins unseres Handelns sei nichts Bedenkliches. Etwas anderes könne man nicht haben, aber, und das ist die Pointe, vernünftigerweise auch nicht wollen.[46]

Das leuchtet zunächst ein, aber nur so lange, wie es mit solchen Entscheidungen halbwegs gut geht. Der räsonierende Berufsphilosoph mag nichts an der Vorstellung problematisch finden, sein gesamtes Verhalten mitsamt allen seinen Entscheidungen sei determiniert durch eben das, was sein „Ich" konstituiere, ausmache und erhalte: sein funktionierendes Gehirn. Geht es aber um die Entscheidungen zum Beispiel eines Mörders, so stellt sich die Frage erheblich irritierender. Kann man für den Zustand seines Gehirns verantwortlich gemacht werden? Für die naturalistische Grundlage eines Ichs, das nicht nur für seine Mitmenschen, sondern auch für sich selbst Unheil und Leid hervorbringt?[47] Damit sind wir beim Strafrecht angekommen. Welche Antwort findet die Frage dort?

7.6 Zum Schuldbegriff des Strafrechts: Andershandelnkönnen?

Das Strafrecht setzt die Schuld eines rechtswidrig Handelnden als Normalfall voraus. Deshalb regelt es nicht die Bedingungen der Schuldfähigkeit, sondern die ihres Ausschlusses. Als deren erste verlangt § 20 StGB das Vorliegen mindestens eines der vier biologisch-psychologischen Befunde, die in der Norm benannt werden. In dessen Folge muss dann zweitens entweder die Fähigkeit des Handelnden zur Einsicht in das Verbotene seines Tuns oder aber seine Fähigkeit, sich trotz Verbotseinsicht normgemäß zu verhalten, ausgeschlossen sein. Hier der Wortlaut:

---

46 Hier gibt es unterschiedliche Konzeptionen, etwa die, „frei" seien Handlungen, die kohärent zu den höchstpersönlichen Eigenschaften und Präferenzen des Handelnden passten; so Pauen (2007), 270 f.; s. auch Frankfurts eigenen Vorschlag (nach der Verwerfung von PAM): eine „hierarchisch" strukturierte Freiheitskonzeption aus „first order desires" und „second order volitions", in (1971), 5–20.

47 Auf diese prinzipielle Grenze aller kompatibilistischen Positionen, nämlich: eine freie „Letzturheberschaft" (und damit „Letztverantlichkeit") nicht begründen zu können, weist auch Walde (2006), 158–165, zutreffend hin.

> „Ohne Schuld handelt, wer bei Begehung der Tat wegen einer krankhaften seelischen Störung, wegen einer tiefgreifenden Bewusstseinsstörung oder wegen Schwachsinns oder einer schweren anderen seelischen Abartigkeit unfähig ist, das Unrecht der Tat einzusehen oder nach dieser Einsicht zu handeln."

Der erstgenannte – kognitive – Defekt ist normativ problemlos. Wer nicht wissen kann, dass er so, wie er handelt, nicht handeln darf, wer also als tauglicher Adressat des für seine Tat einschlägigen Normbefehls schlechterdings nicht in Frage kommt, handelt ohne Schuld. Das ist so wenig zweifelhaft wie die Unfähigkeit eines Tieres zur Selbstbestimmung nach den Maßgaben einer Verhaltensnorm, und damit zur Verwirklichung von Schuld.

Der zweite, der sog. motivationale oder Steuerungsdefekt, den § 20 StGB als alternativen Grund für den Ausschluss der Schuld anführt, berührt dagegen ersichtlich das Problem der Willensfreiheit. Da er die Voraussetzung der zweiten Form von Schuldunfähigkeit regelt, kann deren Gegenbegriff, die Schuldfähigkeit, aus dem Wortlaut der Norm per Umkehrschluss abgeleitet werden. Danach ist der Täter einer rechtswidrigen Tat nur dann schuldfähig, wenn er „bei Begehung der Tat" die Fähigkeit hatte, nach seiner vorhandenen Einsicht in das Unrechte seines Tuns zu handeln, nämlich rechtsgemäß und somit anders, als er es getan hat. Man sieht: § 20 StGB scheint PAM vorauszusetzen, in welcher genauen Bedeutung immer.[48]

„Fähigkeit zum Andershandeln": unterschiedliche Bedeutungen

Nun lassen sich mindestens zwei solche Bedeutungen des Ausdrucks „Fähigkeit, anders zu handeln" unterscheiden:

(1.) Der Täter ist jemand, von dem wir wissen, dass er sich *vor* seiner Tat normgemäß verhalten konnte, also generell dazu fähig war; das ist zu zahlreichen Gelegenheiten seines Lebens hinreichend deutlich geworden. Bei Begehung seiner Tat lag keiner der in § 20 genannten Defekte vor. Daher dürfen wir ihm die Fähigkeit, auch diese konkrete Tat zu vermeiden, zuschreiben. Also war er dabei schuldfähig.

(2.) Der Täter ist jemand, von dem wir wissen, dass er *genau bei Begehung* der Tat nach seiner normativen Einsicht in das Verbotene seines Tuns hätte

48 Das entspricht der im Strafrecht fast ausnahmslos vertretenen Auffassung; bestritten wird es aber von Herzberg (2010), 62 ff. Er setzt einen durchgängigen Determinismus (und in diesem Sinne Unfreiheit) für *jede* menschliche Handlung voraus. Schuldunfähig sei nach § 20 aber nur der Akteur, der *gerade wegen einer „krankhaften seelischen Störung"* (usw.) so handelt, wie er's tut, und nicht, wie ein normaler Straftäter, wegen seines schlechten Charakters, seiner Gier, seiner Bosheit oder eines anderen Motivs, das keinen der in § 20 genannten mentalen Defekte zur Grundlage hat.

handeln können, also anders, als er's getan hat. Daher war er bei der Tatausführung schuldfähig.

Die erste Lesart hat kein Problem mit der Annahme eines neuronalen Determinismus. Ob die festzustellende generelle Fähigkeit normgemäßen Handelns determiniert war bzw. ist oder nicht, spielt für sie keine Rolle; *vorhanden* sein muss sie, auf welcher Grundlage immer. Ist sie das, dann hat der Täter die „Fähigkeit", die § 20 voraussetzt, nämlich anders (als rechtswidrig) zu handeln, ggf. eben determiniert. Eine solche Deutung hat aber ersichtlich ein Legitimationsproblem für die Schuldzuschreibung – genau das Grundproblem, das die Frage der Willensfreiheit seit eh und je begleitet: Kann man für eine Tat X bestraft werden, die man zu t im unausweichlichen Modus des Determiniertseins begangen hat, selbst wenn man zu t_1, t_2 … t_n nachweislich die Fähigkeit hatte, Taten vom Typus X zu vermeiden? Die Lesart (2.) dagegen hat, wenn sie richtig ist, keinerlei Legitimationsproblem. Konnte der Täter nicht nur generell „anders" als kriminell handeln, sondern nachweislich auch die ihm vorgeworfene konkrete Tat X zu genau dem Zeitpunkt ihres Begehens vermeiden (unterlassen), dann kann er ohne weiteres für X verantwortlich gemacht und bestraft werden. Eben dies entspricht der vorherrschenden Lehre in der Strafrechtswissenschaft; der Bundesgerichtshof hält es seit Jahrzehnten für zweifelsfrei. Aber das ist es nach allem, was ich oben zum Freiheitsproblem skizziert habe, keineswegs. Denn die Prämisse dieser Deutung, der libertarische Inkompatibilismus, ist wenig überzeugend.

Aber auch die Deutung (1.) ist nicht akzeptabel. Dass der Täter einer Tat X bei anderen Gelegenheiten Taten des X-Typus vermeiden konnte, rechtfertigt es nicht, ihm eine solche Möglichkeit auch für die ihm konkret vorgeworfene Tat X einfach zuzuschreiben. Er muss vielmehr, und zwar auch nach dem Gesetzeswortlaut, genau „bei Begehung der Tat" eben diejenige Eigenschaft tatsächlich aufweisen, die seine Schuldfähigkeit begründet Aber diese Eigenschaft kann nach allem bisher Gesagten schwerlich die Fähigkeit sein, im Moment des Ansetzens zu X anders zu handeln, also genau diese konkrete Tat zu unterlassen.

Fähigkeit zum Andershandeln und dennoch Unfähigkeit zur Unterlassung der Tat?

Freilich gibt es, sieht man genauer hin, noch eine dritte Lesart für § 20:

(3.) Der Täter ist jemand, von dem wir feststellen können, dass er gerade bei Begehung der Tat, die man ihm vorwirft, die Fähigkeit zum Andershandeln (nämlich zur Normtreue) hatte – wiewohl wir zugleich

> annehmen müssen, dass er die Begehung der Tat möglicherweise nicht vermeiden (unterlassen) konnte.

Das mutet prima facie inkohärent an und wie eine Fusion aus zwei einander widersprechenden Elementen der oben genannten Deutungen (1.) und (2.). Die Fähigkeit des Täters bei Begehung seiner Tat X zu t auch anders zu handeln, nämlich X zu unterlassen, scheint ja nichts anders zu besagen, als dass er X zu t eben hätte vermeiden können. Doch kommen hier die eingangs (unter I.) schon erwähnten unterschiedlichen Bedeutungen des Ausdrucks „die Fähigkeit zu etwas haben“ ins Spiel. Betrachten wir zur Illustration die folgenden Fälle:

(1.) Tiger Woods (TW) vergibt beim Golf einen „Putt“ aus fünf Metern Entfernung, wiewohl er einen solchen Putt sonst regelmäßig sicher ins Ziel bringt.

(2.) A sitzt in seinem Büro und arbeitet. X kommt und verschließt von außen ohne A's Wissen für zwei Stunden das Zimmer. A kommt aber während dieser Zeit nicht auf die Idee, sein Büro zu verlassen; er bleibt die ganze Zeit ruhig am Schreibtisch sitzen.

(3.) B sitzt in seinem Büro und arbeitet. Eine ihm noch unbekannte Neuralerkrankung lähmt für zwei Stunden vollständig seine Beine, ohne dass weitere Symptome fühlbar wären. Auch von der Lähmung bemerkt B nichts, weil er während dieser zwei Stunden ruhig sitzen bleibt und nicht auf die Idee kommt, sein Büro zu verlassen.

Zu (1.): Hatte TW während des Misslingens seines Putts die Fähigkeit, den Golfball gleichwohl sicher ins Ziel zu bringen? Und: Konnte er in der konkreten Situation dieses konkrete Misslingen vermeiden? Ersichtlich kann man problemlos die erste Frage bejahen und die zweite verneinen. Die Fähigkeit, solche Bälle ins Ziel zu bringen, verstanden als intrinsische Eigenschaft des Spielers, geht natürlich auch während des Moments, da ihm dies aunahmsweise misslingt, nicht verloren. Gleichwohl war TW ausweislich seines konzentrierten Bemühens im Moment des Putts zu dessen sicherer Verwandlung nicht imstande. Und die Annahme, unter absolut identischen physischen Weltbedingungen außerhalb und innerhalb seines Körpers hätte TW auch *diesen* Putt verwandeln können, ist ohne fassbaren Sinn.[49]

---

49 Gewiss haben Handlungen, deren praktischer Vollzug technische Schwierigkeiten aufweist (wie das Schlagen eines Golfballs), auch bei grundsätzlicher Fähigkeit des

Im Fall (2.) kann A sein Zimmer nicht verlassen, solange er eingeschlossen ist, kann also sein Verbleiben dort während dieser Zeit nicht vermeiden. Versteht man die Fähigkeit, das Büro zu verlassen, als intrinsisch vorhandenes Vermögen (Können), so ist dessen Vorhandensein bei A auch während der Zeit seines Eingeschlossenseins aber nicht im mindesten zweifelhaft.[50] Bei B im Fall (3.) dagegen verhält sich das anders: Er kann während der zweistündigen Lähmung seiner Beine das Büro nicht verlassen *und* er hat in dieser Zeit auch nicht die intrinsische Fähigkeit dazu.

7.7 Normative Ansprechbarkeit

Nun wird deutlich, welche Fähigkeit des Täters zum Andershandeln während der Tatzeit t man als Bedingung seiner Schuldfähigkeit im Sinne des § 20 StGB auch dann kohärent verlangen kann, wenn man zugleich verneint, dass er die konkrete Tat X zum Zeitpunkt t hätte unterlassen können: eine dispositionelle Fähigkeit, deren Manifestation zu t möglicherweise ausgeschlossen war. Zu verstehen ist sie als intrinsische Eigenschaft des Täters, die auch während der Tatzeit und trotz seines Nichtvermeidenkönnens dieser konkreten Tat vorhanden gewesen ist und die seine Kompetenz zu einer hinreichenden Selbstkontrolle verbürgt. Ich nenne diese Fähigkeit mit einer im Strafrecht seit längerem geläufigen Wendung „normative Ansprechbarkeit" (im Folgenden kurz NA).[51]

Was genau bedeutet das? Und bedeutet es wirklich etwas anderes als „Willensfreiheit" im Sinne von PAM? Etwas anderes also als das Vermeidenkönnen einer konkreten rechtswidrigen Tat? Auf der Hand liegt, dass die NA eines Täters zur Zeit t, als er zur Tat ansetzte, nur bedeuten kann, dass er zu t eben für ein anderes Handeln als das verbotene „ansprechbar" war, also zu dieser Zeit die Fähigkeit zu einem solchen Andershandeln hatte. Dann scheint aber NA nichts anderes zu besagen als PAM und dessen Problem nur umzuformulieren. Man könnte sagen: So wenig zu klären sei, ob ein Täter seinen Antrieb zur Tat nicht unterdrücken konnte oder nicht wollte (nicht anders handeln konnte oder dies nicht wollte), so wenig sei entscheidbar, ob er sich

Handelnden, sie sicher vorzunehmen, *immer* ein solches Risiko konkreten Misslingens bei sich. Für mein Anliegen, den Doppelsinn von „können" aufzuzeigen, ist das aber ohne Belang.

50 Ein analoges Beispiel schon bei Locke (1690), Book 2, Chap. 21, Para. 10.

51 Die Wendung wurde von Peter Noll geprägt und von Claus Roxin übernommen; s. Roxin (1984), 653. Beide machen allerdings keinen Versuch, den Inhalt des Begriffs genauer zu klären.

insofern nicht *ansprechen* lassen wollte oder nicht angesprochen werden konnte.[52]

Aber das ist ein Missverständnis. „Ansprechbar" ist ein Dispositionsprädikat wie „löslich", „zerbrechlich", „biegsam" u.ä. Solche Begriffe und die von ihnen bezeichneten Eigenschaften (Dispositionen) werfen zahlreiche umstrittene Probleme auf.[53] Über einige ihrer Grundcharakteristika gibt es aber einen weitreichenden Konsens. Zu diesen gehört, dass Dispositionen erstens echte (intrinsische) Eigenschaften ihrer jeweiligen Inhaber sind und sich zweitens in ihrer Bedeutung am bequemsten dadurch explizieren lassen, dass man eine ihrer potentiellen Manifestationen demonstriert, womit sich die dispositionelle zur „kategorischen" Eigenschaft wandelt. Was es bedeutet, dass Zucker löslich und Glas zerbrechlich ist, zeigt sich regelmäßig sofort, wenn man dieses auf den Boden und jenen in Flüssigkeit wirft. Ein Unterschied in ihrem ontologischen Status, im Grad ihres Wirklichseins, besteht zwischen dispositionellen und kategorischen Eigenschaften nicht. Die Zerbrechlichkeit des Glases vor dessen Bodensturz war nicht weniger, nur auf eine komplizierte Weise anders real als das Ereignis seines Zerbrechens bzw. die Bruchstücke danach.[54]

Wie verhält es sich in dieser Hinsicht mit NA? Der Begriff kann nur mit der Erläuterung expliziert werden, sein dispositionelles Element manifestiere sich aufgrund seiner intrinsischen Eigenschaften in bestimmten Situationen als tatsächliches normadäquates Verhalten des Inhabers der Disposition. Irrig wäre aber die Annahme, zu diesen Situationen müsse auch die der konkret geschehenen rechtswidrigen Tat gehören. In ihr hat sich die „Ansprechbarkeit" gerade nicht manifestiert; und die Behauptung, sie hätte sich unter vollkommen identischen Weltbedingungen auch hier manifestieren können, ist so sinnlos wie in unserem obigen Beispiel (1.) die Annahme, Tiger Woods hätte unter identischen Weltbedingungen seinen Putt realisieren können. Aber wie TW auch im Moment seines für ihn konkret nicht vermeidbaren Scheiterns die Fähigkeit hatte, einen solchen Putt sicher zu verwandeln, kann man von einem schuldfähigen Straftäter kohärent sagen, er habe im Moment seiner Tat und trotz seines Unvermögens, diese gerade dann zu unterlassen, die dispositionelle Eigenschaft NA gehabt, und diese Eigenschaft manifestiere sich in bestimmten anderen Situationen als sein wirkliches normtreues Verhalten.

52 So Frister (1993), 118 ff.

53 Erhellend dazu Vetter/Schmid (2014).

54 Goodman (1975), 59, spricht von der „vergleichsweise ätherischen" Existenzform dispositioneller Eigenschaften.

Illustrieren wir das an der Disposition der Zerbrechlichkeit. Lässt man ein Glas auf den Boden fallen und zerbricht es dabei wider Erwarten nicht, sondern erst beim zweiten Fallenlassen, dann kann man völlig konsistent und zutreffend das Folgende sagen: (1.) Das Glas war bei seinem ersten Fall auf den Boden zerbrechlich; (2.) es ist aber dabei nicht zerbrochen, und die Behauptung, unter absolut und bis ins letzte Atom der involvierten Materie identischen Weltbedingungen hätte es zerbrechen können, ist ohne Sinn; (3.) dennoch war es auch beim ersten Fall zerbrechlich; das hat (4.) die anschließende Manifestation dieser Disposition beim zweiten Fall hinreichend deutlich gemacht.

In demselben Sinn kann man sagen: (1.) Der Täter war beim Begehen seiner Tat normativ ansprechbar, hatte also die intrinsische Disposition, in Situationen dieser Art normgemäß zu reagieren; (2.) in der Tatsituation *hat* er aber nicht normgemäß gehandelt, und die Behauptung, er hätte es unter absolut identischen Innen- und Außenweltbedingungen gleichwohl gekonnt, ist sinnlos; (3.) dennoch war er auch in dieser Tatsituation normativ ansprechbar, wie (4.) allerlei sonstige Situationen seines bisherigen Lebens hinreichend deutlich machen. Nichts daran ist inkohärent. Gewiss gibt es keinen Zwang, Dispositionsbegriffe in eben diesem Sinn zu deuten; aber er ist ihr weitaus plausibelster. Wer unbedingt will, mag ja sagen: Das Glas war beim ersten Fall, so wie dieser in sämtlichen mikrophysikalischen Einzelheiten nun einmal tatsächlich vonstatten ging, wenn man's ganz genau nimmt, nicht zerbrechlich. Aber das wäre eine missliche Semantik. Sie schlösse beiläufig auch die Möglichkeit aus, von Gläsern, die unbehelligt an ihrem Platz in der Vitrine stehen, zu sagen, sie seien zerbrechlich.[55]

Selbst der strenge Determinist kann ohne Selbstwiderspruch akzeptieren, dass ein rechtswidrig handelnder, willensunfreier Täter auch im Moment seiner determinierten Tatbegehung „normativ ansprechbar" und in diesem Sinn hinreichend autonom gewesen sein kann. Zwar ist diese Disposition, mit Goodmans Wort, eine etwas „ätherische", aber dennoch eine vollkommen reale Eigenschaft ihres Inhabers. Aber was genau bedeutet das?

Grundelemente: Rezeptivität und Reaktivität

Auf der Hand liegt, dass der Täter nicht für irgendeine, sondern für die richtige Norm „ansprechbar" sein muss: die konkrete des Strafrechts, die er gebrochen

55 In der Diskussion über Dispositionen ist inzwischen anerkannt, dass diese nicht durch ihre Manifestationen *definiert* sind, ihr Begriff also nicht in einer einfachen konditionalen Analyse expliziert werden kann („Zerbrechlich ist ein Gegenstand, der zerbricht, wenn man ihn hinwirft", o.ä.), sondern nur unter Rekurs auf ihre intrinsischen (physikalischen) Eigenschaften, grundlegend dazu Martin (2014), S. 119–128; darin: „Dispositionen [sind] auch dann wirklich, wenn es ihre Manifestationen nicht sind." (119).

hat. Und ebenfalls offensichtlich ist, dass er nicht nur zum passiven Objekt eines Angesprochenwerdens disponiert sein muss, was man ja etwa auch einem Tier bescheinigen kann. In seiner Bedeutung für die Schuldfähigkeit enthält der Begriff vielmehr zwei konstitutive Elemente, die man anschaulich „Rezeptivität" und „Reaktivität" nennen kann.[56] Der Handelnde muss zunächst rezeptiv (sensitiv) für den Sinn des Normbefehls unter den konkreten Umständen der Handlungssituation sein. Das gehört in der Sache primär zum Erfordernis der Einsichtsfähigkeit, wie es auch dem § 20 StGB zu entnehmen ist. Es setzt, meine ich, mindestens dreierlei voraus: Erstens ein Minimum an kognitivem Realismus des Täters in seiner Wahrnehmung und Beurteilung der Handlungssituation. Zweitens seine Fähigkeit, die tatsächlichen Elemente dieser Situation als Anwendungsbedingungen des Normbefehls zu erkennen. Und drittens ein hinreichendes und konsistentes Verständnis für den Rang der Norm in der Hierarchie des Systems von Rechten und Pflichten unserer Rechtsordnung. Alle drei Erfordernisse seien knapp erläutert.

Hinreichend rezeptiv oder sensitiv für die Tatsachen seiner Handlungssituation ist ein Täter regelmäßig schon dann, wenn er diejenigen ihrer Elemente zutreffend wahrnimmt, die maßgeblich sind für die normative Beurteilung seiner konkreten Tat. Andere Umstände dieser Situation mag er durchaus verkennen, ggf. sogar ad absurdum. Wer etwa glaubt, er sei der wiedergeborene Napoleon oder der leibhaftige Messias, ist nicht schon deshalb schuldunfähig, sofern er nur realistisch wahrnimmt, dass er zum Töten, Rauben oder Stehlen ansetzt.[57] Was ebenfalls zu dem für die Rezeptivität des Täters vorausgesetzten Maß an kognitivem Realismus gehört, ist seine *grosso modo* realistische Selbstwahrnehmung als Handelnder, und das heißt als der wodurch immer motivierte Urheber seiner Entschlüsse und seines Tuns. Daran fehlt es z.B., wenn er sich subjektiv im Wollen und Handeln als ausschließlich fremd- und ferngesteuert erlebt, wie es nicht selten bei Schizophrenen der Fall ist.

Hinreichend tatsachensensitiv ist ein Handelnder, zweitens, nur dann, wenn er diejenigen Bestandteile der Handlungssituation, welche den dann ignorierten Normbefehl anwendbar machen, zutreffend identifizieren und in eben dieser Funktion begreifen kann. Also beispielsweise, wenn er versteht, dass der Schlag, zu dem er ausholt, eine andere Person verletzen wird, was

56 Auch die philosophische Diskussion zur (moralischen) Verantwortlichkeit unterscheidet diese beiden Elemente; s. Fischer/Ravizza (1998), 62 ff.

57 Freilich ist der Glaube, Napoleons Wiedergänger oder der Messias zu sein, regelmäßig zugleich ein gravierendes Indiz dafür, dass es an *anderen* Bedingungen der Schuldfähigkeit als der einer ausreichenden Tatsachen-Rezeptivität fehlt.

grundsätzlich nicht sein soll, oder dass ein ins Wasser gefallenes Kind ertrinken wird, falls man ihm nicht hilft, was ebenfalls nicht sein soll, u.ä. Schließlich muss, drittens, der Täter die von solchen Umständen evozierte Norm in ihrem Gewicht halbwegs konsistent in das System der allgemein verbindlichen Pflichten einordnen können. Wer zutreffend annimmt, dass man unbeteiligte Dritte auch zur Rettung Anderer nicht töten darf, und sich grundsätzlich auch daran hält, ist insofern ohne weiteres normativ ansprechbar. Glaubt er aber außerdem, dieses Verbot der Rettungstötung werde für ihn immer dann aufgehoben, wenn ein entsprechender Tötungsbefehl der Erzengel an ihn ergehe, so handelt er, falls er eine solche Lage annimmt und genau deshalb tötet, nicht etwa in einem Verbotsirrtum. Vielmehr ist er in einer seine Schuldfähigkeit ausschließenden oder doch vermindernden Weise normativ nicht ansprechbar.[58] Denn immer wenn er ein entsprechendes Gebot der Erzengel, das zu befolgen ihm möglich ist, zu vernehmen meint, ist er nicht einmal dispositionell fähig, den Gehorsam zu verweigern und die fremdnützige Opferung eines Menschenlebens zu unterlassen. Nicht schon, dass er an Befehle von Erzengeln glaubt, hebt seine Schuldfähigkeit auf. Aber dass er hinter solchen vermeintlichen Befehlen das rechtliche Tötungsverbot ausnahmslos zurücktreten lässt, also dessen Bedeutung nicht konsistent begreift, schließt in diesen Situationen seine hinreichende Rezeptivität für die Brücke zwischen Sachlage und Normbefehl aus – und damit seine „normative Ansprechbarkeit". Ringt er in einer solchen Lage immerhin mit sich selbst und mit Zweifeln, so bleibt er, wenngleich vermindert, schuldfähig.

Hier wird das zweite konzeptuelle Element der „normativen Ansprechbarkeit" neben dem bisher skizzierten der Rezeptivität sichtbar: das einer bestimmten Reaktivität. „Ansprechbar" im hier gemeinten Sinn ist man ersichtlich nicht schon dann, wenn man versteht, dass und womit man angesprochen wird, sondern erst dann, wenn man grundsätzlich auch in der Lage ist, auf diese Ansprache adäquat zu reagieren. In diesem Sinne ist ein Täter nur dann hinreichend autonom, nämlich hinreichend fähig zur motivationalen Selbstkontrolle gegenüber seinen Impulsen zum rechtswidrigen Handeln, wenn er zudem über ein bestimmtes Maß an Fähigkeit zur richtigen Reaktion auf den Normbefehl verfügt.

Dazu gehört mehr, als den von der Norm ausgehenden Nötigungsdruck zu kennen oder zu fühlen und sich ihm regelmäßig beugen zu können. Auf diese Weise ansprechbar und reaktiv gehorsamsfähig ist auch ein gut dressierter Hund. Erforderlich ist ein wenigstens grundsätzliches Verständnis dessen, was

58 Das war ungefähr die Sichtweise des Täters in einem berühmten Kriminalfall, dem sog. Katzenkönigsfall; ausführliche Darstellung bei Merkel (1988), 11–13.

es bedeutet, Adressat einer Pflicht zu sein. Hierfür bedarf es zwar nicht, wie Kant meinte, eines Bewusstseins des Sittengesetzes als eines „Factums" der reinen praktischen Vernunft.[59] Wohl aber muss der Handelnde sich selbst als jemanden begreifen können, der für den Fall des Sich-Hinwegsetzens über den konkreten Normbefehl fairerweise, nämlich im Einklang mit der allgemeinen Normenordnung, zum Ziel einer sanktionierenden Reaktion gemacht werden kann. Dann versteht er, was es besagt, dass ein bestimmtes Handeln für ihn gesollt oder verboten ist. Dieses Element der Reaktivität kann mit dem der oben dargelegten Rezeptivität in mancherlei Zusammenhängen stehen. Wer etwa sein eigenes Tun subjektiv als von „Aliens" ferngesteuert erfährt, ist einerseits nicht hinreichend sensitiv gegenüber den Tatsachen, und andererseits genau deshalb regelmäßig auch nicht hinreichend reaktiv gegenüber dem Normbefehl. Denn als potentiellen Adressaten einer fairen Sanktion für sein Verhalten kann er sich schwerlich verstehen, wenn er dieses allein als mechanischen Vollzug eines fremden Willens erlebt. Das genau macht ihn schuldunfähig.

Schuldfähigkeit trotz schicksalhafter Kausalgeschichte des Tatentschlusses?

Wenn NA eine bestimmte Fähigkeit zur motivationalen Selbstkontrolle bezeichnet und diese der Ausdruck einer Form von Autonomie ist, dann liegt die Frage nahe: Muss sich eine solche Kontrollmöglichkeit nicht auch auf die kausale Vorgeschichte des mentalen Zustands eines Handelnden im Tatzeitpunkt erstrecken? Schließlich realisiert dieser Zustand ja nicht nur die normative Ansprechbarkeit, sondern auch das Tatmotiv und den Tatentschluss. Ist es nicht unfair, für die Frage der Schuldfähigkeit des Täters allein seine aktuelle normative Ansprechbarkeit in den Blick zu nehmen, nicht aber die Entstehungsgeschichte seines Tatmotivs? „Normativ ansprechbar" ist eine dreistellige Relation: Ein in einer konkreten Situation Handelnder (1) ist ansprechbar für eine Norm (2) im Hinblick auf ein bestimmtes Handlungsmotiv (3). Je drängender das Motiv auf den Täter wirkt, desto weniger mag seine NA dagegen ausrichten können. Wenn die Entstehung des Motivs naturkausal, z.B. krankheitsbedingt programmiert, also für den Täter schicksalhaft unvermeidlich war, muss sie dann nicht neben seiner Kontrollfähigkeit (Ansprechbarkeit) zur Tatzeit berücksichtigt werden? Zahlreiche Fälle krankheits- bzw. sogar therapiebedingter Tatmotive sind denkbar und dokumentiert, etwa der durch einen Hirntumor erzeugte Trieb zum pädophilen Übergriff oder

59 Kant (1908), 31.

das allein als mörderische Nebenwirkung eines Psychopharmakons entstandene Tötungsmotiv.[60] Soll die Frage der Schuldfähigkeit eines solchen Täter davon unberührt bleiben, dass ohne den bösartigen organischen Kausalverlauf das ihm vollständig charakterfremde Tatmotiv schon nicht hätte entstehen, geschweige denn seine normative Ansprechbarkeit hätte überwältigen können?

In der moralphilosophischen Diskussion zu Freiheit und Verantwortlichkeit ist die Frage seit langem umstritten.[61] Die ethischen Intuitionen dazu sind unklar. Wer nachweislich nur wegen eines Tumors zum Pädophilen oder allein wegen eines Psychopharmakons zum Totschläger geworden ist, für dessen Schuldlosigkeit sprechen gewichtige Gründe: Ein Motiv zur verbotenen Tat, das stark genug war, seine normative Ansprechbarkeit zu überwältigen, konnte nur ein böses, für ihn nicht beeinflussbares Schicksal in ihm entstehen lassen. Sein eigener Charakter wäre dazu nicht in der Lage gewesen, wie sein gesamtes vorheriges Leben als rechtstreuer Bürger und guter Familienvater zeigen mag.[62] Für dieses ihm schicksalhaft aufgezwungene Motiv, so könnte man sagen, muss er daher als normativ nicht ansprechbar beurteilt werden. Begreift man die Schuldfrage allein als die Aufgabe zu klären, was ein Täter höchstpersönlich verdient, und für das ethische Schuldproblem mag das ja der primäre Gegenstand sein, so spricht viel für eine solche Verteidigung.

Die Antwort des Strafrechts muss dennoch anders lauten. Wie immer unverdient, schicksalhaft, ja tragisch ein krankheits- oder unfallbedingtes Tatmotiv entstanden sein mag: stets bleibt der davon getriebene potentielle Täter Adressat eines rechtlichen Verbots, das vor allem dem Schutz Anderer dient und nicht nur der Beurteilung seines eigenen Verhaltens. Man betrachte den berühmten Fall des Phineas Gage.[63] Bei einem Arbeitsunfall im Jahr 1848 trieb ihm eine Explosion einen drei Zentimeter dicken Eisenstab wie ein Geschoss schräg von unten durch den Wangenknochen, den präfrontalen Cortex und den gesamten Schädel. Gage überlebte wie durch ein Wunder, war aber danach bei im Wesentlichen gleichen kognitiven Fähigkeiten charakterlich radikal verändert: Zuvor ein beliebter, freundlicher, ehrbarer Mann, war er jähzornig, achtlos gegenüber seinen Mitmenschen und gewalttätig geworden. Die Straftaten, die er deshalb beging, wären in seinem vorherigen authentischen Charakterzustand nicht denkbar gewesen; schon die Motive dazu hätten in ihm nicht

60 Zum ersteren: Burns/Swerdlow, (2003), 437–440; das letztere nach einem Fall in den USA; s. Barondes (2003), 135 ff.

61 Dazu Bublitz/Merkel, (2009), 360–374.

62 Genau dies war in beiden Fällen, die in Fn. 60 genannt werden, gegeben.

63 Macmillan (2000).

entstehen können. Nach unseren heutigen Begriffen hebt das seine rechtliche Schuldfähigkeit gleichwohl nicht auf. Seine normative Ansprechbarkeit oder, wenn man so will: die mentalen Ressourcen zur Kontrolle seiner Handlungsmotive, gab es als dispositionelle nach wie vor. Nur diese Motive selbst waren neu, unverschuldet und nicht selten stärker als sein Hemmungsvermögen. Doch müssen Motive, die das Produkt eines schicksalhaft aufgezwungenen Persönlichkeitswandels sind, nicht anders als solche, die einem biographisch gewordenen Charakter entstammen, den vorhandenen Fähigkeiten zur Selbstkontrolle unterworfen werden. Gewiss ist Phineas Gage vom Schicksal sozusagen zweifach misshandelt worden: mit einer schweren Verletzung seines Kopfes und mit einer folgenschweren Verformung seines Charakters. In solchen Fällen werden moralische Vorwürfe sinnlos, ja pharisäerhaft. Aber der strafrechtliche Schuldvorwurf kann dennoch nicht schon deshalb entfallen.

Ist diese Konzeption mit § 20 StGB vereinbar?

Nein. Das Fehlen der Disposition NA im hier erläuterten Sinn ist etwas anderes als die von § 20 verlangte Unfähigkeit, im Tatzeitpunkt die verbotene Handlung zu unterlassen. Als Bedingung des Schuldausschlusses ist die Feststellung eines solchen Andershandelnkönnens im Moment des Ansetzens zur Tat nicht nur kein erreichbares, sondern kein sinnvolles Ziel zur Klärung strafrechtlicher Verantwortlichkeit. Was sich *de lege lata* aus diesem Befund ergibt, mag hier offenbleiben. Die dargelegte Ablehnung des Kriteriums der Schuldunfähigkeit, wie es § 20 derzeit formuliert, dürfte gewiss zu schwierigen Fragen nach ihren positivrechtlichen Konsequenzen führen. Die Legitimität der Kritik berührt das jedoch nicht.

Die beste Lösung wäre freilich, § 20 zu ändern. Das Merkmal des Nicht-Andershandelnkönnens, das von den Strafgerichten seit eh und je nur scheinbar als Entscheidungskriterium, in Wahrheit aber als leere Begründungsschablone gehandhabt wird, sollte gestrichen und durch das Kriterium der normativen Ansprechbarkeit ersetzt werden. Die knappe sprachliche Eleganz der heutigen Gesetzesnorm mag dabei schwer oder gar nicht erreichbar sein. Das darf einer sachlich richtigen Lösung aber nicht im Wege stehen. Die Grundfassung des Paragraphen könnte ungefähr so lauten: „(1) Ohne Schuld handelt, wer bei Begehung der Tat wegen einer krankhaften seelischen Störung, ... [etc.] unfähig ist, das Unrecht der Tat einzusehen, oder für das Verbot dieses Unrechts normativ nicht hinreichend ansprechbar ist. (2) Als nicht hinreichend ansprechbar im Sinn des Absatzes 1 gilt, wer ..." Und hier wäre nun knapp der sachliche Gehalt der oben skizzierten Elemente einer hinreichenden Rezeptivität und Reaktivität des Täters festzuhalten. Damit würde der Gesetzgeber deutlich machen, was als Grundlage strafrechtlicher Verantwortlichkeit allenfalls zu haben ist – schuldmetaphysisch wie empirisch und strafrechtspraktisch – und was eben nicht: Nicht die Fähigkeit zum Vermeiden der konkreten Tat, wohl aber eine bestimmte Form von Autonomie, eine hinreichende dispositionelle Fähigkeit zur Handlungskontrolle, die selbstverständlich auch in einer determinierten Welt möglich ist.

7.8 Der dunkle Rest

Und dennoch bliebe ein dunkler Rest. Auch ihn sollten wir nicht leugnen. Im Alltagsverständnis des Begriffs meinen wir mit Schuld eben das, was der Bundesgerichtshof in einem Beschluss seines Großen Senats vom März 1952 als Kriterium strafrechtlicher Verantwortlichkeit festhält: höchstpersönliche Vorwerfbarkeit.[64] Das setzt ein Dafürkönnen im Sinne einer Letztverantwortung voraus, die Vorwürfe gegen den Einzelnen sogar vor und von seinem ewigen Richter plausibel machte. Eine solche Letztverantwortung ist in einer unreinen Welt aus Endlichkeit und Empirie nicht möglich, sie als rechtliches Maß zu postulieren verfehlt, sie dem Einzelnen zuzuschreiben ungerecht.

Das schließt ein vernünftiges strafrechtliches Schuldkonzept nicht aus. Aber es bedeutet auch, dass Menschen für etwas verantwortlich gemacht und bestraft werden, für das sie im strikten Sinne (vielleicht) nichts konnten. Diese unaufhebbare Differenz zwischen echtem persönlichem Dafürkönnen und einer zur Schuldfähigkeit hinreichenden Fähigkeit zur Selbstbestimmung (NA) decken wir seit eh und je zuletzt mit dem klandestinen Rekurs auf die unumgänglichen Notwendigkeiten der Verteidigung unserer Normenordnung. Ihn sollten wir uns ebenfalls deutlich machen. Er macht das Schuldprinzip nicht illegitim. Aber er wirft jenen nicht vollständig aufhellbaren Schatten, den *Gustav Radbruch* mit seinem berühmten Satz gemeint hat, ein guter Strafrichter könne nur sein, wer es mit einem schlechten Gewissen ist. Das ist keine Mahnung an den einzelnen Richter. Nichts ist selbstverständlicher, als dass er kein schlechtes Gewissen zu haben braucht. Es ist ein allegorischer Appell an das Strafrechtssystem als Ganzes, sich dieser letzten dunklen Grenze seiner Begründungsmöglichkeiten bewusst zu bleiben.

---

64 Bundesgerichtshof in Strafsachen (1953), 200.

Literatur

Alvarez, Maria (2010): *Kinds of Reasons. An Essay in the Philosophy of Action*. New York: Oxford University Press.

Barondes, Samuel H. (2003): *Better than Prozac. Creating the Next Generation of Psychiatric Drugs*. Oxford/New York: Oxford University Press.

Bieri, Peter (1992): „Trying out Epiphenomenalism", *Erkenntnis* 36, 283–309.

Bittner, Rüdiger (2001): *Doing Things for Reason*. Oxford: Oxford University Press.

Bublitz, Jan-Christoph/Merkel, Reinhard (2009): „Autonomy and Authenticity of Enhanced Personality Traits", *Bioethics* 23, S. 360–374.

Bundesgerichtshof in Strafsachen (1953): *Amtliche Sammlung der Entscheidungen des Bundesgerichtshofs in Strafsachen (BGHSt)*, Band 2.

Burns, Jean E. (1999): „Volition and Physical Laws", *Journal of Consciousness Studies* 6(10), S. 27–47.

Burns, Jeffrey M./Swerdlow, Russell H. (2003): „Right Orbitofrontal Tumor with Pedophilia Symptom and Constructional Apraxia Sign", *Archives of Neurology* 60, S. 437–440.

Davis, Wayne (2005): „Reasons and Psychological Causes", *Philosophical Studies* 122, S. 51–101.

Dowe, Phil (2000): *Physical Causation*. Cambridge: Cambridge University Press.

Dowe, Phil (2009): „Causal Process Theories", in: Helen Beebee/Christopher Hitchcock/Peter Menzies (Hg.), *The Oxford Handbook of Causation*. Oxford/New York: Oxford University Press.

Ehring, Douglas (1997): *Causation and Persistence. A Theory of Causation*. Oxford/New York: Oxford University Press.

Esfeld, Michael (2002): *Einführung in die Naturphilosophie*. Darmstadt: Wissenschaftliche Buchgesellschaft.

Fair, David (1979): „Causation and the Flow of Energy", *Erkenntnis* 14(3), S. 219–250.

Fischer, John M./Ravizza, Mark (1998): *Responsibility and Control. A Theory of Moral Responsibility*. Cambridge: Cambridge University Press.

Fodor, Jerry A. (1990): „Making Mind Matter More", in: ders. (Hg.), *A Theory of Content and Other Essays*. Cambridge, MA/London, UK: Bradford Books/The MIT Press. S. 137–159.

Frankfurt, Harry (1969): „Alternate Possibilities and Moral Responsibility", *Journal of Philosophy* 66, S. 829–839.

Frankfurt, Harry (1971): „Freedom of the Will and the Concept of a Person", *Journal of Philosophy* 68, S. 5–20.

Frankfurt, Harry (2003): „Some Thoughts Concerning PAP", in: David Widerker/Michael McKenna (Hg.), *Moral Responsibility and Alternative Possibilities*. London, UK: Routledge. S. 339–345.

Frister, Helmut (1993): *Die Struktur des voluntativen Schuldelements*. Berlin: Duncker & Humblot.

Goodman, Nelson (1975): *Tatsache, Fiktion, Voraussage*. Frankfurt a. M.: Suhrkamp.

Habermas, Jürgen (2006): „Das Sprachspiel verantwortlicher Urheberschaft und das Problem der Willensfreiheit: Wie lässt sich der epistemische Dualismus mit einem ontologischen Monismus versöhnen?" *Deutsche Zeitschrift für Philosophie* 54, S. 669–707.

Herzberg, Rolf D. (2010): *Willensunfreiheit und Schuldvorwurf*. Tübingen: Mohr Siebeck.

Huxley, Thomas (1874/1893): „On the Hypothesis that Animals are Automata", in: ders. (Hg.), *Collected Essays*. Band 1. London: Macmillan. S. 199–250.

Illigen, Mathias (2012): *Ich oder Ich: Die wahre Geschichte eines Mannes, der seinen Vater getötet hat*. Wien: edition a GmbH.

Inwagen, Peter van (1983): *An Essay on Free Will*. Oxford/New York: Cambridge University Press.

James, William (1884/1923): „The Dilemma of Determinism", in: ders. *The Will to Believe and Other Essays in Popular Philosophy*. New York: Henry Holt & Company. S. 145–183.

Kant, Immanuel (1908): *Kritik der praktischen Vernunft*. In: *Kants Werke*, hgg. von der Königl. Preuß. Akademie der Wissenschaften (Akademie-Ausgabe/AA), Bd. V. Berlin: Georg Reimer. S. 1–163.

Kant, Immanuel (1907): *Metaphysik der Sitten – Rechtslehre*. In: *Kants Werke*, hgg. von der Königl. Preuß. Akademie der Wissenschaften (Akademie-Ausgabe/AA), Bd. VI. Berlin: Georg Reimer. S. 203–372

Kim, Jaegwon (1993): *Supervenience and Mind. Selected Philosophical Essays*. Cambridge, MA: MIT Press.

Kim, Jaegwon (2010): „Causation and Mental Causation", in: ders. (Hg.), *Essays in the Metaphysics of Mind*. Oxford/New York: Oxford University Press. S. 243–262.

Kistler, Max (2006): *Causation and the Laws of Nature*. London: Routledge.

Lewis, David (1973): *Counterfactuals*. Oxford: Basil Blackwell.

Lewis, David (1973): „Causation", *The Journal of Philosophy* 70(17), S. 159–172.

Locke, John (1690/1963): *An Essay Concerning Human Understanding*. In: *The Works of John Locke. A New Edition*. Band I, Buch II. London: Thomas Tegg, W. Sharpe & Sons, 1823. Nachdruck Aalen: Scientia, 1963.

Mackie, John L. (1983): *Ethics. Inventing Right and Wrong*. London: Penguin Books.

Macmillan, Malcolm (2000): *An Odd Kind of Fame: Stories of Phineas Gage*. Cambridge, MA: MIT Press.

Martin, Charles B. (2014): „Dispositionen und Konditionale", in: Barbara Vetter/Stephan Schmid, (Hg.): *Dispositionen*. Berlin: Suhrkamp. S. 119–128.

Matson, Wallace I. (1987): *A History of Philosophy*. Band I. New York: Harcourt.

Merkel, Reinhard (1988): „Der Katzenkönig vom Möhnesee", *Die Zeit*, Nr. 39 (23.09.1988), S. 11–13.

Merkel, Reinhard (2014): *Willensfreiheit und rechtliche Schuld*, 2. Auflage. Baden-Baden: Nomos Verlag.

Nagel, Thomas (1970): *The Possibility of Altruism*. Oxford: Clarendon Press.

Nida-Rümelin, Julian (2005): *Über menschliche Freiheit*. Stuttgart. Reclam.

Nida-Rümelin, Julian (2007a): „Freiheit als naturalistische Unterbestimmtheit von Gründen", in: Jan-Christoph Heilinger (Hg.), *Naturgeschichte der Freiheit*. Berlin: De Gruyter. S. 229–245.

Nida-Rümelin (2007b): „Ursachen und Gründe. Eine Replik", in: Jan-Christoph Heilinger (Hg.), *Naturgeschichte der Freiheit*. Berlin: De Gruyter. S. 273–280.

Pauen, Michael (2007): „Ursachen und Gründe. Zwei zentrale Begriffe in der Debatte um Naturalismus und Willensfreiheit", in: Jan-Christoph Heilinger (Hg.), *Naturgeschichte der Freiheit*. Berlin: De Gruyter. S. 247–272.

Pothast, Ulrich (2011): *Freiheit und Verantwortung*. Frankfurt a. M.: Vittorio Klostermann Verlag.

Roxin, Claus (1984): „Zur Problematik des Schuldstrafrechts", *Zeitschrift für die gesamte Strafrechtswissenschaft* 96, S. 641–660.

Ryle, Gilbert (1949): *The Concept of Mind*. Chicago: Hutchinson.

Salmon, Wesley C. (1998): *Causality and Explanation*. Oxford/New York: Oxford University Press.

Smith, Michael (1994): *The Moral Problem*. Oxford: Blackwell Publishers.

Sturma, Dieter (2015): „Freiheit im Raum der Gründe und im Raum der Ursachen", in: Sebastian Muders/Markus Rüther/Bettina Schöne-Seifert/Marco Stier (Hg.), *Willensfreiheit im Kontext. Interdisziplinäre Perspektiven auf das Handeln*. Münster: Mentis Verlag. S. 19–41.

Vetter, Barbara/Schmid, Stephan, Hg. (2014): *Dispositionen*. Berlin: Suhrkamp.

Walde, Bettina (2006): *Willensfreiheit und Hirnforschung. Das Freiheitsmodell des epistemischen Libertarismus*. Paderborn: Mentis.

Widerker, David (2000): „Frankfurt's Attack on the Principle of Alternate Possibilities: A Further Look", *Philosophical Perspectives* 14, S. 181–201.

Wilson, David L. (1999): „Mind-Brain Interaction and Violation of Physical Laws", in: Anthony Freeman/Benjamin Libet/Keith Sutherland (Hg.), *The Volitional Brain: Towards a Neuroscience of Free Will*. Thorverton, UK: Imprint Academic. S. 185–200.

Woodward, James (2003): *Making Things Happen: A Theory of Causal Explanation*. Oxford/New York: Oxford University Press.

Wright, Georg H. von (1980): *Freedom and Determination. Acta Philosophica Fennica* Band 31. Amsterdam: North-Holland Publishing Company.

Wright, Georg H. von (1985): *Of Human Freedom. The Tanner Lectures on Human Values*. Band 6. Salt Lake City: The University of Utah Press.

KAPITEL 8

Wissenschaftsfreiheit und Wissenschaftsverantwortung

8.1 Verfassungsrecht – und einiges andere

„Kunst und Wissenschaft, Forschung und Lehre sind frei", heißt es in Art. 5 Abs. 3 des Grundgesetzes. Dass im Jubiläumsjahr zu dessen 70. Geburtstag ein einschlägiger Vortrag mit diesem Satz beginnen muss, versteht sich. Nun mag das wie der Auftakt einer verfassungsrechtlichen Abhandlung klingen. Aber damit will ich Sie nicht behelligen, so spannend die Fragen sind, mit denen die Judikatur zur Freiheit der Wissenschaft schon befasst war. Für unsere Zwecke genügt eine Skizze der Grundstruktur, die das Gericht dem Wortlaut der Norm eingeschrieben hat.

Dass die Freiheit von Forschung und Lehre zuerst und zuletzt eine Freiheit derer zu sein hat, die forschen und lehren, liegt auf der Hand. Sie garantiert ihnen vor allem ein Abwehrrecht gegen Eingriffe von außen. „Freiheit" bedeutet hier Autonomie: Einrichtung und Betrieb alles dessen, was Wissenschaft heißen kann, nach den Maximen ihrer eigenen Logik und nicht nach den Maßgaben externer Interessen. Aber der Schutzraum des Art. 5 Abs. 3 reicht weit über das individuelle Abwehrrecht hinaus. Er umfasst die Wissenschaft als soziales System, schützt auch die Institutionen, in denen sie betrieben wird, gewährleistet daher den Hochschulen selbst, ja jeder einzelnen Fakultät grundrechtlichen Schutz und erstreckt ihn auf alle Einrichtungen außeruniversitärer Forschung. Mehr als das: die Funktion dieses Schutzes erschöpft sich nicht in einem Abwehrrecht gegen Interventionen von außen. Art. 5 Abs. 3, sagt das Bundesverfassungsgericht, enthält eine grundlegende Wertentscheidung des Staates, der sich als Kulturstaat versteht. Sie verpflichtet ihn, Bestand und Entwicklung der freien Wissenschaft nicht nur zu schützen, sondern zu fördern und durch personelle, finanzielle und organisatorische Mittel zu sichern.[1]

Man sieht: der juristische Mantel wissenschaftlicher Freiheit ist außerordentlich weit. Aber warum genau? Was sind die Gründe für diesen emphatischen Nachdruck einer grundrechtlichen Gewährleistung, die sich ja nicht von selbst versteht und deren Fundament uns in der Gewissheit ihres Daseins

* Festvortrag zur Jahresversammlung 2019 der „Leopoldina" in Halle. Die rhetorische Form wurde beibehalten.

1 Bundesverfassungsgericht (1973), 114.

 | DOI:10.30965/9783969752678_009

leicht aus dem Blick gerät. Das ist die erste der drei Fragen, denen ich mich nun zuwende. Die zweite schließt daran an: Welche Reichweite verbürgt ein solches Fundament für jene Freiheit? Welche Grenzen dürfen oder müssen ihr gezogen werden? Oder schärfer: Gibt es so etwas wie verbotenes Wissen? Und das führt zu meiner dritten Frage: Wer ist, falls es sie gibt, für die Sicherung dieser Grenzen verantwortlich? Und wer, wenn sie überschritten werden?

Öffnet man so den Blick für andere Fragen als die des Verfassungsrechts, dann bieten sich neben dem Jahrestag des Grundgesetzes noch weitere Daten zur feierlichen und weniger feierlichen Erinnerung. Vor hundert Jahren erschien Max Webers berühmter Vortrag „Wissenschaft als Beruf"; ein Jahr zuvor, ein schroffer Antipode, der erste Band von Oswald Spenglers *Untergang des Abendlandes.* 360 Jahre früher war der *Index Librorum Prohibitorum* der katholischen Kirche in Kraft getreten und blieb dies noch bis 1966, fast 50 Jahre also nach Webers Vortrag. Der Index war voll von Werken der Wissenschaft. Mit manchen hatte der fromme Zensor leichtes Spiel. Nicht einmal die Angabe der Titel war erforderlich – bei David Hume etwa, neben dessen Namen der knappe Vermerk stand: „Opera omnia". Vor vierhundertzwanzig Jahren wurde Giordano Bruno in Rom auf den Scheiterhaufen gesetzt, nicht zuletzt für seine astronomische Lehre, die das geozentrische Weltbild der Kirche verwarf und weitere belebte Planeten neben der Erde für wahrscheinlich erklärte.

Wissenschaft, so lehrt uns das Beispiel, kann zur Gefahr werden für den, der sie betreibt. Was sie für Bruno selbst gefährlich machte, war freilich die Annahme seiner Richter, sie sei eben dies für andere: für die Autorität der kirchlichen Lehre und damit zuletzt für die Ordnung, die Sicherheit, den Frieden der Gemeinschaft. Das wirft ein erstes Streiflicht auf einen vertrackten Zusammenhang. Scheiterhaufen für Häretiker kennen wir nicht mehr. Aber die Gefährlichkeit der Wissenschaft, und in ganz anderen Dimensionen als zu Brunos Zeiten, sehr wohl: ganz gewiss für die Gesellschaft, aber manchmal auch, und trotz Art. 5 Abs. 3, für die Wissenschaftler selbst. Auf beides komme ich zurück.

8.2 Grundlagen (1): anthropologisch

Zunächst aber zur ersten meiner drei Fragen: Was genau sind die Gründe für den hohen Verfassungsrang der wissenschaftlichen Freiheit? Eine Antwort müsste naturgemäß klären, was überhaupt zur Wissenschaft gehört und daher jenen besonderen Schutz verdient. Das wäre freilich Gegenstand eines eigenen Vortrags. Ich will es hier bei einem etwas apodiktischen Hinweis belassen. Das Bundesverfassungsgericht begnügt sich übrigens ebenfalls mit einer knappen und bemerkenswert unbefangenen Definition: Wissenschaft sei „alles, was nach Inhalt und Form als ernsthafter planmäßiger Versuch zur Ermittlung der Wahrheit anzusehen ist".[2]

Nun hat die Philosophie im Umgang mit der Idee einer Wahrheit, die sich als metaphysischer Singular formulieren ließe, jede Unbefangenheit längst verloren. Wir wollen uns deshalb mit einem Begriff des Wissenschaftlichen begnügen, der auf das Wahrheitspathos verzichtet und ein wenig präziser ist als der zitierte des Verfassungsgerichts. Er genügt drei Kriterien: Wissenschaft strebt, *erstens*, auf methodisch kontrollierte Weise nach neuen Erkenntnissen; sie setzt, *zweitens*, auf Seiten der Wissenschaftler einen Modus des Handelns, wenn man so will: ein wissenschaftliches Ethos voraus, das man „epistemische Rationalität" nennen kann; und diese wiederum muss sich, *drittens*, einfügen in den Zusammenhang einer Forschungstradition, die bestimmte Grundbegriffe, geteilte Überzeugungen, offene Fragen, ungelöste Probleme und weitere Elemente umfasst – kurz, das ausmacht, was heute mit Thomas Kuhns berühmtem Terminus „Paradigma" heißt.

Damit sind ersichtlich keine scharfen Grenzen zu ziehen – ein guter Anlass übrigens sich zu erinnern, dass die Wissenschaft auch Randbereiche integriert, in denen sich ihre Freibeuter umtreiben: Betrüger, Scharlatane, Dummköpfe, Demagogen. Aber irgendwann, und das bezeichnet einen Unterschied zu den meisten anderen Systemen der sozialen Welt, werden sie vom freien Spiel der epistemischen Rationalität erwischt und aus dem Verkehr gezogen.

Ignorieren wir die pathologischen Fälle und bleiben bei den fraglosen Formen der Wissenschaft. Was ist der Grund ihres besonderen Schutzes? Eine naheliegende anthropologische Vermutung findet sich im ersten Satz der *Metaphysik* des Aristoteles: „Alle Menschen streben nach Wissen von Natur aus."[3] Das mag man als den Ursprung auch der wissenschaftlichen Neugier begreifen, die sich dann entfaltet, menschheitsgeschichtlich wie im Leben der Einzelnen. Auf einer höheren Stufe epistemischer Rationalität wird sie zum Staunen und schließlich zu jener Ehrfurcht und Bewunderung, die wir nach Immanuel Kants berühmtem Diktum vor dem bestirnten Himmel über uns und dem moralischen Gesetz in uns empfinden.[4] „Die Wissenschaft", heißt es in genau diesem Sinn in Goethes *Maximen und Reflexionen*, „hilft uns vor allem, daß sie das Staunen, wozu wir von Natur aus berufen sind, [...] erleichtere".[5]

2 Bundesverfassungsgericht (1994), 12.

3 Aristoteles (1989), 3.

4 Kant (1908), 161.

5 Goethe (1949), 547.

Nun gewiss. Aber ein tragfähiges Fundament für einen besonderen grundrechtlichen Anspruch begründet das nicht. Die Natur versieht uns, außer mit der Neugier, noch mit allerlei weiteren Dispositionen, dem Drang zu spielerischer Bewegung etwa und dem Sexualtrieb, für die, wenn ich recht sehe, kein Verfassungsgeber je auf die Idee verfallen ist, eine spezifische Protektion zu normieren, die über den Schutz der allgemeinen Handlungsfreiheit hinausginge. Es hat wohl etwas Sinnbildliches, dass Augustinus, der keine Wahrheit jenseits der kirchlichen Lehre gelten ließ, in seinen *Confessiones* die wissenschaftliche Neugier neben den Sexualtrieb stellt und beide als Laster verwirft.[6] Im Übrigen führt von der aristotelischen Urform anthropologischer Neugier schwerlich eine zwanglose Linie bis in die Labyrinthe der theoretischen Physik oder der Molekulargenetik. Wer die wissenschaftliche Freiheit zuletzt auf die Neugier ihrer Inhaber gründet, zieht sich daher den Verdacht zu, einem Privileg für die extravaganten Neigungen einer Elite das Wort zu reden.

Immerhin: Neugier, Staunen und Ehrfurcht ließen sich ja auch als kollektive Dispositionen der Menschheit begreifen. Dann wird ihre Bedeutung, so könnte man sagen, von dem Umstand nicht berührt, dass sie sich in der besonderen Form der Wissenschaften nur bei wenigen manifestieren. Deren Rolle könnte man als die von beauftragten Treuhändern eines universellen Leitmotivs der Gattung verstehen. Der Gedanke ließe sich ausweiten. Ich erinnere mich an ein Gespräch mit dem britischen Philosophen Jonathan Glover, einem der bedeutendsten Moralphilosophen der Gegenwart. Er fragte mich, ob ich es für einen Verlust hielte, wenn die Menschheit aus dem Kosmos verschwände. Und da mir niemand einfiel, für den das dann noch ein Verlust wäre, sagte ich „nein“. Er lachte, schüttelte den Kopf und erwiderte: „Im menschlichen Geist kommt das Universum zum Bewusstsein seiner selbst. Ohne uns fiele es zurück in die Nacht vor unserem Erscheinen. Der Kosmos selbst wäre der große Verlierer unseres Verschwindens.“

Die Idee gefiel mir. Gewiss, man mag mit guten Gründen bezweifeln, dass wir die einzigen bewusstseinsfähigen Wesen im Universum sind. Aber wenn wir uns diese traditionelle Anmaßung des Homo sapiens hier noch einmal erlauben, dann wird man sagen dürfen, dass erst in den Formen und Resultaten der Wissenschaft das kosmische Selbstbewusstsein im profundesten Sinn zu sich selbst kommt, oder sich doch in jenem staunenswerten Ausmaß zu bespiegeln weiß, das wir heute kennen. Hinzu kommt dies: Das Begreifen der äußeren Welt ist für den Menschen stets auch eine Weise des Verstehens seiner selbst. „Gnothi sauton“, Erkenne dich selbst, lautete die Inschrift über dem Tempel der Pythia in Delphi – Emblem und Urbild einer Menschheitsmaxime.

6 Augustinus 2009, X. Buch, 35. Kap.

Erst mit ihr zusammen wird das berühmte „Sapere aude!" Immanuel Kants zur vollständigen Signatur der Aufklärung.

Das alles ist plausibel. Aber auch die regulative Idee einer zum immer Höheren berufenen Menschheit ergibt in der kalten Welt verfassungstheoretischer Legitimation keinen hinreichenden Grund für ein Privileg wie das des Art. 5 Abs. 3. Vor dem nüchternen Blick auf die immensen Kosten des heutigen Wissenschaftsbetriebs verblasst die Vorstellung, in ihm manifestiere sich vor allem eine kosmische Berufung, zur lebensfernen Fata Morgana.

8.3 Grundlagen (2): utilitär

Diese Kosten erinnern uns nun an eine dritte und weitaus handfestere Möglichkeit, den besonderen Schutz für die Freiheit der Wissenschaften zu begründen: an den im Wortsinne unermesslichen Nutzen, den sie für unzählige Lebensbelange der Menschheit gestiftet und befördert haben. (Den unermesslichen Schaden, zu dem sie ebenfalls beigetragen haben, wollen wir nicht vergessen, und ich komme darauf zurück.) Dieser Nutzen ist eine Funktion der Gesamtheit wissenschaftlicher Erkenntnisse, die in irgendeiner Weise technisch und für die lebenspraktischen Bedürfnisse der Menschen verwendbar sind. Nun weiß man seit langem, dass ein so komplexes System wie die heutige Wissenschaft, reguliert von einer Vielzahl esoterischer Methoden und Maßgaben, bei weitem besser und produktiver funktioniert, wenn man ihm die Freiheit der internen Selbststeuerung belässt, als wenn es externen Zwängen unterworfen würde. Freiheit, so ließe sich das zusammenfassen, wird der Wissenschaft garantiert im Tausch gegen ihre soziale Nützlichkeit, und nur um derentwillen.

Hier öffnet sich ein weites Hinterland unklarer Fragen. Was heißt eigentlich Nutzen? Und was ist mit den zahllosen Spielarten der Wissenschaft, deren Nutzen jedenfalls im Sinne einer ökonomischen oder sozialpolitischen Verwertbarkeit schlechterdings nicht zu erkennen ist. Welchen sozialen Nutzen haben die Experimente der Physiker am *Large Hadron Collider* des CERN, dessen Betrieb sich die beteiligten Staaten viele Milliarden kosten lassen? Welchen Nutzen die Theorien der Kosmologen? Die der „reinen" Mathematik? Welchen die zahlreichen geisteswissenschaftlichen Disziplinen, die sich mit nichts anderem befassen als mit längst vergangenen Zeiten, Kulturen und Lebensformen?

Die offensichtliche Antwort lautet: keinen. Und einen, der sich als Verwertbarkeit für die Zwecke externer Interessen verstehen ließe, müssen sie auch nicht haben. Daraus folgt freilich nicht, dass der in Festreden beliebte Satz richtig wäre, Wissenschaft oder doch einzelne ihrer Bereiche würden „um ihrer selbst willen" betrieben. „Forscher", so heißt es in der einschlägigen *Europäischen Charta* von 2005, „sollten ihre Forschung in den Dienst der Menschheit stellen".[7] Ich bin nicht sicher, wie das gemeint ist und ob die Forderung nicht über das legitime Ziel ihres Anliegens hinausschießt. Was sich aber sagen lässt, ist dies: Wissenschaft wird in jeder ihrer Formen um der Menschen willen betrieben, also zuletzt doch zu deren Nutzen. Damit kommt freilich ein anderer und erheblich weiterer Nutzenbegriff ins Spiel als der der Ökonomie, der Sozialpolitik, der Medizin oder irgendeiner anderen lebenspraktischen Sphäre. Er schließt jenen Nutzen ein, auf den die Kantische Maxime des „Sapere aude!" und das „Gnothi sauton" des Delphischen Orakels hinweisen. Man verstehe das nicht falsch. Ich glaube nicht, dass man den Wissenschaften eine *moralische* Verbesserung der Menschheit zutrauen sollte. Gleichwohl tragen sie alle, auch und gerade die vermeintlich nutzlosen, zu etwas bei, das sich, wenn der altmodische Ausdruck noch gestattet ist, als geistiger Rang dieser im Guten wie im Bösen erstaunlichen Spezies bezeichnen lässt.

Das hilft mir nun, die verbliebene Lücke im legitimationstheoretischen Argument für den Verfassungsstatus der Wissenschaftsfreiheit zu schließen, und zwar mit einem Begriff, der in der Leitentscheidung des Bundesverfassungsgerichts von 1973 auftaucht. Ein Staat, heißt es dort, der sich als Kulturstaat begreift, habe für die Freiheit der Wissenschaften einzustehen.[8] Gewiss ist die Berufung auf einen so undeutlichen Begriff wie den der Kultur kein Beweis für die Notwendigkeit der Wissenschaftsfreiheit. Einen solchen Beweis gibt es naturgemäß überhaupt nicht. Aber man betrachte die Wissenschaftssphare des Kulturstaats einmal *ex negativo* und denke sich alle Wissenschaften, die keinen ökonomischen oder sozialpolitischen Ertrag versprechen, aus dem Schutzbereich des Artikels 5 Abs. 3 weg. Das gäbe sie der Bedeutungslosigkeit und dem allmählichen Verschwinden preis. Was bliebe, wäre kein Kultur-, sondern ein Banausenstaat, ein Staat, der die kulturelle Lebensform seiner Gesellschaft an einer bedeutenden Stelle strangulierte. Das wäre, wie man heute so sagt, nicht mehr mein Land.

Mit dieser etwas dezisionistischen Antwort beschließe ich nun meine erste Frage, die nach den Gründen für den hohen Verfassungsrang der Wissenschaftsfreiheit, und wende mich meiner zweiten zu: Wo liegen die Grenzen dieser Freiheit?

---

7 Europäische Kommission (2005), 12.

8 Bundesverfassungsgericht (1973), 114.

8.4 Grenzen: mythologische Spuren, abstrakte Kriterien

Spätestens seit dem Beginn ihrer Emanzipation von der kirchlichen Vormundschaft in der Renaissance folgte den Wissenschaften der Verdacht einer unzulässigen Hybris wie ein Schatten. Der Gedanke selbst ist älter. Im 26. Gesang des *Infernos* seiner *Göttlichen Komödie* erzählt Dante eine bemerkenswerte Geschichte. Unter den zahllosen Flammen, die er im achten Teil der Hölle sieht und deren jede einen armen Sünder einschließt, gibt es eine, die in der Mitte geteilt ist. Auf seine Frage, wer sich darin befinde, erklärt ihm sein Führer Vergil, es seien Odysseus und Diomedes; sie büßten für ihre List bei der Eroberung Trojas. Die Bitte Dantes, die Insassen dieser Doppelflamme zum Sprechen zu bringen, wird ihm gewährt, und Odysseus erzählt seine Geschichte. Und nun erfährt der verblüffte Leser von einer ganz anderen Schuld als der des Täuschungsmanövers mit dem Trojanischen Pferd. Er habe, sagt Odysseus, nachdem er Kirke verlassen hatte, seinen Trieb, die Welt zu erforschen, nicht zügeln können. So habe er die Mannschaft seines Schiffes überredet, die Säulen des Herakles, die Felsen zu beiden Seiten der Meerenge von Gibraltar, zu durchfahren. Sie markierten damals das Ende der Welt und waren mit der warnenden Inschrift des Herakles versehen: „Nicht mehr weiter!" Diese Hybris, „nicht Tieren gleich zu leben, nein Tugend zu erringen und Erkenntnis", sagt Odysseus, habe ihm und der Mannschaft den Tod gebracht. Ein verheerender Sturm habe das Schiff sinken lassen.[9]

Das archaische Urbild verbotenen Wissens ist die Frucht am paradiesischen Baum der Erkenntnis, von der zu essen die Schlange Adam und Eva verführt. Gewiss, ein religiöser Mythos und eine allegorische Fabel sagen uns nichts mehr über die Grenzen heutiger Wissenschaft. Dem genaueren Blick bieten sie aber zwei aufschlussreiche Hinweise: Die biblische Geschichte handelt von Folgen der Erkenntnis, die sich in einem umwälzenden, einem transformativen Effekt auf die gesamte Lebensform manifestieren: der Vertreibung aus dem Paradies. Und in Dantes Fabel verschärft sich dieser Effekt zur vollständigen Zerstörung. Der zweite erhellende Aspekt beider Geschichten ist der Umstand, dass die verbietende Macht einen transzendenten Status hat, der für die gesamte Menschheit verbindlich ist: die Gottheit im Alten Testament, die fraglose Gewissheit über die Grenzen der Welt in Dantes Erzählung.

Ich schlage vor, beide Perspektiven auch für unsere heutige Frage nach den normativen Schranken der Wissenschaft einzunehmen. Angesichts des hohen Rangs der Wissenschaftsfreiheit müssen legitime Grenzen dem Schutz vor außergewöhnlich schwerwiegenden Folgen der Wissenschaft dienen:

9 Dante (1990), 105 (Hölle, 26. Gesang, V. 91–142).

transformativen für die Gesellschaft oder destruktiven für die Menschheit. Was den zweiten Aspekt unserer historischen Parabeln angeht, den eines transzendenten Hüters jener Grenzen, so müssen wir ihn naturgemäß ein wenig säkularisieren. Wie genau, ist nicht ganz leicht zu sagen. Festhalten wird man dürfen, dass es um mehr gehen muss als um nationale Belange, nämlich um solche der Menschheit, bevor das herakleische Zeichen des „Nicht mehr weiter!" erreicht, ein Wissensverbot statuiert und dessen zwangsrechtliche Sicherung begründet werden kann. Der moderne Garant der Grenzsicherung, heißt das, bedarf einer globalen Beglaubigung.

Worum es nicht geht: Missbrauch

Lassen Sie mich zunächst aussondern, worum es im Folgenden nicht geht. Dass es verbotene *Formen* der Forschung gibt, ist trivial. Und dass sie in der Wissenschaftsgeschichte immer wieder vorkamen, leider auch – von der „Tuskegee-Syphilis-Studie" in Amerika, bei der Probanden mit tödlicher Folge darüber getäuscht wurden, dass sie statt der Standardbehandlung gegen Syphilis wirkungslose Placebos erhielten, bis zu den Humanexperimenten der Nazis.[10] Selbstverständlich muss jede Forschung die Grundrechte ihrer direkten Adressaten beachten. Das ist heute weithin gewährleistet. Beiläufig: Manche Studien auch der jüngeren Vergangenheit, denen wir wegweisende Einsichten verdanken und die zu ihrer Zeit niemand als unzulässig empfand, wären heute nicht mehr möglich. Ein Experiment wie das berühmte von Stanley Milgram im Jahr 1961,[11] das einen beklemmenden Blick in seelische Abgründe des Normalmenschen freigab, hätte keine Chance mehr auf Billigung durch eine Ethikkommission. Das Risiko einer anschließenden Erschütterung der Probanden über sich selbst wäre zu gravierend, um genehmigungsfähig zu sein.

Nicht erörtern will ich auch die Problematik des sogenannten „Dual-Use Research of Concern". Das sind Forschungen, deren Resultate einerseits guten Zwecken dienen, andererseits aber von Dritten mit verheerenden Folgen missbraucht werden können. Dabei geht es nicht um Wissen, das man nicht anstreben sollte, sondern im Gegenteil: um Erkenntnisse, deren Anwendung in vielen Hinsichten segensreich wäre und freilich in anderen katastrophal. DFG, Leopoldina und der Deutsche Ethikrat haben Strategien zum Umgang damit erarbeitet. Sie weisen die Verantwortung der Kontrolle nicht dem Gesetzgeber, sondern dem Wissenschaftssystem selbst zu. Ich halte das für richtig.

---

10 Zur Tuskegee Study: DHEW (1973); zu den Menschenversuchen der Nazis Lifton (1988).

11 Dazu Blass (2000).

Worum es geht: Verbotenes Wissen?

Genauer betrachten will ich aber die Frage, ob es wissenschaftliche Erkenntnisse geben kann, die als solche verboten sind, die wir nicht haben sollten und die zu haben wir deshalb mit guten moralischen Gründen auch nicht wollen können. Zwei Formen solchen Wissens mag man unterscheiden: eine, deren materielle Folgen für uns destruktiv oder hochgradig gefährlich wären, und eine zweite, deren mentale Folgen im Bewusstsein vieler Menschen schädlich wären – sei es für diese selbst, sei es für ihr Zusammenleben mit anderen.

Zum erstgenannten Wissenstypus, dem gegebenenfalls materiell bösartigen: Wollen wir wirklich wissen, wie sich, etwa über eine globale Vernetzung von *Deep-Learning*-Systemen der *Artificial Intelligence*, jene Superintelligenz erzeugen ließe, vor der Stephen Hawking die Menschheit eindringlich gewarnt hat?[12] Sollten wir das wissen wollen? Die richtige Antwort lautet wohl „nein". In anderen Fällen fällt sie schwerer. Wollen wir wissen, wie sich durch *Genome Editing* der menschlichen Keimbahn mentale und physische Fähigkeiten des Menschen über die Naturgrenzen der Spezies hinaus verbessern ließen? Jede mögliche Antwort darauf erscheint mir zweifelhaft. Und jenseits einer Wirrnis kontroverser Intuitionen gibt es weltweit keinen Konsens dazu. Ein Verbot ließe sich auf diesen Befund nicht stützen.

Schwieriger noch ist die Beurteilung des zweiten Wissenstypus, dessen mentale Folgen unser Menschenbild erschüttern oder die Wahrnehmung bestimmter Gruppen der Bevölkerung bösartig infizieren könnten. Nun hat es solche Befürchtungen in der Geschichte schon oft gegeben, und manche muten heute komisch an. Sie kennen vielleicht die Anekdote um Lady Wilberforce, Gattin eines anglikanischen Bischofs, der man 1860 Charles Darwins Evolutionslehre erklärte und die daraufhin ausrief: „Vom Affen! Lassen Sie uns beten, dass es nicht wahr ist, und wenn es wahr ist, dass es niemand erfährt."[13] Aber der Trost, in 150 Jahren möchte die Nachwelt über unsere Bedenken so lächeln wie wir über die englische Lady, steht uns leider nicht zur Verfügung.

Wollen wir wissen, ob es genetische Grundlagen für Intelligenzunterschiede zwischen ethnischen Gruppen gibt? Gewiss, wenig spricht dafür, dass es sie gibt. Aber das wäre ja gerade kein Grund, die Forschung, die so etwas klarstellte, zu unterbinden. Wollen wir eine solche Forschung? Wäre nicht schon sie suspekt? Nehmen wir an, ihre Resultate fielen anders aus als erwartet.

---

12 Hawking (2014); zur Dimension dieser Bedrohung Bostrom (2014).

13 Die genaue Quelle der Anekdote ist mir nicht mehr erinnerlich; deren historische Realität mag zweifelhaft sein. Nicht zweifelhaft ist aber die berühmte Kontroverse, die der Ehemann der Lady, Bischof Samuel Wilberforce, am 30. Juni 1860, wenige Monate nach Erscheinen von Darwins *Origin of Species*, um dessen Lehre mit dem Biologen Thomas H. Huxley in Oxford öffentlich ausgetragen hat; dazu Lucas (1979).

Würden wir so etwas wissen wollen? Vieles spricht dafür, dass es sozial schädliche Folgen hätte. Wissen kann mehr sein als eine passive Ressource, nämlich aktiv und machtvoll. Es kann unser Denken und Handeln unmittelbar verändern, und vielleicht auch zum Bösartigen. Das könnte ein Grund sein, die Forschung selbst zu unterbinden. Auch hier bin ich mir freilich unsicher.

Ein anderes Beispiel bietet die Verhaltensgenetik. Eine ihrer Disziplinen kooperiert mit der Kriminologie: Sie untersucht genetische Grundlagen für psychopathische Dispositionen von Straftätern. Solche Grundlagen wirken selbstverständlich nicht deterministisch. Aber im Zusammenspiel mit nachteiligen Umwelteinflüssen, vor allem mit Gewalterfahrungen in der frühen Kindheit, erhöhen sie signifikant das Risiko für die Betroffenen, selbst zu kriminellen Gewalttätern zu werden.[14] Sollen solche biologischen Grundlagen abweichenden Verhaltens erforscht werden? Meine Antwort lautet: ja, schon um mit betroffenen Kindern präventiv sinnvoll umgehen können. Ich bin aber mehr als einmal Zeuge empörten Protests gegen diese Forschung gewesen. „Kriminalbiologie" ist unter Kriminologen seit langem ein Unwort. Historisch finden sich unter diesem Titel nicht nur Cesare Lombrosos naive Vermessung von Verbrecherschädeln, sondern auch die Exzesse des Rassenwahns der Nazis. Forschungen, die solchen Vorläufern auch nur in der Zielorientierung ähnelten, seien, heißt es, diskriminierend und menschenverachtend. Ihre möglichen Ergebnisse seien gleichgültig. Sie müssten verhindert werden.

An den Fronten der Lebenswissenschaften, aber nicht nur dort, gibt es zahlreiche weitere Forschungen auf vermintem Gelände. Die sozialpsychologischen Einwände dagegen sind nicht immer leicht von der Hand zu weisen. Aber sie fordern tiefe Einschnitte in die Freiheit der Wissenschaft. Manche von ihnen sind, wie das absolute Verdikt über jede Kriminalbiologie, sachlich verfehlt. Die Klärung von Einzelfällen sollte der innerwissenschaftlichen Kontrolle, vor allem den zuständigen Ethikkommissionen überlassen bleiben. Der Gesetzgeber hat hier, meine ich, jedenfalls derzeit nichts zu suchen.

8.5 Verantwortung

Damit bin ich bei meiner dritten und letzten Frage: der nach der Verantwortung. Das ist ein komplexer Begriff mit zahlreichen Bedeutungen. Für unsere Zwecke genügt die Unterscheidung zweier Grundformen: einer prospektiven, vorausschauenden, und einer retrospektiven, die sich auf Vergangenes bezieht. Prospektive Verantwortung ist gebunden an das Innehaben

---

14 Dazu etwa Raine (2013).

einer bestimmten Rolle, kraft deren man für den Verlauf der Dinge in einem bestimmten Zusammenhang zuständig ist. Retrospektive Verantwortung bedeutet dagegen, für ein vergangenes Handeln oder Unterlassen rechenschaftspflichtig zu sein. Zwischen beiden Formen gibt es zahlreiche Verbindungen. Wer prospektiv zuständig ist für das Unterbleiben eines Vorgangs, wird retrospektiv verantwortlich gemacht, wenn er diesen Vorgang herbeiführt oder zulässt. Im Übrigen begründet Verantwortung stets eine dreistellige Relation: *Jemand* ist verantwortlich für *etwas* vor einer *Instanz*, der die Verantwortung geschuldet ist. Das alles trifft naturgemäß auch für die Wissenschaften und ihre Akteure zu.

Retrospektiv

Beginnen wir mit der retrospektiven Verantwortung. Kann sie Forscher treffen, wenn *andere*, etwa Machthaber der Politik, ihre Ergebnisse zu vielleicht verheerender Anwendung bringen? Erwin Chargaff, einer der bedeutenden Biochemiker des vergangenen Jahrhunderts, schreibt in einem seiner Essays:

> „Als das Artemision – eines der Weltwunder der Antike – 356 vor Christus in Flammen aufging, wurde ein Mann verhaftet, der gestand, den Brand gelegt zu haben, um seinen Namen unsterblich zu machen. Als die Richter ihn verurteilten, bestimmten sie, daß sein Name in Ewigkeit unbekannt bleiben solle."

Nichts dergleichen bleibt für immer unbekannt. Der Mann hieß, wie die Welt alsbald erfuhr, Herostratos. Chargaff fährt fort:

> „Wenn Herostrat die Unsterblichkeit verdient hat, weil er den Artemistempel niederbrannte, so dürfte vielleicht der Mann, von dem er die Streichhölzer erhielt, nicht ganz zu vergessen sein. Ich bin dieser Mann."[15]

Das ist für einen Wissenschaftler ein im Wortsinne trostloser Satz. Er zielt allegorisch auf die kausale Rolle der Naturwissenschaften für vieles katastrophale Unheil des vergangenen Jahrhunderts und macht sie dafür verantwortlich. Aber Kausalität ist keine hinreichende Grundlage für Verantwortung. Und so gibt es auch radikal abwehrende Stimmen. Arnold Gehlen schreibt in seiner *Anthropologie*, für den Fortschritt von Wissenschaft und Technik einschließlich seiner zahllosen Folgen sei „schlechthin niemand verantwortlich". Denn dieser Fortschritt sei ein „Lebensgesetz der Menschheit".[16]

---

15 Chargaff (1979), 146.
16 Gehlen (1961), 139 f.

Doch das überzeugt nicht. Zu dicht sind heute viele Sphären der Forschung mit ihrer absehbaren Anwendung verbunden, um einen generellen Dispens der Forscher zu erlauben. Beispielhaft für die Möglichkeit einer Verantwortung der Wissenschaft für ihre Folgen steht das Manhattan-Projekt von 1942. Die beteiligten Physiker hatten den Bau der Atombombe selbst gefordert und dann verwirklicht. Gewiss, 1942 war diese Forderung noch mit der Furcht zu rechtfertigen, das Hitlerregime könnte die Bombe zuerst in die Hände bekommen. Aber Rechtfertigung setzt Zurechnung voraus, und also Verantwortung. Den späteren Abwurf über einem schon besiegten Land, ein schweres Kriegsverbrechen, wird man den Physikern nicht mehr zurechnen, so wenig übrigens wie Otto Hahn, der mit der Entdeckung der Kernspaltung eine Voraussetzung dafür geliefert hat. Ethik und Recht kennen ausgefeilte Regeln normativer Zurechnung. Sie gelten auch für die Sphären der Wissenschaft. Die Besonderheiten ihrer dortigen Anwendung sind freilich noch wenig geklärt. Was jedenfalls bleibt und wohl für immer einen finsteren Schatten wirft, ist Chargaffs bittere Allegorie: Die Zündhölzer für die Brandstifter der Zukunft sind längst in anderen Händen als denen der Wissenschaft.

Prospektiv

Das deutet nun auf die Aufgabe, die der prospektiven Verantwortung der Wissenschaften zufällt. Und das ist freilich, wie man so sagt, ein weites Feld. Es weist eine Reihe offener Flanken auf zu Fragen, von denen schon die Rede war: solchen der retrospektiven Verantwortung und vor allem zu solchen der Grenzen wissenschaftlicher Freiheit. Auch das wäre Gegenstand eines eigenen Vortrags. Hier soll es bei drei knappen Anmerkungen sein Bewenden haben.

Wir brauchen, erstens, einen weiteren Ausbau der Institutionen innerhalb des Wissenschaftssystems, die für normative Grenzfragen der Forschung zuständig sind und den einzelnen Forschern Rat und Hilfe im Umgang damit bieten. Wir brauchen, zweitens, ein stabiles System dauernder Kommunikation zwischen Wissenschaft, Politik, Gesellschaft und Medien, in dem Grenzfragen der wissenschaftlichen Freiheit, die zugleich Menschheitsfragen sind, verhandelt werden können. Ob, in welchem Maß und zu welchen Zwecken, wir in die menschliche Keimbahn intervenieren und die Spezies *Homo sapiens sapiens* verändern dürfen, ist eine Frage, die nicht allein von der Politik beantwortet werden kann, und von der Wissenschaft selbst schon gar nicht. Und eben mit Blick darauf brauchen wir, drittens, ein globales Regime völkerrechtlicher Verträge, in denen vor allem die Verfahren geregelt werden, die in jedem Einzelfall die Bestimmung neuer und konsensfähiger Grenzen der Wissenschaft und ihrer Freiheit ermöglichen.

8.6 Neue Freiheitsgefahren: Autoaggression der Wissenschaft

Lassen Sie mich schließen mit einem persönlichen Anliegen. Gerade das Bestehen normativer Grenzen der Wissenschaft erhöht den Wert der Freiheit, die ihr innerhalb dieser Grenzen garantiert bleibt. Das begründet eine treuhänderische Pflicht. Gefahren, die ihrer Freiheit aus den Sphären ihrer eigenen Zuständigkeit drohen, sollten die Wissenschaft daher besonders alarmieren. Max Weber hat in seinem Vortrag vor hundert Jahren den Typus des Hochschullehrers getadelt, der das Katheder zur Propaganda seiner Weltanschauung missbraucht. Heute erleben wir eine nachgerade umgekehrte Entwicklung: einen zunehmenden Druck auf die Lehrenden, den Sprach- und Denk- und Gesinnungsbefehlen, die einer abwegigen, aber zunehmenden Moralisierung aller sozialen Verkehrsformen entstammen, auch akademische Resonanz zu verschaffen. Dieser Druck ist nicht allein, aber wohl vornehmlich studentischer Provenienz. Die Lehre ist freilich Teil der Wissenschaft, und zu ihr gehören die Lernenden genauso wie die Lehrenden.

Wie meist in solchen Fällen sind die USA das Versuchslabor der einschlägigen Dynamik. Das geschärfte Sensorium der Hypermoral entdeckt Zumutungen – Mikro- oder auch Makroaggressionen – in zahllosen Inhalten der akademischen Lehre. Ehedem unverdächtig werden sie nun als Angriffe auf verletzliche soziale Gruppen durchschaut. Allenfalls mit vorherigen *trigger warnings* dürften sie in der Lehre noch erwähnt werden. Besser sei es aber, sie aus den Hochschulen zu verbannen, und wenn möglich ihre Urheber ebenfalls.

Beispiele? Ovids *Metamorphosen* – mit den allerdings düsteren Szenen der Vergewaltigung und Verstümmelung der *Philomela* durch *Tereus* – entlarven, heißt es, ihren Autor als misogynen Menschenfeind. In Shakespeares *Kaufmann von Venedig* biete die dunkle Figur des Shylock eine Projektionsfläche für Antisemiten. Ovid, so die nachdrücklich erhobene Forderung, müsse aus dem akademischen Unterricht verschwinden; Shakespeare dürfe nur noch mit Stücken zugelassen werden, die von der Zensur approbiert würden. Andere Werke der Weltliteratur stehen ebenfalls auf diesem neuen *Index Librorum Prohibitorum*; weitere werden folgen. Im *Harvard Crimson*, dem studentischen Journal der Harvard-Universität, wurde vor fünf Jahren die Abschaffung der akademischen Freiheit gefordert: sie sei durch „akademische Gerechtigkeit“ zu ersetzen.[17]

Ich fürchte, in Deutschland steht uns etwas Ähnliches bevor. Und ich hoffe, dass die Lehrenden an unseren Universitäten wenigstens in ihrer Mehrzahl

17 Korn, 2014; dagegen Lam 2014.

dem Druck dieser verfehlten Moral nicht nachgeben. Hochschullehre hat nicht die Aufgabe, den Lernenden die Zumutungen des Lebens, des Denkens, der Kunst und der Geschichte zu ersparen, sondern im Gegenteil: sie diesen Zumutungen auszusetzen und ihnen Wege des vernünftigen Umgangs damit zu erschließen. Auch das gehört zur Verantwortung der Wissenschaft. Freiheit heißt, Rechte gegen andere zu haben, aber auch Pflichten gegen sich selbst.

Erlauben Sie mir, ein letztes Mal Max Weber zu zitieren und meine Rede, etwas unbescheiden, mit dem Schluss der seinigen vor hundert Jahren zu beenden:

> „Für alle jene, die auf neue Propheten und Heilande harren, [ist] die Lage die gleiche, wie sie aus jenem schönen, unter die Jesaja-Orakel aufgenommenen edomitischen Wächterlied aus der Exilszeit klingt: ‚Es kommt ein Ruf aus Sēʿîr in Edom: Wächter, wie lang noch die Nacht? Der Wächter spricht: Es kommt der Morgen, aber noch ist es Nacht. Wenn ihr fragen wollt, kommt ein ander Mal wieder.' Das Volk, dem das gesagt wurde, hat gefragt und geharrt durch weit mehr als zwei Jahrtausende, und wir kennen sein erschütterndes Schicksal. Daraus wollen wir die Lehre ziehen: daß es mit dem Sehnen und Harren allein nicht getan ist, und es anders machen: an unsere Arbeit gehen und der ‚Forderung des Tages' gerecht werden – menschlich sowohl wie beruflich. Die aber ist schlicht und einfach, wenn jeder den Dämon findet, der *seines* Lebens Fäden hält."[18]

Literatur

Aristoteles (1989): *Metaphysik*. Erster Halbband. Griechisch-dt., Neubearbeitung der Übersetzung von Hermann Bonitz, eingel. und hgg. von Horst Seidl. Hamburg: Meiner.

Augustinus von Hippo (2009): *Confessiones/Bekenntnisse*. Lat./dt., übers. von K. Flasch und B. Mojsisch. Stuttgart: Reclam.

Blass, Thomas (2009): *Obedience to Authority: Current Perspectives on the Milgram Paradigm*. Mahwah, NJ: Erlbaum.

Bostrom, Nick (2014): *Superintelligence. Paths, Dangers, Strategies*. Oxford/New York: Oxford University Press.

Bundesverfassungsgericht (1973): Urteil vom 29.5.1973. Amtl. Entscheidungssammlung (BVerfGE) Bd. 35, S. 79–170.

Bundesverfassungsgericht (1994): Beschluss vom 11.1.1994. Amtl. Entscheidungssammlung (BVerfGE) Bd. 90, S. 1–21.

Chargaff, Erwin (1979): „Zündhölzer für Herostrat", in: ders., *Das Feuer des Heraklit*. Stuttgart: Klett-Cotta. S. 146–150.

18 Weber 1988, S. 613.

Dante, Alighieri (1990): *Die Göttliche Komödie.* Aus dem Italienischen von Karl Witte, 1865, durchges. v. Berthold Wiese, hgg. v. Werner Bahner. Leipzig: Reclam.

DHEW/US Department of Health, Education and Welfare (1973): *Final Report of the Tuskegee Syphilis Study.* Ad Hoc Advisory Panel. https://biotech.law.lsu.edu/cphl/history/reports/tuskegee/complete%20report.pdf

Europäische Kommission (2005): *Europäische Charta für Forscher. Verhaltenskodex für die Einstellung von Forschern.* http://europa.eu.int/comm/research/rtdinfo/index_en.html

Gehlen, Arnold (1961): *Anthropologische Forschung.* Reinbek bei Hamburg: Rowohlt.

Goethe, Johann Wolfgang von (1949): *Maximen und Reflexionen. Aus den Heften zur Morphologie.* Artemis Gedenkausgabe, Bd. 9, S. 543–547. Zürich: Artemis.

Hawking, Stephen (2014): *Interview BBC. Stephen Hawking Warns. Artificial Intelligence Could End Mankind.* http://www.bbc.com/news/technology-30290540.amp

Kant, Immanuel (1788/1908): *Kritik der praktischen Vernunft.* In: *Kants Werke,* hgg. von der Königl. Preuß. Akademie der Wissenschaften (Akademie-Ausgabe/AA) Bd. V, S. 1–163. Berlin: Georg Reimer.

Kant, Immanuel (1784/1912): *Beantwortung der Frage: Was ist Aufklärung?* In: *Kants Werke,* hgg. von der Königl. Preuß. Akademie der Wissenschaften (Akademie-Ausgabe/AA), Bd. VIII. S. 33–42. Berlin: Georg Reimer.

Korn, Sandra Y. L. (2014): *The Doctrine of Academic Freedom.* The Harvard Crimson, Feb. 18 2014. https://www.thecrimson.com/column/the-red-line/article/2014/2/18/academic-freedom-justice/

Lam, Garrett M. (2014): *Academic Freedom Is Academic Justice.* The Harvard Crimson, Feb. 26 2014. https://www.thecrimson.com/article/2014/2/26/lam-academic-freedom/

Lifton, Robert J. (1988). *The Nazi Doctors.* New York: Basic Books.

Lucas, J. R. (1979). „Wilberforce and Huxley. A Legendary Encounter", *The Historical Journal* 22(2), S. 313–330.

Raine, Adrian (2013): *The Anatomy of Violence – The Biological Roots of Crime.* London et al.: Allen Lane.

Weber, Max (1988): „Wissenschaft als Beruf", in: ders., *Gesammelte Aufsätze zur Wissenschaftslehre.* 7. Aufl., hgg. von Johannes Winckelmann. S. 582–613. Tübingen: Mohr Siebeck.

III.

Leben und Tod

KAPITEL 9

Personale Identität und die Grenzen strafrechtlicher Zurechnung

Annäherung an ein unentdecktes Grundlagenproblem der Strafrechtsdogmatik

9.1 Hintergrund: Metaphysik

Who am I?

Ich erinnere mich an eine Begebenheit vom Beginn meines ersten Studiensemesters an der „University of Southern California" in Los Angeles. Ich hatte mich für einen Anfängerkurs in Philosophie eingeschrieben und sah mich in der ersten Stunde mit einer Aufgabe konfrontiert, die uns der Dozent mit gespielter Beiläufigkeit vorlegte. Jeder der Teilnehmer sollte eine Frage beantworten und sich dabei vorstellen, dass er nicht nur der Befragte, sondern auch der Fragende sei, dass er also seine Antwort vor allem an sich selbst zu adressieren habe. Die Frage lautete: „Who am I?" – Wer bin ich?

Das kam mir etwas albern vor und ich begann mit der Antwort, indem ich meinen Namen niederschrieb. Danach stellte ich freilich mit einer gewissen Verblüffung fest, dass mir nichts weiter einfiel, oder vielmehr, dass alles, was mir noch einfiel, nicht als Antwort auf die Frage „Wer bin ich?", sondern allenfalls auf die ganz andere „Was bin ich?" in Betracht kam. Und auch der hingeschriebene Name kam mir plötzlich absurd vor. Meinen Namen nenne ich, wenn ein anderer wissen will, wer ich bin, aber als Auskunft für mich selbst erschien das eher witzlos. Was ich schließlich geschrieben habe, weiß ich nicht mehr, vielleicht so etwas wie eine Variation auf ein geflügeltes Wort der neueren populären Literatur: Die spinnen, die Philosophen.

Das Schiff des Theseus

In ihrer abstrakten Fassung gehört die Frage zu den klassischen Themen der Metaphysik. Jeder von uns, so nehme ich an, betrachtet seine eigene Vergangenheit und Zukunft als essentiellen Teil seiner selbst. Das ist durchaus nicht selbstverständlich. Bei anderen, vor allem bei unbelebten Objekten scheint uns die Bestimmung eindeutiger Grenzen ihrer Identität im Strom der vergehenden Zeit nicht besonders wichtig zu sein. Ist Frankfurt heute dieselbe Stadt, in der vor mehr als 270 Jahren Goethe geboren wurde? Ja oder nein, wie Sie wollen. Das ist ein Problem unserer semantischen Konventionen

 | DOI:10.30965/9783969752678_010

und des Zusammenhangs, in dem die Frage gestellt wird. Unsere Ontologie der äußeren Welt ist vage, bedeutungsabhängig, kontextgebunden und relativ willkürlich. Davon, so scheint es, hängt nichts ab, was außerhalb der Metaphysik interessant wäre.

Immerhin, Irritationen beginnen schon hier. Thomas Hobbes berichtet im 1. Buch seiner *Elementa Philosophiae* vom Disput der griechischen Sophisten über das Schiff des Theseus.[1] Dieser, so nehme man an, repariert gerade sein Schiff, indem er Planke für Planke austauscht, bis er schließlich jede einzelne von ihnen durch eine neue ersetzt hat. Nun wird man natürlich die Frage, ob dies noch dasselbe Schiff sei wie zuvor, für ähnlich langweilig halten wie die vorhin erwähnte nach Goethes Geburtsstadt. Aber die Geschichte geht weiter. Während nämlich Theseus sein Schiff repariert, steht jemand außerhalb des Docks, hebt Planke für Planke auf, die Theseus da hinauswirft, und baut daraus genau das Schiff wieder zusammen, das Theseus drinnen Stück für Stück erneuert. Nun stehen zwei Schiffe mit vollkommen gleicher äußerer Form da. Welches ist Theseus' ursprüngliches Schiff? Drei Möglichkeiten scheint es zu geben: dieses, jenes oder keines von beiden. Die vierte, dass etwa beide mit dem früheren Schiff identisch wären, verbietet die Logik. Denn sie sind nicht miteinander identisch und können es daher nicht beide mit einem dritten sein Wie immer man sich entscheiden mag: seltsam erscheint, dass man sich offenbar *entscheiden* muss, also nicht einfach auf eine empirische Feststellung zurückgreifen kann.

9.2 Teletransport und „Sirius-Fall": ein blinder Fleck der h.M.

Science Fiction

Wechselt man von Städten und Schiffen zu Personen, so nehmen die Irritationen erheblich zu. Die folgende Geschichte, die meist unter der Kennmarke „Teletransporting" erzählt wird, hat, glaube ich, ihren Ursprung in einer Erzählung von Stanislaw Lem.[2] In ihr klingen neben den metaphysischen bereits die normativen Probleme unseres Themas an. Sie lautet so:

Nehmen wir an, in fernerer Zukunft gelänge es, eine Methode zu entwickeln, mittels eines radiologischen Scannings sämtliche atomaren Strukturen aller

1 Hobbes (1839), 136.

2 Vgl. Lem (1980). – Ganz korrekt ist die Ursprungsvermutung nicht: Einerseits greift Lem selbst auf frühere Überlegungen Norbert Wieners zurück, andererseits taucht das Problem in seiner allgemeinen Form schon bei John Locke auf, der über die metaphysischen Folgen eines Bewusstseinswechsels von einem in einen anderen Körper (dem eines Fürsten in den eines Schusters) räsoniert; vgl. Locke (1981), Buch II, Kap. XXVII, § 15.

Körperzellen eines Menschen zu ermitteln und als codierte Informationen zu speichern. Dann wäre folgende Möglichkeit des Reisens denkbar: Man betritt eine Kabine, in der dieser Scanner alle Zellinformationen des eigenen Körpers, vor allem auch des Gehirns aufzeichnet. Dabei wird der Körper zerstört. Die so gewonnenen Informationen werden an einen beliebig fernen Ort übermittelt. Dort wird aus vorhandenem Zellmaterial, aus einer „Zellbank", wenn man so will, ein bis in die letzten atomaren Strukturen exakt gleicher Körper mit einem exakt gleichen Gehirn und daher auch mit vollständig identischen subjektiven Zuständen, Fähigkeiten und Eigenschaften synthetisiert. Der so an dem fernen Ort „aufwachende" Mensch wäre nicht nur körperlich, sondern auch mental ununterscheidbar von dem, der am Ausgangsort die Kabine betreten hat – und zwar auch und vor allem für sich selbst. Er hätte neben einem exakt gleichen Äußeren eine vollkommen identische Subjektivität. Wäre er dieselbe Person wie die am Ausgangsort? Anders gefragt: Wäre das eine besonders raffinierte Art des Reisens oder eher eine bizarre Variante von Selbstmord?

Strafrechtliche Realität

Ich fürchte, mancher wird spätestens an diesem Punkt eine gewisse Neigung verspüren, meiner früheren kalifornischen Diagnose, dass die Philosophen spinnen, zuzustimmen und sie beiläufig auf mich selbst auszudehnen. Unter Strafrechtlern gilt ja bekanntlich schon die Erörterung von Fällen der sogenannten Lehrbuchkriminalität als eine etwas kindische Beschäftigung; phantastische Gedankenexperimente haben da beste Aussichten auf ein mitfühlendes Kopfschütteln. Es ist aber ein prinzipielles Missverständnis zu glauben, man erhöhe die Rationalität einer Normwissenschaft (oder ihrer Lehre) durch deren Verpflichtung auf eine vermeintlich realistische Phantasiearmut. Im Übrigen ist die Wirklichkeit manchmal phantastischer, als sich die juristische Schulweisheit träumen lässt. Man betrachte jene berühmte Entscheidung des Bundesgerichtshofs vom 5. Juli 1983, die als „Sirius-Fall" unsterblich geworden ist.[3] Der BGH und fast alle der ihm zustimmenden Autoren haben der Lösung eine Konstruktion unterlegt, deren zentrales Problem unbemerkt oder jedenfalls ungeklärt geblieben ist. Es ist, sieht man genauer hin, exakt das Problem des Lem'schen Teletransporters. Der Fall lag so:

Ein Versicherungsbetrüger, der sich als Abgesandter einer höheren Lebensform auf dem Stern Sirius ausgab, redete einer Bekannten erfolgreich ein, sie sei auserwählt, nach ihrem Tod als Astralwesen auf dem Sirius weiter zu existieren. Freilich müsse sie dafür bereits auf Erden ihren jetzigen Körper verlassen und in einen anderen wechseln, der am Genfer See für sie bereitstehe. Sie solle

3 BGHSt 32, 38.

einen laufenden Föhn in ihr Badewasser werfen; dadurch werde sie ihre jetzige irdische Hülle abstreifen und augenblicklich in der bereitstehenden neuen, der einer Schauspielerin, erwachen. (Dass sie zuvor eine Lebensversicherung mit ihm als Bezugsberechtigtem abzuschließen hatte, verstand sich gewissermaßen von selbst, ist aber für unser gegenwärtiges Thema ohne Belang.) Das Unternehmen scheiterte trotz ernsthaften Bemühens der Frau. Dass ihr Handeln eine Selbsttötung bedeuten könnte, kam ihr nicht in den Sinn.

Der BGH hat einen versuchten Mord in mittelbarer Täterschaft angenommen. Das beruht auf der Prämisse, dass das Opfer keinen Suizid begehen wollte., und diese wiederum darauf, dass es glaubte, es werde (so der BGH) – „obgleich scheinbar als Leichnam in der Wanne liegend – zunächst [...] seinen irdischen Lebensweg fortsetzen", wenn auch in einem anderen Körper.[4]

Seinen Lebensweg? Nun jedenfalls den seines Bewusstseins, seiner Subjektivität, wenn man so will: seines transzendentalen Ichs. Der Täter hat der Frau vorgespiegelt, sie könne ihren Körper verlassen und in einen gänzlich anderen sozusagen umsteigen. Das war gewiss bizarr, und noch bizarrer ist, dass die Täuschung gelangt. Aber auf der Grundlage dieser absurden Annahme schien dem BGH die weitere, daran anschließende Überzeugung der Frau, dass sie selbst in diesem neuen Körper weiterleben werde, ganz offenbar plausibel, und der weitaus überwiegenden Literatur ebenfalls. Roxin formuliert in seiner Entscheidungsanmerkung den Gedanken deutlich:

> „Denn die Identität des Menschen als Person wird nicht durch seine – ohnehin im Laufe des Lebens ständiger Veränderung unterliegende – Körpersubstanz, sondern durch die Individualität seiner geistig-seelischen Struktur hergestellt, die nach der Vorstellung der getäuschten Frau erhalten [...] und in einem irdischen Leib auf dieser Erde weiterexistieren sollte. Die Frau wollte also nicht sterben. [...] Eine geistige und philosophische ‚Höherentwicklung' und eine körperliche Erneuerung ändern nichts an der Personenidentität."[5]

Die Frau habe sich daher, so die Überlegung, in einem Quasi-Tatbestandsirrtum über die von ihr unternommene Selbsttötung befunden – nicht anders, als wenn sie der Täter veranlasst hätte, einen angeblich harmlosen Draht anzufassen, der unter Starkstrom stand. „Bei dieser Annahme", so Roxin, „ist eine mittelbare Täterschaft eindeutig".[6]

Stimmt das? Erinnern wir uns an den Lem'schen Teletransporter. Jemand will sich über eine große räumliche Distanz bewegen, indem er seinen Körper

---

4 BGHSt 32, 42.

5 Roxin (1984), 72.

6 Roxin (1985), LK § 25 Rn. 108.

vollständig zurücklässt. Nur die umfassende Information, die sein Bewusstsein, seine Subjektivität, sein Ich konstituiert, wird per radiologisches Scanning an einen Zielort übermittelt und dort der physischen Substanz eines anderen Körpers, der dem ursprünglichen ununterscheidbar gleicht, wieder materialisiert.[7] Wäre dies derselbe Mensch wie jener, der am Ausgangsort den Scanner betreten hat?

Gewiss, sagt Roxin, denn schließlich wissen wir, dass jede Körperzelle des Menschen von der Natur selbst alle soundsoviele Jahre vollständig erneuert wird, dass also ein gänzlicher Körperaustausch bei jedem von uns im Laufe seines Lebens tatsächlich stattfindet und sogar mehrmals. Was als identisch bleibendes Ich überlebt, könne daher nur die jeweilige Subjektivität sein. Und an dieser Irrelevanz der reinen Körpermaterie für die Identität ändere sich durch die bloße zeitliche Beschleunigung des Vorgangs natürlich nichts. Wer also den empirisch gewiss absurden Versuch unternehme, das naturbedingte Auswechseln des eigenen Körpers in einem sekundenschnellen Akt des Umsteigens in einen anderen Körper künstlich zu realisieren, glaube zwar an abstruse Möglichkeiten, aber er wolle jedenfalls nicht sterben. Er bliebe ja, wenn sein Plan denn gelingen könnte, auch tatsächlich am Leben.

(Quasi-)Tatbestands- oder Subsumtionsirrtum?

Das klingt plausibler, als es ist. Variieren wir den Teletransporter-Fall ein wenig. Das radiologische Scanning zur Aufnahme sämtlicher Zellinformationen zerstöre den ursprünglichen Körper diesmal nicht. Genau wie im Ausgangsfall werde aber ein neuer, nun also zweiter Körper mit der identischen Subjektivität dessen synthetisiert, der ursprünglich die Kabine des Teletransporters betreten hat. „Who is who?“ möchte man hier wohl fragen. Und wie immer die richtige Antwort lauten mag: beide nun vorhandenen Subjekte können jedenfalls nicht mit dem ursprünglichen identisch sein; denn sie sind offensichtlich nicht miteinander identisch. Man erinnere sich an das Schiff des Theseus bei Thomas Hobbes! Die Logik, wenn diese Variation auf einen berühmten Satz Franz von Liszts gestattet ist, ist die unübersteigbare Schranke der Metaphysik.[8] Aber eines scheint mir sicher: Derjenige, der anfangs den Teletransporter betreten hat, ist derselbe geblieben. Er hat die Maschine ja unversehrt auch wieder verlassen, also ganz gewiss überlebt. Daher kann der andere nicht derselbe sein

---

7 Man beachte: Dieser Transport der Subjektivität kann, da er (bei Lem wie im Sirius-Fall) vollständig materielos, also ohne jeden Körpertransport geschehen soll, nur als Informationsübertragung verstanden werden.

8 Von Liszts Satz „Das Strafrecht ist die unübersteigbare Schranke der Kriminalpolitik“ in ders. (1905), 80.

wie er. Bei ihm kann es sich nur um ein, wenngleich objektiv wie subjektiv perfektes Duplikat handeln. Alles das muss dann freilich auch für den insofern ja gänzlich gleichen Ausgangsfall gelten, in welchem der ursprüngliche Körper zerstört wird. „Keine Macht der Welt", schreibt der englische Philosoph Michael Lockwood, „könnte *mich* bewegen, [den Teletransporter] zu betreten".[9] Und jedenfalls mir erscheint das zur Evidenz überzeugend, selbst wenn ein technischer Fehlschlag des Verfahrens noch sicherer auszuschließen wäre als beim normalen Verreisen ein Unfall mit der Bahn.

Ist aber alles dies richtig, dann ist die Entscheidung des BGH und sind die zustimmenden Kommentare in der Literatur falsch.[10] Die Frau hat nicht in einem Quasi-Tatbestandsirrtum, sie hat vielmehr in einem Subsumtions- bzw. Definitionsirrtum über die begrifflichen Merkmale von „Tod", „Überleben" und „personale Identität" gehandelt. Sie hätte auch dann nicht überlebt, wenn ihr abstruser Plan, in einen anderen Körper umzusteigen, vollständig gelungen wäre. Denn was in diesem Körper fortexistiert hätte, wäre nicht *sie selbst* gewesen.[11] Die zwar mit ihrem Ich am Genfer See Erwachte wäre als Person gleichwohl so wenig mit ihr identisch gewesen wie die Benützer des Lem'schen Teletransporters mit ihren objektiv wie subjektiv perfekten Duplikaten an den fernen Zielen ihrer „Reise". Was die Frau angestrebt hat, wäre daher auch im Fall seiner Realisierung ihr Tod gewesen. Dass sie selbst ihr Ziel nicht so benannt hat, ist als bloßer Bezeichnungsirrtum strafrechtlich irrelevant.

Dieser Subsumtionsirrtum (die zweite Fehlvorstellung der Frau) macht nun auch ihren ersten Irrtum strafrechtlich bedeutungslos: die absurde Annahme, in einen anderen Körper umsteigen zu können. Denn in beiden Verlaufsvarianten des Geschehens – der von ihr und der von dem arglistigen Täter erwarteten – wäre der Erfolg *sub specie iuris* der gleiche gewesen: der Tod der Frau. Genau diesen Erfolg hatte sie sich vorgestellt, wenn sie ihn auch als bloßen Ortswechsel ihres „reinen" Bewusstseins mit der falschen Kennzeichnung des „Überlebens" versah. Getäuscht worden ist sie also nicht darüber, *dass* ihr

9 Lockwood (1985), 19. Vgl. freilich auch das suggestive Gegenbeispiel von Parfit (1987), 22, sowie dessen Diskussion der Probleme in ders. (1984), 219 ff., wonach weder ein „ego" noch personale Identität in der Frage des Überlebens eine Rolle spielten und beide daher nicht das seien, worauf es uns beim Nachdenken über unsere Zukunft ankomme.

10 Neben Roxin (1984) und (1985) statt aller Kühl (2017), § 20/48, m.w.N. der zustimmenden Literatur. Zweifel an der Entscheidung aber bei Jakobs (1993) 21/77 F. 142, allerdings ohne Bezug auf das hier erörterte Problem der personalen Identität.

11 Dabei ist begrifflich vorausgesetzt, dass man von einer Person nur dann sagen kann, sie habe überlebt, wenn sie (irgendwie) als sie selbst weiterexistiert. Ich sehe keine Möglichkeit, den Begriff des Überlebens ohne dieses Kriterium der Identität des Überlebenden zu fassen, wiewohl eine solche Möglichkeit gelegentlich behauptet wird, z.B. von Parfit (1984), 245 ff.

der Tod, sondern welcher Tod ihr drohe: nicht der durch jene metaphysische Bewusstseinsreise, sondern der vulgäre eines tödlichen Stromschlags. Die bloße Verschleierung der erwartbaren Todesart macht aber den Täuschenden nicht zum mittelbaren Täter einer Tötung. Wer etwa einer anderen Person vorspiegelt, das ihr gereichte und von ihr freiwillig eingenommene Gift führe zu einem sanften Sterben durch Atemlähmung, während es in Wahrheit auf andere, rabiatere Weise tötet, ist ein schäbiges Subjekt, aber kein Totschläger in mittelbarer Täterschaft.[12]

Für den Sirius-Fall erwäge man das an einer hypothetischen dritten Version der im Spiel befindlichen Vorstellungen: Hätte der Täter seinem Opfer nicht vorgespiegelt, es werde „im Körper einer Schauspielerin", sondern in dem eines Tieres oder gar einer Pflanze, etwa eines Baumes, „erwachen" und „weiterleben", und hätte die Frau mit diesem Ziel gehandelt, dann würde wohl niemand bezweifeln, dass sie vorhatte, ihrem Menschenleben ein Ende zu setzen, egal ob sie das selbst als Suizid aufgefasst hätte oder nicht. Doch ist der Unterschied *dieser* Vorstellung zu der wirklichen des Opfers im Sirius-Fall für die Frage, ob dabei jeweils eine Selbsttötung beabsichtigt gewesen wäre, ersichtlich ohne Belang. Beispielhaft: Ob Frau A getötet wird, hängt nicht davon ab, ob anschließend *irgendwer* weiterlebt, und wäre es jemand mit A's Bewusstsein, sondern davon, ob es A als dieselbe Person, die sie gewesen ist, *nicht mehr* tut. Salopp: Nicht was jemand wird, sondern was er nicht mehr ist, entscheidet darüber, ob sein Leben beendet worden ist. Daher ist es gleichgültig, ob irgendein anderes Wesen, das anstelle der A mit ihrem Bewusstsein weiterlebt, ein Mensch ist, z.B. eine Schauspielerin, oder aber ein Tier, ein Baum – oder was man will.

Gewiss liegen hier die beiden Irrtümer des Tatopfers, die sich sozusagen zu gemeinsamer strafrechtlicher Irrelevanz verbinden, in einem aus metaphysischen Gründen schwierigen Grenzbereich zum (Quasi-)Tatbestands-Irrtum. Der BGH und die herrschende Literatur nehmen den letzteren ja nicht aufgrund irgendeines Rechtsfehlers an, sondern weil sie ihm buchstäblich selbst unterliegen. Das Ergebnis des BGH mag daher mit einer anderen Begründung schließlich haltbar sein, mit der des Urteils aber nicht. Plausibler erscheint eine Lösung, die das tragende Argument nicht beim Irrtum, sondern im Bereich einer Analogie zu den §§ 20, 21 StGB verankert. Die besondere Schutzbedürftigkeit des Tatopfers, die erkennbar das BGH-Urteil motiviert hat[13], entstammte hier einer so bodenlosen Konzeption der Realität von Leben

---

12 Allerdings, in mittelbarer Täterschaft, ein Körperverletzer; für unser Thema ist das ohne Bedeutung.

13 Darauf weist zutreffend Jakobs (1993) 21/77 F. 142 hin.

und Tod, dass sie die Annahme einer wenigstens partiellen Inkompetenz wohl getragen und damit die mittelbare Täterschaft einleuchtender begründet hätte.[14]

Im Übrigen müssten der BGH und die ihm zustimmende Literatur konsequenterweise bereit sein, ihre Annahme eines Tatbestandsirrtums auch dann durchzuhalten, wenn es *ceteris paribus* nicht um den Fall einer Selbst-, sondern um den einer Fremdtötung ginge. Ich glaube aber nicht, dass sie dies wären, und noch weniger, dass sie es sein sollten. Hätte die Frau im Sirius-Fall von sich aus den Wechsel in einen neuen Körper für ihr Kind beschlossen und dessen „Ausstieg" aus seinem alten mittels einer Elektrifizierung des Badewassers plangemäß bewerkstelligt, so dürfte kaum jemand die Anwendung von § 16 Abs. 1 StGB, also die Verneinung des Tötungsvorsatzes und das Ergebnis einer bloß fahrlässigen Tötung akzeptabel finden.[15] Der BGH und die h.Lit. müssten es aber. Auch das, denke ich, diskreditiert ihre Lösung.

Information, Materie und Identität

Vielleicht erwarten Sie nun von mir eine korrekte Antwort auf unsere Frage nach der personalen Identität bei einer vorgestellten Trennung von Körper und „Ich". Seit John Lockes berühmter Untersuchung dieses Problems in seinem *Essay Concerning Human Understanding* von 1690 sind zahlreiche Vorschläge dazu gemacht worden. Nach der Lektüre einer großen Zahl davon kann ich nur sagen: Welcher der richtige ist, weiß ich nicht.[16] Locke, der das Problem klarer gesehen hat als der BGH, hat ein Körperkriterium der personalen Identität verworfen und stattdessen ein reines Bewusstseinskriterium, nämlich das der Erinnerung, postuliert.[17] Wir haben aber gesehen, dass ein reines Bewusstseinskriterium nicht tauglich sein kann, auch wenn es nicht das

14 Das deutet auch Neumann (1985), 681, an.

15 Auch diese Erwägung bei Neumann (1985).

16 Ich habe inzwischen Zweifel, dass wir notwendige und hinreichende Kriterien für die diachrone Identität einer menschlichen Person über jeden Wandel von Zeit, Körper und Bewusstsein hinweg besitzen. Vielleicht hängt ja von dieser Frage, wie Parfit meint, in metaphysischer wie in normativer Hinsicht und v.a. für unser Überlebensinteresse nichts Wichtiges ab. Auch insofern habe ich allerdings Zweifel (und diese mag der Sirius-Fall ja durchaus bestätigen). Immerhin denke ich, dass jedenfalls die *Widerlegung* bestimmter Identitätsannahmen mit guten Gründen möglich ist (etwa derjenigen im Lem'schen Teletransport- oder im Sirius-Fall). – Aus der uferlosen Literatur in der Philosophie seit Locke zu unserem Problem vgl. nur: Parfit (1984), vor allem 199–347, und dazu die Beiträge von Brink, Shoemaker, Johnston und Thomson in Dancy (1997); Perry (1975); Brenan (1988); Unger (1990); Noonan (1993); Baillie (1993).

17 Locke (1981), Kap. XXVII, § 9, S. 419f.; dazu eingehend Mackie (1976), sowie Flew (1951), S. 53ff.

vielfach problematische der Erinnerung wäre, das Locke gewählt hat. Denn es kann, wie das Teletransport-Beispiel und der Sirius-Fall zeigen, perfekte Duplikate nicht von den Originalen unterscheiden.

Der Grund dafür ist wohl dieser: Ein gänzlich körperloses „Ich"-Bewusstsein, eine cartesische *res cogitans*, wäre nichts anderes als eine hochkomplexe Informationsstruktur.[18] Informationen haben aber keine numerische, sondern lediglich eine semantische Identität: Sie können daher beliebig oft vervielfältigt werden und bleiben dennoch stets dieselben. Man denke an das Kopieren von Computer-Dateien: Der jeweilige stoffliche Träger wechselt, die Datei selbst bleibt in jeder erneuten Reproduktion mit sich selbst identisch. Für Personen wäre ein solches Identitätskriterium nicht akzeptabel. Ihre Verdoppelung zuzulassen, widerspräche unserem Begriff einer Person. Sie können nicht vervielfältigt werden, sondern müssen – bei Strafe ihres sonstigen Untergangs – auch numerisch identisch bleiben. Man denke sich per *science fiction* in fernen Jahrhunderten die Möglichkeit, „bewusstlose" Gehirnsubstanz mit der vollständigen Bewusstseinsinformation einer Person X zu programmieren. Jede Wiederholung dieses Vorgangs würde offenkundig eine neue Person entstehen lassen. Wohl bliebe das Bewusstseinsprogramm und damit das reine subjektive Ich in allen Duplikaten identisch, jedenfalls zunächst[19], nicht aber die gesamte Person. Die gängige Strafrechtsdogmatik zum Sirius-Fall kann diesen Unterschied nicht wahrnehmen. Sie ist, wie wir erneut sehen, nicht richtig.

Bei einem vollständigen Bruch jeder körperlichen Kontinuität lässt sich also die Identität einer Person offenbar nicht erhalten und damit ihr Überleben nicht gewährleisten. Hier steckt das eigentliche und ungeklärt gebliebene Problem des Sirius-Falles. Umgekehrt erscheint freilich ein bloßes Körperkriterium personaler Identität noch weniger geeignet. Roxins Hinweis auf den tatsächlich stattfindenden vollständigen Körperaustausch bei jedem von uns im Lauf der biographischen Zeit ist ja gewiss ebenfalls richtig. Auch unser Todesbegriff, der des Hirntods, zeigt übrigens, dass wir bei einem vollständigen Bruch der Subjektivität einen identischen Fortbestand der Person nicht mehr annehmen. Daher setzen wir die Unumkehrbarkeit dieses Bruches mit dem irreversiblen Ende der Person gleich, selbst wenn im Übrigen fast der gesamte Körper biologisch weiterlebt.[20]

---

18 Siehe schon oben, Fn. 7.

19 Jede Einzelkopie dieses Bewusstseins würde sich als Subjekt neuer Erfahrungen natürlich sofort *individuell* weiterentwickeln und damit von ihrer „Kopiervorlage" lösen.

20 Zu den metaphysischen und normativen Problemen des Hirntods: Merkel (1999).

Es muss wohl so sein, dass beide Aspekte des Menschseins, nämlich, wenn die antiquierte Wendung gestattet ist, Leib und Seele bei der Frage nach personaler Identität über vergehende Lebenszeiten hinweg irgendwie berücksichtigt werden.[21] Aber wie? Was von dem jeweils einen oder anderen Aspekt? In welchem Maß? Und in allen Kontexten jeweils das Gleiche und das gleiche Maß? Mehr als eine erste Orientierung haben wir mit den bisherigen Überlegungen wohl nicht gewonnen.

9.3 Irreversibles apallisches Syndrom und personale Identität: Das unerkannte Grundproblem in BGHSt 40, 257

Vielleicht sagen Sie nun: Gut, das mögen amüsante oder auch schwierige Fragen sein, aber mit dem, was den Strafrechtler wirklich etwas angeht, haben sie nichts zu tun. Identität hin oder her: so ist bekanntlich das Leben, dass es nicht so ist wie bei Stanislaw Lem. Und wenn es sich in irgendeinem Sirius-Fall doch einmal dazu versteigt, dann präsentiert es bloß jene sprichwörtliche Ausnahme, die die Regel bestätigt und deren Anwendung uns im Übrigen nicht zu kümmern braucht.

Das wäre ein ziemlich unbeglaubigter Optimismus. Der folgende Fall soll zeigen, warum.

Euthanasie und mutmaßlicher Patientenwille: Die These des BGH

Vor einigen Jahren hat sich der BGH in einer Grundsatzentscheidung zum ersten Mal mit den rechtlichen Möglichkeiten und Grenzen der sogenannten „passiven Sterbehilfe“ befasst.[22] Ein Arzt hatte für eine seit drei Jahren im irreversiblen apallischen Syndrom, also einem Zustand dauernder und vollständiger Bewusstlosigkeit liegende Patientin die Einstellung der Ernährung angeordnet, um die Frau sterben zu lassen. Der BGH hat dies im konkreten Fall als versuchten Totschlag durch Unterlassen in mittelbarer Täterschaft beurteilt. Schwerlich haltbar ist die Annahme der mittelbaren Täterschaft.[23] Doch gehört das nicht zu den Fragen unseres Themas und mag hier auf sich beruhen. Bemerkenswert sind dagegen die weit über den Sachverhalt

21 Ein ähnlicher Ansatz (mit Abweichungen im einzelnen) bei Williams (1973/1978), 37ff. und 105ff.

22 BGHSt 40, 257ff.; zu dem Urteil Bernsmann (1996), 93; Merkel (1995), 545; Rönnau (1996), 108; Schöch (1995), 153; Verrel (1996), 224; Vogel (1995), 337; Saliger (1998), 118.

23 Zur Kritik Merkel (1995), 550ff.; s. auch Otto JK 95, StGB § 25 I/4; Roxin (1998), 174.

hinausreichenden Überlegungen des BGH zum eigentlichen Sterbehilfe-Problem. Der Senat fasst sie in den folgenden Leitsatz:

> „Bei einem unheilbar erkrankten, nicht mehr entscheidungsfähigen Patienten kann der Abbruch einer ärztlichen Behandlung [...] ausnahmsweise auch dann zulässig sein, wenn die Voraussetzungen [...] für die Sterbehilfe nicht vorliegen, weil der Sterbevorgang noch nicht eingesetzt hat. *Entscheidend ist der mutmaßliche Wille des Kranken.*"[24]

Dieses Grundsatzvotum hat in der Literatur fast einhellig Beifall gefunden.[25] Endlich, so hieß es, erkenne auch der BGH das hohe Gut der Patientenautonomie hinreichend an. Der zugrundeliegende Gedanke ist einfach: Wenn der wirklich erklärte Wille eines Patienten Substrat und Garant seiner Autonomie ist, dann müsse das bei einem nicht mehr autonomiefähigen Patienten eben dessen mutmaßlicher Wille sein. Es gehöre zum Schutz der Gleichheit und der Würde des Menschen, die Fortwirkung seiner Autonomie auch dann noch zu garantieren, wenn ihre aktuelle Ausübung unmöglich geworden ist.[26]

Kritik

So sympathisch die Erwägung klingt, sie hat einen prinzipiellen Mangel. Sowohl im zitierten Urteil als auch in den Anmerkungen der Literatur dazu ist er unbemerkt geblieben. Übersehen hat man, dass ein hinreichend radikaler Wechsel zwischen autonomiefähiger und -unfähiger Person zu einem Bruch der personalen Identität führen kann. Warum dies, sofern man es anerkennt, das Fundament der Entscheidung, nämlich den zitierten Leitsatz, bedroht, liegt auf der Hand: Ist die spätere, nicht mehr autonome Person eine andere als ihre Vorgängerin, dann kann deren früherer Wille keine verbindliche Maxime des Verhaltens gegenüber der nachfolgenden Person legitimieren. Bei der im Fall des BGH einschlägigen Problematik einer Entscheidung *contra vitam* ist das offensichtlich: Wo und wann sonst dürfte in unserer Rechtsordnung Person A über den Tod von Person B verbindlich entscheiden?

Hier mag eine letzte Zwischenbemerkung gestattet sein: Nach meiner Erfahrung haben Juristen an diesem Punkt der Argumentation eine gewisse Neigung, sich an die Stirn zu tippen. In sämtlichen anderen Zusammenhängen der Rechtsordnung ändert der Verlust der Autonomiefähigkeit schließlich

---

24 BGHSt 40, 257 (Hervorhebung von mir).

25 Vgl. Roxin/Greco (2020), § 18/26f., sowie die in Fn. 22 zitierten Stimmen mit Ausnahme meiner eigenen; zu den Gründen meiner Kritik s. den folgenden Text; zweifelnd an der Konstruktion einer mutmaßlichen Einwilligung Bernsmann (1996), 89.

26 Statt aller Verrel (1996), 227f.

nichts am fraglosen Fortbestand der Identität einer Person. Nicht nur heißt der etwa schwer geisteskrank gewordene Patient genauso wie zuvor; er bleibt auch Inhaber aller etwa zuvor begründeten zivilrechtlichen Ansprüche, er verbleibt in sämtlichen familienrechtlichen Bindungen, bleibt möglicher Erbe oder Erblasser – und was man sonst noch will. Wie kann man auf die abenteuerliche Idee kommen, dass er *sub specie iuris* in irgendeiner Hinsicht plötzlich als ein anderer gelten solle?

Man erwäge den folgenden Fall (und behalte dabei den Leitsatz des BGH in Erinnerung):

Der erfolgreiche Manager A erfährt, dass er an Morbus Alzheimer erkrankt ist. Er kennt das ihm bevorstehende Schicksal und denkt mit Schrecken an den künftigen Zustand seiner gänzlichen Hilflosigkeit, seiner vollständigen Abhängigkeit von anderen, des Erlöschens jeder Erinnerung an die ihm nahestehenden Menschen – und er antizipiert all dies als einen unerträglichen Verlust seiner persönlichen Würde. Daher formuliert er eine Patientenverfügung, in der er als seinen verbindlichen Willen festlegt, dass nach Eintritt des Vollbildes der Krankheit bei jeder späteren Erkrankung keinerlei lebenserhaltende Maßnahmen an ihm durchgeführt werden dürfen. An dieser Entscheidung zweifelt er, so lange er überhaupt noch zweifeln kann, weiterhin nicht eine Sekunde – bis genau der Zustand eingetreten ist, den er in seiner Verfügung antizipiert hat und der ihr Motiv war.

Nun stellt man freilich an ihm fest, dass er nichts mehr von seiner früheren Furcht vor seinem jetzigen Zustand weiß, nichts mehr von seiner Vergangenheit, nichts von seiner Patientenverfügung, und dass er gänzlich außerstande wäre zu verstehen, worum es sich dabei handelt. Aber auch und vor allem: dass er nun offensichtlich ganz gerne lebt und sich an den kleinen Annehmlichkeiten seines Alltags freut, am Essen, Sitzen in der Sonne, Spazierengehen mit dem Pfleger. Dann tritt eine akute, aber durch eine Operation unschwer zu behebende, Herzinsuffizienz auf. Der zuständige Chirurg kennt die Patientenverfügung: das Verbot, zu intervenieren.

Darf, soll, ja muss er den Patienten sterben lassen? Ich vermute, die meisten von Ihnen würden hier antworten: Nein, das darf er nicht. Jedenfalls ich würde so antworten; und ich denke, der BGH auch. Doch wäre diese Antwort mit seinem vorhin zitierten Leitsatz nicht verträglich. Danach entscheidet bei nicht mehr autonomiefähigen Patienten, die noch nicht im Sterben liegen, allein ihr mutmaßlicher Wille darüber, ob medizinisch indizierte Behandlungen vorgenommen werden dürfen. Dieser ist aber hier eindeutig als Verbot formuliert.

Nun ist die Hintertür, die sich anbietet, leicht zu sehen: Der jetzige mutmaßliche Wille, so könnte man sagen, ist eben ein anderer als der in der Patientenverfügung festgelegte. Offenbar lebt der Patient ja jetzt gerne; also weicht sein heutiger mutmaßlicher Wille von seinem früher antizipierten ab und richtet sich nun auf das eigene Weiterleben. Der frühere Wille ist gegenstandslos geworden. Was sollte hier das Problem sein?[27]

Das Problem ist dies: Sind der heutige Patient und der Verfasser der früheren Verfügung ein und dieselbe Person, dann ist das Argument falsch. Denn genau für die jetzt eingetretene Situation ist der frühere wirkliche Wille artikuliert worden. Solange eine Willensbildung noch möglich war, hat sich an diesem Willen nichts geändert; und danach war der Patient überhaupt nicht mehr in der Lage, einen abweichenden Willen zu bilden. In keinem anderen Kontext wäre es innerhalb der Reichweite einer mutmaßlichen Einwilligung zulässig, sich über den vorherigen wirklichen, erklärten und eindeutig für die jetzige Situation artikulierten Willen einfach hinwegzusetzen.[28]

Wichtiger noch ist aber das folgende: Man frage sich, wie man eigentlich zum Inhalt des neuen, mutmaßlichen Willens käme? Der einzig schlüssige Weg besteht offensichtlich darin, den Patienten selbst, so gut es geht, per Gedankenexperiment in die Entscheidungssituation zu projizieren, nämlich mit Hilfe aller verfügbaren Informationen und vernünftigen Erwägungen über *seine* entscheidungswichtigen Neigungen und Abneigungen. Stellen wir uns also vor, unser Patient erwache kurz vor der Operation für einen luziden Moment wieder zu seinem alten Bewusstsein und überschaue die ganze Lage. Damit würde er genau jene unveränderte Identität der Person verkörpern, die unser gegenwärtiges Argument voraussetzt. Denn er überblickt nun sowohl die Vergangenheit als auch die Zukunft als seine jeweils eigene. Er hat seine früheren Präferenzen als erfolgreicher Manager wieder, die ihn zur Abfassung der Verfügung motiviert haben, weiß aber auch genau, dass er in seiner demnächst wieder einsetzenden Existenz als schwer dementer Patient gerne wird leben wollen. Es ist unmöglich, mit schlüssigen Argumenten zu sagen, wie er

---

27 Im Sinne dieses Arguments etwa Rickmann (1987), S. 186: Die jetzige Interessenlage erweise die frühere „Prognose" des Patienten, die seiner Verfügung zugrunde liege, als „Fehleinschätzung"; daher sei die Verfügung unwirksam.

28 Das steht außer Zweifel, wenn man der zutreffenden h.L. folgt, wonach die mutmaßliche Einwilligung ein selbständiger Rechtfertigungsgrund aus erlaubtem Risiko ist, der zwischen Einwilligung und rechtfertigendem Notstand steht, sich aber am (vermuteten) wirklichen Willen des Betroffenen, nicht an seinen objektiv beurteilten Interessen zu orientieren hat; s. Roxin/Greco (2020), § 18/3ff., m.w.N. Doch auch wer die mutm. Einw. als unselbständigen Spezialfall des rechtfertigenden Notstands betrachtet (z.B. Otto [2004] § 8 IV), müsste die oben zitierte Regel anerkennen: Das Gewicht der objektiv abzuwägenden Interessen muss dann entsprechend den wirklichen oder vermuteten subjektiven Präferenzen des Betroffenen bestimmt werden; denn nur um Interessen, die rechtlich ihm zugeordnet sind, geht es; daher bestimmt sich deren (rechtlich) objektiver Wert nach ihrer subjektiven Gewichtung durch ihren Inhaber.

über die Operation entscheiden würde. Denn das hinge davon ab, ob er die eher geistigen Präferenzen seiner Vergangenheit oder die eher physischen seiner Zukunft für wichtiger hielte; beide stünden ihm in seinem luziden Intervall ja vollständig zur Verfügung. Aber genau das taten sie bei Abfassung seiner früheren Erklärung ebenfalls und in genau gleichem Maß. Und da er damals *contra vitam* entschieden hat, gibt es keine rationale Möglichkeit, ihm nun eine mutmaßlich andere Neigung zu unterstellen. Das sollte man nicht mit einer erschlichenen mutmaßlichen Einwilligung überspielen.[29]

Wenn dies aber alles so ist, dann scheint der Arzt in meinem Alzheimer-Fall gezwungen zu sein, einen Menschen, der gerne leben möchte und leicht zu retten wäre, aufgrund einer Verfügung sterben zu lassen, zu der dieser Mensch keinerlei subjektive Verbindung mehr hat, von der er nicht das geringste weiß oder auch nur begreifen könnte und die seinen heutigen Interessen so fern ist wie die exzentrische Neigung eines beliebigen Dritten. Ich meine, das kann nicht richtig sein, obwohl z.B. ein so berühmter Rechtsphilosoph wie Ronald Dworkin genau diese Auffassung vertritt.[30] Aber der Schlüssel zu einer angemessenen Lösung liegt nicht im Verbiegen der Dogmatik zur mutmaßlichen Einwilligung. Er liegt in der Frage, ob denn die Prämisse all dieser Überlegungen stimmt: dass nämlich der jetzige Alzheimer-Patient mit dem Verfasser der früheren Patientenverfügung *in der für die anstehende Entscheidung maßgeblichen Hinsicht* identisch ist. Oder umgekehrt formuliert: ob die Folgen einer Durchsetzung der Patientenverfügung nicht jemand anderen treffen als deren Urheber. Wäre dies der Fall, dann käme eine solche Durchsetzung der tödlichen Wirkung der Verfügung gewissermaßen zu Lasten eines Dritten genauso wenig in Betracht wie sonstige Willenserklärungen zu Lasten Dritter.

29 So bereits meine Überlegung in Merkel (1995), 567f. Die implizite Behauptung, man ratifiziere mit der Operation nur, was der Betroffene selbst (mutmaßlich) will, macht diesen zum primär Zuständigen für den Inhalt der Entscheidung. Damit wird der für Eingriffserlaubnisse schlechthin fundamentale Legitimationstitel reklamiert. Da es aber hier, wie wir gesehen haben, für einen Patientenwillen pro (oder contra) Operation keine entscheidenden Argumente gibt, entledigt sich diese Lösung ihrer wahren Begründungslast durch die Fiktion einer normativen Grundlage, die sie nicht hat.

30 Vgl. Dworkin (1993), 222ff., 226; im Ergebnis ebenso Hoerster (1998), 81f. Wozu dies führen kann, zeigt ein Fallbericht im Hastings Center Report (1998), 28: Sterbenlassen einer inkompetenten 73-Jährigen allein aufgrund ihrer früheren (kompetenten) Wünsche – und erkennbar gegen ihren nunmehr deutlichen, intensiven Lebenswillen. Scharfsinnig differenzierend zu dem Problem neuestens Schöne-Seifert/Stier (2020).

Der Schlüssel: Kollision von Interessen verschiedener Subjekte

Erst damit ist, so meine ich, die richtige Perspektive bezogen.[31] Erinnern wir uns an jene Minimalbedingung personaler Identität, die sich aus der Diskussion des Sirius-Falles ergeben hat: Sie muss jedenfalls eine relevante Kontinuität im subjektiv-geistigen mit einer ebensolchen im objektiv-physischen Dasein des Menschen miteinander integrieren. Projiziert man dies auf den Fall meines Alzheimer-Patienten, so wird deutlich, auf welchem Merkmal dieser Minimalbedingung nun die Last der Argumentation ruht. Die physische Kontinuität steht ganz außer Zweifel. Die der Subjektivität in mancherlei Hinsichten gewiss ebenfalls, aber in anderen ganz offenbar nicht. Die Frage lautet daher: Welche Aspekte der psychischen Kontinuität zwischen dem autonomen Verfasser der Patientenverfügung und dem nicht-autonomen Adressaten ihrer Wirkung sind für ihre Zurechnung zu dem letzteren entscheidend?

Damit erst kommen die wirklichen Konflikte in den Blick. Der Verfasser der Verfügung wollte einen Zustand vermeiden, den er auf dem Hintergrund seiner Biographie, seines Charakters, seiner intellektuell entwickelten Präferenzen als unwürdig ansah. Für den jetzigen Patienten spielen alle diese Dinge keine Rolle. Er hat eine einzige Präferenz: zu leben. Bleiben wir in der Identitätsperspektive und erlauben uns zur Veranschaulichung eine Metapher: Der Körper des Patienten wird jetzt von einem anderen Ich als dem des Inhabers jener früheren Präferenzen „bewohnt“. Das heißt nicht, dass diese Präferenzen gegenstandslos geworden wären. Die meisten Menschen haben ein erhebliches und legitimes Interesse daran, wie mit ihrem Körper nach dem Erlöschen des eigenen Ichs, also regelmäßig nach ihrem Tod, verfahren wird. Vorausverfügungen über den eigenen Leichnam sind daher grundsätzlich problemfrei. Denn es gibt kein Subjekt mehr, das gewissermaßen als Nachfolger des früheren Ichs in dessen Körper zurückbliebe. In Fällen wie dem meines Alzheimer-Patienten ist dies aber nicht so. Im Körper der früheren Person existiert nun eine gänzlich andere Subjektivität, ein, wie ich meine, buchstäblich anderes Ich. Und dieses hat weitaus mehr zu verlieren, wenn die Verfügung durchgesetzt wird, als deren Verfasser, wenn sie unerfüllt bleibt. Auch ihm wird freilich etwas verweigert, was in anderen Fällen gewährt wird, nämlich die Erfüllung seiner Vorausverfügung über den eigenen Körper. Aber dieser ist nun, so lautet mein Argument, der eines anderen.

Nun wird deutlich, worum es in unserem Fall wirklich geht: um die Abwägung kollidierender Interessen, und zwar ganz wörtlich von solchen verschiedener Inhaber. Denn Inhaber von Interessen kann nur das personale

31 Ausführlich zu ihr für solche Fälle Buchanan/Brock (1989), 152ff.; Dresser/Robertson (1989), 234ff.

Ich des Menschen sein, nicht dagegen sein Körper, auch wenn dieser der Gegenstand des Intereses ist. Der Körper des Alzheimer-Patienten ist identisch geblieben, jenes Ich aber nicht. Der strafrechtliche Rahmen für die Entscheidung unseres Konflikts ist daher der des rechtfertigenden Notstands, nicht der einer mutmaßlichen Einwilligung, wie der BGH und die herrschende Literatur annehmen.

Erst in dieser Perspektive werden auch die normativen Grundlagen für Entscheidungen in Fällen des apallischen Syndroms, also der vollständigen irreversiblen Bewusstlosigkeit, transparent. Die Subjektivität des früheren, autonomen Patienten ist hier gänzlich erloschen, nicht anders als die eines Hirntoten. Ein nachfolgendes anderes Ich gibt es jedoch nicht. Die eine Seite der erforderlichen Abwägung bleibt leer. Darum darf man solche Patienten sterben lassen und muss sie nicht, wie im berühmten Fall der Karen Quinlan in Amerika, zehn Jahre oder länger an einer bloß noch vegetativen Existenz erhalten.[32]

Dagegen kann die Fixierung des Blicks auf einen mutmaßlichen Willen auf zweifache Weise in die Irre führen: bei Apallikern zu einer unwürdigen Über-, bei Alzheimerpatienten zu einer tödlichen Unterbehandlung. Ich fürchte, die oben zitierte Entscheidung des BGH verweist die Ärzte auf einen gefährlichen Weg. Dass im Übrigen solche Probleme, anders als das des Sirius-Falles, vieltausendfach in Kliniken und Pflegeheimen auftreten können, bedarf keiner weiteren Beglaubigung.

9.4 Retrograde Amnesie: Verlust der eigenen Vergangenheit und strafrechtliche Verantwortung

Personale Identität eines Menschen ist also offenbar nicht eine Frage des umfassenden Entweder/Oder. Sie kann bei ein und demselben Menschen in zahlreichen Hinsichten, etwa in den meisten zivilrechtlichen Belangen, fortbestehen und zugleich in anderen fehlen, z.B. als Grund für die Zurechnung einer früheren autonomen Verfügung zu einem jetzigen Alzheimer-Patienten. Der folgende letzte Fall meiner Beispielsreihe wird eine weitere Unterscheidung von Perspektiven sichtbar machen, in denen die Identität einer Person einerseits bejaht, andererseits verneint werden muss.

---

32 Zur genaueren Begründung Merkel (1995), 573f.; zu der Entscheidung selbst s. *In re Quinlan* (1979).

Der Fall

In der Zeitschrift *Cognitive Neuropsychiatry* vom Mai 1997 berichten Hirnforscher von dem Fall eines Mannes, der von einer Fahrradtour nicht mehr nach Hause zurückkehrte. Er radelte eine Woche lang mechanisch weiter, aß nichts, trank an Waschbecken öffentlicher Toiletten und schlief im Freien. Über 300km entfernt von seiner Heimatstadt hielt er an und fragte sich: „Warum fährst Du hier? Wo willst Du hin? Wo kommst Du her? Wer bist Du?" In einem Schaufenster sah er seine Gestalt und war überrascht über sein Aussehen. Eine Frau, die er ansprach, brachte ihn zur Polizei, von dort kam er in eine psychiatrische Klinik. Es dauerte Wochen bis man seine Familie ausfindig gemacht hatte. Er erkannte niemanden wieder.

Die anschließenden klinischen Untersuchungen bestätigten eine vollständige retrograde Amnesie hinsichtlich aller biographischen Zusammenhänge einschließlich des eigenen Namens. Die üblichen Verhaltensweisen des Alltags und das erforderliche Weltwissen beherrschte er dagegen problemlos. Seine Intelligenz wurde als überdurchschnittlich beurteilt. Fünfzehn Monate später hatte er eine feste Anstellung als Sozialarbeiter gefunden und sich von seiner Familie entfernt. Seine biographischen Erinnerungen blieben dauerhaft ausgelöscht.[33]

Erweiterung ins Kriminelle

Nehmen wir an, dieser Mann hätte vor dem Eintritt seiner Amnesie in zweifelsfrei schuldfähigem Zustand ein schweres, durch Zeugen beweisbares Verbrechen begangen. Vor Beginn der Hauptverhandlung sei der amnestische Zustand eingetreten. Dürfte man ihn nun noch verurteilen? Man kann die Frage auch um eine Instanz der strafrechtlichen Zuständigkeit verschieben: Der Mann sei vor dem Eintritt der Amnesie bereits rechtskräftig zu einer mehrjährigen Haftstrafe verurteilt worden. Dürfte die Strafe vollzogen werden?

Zwei typische strafrechtliche Reaktionen kann ich mir vorstellen: eine, die auf beide Fragen einfach mit „warum nicht?" antwortete und hier gar kein Problem sähe. Und eine andere, die versuchte, sowohl für den Prozess als auch für den Vollzug jeweils einschlägige Rechtsnormen auszumachen, denen sich zur Not Maximen für den geschilderten Fall entnehmen ließen.

Die erstere Reaktion erschiene mir unangemessen. Ich halte die Frage, ob man jemanden für eine Tat bestrafen darf, von der er schlechterdings nichts wissen kann, für ein echtes und gravierendes Problem der Gerechtigkeit. Gefunden habe ich dazu in Literatur und Judikatur nicht ein einziges Wort.

---

33 Der Fall mit sämtlichen klinischen Aspekten bei Markowitsch/Fink/Thöne/Kessler/Heiss (1997).

Das kommt mir erstaunlich vor, denn dauernde retrograde Amnesien sind, vor allem nach schweren Schädel-Hirn-Traumen, durchaus nichts Seltenes.[34] Ich vermute, dass die angedeutete prinzipielle Frage so weit außerhalb der strafrechtlichen Geläufigkeiten liegt, dass man den ihr zugrunde liegenden Sachverhalt, wenn er denn auftritt, sofort per Subsumtion irgendwoanders hin verschiebt und von dorther Lösungen bezieht, die das Gerechtigkeitsproblem schon deshalb vermeiden, weil sie es nicht sichtbar machen.

Damit bin ich bei dem angedeuteten zweiten Typus möglicher Reaktionen. Man könnte z.B. dem prozessualen Begriff der Verhandlungsfähigkeit einen Unterbegriff der „Verteidigungsfähigkeit" zuordnen[35] und dann etwa sagen: Wer von seiner Tat schlechterdings nichts mehr wissen könne, sei nicht ausreichend verteidigungsfähig. Sei dieser Zustand nachweisbar irreversibel, dann liege ein dauerndes Prozesshindernis vor; das Verfahren sei nach § 206a StPO einzustellen.[36] Für die Frage des Vollzugs komme es dagegen darauf an, ob jemand, der keine Möglichkeit einer Erinnerung an seine Tat habe, als haftunfähig und damit als vollzugsuntauglich zu gelten habe. Dann hätte die Staatsanwaltschaft nach § 455 Abs. 4 StPO die Möglichkeit der Ermessensentscheidung über eine Haftunterbrechung und die Unterbringung des Häftlings zur Behandlung in einem Krankenhaus. Voraussetzung wäre allerdings, dass die Amnesie im Sinne des § 455 Abs. 4 als „Geisteskrankheit" oder als „andere schwere Krankheit" qualifiziert werden kann.

Beide Möglichkeiten, die prozessuale wie die vollzugsrechtliche, wären Notbehelfe, die auf unser Problem nicht recht passen. Warum sollte ein physisch gesunder Mensch mit normaler Intelligenz allein deswegen verteidigungs- und damit ggf. verhandlungsunfähig sein, weil er keinerlei Erinnerung an die begangene Tat hat? Jemand, der unschuldig angeklagt wird, kann eine solche Erinnerung ebenfalls nicht haben. Niemand käme auf die Idee, ihn deshalb nach einem Freispruch wegen erwiesener Unschuld sozusagen retrospektiv für verhandlungsunfähig zu erklären.[37] Gewiss gibt es hier einen Unterschied zu unserem Fall: Der Unschuldige weiß positiv, dass er die Tat nicht begangen und was er stattdessen zur Tatzeit gemacht hat, der Gedächtnislose weiß insofern nichts. Das bezeichnet aber keinen hinreichend gewichtigen Unterschied der Fähigkeiten zur Verteidigung: Ein Unschuldiger ohne nachweisbares Alibi hat kaum weiterreichende Möglichkeiten zur Abwehr des Vorwurfs als der

34 Zum Stand der Amnesie-Forschung Markowitsch/Pritzel (1985); Kunze (1992), 809ff.; Markowitsch (1997/98), 167ff.

35 So Schmidt (1957), Bd. I, Rnr. 145 Fn. 260.

36 Zur Verhandlungsunfähigkeit als Verfahrenshindernis Meyer-Goßner/Schmitt[62] (2022), Einl., Rn. 97a.

37 Die Irrelevanz einer solchen ex-post-Erklärung beiseite lassend.

Gedächtnislose. Mit mangelnder Verteidigungsfähigkeit hat das in Wahrheit nichts zu tun.

Und was den Vollzug angeht, so wäre es falsch, die Gedächtnislosigkeit bei unverminderter Intelligenz als Geisteskrankheit zu beurteilen und dann zu erwägen, ob sie den Häftling für die Zwecke des Vollzugs untauglich mache. Auch einen unschuldig Verurteilten, der die Strafe abgesessen hat, würden wir nicht ex post als „eigentlich vollzugsuntauglich" bezeichnen. Und es wäre höchst unplausibel, die Amnesie als „sonstige schwere Krankheit" i.S. des § 455 StPO aufzufassen; denn diese Vorschrift hat ausschließlich die Funktion, vollzugsbedingte Krankheitsgefahren bzw. Therapiehindernisse zu vermeiden.[38] Mit solchen Konstellationen hat der Fall des amnestischen Häftlings nichts zu tun. Im Übrigen mag dieser einer spezialpräventiven Behandlung im Vollzug ja durchaus zugänglich und sogar höchst bedürftig sein.

So zurückgeworfen auf die Unmöglichkeit, unser Problem mit spezialgesetzlichen Behelfen zu umgehen, wird man sich auf die Strafzwecktheorien besinnen. Dann muss man natürlich Farbe bekennen in einem Ewigkeitsstreit der Strafrechtslehre.[39] Wer dem Verfahren allein die Funktion einer Reparatur des angerichteten Normgeltungsschadens, also die einer positiven Generalprävention zuschreibt[40], wird in unserem Fall eine Verurteilung ebenso wie die anschließende Vollstreckung vermutlich nicht beanstanden. Dafür gibt es gewichtige Argumente. Die schuldhafte Zuständigkeit des Täters für den Normbruch zur Zeit der Tat steht außer Zweifel. Wer sonst als er sollte – wenn die Metapher noch einmal gestattet ist – für die Reparatur bezahlen? Dass er dies nun ohne jede subjektive Beziehung zur Tat tun muss, ändert nichts daran, dass es seine Tat gewesen ist.

Der Lösungsweg: Personale Identität und Zuständigkeit für die eigene Vergangenheit

Oder ist sie das doch nicht? Es mag nützlich sein, sich hier darauf zu besinnen, dass diesseits aller präventiven Funktionen des Strafrechts jede berechtigte Strafe ein Element von Vergeltung enthält. Das allein legitimiert die Strafe nicht; insofern irren die Kantianer (und irrte schon Kant) mit der Behauptung, die Retribution durch Strafe sei ein kategorischer Imperativ der praktischen

38 Deutlich OLG Düsseldorf (1991), 151: „Vollzugsuntauglichkeit scheidet aus, wenn die aus der Krankheit sich ergebenden Gefahren durch den Vollzug nicht erhöht werden, sondern außerhalb des Vollzugs in gleicher Weise bestehen." Zu den strengen Anforderungen an die Vollzugsuntauglichkeit bei Geisteskrankheit s. KG NStZ 1990, 142.

39 Dazu Roxin/Greco (2020), § 3/1–55, sowie Jakobs (1993), 1/1–52.

40 So etwa Jakobs (1993), 1/9–11.

Vernunft.[41] Aber Vergeltung ist nicht nur ein begrifflich unausweichliches Ingrediens der Strafe; sie erfüllt darüber hinaus eine wichtige normative Funktion. Denn sie identifiziert den, der dem Leid des Bestraftwerdens unterworfen werden darf. Gewiss ist das auch eine Funktion des Schuldprinzips. Aber dieses konzentriert den Blick auf den Täter zur Zeit der Tat; für die Rechtsfolgen stellt es nur noch den Maßbegriff der Proportionalität von Schuld und Strafe bereit. In unserem Amnesie-Fall hat der Täter aber zweifelsfrei schuldhaft gehandelt. Dagegen lenkt der Begriff „Vergeltung" das Augenmerk stärker auf die Beziehung zwischen Täter und Bestraftem: Denn nur wenn dieser *derselbe* ist wie jener, kann an ihm überhaupt etwas vergolten werden.

Damit sind wir ersichtlich wieder bei unserem Grundthema. Ich glaube, dass auch für den Amnesie-Fall der Schlüssel zum Verständnis und vielleicht zu einer Lösung in der Frage nach der personalen Identität liegt. Das vorhin skizzierte Problem des Auseinanderfallens von körperlicher und subjektiv-geistiger Kontinuität begegnet uns hier in veränderter Gestalt wieder als die Divergenz zweier Perspektiven der Wahrnehmung. Man kann sie die *der ersten* und *der dritten Person* nennen.[42] Als Beobachter können wir die physische und durchaus auch eine bestimmte Bewusstseinskontinuität des amnestischen Täters im Modus unserer Verifikationsverfahren schlüssig rekonstruieren. Ihm selbst als dem Ich der ersten Person Singular ist jede solche Wahrnehmung verschlossen, sein heutiges Ich ist von seinem früheren dauerhaft abgetrennt.

Dieser Unterschied der Perspektiven erhält hier die scharfen Konturen eines gravierenden Konflikts. Einerseits deutet unser Fall auf Grenzen der Möglichkeit, Personen für ihre Vergangenheit verantwortlich zu machen, auch wenn an ihrer Schuldfähigkeit damals wie heute kein Zweifel besteht. Andererseits ist für das Recht die Frage der personalen Identität nicht primär ein Problem der Feststellung psychologischer Sachverhalte, sondern eines der normativen Konstruktion von Rechtssubjekten. Es würde grundlegende Funktionsgarantien der Rechtsordnung untergraben, wäre die Konstanz ihrer Subjekte ständig vom Verschwinden hinter psychopathologischen Geheimnissen bedroht. Das gilt auch und gerade für die Funktionsweise eines Strafrechts, das Schadensverläufe durch personale Zurechnung erklären und beilegen muss.

41 Die einschlägigen Sätze bei Kant: „Das Strafgesetz ist ein kategorischer Imperativ" und „Nur das Widervergeltungsrecht […] kann die Qualität und Quantität der Strafe bestimmt angeben", Kant (1907), 341 und 342. Für die neoidealistische Richtung in der Strafrechtslehre Köhler (1997), 48: „Strafe muss sein, insofern der Täter sie sich mit der Tat selbst zugezogen hat."

42 Zur philosophischen Diskussion über die Perspektivendifferenz zwischen erster und dritter Person in ihrer Bedeutung für das Identitätsproblem s. den Überblick bei Quante (1995), S. 35ff. und 37.

Selbstverständlich kann sich ein, sagen wir, psychoanalytisch leistungsfähiger Verdränger der Verantwortung für eine rechtswidrige Tat nicht einfach durch den Hinweis auf die tabula rasa seines Gedächtnisses entziehen.

So richtig das alles ist: Es gibt hierfür eine Grenze in den Konstitutionsbedingungen des menschlichen Ichs; wenn man so will: in der condicio humana selbst. Für spezifische Fälle der Zurechnungsunfähigkeit zeigen das die §§ 20 und 21 StGB. Wo die Grenze der Zurechnungsmöglichkeit in der Sphäre unseres gegenwärtigen Themas zu ziehen wäre, ist ein schwieriges und gänzlich offenes Problem. Und ich lasse es hier umso unbefangener offen, als es im Strafrecht bislang noch nicht einmal wahrgenommen worden ist.[43] Das allgemeine Konstruktionsprinzip für diese Grenze lässt sich aber benennen: Es müsste jedenfalls – wie das in § 20 StGB für dessen Geltungsbereich geschieht – einen objektivierbaren empirischen Befund mit einer normativen Bewertung verknüpfen. Solche Befunde können heute hinreichend gesichert werden. In unserem Fall konnten die zuständigen Wissenschaftler mittels einer sogenannten Positronen-Emissions-Tomographie erstmals die neurophysiologischen Grundlagen einer psychogenen retrograden Amnesie und damit das hirnorganische Substrat des Ich-Verlusts nachweisen: Nicht als Läsion der Hirnsubstanz, sondern als irreversible Verlagerung bestimmter neuronaler Aktivitäten aus den Gedächtnisspeichern der rechten Hirnhälfte in die linke.[44]

Auch vor einem persönlichen Votum für den von mir ins Kriminelle weitergesponnenen Fall will ich mich am Ende nicht drücken: Er liegt, so meine ich, jenseits der eben angedeuteten Grenze. Ein Täter, der von der bisherigen Biographie seines persönlichen Ichs durch den irreversiblen Schnitt einer vollständigen retrograden Amnesie abgetrennt worden ist, kann für die zuvor begangenen Taten strafrechtlich nicht mehr zur Verantwortung gezogen werden. Eine gegen ihn verhängte Strafe träfe buchstäblich den Falschen. Den Funktionsbedingungen der Strafrechtsordnung müsste auf andere Weise entsprochen werden. Mein Vorschlag wäre der eines objektiven Verfahrens. Es könnte neben dem der §§ 440ff. in der StPO verankert werden.

---

43 Das hat sich seit dem ersten Erscheinen dieses Aufsatzes (ein wenig) geändert; s. nur Erhardt (2014).

44 Markowitsch/Fink/Thöne/Kessler/Heiss (1997), 147ff.

9.5 Ausblick: Künftige Aufgaben, verbleibende Zweifel

Damit komme ich zum Schluss. Es gibt eine Reihe weiterer strafrechtlicher Fragen, in denen unerkannt oder unverstanden das Problem der personalen Identität spukt und die Lösungen schwierig macht.[45] Sie müssen hier unerörtert bleiben. Worauf es mir ankam, war, zu zeigen, dass sie künftig erörtert werden sollten. Freilich habe ich hierfür eine skeptische Prognose. Das Labyrinth der wirklich schwierigen philosophischen Fragen, das ich hier nur berührt und noch gar nicht richtig betreten habe, wird uns am Ende zu Paradoxien führen, die nicht lösbar sind. Mit ihnen müssen wir leben, als Menschen und als Strafrechtler. Genau darum hat Buddha, so sagen jedenfalls seine Anhänger, auf die Frage, ob Leib und Seele, Ich und Selbst *eins* seien, und ob der Erleuchtete nach seinem Tod noch sein werde, geschwiegen.

Literatur

Baillie, James (1993): *Problems in Personal Identity*. New York: Paragon House.

Bernsmann, Klaus (1996): „Der Umgang mit irreversibel bewußtlosen Personen und das Strafrecht", *Zeitschrift für Rechtspolitik* (*ZRP*) 29(3), S. 87–93.

BGHSt (Bundesgerichtshof in Strafsachen) Bd. 32, 38: „Entscheidungen in Leitsätzen: Sirius-Fall", *JuristenZeitung* 39(18), S. 193–197.

BGHSt (Bundesgerichtshof in Strafsachen) Bd. 40, 257ff: „Grenzen ärztlicher Behandlungspflichten – Urteil vom 13.9.1994 LG Kempten (1 StR 357/94)", *Neue Juristische Wochenschrift 48*, S. 204.

Belling, Claus (1995): „Die Rechtfertigungsproblematik beim Schwangerschaftsabbruch nach dem 2. Fristenlösungsurteil des Bundesverfassungsgerichts", *Medizinrecht 13*, S. 185–201.

Brennan, Andrew (1988): *Conditions of Identity. A Study in Identity and Survival*. Oxford. Oxford University Press.

Brink, David O. (1997): „Rational Egoism and the Separateness of Persons", in: Jonathan Dancy (Hg.) (1997). S. 96–134.

Buchanan, Allen E./Brock, Dan W. (1989): *Deciding for Others: The Ethics of Surrogate Decision Making*. Cambridge: Cambridge University Press.

45 Genannt sei hier nur das der Abtreibung. Von Abtreibungsgegnern wird oft ein Identitätsargument mobilisiert; vgl. z.B. Tröndle/Fischer (1999), Rnr. 18c vor § 218: „Der menschliche Embryo ist dasselbe Lebewesen wie der Erwachsene, zu dem sich der Embryo entwickeln kann ..."; ebenso Belling (1995), 185. Die Formulierung ist so vage, vieldeutig und normativ unbeglaubigt, dass sie den ihr zugedachten Beweiszweck verfehlt.

Dancy, Jonathan, Hg. (1997): *Reading Parfit.* Hoboken, NJ: Wiley-Blackwell.

Dresser, Rebecca S./Robertson, John A. (1989): „Quality of Life and Non-Treatment Decisions for Incompetent Patients: A Critique of the Orthodox Approach", *Law, Medicine, and Health Care* 17(3), S.234–244.

Dworkin, Ronald (1993): *Life's Dominion. An Argument about Abortion, Euthanasia, and Individual Freedom.* New York: Alfred A. Knopf.

Erhardt, Jonathan (2014): *Strafrechtliche Verantwortund und personale Identität.* Biel: Lulu Press.

Hastings Center Report (1998): „An Alert and Incompetent Self. The Irrelevance of Advance Directives", *Hastings Ctr. Rep.* 28(1), S. 28 f. (mit Anm. Rebecca Dresser)

Hobbes, Thomas (1656/1839): *The Elements of Philosophy, The First Section, Concerning Body.* In: William Molesworth (Hg.), *The English Works of Thomas Hobbes of Malmesbury.* 11 Bände. London 1839–1845: John Bohn. Wiederabdruck 1966, Aalen: Scientia. Band I.

Hoerster, Norbert (1998): *Sterbehilfe im säkularen Staat.* Frankfurt a. M.: Suhrkamp.

In re Quinlan (1979): „In the Matter of Karen Quinlan, An Alleged Incompetent", *New Jersey Supreme Court* (31. März 1979), 70 N. J. 10; 355 A.2d 647 (1976), cert. den., 429 US 922 (1976).

Jakobs, Günther (1993): *Strafrecht. Allgemeiner Teil.* 2. Auflage. Berlin/New York: De Gruyter.

Johnston, Mark (1997): „Human Concerns without Superlative Selves", in: Jonathan Dancy (Hg.) (1997). S. 149–179.

Kant, Immanuel (1797/1907): *Metaphysik der Sitten – Rechtslehre.* In: *Kants Werke,* hgg. von der Königl. Preuß. Akademie der Wissenschaften (Akademie-Ausgabe/AA), Bd. VI.

KG (Kammergericht Berlin) (1990): „Haftfähigkeit bei Untersuchungsgefangenen" (4 Ws 182/89; 10.8.1989), *Neue Zeitschrift für Strafrecht* 10(3), S. 142.

Köhler, Michael (1997): *Strafrecht Allgemeiner Teil.* Berlin/Heidelberg: Springer.

Kühl, Kristian (2017): *Strafrecht. Allgemeiner Teil.* 8. Auflage. München: Verlag Vahlen.

Kunze, Klaus (1992): *Lehrbuch der Neurologie.* Stuttgart: Thieme.

Lem, Stanislaw (1980): *Summa Technologiae.* Ost-Berlin: Verlag Volk und Welt.

Liszt, Franz von (1905): „Ueber den Einfluss der soziologischen und anthropologischen Forschungen auf die Grundbegriffe des Strafrechts". In: ders., *Strafrechtliche Aufsätze und Vorträge,* Bd. 2. Berlin: J. Guttentag, Verlagsbuchhandlung GmbH. S. 75–93.

Locke, John (1981 [1690/1963]): *An Essay Concerning Human Understanding.* In: *The Works of John Locke. New Edition,* Band I, Buch II. London: Thomas Tegg, W. Sharpe & Sons, 1823. Nachdruck Aalen: Scientia Verlag, 1963. Dt.: *Über den menschlichen Verstand,* 2 Bände, 4. Aufl. 1981. Hamburg: Meiner.

Lockwood, Michael (1985): „When Does a Life Begin?" In: ders. (Hg.), *Moral Dilemmas in Modern Medicine.* London/New York: Oxford University Press. S. 9–30.

Markowitsch, Hans/Pritzel, Monika (1985): „The Neuropathology of Amnesia“, *Progress in Neurobiology* 25(3), S. 189–287.

Markowitsch, Hans (1998): „Das Gedächtnis des Menschen. Psychologie, Physiologie und Anatomie“, in: Ernst P. Fischer (Hg.), *Gedächtnis und Erinnerung. Mannheimer Forum 1997/98.* München: Piper. S. 167–231.

Markowitsch, Hans J./Fink, Gereon R./Thöne, Angelika/Kessler, Josef/Heiss, Wolf-Dieter (1997): „A PET Study of Persistent Psychogenic Amnesia Covering the Whole Life Span“, *Cognitive Neuropsychiatry* 2(2), S. 135–158.

Merkel, Reinhard (1995): „Tödlicher Behandlungsabbruch und mutmaßliche Einwilligung bei Patienten im apallischen Syndrom“, *Zeitschrift für die gesamte Strafrechtswissenschaft 107(3)*, S. 545–575.

Meyer-Goßner, Lutz/Schmitt, Bertram[62] (2022): *Kommentar zur Strafprozessordnung.* 65. Auflage. München: C. H. Beck.

Neumann, Ulfrid (1985): „Abgrenzung von Teilnahme am Selbstmord und Tötung in mittelbarer Täterschaft – BGHSt 32, 38“, *Juristische Schulung 25*, S. 677–682.

Noonan, Harold W., Hg. (1993): *Personal Identity*. Oxfordshire, UK: Routledge.

Oksenberg-Rorty, Amélie, Hg. (1976): *The Identity of Persons*. Berkeley, CA: University of California Press.

OLG Düsseldorf (1991): „Krankheitsbedingte Vollzugsuntauglichkeit“, *Neue Zeitschrift für Strafrecht 11(3)*, S. 151.

Otto, Harro (1995): „Versuchsbeginn bei mittelbarer Täterschaft“, Jura Kartei/JK 95, StGB § 25 I/5.

Otto, Harro (2004): *Grundkurs Strafrecht. Allgemeine Strafrechtslehre.* 7. neu bearbeitete Auflage. Berlin: De Gruyter.

Parfit, Derek (1984): *Reasons and Persons*. Oxford, UK: Oxford University Press.

Parfit, Derek (1987): „Divided Minds and the Nature of Persons“, in: Colin Blakemore/Susan a. Greenfield (Hg.), *Mindwaves*. Oxford, UK: Blackwell. S. 19–26.

Perry, John, Hg. (1975): *Personal Identity*. Berkeley, CA: University of California Press.

Quante, Michael (1995): „Die Identität der Person: Facetten eines Problems. Neuere Beiträge zur Diskussion um personale Identität“, *Philosophische Rundschau* 42(1), S. 35–59.

Rickmann, Sabine (1987): *Zur Wirksamkeit von Patiententestamenten im Strafrecht.* Frankfurt a. M.: Peter Lang.

Rönnau, Thomas (1996): „BGH, Urteil vom 13.9.1994, 1 StR 357/94 – Grenzen ärztlicher Behandlungspflichten“, *Juristische Arbeitblätter 28*, S. 108–114.

Roxin, Claus (1984): „Zur Abgrenzung von Tötungstäterschaft und strafloser Selbsttötungsteilnahme“, *Neue Zeitschrift für Strafrecht* (*NStZ*) 1984, S. 71–73.

Roxin, Claus (1985): „Täterschaft und Teilnahme. § 25“, in: Hans-Heinrich Jescheck/Wolfgang Ruß/Günther Willms (Hg.), *Strafgesetzbuch. Leipziger Kommentar.* 10. Auflage. 1. Bd. Berlin/New York: De Gruyter.

Roxin, Claus (1998): *Höchstrichterliche Rechtsprechung zum Allgemeinen Teil des Strafrechts*. 3 zu Nr. 33, S. 174.

Roxin, Claus/Greco, Luis (2020): *Strafrecht Allgemeiner Teil Bd. I*, 5. Aufl. München: C. H. Beck.

Saliger, Frank (1998): „Sterbehilfe nach Verfahren. Betreuungs- und strafrechtliche Überlegungen im Anschluss an BGHSt 40, 257", *Kritische Vierteljahresschrift* 81(1), S. 118–151.

Schöch, Heinz (1995): „Beendigung lebenserhaltender Maßnahmen", *Neue Zeitschrift für Strafrecht* 15(4), S. 153–157.

Schöne-Seifert, Bettina/Stier, Marco (2020): „Zur Autorität von Demenzverfügungen: Merkels Vorschlag einer notstandsanalogen Interessensabwägung", in: Jan C. Bublitz et al. (Hg.), *Recht – Philosophie – Literatur. Festschrift für Reinhard Merkel.* Teilband I. Berlin: Duncker&Humblot. S. 1545–1564.

Schmidt, Eberhard (1957): *Lehrkommentar zur Strafprozessordnung und zum Gerichtsverfassungsgesetz. Göttingen: Vandenhoeck&Ruprecht.*

Shoemaker, Sydney (1997): „Parfit on Identity", in: Jonathan Dancy (Hg.) (1997), S. 135–148.

Thomson, Judith Jarvis (1997): „People and their Bodys", in: Jonathan Dancy (Hg.) (1997), S. 202–229.

Tröndle, Herbert/Fischer, Thomas (1999): *Kommentar. Strafgesetzbuch und Nebengesetze*. 49. Aufl. München: C. H. Beck.

Unger, Peter K. (1990): *Identity, Consciousness and Value*. Oxford, UK: Oxford University Press.

Verrel, Torsten (1996): „Selbstbestimmungsrecht versus Lebensschutz: Bringt der BGH Bewegung in die Sterbehilfediskussion", *Juristenzeitung* 51(5), S. 224–231.

Vogel, Joachim (1995): „Die versuchte ‚passive Sterbehilfe' nach BGH 1 StR 357/94", *Monatsschrift für Deutsches Recht* 1995(4), S. 337–340.

KAPITEL 10

Ärztliche Entscheidungen über Leben und Tod in der Neonatalmedizin

Ethische und strafrechtliche Probleme

10.1 Erscheinungsformen: klinische Beispiele

Ich beginne mit der Skizze einiger typischer Fallkonstellationen. Das ist ein problematisches Verfahren, weil es einen Dramatisierungseffekt erzeugt, der vielleicht nicht an den Anfang gehört. Aus zwei Gründen will ich trotzdem so verfahren: Der amerikanische Ethiker Richard McCormick schrieb 1974, die Probleme der sogenannten Früheuthanasie seien „so furchtbar, dass es eine große Versuchung gebe, einfach davonzulaufen".[1] Diesen finsteren Grundton sollen die folgenden Fälle meinen anschließenden Überlegungen von Anfang an beimischen. Und sie sollen, zweitens, dem Leser die Frage nach den moralischen Optionen im Umgang mit diesen Problemen durchaus aufnötigen, damit deren quälende Härte hinter den nachfolgenden Abstraktionen der Theorie nicht aus dem Blick verschwindet.

(1.) Im April 1982 wird in Bloomington, Indiana, ein Kind mit Trisomie 21 (Downsyndrom) und einer missgebildeten, in die Lunge führenden Speiseröhre geboren. Die Eltern verweigern nach ärztlicher Beratung ihre Einwilligung in die zur Lebensrettung notwendige Operation und in die Prozeduren einer künstlichen Ernährung. Die Klinikverwaltung beantragt beim Vormundschaftsgericht, die elterliche Einwilligung zu ersetzen. Der Antrag wird abgelehnt, die dagegen gerichtete Beschwerde beim Obersten Gerichtshof von Indiana verworfen. Das Kind erhält lediglich eine Basisversorgung mit Flüssigkeit, Wärme und sedierenden Mitteln, wird aber nicht ernährt, da dies auf natürlichem Weg nicht möglich und auf intravenösem nicht erwünscht ist. Es stirbt sechs Tage nach der Geburt – und das heißt hier: es verhungert.[2]

---

1 McCormick (1974), 173.

2 Das ist (verkürzt) der berühmte Fall „Baby Doe", dem in Amerika zunächst eine Welle der Empörung, dann eine Flut von Publikationen, eine Reihe administrativer Maßnahmen, mehrere Gerichtsentscheidungen und schließlich verschiedene Novellierungen von Kinderschutzgesetzen (*Child Abuse Amendments*) folgten. Zu allen Einzelheiten des Falles Caplan/Blank/Merrick (1992); speziell zu den *Child Abuse Amendments* Smith (1986); die erwähnten

 | DOI:10.30965/9783969752678_011

(2.) Ein Mädchen mit „Tay-Sachs-Syndrom" und weiteren schweren Geburtsfehlern, die eine Reihe sofortiger lebensrettender Operationen notwendig machen, wird geboren. Der genetische Grunddefekt begrenzt die mögliche Lebenserwartung auf längstens vier Jahre.[3] Nach zwei Jahren befindet sich das Kind im Zustand schwerer geistiger Retardierung, hoher Anfälligkeit für interkurrente Erkrankungen jeder Art, ist unfähig zur oralen Nahrungsaufnahme, leidet an Blindheit, fortschreitender Muskelatrophie, weitgehender, von einer Gehirnläsion verursachter Lähmung, die von regelmäßigen konvulsivischen Krämpfen unterbrochen wird, und an groben physischen Deformierungen. Seiner Umwelt gegenüber ist es nahezu reaktionslos. Es muss intravenös ernährt werden, verliert aber kontinuierlich an Gewicht und stirbt schließlich im Alter von drei Jahren.[4]

(3.) Andrew Stinson wurde im Dezember 1976 in der 25. Schwangerschaftswoche mit einem Gewicht von 800 g geboren und sofort auf die Intensivstation der Klinik verlegt. Da seine Lungen für eine spontane Eigenatmung nicht ausreichend entwickelt waren, schloss man ihn ohne die (ausdrücklich verweigerte) Einwilligung seiner Eltern an einen Respirator an. Im Laufe der folgenden Monate stellten sich schwere Komplikationen ein, die größtenteils iatrogen, also durch die Intensivbehandlung selbst verursacht waren: Bronchopulmonale Dysplasie (eine fortschreitende Zerstörung der Lungenbläschen), häufiges Aussetzen des Herzschlags mit anschließender Zyanose, einem Sauerstoffdefizit mit der Folge einer Blauverfärbung von Haut und Schleimhäuten, was jeweils künstliche Beatmung, häufig auch Bluttransfusionen erforderlich machte. Die konzentrierten Sauerstoffgaben erzeugten eine *Retinopathia neonatorum* und damit ein allmähliches Erblinden des Kindes. Zahlreiche Infektionen traten auf, außerdem eine fortschreitende Demineralisierung und deshalb ein vielfaches Brechen der Knochen. Ein Defekt der Lungenarterie führte zu mehreren Hirninfarkten. Allein die Infektionen machten mehrere Operationen im Urogenitalbereich notwendig, am rechten Bein musste ein großer Teil des abgestorbenen und nekrotischen Muskelgewebes bis auf den

---

Gerichtsurteile sind: American Academy of Pediatrics v. Heckler (1983); American Hospital Association v. Heckler (1984); Bowen v. American Hospital Association, (1986).

3 Morbus Tay-Sachs ist ein schwerer, autosomal rezessiv vererbter Defekt (sog GM_2 Gangliosidosis, Typ I), der vornehmlich unter Ashkenazim-Juden auftritt (dort 1/2500 Lebendgeburten). Seine oben skizzierten Symptome beginnen etwa sechs Monate nach der Geburt und indizieren einen unaufhaltsamen mentalen wie physischen Verfall; zu den genetischen und klinischen Aspekten s. Scriver/Beaudet/Sly/Valle (1995).

4 Der Fall war Gegenstand einer der ersten (und insgesamt wenigen) erfolgreichen „Wrongful Life"-Klagen in der amerikanischen Judikatur; vgl. Curlender v. Bio-Science Laboratories (1980).

Knochen abgeschält werden. Wiederkehrende Lungenentzündungen wurden mit Antibiotika bekämpft. Das Kind hatte außerdem einen schweren Herzfehler, Lungenblutungen, Mikrozephalie und andere Gehirnschäden. Andrew Stinson starb nach sechs Monaten auf der Intensivstation. Er war, wie seine Eltern später schrieben, „vom Respirator ‚gerettet' worden, um fünf lange, qualvolle und teuere Monate später an den Nebenwirkungen des Respirators zu sterben".[5]

(4.) Ein Kind mit einer genetischen Hautkrankheit schwerster Art, der sogenannten *Epidermolysis bullosa atrophicans letalis* (sog. *Typ Herlitz*), wird geboren. Die Krankheit besteht in einer fortschreitenden Ablösung der Haut vom Körper. Dabei treten Blutungen und ständig neue Blasenbildungen auf, die bei jeder Berührung des Kindes verstärkt werden. Eiweiß-, Flüssigkeits- und Blutverlust gleichen ebenso wie die begleitenden Schmerzen den entsprechenden Phänomenen bei Verbrennungen dritten Grades. Infektionen und Schleimhautablösungen im Mund machen eine natürliche Ernährung unmöglich; die intravenöse verursacht wegen der Folgen jeder Berührung des Kindes große Schwierigkeiten. Mehrmals täglich müssen die durchnässten Verbände gewechselt und muss das Kind in bestimmten medizinischen Lösungen gebadet werden, was regelmäßig auch das Grundproblem verschärft. Der ständige Blutverlust macht wiederholte Transfusionen notwendig. Nachdem die Krankheit einen großen Teil der Körperoberfläche erfasst hat, treten Infektionen auf, die mit Antibiotika bekämpft werden. Trotzdem stellen sich fortschreitende Sepsisphänomene ein, begleitet vom Ausfall verschiedener Organfunktionen, vor allem der Nieren. Am 15. Tag nach der Geburt stirbt das Kind unter offensichtlich erheblichen Qualen. Dass es keine Überlebenschance hatte, stand von Anfang an fest, die Unmöglichkeit einer vollständigen Schmerzbekämpfung ebenfalls.[6]

Das sind gewiss extreme Fälle. Sie sind aber keineswegs extrem selten. Von 30.000 Fällen schwerstgeschädigter Neugeborener pro Jahr in den USA gehen amerikanische Untersuchungen aus. In rund 14 Prozent dieser Fälle werde eine Entscheidung für den Behandlungsabbruch, das Sterbenlassen des Kindes getroffen.[7] Auf 1.200 schätzt der Direktor der Bonner Universitäts-

---

5 Stinson/Stinson (1989), 276.

6 Berichtet von Shelp (1986), 109; ein ähnlicher Fall bei Frohock (1986), 118. – Zum klinischen Bild der verschiedenen Epidermolysis-Erkrankungen, einschließlich der hier dargestellten, s. Buyse (1990), 624 ff.

7 Die erstgenannte Zahl aus einem „Hearing on Medical Ethics" 1974 vor einem Unterausschuss des US-Senats, zit. bei Crossley (1987), 499; die zweite aus einem Artikel der Pädiater Duff und Campbell (1973), 885 ff., der (erstmals) die offene Erklärung enthält, dass zwischen

Frauenklinik Hansmann die Zahl der geschädigten Neugeborenen, die jedes Jahr in Deutschland für einen sicheren Tod „liegen gelassen" werden.[8] In einer holländischen Studie von 1993 heißt es: „Such choices are made hundreds of times every year."[9]

10.2 Lösungsansätze in der Strafrechtslehre; Kritik

Die deutsche Strafrechtsdogmatik hat zu diesem Problembereich ein gebrochenes Verhältnis. Zum einen ist auch hier der lastende gesellschaftliche Tabudruck auf dem Thema spürbar. Einer kaum noch überschaubaren Vielzahl von Untersuchungen zum allgemeinen Problem der Sterbehilfe und der Tötung auf Verlangen stehen nur wenig mehr als buchstäblich eine Handvoll Abhandlungen über Fragen der „Früheuthanasie" bei Neugeborenen gegenüber.[10] Zum andern, und gravierender, gibt es keinerlei Konsens über den richtigen strafrechtlichen Umgang mit den Problemen, ja in Wahrheit nicht einmal eine gesicherte Klarheit über die anzuwendenden rechtlichen Prinzipien, also über das Fundament für vernünftige Lösungen.

Prinzipien des Lebensschutzes; Inkonsistenzen

Analysiert man die bisherigen juristischen Beiträge zu unserem Thema, dann wird der theoretische Hintergrund dieses Zustands verständlich. Das typische Argumentmuster sieht ungefähr so aus: Hervorgehoben wird zunächst die unbedingte Geltung der straf- und verfassungsrechtlichen Prinzipien des Lebensschutzes, nämlich:

1970 und 1972 viele Todesfälle (14 %) auf der neonatologischen Intensivstation des Yale-New Haven Hospital direkte Folge des Unterlassens einer möglichen Behandlung waren. Dieser Prozent-Anteil dürfte heute bei wesentlich besseren Möglichkeiten der Lebenserhaltung im weltweiten Durchschnitt erheblich größer sein; s. bereits für die 1990er Jahre Ryan (1993) (für Edmonton, Kanada: 69 %); Nishida/Sakamoto (1992) (für Tokio, Japan: 55 %).

8 In *Die Welt*, 30.1.1982 (damals bezogen allein auf die „alten" Bundesländer). – Dieses „Liegenlassen" bedeutet selbstverständlich nicht, dass die Kinder unversorgt blieben; vielmehr werden lediglich die zur Lebenserhaltung erforderlichen Maßnahmen unterlassen.

9 Versluys (1993), 795; s. auch Huibers (1995), 231, der die Zahl für Holland auf 500 bis 600 schätzt. – Im Übrigen geht die einschlägige medizinische Literatur von einer 3%-Inzidenz erheblicher Missbildungen („major malformations") bei allen Lebendgeburten aus; vgl. statt vieler Keeling/Boyd (1993), 111. Das wären in Deutschland bei einer Geburtenzahl von annähernd 800.000 ca. 24.000 Fälle pro Jahr. (Selbstverständlich legt deren große Mehrzahl keinerlei Gedanken an ein „Sterbenlassen" nahe.)

10 Vgl. die Diskussionen und Nachweise in Merkel (2001); seither sind einige weitere Arbeiten erschienen.

(1.) Die Höchstrangigkeit des „Rechtsguts Leben", das daher in Kollisionsfällen (diesseits von Notwehr und Krieg) einer Abwägung mit anderen Gütern entzogen sei.[11]

(2.) Das Gebot der absoluten Gleichbehandlung jeder Form und jeder Phase alles geborenen menschlichen Lebens, dessen Schutz daher niemals von Erwägungen über seine erwartbare Qualität oder Dauer abhängig gemacht werden dürfe.[12]

(3.) Das daraus folgende Verbot, über den „Lebenswert" oder gar „-unwert" eines anderen zu befinden und diesen Befund zur Grundlage einer Entscheidung über Leben und Tod zu machen.[13]

(4.) Und die Gewährleistung dieser Prinzipien durch die beiden Fundamentalnormen des Grundgesetzes: den Gleichheitssatz und die Garantie der Menschenwürde.[14]

Es ist leicht zu sehen, dass die strikte und wörtliche Befolgung dieser Grundsätze in schwersten Fällen frühkindlicher Schädigung zu unmenschlichen Ergebnissen führen müsste: zum Gebot einer unbedingten Lebenserhaltung mit sämtlichen klinischen Mitteln, die man im Falle eines therapierbaren Kindes auch einsetzen würde. Daher unterläuft die Strafrechtsdogmatik die skizzierten Prinzipien regelmäßig mit der Begründung von Ergebnissen, die häufig zweifellos angemessen, aber mit den zuvor berufenen Grundsätzen nicht verträglich sind. Exemplarisch hierfür seien die (ursprünglichen) Empfehlungen der deutschen Gesellschaft für Medizinrecht zu den „Grenzen der ärztlichen Behandlungspflicht bei schwerstgeschädigten Neugeborenen" zitiert, die sogenannten „Einbecker Empfehlungen" von 1986. In deren Ziffer I.2. wird jede „Abstufung des Lebensschutzes nach [...] dem körperlichen Zustand und der geistigen Verfassung" als Verstoß „gegen Sittengesetz und Menschenwürde" strikt verworfen, während gleich danach Ziffer V. eine ganze Reihe körperlicher und geistiger Defektzustände aufzählt, die ein passives Sterbenlassen Neugeborener durch Verzicht auf medizinische Behandlung rechtfertigen sollen.[15] Da das Sterbenlassen gesunder oder therapierbarer Neugeborener durch

11 Vgl. z.B. BVerfGE 39, 1 (42); Sch/Sch/Perron (2019), 30. Aufl., § 34 Rn. 23; Möllering (1977), 29; Peters (1950), 742; aufschlussreich Küper (1981).

12 Sch/Sch/Eser (2010), 28. Aufl., Rn. 14 vor § 211 (anders nun Sch/Sch/Eser/Sternberg-Lieben [2019], 30. Aufl., Rn. 25 vor § 211: Notstandausnahmen bei „unerträglicher Leidenssituation"); Maurach/Schroeder et al. (2019), § 1 Rn. 5; Kaufmann (1983a), 121; Ulsenheimer (1994), 426 f.

13 S. die in Fn. 12 Genannten; weitere Nachweise bei Merkel (2001), 134 f.

14 Statt aller Otto (1986), D 17 f. und passim (m.w.N.).

15 In Hiersche/Hirsch/Graf-Baumann (1987), 183 f.

Ärzte oder Eltern ganz zweifelsfrei ein Totschlag durch Unterlassen wäre, statuieren die „Einbecker Empfehlungen" hier einen offenen Widerspruch.

Die Empfehlungen sind 1992 geändert worden; die zitierte Liste schwerer Schädigungen in Ziff. V. wurde, offenbar zur Beseitigung dieses Widerspruchs, gestrichen.[16] Freilich ist die logische Bereinigung nicht gelungen. Die Neufassung der Ziff. V. statuiert, dass „ein in Kürze zu erwartender Tod" nicht „hinausgezögert" werden müsse. Damit verwendet sie aber ersichtlich ein Argument zur Lebensquantität, wie es Ziff. I. nach wie vor verbietet. Darüber hinaus beruht die Empfehlung in der neugefassten Ziff. VI. – Abbruch der Behandlung bei „äußerst schweren Schäden" ohne Besserungschancen, wenn die „Belastung" durch die Behandlung selbst „die zu erwartende Hilfe übersteigt", also dem Kind mehr Qualen als Nutzen bringt – ebenso offensichtlich auf einer Erwägung zur Lebensqualität, wie sie Ziff. I nach wie vor ausschließt.

Übertragbarkeit der allgemeinen Regeln zur Sterbehilfe?

Vor diesem Hintergrund der Prinzipien werden auf einer konkreteren Theorieebene von den Regeln, die man für den Bereich der allgemeinen Sterbehilfe entwickelt hat, diejenigen herangezogen, die für die Problemfälle der Neonatalmedizin in Frage kommen: grundsätzlich nur die für eine Sterbehilfe an einwilligungsunfähigen Erwachsenen. Das geschieht etwa in der folgenden Form: Ein Ergebnis, das man aus vorrangigen ethischen Erwägungen für wünschenswert hält, wird postuliert und anschließend mit der Begründung unterlegt, im Bereich der allgemeinen Sterbehilfe werde es auch für richtig gehalten. Ein Beispiel ist die Rechtfertigung des Sterbenlassens solcher Neugeborener, die – so Ernst-Walter Hanack – wegen „schwerster perinataler Hirnschädigungen niemals die Fähigkeit zu einem kommunikativen Leben erlangen können". Damit sind vor allem sogenannte Anenzephale gemeint, Kinder, die ohne Großhirn, Neurohypophyse, Zwischenhirn, Schädeldecke und nur mit einem funktionierenden Hirnstamm zur Welt kommen. Deren tödliche Nichtbehandlung sei deswegen zulässig, weil auch bei Erwachsenen im Zustand einer irreversiblen Bewusstlosigkeit die Lebenserhaltung abgebrochen werden dürfe.[17]

---

16 Abgedruckt in MedR 1992, 206 f.

17 Hanack (1985), 36 (m.w.N.); ähnlich Jähnke, in: Hiersche/Hirsch/Graf-Baumann (1987), 101. Freilich hat der BGH im Fall irreversibel bewusstloser Erwachsener diese These gerade nicht akzeptiert, vielmehr hier den Behandlungsabbruch grundsätzlich als Totschlag durch Unterlassen gewertet und lediglich eine „mutmaßliche Einwilligung" des Patienten (also ausdrücklich nicht dessen dauernde Kommunikationsunfähigkeit) als möglichen Rechtfertigungsgrund anerkannt (BGH, NJW 1995, 204); abl. dazu Merkel (1995), 545 ff.

Die Begründung überzeugt nicht, und zwar in zweifacher Hinsicht: Zum einen gibt es grundlegende moralische Unterschiede zwischen dem Entschluss, ein schwergeschädigtes Neugeborenes, und dem, einen schwerkranken Erwachsenen sterben zu lassen, selbst wenn die jeweiligen klinischen Symptome einander ähnlich sind. Der Gleichheitssatz des Grundgesetzes ändert daran nichts. Darauf komme ich zurück. Zum andern sind die aus dem Bereich der allgemeinen Sterbehilfe herangezogenen Grundsätze auch dort alles andere als klar. Zwar sind sie, wie Hanack schreibt, „weitgehend anerkannt". Vor dem Hintergrund der oben dargestellten Prinzipien sind sie aber bislang nicht befriedigend, ja nicht einmal konsistent begründet.

Tun vs. Unterlassen; direkt vs. indirekt: dogmatische Konstruktionen und ihre Mängel

Als entscheidende Trennlinie zwischen strikt Verbotenem und allenfalls Erlaubtem wird nahezu durchgängig die Unterscheidung zwischen Tun und Unterlassen markiert: Aktive Tötung sei niemals, Sterbenlassen dagegen unter bestimmten Voraussetzungen zulässig. Die Abgrenzung ist moralisch in verschiedenen Hinsichten problematisch. Strafrechtlich ist sie es vor allem deswegen, weil der Arzt für die Lebenserhaltung grundsätzlich als Garant haftet, sich also für eine Unterlassung wie für eine aktive Tötung gleichermaßen wegen Totschlags strafbar macht. Und weil bislang niemand schlüssig gezeigt hat, warum in bestimmten Fällen einer medizinisch möglichen Lebenserhaltung den Arzt eine entsprechende Garantiepflicht nicht mehr treffen soll – es wäre denn deshalb, weil schwergeschädigte Neugeborene eben doch anders als leicht therapierbare behandelt werden.

Aber auch eine Ausnahme von der angeblich „ausnahmslosen Unzulässigkeit"[18] der aktiven Tötung wird für die allgemeine Sterbehilfe so gut wie einhellig befürwortet und daher von Fall zu Fall auch für die Neonatologie herangezogen: die sogenannte „indirekte Euthanasie". Davon spricht man, wenn der Arzt zur Linderung schwerer Schmerzen sich genötigt sieht, so hohe Dosen von Analgetika zu geben, dass er den davon verursachten Tod voraussehen kann. Rechtlich ist das ein Fall der aktiven Tötung mit *dolus eventualis,* in Fällen einer praktisch sicheren tödlichen Wirkung sogar mit *dolus directus.* Vor allem zwei Konstruktionen werden in der Dogmatik zur Legitimation eines solchen Vorgehens angeboten.

Die überwiegende Auffassung nimmt hier wegen der Kollision einer positiven und einer negativen Pflicht – des Gebots zur Schmerzlinderung und

---

18 So LK/Jähnke (2005), Rn. 27 vor § 211 (m. w. N.); anders nun LK/Rosenau (2019), Rn. 37–41 (in Ausnahmesituationen Rechtfertigung möglich).

des Verbots zu töten – zunächst eine Notstandslage im Sinn des § 34 StGB an.[19] Danach kann aber die vorsätzliche Tötung qua Schmerzmedikation nur dann gerechtfertigt sein, wenn das Interesse des Patienten an der Schmerzlinderung sein Interesse am Weiterleben „wesentlich überwiegt" – ein Ergebnis, das mit dem vorhin zitierten Prinzip des jeder Abwägung entzogenen „Höchstwertes Leben" zu kollidieren scheint. Das ist vermutlich der Grund, warum die Notstandskonstruktion von ihren Befürwortern regelmäßig um ein Zusatzerfordernis ergänzt wird: Der Arzt dürfe bei seinem Handeln allein die Schmerzlinderung „anstreben" und den dadurch herbeigeführten Tod nur als „unerwünschte Nebenfolge" in Kauf nehmen.

Die Konstruktion ist in der Moralphilosophie seit Thomas von Aquin als „Doktrin der Doppelwirkung" bekannt.[20] Ich will nicht im Einzelnen auf die ethischen Einwände gegen diese Lehre eingehen. Mir erscheint sie mindestens verschleiernd, weil sie dem Handelnden mit der unangebrachten Suggestion beispringt, für den vorausgesehenen Nebeneffekt seines Tuns sei er nicht verantwortlich, wenn er dabei nur die richtige Gesinnung habe. Strafrechtlich ist diese Lehre jedenfalls unrichtig. Sie postuliert mit dem Gebot, ausschließlich die Schmerzlinderung „anzustreben" ein bestimmtes Motiv des Handelnden, während sie ein anderes, das der Lebensverkürzung, als unzulässig ausschließt, obwohl sich der strafrechtliche Vorsatz auch darauf erstreckt. Motivunterschiede können aber bei identischem Handlungsvorsatz nicht zu unterschiedlichen Beurteilungen im objektiven Bereich von Recht und Unrecht führen.[21] Allenfalls für die Frage der persönlichen Schuld mögen moralisch gute oder schlechte Motive des Handelnden eine Rolle spielen. Daraus folgt, dass die Doktrin der Doppelwirkung als jenes Kriterium für Recht oder Unrecht der „indirekten Euthanasie", als das sie verwendet wird, in unserem Strafrecht einen unzulässigen Fremdkörper bildet. Und gegen die Konstruktion eines bloßen Entschuldigungsgrundes für den Arzt, wofür die Doppelwirkungslehre immerhin zu reklamieren wäre, sprechen andere und noch gewichtigere

19 Statt aller Eser (1977), 90 (m.w.N.)

20 Thomas von Aquin, *Summa Theologiae*, II. Buch, II. Teil, Qu. 64, Art 7: „Es steht nichts im Weg, dass ein und dieselbe Handlung zwei Wirkungen hat, von denen nur die eine beabsichtigt ist, die andere aber außerhalb der eigentlichen Absicht liegt[…]. Eine solche Handlung hat nichts Unerlaubtes."

21 Das gilt naturgemäß dort nicht, wo der Gesetzgeber selbst bestimmte Motive in den gesetzlichen Tatbestand aufgenommen, also zu subjektiven Unrechts- bzw. zu Schuldmerkmalen und so zu Strafbarkeitsvoraussetzungen „aufgewertet" hat (z.B. in § 211, Abs. 2 die 1. und 3. Gruppe der Mordmerkmale). Kennt jedoch das Gesetz selbst solche vertatbestandlichten Motivmerkmale nicht (wie beim Totschlag), dann dürfen Motivvarianten beim Täter nicht als Gründe für Unrechtsvariationen, geschweige denn als Unrechtsbegründungen fungieren.

Einwände. Wäre der Arzt hier nur entschuldigt, bliebe seine Tat also rechtswidrig, dann wäre das ihm helfende, etwa die Spritze vorbereitende Pflegepersonal der Klinik dem Risiko einer Strafbarkeit wegen Beihilfe zum Totschlag ausgesetzt. Auch könnte jeder beliebige, etwa als Lebensschützer engagierte Dritte dem Arzt qua Nothilferecht gegebenenfalls mit massiver Gewalt in den Arm fallen. Im Übrigen zöge sich eine Entschuldigungslösung den Verdacht der Unehrlichkeit zu. Denn wer das ärztliche Verhalten in Fällen der „indirekten Euthanasie" für richtig hält (und der insofern durchgängige Konsens ist ja tatsächlich der Grund für die Suche nach einem Weg zur Vermeidung der Strafbarkeit), der sollte ihm nicht gleichzeitig das Stigma des objektiv Falschen und Rechtswidrigen zuschreiben.[22] Und wer es ernsthaft für falsch hält, hat keinen Anlass, dem Arzt, dessen eigene Interessen regelmäßig nicht auf dem Spiel stehen, eine persönliche Notsituation und die entsprechende Entschuldigung zuzubilligen.

Tatbestandslos, da lege artis?

Daher versucht ein anderer Teil der Lehre, sich des Problems mit einer Art Befreiungsschlag zu entledigen: Ein Arzt, so wird gesagt, der nach den anerkannten Regeln der medizinischen *lex artis* handle, befinde sich generell nicht im Bereich strafrechtlicher Tatbestände. (Eine indizierte Blinddarmoperation ist keine gefährliche Körperverletzung.) Das müsse auch für die inzwischen akzeptierten Formen der Euthanasie gelten. Sie seien eben Bestandteil der ärztlichen *lex artis* geworden und gingen das Strafrecht daher nichts mehr an. Sie lägen außerhalb des Schutzbereichs seiner Normen.

Diese Lösung, die u.a. in zwei maßgebenden Kommentaren zum StGB vertreten wird[23], ist durchschlagenden Einwänden ausgesetzt. Sie schiebt die normative Frage, ob bestimmte vorsätzliche Tötungshandlungen erlaubt sein können, einfach in die Zuständigkeit derer ab, die diese Handlungen vornehmen, vertraut sie also der *lex artis* ausgerechnet des möglichen Täterkreises an. Das läuft auf die Selbstlegitimation eines Berufsstandes extra legem hinaus, und zwar gerade insofern, als sich dessen Handeln im äußeren Geschehensbereich der schwersten Delikte bewegt, die die Rechtsordnung kennt. Dass die weit überwiegende Mehrzahl der Ärzte in Euthanasiefragen sensibel, vorsichtig und verantwortungsbewusst entscheidet, ist wenig zweifelhaft. Aber das Strafrecht darf sich hier aus prinzipiellen Gründen nicht zurückziehen. Auch in Fällen einer fraglos zulässigen Sterbehilfe geht es um Entscheidungen

---

22 Ähnlich Kaufmann (1983b), 143.

23 Fischer (2022), Rn. 56 vor § 211; LK/Jähnke (2005), Rnr.20a vor § 211 (anders und zutr. jetzt LK/Rosenau [2019], Rn. 45 vor § 211).

über Leben und Tod anderer Menschen. Solche Fälle müssen stets *borderline-cases* des Erlaubten bleiben. Sie dürfen nicht einfach und a limine aus dem Strafrecht abgeschoben, sie müssen innerhalb seiner Normen gerechtfertigt werden.

Verneinung der objektiven Zurechnung?

In der Lehre werden noch andere Konstruktionen eines Tatbestandsausschlusses für die inzwischen weithin akzeptierten Falltypen der Euthanasie vorgeschlagen. Sie firmieren unter der abstrakten systematischen Kategorie „Ausschluss der objektiven Erfolgszurechnung" und vagabundieren dort etwas diffus zwischen den zugehörigen Subkategorien „erlaubtes Risiko", „Sozialadäquanz" oder „Schutzbereich" bzw. „Schutzzweck der Norm". Der damit umschriebene dogmatische Bezirk ist trotz seiner seit Jahren stetig steigenden Beliebtheit noch nicht hinreichend geklärt, geordnet und gesichert.[24] Die verzweigte Diskussion dazu kann ich hier nicht referieren, doch erscheint mir das aus sachlichen Gründen auch nicht erforderlich. Denn gegen sämtliche Tatbestandslösungen in Euthanasiefällen gibt es gravierende Einwände. Hier sind deren wichtigste.

In allen Fällen echter Sterbehilfe, d.h. einer mit Vorsatz herbeigeführten oder trotz Möglichkeit und Zuständigkeit nicht abgewendeten Lebensverkürzung[25], kommt eine Legitimation nur als Resultat einer komplexen Abwägung in Frage. Diese muss aber als das normativ tragende Fundament in der dogmatischen Begründung des Ergebnisses „Straflosigkeit" explizit gemacht werden. Sie darf nicht in der dafür unspezifischen Tatbestandskategorie „objektive Zurechnung" buchstäblich spurlos verschwinden. Denn dabei schiebt sich eine allgemeine und rechtlich nicht mehr weiter beweisbedürftige moralische Intuition von der Richtigkeit des ärztlichen Verhaltens vor die eigentlichen Gründe für das Ergebnis: die Elemente jener Abwägung und ihr Verhältnis zueinander. Tatbestandslösungen qua „erlaubtes Risiko" (etc.) weisen die normativen Schritte nicht aus, über die man zu ihnen gelangt. Sie begründen daher in Wahrheit nichts, sondern sind genau das, was begründet werden muss. Mit dem Satz, Lebensverkürzung qua Sterbehilfe sei deswegen nicht strafbar, weil sie im Bereich des „erlaubten Risikos" liege, behauptet man, begründet aber nicht, dass dieses (ja ggf. immerhin tödliche) Risiko „erlaubt"

---

24 Vgl. aber nun die präzise Systematisierung Roxins in Roxin/Greco (2020), § 11; aufschlußreich zu den nomativen Fundamenten Jakobs (1993), 7/35 ff.

25 Und der in diesem Zusammenhang oft (mit)erörterte Fall einer „Hilfe *beim* Sterben", nämlich ohne Lebensverkürzung, ist nicht nur problemfrei, sondern gehört überhaupt nicht hier her (und nicht ins Strafrecht).

sei – eine petitio principii. Der Hinweis, die in Kauf genommene, vorsätzliche Lebensverkürzung durch Schmerzmedikation sei „ihrem sozialen Gesamtsinn nach [...] etwas ganz anderes als eine Tötungshandlung"[26], ist ja plausibel. Aber er reformuliert nur das Ergebnis „kein Totschlag" und lässt die Frage nach den Gründen ohne Antwort.

Man erwäge den folgenden Fall: Ein tödlich krankes Neugeborenes mit einer Lebenserwartung von wenigen Wochen sei in einem so schlechten Zustand, dass der Akt einer christlichen Taufe das hohe Risiko der unmittelbaren Todesherbeiführung mit sich bringen muss. Ein Priester, aufgeklärt über diese Umstände und sie hinnehmend, tauft das Kind gleichwohl, um ihm die ewige Seligkeit zu sichern. Dabei stirbt es. Dem „sozialen Gesamtsinn nach" liegt hier sowenig eine Tötungshandlung vor wie bei der „indirekten Euthanasie". Wer diesen Fall unter dem Gesichtspunkt des Totschlags dennoch anders entscheiden will (wie etwa ich selbst), muss daher zugestehen, dass der soziale Handlungssinn nicht das maßgebliche Kriterium der Entscheidung sein kann. Vielmehr geht es hier einfach um ein inakzeptables Ergebnis der Abwägung von Vor- und Nachteilen für das Kind.[27] Ihm steht im Fall des mit tödlicher Wirkung schwere Schmerzen lindernden Arztes der Prototyp einer richtigen Abwägung gegenüber.

Verdrängt man diesen wirklichen normativen Grund durch Tatbestandslösungen, die ihn nicht ausweisen, dann entstehen im Übrigen nicht nur Argumentlücken, sondern auch und deshalb das Risiko von Widersprüchen. Hier ein Beispiel: Die allgemeine Billigung der „indirekten" Sterbehilfe qua Schmerzbekämpfung ist mit dem ebenfalls allgemein betonten Prinzip, dass bei Sterbehilfeentscheidungen die „Qualität" des verkürzten Lebens keine Rolle spielen dürfe, ersichtlich nicht zu vereinbaren. Denn das schmerzfreie, also lediglich qualitativ andere Leben darf so nicht verkürzt werden. Eine ganze Reihe weiterer Inkonsistenzen der strafrechtlichen Diskussion zu Euthanasieproblemen hat die gleiche Wurzel. Wessels etwa lehnt wenige Zeilen nach seinem oben zitierten Satz, wonach die Lebensverkürzung durch Schmerzlinderung keine „Tötungshandlung" sei, eine Notstandsrechtfertigung mit dem Argument ab, man wolle „bei Tötungshandlungen" keine (lebensbeurteilenden) Abwägungen – ein augenfälliger Widerspruch.[28] Hiergegen ist festzuhalten: alle akzeptierten Formen der Sterbehilfe beruhen offen oder

---

26 Wessels (1996), 7; anders aber nun Wessels/Hettinger/Engländer (2021), Rn. 32 f.

27 Ausschließlich transzendente Wohltaten („ewige Seligkeit") reichen für irdische Rechtfertigungen prinzipiell nicht. Die Erfüllung autonomer *Wünsche* nach transzendenten Wohltaten ist dagegen selbstverständlich eine *irdische* Wohltat, scheidet aber bei Neugeborenen (auch als Erfüllung elterlicher Wünsche) naturgemäß aus.

28 Wessels (1996), 7; anders nun Wessels/Hettinger/Engländer (2021), Rn. 33.

verdeckt auf solchen Abwägungen; und normativ ist kein anderes Fundament ersichtlich, auf dem sie mit guten Gründen beruhen könnten. Strafrechtsdogmatische Lösungen, die dies nicht ausweisen, sind insuffizient. Im besten Fall verschweigen sie das wirkliche Problem, im schlechteren lösen sie es unrichtig.

Schließlich: Die in der Dogmatik geläufigen Konstruktionen zum Ausschluss der objektiven Erfolgszurechnung teilen bei aller terminologischen Vielfalt eine grundsätzliche Perspektive: den Blick auf ein bestimmtes Verhalten, das trotz seiner Kausalität für den Eintritt eines Erfolges von diesem distanziert wird, etwa weil es dem Typus des allgemein „erlaubt Riskanten", „Sozialadäquaten" (etc.) zugehört. Keine Rolle darf dagegen grundsätzlich die unendliche Vielfalt möglicher Zustände des Adressaten bzw. des Objekts dieses Verhaltens spielen: die Zustände der jeweils geschützten Rechtsgüter. Im Prinzip ist das selbstverständlich. Das Strafrecht schützt abstrakt bezeichnete Rechtsgüter unter Absehen von deren konkreter Befindlichkeit im einzelnen Fall. Schon aus verfassungsrechtlichen Gründen kann dies nicht anders sein. Schwerlich ließe sich die apriorische Nichtzurechnung tödlicher Folgen irgendeines Verhaltens, also dessen Tatbestandslosigkeit, allein mit dem Zustand der jeweiligen Opfer begründen.

Nun sind aber Sterbehilfe-Fälle dadurch gekennzeichnet, dass es gerade und nur der Zustand des Patienten ist, was das ärztliche Verhalten legitimieren kann. Keineswegs ist dieses „an sich" erlaubt. Das wird evident, wenn man den todkranken Patienten gedanklich durch einen leicht therapierbaren ersetzt. Exakt dasselbe ärztliche Verhalten, z.B. ein Unterlassen der möglichen Lebensverlängerung, ist im ersteren Fall legitim und begründet im letzteren eine Haftung wegen Totschlags. Daraus folgt: Wer Sterbehilfe tatbestandslos machen will, erklärt implizit nicht ein bestimmtes Verhalten für generell unverboten (denn das ist es nicht und kann es nicht sein), sondern einen bestimmten Typus menschlichen Lebens für generell nicht (mehr) geschützt. Das untersagt die Verfassung: Art. 1, 2 und 3 GG. Ein abstrakt-prinzipieller Entzug der normativen Garantie eines Rechtsguts allein wegen dessen Zustands ist nicht zu legitimieren. Tatbestandslösungen tun jedoch genau dies. Sie können daher nicht richtig sein. Für jene konkret-individuellen Abwägungen, um die es in Sterbehilfe-Fällen immer geht und nur gehen kann, ist dogmatisch allein die Ebene der Rechtswidrigkeit eröffnet: der Abwägungsrahmen des Notstands.

Kollektive Abwägung Freiheit vs. Rechtsgüterschutz?

Gewiss liegt auch den Spielarten des „erlaubten Risikos" als der wichtigsten Form ausgeschlossener objektiver Zurechnung eine Art kollektiver Abwägung zugrunde, nämlich zwischen dem allgemeinen Interesse an Handlungs- bzw.

Unterlassungsfreiheit einer- und dem Schutz von Rechtsgütern andererseits. In den historischen Motiven für die Zulassung bestimmter generell riskanter Handlungen als unverboten mögen die kollidierenden Interessen noch reflektiert und verarbeitet worden sein (etwa seitens des Gesetzgebers). Aber die Vornahme der dann generell erlaubten Einzelakte des riskanten Handlungstyps ist nicht mehr an die korrekte Abwägung gebunden. Es geht dann nur noch um Freiheit. (Autofahren ist auch dann erlaubt, wenn es nicht plausibel als Teil einer gesellschaftlichen Veranstaltung von hoher Nützlichkeit, sondern beispielsweise bloß als „Zeittotschlagen" aufgefasst werden kann.) Im Übrigen kann man von jemandem, der „erlaubt riskant" einen Todeserfolg verursacht hat, keineswegs sagen, er habe erlaubt getötet. Der Grund der Nichtzurechnung des tödlichen Erfolgs liegt vielmehr darin, dass im Moment der Zuspitzung des erlaubten Risikos zur konkret drohenden Gefahr, dieses Risiko zwar sehr wohl unerlaubt wird und daher eine Vermeidepflicht begründet (auch der vorher sorgfältige Autofahrer müsste dem plötzlich auf die Straße springenden Kind ausweichen, wenn er noch könnte), die nun jedoch nicht mehr erfüllt werden kann. Der Handelnde wird nicht deshalb von dem Todeserfolg distanziert, weil er ihn herbeiführen durfte, sondern weil er ihn schuldlos nicht vermeiden konnte (und vor dem entscheidenden *point of no return* der Schadensentwicklung nichts vermeiden musste).[29]

Auch diese Überlegungen zeigen, dass die Kategorien „erlaubtes Risiko" oder „Sozialadäquanz" nicht sinnvoll auf ärztliche Euthanasieentscheidungen angewendet werden können. In keiner denkbaren Variante geht es dabei um Handlungsfreiheit des Arztes in einer generell vordefinierten kollektiven Interessenlage oder um eine daraus resultierende Unmöglichkeit der Erfolgsvermeidung. Vielmehr geht es stets allein um die richtige Bestimmung und Wahrnehmung konkret individueller Interessen in einer besonderen Situation. Das ist kein Problem eines generellen Tatbestandsausschlusses, sondern das geradezu exemplarische einer jeweils spezifischen Rechtfertigung: der qua Notstand.

Übergang

Damit ergibt die gewiss kursorische Musterung der bisher im Strafrecht erarbeiteten Lösungen zur „Früheuthanasie" einen irritierenden Befund: Keine kann überzeugen.[30] Das legt die Vermutung nahe, dass die Schwierigkeiten

29 Zutr. Kindhäuser (1994), 198 (216 ff.).

30 An diesem skeptischen Befund hat sich, seit die obigen Zeilen geschrieben wurden, manches verbessert. In aller gebotenen Bescheidenheit darf ich wohl einen gewissen Anteil

alleine mit den Mitteln der strafrechtlichen Dogmatik nicht zu bewältigen sind. Hier dreht sich der Blick ganz plausibel zu den Diskussionen der Philosophie.

10.3 Normtheoretische Überlegungen: Recht auf Leben und Lebensschutz

Rechte und Interessen: Lebensrecht vs. Lebenspflicht

Bei allen Differenzen im einzelnen läßt sich für nahezu alle moralphilosophischen Untersuchungen zum Euthanasieproblem ein gemeinsamer Ausgangspunkt formulieren: die Frage nach den ethischen, also vorrechtlichen Gründen für das Tötungsverbot. Anders gewendet: Warum und unter welchen Voraussetzungen schreiben wir individuellen Wesen ein Recht auf Leben zu und welche Wesen erfüllen diese Voraussetzungen? Freilich bietet sich hier sofort ein Einwand an. In der langen Liste von Problemen, die das Strafrecht in diesem Zusammenhang beschäftigen, taucht eine analoge Frage gar nicht auf. Das scheint eine grundsätzliche Divergenz der Blickrichtungen zu markieren. Für Juristen liegt eine Erklärung auf der Hand: Die philosophische Primärfrage – Wer hat ein Lebensrecht und warum? – mutet in rechtlicher Perspektive sinnlos an. Denn die lakonische Antwort „jeder", die Art. 2 Abs. 2 Grundgesetz gibt, gehört so fraglos zu den Grundlagen unserer Verfassungs- und Sozialordnung, ja der zivilisierten Lebensform, dass jede Erkundigung nach den tieferen Gründen juristisch wenig sinnvoll erscheint. Freilich trügt dieser Anschein.

Dabei soll gar nicht die alte und wohl auf unabsehbare Zeit nicht beilegungsfähige Streitfrage nach dem Lebensrecht des Embryos berührt werden. Die Frage jedenfalls, ob bestimmten geborenen Menschen das Lebensrecht grundsätzlich entzogen oder beschränkt werden dürfte, wäre auf dem Boden des Grundgesetzes abwegig, nicht nur heute, sondern auch de lege ferenda. Eine ganz andere Frage ist es aber, ob es Situationen einer Kollision zwischen dem Lebensinteresse und anderen (etwa Leidvermeidungs-) Interessen eines Menschen geben kann, in denen sein Recht auf Leben nicht mehr das entscheidende Kriterium für die Lösung des Konflikts darstellt.

Ein Fall

Der folgende oft zitierte Modellfall mutet ein bisschen wie eine sterile Lehrbuchkonstruktion an. Aber er wurde wie irgendwann alle Lehrbuchfälle längst

daran reklamieren, nämlich mit meiner umfänglichen Monographie Merkel (2001) zu dem Thema.

vom Leben eingeholt und kann daher in der *Frankfurter Allgemeinen Zeitung* vom 4. September 1991 nachgelesen werden.[31] Ein Autofahrer geriet in einer südafrikanischen Großstadt in einen schweren Unfall und wurde ausweglos eingeklemmt. Der Wagen fing Feuer und der Mann begann zu brennen. Keiner der hilfswilligen Zeugen hatte ein Löschgerät bei sich, Versuche, die Flammen anders zu ersticken, misslangen, an ein rechtzeitiges Herbeiholen der Feuerwehr war nicht zu denken. Einer der hilflosen Zeugen zog schließlich eine Pistole und erschoss den verbrennenden Mann.

Wer hier mit dem Hinweis auf den höchstrangigen Status des Lebensrechts schon jede Abwägung des im konkreten Fall noch verbleibenden Lebensinteresses mit einem anderen Interesse des Unfallopfers, dem nämlich, nicht qualvoll zu verbrennen, ablehnt, der nimmt eine paradox anmutende Konsequenz in Kauf: Das Recht einer Person würde gegen deren eigene Interessen durchgesetzt. Dem absoluten Lebensrecht korrespondierte dann eine ebensolche Lebenspflicht seines Inhabers – jedenfalls insofern, als diesem ein Suizid aus faktischen Gründen unmöglich wäre. Das scheint schon dem Begriff eines subjektiven Rechts zu widersprechen. Gewiss, ein echtes normlogisches Paradoxon ist dies nicht, denn das Tötungsverbot richtet sich nach wie vor gegen Dritte, nicht gegen den Rechtsinhaber selbst. Auch ist die Figur eines (wie es in der Präambel der Allgemeinen Erklärung der Menschenrechte heißt) „unveräußerlichen", also keinem individuellen Verzicht zugänglichen Rechts geläufig. Und für das Recht auf Leben nimmt die Mehrheit der Staatsrechtler eine solche Unveräußerlichkeit an.[32] Flankiert und bekräftigt werde diese, so wird gesagt, durch § 216 StGB, der die Tötung auf Verlangen verbietet, der also das Recht auf Leben unverfügbar mache, und mittelbar auch für dessen Inhaber selbst. Untersucht man dies genauer, dann zeigt sich, dass hier zwei Dinge vermischt werden, die auseinanderzuhalten sind.

Schutz des Rechts auf Leben vs. Schutz des biologischen Lebens

Subjektive Rechte, die bedingungslos und damit notfalls auch gegen Verfügungen ihrer Inhaber garantiert werden, schlagen an genau diesem Rand ihrer Reichweite, jenseits dessen ihre Schutzwirkung auch dem gegenläufigen Willen des Berechtigten aufgezwungen wird, für diesen selbst tatsächlich in Pflichten um.[33] Das kann natürlich legitim sein, so wie andere rechtlich aufgezwungene Pflichten legitim sind. Aber die Begründungsanforderungen an

31 FAZ, 4.9.1991, 12.

32 S. aber zur Problematik gerade im medizinischen Bereich Pietzcker (1978), 549 f.; vgl. auch Sturm (1974), 173.

33 Dazu Feinberg (1980a).

die Norm wechseln mit diesem Wechsel der Normfunktion ebenfalls. Mit der Berufung auf den Schutz eines subjektiven Rechts sind sie dann nicht mehr zu erfüllen. Sie müssen nun den Maßstäben einer Begründung von Pflichten genügen. Die gleichwohl oft beibehaltene Redeweise von der „Garantie eines Rechts" wird hier eigentlich unrichtig. Sie erklärt sich aber daraus, dass solche Zwangsgewährleistungen prinzipiell in der Überzeugung gründen, zwar nicht mehr die subjektive Rechtsmacht, aber weiterhin die wohlverstandenen („wirklichen") Interessen des Rechtsinhabers, gelegentlich und ergänzend auch Interessen der Allgemeinheit, zu schützen – und nun eben gegen den Willen des Berechtigten selbst. Wie auch immer Legitimation und Grenzen solcher paternalistischen Schutzstrategien zu beurteilen sein mögen: jenseits jener Linie, an der sie ein genuin subjektives Recht zur Pflicht für seinen Inhaber umwandeln, schützen sie in Wahrheit nicht mehr dieses Recht, sondern dessen realen Gegenstand. Das Verbot der Tötung auf Verlangen schützt nicht das Recht des Verlangenden auf sein Leben, sondern dieses Leben selbst. Anders gewendet: Der um seinen Tod Bittende will keineswegs auf sein Recht auf Leben, er will auf sein Leben verzichten – und das ist etwas anderes.

Auch daran darf ihn die Rechtsordnung hindern, und in § 216 StGB tut sie das ja in bestimmten Grenzen. Aber sie muss dies anders begründen als mit dem in der Dogmatik gängigen Argument, sie schütze dabei das höchstrangige Recht auf Leben. Denn der jetzt durchgesetzte Schutz beginnt gerade erst jenseits der Reichweite dieses Rechts. Legitim kann er gegen den Willen des Rechtsinhabers nur dann sein, wenn und soweit er dessen „wohlverstandenes" – nämlich besser als von ihm selbst verstandenes – Eigeninteresse schützt. Und darüber hinaus allenfalls noch, wenn ohne diesen Schutz überragend wichtige Gemeinschaftsinteressen bedroht würden, zum Beispiel durch die oft beschworene Gefahr eines „Dammbruchs" oder einer „slippery slope", also einer Erosion des Tötungsverbots. Dort jedenfalls, wo von einem wohlverstandenen Eigeninteresse des Rechtsinhabers an seinem noch möglichen Weiterleben offenkundig keine Rede mehr sein kann (man denke an den verbrennenden Autofahrer), wird die weitere – auch mittelbare – Erzwingung einer Lebenspflicht gegen den Willen des Betroffenen illegitim. Ihr rechtfertigender Grund, der weich-paternalistische Interessensschutz, ist entfallen.[34] Und eher vage Sorgen um die Korruptionsresistenz der öffentlichen

34 Anders als der „harte" Paternalismus, der eine externe Definitionsmacht (Vernunft, Staat, Gesellschaft) mittels rein objektiver Maßstäbe für die Bestimmung der „wahren" Interessen einer Person statuiert, ermittelt der „weiche" Paternalismus diese Interessen ausschließlich in der höchstpersönlichen Perspektive des Betroffenen: für dessen langfristig wirkliche Interessen und gegen deren momentane Verkennung und Bedrohung durch ihn selbst. Grundlegend zu der Unterscheidung Feinberg (1980b).

Gesittung können schwerlich das individuelle Aufzwingen eines grausamen Schicksals rechtfertigen.

Damit ist das wirkliche Problem dieser Konstellationen fixiert: Nicht das abstrakte Recht auf Leben, sondern das individuelle Interesse am Weiterleben in einem konkreten einzelnen Fall steht hier zur Beurteilung. Und für diese Beurteilung ist der gängige Hinweis der Strafrechtsdogmatik auf den abwägungsfeindlichen Höchstrang des Lebens unrichtig. Wohl kann die Rechtsordnung einen solchen Höchstrang für ein subjektives Recht festschreiben, und im Fall des Lebensrechts tut sie das mit guten Gründen. Aber die Behauptung, dieser Höchstrang gelte eo ipso und in allen denkbaren Konfliktsituationen auch für das Leben selbst, wäre *de facto* – und der Fall des verbrennenden Autofahrers zeigt dies zur Evidenz – offenbar verfehlt. Sie wäre aber auch objektiv unmenschlich und ihre rechtliche Fixierung daher illegitim. Eine merkwürdige, aber weit verbreitete Verwechslung der Begriffe „Lebensschutz" und „Schutz des Rechts auf Leben" hat der herrschenden Strafrechtslehre dieses Dogma aufgeladen und damit die unrichtige Auffassung, § 216 StGB zeige, dass die Rechtfertigung einer aktiven Tötung (außerhalb von Notwehr und Krieg) schlechthin ausgeschlossen sei. Richtig ist dagegen, dass in Fällen eines ausdrücklichen Sterbeverlangens der Normbereich des strafrechtlichen Notstands und nicht mehr der des Art. 2 Abs. 2 GG eröffnet ist, und damit die Rechtfertigung auch einer aktiven Tötung denkbar wird.

Fehlen der Einwilligungsfähigkeit; Sicherungen

Daran ändert sich nichts Prinzipielles, wenn ein solches Sterbeverlangen nicht vorliegt. Denn der Grund für den Wechsel vom unveräußerlichen Lebensrecht zur abwägungsoffenen Notstandsprüfung war ja, dass ein subjektives Recht nicht zum Aufzwingen einer Pflicht herangezogen werden kann. Und das Sterbeverlangen, dessen Irrelevanz für unser gegenwärtiges Problem § 216 StGB selbst ausdrücklich feststellt, hat in dieser Analyse nur die Funktion, die Grenze genau zu markieren, jenseits deren ein solches Aufzwingen beginnt und nun eben einer anderen Rechtfertigung bedarf als des bloßen Hinweises auf den Schutz eines Rechts. Aber auch in Fällen, in denen ein ausdrücklicher Sterbewunsch unmöglich ist, also etwa bei Neugeborenen, kommen Funktion und Reichweite des subjektiven Rechts auf Leben jedenfalls dort an ihr Ende, wo die weitere Lebenserhaltung den fundamentalen Interessen des Betroffenen zweifelsfrei zuwiderläuft. Auch hier beginnt an dieser Stelle der Normbereich des Notstands, in dem nicht mehr das – nach wie vor unbestreitbare – Recht auf Leben, sondern die Frage nach dem konkreten Interesse am Weiterleben die entscheidende Rolle spielt. Man stelle sich für den oben berichteten Fall des verbrennenden Autofahrers vor, neben diesem säße in dem Fahrzeug sein zweijähriges Kind. Es müsste seltsam anmuten, wollte man sagen, der tödliche Schuss auf den verbrennenden Mann könne wegen dessen Einwilligungsfähigkeit nach Notstandskriterien gerechtfertigt werden, nicht aber der auf das Kleinkind, das eben deshalb verbrennen müsse.

Nun wird der Ausgang aus diesem normtheoretischen Labyrinth erkennbar, und das Terrain der genuin philosophischen Argumente rückt in Sicht. Zwei grundsätzliche Einschränkungen, oder besser: Kontrollgarantien für das bisher Entwickelte sollten aber zuvor festgehalten werden:

(1.) Eine Notstandsabwägung von Lebens- und Sterbensinteressen Einwilligungsunfähiger, also eine Abwägung durch außenstehende Dritte, darf nur mit äußerster Zurückhaltung vorgenommen bzw. zugelassen werden. Wohl ist nach der skizzierten Analyse klar, dass von einer richtigen Entscheidung in dieser Situation das Lebensrecht gar nicht berührt wird, und zwar auch dann nicht, wenn *contra vitam* entschieden wird. Aber von jeder falschen wird es verletzt und damit zerstört. Übrigens verlangt der Notstandsparagraph 34 des StGB als Ergebnis der Abwägung mit Recht ein zweifelsfreies Überwiegen des wahrgenommenen Interesses. Nur dann kann die Aufopferung des kollidierenden gerechtfertigt sein.[35]

(2.) Lebensinteressen eines Menschen dürfen in einer Notstandskollision allenfalls mit dessen eigenen (anderweitigen) Interessen abgewogen werden, niemals unmittelbar mit Interessen Dritter.[36] Auch das erzwingt der verfassungsgarantierte Höchstrang des Lebensrechts. Konsequentialistisch orientierte Philosophen argumentieren hier für die Ethik anders.[37] Dazu komme ich gleich. Straf- und verfassungsrechtlich sind solche Vorschläge in Deutschland nicht realisierbar, und mit Recht.

---

35 Die darüber hinausgehende Forderung eines „wesentlichen“ Überwiegens, wie sie § 34 StGB verlangt, wäre für die Abwägung kollidierender Interessen *einer und derselben* Person sinnlos (Merkel, 2001, 528–534). Diese Formel in § 34 StGB ist deutlich auf den Grundfall des Notstands zugeschnitten: die Interessenskollision zwischen verschiedenen Personen.

36 Mittelbar können solche Interessen allerdings eine Rolle spielen, z.B. das allgemeine Interesse an der Vermeidung zu hoher Kosten im Gesundheitswesen (das nicht etwa ein vulgär ökonomisches ist, sondern als Interesse an der gerechten Verteilung knapper lebenserhaltender Ressourcen grundlegende Belange der Sozialethik berührt). Entsprechende Entscheidungen dürfen aber nicht Sache des einzelnen Arztes am konkreten Krankenbett sein; allein als Teil einer gesellschaftlichen Sozialpolitik, und damit für alle geltend, sind sie (in Grenzen) zulässig. Sie stehen daher grundsätzlich nur dem Gesetzgeber zu.

37 Exemplarisch nur Glover (1977); Tooley (1983); Singer (1984), Kap. 7.

Damit ist die Nahtstelle zwischen Strafrecht und Moralphilosophie in unserer Frage freigelegt: nicht als die juristisch sinnlose Frage, ob Neugeborene schon ein Lebensrecht haben, sondern zur Klärung der Abwägungsrelation im Rahmen einer gegebenen Notstandslage. Genauer: zur Analyse dessen, was wirklich zur Abwägung steht, wenn man – unbeschadet eines zweifelsfreien Lebensrechts – im konkreten Einzelfall das Lebensinteresse eines Neugeborenen mit fundamentalen Interessen aus seiner eigenen Sphäre vergleicht.

10.4 Ethische Grundlagen: die Diskussionen der Moralphilosophie

Die amerikanischen Philosophen Michael Tooley und Joel Feinberg haben vor mehr vierzig Jahren auf die begrifflichen Zusammenhänge zwischen der Zuschreibung eines moralisch geschützten Status, also eines moralischen Rechts auf Berücksichtigung in bestimmter Hinsicht, und der Fähigkeit, in eben dieser Hinsicht Interessen zu haben, hingewiesen.[38] Ein Wesen, das bestimmte Interessen nicht haben kann, kann auch kein subjektives moralisches Recht auf Berücksichtigung solcher Interessen haben. Es kann in dieser Hinsicht nicht verletzt werden, da es insofern nicht verletzungsfähig ist. Das ist ein analytischer Befund und gilt daher auch für Lebensrechte. Ein Wesen zu töten, das keinerlei subjektives Interesse an seinem eigenen Leben haben *kann* (also nicht nur vorübergehend und aktuell nicht hat) – zum Beispiel eine Pflanze oder ein Bakterium – zerstört dieses Wesen zwar, kann es aber nicht in moralisch bedeutsamer Weise schädigen, nämlich sein subjektives Wohl nicht beeinträchtigen. Denn es hat kein solches Wohl oder Weh. Ein Unrecht ihm selbst gegenüber kann seine Tötung daher nicht sein.[39]

Beginn des (Über-)Lebensinteresses

Projiziert man diese Überlegungen auf die Frage nach dem Lebensrecht eines Menschen, dann fordern sie als entscheidendes Kriterium für den Beginn eines solchen Rechts die Bestimmung des Zeitpunkts in der individuellen Entwicklung – von der befruchteten Eizelle bis zum erwachsenen Menschen –, ab dem das „Habenkönnen" subjektiver Lebensinteressen sinnvoll behauptet und zugeschrieben werden kann. In der analytischen Moralphilosophie gibt es

38 Tooley (1972); Feinberg (1980c).

39 Sehr wohl natürlich Dritten oder der Allgemeinheit gegenüber, die eventuell ein eigenes Interesse an der Fortexistenz dieses Wesens haben (z.B. am Nicht-Aussterben einer seltenen Pflanzenart). Das gilt auch im Hinblick auf bloße Gegenstände: Ein Bild von Picasso zu zerstören, ist gegenüber dem Eigentümer und der Allgemeinheit, vielleicht sogar gegenüber dem toten Maler ein Unrecht, nicht aber gegen das Bild selbst.

eine ausgedehnte Diskussion über die beiden Elemente dieser Frage. Erstens: welche im weitesten Sinne subjektive Eigenschaft dieses Kriterium erfüllt. Und zweitens: ab wann die bio-physischen, also einigermaßen objektiv feststellbaren Korrelate dieser Eigenschaften vorliegen. Die verzweigten Einzelheiten dieser Diskussion mögen hier auf sich beruhen.[40] Stattdessen sei das nun anstehende Problem auf die folgenden Voraussetzungen und Fragen zugespitzt.

Das etwa von Michael Tooley und Peter Singer postulierte „Person"-Kriterium, das nichts anderes ist als die begriffliche Zusammenfassung eines ganzen Ensembles konkreterer Merkmale, läuft darauf hinaus, die Fähigkeit zu einem wenigstens rudimentären Lebenswunsch als den Beginn der Lebensinteressens- und damit im moralischen Sinne Lebensrechts-Fähigkeit anzusehen.[41] Ein solches Qualifikationsmerkmal dürfte von Neugeborenen noch nicht erfüllt werden. Aber überzeugend erscheint es nicht. Warum sollten erste minimale Lebensinteressen nicht mit dem Beginn der Empfindungsfähigkeit entstehen, also schon deutlich vor der Geburt? Denn immerhin unterbricht von da an der Tod den Empfindungsstrom, beendet sozusagen einen sich darin bereits manifestierenden *élan vital* und fügt dem getöteten Wesen einen gewissen Schaden zu.[42]

Freilich führt der Einwand nicht weit. Man mag ihn zugestehen und sofort die Frage anschließen, welches Gewicht denn ein solches minimales Lebensinteresse im Rahmen einer Notstandsabwägung im oben skizzierten Sinn haben solle, selbst wenn man einräumt, dass es sich bis zur Geburt deutlich verstärken wird. Bei vielen Tieren, deren Tötung in unseren Gesellschaften als unproblematisch gilt, finden sich weit höher entwickelte psychische Indizien für Lebensinteressen als bei neugeborenen menschlichen Babys. Und der Behauptung einer moralisch singulären Dignität jedes Menschen einfach und nur kraft seiner biologischen Gattungszugehörigkeit steht der bekannte „Speziesismus"-Einwand entgegen, den ich im Kern für richtig halte.[43]

40 Dazu eingehend, mit zahlreichen Nachweisen, Merkel (2001), 439–509.

41 Singer (1984), 177 ff.; Tooley (1983), 50 ff., 123 ff.; in der deutschen Diskussion Hoerster (1995), 69 ff.

42 Zu diesem Argument ausführlich Leist (1990), 145 ff. Die freihändige Metapher vom *élan vital* hat mit dem berühmten gleichlautenden Begriff Bergsons (zu dem mir jede Kenntnis fehlt) nichts zu tun.

43 Und zwar gegen die Behauptung in der zitierten apodiktischen Form; sie ist allenfalls religiös, also in einem säkularen Staat schwerlich verbindlich zu begründen, und jenseits dessen eine schlichte, wenig plausible Ideologie. Anders verhält sich das mit der folgenden Version: Die moralisch singuläre Dignität des Menschen sei zwar nicht mit seiner Biologie, aber mit seinen besonderen gattungstypischen Eigenschaften begründbar. Sein moralischer Schutz sei jedoch dann – etwa über Kategorien wie „Menschenwürde" oder

Erster Einwand: Potentialität

Auch der Gegeneinwand liegt allerdings auf der Hand. Er wird unter der Kennmarke „Potentialitätsargument" geführt und lautet so: Menschliche Babys mögen sich im *Status quo* ihrer schutzqualifizierenden Eigenschaften nicht in relevanter Weise von Tieren unterscheiden; sie unterscheiden sich aber von diesen um moralische Welten in ihrem *Status ad quem*. Denn sie sind potentielle Personen mit künftigem vollen Lebensrecht, und dahin gelangen sie auch nach Singer und Tooley innerhalb kurzer Zeit nach der Geburt.

Auch hierzu nur zwei knappe Anmerkungen: Das Potentialitätsargument wird überwiegend abgelehnt. Nicht alle Gründe dafür erscheinen mir überzeugend. Gewiss ist der Hinweis schwer zu widerlegen, ein Schutz potentieller Eigenschaften und Interessen habe dann keinerlei Sinn und sei daher nicht geboten, wenn man ganz sicher wisse, dass sich das Potential nicht entwickeln werde; und eben dies stelle ja die Tötung außer Zweifel.[44] Doch ist hier der Verdacht eines Kurzschlusses nicht von der Hand zu weisen. Denn eine solche Tötungshandlung hätte die eher beunruhigende Eigenschaft, sich selbst mit ihrem Vollzug die eigene Legitimation zu besorgen. Das mutet wie ein moralischer *Deus ex machina* und einigermaßen suspekt an. Im Übrigen ist es keineswegs so, dass wir Handlungen, die gegen künftige (potentielle) Interessen gerichtet sind, immer dann für moralisch bedenkenfrei halten, wenn sie zugleich die Entstehung dieser Interessen sicher verhindern. Man erwäge folgenden Fall: An einem Neugeborenen wird in maliziöser Absicht ein gehirnchirurgischer Eingriff vorgenommen, der eine lebenslange geistige Behinderung bewirkt. Das Kind, später der Erwachsene, lebt ein langes, erkennbar zufriedenes, gegenüber der eigenen Behinderung so ahnungsloses wie indifferentes Leben und stirbt glücklich in hohem Alter. Die Aktualisierung des unmittelbar nach der Geburt nur potentiellen Interesses an einem geistig gesunden Leben ist durch den Eingriff sicher verhindert, kein „Wunsch" des Neugeborenen wie auch des späteren Erwachsenen ist dadurch jemals irgendwie beeinträchtigt worden, das Lebensglück des behinderten Menschen unberührt geblieben. Dennoch dürfte es kaum jemanden geben, der die Ansicht nicht teilt, dass der Täter nicht bloß (irgendwie) objektiv unmoralisch gehandelt, sondern dass er zugleich subjektive Interessen seines Opfers schwer

---

„Gattungssolidarität" – auf *alle* Angehörigen der Spezies zu erstrecken, also auch auf solche, die jene Eigenschaften noch nicht, nicht mehr oder niemals aufweisen können. Zu den Problemen auch dieser Argumentation Bayertz (1995).

44 So z.B. Hoerster (1995), 101.

und verwerflich geschädigt hat.[45] Warum sollte dies bei Lebensinteressen anders sein?

Wie immer sich das verhalten mag, und ich bin mir da persönlich nicht sicher: gerade vor dem Hintergrund dieser Unsicherheit will ich auf eine andere Argumentfigur hinweisen, die sich die Philosophen vielleicht einmal umgekehrt von den Juristen besorgen sollten – die des sogenannten Anwartschaftsrechts. Mit ihm wird der *Status potentialis* einer künftigen Rechtsposition geschützt, die kontinuierlich aus einem quasi embryonalen Stadium zum Vollrecht erstarken kann, und zwar von einem gewissen Punkt ihrer Entwicklung an, ab dem noch keineswegs die künftige Rechtsmacht eingeräumt, aber die schon Konturen zeigende Chance des Vollrechtserwerbs garantiert wird. Hier gibt es eine deutliche Parallele zu unserem Problem.[46] Eine Figur des Zivilrechts für Fragen des Lebensschutzes heranzuziehen, hat übrigens nichts Frivoles. Sie manifestiert einen allgemeinen Gerechtigkeitsgedanken.

Zweiter Einwand: personale Identität

Ein weiteres geläufiges Argument in unserem Zusammenhang ist das sogenannte Identitätsargument. Es ist hat eine gewisse Nähe zum Potentialitätsargument und lautet etwa so: Wenn es (unbestritten) moralisch verwerflich ist, eine erwachsene Person zu töten, und wenn diese Person dieselbe ist wie das Baby, als das sie vor soundsoviel Jahren zur Welt kam, dann wäre es seinerzeit in gleichem Maße verwerflich gewesen, jenes Neugeborene zu töten. Dies müsse dann aus prinzipiellen Gründen für alle Neugeborene gelten, auch für solche, die das „Person"-Alter nicht erreichen könnten.

Seit John Lockes Untersuchung dieses Problems der personalen Identität über die vergehende biographische Zeit hinweg[47] hat sich ein weitgehender Konsens darüber durchgesetzt, dass allein das „Körperkriterium", also das raum-zeitlich und kausal geschlossene Kontinuum bio-physischer Zustände zwischen dem erwachsenen Menschen und der Zygote, aus der er sich entwickelt hat, kein geeignetes Kriterium der personalen Identität darstellt, jedenfalls keines, das moralische Relevanz haben könnte. Schon Locke formuliert in seinem „Essay" demgegenüber ein psychologisches, ein „Bewusstseins"-Kriterium, nämlich das einer zeitlich rückwärts zu knüpfenden Kette von Zuständen der Erinnerung. Einleuchtend, wiewohl präzisierungsbedürftig, unterscheidet er dabei die Identität des (biologischen) „Menschen", die maßgeblich vom Körperkriterium abhänge, von der Identität der „Person" (des

45 Beispiel und Argument verdanke ich weitgehend Leist (1992), 94 ff., 98.

46 Ähnlich bereits v. d. Pfordten (1990), 81 f.

47 Locke (1690), 2. Buch, XXVII. Kap., Ziff. 9 ff.; s. auch Hume (1736), 1. Buch, IV.Teil, Kap. 6.

„Ichs"), bei der dies nicht der Fall sei.[48] Wichtig ist das deshalb, weil Träger oder Inhaber von Interessen das „Ich" ist, nicht der „Mensch" in diesem Sinn. Übrigens beruht auch das heute nahezu weltweit anerkannte Todeskriterium des Hirntods, der die Existenz des Ichs beendet, nicht notwendig dagegen die biologische des „Menschen", normativ auf dieser Unterscheidung. Bis heute beherrscht sie, wenn auch in erheblich veränderten Varianten, die Diskussion.[49]

Wo immer die biographische Schranke genau zu ziehen ist, bis zu der sich diese psychologisch verstandene Identitätsklammer um den Lebenslauf eines Menschen zurückerstrecken könnte: man ist sich heute ziemlich einig, dass sie die Zeit vor und unmittelbar nach der Geburt nicht umfasst. Damit liegt der folgende Schluss nahe: Das Töten eines Neugeborenen kann die Person, die einmal aus ihm hätte werden können, auch nicht sozusagen im Vorgriff eines hypothetischen *coniunctivus irrealis* schädigen; denn sie wäre in keinem relevanten Sinn dieselbe Person wie das getötete Neugeborene. In dieser Perspektive würde eine solche Tötungshandlung also ein interesseloses Leben zerstören, und ein anderes, personales, von Lebensinteresse begleitetes (ein „Ich"), lediglich nicht zur Entstehung gelangen lassen. Beides könne aber moralisch nicht als verwerflich gelten. Denn die bloße Tatsache, nicht zu existieren, ist – anders als das „Hinausgedrängt-Werden" aus einer (interessensfundierten) Existenz – kein Schaden, kann also niemandem gegenüber ein Unrecht sein, sowenig wie es ein Schaden sein kann, nicht gezeugt zu werden (oder einer wäre, nicht gezeugt worden zu sein).

Dritter Einwand: Gesellschaftsvertrag und Schutzwirkung

Dies alles mag *cum grano salis* richtig sein. Der entscheidende Gedanke scheint mir davon aber noch nicht berührt. Lebensinteressen werden nicht nur einfach ermittelt, also quasi stellvertretend aus der Innenperspektive eines Neugeborenen mit begrifflichen und empirischen Methoden festgestellt. Sie werden vor einem Horizont gesellschaftlicher Normen und Lebensformen auch zugeschrieben. Dabei spielen weder aktuelle noch potentielle Fähigkeiten eine allein entscheidende Rolle. In der amerikanischen Philosophie ist

48 Und außerdem (für unser Problem belanglos) die Identität der „denkenden Substanz"; s. Locke, a.a.O., Ziff.6, 9, 11, 15 f.

49 Aus der umfangreichen Literatur nur Oksenberg-Rorty (1976), Goodman (1988), Harris (1995), sowie die einflußreiche Untersuchung von Parfit (1984), 199 ff. Parfit ersetzt das Lockesche Kriterium „psychologische Kontinuität" und damit den Begriff „personale Identität" als ganzen durch das (wie er annimmt) sachlich allein relevante Kriterium der „psychological connectedness" verschiedener Bewusstseinszustände.

der Gedanke eines „social sense" des Begriffs „Person" entwickelt worden.[50] Damit sind vor allem die sozialethischen Modi gemeint, in denen zivilisierte Gesellschaften unseres Typs die Aufnahme in den Schutzbereich der Gemeinschaft moralisch geschützter Subjekte regeln. Das tun sie nicht ausschließlich mit Blick auf rein subjektive Qualifikationen zum Anwärter eines Anspruchs auf ein Lebensrecht. Zur Fundierung dieses „social sense" erscheint es plausibel, die Perspektive der Gesellschaftsvertragstheorien einzunehmen – wenn man will, die eines Rawls'schen Urzustands.[51] Ich schlage vor, in das davon eröffnete Spiel der Argumente eine zusätzliche Figur einzubringen, deren Kennzeichnung ich ebenfalls dem deutschen Zivilrecht entnehme: die eines Vertrags – und eben eines Sozialkontrakts – mit Schutzwirkung zugunsten Dritter. Der Rechtsgedanke der juristischen Konstruktion muss hier nicht im einzelnen ausbuchstabiert werden; ihr Titel ist ja vielleicht sprechend genug. Ich denke, dass der *Contrat social* moderner Gesellschaften nur unter Einschluss einer solchen Schutzwirkung zugunsten aller Neugeborenen sinnvoll zu rekonstruieren ist.

Das wäre freilich Thema einer eigenen Abhandlung. Hier nur soviel: Das kontraktualistische Argument, von dem hier die Rede ist, ist nicht das der klassischen politischen Philosophie von Hobbes bis Rousseau und Kant. Dort steht es als begriffliche Verdichtung für die Idee einer rationalen Legitimation staatlicher Herrschaft: Ihr Fundament sei die Notwendigkeit, einen quasivertraglichen wechselseitigen Tausch von Freiheit gegen Sicherheit aller zu garantieren. Der neue Kontraktualismus seit Rawls versucht demgegenüber, die Logik der Vertragsfigur zur Begründung einzelner Prinzipien gerechten Handelns und von Institutionen gerechter sozialer Grundstrukturen heranzuziehen. Danach sind solche Prinzipien und Institutionen dann gerechtfertigt, wenn sie sich analytisch als Grundsätze rekonstruieren lassen, auf die sich freie, gleiche und rationale Personen unter bestimmten fairen Verhandlungsbedingungen geeinigt hätten bzw. einigen würden.[52] Das ist eine sehr grobe Skizze. Sie soll nur, aber immerhin, andeuten, dass ein gesellschaftsvertragliches Konzept von *justice as fairness* hinreichend Raum und Substanz für den Gedanken auch einer „Schutzwirkung zugunsten Dritter" bieten dürfte.[53]

---

50 Grundlegend Engelhardt (1996), 146 ff.; s. auch Lomasky (1987), 154 ff.; ähnlich Dworkin (1993), 68 ff.

51 Vgl. Rawls (1979), 140 ff.

52 Zum Ganzen Koller (1987); Kersting (1994), 259 ff.; zur Logik des Arguments Lyons (1974), 1065 ff.

53 Zu „justice as fairness" Rawls (1979), 19 ff. – Zur Fundierung anderer Prinzipien der Medizinethik hat man das kontraktualistische bereits herangezogen; s. Veatch (1981), 108 ff., 253 ff.

Damit ist, wenn man so will, ein Potentialitätsargument sui generis formuliert, und eines, hoffe ich, das von den geläufigen Einwänden gegen sein standardisiertes Pendant nicht unterminiert wird. Es besagt, dass zu den berücksichtigungsfähigen und -bedürftigen Interessen eines Neugeborenen auch seine objektiven Entwicklungschancen gehören. Das entspricht genau dem Gedanken des Anwartschaftsrechts. Und daraus folgt, dass selbst schwere Geburtsschäden, mit denen und deren Folgen Menschen später ihre Existenz keineswegs als unerträglich empfinden, als Gründe für eine Euthanasie auszuscheiden haben.

Notstandsabwägung: Lebens- und Sterbensinteressen

Es gibt freilich auch andere. Zu den apostrophierten Entwicklungschancen eines Neugeborenen gehören auch die negativen. Das führt uns zurück in die oben skizzierte Perspektive der strafrechtlichen Notstandslage. Die von ihr geforderte Interessensabwägung in ihrem ganzen Umfang und ihrer ganzen Schwierigkeit deutlich zu machen, aber auch Wege zu einem rationalen Umgang damit aufzuzeigen, war die Funktion der Erkundigungen bei der Philosophie. Und eine ist nun noch nachzutragen. In der medizinethischen Diskussion wird bei der Frage nach Lebensinteressen nicht selten zwischen sog. *experiential interests* und *critical interests* unterschieden.[54] Erstere sind etwas, das jedes empfindungsfähige Wesen in gewissem, von seiner individuellen Entwicklung und seiner speziestypischen Ausstattung abhängigen Grad hat. *Critical interests* sind dagegen verbunden mit persönlichen Weisen der Weltbetrachtung und -bewertung, mit der Gestaltung des eigenen Lebens als eines sinnorientierten Ganzen auf der Grundlage persönlicher Überzeugungen, Wertungen und Entscheidungen – kurz: Modi einer autonomen Lebensgestaltung auf der Basis der eigenen bewussten Biographie.

Critical interests in diesem Sinn kommen als aktuelle bei Neugeborenen offenkundig nicht in Betracht. Als potentielle sind sie im Rahmen der oben skizzierten Schutzwirkung für Entwicklungschancen in die Abwägung einzubeziehen – wenn und soweit es eine solche Chance der Entwicklung auch wirklich gibt. Und hier wird deutlich, dass die bei Juristen geläufige Berufung auf den Verfassungsgrundsatz der Gleichbehandlung verfehlt ist, wenn man ihm das Gebot einer immer und überall durchzusetzenden Lebenserhaltung entnimmt. Selbstverständlich gilt der Gleichheitssatz auch für unseren Problembereich. Aber er richtet sich nicht auf die schematische Anwendung einer abstrakten Maxime „Lebenserhaltung". Er richtet sich auf die gleiche Berücksichtigung der fundamentalen Interessen jedes Betroffenen

54 Betont v.a von Dworkin (1993), 201 ff.

in seinem ganz konkreten Einzelfall. In dieser Hinsicht hat jeder Mensch Anspruch darauf, so ernst genommen, so „richtig“ behandelt und vor allem: so wenig mit seinen Interessen einem abstrakten Prinzip geopfert zu werden wie jeder andere.[55]

Ich will, was das heißen soll, noch an einem letzten Modellvergleich deutlich machen. Ein schwerkranker, entscheidungsunfähiger Erwachsener mit einer verbleibenden Lebenserwartung von, sagen wir, zehn Monaten hat ein Recht auf Berücksichtigung aller seiner *critical interests* bei der Frage, ob sein Leben bis zum letzten möglichen Atemzug zu erhalten ist oder nicht. Vielleicht ist er gläubiger Katholik und zeitlebens ein Vertreter der Unverfügbarkeit jedes menschlichen Lebens gewesen. Bei einem schwerstgeschädigten Neugeborenen mit der gleichen zehnmonatigen Lebenserwartung und etwa ähnlichen klinischen Symptomen verhält sich dies anders. Andere als bloße *experiential interests* kommen hier nicht in Betracht. Schmerzen und Leiden, die durch die Krankheit oder durch therapeutische Maßnahmen verursacht werden und die im Fall des moribunden Erwachsenen nichts an der zwingenden Indikation einer lebenserhaltenden Behandlung ändern mögen, können im Fall des Neugeborenen unzumutbar sein und damit die gebotene Abwägung in genau umgekehrtem Sinn wie Fall des Erwachsenen entscheiden. Quälende physische Zustände oder Maßnahmen, die von keiner Einsicht des Patienten in ihre Dauer bzw. ihre Erforderlichkeit begleitet sein können und denen keinerlei belohnende Kompensation während des gesamten noch erwartbaren Lebens durch die Aussicht auf Besserung entspricht, sind einem schwergeschädigten Neugeborenen nicht zumutbar. Die richtig verstandene Notstandsabwägung sollte hier Entscheidungen, die das Kind durch die vielfachen Torturen der technisierten Lebenserhaltungskunst in eine kurze Existenz auswegloser Qualen zwingen, strikt verbieten.

10.5 Ausblick: Grenzen des Wissens, der Moral und des Rechts

Der Schluss führt uns zurück an den Anfang: zu der Frage, wie die dort berichteten Fälle aus der klinischen Praxis zu lösen wären. Niemanden, der die Probleme auch nur von ferne kennt, wird die schwere Last der Unsicherheit

55 Erkennt man an, dass es überwiegende „Sterbensinteressen“ eines Menschen geben kann (und daran ist schwerlich zu zweifeln), verweigert ihm aber eine aktive Hilfe dazu allein unter Berufung auf eine „Dammbruchgefahr“ beim Tötungsverbot, dann werden seine Interessen nicht nur einem abstrakten Prinzip, sondern den Interessen anderer (der Allgemeinheit) geopfert. Jedenfalls dieses utilitaristische Argument halte ich in einer auf Grundrechten beruhenden Rechtsordnung für wenig überzeugend.

überraschen, mit der jede theoretische Analyse, und wäre es die plausibelste, die entscheidenden Ärzte am Ende allein lassen muss. Einigermaßen sicher bin ich mir nur im ersten und im letzten Fall: in dem des Kindes mit Down-Syndrom und einem korrigierbaren Defekt der Speiseröhre, und in jenem des Kindes mit der qualvollen Hautkrankheit der letalen Epidermolysis. Das erstere hätte man keinesfalls sterben lassen und das zweite keinesfalls so lange leben lassen dürfen. Auch die bei Strafrechtlern in Sterbehilfe-Fällen geradezu kanonisierte Unterscheidung zwischen aktiver und passiver Euthanasie, die mir jedenfalls als starres Schema auch dogmatisch unbegründbar und in ihren Auswirkungen manchmal unmenschlich erscheint, kann keine dieser beiden Fehlentscheidungen rechtfertigen. Die zwei mittleren Fälle, den des Mädchens mit Tay-Sachs-Syndrom und den des Jungen Andrew Stinson, lasse ich ungelöst zurück: den einen wegen der immerhin mehrjährigen Dauer eines nicht nur leiderfüllten Lebens, den anderen vor allem wegen der vorherigen Unsicherheit über das schließlich furchtbare Ausmaß der iatrogenen Quälerei. Sie sollen zeigen, welche schwere Aufgabe übrigbleibt, wenn die normativen Grundlagen, um die es mir ging, einmal geklärt sein sollten: die Aufgabe einer Entscheidungsethik der Unsicherheit, der Zweideutigkeiten und des Umgangs mit einer manchmal tragischen moralischen Schuld.

Literatur

American Academy of Pediatrics v. Heckler (1983): *District of Columbia US Federal District Court Case Law*, (D.D.C. 14. April 1983), Federal Supplement 395, vol. 561.

American Hospital Association v. Heckler (1984): *U.S. District Court for the Southern District of New York*, (S.D.N.Y. 23. Mai 1984), Federal Supplement 541, vol. 585.

Aquinatis, St. Thomas (1952–1962): *Summa Theologiae*. Turin: Marietti. Dt.: Albertus-Magnus-Akademie Walberberg bei Köln (Hg.) (1953), *Die deutsche Thomas-Ausgabe. Vollständige, ungekürzte deutsch-lateinische Ausgabe der Summa Theologica*. Bd. 18 (II. Buch, II. Teil mit Quaestio 64). Heidelberg: F. H. Kehrle Verlag.

Bayertz, Kurt (1995): „Die Idee der Menschenwürde: Probleme und Paradoxien", *Archiv für Rechts- und Sozialphilosophie 81(4)*, S. 465–481.

BGH (1995): „Zulässigkeit des Abbruchs einer ärztlichen Behandlung bei mutmaßlichem Einverständnis – Urteil vom 13.9.1994", *Neue Juristische Wochenschrift 48*, S. 204.

Bowen v. American Hospital Association, (1986): *U.S. Supreme Court*, (15. Januar 1986/ 9. Juni 1986), U.S. 610, vol 476.

Buyse, Mary L., Hg. (1990): *Birth Defects Encyclopaedia*. Hoboken, NJ: Blackwell Scientific Publications Ltd.

BVerfGE 39 (25.2.1975): „Schwangerschaftsabbruch I“, in: *Bundesverfassungsgericht, Amtliche Entscheidungssammlung* Bd. 39, S. 1–95.

Caplan, Arthur L./Blank, Robert H./Merrick, Janna C., Hg. (1992): *Compelled Compassion. Government Intervention in the Treatment of Critically Ill Newborns.* Totowa, NJ: Humana Press.

Crossley, Mary (1987), „Selective Nontreatment of Handicapped Newborns: An Analysis“, *Medicine and Law 6*(6), S.499–524.

Curlender v. Bio-Science Laboratories (1980): *Court of Appeals of California, Second Appellate District*, (11. Juni 1980), App., 165 Cal. Rptr. 477.

Deutsche Gesellschaft für Medizinrecht (DGMR) (1986/1992): „Einbecker Empfehlungen zu den Grenzen der ärztlichen Behandlungspflicht bei schwerstgeschädigten Neugeborenen“, *Medizinrecht 10*, S. 206.

Duff, Raymond S./Campbell, Alexander G. M. (1973), „Moral and Ethical Dilemmas in the Special-Care Nursery“, *New England Journal of Medicine* (*NEJM*) 289(X), S.890–894.

Dworkin, Ronald (1993): *Life's Dominion. An Argument about Abortion, Euthanasia, and Individual Freedom.* New York: Alfred A. Knopf.

Engelhardt, Tristram H. (1996): *The Foundations of Bioethics.* 2. revidierte Auflage. Oxford: Oxford University Press.

Eser, Albin (1977): „Lebenserhaltungspflicht und Behandlungsabbruch in rechtlicher Sicht“, in: Alfons Auer/Hartmut Menzel/Albin Eser (Hg.), *Zwischen Heilauftrag und Sterbehilfe.* Köln: Verlag Heymann. S. 75–147.

FAZ (1991): (Bericht über Autounfall und verbrennenden Fahrer), *FAZ* 4.9.1991, S. 12.

Feinberg, Joel (1980): *Rights, Justice and the Bounds of Liberty: Essays in Social Philosophy.* Princeton, NJ: Princeton University Press

Feinberg, Joel (1980a): „Voluntary Euthanasia and the Inalienable Right to Life“, in: ders. (1980). S. 221–251.

Feinberg, Joel (1980b): „Legal Paternalism“, in: ders. (1980). S. 110–129.

Feinberg, Joel (1980c): „The Rights of Animals and Unborn Generations“, in: ders. (1980). S. 159–184.

Fischer, Thomas (2022): *Strafgesetzbuch. Kommentar.* 69. Auflage. München: C. H. Beck.

Frohock, Fred M. (1986): *Special Care – Medical Decisions at the Beginning of Life.* Chicago: University of Chicago Press.

Glover, Jonathan (1977): *Causing Death and Saving Lives.* London: Penguin.

Goodman, Michael F. (Hg.) (1988): *What is a Person?* Clifton: Humana Press.

Hanack, Ernst-Walter (1985): „Grenzen ärztlicher Behandlungspflicht bei schwerstgeschädigten Neugeborenen“, in: *Medizinrecht 3*, S. 33–38.

Hansmann, Werner (1982): in *Die Welt*, 30.1.1982; zit. nach: Ernst Klee (1990): *„Durch Zyankali erlöst“ – Sterbehilfe und Euthanasie heute.* Frankfurt: S. Fischer Verlag.

Harris, Henry (Hg.) (1990): *Identity*. Oxford, UK: Oxford University Press.

Hiersche, Hans-Dieter/Hirsch, Günter/Graf-Baumann, Toni, Hg. (1987): *Grenzen ärztlicher Behandlungspflicht bei schwerstgeschädigten Neugeborenen: 1. Einbecker Workshop der Deutschen Gesellschaft für Medizinrecht, 27.-29. Juni 1986*. Heidelberg: Springer.

Hoerster, Norbert (1995): *Abtreibung im säkularen Staat*. 2. Auflage. Frankfurt: Suhrkamp.

Huibers, Alex K. (1995): „Beyond the Threshold of Life. Treating and Non-Treating of Critically Ill Newborns in the Netherlands", *Journal of Legal Medicine 16(2)*, S. 227–245.

Hume, David (1739/1975): *A Treatise of Human Nature*. Hrsg. v. Lewis A. Selby-Bigge, 2. Auflage rev. Peter H. Nidditch. Oxford: Oxford University Press. Dt. (2013), *Ein Traktat über die menschliche Natur*. übers. von Theodor Lipps, Neuausgabe. Hamburg: Meiner.

Jakobs, Günther (1993): *Strafrecht. Allgemeiner Teil*. 2. Auflage. Berlin: De Gruyter.

Kaufmann, Arthur (1983): *Strafrecht zwischen Gestern und Morgen. Ausgewählte Aufsätze und Vorträge*. Köln: Carl Heymanns Verlag.

Kaufmann, Arthur (1983a): „Zur ethischen und strafrechtlichen Bedeutung der sogenannten Früheuthanasie", in: ders. (1983). S. 117–136.

Kaufmann, Arthur (1983b): „Euthanasie – Selbsttötung – Tötung auf Verlangen", in: ders.: (1983). S. 137–146.

Keeling, Jean W./Boyd, Patricia A. (1993): „Congenital Malformations", in: Jean W. Keeling (Hg.), *Fetal and Neonatal Pathology*. 2. Auflage. London, UK: Springer-Verlag. S. 111–147.

Kersting, Wolfgang (1994): *Die politische Philosophie des Gesellschaftsvertrags*. Darmstadt: Wissenschaftliche Buchgesellschaft.

Kindhäuser, Urs (1994): „Erlaubtes Risiko und Sorgfaltswidrigkeit – Zur Struktur strafrechtlicher Fahrlässigkeitshaftung", *Goltdammer's Archiv* 141, S. 197–216.

Koller, Peter (1987): *Neuere Theorien des Sozialkontrakts*. Berlin: Duncker und Humblot.

Küper, Wilfried (1981): „Tötungsverbot und Lebensnotstand", *Juristische Schulung 21*, S. 785–794.

Leist, Anton (1990): *Eine Frage des Lebens*. Frankfurt/New York: Campus Verlag.

Leist, Anton (1992): „Lebensganzes oder Lebenswunsch? Erwiderung zu Hoerster", *Archiv für Rechts- und Sozialphilosophie 78(1)*, S. 94–103.

LK/(Name) = *Leipziger Kommentar zum Strafgesetzbuch* (jeweils zit. mit Autornamen, Auflage und Erscheinungsjahr). Berlin: De Gruyter.

Locke, John (1981 [1690/1963]): *An Essay Concerning Human Understanding*. In: *The Works of John Locke. New Edition, Corrected.* Band I, Buch II. London: Thomas Tegg, W. Sharpe & Sons, 1823. Nachdruck Aalen: Scientia Verlag, 1963. Dt.: *Über den menschlichen Verstand*, 2 Bände, 4. Aufl. 1981. Hamburg: Meiner.

Lomasky, Loren E. (1987): *Persons, Rights, and the Moral Community*. Oxford/New York: Oxford University Press.

Lyons, David (1974): „Nature of the Contract Argument", *Cornell Law Review* 59(6), S. 1064–1076.

Maurach, Reinhart/Schroeder, Friedrich-Chr./Maiwald, Manfred/Hoyer, Andreas/Momsen, Carsten (2019): *Strafrecht. Besonderer Teil. Teilband I*, 11. Neu bearbeitete Auflage. Heidelberg: C.F. Müller.

McGormick, Richard A. (1974): „To Save or Let Die: The Dilemma of Modern Medicine", *Journal of the American Medical Association* (*JAMA*) 229(2), 172–176.

Merkel, Reinhard (1995): „Tödlicher Behandlungsabbruch und mutmaßliche Einwilligung bei Patienten im apallischen Syndrom", *Zeitschrift für die gesamte Strafrechtswissenschaft 107(3)*, S. 545–575.

Merkel, Reinhard (2001): *Früheuthanasie. Rechtsethische und strafrechtliche Grundlagen ärztlicher Entscheidungen über Leben und Tod in der Neonatalmedizin*. Baden-Baden: Nomos-Verlag.

Möllering, Jürgen (1977): *Schutz des Lebens – Recht auf Sterben. Zur rechtlichen Problematik der Euthanasie*. Stuttgart: Enke-Verlag.

Nishida, Hiroshi/Sakamoto, Shoichi (1992): „Ethical Problems in Neonatal Intensive Care Unit – Medical Decision Making on the Neonate with Poor Prognosis", *Early Human Development* 29(3), S. 403–406.

Oksenberg-Rorty, Amélie, Hg. (1976): *The Identity of Persons*. Berkeley, CA: University of California Press.

Otto, Harro (1986): „Recht auf den eigenen Tod? Strafrecht im Spannungsverhältnis zwischen Lebenserhaltungspflicht und Selbstbestimmung", in: *Verhandlungen des 56. Deutschen Juristentages Berlin 1986 Bd. I: Gutachten*. München: Verlag C. H. Beck.

Parfit, Derek (1984): *Reasons and Persons*. Oxford: Oxford University Press.

Peters, Karl (1950): „Die Tötung von Menschen in Notsituationen", *Juristische Rundschau* 4, S. 742–746.

Pietzcker, Jost (1978): „Die Rechtsfigur des Grundrechtsverzichts", *Der Staat* 17(4), S. 527–551.

Rawls, John (1971): *A Theory of Justice*. Cambridge, MA: Belknap Press/Harvard University Press. Deutsch: *Eine Theorie der Gerechtigkeit*. Frankfurt a. M. 1979: Suhrkamp.

Roxin, Claus/Greco, Luis (2020): *Strafrecht. Allgemeiner Teil*. Bd. 1. München: C. H. Beck.

Ryan, Anthony C./Kuhn, Susan/Tyebkhan, Juzer (1993): „No Resuscitation and Withdrawal of Therapy in a Neonatal and a Paediatric Intensive Care Unit in Canada", *The Journal of Pediatrics* 123(4), S. 534–538.

Sch/Sch (Name) = Adolf Schönke/Horst Schröder (Hg.), *Strafgesetzbuch Kommentar*. (jeweils zit. mit Autorennamen, Auflage und Erscheinungsjahr). München: C.H. Beck.

Singer, Peter (1984): *Praktische Ethik* (aus dem Englischen von Jean-Claude Wolf). Stuttgart: Reclam.

Smith, Steven R. (1986): „Disabled Newborns and the Federal Child Abuse Amendments: Tenuous Protection“, *Hastings Law Journal* 37(5), 765–824.

Scriver, Charles R./Beaudet, Arthur L./Sly, William S./Valle, David, Hg. (1995): *The Metabolic and Molecular Bases of Inherited Disease*. 7. Auflage. New York: McGraw-Hill.

Shelp, Earl E. (1986): *Born to Die? Deciding the Fate of Critically Ill Newborns*. New York: Free Press (Simon&Schuster).

Stinson, Robert/Stinson, Peggy (1989): „On the Death of a Baby“, in: Tom L. Beauchamp/Leroy Walters (Hg.), *Contemporary Issues in Bioethics*. 3. Auflage. Boston, MA: Cengage Learning. S. 276–284.

Sturm, Gerd (1974): „Probleme eines Verzichts auf Grundrechte“, in: Gerhard Leibholz/Hans Joachim Faller/Paul Mikat (Hg.), *Menschenwürde und freiheitliche Rechtsordnung: Festschrift für Willi Geiger zum 65. Geburtstag*. Tübingen: J.C.B. Mohr (Paul Siebeck). S. 173–187.

Tooley, Michael (1972): „Abortion and Infanticide“, *Philosophy and Public Affairs* 2(1), S. 37–65.

Tooley, Michael (1983): *Abortion and Infanticide*. Oxford: Clarendon Press.

Ulsenheimer, Klaus (1994): „Therapieverzicht beim schwerstgeschädigten Neugeborenen“, *Medizinrecht* 12, S. 425–426.

v. d. Pfordten, Dietmar (1990): „Gibt es Argumente für ein Lebensrecht des Nasciturus?“, *Archiv für Rechts- und Sozialphilosophie* 76(1), S. 69–82.

Veatch, Robert M. (1981): *A Theory of Medical Ethics*. New York: Basic Books.

Versluys, Zier Cornelis (1993): „Commentary – Ethics of Neonatal Care“, *The Lancet* 341(8848), S. 794–795.

Wessels, Johannes (1996): *Strafrecht. Besonderer Teil 1*. 20. Auflage. Heidelberg: C. F. Müller.

Wessels, Johannes/Hettinger, Michael/Engländer, Armin (2021): *Strafrecht. Besonderer Teil 1*. 45., neu bearbeitete Auflage. Heidelberg: C. F. Müller.

KAPITEL 11

„Wrongful birth – wrongful life“: Die menschliche Existenz als Schaden

11.1 Begriffe; justizieller Hintergrund

Die englischen Termini in meinem Titel sind auch in der deutschen Rechtswissenschaft längst geläufig. Zur Vergegenwärtigung seien sie trotzdem knapp erläutert.

Wrongful-Birth

So heißt die Schadensersatzklage der Mutter bzw. der Eltern eines unerwünschten Kindes gegen den Arzt, der die Mutter vor oder während ihrer Schwangerschaft betreut hat. Der Klagevorwurf lautet typischerweise: Der Arzt habe schuldhaft versäumt, seine Patientin über das in ihrem Fall erkennbare Risiko einer Schädigung ihres künftigen Kindes aufzuklären. Der gerügte Fehler kann prä- oder postkonzeptionell geschehen sein; er kann sich auf genetische Defekte beziehen oder auf solche, die erst während der Schwangerschaft entstanden sind; manifestieren kann er sich auch als Misserfolg eines Abtreibungsversuchs. Verschiedene weitere Differenzierungen sind möglich. Jedenfalls habe, so lautet der Klagetenor, der ärztliche Fehler eine Entscheidung der Frau gegen eine Schwangerschaft oder gegen deren Fortsetzung verhindert. Wäre die Patientin ordnungsgemäß aufgeklärt worden, hätte sie sich gegen das Austragen des geschädigten Kindes entschieden. Daher habe der Arzt die finanziellen Lasten der Kindesexistenz, vor allem den damit verbundenen laufenden Unterhalt, als Schaden zu ersetzen.

Wrongful Conception

Von diesem Typus der *wrongful birth*-Klage unterscheidet man unter dem Titel *wrongful conception* oder *wrongful pregnancy* solche Klagen, bei denen es zwar ebenfalls um Ansprüche der Eltern gegen den Arzt geht, aber nicht wegen der Geburt eines kranken, sondern wegen der eines gesunden Kindes. Gegenstand ist meist eine vor der Schwangerschaft misslungene Sterilisation der Kindesmutter oder des Vaters. Auch fehlgeschlagene Abtreibungsversuche

 | DOI:10.30965/9783969752678_012

an gesunden Embryonen gehören hierher. Sie werfen normativ freilich andere Fragen auf. Darauf komme ich zurück.[1]

Wrongful-Life

Die Klagen unter diesem Titel haben dagegen eine prinzipiell andere Richtung und Logik. Erhoben werden sie nicht von den Eltern, sondern von dem Kind selbst. In dessen Perspektive, etwas salopp formuliert, lautet der Klagevorwurf: „Du Arzt hast meine Mutter vor bzw. während ihrer Schwangerschaft schuldhaft nicht über das Risiko meiner schweren Schädigung aufgeklärt. Hättest du das, hätte sie mich abgetrieben. Mein Schaden, für dessen monetäre Kompensation ich dich in Anspruch nehme, besteht in meiner Existenz." Anders gewendet: „Du hast mich dadurch geschädigt, dass du meine pränatale Tötung verhindert und mein Leben ermöglicht hast."

Vor allen Fragen ethischer, verfassungs- oder zivilrechtlicher Art, ist eines offensichtlich: Die Klage des Kindes stützt sich bei Strafe ihrer sonstigen Unschlüssigkeit auf die implizite Behauptung: „Mein Leben ist nicht lebenswert."

Rechtsprechung: BGH und BVerfG

Die normativen Probleme solcher Klagen waren von der Zivilrechtsjudikatur bis vor wenigen Jahren auf eine Weise, die man rückschauend erstaunlich finden darf, entschärft und im Fundus der dogmatischen Geläufigkeiten untergebracht worden. Ansprüche der Eltern auf Schadensersatz aus *wrongful-birth-* und *wrongful-conception-*Klagen sprach der VI. Zivilsenat des BGH in ständiger Rechtsprechung zu.[2] *Wrongful-life-*Ansprüche des Kindes selbst hat er dagegen in seiner Grundsatzentscheidung vom Januar 1983 ein für alle Mal verworfen, und zwar mit einem Nachdruck, der jedenfalls in diesem Punkt dem deutschen Zivilrecht bis heute ein kaum bestrittenes *Roma locuta* gesichert hat. Hier die entscheidenden Sätze des Urteils:

> „Das menschliche Leben, das nach Abschluß der Nidation auch den Nasciturus umfaßt [...], ist ein höchstrangiges Rechtsgut und absolut erhaltungswürdig. Das Urteil über seinen Wert steht keinem Dritten zu. Daher ist [...] anerkannt,

---

1 Die bisherige Differenzierung folgt der in Amerika entwickelten, inzwischen international gängigen Terminologie; exemplarisch für die USA Botkin/Mehlman (1994), 21 ff.; für England: Jackson (1996), 349 ff.; für Australien: Petersen (1997), 319 ff. Die Terminologie wird freilich nicht durchgängig so verwendet; in Deutschland gibt es gelegentlich Unsicherheiten hinsichtlich der englischen Begriffe. Die Rspr. spricht meist ohne Unterscheidung zwischen gesunden und geschädigten Kindern vom „planwidrigen" neuen Leben bzw. vom „Familienplanungsschaden"; s. etwa BGHZ 124, 128 (140).

2 Vgl. Steffen/Pauge (2013), 90 ff.; Müller (1995), 355; kritisch zu dieser Rspr. Picker (1995), 483 ff.

> daß die Pflicht, das Leben eines Erkrankten oder schwer Verletzten zu erhalten, nicht von dem Urteil über den Wert des erhaltbaren Lebenszustands abhängig gemacht werden darf. […] Allgemein erlaubt gerade die durch die Erfahrung mit der nationalsozialistischen Unrechtsherrschaft beeinflußte Rechtsprechung der Bundesrepublik Deutschland aus gutem Grund kein rechtlich relevantes Urteil über den Lebenswert fremden Lebens.“[3]

Ob damit wirklich gute Gründe benannt sind, werden wir sehen. Den anderen Einwand, diese Erwägungen müssten eigentlich auch den *wrongful-birth*-Anspruch der Eltern blockieren, der ja ebenfalls aus dem schieren Faktum einer menschlichen Existenz unmittelbar finanzielle Kompensationsforderungen ableite, hat der BGH stets mit einer einfachen Unterscheidung zurückgewiesen: Das kindliche Leben selbst könne und dürfe niemals, der „planwidrige“ finanzielle Aufwand zu seiner Unterhaltung müsse dagegen sehr wohl als Schaden qualifiziert werden.[4]

Damit ist ein bis 1993 stabiler Rechtszustand skizziert. Am 28. Mai 1993 schien sich das plötzlich zu ändern, als der Zweite Senat des BVerfG sein zweites Urteil zur sog. Fristenlösung des Abtreibungsrechts verkündete. Im vierzehnten der siebzehn Leitsätze des Urteils heißt es unvermittelt und ein wenig überraschend:

> „Eine rechtliche Qualifikation des Daseins eines Kindes als Schadensquelle kommt von Verfassungs wegen (Art. 1 Abs. 1 GG) nicht in Betracht. Deshalb verbietet es sich, die Unterhaltspflicht für ein Kind als Schaden zu begreifen.“[5]

Das lässt an Deutlichkeit nichts zu wünschen übrig. Die Begründung des Urteils wiederholt im Wesentlichen nur die apodiktischen Feststellungen des Leitsatzes, ergänzt sie allerdings um eine Mahnung an den BGH. Dessen Rspr. „zur Haftung für ärztliche Beratungsfehler oder für fehlgeschlagene Schwangerschaftsabbrüche“ sei vor dem dargelegten Hintergrund des Art. 1 GG dringend „der Überprüfung bedürftig“.[6] Auch das war deutlich, wenngleich ein wenig zu konziliant formuliert, wie sich alsbald zeigen sollte. Schon ein halbes Jahr später erhielt der BGH Gelegenheit zu einer solchen Überprüfung, und die Art, wie er sie wahrnahm, kann nachgerade als Lehrstück einer justiziellen Gehorsamsverweigerung gelesen werden. Der zuständige VI. Zivilsenat konstatiert zunächst das Fehlen einer Bindungswirkung der inhaltlichen Direktiven des BVerfG: Bei jenem zitierten 14. Leitsatz handle es sich, wie bei den analogen

3 BGHZ 86 (1984), 240, 252.
4 Grundlegend BGHZ 76 (1981), 249 (253).
5 BVerfGE 88 (1994), 203 (204) (Schwangerschaftsabbruch II).
6 BVerfGE 88 (1994), 296.

Formulierungen in der Entscheidungsbegründung, lediglich um ein *obiter dictum*, da er für den Gegenstand der Entscheidung, den Normenkontrollantrag, unerheblich sei.[7] Danach versammelt der Senat alle Argumente, die er seit eh und je zur Begründung von *wrongful-birth*-Ansprüchen herangezogen hat, und beschließt seine Darlegungen mit dem Fazit, die angemahnte und hiermit durchgeführte Überprüfung habe ergeben, dass er, der BGH, in diesem Punkt schon immer richtig entschieden und daher entgegen der verfassungsgerichtlichen Mahnung keine Veranlassung habe, seine Judikatur zu ändern.[8] Die Revisison des Arztes gegen seine instanzgerichtliche Verurteilung zum Ersatz des Unterhalts für das Kind wurde verworfen.

Das darf man, unbeschadet der streitigen Rechtsfrage, wohl als Indiz für problematische Verkehrsformen zwischen den höchsten Bundesgerichten lesen. Das Satyrspiel zu diesem justiziellen Konflikt verstärkt den Eindruck. Der verurteilte Arzt erhob Verfassungsbeschwerde. Er berief sich auf das Abtreibungsurteil des Zweiten BVerfG-Senats von 1993: Die Qualifikation einer menschlichen Existenz als Schadensquelle verstoße gegen Art. 1 Abs. 1 GG; seine darauf gestützte Verurteilung zum Schadensersatz verletze daher seine Grundrechte aus Art. 2 Abs. 1, Art. 12 sowie aus Art. 2 Abs. 1 i.V.m. Art. 20 GG. Am 12. November 97 verwarf der Erste Senat des BVerfG die Verfassungsbeschwerde. Im Leitsatz des Beschlusses heißt es:

> „Die Rechtsprechung der Zivilgerichte zur Arzthaftung bei fehlgeschlagener Sterilisation und fehlerhafter genetischer Beratung vor Zeugung eines Kindes verstößt nicht gegen Art. 1 Abs. 1 GG.“[9]

Dass eine so schroffe Diskrepanz in einer so fundamentalen Frage innerhalb des höchsten deutschen Gerichts eine Anrufung des verfassungsgerichtlichen Plenums erzwinge, gibt der Erste Senat nicht zu. Auch der ungewöhnliche förmliche Protest des 2. Senats, nämlich ein gesonderter Beschluss, worin die Verfasser der Abtreibungsentscheidung die sozusagen authentische Deutung ihres 14. Leitsatzes nachliefern und ihn als „tragend“ für ihr Urteil bezeichnen[10], stimmte den 1. Senat nicht um. Dass dieser Leitsatz im Gegenteil nicht tragend sei, könne man alleine und auch gegen dessen Urheber entscheiden.[11]

---

7 BGHZ 124 (1994), 128 (136).

8 BGHZ 124 (1994), 136 ff. Die Lit. stimmt dieser Qualifikation des BVerfG-Leitsatzes als *obiter dictum* überwiegend zu, und wohl zu Recht; vgl. Deutsch/Spickhoff (2014), 422 (m.w.N.).

9 BVerfGE 96 (1998), 375, Leitsatz.

10 Beschluss vom 22.10.1997, BVerfGE 96, 409.

11 BVerfGE 96, 375 (404 ff.). Formal, also verfassungsprozessual, dürfte das korrekt sein.

Die persönlichen Umgangsformen innerhalb des Verfassungsgerichts sind vielleicht nicht von erheblichem Belang. Aber rechtspolitisch erscheint mir ein solcher Modus der Klärung, und in Wahrheit der Verwirrung verfassungsgerichtlicher Maßgaben ausgesprochen problematisch.[12] Doch mag das im Folgenden auf sich beruhen.

Ein ganz anderes Bild ergibt dagegen die Beurteilung der umstrittenen normativen Probleme selbst. In der Sache zutreffend ist nämlich, so meine ich, die Auffassung des BGH und des 1., nicht die des 2. Senats des BVerfG. Das will ich genauer zeigen.

11.2 Wrongful Birth

Zur Erinnerung: Wir befinden uns nun im Problembereich der *wrongful-birth*-Klagen. Nur hier gibt es jenen dargestellten Dissens der Meinungen. *Wrongful-life*-Ansprüche werden dagegen von Rspr. und Literatur nahezu einhellig abgelehnt. In der folgenden Diskussion der wichtigsten Einwände gegen den BGH werde ich Einzelfragen der zivilrechtlichen Dogmatik allenfalls beiläufig streifen, obwohl auch solche hier im Spiel sind. Der prinzipielle Streit betrifft jedoch fundamentale Fragen der Rechtsethik. Sein verfassungsrechtlicher Titel zeigt das an: „Menschenwürde". Dass damit eine gesicherte Grundlage für klare, zweifelsfreie und trennscharfe Entscheidungskriterien benannt wäre, wird wohl niemand behaupten.[13] Andererseits ist die Berufung auf Art. 1 Abs. 1 GG „ein Gewinner-Argument par excellence".[14] Gegen sie ist juristisch kein Kraut gewachsen. Als Sicherung einer absoluten Grenze gegen das schlechthin Unerträgliche übernimmt das Menschenwürde-Argument, wie Dieter Birnbacher schreibt, „in unserer säkularisierten Kultur Funktionen ehemals religiöser Tabuierungen".[15] Das wird gerade im Bereich unseres Themas deutlich an dem oft mobilisierten Terminus von der „Sakrosanktheit" alles menschlichen Lebens. Zweifelhaft ist freilich, ob man mit einem Argument solcher Reichweite und Wucht so freihändig und apodiktisch umgehen darf, wie dies der 2. Senat des BVerfG und die ihm folgenden Stimmen in der Literatur tun.

---

12 Kritisch auch Laufs (1998), 797.

13 Zum Vagheits-, Beliebigkeits- und daher Missbrauchsproblem des Menschenwürde-Arguments bereits Schopenhauer (1938), 412. – Aus der gegenwärtigen juristischen Diskussion nur Neumann (1987); Dreier (1995); Bayertz (1995); Hoerster (1983), 93 ff.

14 So Neumann (1987), 139.

15 Birnbacher (1990), 266.

Voraussetzungen: Pflichtverletzung; Schaden

Drei allgemeine Voraussetzungen eines Schadensersatzanspruchs in *wrongful-birth*-Fällen lassen sich unterscheiden. Der Arzt muss, erstens, gegenüber der späteren Kindesmutter eine Pflicht haben, deren Erfüllung zumindest auch der Vermeidung von Unterhaltslasten für unerwünschte Kinder dient. Er muss, zweitens, diese Pflicht schuldhaft verletzen. Und schließlich muss, drittens, der dadurch verursachte materielle Aufwand der Eltern für ihr Kind rechtlich zulässig als Schaden qualifizierbar sein.

Der weit überwiegende Teil der bisherigen Kontroverse zu unserem Thema bezieht sich allein auf die letztgenannte Kategorie, die des Schadens, und ich will mich ebenfalls vornehmlich darauf konzentrieren. Schwierigkeiten gibt es aber auch im Bereich der Pflicht- und in dem der Verletzungsbedingung, zumal die dort auftauchenden Probleme oft eng mit dem des Schadens verbunden sind. Eines davon will ich andeuten.

Bei der ärztlichen Pflicht geht es nicht um ihren medizinisch-fachlichen Inhalt, sondern um ihre normative Reichweite. In schadensrechtlicher Terminologie: um die Frage, ob der geltend gemachte Unterhaltsanspruch vom Schutzzweck des Arztvertrags erfasst wird. Es liegt nahe, hier zwei Alternativen zu unterscheiden: Wäre der schadlose Zustand, der im Falle eines pflichtgemäßen Handelns des Arztes angestrebt worden wäre, nämlich die Verhinderung der Geburt des Kindes, rechtmäßig oder wäre er allenfalls rechtswidrig erreichbar gewesen? Der Grund für die Unterscheidung liegt auf der Hand: Eine ausschließlich rechtswidrig realisierbare Schadensvermeidung kann um der normativen Konsistenz willen nicht in den Schutzbereich einer rechtlichen Sorgfaltspflicht einbezogen werden.

Daraus lässt sich ableiten, dass jedenfalls präkonzeptionelle ärztliche Pflichtverletzungen stets als taugliche Grundlagen einer Haftung in Betracht kommen, Fehler also, die entweder – wie z.B. eine misslungene Sterilisation – zur unerwünschten *Zeugung* eines Kindes oder – wie eine fehlerhafte genetische Beratung – zur Zeugung eines *unerwünschten*, nämlich eines geschädigten Kindes führen. Denn eine Schadensvermeidung durch das bloße Unterlassen der Zeugung eines Kindes ist ganz gewiss niemals rechtswidrig. Auch ethisch dürfte sie unbeschadet der Motive, die ihr zugrunde liegen, in keinem Fall zu tadeln sein.

Schwieriger werden die Probleme bei ärztlichen Fehlern, die nicht vor, sondern während der Schwangerschaft geschehen. Denn die aufgeklärte Entscheidung, die der Frau in diesen Fällen abgeschnitten wird, wäre jeweils eine nicht gegen die Zeugung, sondern gegen das Weiterleben des schon gezeugten Kindes gewesen. Dass solche Entscheidungen nicht schlechthin mit rechtlicher Billigung zu verwirklichen sind, ist bekannt. Das zweite Fristenlösungsurteil des

BVerfG zum Schwangerschaftsabbruch und die anschließende Neuregelung des § 218 a Abs. 1 StGB haben sozusagen unter der Hand die *wrongful-birth*-Probleme dieser Provenienz deutlich kompliziert. Denn seither gibt es straflos geduldete, aber (in der Diktion des BVerfG) rechtswidrige Abtreibungen, und sie machen unter den jährlich ca. 100.000 Abtreibungen in Deutschland einen Anteil von über 95 % aus.[16] Der BGH hat den veränderten strafrechtlichen Hintergrund für seine *wrongful-birth*-Judikatur in einer Entscheidung aus dem Jahr 1995 anerkannt: Anders als nach der sog. Notlagenindikation des früheren Rechts, die den Schwangerschaftsabbruch rechtfertigte, könne ein durch ärztliches Verschulden fehlgeschlagener Abbruch nach der heutigen „Beratungsregelung“ des § 218 a Abs. 1 StGB keinen Schadensersatzanspruch der Mutter mehr begründen.[17]

Die Entscheidung ist konsequent. Ein ökonomischer Nachteil, der rechtmäßig schlechterdings nicht vermeidbar gewesen wäre, kann selbst seinen schuldhaften Verursacher nicht ersatzpflichtig machen. Das Schadensrecht ist kein Pönalisierungsinstrument[18], sondern Instanz einer fairen Verteilung unerwünschter Nachteile über Kriterien der normativen Zuständigkeit. Die Rechtswidrigkeit der Abtreibung blockiert aber eine solche Zuständigkeit des Arztes zur Verhinderung des Schadens (nämlich der Geburt als der Schadensquelle) *eo ipso*. Damit dürften Ersatzansprüche wegen fehlgeschlagener Abtreibung eines gesunden Embryos, der dann als gesundes Kind zur Welt kommt, heute praktisch ausgeschlossen sein.

Das bedarf eines knappen Exkurses. Eine ganz andere Frage ist es nämlich, ob die Annahme des BVerfG, Abbrüche nach § 218a Abs. 1 StGB seien rechtswidrig, wirklich auf guten Gründen beruht. Das ist zu verneinen. Hier der Kern des Einwands: Nach der Behauptung dieser Rechtswidrigkeit statuiert das Gericht für alle an einem Schwangerschaftsabbruch nach § 218a Abs. 1 Beteiligten (und erst recht für die Strafverfolgungsbehörden im Hintergrund) eine Pflicht, den Abbruchsvorgang als (oder doch wie) etwas Rechtmäßiges zu behandeln. Damit *ist* er dies aber. Denn der Norm, die ihn angeblich als rechtswidrig ausweist, wird für ihren genuinen Anwendungsbereich jede Wirksamkeit – und damit ihre Geltung! – mit verbindlicher Wirkung genommen. „Beratene“ Abbrüche nach § 218a Abs. 1 StGB sind daher in Wahrheit rechtmäßig; dass sie

---

16 S. NK/Merkel (2017), 5. Aufl., § 218a Rn. 50.

17 BGH, NJW 1995, 1609.

18 Jedenfalls nicht primär; „Sühne“-Elemente als Sekundäreffekte mögen, insbesondere im Schmerzensgeldrecht, nicht ausgeschlossen sein, wenngleich sie im geltenden Schadensrecht problematisch sind. Ablehnend zur Pönalisierungsfunktion des Schadensrechts auch Picker (1996), 9 f. (m.w.N.).

nach dem BVerfG „rechtswidrig“ *genannt* werden, ist eine *falsa demonstratio*.[19] Freilich wird man von den Zivilgerichten nicht verlangen können, die Maßgaben des BVerfG als bloße *falsae demonstrationes* zu behandeln und in der Sache einfach zu ignorieren. Im Ergebnis verschafft die einschlägige Judikatur daher der (angeblichen) Norm „Rechtswidrigkeit des ‚beratenen‘ Schwangerschaftsabbruchs“ eine sekundäre, eine Art Folgewirksamkeit. Freilich ändert diese am Mangel der Wirksamkeit für den primären Anwendungsbereich der Norm, den Abbruch selbst, nicht das Mindeste – und somit auch nichts am Fehlen ihrer Geltung. Damit fällt auf diese Judikatur der Zivilgerichte der Schatten einer objektiven Unfairness: Jene bloß sekundäre Wirksamkeit – Verneinung eines Schadensersatzanspruchs – belastet die Eltern; deren finanzielle Belange haben aber mit dem Schutzbereich des § 218a StGB gar nichts zu tun. Dem Ungeborenen dagegen, das im Zentrum dieses Schutzbereichs steht, wird dessen primäre Wirksamkeit als Schutzfunktion schlicht vorenthalten. Freilich, und erneut: zur Bereinigung dieser Ungerechtigkeit gegen die Eltern wäre das BVerfG berufen, nicht die Zivilgerichte.

Markiert sei hier lediglich der Zusammenhang solcher *wrongful-birth*-Klagen mit den Rechtmäßigkeitsdirektiven des Abtreibungsrechts. Im Übrigen dürften auch die Regelungen der unstreitig rechtfertigenden Indikationen in den Absätzen 2 und 3 des § 218a StGB mit mancherlei Folgen ihrer Unklarheit und Inkonsistenz die künftige schadensrechtliche Judikatur der Zivilgerichte nicht verschonen.

Kind als Schaden?

Der eigentliche Streit zwischen dem BGH und seinen Kritikern betrifft jenes Problem, das sich pointiert in dem Slogan „Kind als Schaden“ widerspiegelt. Der BGH hat diesen Slogan freilich stets als verfehlt zurückgewiesen: Nicht das Kind, vielmehr allein der für seinen Unterhalt erforderliche finanzielle Aufwand, komme als Schaden in Betracht.[20] Hiergegen werden im Wesentlichen drei Einwände erhoben:

(1.) Kind und Unterhaltsaufwand seien nicht trennbar. Das auch vom BGH anerkannte Verbot einer Qualifizierung des Kindes als Schaden müsse daher zwingend auch den Unterhalt erfassen.

---

19 Eingehend NK/Merkel (2017), 5. Aufl., § 218a Rn. 50–63. Zur wenigstens minimalen Wirksamkeit als einer Bedingung der Geltung rechtlicher Normen grundlegend Kelsen (1960), 215 ff.

20 Grundlegend BGHZ 76, 249 (253); die Entscheidung dürfte dem entsprechenden Schlagwort – dort als durchlaufende Kopfzeile über dem Entscheidungstext (und mit Fragezeichen versehen) – allerdings erst zur Geläufigkeit verholfen haben.

(2.) Selbst wenn man beides trennen wollte, müsse in normativer Hinsicht der Menschenwürdeschutz auch auf eine Beurteilung des Kindes als bloße Schadensquelle ausstrahlen und eine solche Qualifizierung ebenfalls strikt verbieten.
(3.) Schließlich sprächen zahlreiche rechtspolitische Argumente im Hinblick auf zu befürchtende gesellschaftliche Folgen gegen die BGH-Judikatur.[21]

Nichts hiervon erscheint mir haltbar. Das erste Argument, das der Untrennbarkeit von Kind und Unterhalt, formuliert Eduard Picker, der den BGH am schärfsten kritisiert hat, als Gebot der Logik: Der „Lebensbedarf“ des Kindes sei „schon biologisch“ und daher auch logisch vom Kind selbst nicht zu trennen; somit stelle jede Negativbewertung des Unterhalts als Schaden auch eine solche des Kindes dar; sei diese qua Menschenwürde verboten, dann zwingend auch jene.[22]

Das ist gewiss kein gültiger Schluss. Aber nicht nur die Konklusion, auch die Prämissen des Arguments sind nicht richtig. Dass der „Lebensbedarf“ eines Kindes von dessen Existenz „schon biologisch nicht getrennt“ werden könne, ist bloß eine (schiefe) Metapher für den Umstand, dass die Erhaltung eines Lebens kausal der Zufuhr zum Beispiel von Nahrung bedarf. Das bedeutet aber entgegen Picker „schon biologisch“ keine Untrennbarkeit von Leben und Lebensbedarf, und für eine logische Trennbarkeit beider folgt daraus gar nichts. Erst recht besagt es nichts für die Abtrennbarkeit dessen, worauf es dem BGH allein ankommt: der Kosten für den Lebensbedarf, nicht dieses Bedarfs selbst. Picker benutzt den Doppelsinn von „Lebensbedarf“, um unter der Hand biologische Subsistenzmittel und deren Kosten zu identifizieren und dann zunächst in einem metaphorischen und anschließend einem naturalistischen Fehlschluss die logische Untrennbarkeit von Kind, Lebensbedarf und Kosten zu behaupten. Dass man das kindliche Leben von den Kosten für seinen Unterhalt in jedem denkbaren Sinne trennen kann, dass etwa auch die Kostenträger für dasselbe Kind wechseln können, das bedarf, denke ich, keines weiteren Beweises.

Verletzung der Menschenwürde?

Freilich geht es auch Picker in Wahrheit nicht primär um Logik, sondern um ein normatives Postulat, und zwar um genau jenes, das der 2. Senat des BVerfG apodiktisch formuliert hat: Das Kind dürfe kraft seiner Menschenwürde nicht nur nicht als Schaden, sondern auch nicht als Quelle eines Schadens

21 Alle drei Einwände ausführlich dargelegt von Picker (1995), 503 ff.
22 Picker (1995), 515, 527 (Hervorhebung von mir).

qualifiziert werden. Dieses Verdikt erfasst die Kosten für den Lebensunterhalt ganz gewiss. Nur muss man es anders begründen als mit fehlerhaften Schlüssen. Lässt es sich direkt aus der Menschenwürde ableiten? Das BVerfG sagt einfach: ja. Eine Begründung sucht man vergebens. Drei Argumente scheinen mir dafür denkbar:

(1.) die Berufung auf ein Art Evidenz des Postulats;
(2.) das Mediatisierungsverbot, das Kant mit dem Begriff der Menschenwürde verbunden und in einer Variante des Kategorischen Imperativs formuliert hat und dessen Echo im deutschen Verfassungsrecht als sog. „Objektformel" geläufig ist;[23]
(3.) und schließlich: eine irgendwie andere Deutung und Ausdehnung des Menschenwürde-Postulats.

Die Berufung auf eine Evidenz des Verbots, das Kind auch nur als Schadensquelle zu qualifizieren, scheidet aus, und zwar schon deshalb, weil sie seit Jahrzehnten weder den BGH noch die h.M. zu überzeugen vermag. Dass eine solche Qualifikation aber jedenfalls das Mediatisierungsverbot verletze bzw. die verfassungsrechtliche „Objektformel" erfülle, hat wiederum Picker zu begründen versucht. Sein Argument lautet so:

> „Das Kind selbst wird also, immer bewußt und gewollt, in wirtschaftlicher Hinsicht ‚unschädlich' gemacht. Und insgesamt wird es so gerade auch durch diese Betrachtung auf ein bloßes Objekt reduziert, nämlich auf eine gegenüber den Eltern als Dritten nach Vor- und Nachteil, nach Nutzen und Schaden bewertete, damit quantifizierte und folglich relativierte Größe. [...] Eine solche Bewertung unterschreitet jenes unabdingbare Maß an Achtung und Schutz, den das Kürzel der ‚Menschenwürde' umschreibt."[24]

Aber das ist nicht einzusehen. Warum Eltern, die den Unterhalt für ihr ungewolltes und „planwidrig" geborenes Kind per *wrongful-birth*-Klage gegen den zuständigen Arzt zu decken versuchen und die außerdem und gleichwohl ihr Kind aufnehmen, versorgen, beschützen, vielleicht auch lieben – und was man sonst noch will: warum und in welchem Sinne also solche Eltern ihr Kind „auf ein bloßes Objekt reduzieren", ist unerfindlich. Kant, dem das Benützen anderer Menschen für eigene Zwecke als Bestandteil jeder gesellschaftlichen Lebensform natürlich geläufig war, hat bekanntlich großen Wert auf die

23 *Locus classicus* Kant (1903), 429. Zur „Objektformel" im deutschen Verfassungsrecht grundlegend Dürig, (1956), 117 ff.; zur einschlägigen Judikatur des BVerfG Starck (1981), 457–464.

24 Picker (1995), 527.

Betonung jenes Attributs der „bloßen", der ausschließlichen Funktionalisierung anderer als Mittel gelegt. Dass damit freilich eine der Schwächen des Kantischen Würdebegriffs nicht behoben, sondern bezeichnet ist, sei beiläufig angemerkt.[25] So gibt die Formel keinerlei Aufschluss darüber, wann ein anderer Mensch nicht nur auch, sondern ausschließlich als Mittel benützt wird. Ich halte sie darüber hinaus auch insofern für unrichtig, als sie eine Würdeverletzung strikt deontologisch allein vom Modus des Verletzerhandelns abhängig macht, nämlich vom Benützen eines anderen als bloßes Mittel, und jede Frage nach den involvierten Pflichten, aber auch nach den Folgen dieses Benützens beim Adressaten oder bei Dritten ignoriert, also die Frage nach konkreten Rechts- oder Interessensverletzungen und damit auch nach der Möglichkeit von Rechtfertigungsgründen ausschließt. Das ist wenig einleuchtend. Jeder Notstandseingriff, der einem Widerstrebenden aufgezwungen wird, benützt diesen ausschließlich als Mittel für fremde Zwecke. Wer wollte aber ernsthaft behaupten, die mit vorgehaltener Pistole erzwungene Autofahrt, die einem Schwerverletzten durch den schnellen Transport zur Klinik das Leben rettet, verletze die Menschenwürde des genötigten Autofahrers?[26]

Diese und andere Schwächen des Kantischen Würdebegriffs und damit auch der verfassungsrechtlichen „Objektformel" zu Art 1 Abs. 1 GG müssen aber für unser Thema nicht bemüht werden. Unter keinem Gesichtspunkt ist erkennbar, dass eine *wrongful-birth*-Klage das betroffene Kind zum bloßen Mittel für Zwecke anderer machte. Ich habe wenig Zweifel, dass auch Kant die Anwendung seiner Formel auf diesen Fall für verfehlt hielte.

Man mag versuchen, die BGH-Judikatur mit einer anderen Deutung des Menschenwürdebegriffs zu widerlegen. Dieter Birnbacher hat darauf hingewiesen, dass sich hinter diesem Begriff zwei unterschiedliche Konzeptionen ausmachen lassen: die einer Würde jedes einzelnen Menschen und die einer Würde der Menschheit als Gattung. Anders als das Verbot einer individuellen Menschenwürdeverletzung, das kategorisch gelte, sei der speziesbezogene Würdebegriff in der Kollision mit individuellen Interessen mancherlei Einschränkungen fähig und bedürftig. Denn er schütze nicht fundamentale

---

25 Zu einigen der daraus entstehenden Aporien Birnbacher (1990), 271 f; Bayertz, (1995), 477 ff.

26 Kant ist in diesem Punkt allerdings insofern konsequent, als er eine Notstandsrechtfertigung strikt ablehnt; vgl. ders. (1907), 236. Eine Entschuldigung des Notstandstäters bzw. dessen „Unsträflichkeit" akzeptiert er aber. Selbst dogmatischen Kantianern dürfte es daher schwerfallen, eine Notstandsnötigung des oben dargelegten Typs nicht bloß als rechtswidrig, sondern geradezu als Menschenwürdeverletzung zu qualifizieren.

Interessen des Individuums, sondern ein normatives Bild der Menschheit von sich selbst.[27]

Wie immer eine solche speziestypische Würdekonzeption im Wechsel des Menschenbildes zwischen Zeiten und Kulturen genauer zu bestimmen und von subjektiven Beliebigkeiten freizuhalten wäre, eines ist sicher: unter den kompromisslosen Schutz des Art. 1 Abs. 1 GG gehört sie nicht. Daher ist es nicht zulässig, ihren weitaus höheren Grad an Unbestimmtheit und Offenheit zu benützen, um innerhalb ihrer undefinierbaren Grenzen zunächst individuelle Moralvorstellungen unterzubringen und diesen dann das Gewicht eines objektiven und schrankenlosen Verfassungsgebots beizulegen. Genau dies scheint mir jedoch in dem Verdikt über *wrongful-birth*-Klagen als Menschenwürdeverletzung zu geschehen. Das persönliche moralische Urteil über solche Klagen lässt sich aber nicht einfach in die harte Währung eines verfassungsrechtlichen Vetos übersetzen.

Folgeschäden?

Ein letzter Blick mag den gegen den BGH vorgebrachten Sekundär-, nämlich Folgenargumenten gelten. Hier ist das erste: Die BGH-Rspr. sei lebensfeindlich. Pränatalmediziner und Gynäkologen müssten sich zwecks sicherer Verhinderung von Regressansprüchen geradezu genötigt fühlen, in allen Zweifelsfällen – also in fast allen Fällen – die Schwangere zu einer Abtreibung zu drängen.[28]

Vom Fehlen jedes empirischen Belegs für eine solche Vermutung abgesehen (und da es die BGH-Judikatur schon lange gibt, sollte man meinen, dass empirische Befunde längst verfügbar sein müssten), ist die Behauptung sachlich verfehlt. Der Arzt haftet, sofern er sich nicht vertraglich zur Abtreibung verpflichtet, nicht für deren Unterbleiben; er haftet für Aufklärungs-, Diagnose- und Behandlungsfehler. Praktiziert er sorgfältig – und was sonst dürfte man ihm zugestehen? –, dann haftet er niemals, also selbstverständlich auch dann nicht, wenn er sich stets nachdrücklich gegen die Abtreibung ausspricht, wenn er also etwa einer korrekt aufgeklärten Schwangeren ihren Abtreibungswunsch ausredet – selbst wenn diese nachträglich die Geburt ihres geschädigten Kindes beklagen und, gegebenenfalls mit Recht, allein der ärztlichen Überredungskunst anlasten sollte.

Die zweite Gruppe der Folgenargumente besteht aus kulturellen Untergangsvisionen von nachtschwarzem Pessimismus. Sie prognostizieren – und

27 Birnbacher (1990), 268; zu dieser schon bei Kant markierten und bereits in der Antike bekannten Unterscheidung auch Bayertz (1995), 471.

28 Auch dieses Argument ausführlich bei Picker (1995), 520 ff. (m.w.N.).

hier ist eine für alle –, dass die Zulassung von *wrongful-birth*-Ansprüchen „in [...] zersetzender Weise das Grundvertrauen, das die Zivilität der Gesellschaft verbürgt“ erschüttern werde; eine solche Gesellschaft befinde sich in „Regression zum status naturalis“.[29]

Das ist nun wahrhaftig eine abenteuerliche, eine im Wortsinne bodenlose Behauptung. Wie sie zu kommentieren wäre, weiß ich nicht recht, außer vielleicht mit dem Hinweis, dass solche Ansprüche von der höchstrichterlichen Judikatur – übrigens der meisten westlichen Industriestaaten – ja nun seit Jahrzehnten anerkannt werden, ohne dass man doch bisher von einem Rückschritt dieser Gesellschaften (etwa unserer eigenen) zum *status naturalis* etwas gehört oder beobachtet hätte.

Bei diesen Anmerkungen muss es für die *wrongful-birth*-Problematik sein Bewenden haben. Gewiss gibt es rechtsdogmatische Folgeprobleme, z.B. die Frage, ob die Eltern eines ungewollten Kindes eine Pflicht haben, das Kind zwecks Schadensminderung zur Adoption freizugeben, oder ob nach einem durch ärztliches Verschulden erkennbar gescheiterten rechtmäßigen Abtreibungsversuch die Schwangere eine Schadensvermeidungspflicht zur Wiederholung des Eingriffs trifft und bis zu welchem Stadium der Schwangerschaft ein solcher weiterer Eingriff ggf. zumutbar wäre. Das alles lasse ich unberührt. Der BGH hat auch für diese Probleme im Grundsatz überzeugende Lösungen entwickelt.[30] Seine prinzipielle Anerkennung von *wrongful-birth*-Ansprüchen jedenfalls halte ich für richtig. Unter dem Aspekt der Menschenwürde scheint sie mir gänzlich problemlos.

11.3 Wrongful Life

Das ist der schwierigere Teil meines Themas: die echten *wrongful-life*-Klagen des Kindes selbst. Wichtiger als die bisherige Verteidigung des BGH und der herrschenden Lehre in *wrongful-birth*-Fragen erscheint mir eine prinzipielle Kritik ihres Umgangs mit dem *wrongful-life*-Problem. Wie jene Fragen mit den rechtlichen Direktiven zur Abtreibung, so ist dieses Problem mit denen zur sog. Früheuthanasie verknüpft. Das mag die Tabuisierungsstragie der Rechtsprechung erklären. Akzeptabel ist sie gleichwohl nicht.

---

29 Picker (1995), 545, 544.
30 Zu den Einzelheiten der BGH-Judikatur Steffen/Pauge (2013).

Voraussetzungen

Zunächst sei auch hier die schadensrechtliche Prämisse festgehalten: Begründet kann eine *wrongful-life*-Klage nur dann sein, wenn der Arzt, erstens, eine Pflicht gegenüber dem Kind hat, und er, zweitens, diese Pflicht verletzt, woraus, drittens, dem Kind ein rechtlich akzeptierter Schaden entsteht.

Dubios erscheint schon die ärztliche Pflicht. Müsste sie hier nicht als Rechtspflicht zur Tötung formuliert werden? Und ist eine solche Pflicht nicht absurd?

Nun wäre die Rechtspflicht zur Tötung eines geborenen Menschen gewiss grundsätzlich ein Unding.[31] Es geht aber in unseren Fällen stets um die Tötung eines Embryos oder eines Fetus. Auch insofern schließt das „Schwangeren- und Familienhilfeänderungsgesetz" mit Recht eine unmittelbar gesetzliche Pflicht zur Abtreibung aus.[32] Das besagt aber nichts über die Möglichkeit, sich als Arzt wirksam zu einer rechtmäßigen Abtreibung zu verpflichten. Ich sehe nicht, wie man eine solche Vertragspflicht anders bezeichnen könnte denn als eine zur Tötung des Ungeborenen. Lässt eine Rechtsordnung (wie unsere) Verträge über Schwangerschaftsabbrüche zu, so akzeptiert sie privatautonom erzeugte Rechtspflichten zur Tötung. Und so sonderbar das klingen mag: da Verträge sorgfältig zu erfüllen sind, ist Gegenstand dieser Pflichten eine „sorgfaltsgemäße Tötung" des Ungeborenen.[33]

Pflichtverletzung gegenüber dem Ungeborenen?

Auf der Hand liegt freilich, dass eine solche Pflicht direkt nur gegenüber der Schwangeren besteht. Der BGH hat aber in seiner *wrongful-life*-Entscheidung von 1983 das irritierende Problem einer Einbeziehung des Kindes in den Schutzbereich des Abtreibungsvertrages gesehen.[34] Das wäre ein „Schutz", der im Anspruch des Fetus auf die eigene Tötung bestünde. Der Senat hat sich der Frage, ob es so etwas geben kann, mit dem korrekten Hinweis entzogen, dass das geltende Recht der Schwangeren eine Abtreibungserlaubnis ausdrücklich nur in ihrem eigenen Interesse gewähre. Für das ungeborene Kind

31 Wiewohl sie in besonderen Ausnahmefällen möglich ist Man denke an die elterliche Garantenpflicht zur ggf. tödlichen Nothilfe für ihr bedrohtes Kind.

32 § 12 Abs. 1 des Schwangerschaftskonfliktgesetzes (1992).

33 Einen anderen Inhalt haben natürlich ärztliche Vertragspflichten, die schon vor der Zeugung des Embryos begründet werden und deren Sinn ggf. die Verhinderung dieser Zeugung ist. Sie sind reine Untersuchungs- und Aufklärungs-, nicht dagegen Tötungspflichten. – Von den (seltenen) Schwangerschaftsabbrüchen aus *echter* medizinischer Notlagenindikation (§ 218a Abs. 2 StGB) sehe ich hier ab; ihr Ziel ist allein die Rettung der Schwangeren, die Tötung des Fetus nur die dafür hingenommene Nebenfolge.

34 BGHZ 86, 240 (253).

seien hieraus keine Ansprüche abzuleiten.[35] Die Frage, ob diese Rechtslage angemessen sei, blieb freilich dunkel.

Auch die Anschlussfrage, ob ein genuin eigener, nämlich deliktsrechtlicher Anspruch des Fetus auf seine Tötung bestehen könne, hat der BGH erwogen und verworfen. Gewiss habe der Arzt deliktische Garantenpflichten auch gegenüber dem ungeborenen Kind. Zu ihnen könne aber aus verfassungsrechtlichen Gründen niemals die Pflicht gehören, die Geburt deshalb zu verhindern, weil (und nun wörtlich) „das Kind voraussichtlich mit Gebrechen behaftet sein wird, die sein Leben aus der Sicht der Gesellschaft oder aus seiner eigenen Sicht [...] ‚unwert' erscheinen" lassen. Denn: „Das menschliche Leben, das nach Abschluss der Nidation auch den Nasciturus umfaßt, ist [...] absolut erhaltungswürdig."[36]

Zieht man dies in eine knappe zivilrechtliche Formel zusammen, so kann man sagen: Es schließt die Pflicht aus, weil auch bei ihrer Verletzung ein Schaden als rechtlich missbilligter Zustand nicht möglich wäre. Denn kein Leben, wie immer es beschaffen sein mag, dürfe rechtlich nach seinem Lebenswert beurteilt werden. Damit bin ich beim Kern des Problems: dem eines Schadens durch das bloße Am-Leben-Sein.

„Unwert" des eigenen Lebens als Schaden?

Eine wichtige Klarstellung vorweg: Es geht bei unserem Problem zwar immer nur um die Frage einer Pflicht zur vorgeburtlichen Tötung. Aber die für eine Antwort erforderliche und vom BGH verworfene Beurteilung des Lebens als Schaden bezieht sich immer auf das erwartbare Leben *nach* der Geburt. Dass ein Fetus deshalb abgetrieben werden solle, um ihm seine intrauterine Existenz zu ersparen, die ihn ja selbst im Falle schwerster Schädigung nicht leiden ließe, hat wohl noch niemand behauptet. Unsere Frage lautet also: Kann die erwartbare postnatale Existenz für ihren Träger so „lebensunwert" sein, dass sie pränatal verhindert werden sollte?

Das verkennt übrigens Picker mit seinem Inkonsistenzvorwurf gegen die BGH-Judikatur, den er so formuliert: Könne ein lebenskonträres Kindesinteresse niemals anerkannt werden (*wrongful life*), dann erst recht kein solches Elterninteresse (*wrongful birth*).[37] Picker sieht nicht, dass der im letzteren Fall zugelassene Schadensersatz aus dem akzeptierten Vorrang des Elterninteresses vor dem *ungeborenen* Leben resultiert, die im ersteren Fall abgelehnte Lebensbeurteilung sich dagegen (im dargelegten Sinn) auf das

35 AaO, 253 f.

36 AaO, 251 f.

37 Picker (1996), S. 62 ff.

erwartbare Kindesleben nach der Geburt bezöge. Eine solche postnatale Lebensbewertung wird eben für schlechthin unzulässig erklärt, die pränatale qua Interessensabwägung dagegen nicht.[38]

Einwände

Gegen die Anerkennung einer „Lebensunwert"-Prognose für die postnatale Existenz und damit der Möglichkeit eines gerade und allein darin bestehenden Schadens gibt es eine Reihe von Argumenten, und zwar deutlich mehr als der BGH mit seinem schnellen Rekurs auf die Verfassung erwogen hat. Ich will sie in drei Gruppen unterteilen: in Einwände logischer, metaphysischer und normativer Provenienz.

Logisch

Der erste, logische, geht von einer analytischen Bestimmung des Schadensbegriffs aus: von der Notwendigkeit, einen Schaden begrifflich stets als negative Differenz zweier Zustände aufzufassen. Da hier der zu beurteilende Zustand die schiere menschliche Existenz sei – und zwar als subjektives Erleben, nicht als biologisches System[39] –, könne der zu vergleichende Kontrastzustand nur das subjektive Erleben der Nichtexistenz sein. Ein solcher Vergleich sei aber absurd: Die Nichtexistenz wird nicht erlebt. Ins Leben zu gelangen, könne daher schon aus logischen Gründen niemanden schlechter stellen (also kein Schaden sein); denn es gebe nichts, im Vergleich womit er schlechter stünde.[40]

Nun wäre ein solcher Vergleich gewiss absurd. Er formuliert aber das Problem falsch. *Wrongful-life*-Ansprüche sollten nicht als die Behauptung gedeutet werden, für das klagende Kind sei sein Leben im Vergleich zu seiner Nichtexistenz der bessere Zustand, sondern als die folgende: Die Erlebensqualität der kindlichen Existenz liege unterhalb eines Niveaus von minimalen Bedingungen des subjektiven Wohls, wie sie keinem menschlichen Leben vorenthalten bleiben sollten. Was damit als Vergleichsgröße für das kindliche Leben formuliert wird, ist ein objektiver moralischer Maßstab. Er vermeidet

38 Ob das richtig ist, ist eine andere Frage; dazu der folgende Text.

39 Denn es geht um den „Lebenswert" *für das Kind*, und das heißt: den subjektiven „Erlebenswert" einer Existenz für denjenigen Menschen, der diese Existenz führt.

40 Das berührt ersichtlich Fragen der Metaphysik des Todes. Seit der Antike gibt es dazu eine umfangreiche Diskussion. Ausgangspunkt ist das berühmte Argument Epikurs gegen die Furcht vor dem Tod: Da dieser im subjektiven Nichts bestehe, also nicht erlebt werde, könne er für den vorher Lebenden kein Übel sein; s. Epikur (1949), 45; ähnlich Lukrez (1973), V. 830 ff. – Die philosophische Literatur zur Widerlegung des Arguments ist riesig; exemplarisch nur Nagel (1979), 15–24; Bruckner/Fischer (1993), 37 ff.; McMahan (1988), 32 ff.; Kamm (1993), 13 ff. und 25 ff.

zunächst die skizzierte *reductio ad absurdum*, also die Frage, wie es denn sei, nicht zu sein. Und er versucht, zweitens, nicht etwa eine positive Definition dessen zu ermöglichen, was als Minimum eines akzeptablen Lebens zu gelten hätte. Vielmehr behauptet er lediglich, dass es eine Grenze gibt, jenseits deren Zustände beginnen, die für jeden Menschen als schlechterdings unerträglich und deshalb als unzumutbar zu beurteilen seien.

Das darf nicht als psychologische These über einen empirischen Befund verstanden werden. Es geht um einen normativen Maßbegriff. Freilich hat sich dieser in allen Fällen, in denen subjektive Präferenzen des betroffenen Menschen über sein eigenes Leben oder Sterben vorhanden und erkennbar sind, entscheidend an diesen Präferenzen zu orientieren. Eine solche Orientierung ist aber nicht immer möglich; und bei Neugeborenen, also gerade in *wrongful-life*-Fällen, ist sie offenkundig ausgeschlossen. Daher muss hier die skizzierte Grenze des Unerträglichen und schlechthin Unzumutbaren objektiv-normativ gezogen werden.

Nun drängen sich allerlei Einwände auf. Ihre Erörterung gehört aber noch nicht hierher. Nur der vermeintlich logische Defekt von *wrongful-life*-Klagen war zunächst unser Thema. Wie wir gesehen haben, ist er keiner.

Metaphysisch

Der zweite, der metaphysische Einwand ist dem eben erörterten eng verwandt. Auch er setzt als Grundlage eines *wrongful-life*-Schadens die Ermittlung einer Differenz zwischen Existenz und Nichtexistenz voraus. Wenn ich recht sehe, transformiert er dann aber das Verdikt der logischen Unmöglichkeit dieses Vergleichs in eines über die Unmöglichkeit unserer Kenntnis von dessen einer Seite: der des Nichtexistierens. Auch der BGH streift in seiner Leitentscheidung von 1983 das Problem: Es entziehe sich jeder Beurteilung, „ob Leben mit schweren Behinderungen gegenüber der Alternative des Nichtlebens [...] eine immer noch günstigere Lage" darstellen könne. Und er zitiert zur Bekräftigung wörtlich aus einer wrongful-life-Entscheidung des englischen House of Lords: „Man who knows nothing of death or nothingness, cannot possibly know, whether that is so."[41]

Auch dieser Einwand geht fehl. Keinerlei Kenntnis von „death or nothingness" ist erforderlich. Nicht mit ihr, sondern mit jenem vorhin skizzierten objektiv-ethischen Maßstab des Unerträglichen und daher Unzumutbaren

---

41 BGHZ 86, 253. – Deutsch (1984), 794, weist darauf hin, dass die eigentliche Quelle dieses Satzes älter ist als die vom BGH genannte, nämlich in der amerikanischen Entscheidung *Gleitman v. Cosgrove* (1967) liegt.

ist die Behauptung zu beurteilen, ein bestimmtes menschliches Leben sei als Ganzes „wrongful" – „lebensunwert" für seinen Inhaber.

Normativ

Damit komme ich zur dritten Gruppe der Einwände, den normativen. Hier gibt es den erwähnten Konsens zwischen Rechtsprechung und h.M. in der Literatur: Die Verfassung, nämlich Art. 1 Abs. 1 GG, gebiete die Abwehr von *wrongful-life*-Ansprüchen. Die bloße menschliche Existenz selbst und unmittelbar als Schaden, und damit als „unwert" zu begreifen, verletze die Menschenwürde. In den Worten des BGH: Nach den Erfahrungen mit der Naziherrschaft erlaube die Rechtsordnung der Bundesrepublik „kein rechtlich relevantes Urteil über den Lebenswert fremden Lebens".[42]

Das ist ein Satz, der meist dem Fundament der Verfassungsordnung zugerechnet wird. Gleichwohl mutet er bei genauerem Hinsehen seltsam an. Was wäre denn, so möchte man fragen, wenn es individuelles Leben, das nach dem vorhin skizzierten Maßstab für seinen Inhaber nicht lebenswert ist, tatsächlich gäbe? Warum sollte sich dann die Rechtsordnung einer solchen Einsicht *a limine* und ausnahmslos verschließen? Drei Antworten liegen nahe und sind geläufig:

(1.) Die erste bestreitet den unterstellten empirischen Befund: Menschenleben, das man mit Gründen „unwert" nennen könnte, gebe es *de facto* nicht.

(2.) Die zweite verweist auf das Verfassungsgebot eines absolut gleichen Schutzes für jedes, jedenfalls jedes geborene menschliche Leben als eines höchsten und abwägungsresistenten Rechtsguts. Empirische Zustände einer individuellen menschlichen Existenz, wie immer sie beschaffen wären, seien dafür ohne Belang. Die Zulassung eines „Unwert"-Prädikats wäre daher unbeschadet seiner faktischen Möglichkeit rechtlich stets und zwingend irrelevant. Sie sollte aber, zumal vor dem geschichtlichen Hintergrund des vergangenen Jahrhunderts, als gefährlicher Schritt zur Relativierung des Lebensschutzes unbedingt unterbleiben.

(3.) Schließlich: „Unwert"-Prädikate für fremdes Leben seien die rüdeste aller denkbaren symbolischen Degradierungen des damit belegten Menschen. Ihr Menschenwürdeverstoß sei evident.

Alle drei Antworten sind unrichtig.

42 BGHZ 86, 252.

Die empirische Möglichkeit einer Menschenexistenz, die für ihren Träger nicht lebenswert ist, lässt sich schwerlich bestreiten. Dabei sollte man im Rahmen unseres Themas die Frage nach der Möglichkeit und Verständlichkeit autonomer Suizide durchaus ignorieren und sich allein auf das Problem bei Neugeborenen beschränken. Zwar kann auch das Leben eines Menschen, der den Status einer autonomen Person erreicht hat oder erreichen kann, für ihn selbst lebensunwert werden. Aber es im Sinne einer *wrongful-life*-Klage von Geburt an so zu bezeichnen, also seine bereits pränatale Verhinderung für geboten zu erklären, ist nicht gut denkbar. Beispielhaft: Nehmen wir an, beim genetischen Screening eines Nasciturus wird fahrlässig dessen Prädestination zur „Chorea Huntington" übersehen. Das ist ein schwerer monogenetischer Defekt, der seinen Träger nach 30 bis 50 Jahren Lebenszeit zu einem quälenden, langgezogenen, jammervollen Sterben verurteilt.[43] Gleichwohl wäre damit eine spätere *wrongful-life*-Klage des so geborenen Menschen gegen den Arzt nicht zu begründen. Eine menschliche Existenz, die sich als zweifelsfrei lebenswerte jedenfalls bis zum Stadium der autonomen Persönlichkeit entwickeln kann, ist, selbst wenn sie dann für ihren Inhaber unerträglich werden sollte, als ganze nicht „lebensunwert".

Ausschließlich negativer Erlebenswert

Bei unserem Thema geht es also nur um Neugeborene, die den Status einer autonomen Person überhaupt nicht erreichen können. Aber auch für sie muss der Begriff des „Lebensunwerts" normativ weiter eingegrenzt werden. Im Sinne des oben skizzierten objektiven Maßstabs moralisch gebotener Minimalbedingungen für jede menschliche Existenz kann dieser Begriff nicht ein Leben bezeichnen, dem man *keinerlei positiven* Erlebenswert zuschreiben könnte. Gemeint sein kann vielmehr nur ein Leben, dem man einen *ausschließlich negativen* Erlebenswert zuschreiben muss. Wiederum beispielhaft: Ein Anenzephalus ist ein Kind, das ohne Groß- und Mittelhirn, nur mit einem funktionierenden Hirnstamm geboren wurde und daher gänzlich erlebensunfähig ist – so unfähig zu jeder subjektiven Wahrnehmung, wie, *sit venia verbo*, eine Pflanze.[44] Ein solches Kind hat in keinem fassbaren Sinn irgendetwas von seinem Leben. Man lässt diese Kinder weltweit nach der Geburt behandlungslos sterben; ich halte das, ohne es hier begründen zu können,

---

43 Zur Chorea Huntington und den damit verbundenen ethischen Fragen prädiktiver genetischer Tests s. *World Federation of Neurology Research Group on Huntington's Disease* (1990).

44 Aus der medizinischen Lit. dazu nur The Medical Task Force on Anencephaly (1990) (m.w.N.).

für richtig.[45] Anenzephalie kann man heute pränatal verlässlich feststellen. Gleichwohl wäre eine *wrongful-life*-Klage des Kindes gegen den fahrlässig fehldiagnostizierenden Arzt nicht zu begründen. Denn die vollständige Erlebensunfähigkeit solcher Kinder heißt auch: Unfähigkeit zu Schmerz und Leid.[46] Als Schaden für ihren Träger kann eine solche Existenz daher nicht aufgefasst werden, so wenig natürlich wie als Vorteil oder als irgendetwas sonst, das subjektiv bedeutsam wäre.

Der angedeutete Maßstab des absolut Unerträglichen einer Existenz und damit des Kriteriums für den Schadens-Charakter eines „nicht lebenswerten" Lebens verlangt daher ein klares, zweifelsfreies und irreversibles Überwiegen des Interesses zu sterben – und nicht nur das gänzliche Fehlen eines Interesses zu leben.

Ein Beispiel

Nun wird man endlich eine plausible Beglaubigung für ein so beklemmendes Prädikat wie „lebensunwert" sehen wollen. Hier ist von vielen möglichen *eine*:

Ein Kind mit einer genetischen Krankheit schwerster Art, der sog. *Epidermolysis bullosa atrophicans letalis* (sog. *Typ Herlitz*[47]) wird geboren. Die Krankheit verursacht eine fortschreitende Ablösung der Haut vom Körper. Dabei treten Blutungen und Blasenbildungen auf, die bei jeder Berührung des Kindes verstärkt werden. Eiweiß-, Flüssigkeits- und Blutverlust gleichen wie die begleitenden Schmerzen den entsprechenden Phänomenen bei Verbrennungen dritten Grades. Infektionen und Schleimhautablösungen im Mund machen eine natürliche Ernährung unmöglich; die künstliche verursacht wegen der Folgen jeder Berührung des Kindes große Schwierigkeiten. Wegen des hohen Blutverlusts sind zahlreiche, das Kind quälende Transfusionen notwendig. Nachdem die Krankheit einen großen Teil der Körperoberfläche erfasst hat, treten Infektionen auf, die mit Antibiotika bekämpft werden. Trotzdem stellen sich Sepsisphänomene ein, begleitet vom Ausfall verschiedener Organe, vor allem der Nieren. Zwei Wochen nach der Geburt stirbt das Kind unter offensichtlichen Qualen. Überlebenschancen hatte es

---

45 Auch in Deutschland lässt man lebend geborene Anenzephale behandlungslos sterben, s. dazu die Antwort der Bundesregierung auf eine große Anfrage der Bundestagsfraktion „Die Grünen" (1990): „Soweit der Bundesregierung bekannt ist, werden keine medizinischen Maßnahmen bei Anencephalie durchgeführt."

46 Das wird nicht selten verkannt, z.B. von Bottke (1996), 61, der von einer „erbarmenswerten und entsetzlichen Existenz" des Anenzephalus spricht. Für dessen *eigenes* Erleben (das es nicht gibt) ist eine solche Beschreibung nicht richtig.

47 Zuerst beschrieben von Herlitz (1935), 315 ff.

nicht. Eine vollständige Schmerzbekämpfung ohne unmittelbar tödliche Wirkung war ausgeschlossen.[48]

Jedes andere Votum als das des Unwertes dieses Lebens für das betroffene Kind selbst erschiene mir unverständlich. Das Gebot einer unbedingten Lebenserhaltung auch für dieses Kind hielte ich für ein nachgerade verwerfliches Postulat. Statuiert unsere Rechtsordnung ein solches Gebot? Und stützt sie dieses wirklich, wie der BGH anzunehmen scheint, auf das Verbot jeder „Bewertung" auch eines solchen Lebens als Maßgabe der Menschenwürde?

Recht auf Leben und Lebensschutz

Damit bin beim zweiten, dem spezifisch juristischen der oben formulierten Einwände. Eine Rechtsordnung, die auf solche Lebens- und Leidensformen keine andere Antwort hätte als das Verfassungsgebot des gleichen Schutzes für alles menschliche Leben, würde das Problem dieser Fälle offensichtlich verfehlen.[49] Was sie damit demonstrierte, wäre ein profunder ethischer Defekt. Doch ist es irrig, dem geltenden Recht nichts anderes als diese Antwort zu entnehmen. Selbstverständlich hat jedes dieser Kinder ein gleiches subjektives Grundrecht auf Leben wie jeder andere geborene Mensch. Das schließt aber entgegen dem herrschenden juristischen Dogma die rechtliche Anerkennung eines „Unwert"-Urteils über das Leben der Kinder in deren eigener, von uns stellvertretend eingenommener Perspektive nicht aus, und damit auch nicht die Möglichkeit bestimmter Formen der passiven, in schweren Fällen sogar der aktiven Sterbehilfe. Die irrige Annahme, das zweifelsfreie Lebensrecht der Kinder verbiete es ausnahmslos, ihren Tod herbeizuführen, ist wohl der Grund dafür, dass man auch die Beurteilung ihrer Existenz als *für sie selbst* „lebensunwert" kategorisch ausschließen möchte. Denn, so vielleicht der zugrundeliegende Gedanke, eine Rechtsordnung, die den subjektiven Lebensunwert bestimmter Menschen anerkennen wollte, geriete in ein normatives Dilemma, wenn sie andererseits und weiterhin deren Tötung zum Verbrechen erklärte. Da diese deliktische Qualifikation aber, so scheint man anzunehmen, unumgänglich sei, müsse jede rechtliche Anerkennung auch eines subjektiv unwerten Lebens unterbunden werden.

48 Berichtet von Shelp (1986), 109; s. dazu meine Diskussion in „Ärztliche Entscheidungen über Leben und Tod in der Neonatalmedizin" (Aufsatz Nr. 10 im vorliegenden Band). Aus klinischer Sicht: Consensus Report (1991).

49 Dass es bei Neugeborenen zahlreiche weitere Falltypen ähnlich schwerer Leiden gibt, sei noch einmal erinnert; s. dazu Merkel (2001), 42–91.

Kritik

Der Fehler dieser Auffassung liegt in einem Fehlverständnis der Struktur subjektiver Rechte. Ein solches Recht kann für seinen Inhaber nicht zum Grund einer begleitenden Verpflichtung werden. Daher kann weder ein autonomer Suizid noch eine Tötung auf Verlangen das Recht auf Leben verletzen. Das zeigt beiläufig, dass die herrschende Meinung im Strafrecht, wonach § 216 StGB eine Privilegierung des Totschlags sei, etwas Wichtiges unkenntlich macht. Die Norm schützt nicht, wie es § 212 tut, das Recht des Verlangenden auf sein Leben, sondern dieses Leben selbst, wenn man so will: ein biologisches System – und das ist etwas anderes.[50]

Ein solcher Schutz kann aber gegen den Rechtsinhaber selbst allenfalls bis zu jener Grenze legitim sein, an der definitiv und zweifelsfrei jene Unerträglichkeit und Unzumutbarkeit der Existenz beginnt, von der oben die Rede war. Jenseits dieser Grenze wird auch eine Tötung durch fremde Hand dem Verdikt der Rechtswidrigkeit entzogen, und zwar über die Regeln des Notstands. Für die dabei gebotene Abwägung der kollidierenden Interessen einer und derselben Person gibt deren eigene Beurteilung, sofern sie ermittelbar ist, die verbindliche Orientierung.

In unseren *wrongful-life*-Fällen geht es aber um Neugeborene, nicht um autonom beurteilungs- und verzichtsfähige Personen. An der prinzipiellen Gültigkeit der skizzierten Normanalyse auch für diese Konstellation ändert das jedoch nichts. Man mag sich die normative Parallele klarmachen, indem man sich den autonomen Sterbewillen, der eine Verletzung des Lebensrechts ausschließt, bei Neugeborenen durch einen hypothetisch-mutmaßlichen Willen substituiert denkt. Da diese Substitution von außen und nach rein objektiv-normativen Kriterien vorgenommen wird, mündet sie freilich am Ende ebenfalls in die Rechtfertigungsstruktur des Notstands.[51]

Daraus folgt: Sogar die aktive Beendigung des Lebens solcher Kinder kann in jenen echten Fällen des subjektiven Lebensunwerts, von denen hier die Rede war, erlaubt sein, nicht nur die sogenannte passive, sondern auch die direkte aktive Sterbehilfe. Ein Kind wie das des oben geschilderten Falles der *Epidermolysis bullosa* zwei Wochen lang sehenden Auges qualvoll sterben zu lassen, anstatt es schnell und schmerzlos zu töten, ist in so hohem Maße moralisch falsch, dass eine humane Rechtsordnung für ein solches Gebot nicht missbraucht werden sollte.

50 In diesem Sinn bereits meine Ausführungen in *Merkel*, JZ 1996, 1151.

51 Zum Verhältnis von mutmaßlicher Einwilligung und Notstand als Legitimationsgrundlage aktiver Sterbehilfe bei Einwilligungsunfähigen Merkel (2010).

Gewiss hat auch hier die soziale Grundnorm des prinzipiellen Verbots aktiver Fremdtötung noch großes Gewicht. Man muss aber sehen, dass sie in diesem Fall nicht mehr das Kind schützt, sondern allein ein gesellschaftliches Interesse an der Stabilität des Tötungsverbots. Für solche kollektiven Normschutzinteressen darf einem einzelnen Menschen, der von ihnen nichts mehr haben kann, ein derart barbarischer Preis nicht auferlegt werden. Wer dies im Namen der Sakrosanktheit alles menschlichen Lebens gleichwohl fordert, scheint zu übersehen, dass er damit irrig die Durchsetzung eines subjektiven Rechts gegen dessen Inhaber, also die Umwandlung dieses Rechts in eine buchstäblich erbarmungslose Pflicht propagiert. Da dies allein zum Schutz einer gesellschaftlichen Norm, nicht zu dem des betroffenen Kindes geschieht, läuft die Forderung auf eine nachgerade rüde Variante des Utilitarismus hinaus. Mit einer Rechtsordnung auf dem Fundament von Grundrechten ist sie nicht zu vereinbaren.

11.4 Abschließend

Nun bin ich, wie leicht zu sehen ist, am Ende meines Arguments. Dessen Resultat für meine Ausgangsfrage liegt auf der Hand: *Wrongful-life*-Klagen sind in jenen sehr seltenen Fällen eines echten subjektiven Lebensunwerts prinzipiell begründet. Ihre spezifisch zivilrechtliche Konstruktion ist ein anderes Thema. Angedeutet sei immerhin, dass mir neben einer Erstreckung des vertraglichen Schutzbereichs eine grundsätzliche deliktische Haftung aus § 823 BGB ohne weiteres begründbar erscheint. Der Arzt hat gegenüber einem Fetus, der durch sein Zur-Welt-Kommen absehbar einem qualvollen postnatalen Sterben ausgeliefert würde, in den Grenzen des Möglichen und Zumutbaren eine Garantenpflicht zur Verhinderung der Geburt. Diese Pflicht endet selbstverständlich an der autonomen Entscheidung der (aufgeklärten) Schwangeren, ein solches Kind gleichwohl auszutragen.[52] Freilich wird dann eine *wrongful-life*-Klage des Kindes sogar gegen seine Mutter denkbar. Damit ist aber nicht ein juristisches Schreckgespenst beschworen oder eine *reductio ad absurdum* des *wrongful-life*-Arguments formuliert. Vielmehr ist die Erwägung ethisch wie rechtlich zutreffend und konsequent. Man bedenke das Verwerfliche des Entschlusses einer Schwangeren, ihren an jener oben

52 Die ärztliche Pflicht beschränkt sich dann auf Aufklärung und Beratung; sie sollte allerdings (anders als in anderen „Risikoschwangerschaften“) die dringende Empfehlung eines Abbruchs der Schwangerschaft umfassen.

erwähnten *Epidermolysis*-Variante erkrankten Fetus bewusst in eine kurze und ausschließlich qualvolle postnatale Existenz zu zwingen.

In solchen Fällen besteht auch eine moralische Pflicht der Schwangeren zur Abtreibung. Gewiss begründet das keine Rechtspflicht. Diese liefe auf einen gravierenden Eingriff in die Körpersphäre der Frau hinaus und wäre schwerlich zu rechtfertigen. Mir kommt es auf etwas anderes an. Die gewiss wohlmeinende Fürsorge für alle, auch die ungeborenen Kinder, die sich im Postulat einer prä- wie postnatal bedingungslosen Lebenserhaltung artikuliert, verkennt die Notstandsgrenzen ihrer legitimen Reichweite. Dass das Leben „der Güter Höchstes nicht" sei, wird bei uns zwar als bildungsbürgerlicher Kalenderspruch anerkannt, in seiner manchmal grausamen Wirklichkeit aber oft nicht verstanden. Und dass es in Ausnahmefällen sogar „der Übel größtes" sein kann[53], diese Einsicht scheint für kaum jemanden so schwer annehmbar zu sein wie für den dogmatisch geschulten Juristen. Für die dargelegten Probleme ist sie aber unrichtig. Mehr als das: inhuman.

Die Anerkennung von *wrongful life*-Ansprüchen tastet die Menschenwürde nicht an. Eher scheint sie mir umgekehrt verletzt durch die skizzierte Funktionalisierung solcher Kinder für die Normschutzinteressen der Gesellschaft, durch das Aufzwingen einer Pflicht zum Leben, und wäre es noch so entsetzlich.

Der Vorhang zu …

… und viele Fragen erst gestellt. Man mag z.B. auch und gerade auf dem Boden der hier entwickelten Argumente *wrongful-life*-Ansprüche deshalb ablehnen, weil sie, wie wir gesehen haben, nur in den echten Fällen einer zulässigen „Früheuthanasie" in Betracht kommen. Dann sei aber, so könnte man argumentieren, nicht ein Schadensersatzanspruch für das „falsche" Leben, sondern dessen unverzügliche Beendigung, also die Verhinderung dieses Schadens geboten.[54] Dabei wird aber zweierlei übersehen: Einerseits bedeutet in Fällen, in denen das subjektiv Lebensunwerte des werdenden Lebens bereits pränatal festgestellt werden kann, schon der Vorgang der Geburt, nicht erst das postnatale Leben und Sterben, eine erhebliche Schädigung des Kindes. Und zum andern gehen (selbst bei Anerkennung der Zulässigkeit aktiver Sterbehilfe in Extremfällen) nach der Geburt stets auch die oben angedeuteten Normschutzbelange der Gesellschaft in die Abwägung ein. Sie mögen in

53 Beide Zitate aus Schillers „Braut von Messina" 4. Aufzug, 10. Auftritt (dort der Übel größtes bekanntlich „die Schuld").

54 So Harris (1990), 90 ff.

Grenzen Lebenszumutungen an das Neugeborene erlauben, die man durch eine Abtreibung hätte vermeiden können und sollen.

Zahlreiche weitere Probleme drängen sich auf. Ob es für alle eine akzeptable Lösung gibt, weiß ich nicht, und vielleicht weiß das derzeit niemand. Mein Versuch, ihre Grundlagen ein wenig klarer zu machen, ist damit jedenfalls an seinem Ende.

Literatur

Bayertz, Kurt (1995): „Die Idee der Menschenwürde: Probleme und Paradoxien“, *Archiv für Rechts- und Sozialphilosophie 81(4)*, S. 465–481.

BGHZ = Bundesgerichtshof in Zivilsachen, Entscheidungssammlung (mit Erscheinungsjahr, Bandnummer und Seitenzahl).

Birnbacher, Dieter (1990): „Gefährdet die moderne Reproduktionsmedizin die menschliche Würde?“. In: Leist, Anton (Hg.), *Um Leben und Tod. Moralische Probleme bei Abtreibung, künstlicher Befruchtung, Euthanasie und Selbstmord.* Frankfurt/M.: Suhrkamp. S. 266–281.

Botkin, Jeffrey R. / Mehlman, Maxwell J. (1994): „Wrongful birth: Medical, legal, and philosophical issues“, *Journal of Law, Medicine & Ethics* 22, S. 21–28.

Bottke, Wilfried (1996): Strafrechtliche Probleme am Lebensbeginn und am Lebensende. Bestimmungsrecht versus Lebenserhaltung?“ In: Wilfried Bottke et al. (Hg.), *Lebensverlängerung aus medizinischer, ethischer und rechtlicher Sicht.* Heidelberg: C.F. Müller Verlag. S. 35–128.

Bruckner, Anthony L./Fischer, John Martin: „Why is death bad?“, *Philosophical Studies* 50(2), S. 213–221.

BVerfGE = Bundesverfassungsgericht, Entscheidungssammlung (mit Bandnummer, Erscheinungsjahr, und Seitenzahl).

Deutsch, Erwin/Spickhoff, Andreas (2014): *Medizinrecht*, 7. Aufl. Heidelberg et al.: Springer.

Dreier, Horst (1995): „Menschenwürdegarantie und Schwangerschaftsabbruch“, *Die Öffentliche Verwaltung* 1995(24), S. 1036–1040.

Dürig, Günter (1956): „Der Grundrechtssatz von der Menschenwürde : Entwurf eines praktischen Wertsystems der Grundrechte aus Art. 1 Abs. I in Verbindung mit Art. 19 Abs. II des Grundgesetzes“, *Archiv des öffentlichen Rechts 42*, S. 117–157.

Epikur (1949): „Brief an Menoikeus“. In: ders., *Von der Überwindung der Furcht*, hgg. von Olof Gigon. Zürich: Artemis.

Gleitman v. Cosgrove (1967): American Supreme Court. 49 N.J. 22, 227 A.2d 689.

Harris, John (1990): „The Wrong of Wrongful Life“, *Journal of Law and Society 17(1)*, S. 90–105.

Herlitz, O. (1935): „Kongenitaler, nicht syphilitischer Pemphigus: Eine Übersicht nebst Beschreibung einer neuen Krankheitsform“, *Acta Paediatrica 17*, S. 315–371.

Hoerster, Norbert (1983): „Zur Bedeutung des Prinzips der Menschenwürde“, *Juristische Schulung* 1983(1), S. 93–96.

Jackson, Anthony (1996): „Wrongful life and wrongful birth. The English conception“, *Journal of Legal Medicine 17*, S. 349–381.

Kamm, Frances M. (1993): „Why is Death Bad?“. In: dies., *Morality, Mortality, vol. I. Death and Whom to Save from it*. Oxford: Oxford University Press. S. 13–24.

Kamm, Frances M. (1993): „The AsymmetryProblem: Death and Prenatal Nonexistence“. In: dies., *Morality, Mortality, vol. I. Death and Whom to Save from it*. Oxford: Oxford University Press. S. 25–38.

Kant, Immanuel (1903): „Grundlegung zur Metaphysik der Sitten“. In: *Kants Werke*, hgg. von der Königl. Preuß. Akademie der Wissenschaften (Akademie-Ausgabe/AA), Bd. IV. Berlin: Georg Reimer. S. 387–463.

Kant, Immanuel (1907): „Die Metaphysik der Sitten. Erster Theil: Metaphysische Anfangsgründe der Rechtslehre“. In: *Kants Werke*, hgg. von der Königl. Preuß. Akademie der Wissenschaften (Akademie-Ausgabe/AA), Bd. VI. Berlin: Georg Reimer. S. 203–372.

Kelsen, Hans (1960): *Reine Rechtslehre*. 2. Aufl. Wien: Franz Deuticke; Studienausgabe (2017), hgg. von Matthias Jestaedt. Tübingen/Wien: Mohr Siebeck/Verlag Österreich.

Laufs, Adolf (1998): „Schädliche Geburten – und kein Ende“, *Neue Juristische Wochenschrift* 1998, S. 796–798.

Lukrez (1973): De rerum natura, Liber tertius, hgg. von Karl Büchner. Stuttgart: Reclam.

McMahan (1988): „Death and the Value of Life“, *Ethics 99*, S. 32–61.

Merkel, Reinhard (1996): „Ärztliche Entscheidungen über Leben und Tod in der Neonatalmedizin“, *Juristenzeitung 51(23)*, S. 1145–1155.

Merkel, Reinhard (2010): „An den Grenzen von Medizin, Ethik und Strafrecht: Die chirurgische Trennung sogenannter siamesischer Zwillinge“. In: Roxin, Claus/Schroth, Ulrich (Hg.), *Handbuch des Medizinstrafrechts*, 4. Aufl. Stuttgart: Richard Boorberg Verlag. S. 603–639.

Müller, Gerda (1995): „Fortpflanzung und ärztliche Haftung“. In: Erwin Deutsch/Ernst Klingmüller/Hans Josef Kullmann (Hg.), *Festschrift für Erich Steffen*. Berlin: de Gruyter. S. 355–372

Nagel, Thomas (1979): „Death“. In: ders., *Mortal Questions*. Cambridge: Cambridge University Press. S. 1–10.

Neumann, Ulfrid (1987): „Die Würde des Menschen in der Diskussion um Gentechnologie und Befruchtungstechnologien“, *Archiv für Rechts- und Sozialphilosophie Beiheft 33*. Stuttgart: Franz Steiner Verlag. S. 139–152.

NK/(Name) = Nomos Kommentar Strafgesetzbuch (mit Autorennamen, Erscheinungsjahr, Auflage). Baden-Baden: Nomos Verlag

Petersen, Kerry (1997): „Medical negligence and wrongful birth actions: Australian developments“, *Journal of Medical Ethics 23*, S. 319–322.

Picker, Eduard (1995): „Schadensersatz für das unerwünschte Kind („Wrongful birth“): Medizinischer Fortschritt als zivilisatorischer Rückschritt?“, *Archiv für die civilistische Praxis 195* (6), S. 483–547.

Schopenhauer, Arthur (1938): Die Welt als Wille und Vorstellung, 1. Bd. In: ders., Sämtliche Werke, hgg. von Arthur Hübscher, Bd. 2. Leipzig: F. A. Brockhaus

Starck, Christian (1981): „Menschenwürde als Verfassungsgarantie im modernen Staat“, Juristenzeitung 36(14), S. 457–464.

Steffen, Erich/Pauge, Burkhard (2013): *Arzthaftungsrecht. Neue Entwicklungslinien der BGH-Rechtsprechung*, 12. Aufl. Köln: Verlag Kommunikationsforum.

The Medical Task Force on Anencephaly (1990): „The Infant with Anencephaly“, *New England Journal of Medicine 322*, S. 669–674

World Federation of Neurology Research Group on Huntington's Disease (1990): „Ethical issues policy statement on Huntington's disease molecular genetics predictive tests“, Journal of Medical Genetics 27, S. 34–38.

KAPITEL 12

Steine statt Brot

Zum Triage-Beschluss des Bundesverfassungsgerichts

12.1 Vorbemerkung

Begriffliches

Im Kontext der Intensivmedizin bezeichnet „Triage“ ein Verfahren der priorisierten, also nach Vor- und Nachrang geordneten Verteilung knapper lebenserhaltender Ressourcen unter einer Anzahl von Patienten, deren akuter Bedarf in seiner Gesamtheit die verfügbaren Ressourcen übersteigt.[1] Verteilungsentscheidungen dieser Art sind notgedrungen zugleich solche der Verweigerung, im Extremfall Entscheidungen über Leben und Tod. Triage-Probleme sind in der globalen Literatur zur Bioethik seit langem ein beliebter Gegenstand der Übung philosophischen Scharfsinns. Dass sie auch in hiesigen Weltgegenden jemals mehr, nämlich beklemmende Wirklichkeit werden könnten, hat wohl kaum jemand ernsthaft befürchtet. Im Zuge der Corona-Krise sind sie es aber geworden. Auch für die Intensivstationen in diesem Land erscheinen sie plötzlich als bedrohliche Möglichkeit.

Drei typische Formen der Triage sollte man auseinanderhalten. Jedenfalls prima facie legen ihre sachlichen Unterschiede die Vermutung nahe, dass sie verschiedenen normativen Regeln unterliegen. Am einfachsten lassen sie sich an modellhaften Beispielen veranschaulichen. Dass die klinische Wirklichkeit der Intensivstationen vielfältige Varianten dieser Grundmodelle aufweist, versteht sich. Solche Varianten stellen rechtliche Regularien, die für die Grundmodelle einleuchtend erscheinen mögen, nicht selten vor intrikate Belastungsproben und rücken die Grenzen ihrer Plausibilität in den Blick.

Hier ist der erste Grundfall, markiert mit der Kurzformel „Ex-ante-Triage“: eine Situation, in der die Zahl der verfügbaren Beatmungsplätze kleiner ist als die Zahl der Patienten, die einen solchen Platz akut benötigen. Modellhaft: für drei gleichzeitig eingelieferte Patienten gibt es nur ein Beatmungsgerät. Der zweite Grundfall („Ex-post-Triage“) betrifft eine Situation, in der sämtliche Beatmungsplätze einer Klinik belegt sind. Im Modellbeispiel wird dann die beatmungsbedürftige 30-jährige Mutter M eingeliefert; zu retten wäre sie nur, wenn einer der bereits versorgten Patienten, sagen wir der 85-jährige

1 Zum Begriff „Triage“, seinen verschiedenen Bedeutungen und deren unscharfen, einander überschneidenden Grenzen eingehend Moscop/Iserson (2007).

 | DOI:10.30965/9783969752678_013

Großvater G, mit tödlicher Folge extubiert, also vom Respirator abgehängt und dieser der M zugeteilt würde. Die dritte Konstellation schließlich liegt phänotypisch zwischen den beiden anderen: eine präventive (Ex-ante-)Strategie zur Verhinderung der sonst drohenden Ex-post-Triage, manchmal auch „Triage vor der Triage" genannt. Im Modellfall: Unserem soeben eingelieferten 85-jährigen G wird der Anschluss an das unbesetzte und eigentlich verfügbare Beatmungsgerät mit tödlicher Folge verweigert; denn die ärztlichen Entscheider können damit rechnen, dass der oder die nächste beatmungsbedürftige 30-oder 40-Jährige nicht lange, vielleicht nur Stunden, höchstens Tage auf sich warten lassen wird. Nach Medienberichten ist diese Form der Triage auf dem Höhepunkt der Krise in Italien und Frankreich tatsächlich praktiziert worden.

Solche Fälle werfen schwierige und außergewöhnliche Rechtsfragen auf. Einige davon sind jüngst zum Gegenstand eines verfassungsgerichtlichen Verfahrens geworden.

Die Entscheidung des BVerfG

Am 16. Dezember 2021 hat das Bundesverfassungsgericht per Beschluss acht (von neun) Verfassungsbeschwerden stattgegeben, die von behinderten Menschen gegen das Unterlassen des Gesetzgebers erhoben worden waren, sie „vor Benachteiligungen wegen ihrer Behinderung im Rahmen der gesundheitlichen Versorgung im Laufe der Coronavirus-Pandemie wirksam zu schützen".[2] In drei Leitsätzen fasst das Gericht Inhalt und Grundlagen seiner Entscheidung zusammen:

> 1. Aus Art. 3 Abs. 3 Satz 2 GG ergibt sich für den Staat das Verbot unmittelbarer und mittelbarer Diskriminierung wegen Behinderung und ein Auftrag, Menschen wirksam vor Benachteiligung wegen ihrer Behinderung auch durch Dritte zu schützen.
> 2. Der Schutzauftrag des Art. 3 Abs. 3 Satz 2 GG kann sich in bestimmten Konstellationen ausgeprägter Schutzbedürftigkeit zu einer konkreten Schutzpflicht verdichten. Dazu gehören die gezielte, als Angriff auf die Menschenwürde zu wertende Ausgrenzung von Personen wegen einer Behinderung, eine mit der Benachteiligung wegen Behinderung einhergehende Gefahr für hochrangige grundrechtlich geschützte Rechtsgüter wie das Leben oder auch Situationen struktureller Ungleichheit.
>
> Der Schutzauftrag verdichtet sich hier, weil das Risiko der Benachteiligung wegen einer Behinderung bei der Zuteilung knapper, überlebenswichtiger intensivmedizinischer Ressourcen besteht.
> 3. Dem Gesetzgeber steht auch bei der Erfüllung einer konkreten Schutzpflicht aus Art. 3 Abs. 3 Satz 2 GG ein Einschätzungs-, Wertungs- und Gestaltungsspielraum zu. Entscheidend ist, dass er hinreichend wirksamen Schutz vor einer Benachteiligung wegen der Behinderung bewirkt.

---

2 BVerfG (2021), 2.

12.2 Defizite

Mit allem schuldigen Respekt vor dem höchsten deutschen Gericht: das ist ein tief enttäuschender Beschluss. Er gibt den Verfassungsbeschwerden statt, aber den behinderten Menschen, von denen sie erhoben wurden, Steine statt Brot. Er erklärt die „klinische Erfolgsaussicht" als Kriterium der Entscheidung zwischen lebensrettender Zuteilung und tödlicher Verweigerung einer Intensivbehandlung in Triage-Situationen für fraglos zulässig, ohne zu erwägen, was dieses Kriterium für eine so folgenschwere Rolle qualifizieren könnte, und daher ohne Blick dafür, dass es in vielen Konfliktlagen zu befremdlichen Lösungen führen müsste. Und er lässt schließlich den Gesetzgeber, den er mit Nachdruck zu „unverzüglichem" Handeln verpflichtet, ohne orientierende Maßgabe.

Wenig einwenden mag man gegen die Prämisse, die der Senat seiner Entscheidung zugrunde legt und für die er zahlreiche Indizien beibringt: In echten Triage-Situationen sei das Risiko nicht von der Hand zu weisen, dass Menschen mit Behinderungen systematisch benachteiligt würden, im schlimmsten Fall mit tödlichen Folgen. Zustimmen wird man auch der daraus gezogenen Konsequenz. Vor diesem Hintergrund könne sich die staatliche Schutzpflicht aus dem Diskriminierungsverbot des Art. 3 Abs. 3 Grundgesetz ausnahmsweise zu dem Gebot verdichten, jenem Risiko mit besonderen Gesetzen zu begegnen. Nicht mehr auszuschließen sei zudem eine Überlastung der Intensivstationen, und daher auch nicht mehr der Notstandszwang für zuständige Ärzte, in Einzelfällen Triage-Entscheidungen über Leben und Tod zu treffen. Um für solche Fälle die Gefahr einer Diskriminierung Behinderter zu unterbinden, müsse der Gesetzgeber „unverzüglich" handeln.

Wie? Das sei, sagt der Senat, allein Sache des Gesetzgebers, der dafür einen weiten „Einschätzungs-, Wertungs- und Gestaltungsspielraum" habe. Was aber bloß wie der unverfängliche Hinweis auf die Grenzen verfassungsgerichtlicher Zuständigkeit anmutet, bedeutet hier weitaus mehr: das vollständige Absehen von einer Diskussion, die in der Rechtswissenschaft seit Beginn der Pandemie geführt wird und in der nicht nur das Problem verwirrend umstritten ist, welche Kriterien für Triage-Entscheidungen normativ tragfähig wären, sondern schon die prinzipielle Frage, ob sich solche Kriterien überhaupt sinnvoll in eine zwangsrechtliche Regelung fassen ließen, die im Rahmen der Verfassung bliebe.[3]

Nun muss man genau hinsehen: Der Senat verpflichtet den Gesetzgeber nicht, wie in der Presse zu lesen war, „zur gesetzlichen Regelung der Triage".

3 Exemplarisch nur Hörnle/Huster/Poscher (2021); Gaede et al (2020); Merkel/Augsberg (2020).

Vielmehr verpflichtet er ihn, Diskriminierungen zu verhindern. Das ist nicht das Gleiche und es ließe sich, könnte man meinen, unschwer mit einem Gesetz erreichen, das die von Art. 3 Abs. 3 GG verbotenen Differenzierungsgründe (und einige weitere) für Entscheidungen auf Intensivstationen ausdrücklich untersagte. Freilich spricht nichts dafür, dass solche Gründe dort bewusst herangezogen und damit offen verwerfliche Entscheidungen getroffen würden. Was der Senat und die Beschwerdeführer in Karlsruhe befürchten, ist etwas anderes: der Einfluss unbewusster Vorurteile und darauf beruhender Fehleinschätzungen der klinischen Aussichten behinderter oder chronisch vorerkrankter Menschen in Fällen schwerer Covid-19-Verläufe. Daraus erklärt sich der ungewohnt strikte Ton des höchstrichterlichen Befehls an den Gesetzgeber, „unverzüglich" zu handeln. Denn offene Diskriminierungen zu verbieten, ist zwar richtig, erschiene jedoch wenig dringlich. Will man aber unbewusst diskriminierende Entscheidungen verhindern, wird man denen, die sie gegebenenfalls träfen, wohl oder übel nicht nur die negativen Kriterien untersagen, sondern die positiven, die sie anzuwenden haben, vorschreiben müssen.

Ein entsprechendes Gesetz ist nun zu erwarten. Dass es befriedigend gelingen wird, ist wenig wahrscheinlich.[4] Für die ausgesprochen schwierigen normativen Grundprobleme, die dabei zu lösen sind, lässt der Senat den Gesetzgeber ohne jeden Anhalt.

12.3 Klinische Erfolgsaussicht?

Das beginnt mit dem Fehlen einer Begründung, ja jeder näheren Klärung des einzigen Kriteriums, das der Senat dem Gesetzgeber als problemlos offeriert: die „klinische Erfolgsaussicht". Sie sei als Entscheidungsgrundlage verfassungsrechtlich unbedenklich. Als solche herangezogen werden dürfe sie allerdings nur mit Blick auf die jeweils akute Erkrankung und deren Intensivbehandlung. Die daran anschließende (womöglich geringe) Lebenserwartung mit ins Kalkül der Erfolgsaussicht zu ziehen, wie es etwa die Empfehlungen der Schweizer

4 Inzwischen ist es als neuer § 5c in das Infektionsschutzgesetz eingefügt worden. Dessen Abs. 2 statuiert für Entscheidungen über die Zuteilung lebenserhaltender intensivmedizinischer Ressourcen (Fälle der Ex-ante-Triage) das Kriterium der medizinischen Erfolgsaussicht; sie dürfe aber nur eng als *„aktuelle und kurzfristige Überlebenswahrscheinlichkeit"* verstanden, also grundsätzlich allein auf die akute Intensivbehandlung selbst, nicht auf spätere Überlebensaussichten bezogen werden. Die Ex-post-Triage wird von Abs.2 S. 3 untersagt. Der Paragraph ist kein Glanzstück legislativer Kunst; er ist aber weniger missraten als es mein obiger Satz befürchtet.

Intensivmediziner bis November 2020 gefordert (und dann gestrichen) haben, sei dagegen unzulässig.[5] Das ist gewiss richtig. Andernfalls wären alte, gebrechliche und komorbide Patienten gegenüber jüngeren, stabileren eo ipso verloren. Und das hieße, die voraussichtlich kürzere Spanne ihres künftigen Lebens als weniger schützenswert zu qualifizieren als die längere der Jungen. Das untersagt die Verfassung. Was genau ist es dann aber, das die „klinische Erfolgsaussicht" während einer Intensivbehandlung für die genuin normative Aufgabe disponiert, Entscheidungen über Leben und Tod zu legitimieren?

Der Senat umgeht die Frage. Offenbar hält er die Antwort für selbstverständlich. Aus einer Stellungnahme der Bundesärztekammer, die ebenso wie acht medizinische Fachgesellschaften das Kriterium der Erfolgsaussicht zum schlechthin entscheidenden erklärt, zitiert er die beiläufige Wendung, damit sei gewährleistet, dass „möglichst viele Menschenleben gerettet werden".[6] Das ist gewiss ein normativ bedeutsamer Gesichtspunkt. Aber ebenso gewiss ist es für Triage-Entscheidungen nicht der einzige, in vielen Fällen auch nicht der zuletzt verbindliche. Das wird schon daran offenkundig, dass „möglichst viele Menschenleben" auch durch eine Praxis gerettet würden, die eine Ex-post- oder „Verlaufs"-Triage verfolgte. In Fällen der Überlebenskonkurrenz zwischen einem soeben eingelieferten jungen Patienten (J) mit guter Prognose und einem fragilen alten (A), der bereits behandelt wird, aber schlechtere Chancen hat, nähme man A ohne weiteres aus der Intensivbehandlung heraus, hängte ihn mit absehbar tödlicher Folge ab, um den besser disponierten J zu retten.

Ex-post-Triage nach Maßgabe „klinischer Erfolgsaussicht"?

Das mag man ja richtig finden. Philosophische Konsequentialisten haben dafür einige Argumente. Aber es sind nicht die einer Verfassungsordnung, die auf Grundrechten beruht. Die vorherrschende Auffassung im Straf- wie im Verfassungsrecht hält die Ex-post-Triage daher mit Recht für verboten.[7] Denn das Abhängen des A in unserem Beispiel hieße, ihn zugunsten des J zu töten. Das untersagt sein Grundrecht auf Leben. Ob man dieses Abhängen rechtlich als Tun oder als bloßes Unterlassen (der Weiterbehandlung) qualifiziert, ist ohne Belang. Garantenpflichtige Ärzte können selbstverständlich

---

5 Die Schweizer Richtlinien in SAMW (2021), Ziff. 4.3. Die dort formulierten „Nicht-Aufnahmekriterien" für Patienten mit schweren klinischen Befunden implizieren freilich noch immer (und wohl unvermeidlich) prognostische Erwägungen, die über die Dauer der reinen Intensivbehandlung hinausreichen.

6 BVerfG (2021), Rn. 34.

7 Zu den Argumenten Merkel/Augsberg (2020), 710–713. Seit der Zuspitzung der Corona-Krise ist die Frage unter den Druck von Kontroversen geraten; die klare Mehrheit der Autoren hält aber am Verdikt der Rechtswidrigkeit fest.

auch durch Unterlassen töten. Eine Notstandsrechtfertigung dafür lässt sich allein aus dem Ziel der Rettung eines anderen nicht ableiten. Man stelle sich im Übrigen beiläufig eine intensivmedizinische Praxis und ihre Wirkung auf das Patientenvertrauen vor, die ein solches Wechselspiel von Lebenschance und Sterbensschicksal als Prinzip etablierte. Und die in Zeiten existentiellen Ressourcenmangels die Fortsetzung jeder begonnenen Intensivbehandlung unter den Vorbehalt ihres sofortigen Abbruchs stellte, sollte jemand anderer in stabilerem Zustand auftauchen.

Schon diese Erwägungen hätten den Senat dazu drängen müssen, das normative Fundament des Kriteriums „klinische Erfolgsaussicht" und vor allem die Grenzen seiner Reichweite zu klären. Nichts davon findet sich in dem Beschluss. Nicht erwähnt wird auch die offensichtlich bedeutsame Unterscheidung der drei Grundformen von Triage, deren Titel als „Ex-ante-", „Ex-post-" und „präventive" oder „Triage vor der Triage" inzwischen geläufig sind. Vor allem die letztgenannte (von unseren Modellfällen für die verschiedenen Triage-Formen der dritte), von der es heißt, sie sei zu Beginn der Pandemie in Italien und Spanien praktiziert worden, wäre in Zeiten extremer Überlastung der Intensivstationen wohl auch hierzulande nicht ausgeschlossen. Wer „möglichst viele Menschenleben gerettet" wissen will, wird sie wohl für zulässig halten. Wird es also akzeptieren, wenn das letzte freie Intensivbett dem soeben eingelieferten fragilen 80-Jährigen mit absehbarer Todesfolge und trotz gegebener Überlebenschance vorenthalten würde, damit es an besser Disponierte vergeben werden kann, mit deren baldigem Eintreffen zu rechnen wäre. Nach geltendem Recht wäre das freilich ein rechtswidriger Totschlag. Die Kausalität des Unterlassens der Behandlung für den Tod wäre zwar regelmäßig nicht festzustellen, denn in solchen Fällen dürfte eine „an Sicherheit grenzende" Überlebenschance des schwerkranken 80-Jährigen auch bei unterstellter Intensivbehandlung schwerlich nachweisbar sein. Strafbar wäre das Sterbenlassen aber dennoch: als versuchter Totschlag. Soll die bessere „klinische Erfolgsaussicht" nun auch so etwas decken? Schweigen in dem Beschluss.

„Klinische Erfolgsaussicht" oder Frage der Gerechtigkeit?

Dass die „klinische Erfolgsaussicht" kein genuiner Rechtsbegriff ist, liegt auf der Hand. Schon deshalb hätte der Senat Eignung und Grenzen des Kriteriums als eines des Rechts, über Leben und Tod Dritter zu entscheiden, klären müssen. Dann wäre deutlich geworden, dass auch diese Entscheidung selbst trotz ihrer existentiellen Folgen kein Vorgang ist, dessen Legitimationsgrundlagen unmittelbar im positiven Recht lägen. Zwar ist die ärztliche Aufgabe, jedem einzelnen Patienten so gut es geht zu helfen, eine direkte Rechtspflicht und als solche gesetzlich fixiert. Aber die Frage, wer von zwei Patienten die einzige verfügbare Möglichkeit zur Lebensrettung erhalten soll, ist eine ganz andere. Ihre Antwort lässt sich schon deswegen nicht unmittelbar der Rechtsordnung entnehmen, weil beide Betroffene als Inhaber absolut gleicher Grundrechte genau denselben rechtlichen Schutz genießen. Vielmehr ist diese Frage eine der Gerechtigkeit, genauer, einer besonderen Form der Verteilungsgerechtigkeit in einer krisenhaft zugespitzten Situation. Solche Fragen sind nie allein mit dem Verweis auf tatsächliche Befunde zu beantworten, und selbstverständlich auch im klinischen Kontext nicht alleine mit solchen der Medizin.

Hier öffnet sich ein Hinterland schwieriger Anschlussfragen. Der physische Zustand eines Patienten mag die klinische Erfolgsaussicht trüben, aber wegen seiner genetischen Grundlagen dem Betroffenen nicht zurechenbar sein. Warum sollten neben diesem Kriterium dann nicht auch Bedingungen eine Rolle spielen, die sehr wohl, und zwar als Verschulden zurechenbar sind, die grob fahrlässige Verursachung der eigenen Erkrankung etwa? Warum sollte ein 20-Jähriger, der sich auf einer verbotenen „Anti-Corona-Party" ohne Einhalten von Schutzvorkehrungen mit SARS-CoV-2 infiziert hat und dessen Chancen, die Intensivbehandlung zu überleben, bei 80 Prozent liegen, der 60-jährigen Krankenschwester vorgezogen werden, die sich in ihrem Dienst und trotz Beachtung aller Vorsichtsregeln infiziert hat, deren Überlebenschance aber nur bei 40 Prozent liegt?

Ich kenne den gängigen Einwand: Es gehöre zu den unabdingbaren Prinzipien der Medizin, dass die Gründe einer Erkrankung für deren Behandlung keine Rolle spielen dürfen. Aber das liegt neben der Sache. Zu diesen unabdingbaren Prinzipien gehört ja auch, dass eine Behandlung nicht deshalb unterbleiben darf, weil sie eine nur 40-prozentige Erfolgschance hat. Welche Maximen der Medizin im Ausnahmezustand einer Triage fortgelten und welche nicht mehr, lässt sich nicht aus ihrer Rolle im klinischen Normalbetrieb ableiten. Dort bestimmen individuelle Rechts- und Moralpflichten das Arzt-Patienten-Verhältnis. Kriterien der Verteilungsgerechtigkeit sind anderer Art. Sie haben einen primären Sozialbezug, weisen eine undeutliche Vielfalt teils kollidierender normativer Maßgaben auf, sind nirgendwo verbindlich geregelt und im Übrigen seit Aristoteles hoffnungslos umstritten.

Um Missverständnisse zu vermeiden: Natürlich gibt es gute Gründe, auch in Triage-Situationen selbst ein grobes Verschulden der konkreten Erkrankung zu ignorieren, schon weil es kaum je verlässlich zu ermitteln wäre. Aber das sind pragmatische Gründe. Zu den Kriterien der Gerechtigkeit, die Triage-Entscheidungen rechtfertigen können, gehören sie nicht. Sie gehören im Gegenteil zu deren tragischen Grenzen. Das gilt nicht selten auch für die klinische Erfolgsaussicht. Warum genau wäre der 40-Jährige Intensivpatient ohne Vorerkrankungen und mit einer Überlebenschance von 80 Prozent einem ebenfalls 40-Jährigen vorzuziehen, der seit seiner Geburt an Mukoviszidose gelitten und eben derentwegen jetzt nur eine Überlebenschance von 40 Prozent hat? Warum soll ihn der genetische Zufall, der ihm ein lebenslanges Leiden zugewiesen hat, von dem der andere zufällig verschont geblieben ist, nun auch noch, und allein zugunsten jenes anderen, zum Sterben verurteilen?

Lassen wir die Frage offen. Wichtig ist, was sie deutlich macht: die Einsicht, dass die normativen Grundlagen von Triage-Entscheidungen Kriterien der Gerechtigkeit sind und ihren Sinn weder von der Medizin noch unmittelbar aus dem positiven Recht beziehen. Nun hat freilich die „klinische Erfolgsaussicht" mit der Intention, „möglichst viele Menschenleben" zu retten, auch einen klaren Gerechtigkeitsbezug. Aber nur wenn man sieht, dass ihre Bedeutung für Triage-Entscheidungen allein in diesem Bezug gründet, kommen auch ihre Grenzen in den Blick. Die Rettung möglichst vieler ist ein kollektiver Wert. Es ist aber keineswegs klar, welche Opfer dem Einzelnen zugunsten der Rettung selbst vieler anderer zumutbar sind und ob das des eigenen Lebens dazu gehört. Und unklar ist daher auch, in welchem Maß sich ein solches Kriterium des kollektiv besten „Outcomes" Einschränkungen durch Gerechtigkeitsaspekte anderer, individueller Provenienz gefallen lassen muss.

„Klinischer Erfolg" als schiere Lebenserhaltung?

Fragt man, anders als ihre Befürworter, was „klinische Erfolgsaussicht" eigentlich genau bedeutet, so zeigt sich ein weiteres Problem des Kriteriums. Bemisst sich diese Aussicht allein nach der erreichbaren Dauer des biologischen Überlebens? Oder spielen in manchen Fällen auch Unterschiede in der subjektiven Qualität des Erlebens eine Rolle? Zur Veranschaulichung: In Deutschland gibt es einige tausend Patienten im irreversiblen apallischen Syndrom („Wachkoma"), nicht wenige davon im Zustand vollständiger Bewusstlosigkeit.[8] Sind die Betroffenen junge Erwachsene, haben sie nicht selten eine Lebenserwartung von zehn Jahren und mehr.[9] Manche von ihnen werden zeitweilig beatmungsbedürftig. Damit gehören auch sie (und nicht nur Covid-19-Patienten) zur Gruppe der Patienten, denen das lebenserhaltende Gerät jeweils nach der klinischen Aussicht auf die erwartbare Lebensdauer zuzuteilen bzw. zu entziehen wäre.

Das legt für Situationen der Ex-post-Triage die Frage nahe, ob ein wegen Covid-19 beatmeter, aber mental gesunder 80-Jähriger mit einer Überlebensprognose von zwei Jahren zugunsten eines irreversibel bewusstlosen

8 Bender et al. (2015).

9 Jennett (2002): bei jungen Patienten Überlebenszeiten von durchschnittlich 10,5 Jahren, gelegentlich 20 Jahre und mehr; s. auch Jennett (2005).

40-jährigen Apallikers mit einer Lebenserwartung von zehn oder mehr Jahren extubiert und dem Sterben preisgegeben werden soll. Ist allein die Dauer der zu erhaltenden Lebenszeit maßgeblich, muss man das bejahen. Das ist in hohem Maße kontraintuitiv. Moralisch lässt sich ein zehnjähriges bewusstloses Leben schwerlich einem zweijährigen bei klarem Bewusstsein vorziehen. Erkennt man freilich an, dass zur „klinischen Erfolgsaussicht" nicht nur die schiere Lebensdauer, sondern auch die subjektive Erlebensqualität jedenfalls in solchen Fällen gehört, in denen sie vollständig fehlt, so sind Anschlussfragen kaum abzuweisen. Wie verhält es sich bei Patienten mit nur „minimalem Bewusstsein"?[10] Mit schwersten neurologischen und mentalen Schädigungen?

Hier öffnet sich ein Blick ins Bodenlose. Extreme Differenzen in der Qualität des subjektiven Erlebens sind für einen moralischen Begriff klinischen Erfolgs unabweisbar. Rechtlich sind sie irrelevant. In einer Grundrechtsordnung, die es ausschließt, Unterschiede im Lebensschutz auf Unterschiede der subjektiven Lebensqualität zu gründen, dürfen solche Qualitätsdifferenzen auch nicht mittelbar in Abwägungen zum Vor- bzw. Nachrang von Überlebensinteressen eingehen. Auch daran bestätigt sich die Unbrauchbarkeit der klinischen Erfolgsaussicht als alleiniger Maßgabe für die Notstandsabwägung.[11] Was sie offeriert, sind drei ausgesprochen unattraktive Alternativen. Ignoriert man Unterschiede in der Lebensqualität, dann sind zehn bewusstlose Lebensjahre des 40-Jährigen den zwei bewusstseinsklaren des 80-Jährigen eindeutig vorzuziehen. Im Konfliktfall wäre also der Letztere zugunsten des Ersteren mit tödlicher Folge abzuhängen. Das ist moralisch wie gerechtigkeitstheoretisch offensichtlich falsch. Bezieht man daher solche Lebensqualitätsdifferenzen in die Abwägung ein, betritt man ein von der Verfassung gesperrtes Terrain. Und konfisziert man deshalb hier das Kriterium „klinische Erfolgsaussicht", dann gesteht man zu, dass es nicht in allen Fällen der Ex-post-Triage anwendbar ist. Schon dieser Kohärenzmangel macht es dubios auch für jeden anderen Fall mit gleicher normativer Struktur – also für sämtliche Konstellationen der Ex-post-Triage.

Schweigen des BVerfG

Kein Wort zu all dem im Beschluss des Verfassungsgerichts. Der Senat zitiert eine Bemerkung der ärztlichen Fachverbände, wonach die „klinische Erfolgsaussicht" zunächst solche Patienten ausschließe, „bei denen nur eine sehr

10 Auch zu dieser Gruppe apallischer Patienten Bender et al. (2015); Jennett (2005).

11 Gewiss wären solche Konfliktsituationen extrem selten. Das ändert aber nichts daran, dass sie den prinzipiellen Mangel des Kriteriums besonders plastisch verdeutlichen.

geringe Aussicht besteht zu überleben".[12] Das ist richtig, bezeichnet aber keine Triage-Entscheidung, sondern einen Befund, der schon nach allgemeinen Regeln die Indikation zur Intensivbehandlung entfallen lässt. Diese unterbleibt nicht deshalb, weil dem Patienten ein anderer vorgezogen würde, sondern weil er keine hinreichende Rettungschance hat. Die Rechtfertigung dafür ist wenig problematisch: Fehlen einer sinnvollen Möglichkeit, das klinische Ziel zu erreichen. Aber die typischen Triagefälle sind andere. Hier besteht für beide (oder alle) Konkurrenten um die knappen Ressourcen zweifelsfrei eine Indikation; nur sind die Überlebenschancen des einen deutlich besser als die des anderen. Und hier erst beginnt das Problem. Denn der nun zurückgesetzte Patient hat ein exakt gleiches Recht auf Leben und auf Behandlung wie der andere, der ihm vorgezogen wird.

Der Eindruck ist schwer abzuweisen, dass sich der Senat mit dem schlichten Nebeneinanderstellen der Fälle fehlender Indikation und der echten Triagefälle asymmetrischer Chancen den Blick dafür trübt, dass sie sich normativ erheblich unterscheiden. Wie zur Bekräftigung seines Votums für die „klinische Erfolgsaussicht" zitiert er aus einer Stellungnahme der Bundesregierung den Satz, das Kriterium sei „nicht zu beanstanden". Es diskriminiere nicht, sondern „behandle alle gleich".[13] Aber das ist ganz gewiss falsch. In dem Satz wird die rein formelle Gleichheit der allgemeinen Anwendung eines Prinzips mit der Frage verwechselt, ob es alle, auf die es (gleichermaßen) anzuwenden ist, auch inhaltlich gleich behandelt. Mit dieser Verwechslung ließe sich selbst von offen absurden Unterscheidungskriterien, etwa der Körpergröße oder der Haarfarbe, behaupten, sie diskriminierten nicht, solange sie nur auf alle gleich angewendet würden.

Selbstverständlich bedeutet es eine mittelbare Diskriminierung Behinderter oder chronisch Kranker, wenn ihnen in Triage-Situationen gesagt wird, sie blieben nicht wegen ihrer Behinderung unbehandelt, sondern weil ihre klinischen Erfolgsaussichten schlecht seien – sofern diese schlechten Aussichten auf eben jener Behinderung oder Vorerkrankung beruhen. Auch solche indirekten Diskriminierungen verbietet Art. 3 Abs. 3 des Grundgesetzes. Das hebt der Senat selbst hervor. Statt der irrigen Behauptung der Bundesregierung stillschweigend beizupflichten und schon den Tatbestand einer mittelbaren Diskriminierung zu verneinen, hätte er deren tragische Unausweichlichkeit in Triage-Fällen anerkennen und dafür Rechtfertigungsgründe sub specie Gerechtigkeit entwickeln sollen. Das hat er nicht. Und damit gibt der Beschluss den vermeintlichen Gewinnern des Verfahrens, den beschwerdeführenden Behinderten, in

12 BVerfG (2021), Rn. 9.
13 BVerfG (2021), Rn. 30.

Wahrheit Steine statt Brot. Nicht wegen ihrer Behinderung, wohl aber wegen der allein darauf beruhenden schlechteren Erfolgsaussicht dürfen sie zurückgesetzt werden. Wie ihnen damit geholfen wäre, ist nicht zu sehen.

12.4 Maßgabe für den Gesetzgeber?

Ergibt sich aus all dem ein Rat an den Gesetzgeber? In aller Zurückhaltung ein *Caveat*: Er möge sich nicht auf das aussichtslose Unterfangen einlassen, positive Auswahlkriterien für Triage-Entscheidungen zu statuieren und in rechtliche Gebotsnormen zu gießen. Vor allem hüte er sich vor dem gefährlichen Irrweg, mit dem Kriterium der „klinischen Erfolgsaussicht" auch die ex-post-Triage zu legitimieren: den tödlichen Austausch bereits behandelter Patienten gegen neu eintreffende mit besseren Chancen. Er möge sich mit einer Liste eindeutig verbotener Negativkriterien bescheiden, in ihrem Zentrum der Katalog des Art. 3 Abs. 3 Grundgesetz, der um einige weitere Merkmale wie Lebensalter oder Impfstatus der Patienten zu erweitern wäre.[14]

Das schüfe den rechtlich garantierten Korridor für eine sensible Ethik des Einzelfalls. Er wäre durch Vorschriften für die Formalien der klinischen Entscheidungsverfahren zu sichern und durch eingehende, laufend aktualisierte Empfehlungen der zuständigen Gremien in den Fachgesellschaften inhaltlich zu gestalten. Anders als abstrakt-generelle Gesetzesnormen könnten solche Empfehlungen alle einschlägigen Probleme in variablen Modellen abbilden und ihre Besonderheiten mit spezifischen Erwägungen zur Gerechtigkeit deutlich machen. Bedenken möge der Gesetzgeber schließlich dies: Triage-Entscheidungen bleiben, unter welchen Regularien immer, unvollkommene Lösungen tragischer Konflikte. Das Recht sollte seine Zuständigkeit für solche Konflikte nicht überschätzen.

Literatur

Bender, Andreas et al. (2015): „Persistent vegetative state and minimally conscious state. A systematic review and meta-analysis of diagnostic procedures", *Deutsches Ärzteblatt International* 112, S. 235–242.

BVerfG (2012): Bundesverfassungsgericht, Beschluss des Ersten Senats vom 16. Dezember 2021, 1 BvR 1541/20 .

14 Zu der inzwischen erlassenen Neuregelung des § 5c InfSchG s. noch einmal Fn. 4.

Gaede, Karsten/Kubiciel, Michael/Tsambikakis, Michael (2020): „Rechtmäßiges Handeln in der dilemmatischen Triage-Entscheidungssituation. Stellungnahme“, *Medizinstrafrecht (medstra)* 2020/3, S. 129–137.

Hörnle, Tatjana/Huster, Stefan/Poscher, Ralf (Hg.) (2021): *Triage in der Pandemie*. Tübingen: Mohr Siebeck.

Iserson, Kenneth V./Moscop, John C. (2007): „Triage in Medicine, Part I: Concept, History and Types“, *Annals of Emergency Medicine* 49 (3), S. 275–281

Jennett, Bryan (2002): „The vegetative state“, *Journal of Neurology, Neurosurgery & Psychiatry* 73, S. 355–357.

Jennett, Bryan (2005): „Thirty years of the vegetative state: clinical, ethical and legal problems“, *Progress in Brain Research* 150, S. 537–543.

Merkel, Reinhard/Augsberg, Steffen (2020): „Die Tragik der Triage – straf- und verfassungsrechtliche Grundlagen und Grenzen“, *Juristenzeitung* 75/14, S. 704–714.

SAMW (Schweizerische Akademie der medizinischen Wissenschaften) (2021): Triage in der Intensivmedizin bei ausserordentlicher Ressourcenknappheit. Bern: Akademien der Wissenschaften Schweiz.

Drucknachweise

Nürnberg 1945, Militärtribunal. Grundlagen, Probleme, Folgen. In: Rechtshistorisches Journal, hg. von Dieter Simon, Bd. 14, 1995, S. 491–525. Frankfurt/M: Löwenklau Gesellschaft.

Demokratischer Interventionismus? In: Jochen Bung/Armin Engländer (Hg.), Souveränität, Transstaatlichkeit und Weltverfassung, 2017, S. 13–43. Stuttgart: Franz Steiner Verlag.

Die „kollaterale" Tötung von Zivilisten im Krieg. Rechtsethische Grundlagen und Grenzen einer prekären Erlaubnis des humanitären Völkerrechts. In: Juristenzeitung 67 (2012), S. 1137–1145.Tübingen: Mohr Siebeck.

§ 14 Abs. 3 Luftsicherheitsgesetz: Wann und warum darf der Staat töten? In: Juristenzeitung 62 (2007), S. 373–385. Tübingen: Mohr Siebeck.

Rache – Vergeltung – Strafe. Zur Genealogie eines Grundbegriffs der Rechtslehre. Erstveröffentlichung in diesem Band.

Feindstrafrecht. Zur kritischen Rekonstruktion eines produktiven Störenfrieds in der Begriffswelt des Strafrechts. In: Urs Kindhäuser u.a. (Hg.), Strafrecht und Gesellschaft. Ein kritischer Kommentar zum Werk von Günther Jakobs, 2019, S. 327–356. Tübingen: Mohr Siebeck.

Willensfreiheit und strafrechtliche Schuld. In: Heiner Hastedt (Hg.), Macht und Reflexion. Deutsches Jahrbuch Philosophie Bd. 6, 2016, S. 285–318. Hamburg: Felix Meiner Verlag.

Wissenschaftsfreiheit und Wissenschaftsverantwortung. In: Jörg Hacker/Thomas Lengauer (Hg.), Zeit in Natur und Kultur. Nova Acta Leopoldina. Abhandlungen der Deutschen Akademie der Naturforscher Leopoldina Nr. 425, 2020, S. 9–21. Stuttgart: Wissenschaftliche Verlagsgesellschaft.

Personale Identität und die Grenzen strafrechtlicher Zurechnung. In: Juristenzeitung 54 (1999), S. 502–511. Tübingen: Mohr Siebeck.

Ärztliche Entscheidungen über Leben und Tod in der Neonatalmedizin. In: Juristenzeitung 51 (1996), S. 1145–1155.

„Wrongful birth – wrongful life": Die menschliche Existenz als Schaden. In: Ulfrid Neumann/Lorenz Schulz (Hg.), Veranwortung in Recht und Moral. Archiv für Rechts- und Sozialphilosophie Beiheft 74, 2000, S. 173–192. Stuttgart: Franz Steiner Verlag.

Steine statt Brot. Zum Triage-Beschluss des Bundesverfassungsgerichts. Gekürzt in: Frankfurter Allgemeine Zeitung. Staat und Recht, 13. Januar 2022, S. 8.

Sachregister